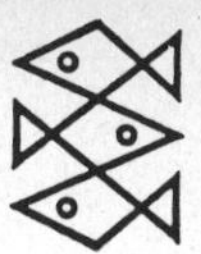

Über dieses Buch Die Geschichte des Soong-Clans ist zugleich die Geschichte des modernen China, vom Fall der Mandschu-Dynastie (1911) bis zum Sieg der Kommunisten (1949).
Der Stammvater des Clans, Charles Soong, gelangte als Bibelverleger in Shanghai zu Vermögen und Einfluß; er investierte große Summen in die Revolution Sun Yat-sens. Soongs Kinder wurden Schlüsselfiguren in der chinesischen Politik: May-ling Soong heiratete den späteren Generalissimus und Diktator Chiang Kai-shek, Ching-ling wurde Sun Yat-sens Frau, und Ai-ling Soong vermählte sich mit dem Großfinanzier H. H. Kung, einem direkten Nachkommen des Konfuzius. Charles Soongs Sohn Tse-ven galt unter dem Kürzel T. V. Soong eine Zeitlang als der reichste Mann der Erde. Bis zur Machtübernahme durch Maos Kommunisten war Soong-Clan das Synonym für Chinas ›First Family‹. Seine Mitglieder waren reich und mächtig, ihr Image als christliche Erneuerer des alten Reiches prägte das China-Bild des Westens. Sterling Seagrave zeigt in seinem aufregenden Buch ›Die Soong-Dynastie‹, was sich hinter diesem Image verbarg: ein Regime, das durch Korruption, Betrug, Intrige und rücksichtslose Familienpolitik China ausbeutete, wie es die westlichen Mächte seit dem vergangenen Jahrhundert auch getan hatten. Nach jahrelangen detaillierten Recherchen widerlegt Seagrave den Mythos der Soongs, sie seien die Vorkämpfer für Demokratie und wirtschaftliche Entwicklung in Asien gewesen. Seagrave zeigt, wie Chiang Kai-shek seinen Aufstieg zur Macht durch Verrat und Verbrechen sicherte, wie amerikanische Hilfsgelder in die Taschen der Soongs flossen, wie eine einflußreiche China-Lobby die Ostasienpolitik des Westens manipulierte – in ihren Folgen bis heute.

Der Autor Sterling Seagrave, Arztsohn des Jahrgangs 1937, verbrachte seine Kindheit im chinesisch-burmesischen Grenzgebiet, ging später in die USA, arbeitete als Matrose auf Frachtern, studierte in Miami, Mexiko und Venezuela; danach Journalist bei mehreren international renommierten Zeitungen, darunter ›Washington Post‹, ›Newsweek‹ und ›Time‹, war Korrespondent in Bangkok, Kuala Lumpur und Singapur, schließlich tätig als Sachbuchautor und Herausgeber für ›Time Inc.‹. Seagrave stieß dort auf umfangreiches Material über die Soongs und deren Verbindung zu diesem Pressekonzern. Für ›Die Soong-Dynastie‹ verwertete er außerdem geheimes Material des FBI, der National Security Agency und Dokumente des US-Außenministeriums, die nach dem ›Freedom of Information Act‹ unlängst frei geworden sind.

Sterling Seagrave

Die Soong-Dynastie

Eine Familie beherrscht China

Aus dem Amerikanischen von
Manfred Papst und
Beat Reck

Fischer Taschenbuch Verlag

Die Abbildungen in diesem Band wurden folgenden Werken entnommen:
Harrison E. Salisbury: China – 100 Years of Revolution
Holt, Rinehart and Winston, New York, 1983

Lois Wheeler Snow: Edgar Snows' China
Random House, New York, 1981

Und der amerikanischen Originalausgabe des vorliegenden Werkes:
Sterling Seagrave: The Soong Dynasty
Harper & Row, New York, 1985

Ungekürzte Ausgabe
Veröffentlicht im Fischer Taschenbuch Verlag GmbH,
Frankfurt am Main, März 1988

Lizenzausgabe mit freundlicher Genehmigung des
Benziger Verlags, Zürich – Köln
Die amerikanische Originalausgabe erschien 1985 unter dem
Titel ›The Soong Dynasty‹ im Verlag Harper & Row, New York

Umschlaggestaltung: Jan Buchholz/Reni Hinsch
Druck und Bindung: Clausen & Bosse, Leck
Printed in Germany
ISBN 3-596-24390-4

Inhalt

Zur Umschrift

Um den Leser nicht zu verwirren und das Kolorit der Zeit zu wahren, werden die chinesischen Orts- und Personennamen im vorliegenden Buch nicht nach einem bestimmten Transkriptionssystem vereinheitlicht, sondern so wiedergegeben, wie sie zu ihrer Zeit am geläufigsten waren. Im übrigen wird die Wade-Giles-Umschrift verwendet.

FÜR PEG

Die Soongs wurden für China geschaffen, nicht China für die Soongs.

Soong Ching-ling
(Madame Sun Yat-sen)

Das größte Problem der chinesisch-amerikanischen Öffentlichkeitsarbeit betrifft die Familie der Soongs. Sie sind Herz und Seele einer proamerikanischen Politik. Es steht uns also schlecht an, über sie herzuziehen.

Henry R. Luce
(Time Inc.)

Prolog

Die Kulisse Shanghais

Shanghai ist nicht mehr vom mysteriösen Geruch des Ostens erfüllt. Ein Schock für meinen Geruchssinn, der darauf gewartet hatte, auf der langen Fahrt der Nanking Road entlang in solchen Gerüchen schwelgen zu können. Unsere Fahrt führte an der Pferderennbahn der alten Britischen Konzession – jetzt der Volkspark – vorbei durch den Platanentunnel in das Baumgewölbe der Avenue Joffre, die, einst im Herzen der alten Französischen Konzession gelegen, heute einfach Huai Hai-Hauptstraße heißt. Der altersschwache Vierplätzer, der in einem jener überall aus dem Boden geschossenen Shanghaier Volkswerke hergestellt wurde, hielt vor dem hohen Tor einer kleinen Backsteinvilla, deren Bedeutung in chinesischen Schriftzeichen auf dem Schild neben dem Tor erklärt war. Vorsichtig wurde die Türe geöffnet, und langsam erschien das verschlafene Gesicht eines jungen Soldaten der Volksbefreiungsarmee, der in einer grünen Uniform mit scharlachroten Abzeichen steckte. Sein abwesender Gesichtsausdruck veränderte sich plötzlich, als er sich einem Rundauge gegenüber sah. Zwei Dekaden Gewaltherrschaft, flankiert von wachsamem Mißtrauen, kennzeichneten seinen Ausdruck.
Sie haben recht, gab er schließlich in seinem zischelnden Shanghaier Dialekt zu, das war, wie übrigens auf dem Schild zu lesen sei, das Haus der Stellvertretenden Vorsitzenden Soong Ching-ling. Doch erhielt ich keine Erlaubnis einzutreten. Der Herrensitz war von einem höheren Parteimitglied bewohnt.
Als ich stattdessen dem Wächter einen Spaziergang durch den sorgfältig gepflegten Garten vorschlug, in dem ich das Aneinanderschlagen der Kricketbälle und das Lachen des kleingewachsenen Doktor Sun Yat-sen im Jahr 1920 zu hören glaubte, verengten sich die Augen des Wächters, und er nahm jene Haltung an, die «Storch stelzt den entfernten Bergen zu» genannt wird. Alte Männer praktizieren diese Haltung während ihrer morgendlichen T'ai Ch'i-Übungen am Kai.

Enttäuscht schaute ich über seine Schultern und versuchte, mir die Büsche und Blumen, die niedlichen Giebel und den Schwung der Fenstereinfassung einzuprägen. Aus dem hinteren Teil des Gartens, wo die alten Dienstbotenunterkünfte waren, vernahm ich Stimmen, die von weit weg zu kommen schienen. Der Wächter zog die Schultern hoch, um mir die Sicht zu versperren. Es half nichts, ihm zu erklären, daß das, wonach ich suchte, schon vor einem halben Jahrhundert verschwunden war.

Nichts war also übrig geblieben als der Ort selbst, wo alles begonnen hatte. Das alte Shanghai, jener «Sündenpfuhl» mit seinen 668 Bordellen, war verschwunden. Der alte British Club mit seiner bekannten Long Bar, in der die großen Taipans an ihren «Stengahs» nippten und die japanischen Besatzungssoldaten für ihre kleinen Offiziere die Tisch- und Stuhlbeine kürzen mußten, ist nun eine Pension für die Seeleute von Handelsschiffen.[1]

Eines Nachts suchte ich nach den Geistern der Stadt, um mich zu vergewissern, daß sie die Stadt verlassen hatten. Wenn sie noch da waren, mußten sie im alten chinesischen Stadtteil sein – der von einer Mauer umgebenen Stadt, die heute von der Chunghua-Straße begrenzt wird. Es war erstaunlich ruhig. Ein Jahrhundert früher oder sogar erst vor einem halben Jahrhundert wäre es unmöglich gewesen, so unbehelligt durch die engen Gäßchen zu spazieren. Damals waren die Straßen voll von Leuten, die einander vorwärtsstießen und sich dauernd räusperten, um auszuspucken, während Bettler wie verwundete Spinnenaffen im Rinnstein lagen. Für wenig «Käsch» konnte man sich eine neunjährige Jungfrau kaufen, die einem eine Stunde für Perversitäten zur Verfügung stand – oder jemandem mit einem Fleischermesser durch die Schultersehnen schneiden lassen, so daß er ein Leben lang nichts mehr hochheben konnte, um sich sein Brot zu verdienen.

Doch jene Gerüche aus alten Tagen waren ebenso verschwunden wie die Geister. Sogar der alte chinesische Stadtteil war saubergefegt, herausgeputzt, zuträglich, attraktiv und ungefährlich. Ich hätte ebenso in Lyon, Manchester oder Omaha sein können. Mit der Ausnahme, daß die Leute in Shanghai freundlicher waren. Verschwunden waren die herumziehenden Rotten der Rotgardisten, die in den 60er Jahren die chinesischen Städte unsicher machten und ausländische Diplomaten in den Straßen von Shanghai teerten und federten und Mitglieder des Politbüros der KP mit Narrenhüten auf dem Kopf ins Pekinger Stadion schleiften, um sie dort ihre Umsturzpläne gegen die Regierung des Vorsitzenden Mao gestehen zu lassen. Einer jener Männer, die

einen Narrenhut trugen, war der ehemalige Minister für Innere Sicherheit, General Lo, den ich für seinen unvergeßlichen Aphorismus bewunderte: «Es ist besser, seine Schuld zuzugeben, als sie nicht zuzugeben.» Man gab ihm die Gelegenheit zu tun, was er lehrte, und Orwells Prophezeiungen erfüllten sich. Die gleichen hysterischen Horden, von Maos Frau und der Viererbande angestachelt, hatten das Haus der Stellvertretenden Vorsitzenden Soong Ching-ling verwüstet – die hübsche Villa an der Avenue Joffre, wo sie als kleines Mädchen gelebt hatte, bevor sie mit Dr. Sun ausriß, und die sie nach dem Sieg der Kommunisten erwarb, um dort ihre alten Tage zu verbringen.
Warum war jetzt jedermann so freundlich? In den chinesischen Dörfern entlang der Grenze der Provinz Yunnan, wo ich aufgewachsen war, waren die armen Leute immer freundlich und hatten einen Sinn für deftigen Humor. Doch in Shanghai konnte man so etwas kaum erwarten. Während sich die Russen und Amerikaner anschickten, den ersten Menschen auf den Mond zu stellen, prahlten die Chinesen, einen neuen Menschen auf die Erde zu stellen. War ihnen das gelungen? Wenn ja, gab es für diesen Menschen einen besseren Ort als diese Stadt, die einst als die sündigste der ganzen Welt galt? Weil Shanghai der Schauplatz unserer Geschichte ist und der Charakter der Stadt soviel zur Soong-Legende beigetragen hat, verlangt ihre Entwicklung eine kurze Darstellung.

Im frühen 19. Jahrhundert, kurz bevor die Soongs die Bühne betraten, war die alte chinesische Stadt nur ein Dorf, das 17 Meilen flußaufwärts an den sumpfigen Ufern des Whangpoo Flusses lag. Der Name Shanghai heißt nichts anderes als «am Meer gelegen». Ein Treidelpfad führte dem Flußufer entlang, und wenn Flaute herrschte, wurden die Dschunken flußaufwärts gezogen. Die Landschaft war meilenweit flach und jeder Überflutung ausgesetzt. Doch von diesem Ort aus wurde der Handel, der über tausend Meilen den Yangtze flußaufwärts getrieben wurde, beherrscht.
Zu diesem Zeitpunkt konnten Ausländer nur den südlichen Hafen von Kanton benutzen. Schon seit dem späten 18. Jahrhundert hatte England über die Britisch-Ostindische Kompanie mit China Handel getrieben. Doch zu Beginn des 19. Jahrhunderts war es für die Engländer mit der Handelsbilanz schlecht bestellt: Der Wert der Seiden- und Teeimporte war weit größer als die englischen Exporte nach China. Es gab kaum eine Nachfrage nach teurer englischer Ware wie Baumwolle, Wolle und Produkten aus Metall. Nachdem die britischen Handelsunternehmer schon Indien wirtschaftlich erobert hat-

ten, waren sie zuversichtlich und glaubten, in China einen weiteren riesigen Markt zu erschließen, wenn neben Kanton noch einige andere Häfen der ausländischen Ausbeutung geöffnet werden konnten. Das Mittel, das England zur Öffnung anwandte, war Opium.[2]
Die hauptsächlichen Opiumquellen waren damals Indien und der Mittlere Osten; bei beiden hatte die Britisch-Ostindische Kompanie das Monopol. Tüchtige Engländer wie Dr. William Jardine, einer der größten Opiumhändler, kauften in Indien für geringe Summen rohes Opium und verkauften es über Hong Kong den Chinesen für das Zehnfache.[3]
Eine Zeit lang gelang es den Briten, ihre Teeimporte durch den Opiumschmuggel nach China zu finanzieren. Doch als der englische Teeverbrauch anstieg, mußte auch der Opiumhandel ausgedehnt werden. Da die Mandschu-Regierung den Handel mit Opium verboten hatte, wurde es vorerst nach Macao, der portugiesischen Kolonie an der Mündung des Perlflusses, geschifft. Dort wurden die Drogen ausgeladen. Zusammen mit legaler Fracht transportierte man sie von dort mit Unschuldsmiene nach Kanton. Später, als genug Mandschu-Beamte zu Partnern in diesem Schwarzhandel geworden waren, wurde das Opium direkt nach Kanton gebracht, wo es unverfroren in den Lagerhäusern am Flußufer gestapelt wurde.
In den 20er Jahren des 19. Jahrhunderts begannen sich auch renommierte amerikanische Firmen am Opiumgeschäft zu beteiligen: Perkins & Company und Russell & Company aus Boston transportierten mit ihren Klippern riesige Mengen Opium. Von 1821 bis 1837 stieg der englische und amerikanische Anteil von 5 000 Kisten auf 39 000 Kisten. Der englische Anteil vermochte wiederum die Seiden- und Teeimporte auszugleichen und verhinderte so das Abfließen der Silberreserven. Der trotz kaiserlicher Verbote ansteigende Opiumkonsum hatte soziale Probleme zur Folge. Mehr und mehr Leute, von Landbesitzern und Aristokraten bis hinab zu Soldaten und Prostituierten, wurden drogenabhängig. Da auch Beamte der Mandschu-Regierung in den Opiumhandel verstrickt waren, breitete sich die Korruption in der Regierung aus. Schließlich bewegte sich der Silberfluß in die entgegengesetzte Richtung, und chinesisches Silber begann in beunruhigendem Ausmaß nach Großbritannien zu fließen. Souveränität und Nationalstolz standen ebenso auf dem Spiel wie Silber und Opium. Als chinesische Beamte im Dezember 1838 einen Opiumschmuggler vor den Lagerhäusern Kantons ans Kreuz nagelten, waren die «ausländischen Teufel» bald zur Stelle und zerschlugen das Kreuz. Zehntausend Chinesen revoltierten. Die westlichen Importeure wandten sich an einen mächtigen Unternehmer, den sie

Houqua nannten. Diese chinesische Schlüsselfigur im Opiumgeschäft bestach die lokalen Mandarine und etablierte damit jene Praktiken, die im nächsten Jahrhundert dominieren sollten. Die chinesische Regierung bestand darauf, daß alle englischen Schiffskapitäne einen Vertrag unterschrieben, nach welchem sie kein Opium mehr nach China schiffen durften. Amerikanische Schiffe begannen darauf, heimlich Opium nach China zu transportieren oder englische Frachter unter amerikanischer Flagge einlaufen zu lassen. Das Maß war voll, als eine Schar betrunkener englischer Matrosen im Streit einen chinesischen Dorfbewohner umbrachte. Der englische Konsul weigerte sich, die Matrosen vor ein chinesisches Gericht zu stellen. Um Gleiches mit Gleichem zu vergelten, ließ die Mandschu-Regierung die Nahrungsmittelzufuhr der Engländer stoppen. Am 1. Oktober 1839 erklärte England den Krieg.[4]
Die englischen Opiumkaufleute hatten sich lange und nachhaltig für einen solchen Krieg eingesetzt, und sie waren seine hauptsächlichen Nutznießer. Ihre Flotte, die vom mit 32 Kanonen bestückten Raddampfer *Nemesis* angeführt wurde, machte mit der chinesischen Marine kurzen Prozeß. Erniedrigt bezahlte China eine große Summe an Wiedergutmachung, öffnete den Engländern fünf zusätzliche Häfen für den Handel und als Niederlassungen und entzog alle englischen Staatsangehörigen der chinesischen Justiz.
Von diesen neuen Vertragshäfen war Shanghai das eigentliche Juwel. Als sich die Engländer dort niederließen, war Shanghai nur eine schmutzige Küstenenklave. George Balfour, Hauptmann der Madras-Artillerie, war ihr erster ständiger Konsul. Er wurde begleitet von einem Dolmetscher, einem Arzt und einem Bürogehilfen. Für seine Niederlassung suchte sich Balfour ein Stück Marschland nördlich der mit einer Mauer umgebenen chinesischen Stadt aus, weil der Fluß dort die besten Ankerplätze bot.
«Hier kann unsere Marine aufkreuzen», erklärte Balfour, «und wo unsere Schiffe sind, da sieht man unsere Macht und kann sie wenn nötig auch fühlen. Es ist unsere Absicht, diesen großen Fluß ganz zu kontrollieren.»[5]
Der mächtige Yangtse wurde nicht nur in bezug auf den Handel mit Landwirtschaftsprodukten von Shanghai beherrscht; durch Kanäle und Seen war er mit Suchou, der Hauptstadt der Seidenproduktion, und durch den Großen Kanal mit Peking verbunden. Alles, was China zu exportieren hatte, konnte so in Shanghai abgefertigt werden, und alle europäischen und amerikanischen Waren wurden hier importiert.
Anfangs ließen sich die Ausländer nur zögernd nieder, doch aus

Kanton kam eine Handvoll Missionare und Kaufleute, begleitet von ihren abgebrühten chinesischen Geschäftsvertretern. Die Vereinigten Staaten handelten einen besonderen Vertrag aus, der den Yankees eine eigene Konzession sowie den Status der meistbegünstigten Nation und die Befreiung von der chinesischen Gerichtsbarkeit zugestand. Ein amerikanischer Konsul, Henry Wolcott, hißte als erster das Sternenbanner auf der Nordseite des Suchou-Flusses – die erste ausländische Fahne, die über Shanghai wehte, denn ein englischer Fahnenmast war noch nicht aufgestellt worden. Bestürzt pflanzte Konsul Balfour den Union Jack auf der Südseite auf, wo er auch sein Konsulat in aller Eile bauen ließ. Schließlich baten die Amerikaner die Briten, polizeiliche und andere Angelegenheiten für sie zu übernehmen, und dies führte zum Zusammenschluß der beiden Konzessionen zur Internationalen Niederlassung. Die Franzosen hielten sich fern und gründeten ihre eigene Konzession weiter flußaufwärts.

Am Anfang waren es nicht Kaufleute, sondern eifrige Missionare, die Amerika vertraten. Viele von diesen Missionaren waren fundamentalistische Puritaner, erfüllt von neutestamentlichen Tugenden. «Die chinesische Rasse gibt Anlaß zur Hoffnung», sagten sie optimistisch, «sie hat nur die alles verwandelnde Kraft des Christentums nötig, um sich unvergleichlich hoch über den Rest der asiatischen Völker zu erheben.»

Wo einst ein Treidelpfad entlangführte, standen nun eine Reihe von Lagerhäusern oder Hongs, umgeben von hübschen Gärten. Im oberen Stockwerk waren Büros. Hier traf man den Taipan und seine Gehilfen. Es waren harte Männer, die nach Asien gekommen waren, um sich persönlich zu bereichern. Die Gewinne ihrer Firmen oder ihres Landes standen erst an zweiter Stelle. Keine Frau begleitete sie, damals war Shanghai kein Ort für eine Dame.

Ohne andere Gesellschaft als die eigene, führten die Taipans ein Leben, das sein Vorbild im englischen Landadel hatte. Sie standen spät auf, frühstückten ausgiebig und besuchten dann ihre Hongs, um die Konten zu überprüfen, die von den Bürovorstehern aus dem Westen, die man Griffins [Greifvögel] nannte, nachgeführt wurden. Danach setzten sie sich zu einem ausgedehnten Mittagsmahl aus chinesischen Delikatessen, das mit englischem Ale und holländischem Gin hinuntergespült wurde. Am Nachmittag tranken sie Whiskey auf der Veranda, sahen dem Laden und Löschen der Schiffe zu und rauchten mit liebenswürdigen Freunden Zigarren bis zum Abendessen. Diese Mahlzeit umfaßte spanische Sherries, französische Klarets und Sauternes, exquisiten chinesischen Fisch, Geflügel, importiertes Roast Beef und Schaffleisch, bereichert durch indische Curries,

Gebäck, Käse, Champagner, Kaffee und weitere Zigarren. Alle waren sich einig, daß man dringend einen Club einrichten müsse.
Shanghai begann zu florieren. Bald herrschte das Treiben eines ungehemmten Kapitalismus, und die Rolle des halsabschneiderischen Geschäftsherren wurde bis ins letzte gespielt. Man sagte, daß man den Verbrecher nur durch die Größe seines Geldbeutels vom Kapitalisten unterscheiden könne. Scharen von Kriminellen und Schwindlern gingen in Shanghai an Land. Lancelot Dent und sein Partner T.C. Bale von Dent & Company waren die ersten ernstzunehmenden Rivalen für Jardine und seinen Partner Matheson. Beide Firmen ließen ihre Post in Kalkutta oder Hong Kong von schnellen Seglern nach Shanghai bringen. Damit waren sie um einiges schneller als die trägen britischen Postschiffe und wußten die Wirtschaftsneuigkeiten aus Europa ein oder zwei Tage früher als ihre Möchtegern-Konkurrenten. Ihre Gewinne waren phantastisch. Die führenden amerikanischen Handelsunternehmen waren Russel & Company, Heard & Company, Wetmor's, Olyphant's sowie Walcott, Bates & Company. Das einflußreichste dieser Unternehmen war die etablierte Opiumhandelsgesellschaft Russell & Company, die mit den bekannten amerikanischen Kaufmannsclans der Roosevelts, Delanos und Forbes' zusammenhing.
Für die Engländer und Amerikaner entwickelte sich alles zum besten, für die Mandschus dagegen lief die Sache sehr schlecht.

Der britische Triumph im Ersten Opiumkrieg machte deutlich, wie verletzlich die Mandschus waren, die China seit 1644 regierten. Die Dynastie der fremden Mandschus hatte den Süden Chinas nie ganz unter ihre Kontrolle gebracht. Immer schwelten dort Verschwörungen, und gegen die Mandschus gerichtete Geheimgesellschaften fanden in den ländlichen Gegenden regen Zulauf. Brutale Unterdrükkung vermochte einen Volksaufstand lange Zeit hinauszuzögern, doch der britische Sieg im Opiumkrieg zeigte deutlich, daß die Kraft der Mandschus im Laufe der Jahrhunderte geschwunden und zu tiefer Schwäche und Korruption geworden war. Es war eine Frage der Zeit, bis sich die gegen die Mandschus gerichtete Bewegung sammeln und die kaiserliche Regierung stürzen würde.
Die Mandschu-Regierung war in einem Dilemma: Konzentrierte sie ihre Kräfte und Mittel auf die Abwehr fremder Eindringlinge, setzte sie sich einer Revolte im Landesinnern aus. Wollte sie jedoch den aufständischen Tendenzen Herr werden, so war sie den Forderungen der Fremden ausgeliefert. Sowohl die chinesischen Geheimgesellschaften als auch die westlichen Regierungen machten sich diese

Situation zunutze. Der Westen versuchte die Mandschu-Regierung zu destabilisieren, jedoch nicht so stark, um sie zusammenbrechen zu lassen. Die Geheimgesellschaften ihrerseits provozierten Unstimmigkeiten zwischen den Mandschus und den westlichen Regierungen, indem sie Missionare angriffen. Jede Gewalttätigkeit bewirkte, daß der Westen neuen Druck auf Peking ausübte.

Es liegt in der Ironie der Geschichte, daß es gerade der Kampfgeist des alttestamentlichen Christentums war, der eine der großen Umwälzungen der Geschichte zum Ausbruch brachte und im Jahre 1850 den Taiping-Aufstand auslöste. In Südchina bekehrte sich ein enttäuschter Kandidat für den Mandschu-Regierungsdienst zum Christentum, um dort Trost zu finden. In Visionen sah er sich als der jüngere Bruder von Jesus Christus. Mit diesem Mann als ihrem Messias an der Spitze, schickte sich eine «Gesellschaft der Gottesverehrer» (nach ihrer eigenen Einschätzung gute Christen) an, das Mandschu-Regime niederzuschlagen. Ihr Ziel war es, die Regierung Chinas den Chinesen zurückzugeben und das Land in Gemeinbesitz zu überführen. Sie waren wild entschlossen, gegen Prostitution, Rauchen, Opium, Trinken, Ehebruch, Glücksspiel, das Einbinden der Füße, Sklaverei und Grausamkeit gegenüber Frauen vorzugehen. Sie waren ihrer Zeit um einiges voraus. Diese mächtige Schar christlicher Streiter, die sich aus halbverhungerten Bauern und Arbeitern zusammensetzte, zog nordwärts, um das Himmlische Königreich des großen Friedens (T'aip'ing T'ien-kuo – oder einfach «Taiping») zu gründen.

Diese Art von alttestamentlicher Aug-um-Aug-Gewalt entsprach kaum dem, was den neutestamentlichen Missionaren aus dem Westen mit China vorgeschwebt hatte. Einigen von ihnen behagte es nicht so recht, daß Jesus Christus nun einen chinesischen Verwandten haben sollte.

Während 14 Jahren kämpften die Taipings gegen die Mandschus. In 20 Provinzen zettelten sie Aufstände an, in denen 20 Millionen Seelen himmelwärts fuhren. Dann machten sie den Fehler, daß sie Shanghai den Eindringlingen entreißen wollten. Es gelang ihnen lediglich, den chinesischen Teil der Stadt zwei Jahre lang zu kontrollieren. Schließlich wurden sie von den Franzosen vertrieben. Den Rest besorgte ein amerikanischer Söldner namens Frederick Townsend Ward, ein notorischer Tunichtgut aus Salem, Massachusetts.

Die Aussicht auf leichte Beute reizte Ward, der es satt hatte, als Matrose auf dem Yangtse zu arbeiten, so daß er im Dienst der Mandschus eine Söldnertruppe zusammenstellte, um gegen die Taipings zu kämpfen. Ward nannte seine Truppe die «Immer siegreiche Armee», doch sie brachte nur wenig zustande. Ward selber war zwar

keine wirkliche Gefahr und wurde bald darauf auf dem Schlachtfeld getötet, aber sein Nachfolger war ein sehr gefährlicher militärischer Eigenbrödler namens Charles George Gordon.
Gordon war ein imposanter, schnauzbärtiger Held aus dem Krimkrieg, der nach China gesandt wurde, um am Zweiten Opiumkrieg teilzunehmen, jenem Krieg, in dem im Oktober 1860 die westlichen Armeen Peking besetzten, den herrlichen Sommerpalast in Brand steckten und dem Drachenthron erniedrigende neue Zugeständnisse diktierten. Nach diesen Ereignissen wurde Titularmajor Gordon damit beauftragt, Wards «Immer siegreiche Armee» zur «Verteidigung» Shanghais zu übernehmen. Gordon war ein entschlossener Feldherr, was für die Taipings vernichtende Folgen hatte. Wenn er nicht in seinem Zelt wie Achill brütete, inzenierte er brillante Angriffe auf die Unruhestifter und wurde damit in der britischen Presse, die ihm den Spitznamen «Chinese Gordon» gab, eine populäre Gestalt. Seine Siege verdankte er dem Überraschungsangriff, seinen Kanonen und Sprengsätzen sowie den modernen Gewehren, die er gegen die nur mit Pfeilbogen, Speeren, Stinktöpfen und Gongs bewaffneten Rebellen einsetzte. Die Taipings verloren die Initiative und gaben auf; noch nie waren sie mit westlicher Kriegstechnik konfrontiert worden. Von Mandschu-Truppen in Nanking eingekreist, zog es der Jüngere Bruder von Jesus Christus schließlich vor, Selbstmord zu begehen, als von einem Scharfrichter langsam erdrosselt zu werden. Damit endete die Taiping-Rebellion.
Dies bedeutete jedoch nicht, daß auch jene Bewegung zum Stillstand kam, die die Taiping-Rebellion ausgelöst hatte. Vielmehr leitete sie einen großen Bauernaufstand ein, der erst ein Jahrhundert später unter der Führung von Mao Tse-tung seinen Höhepunkt erreichen sollte. So wurden zwei Konflikte gleichzeitig ausgetragen: zwischen den Bauern und den Lehensherren sowie zwischen China und den plündernden ausländischen Mächten. In Shanghai sollte man von beiden Konflikten in phantastischem Ausmaß profitieren.
Vor diesem Hintergrund aus Korruption, Revolution, Heuchelei und Besitzgier beginnt die Soong-Legende.

Nur wenige Familien seit den Borgias haben im menschlichen Schicksal so eine verwirrende Rolle gespielt. Beinahe ein Jahrhundert lang waren die Soongs die Schlüsselfiguren jener Ereignisse, die die Geschichte Asiens und der übrigen Welt prägten. Die Namen einzelner Familienmitglieder wurden Allgemeingut: Dr. Sun Yat-sen, Madame Chiang Kai-shek, Generalissimo Chiang, Madame Sun. Andere agierten als Chinas Premierminister, Außenminister und

Finanzminister. Sie sammelten einige der größten Vermögen der damaligen Zeit an, und T.V. Soong war wohl der reichste Mann der Welt.

Die «Soong-Schwestern» – Ai-ling, Ching-ling und May-ling – gaben Anlaß zum mittlerweile bekannten chinesischen Sprichwort: «Es waren einmal drei Schwestern: Die eine liebte das Geld, die andere die Macht, und die dritte liebte China.» Ai-ling Soong war berüchtigt für ihr finanzielles Geschick, doch den meisten entging die Tatsache, daß sie das Schicksal der Familie am nachhaltigsten beeinflußte. «Wenn sie als Mann zur Welt gekommen wäre», so sagte man, «hätte sie China regiert.» May-ling Soong Chiang wurde eine der mächtigsten Frauen in der Geschichte. Sie inspirierte zwei Generationen von Amerikanern, die sie während Jahren unter die bekanntesten und respektiertesten Frauen der Welt einreihten. 30 Jahre lang beeinflußte sie die Entscheidungen der amerikanischen Spitzenpolitiker – und beeinflußte so das Weltgeschehen. Sie war die anerkannte treibende Kraft hinter den Kulissen Nationalchinas. Die dritte Schwester, Ching-ling, blieb den Idealen ihres Gatten Sun Yat-sen treu und wurde Stellvertretende Vorsitzende von Mao Tse-tungs Volksrepublik. Die öffentliche Meinung in den Vereinigten Staaten verurteilte sie deshalb gewöhnlich.

Ihr Vater, Charlie Soong, war dafür bekannt, daß er Sun Yat-sens Revolution, die schließlich den Zusammenbruch der Mandschus herbeiführte, finanzierte. Als Patriarch hatte Charlie Soong nicht seinesgleichen. Er regte seine Kinder zu bemerkenswerten Leistungen an, gab seinen Töchtern soviel Liebreiz und Einfluß, daß sie sich in die obersten militärischen, politischen und finanziellen Führungskreise einheiraten konnten, und war selbst einer der ungewöhnlichsten chinesischen Unternehmer. Wie viele andere legendäre Gestalten der chinesischen Geschichte kam er aus dem Dunkeln und begründete eine ganze Dynastie. Sein Sohn, der in Harvard ausgebildete T.V. Soong, finanzierte Chiang Kai-sheks Aufstieg zur Macht und überzeugte während des Zweiten Weltkriegs Präsident Roosevelt mit viel Geschick, «ihr» China – das China Chiang Kai-sheks und der Soongs – mit Riesensummen zuerst gegen Japan und dann gegen die chinesischen Kommunisten zu unterstützen.

Die Soongs hatten Henry Luce, Verleger und Besitzer von *Time,* ganz auf ihrer Seite, so daß ihr Ruhm über seine Zeitschriften entsprechend vergrößert wurde. Luce, selbst ein Kind amerikanischer China-Missionare, half so, die Soongs an der Macht zu halten, als Zeichen seines eigenen verlorenen Gesichtskreises, als Symbol eines romantischen China, das ein Produkt seiner Phantasie geworden war.

Er lieferte so jene verzogene Optik, durch die ein Großteil Amerikas die Ereignisse in Asien betrachtete. Viele einflußreiche Amerikaner verfielen dem Zauber der Soongs: Operettenfiguren wie Claire Chennault, der Kommandant der Flying Tigers, Journalisten wie Theodore White und Joseph Alsop, aber auch bekannte Washingtoner Lobbyisten wie Roosevelts Freund «Thommy the Cork» [Thommy der Korken] Corcoran. Während Roosevelt sich darüber lustig machte, von Madame Chiang «betört» worden zu sein, wurden andere Amerikaner von den Soongs beinahe fertiggemacht. Dies betraf besonders jene, die eine objektivere Sicht des chinesischen Ärgernisses anstrebten, Männer wie General Joseph W. Stilwell sowie die Diplomaten John Service und John Paton Davis.
Auch dies gehört zur Geschichte der Soongs, ebenso wie die Gestalt des russischen Geheimagenten Michail Borodin, die tragische Romanze des jungen amerikanischen Journalisten Vincent Sheean, das Schicksal von Anna Louise Strong, die Borodins engste Vertraute wurde; aber auch die heftig nach Unabhängigkeit strebende Agnes Smedley gehört dazu, die aus dem Elend einer Bergwerksstadt in Colorado kam, um Anwältin hoffnungsloser Fälle zu werden.

Die Soongs darzustellen ist nicht einfach. Denn sie gleichen jenen Lebewesen, die sich so perfekt ihrer Umgebung anpassen, daß es schwierig ist, ihre Gegenwart wahrzunehmen. Wie die Cheshire-Katze waren die Soongs nur dann sichtbar, wenn sie es wünschten. Sie versteckten sich, indem sie nur zu gut sichtbar waren. Ihr öffentliches Auftreten war so bestechend, daß es die Sinne verwirrte. Sobald ihr Image einmal gefestigt war, war es praktisch unmöglich, genau zu verfolgen, was sie taten, was ihre Gewohnheiten waren, oder andere Aspekte ihres Charakters festzustellen, wie das bei gewöhnlichen Leuten keine Mühe bereitet.
Es ist eine Eigenart der Chinesen – ob reich oder arm –, reserviert und unzugänglich, ja sogar geheimniskrämerisch zu sein. Die Soongs waren den westlichen Gewohnheiten am besten angepaßt, doch ihre scheinbare Offenheit und Zugänglichkeit waren bloß zugelegte Verhaltensweisen und keine völlige Veränderung. Auch engen Vertrauten war es nicht möglich, hinter ihre Masken zu blicken. Ihr öffentliches Image wurde von zahlreichen Publizisten aufgebaut und propagiert. Es war bekannt, daß das Chiang-Regime während der 40er, 50er und 60er Jahre *jährlich* Hunderte von Millionen Dollar investierte, um ihr Bild in der amerikanischen Öffentlichkeit, und damit ihr Regime, aufrechtzuerhalten. Gleichzeitig unterdrückte das Regime negative Berichterstattung. Eine kritische Biographie Chiang Kai-

sheks, die eine seiner Ex-Frauen verfaßte, wurde von den Behörden Taiwans für eine Summe, die mehr als eine Million Dollar betragen haben soll, aufgekauft und offenbar vernichtet.
Im Laufe der Jahre fand ich nur wenige Leute, die von sich behaupten konnten, die Soongs gekannt zu haben. Jene, die die Soongs wirklich kannten, waren Mitglieder des Chiang-Regimes und hatten gute Gründe zu schweigen. Denn die Soongs waren so mächtig, daß sie jeden bestrafen konnten, der zuviel redete. Leute aus dem Westen, zum Beispiel Claire Chennault, verbrachten Jahrzehnte im persönlichen Dienst Madame Chiangs, doch wurden sie immer bewacht und standen Fragen feindselig gegenüber, denn ihre Karriere hing vom beständigen Erfolg ihrer Beschützer aus der Soong-Familie ab. So schenkte man nur jenen tendenziösen Darstellungen Glauben, die von selbsternannten Vertrauten wie Emily Hahn und Henry Luce verfaßt und weltweit publiziert wurden. Leute wie Theodore White, Jack Service und Joseph Stilwell kritisierten die Soongs und wurden dafür aus ihren Ämtern entfernt. Von den dreien kam nur White davon, aber seine Karriere war ruiniert und sein Ruf zerstört. Jeder, der die Soongs kritisierte, fand sich bald als Sympathisant der Kommunisten gebrandmarkt.
Es erschienen verschiedene Biographien von Sun Yat-sen und Chiang Kai-shek, von denen einige um mäßige Kritik bemüht waren. Ebenso erschienen zwei höchst schmeichelhafte Hagiographien der Soong-Schwestern sowie ein romanhaftes Kinderbuch über sie von Pearl Bucks Schwester. All diese Darstellungen kümmerten sich nicht um die dunklen Seiten der Soong-Familiengeschichte. So ist dieses Buch die erste Biographie des ganzen Clans und das erste, das sowohl ihre positiven Einflüsse als auch ihre lange verborgenen Aktivitäten untersucht. Nur wenn alle Mitglieder des Clans in eine Darstellung einbezogen werden, erkennt man, wie sie sich auf dem Weg zur Macht gegenseitig unterstützten und behinderten; auch wird deutlich, inwieweit sie in die Unterwelt Shanghais verwickelt und von ihr abhängig waren.
Diese Biographie konnte nicht früher geschrieben werden, weil es die Soongs nicht zuließen. Bis zur Kursänderung der amerikanischen Chinapolitik in den 70er Jahren konnte es jeden Journalisten Brot und Karriere kosten, wenn er sich auf «ungesunde» Art für die Soongs interessierte oder den Chiangs weniger als religiöse Verehrung entgegenbrachte. Die Schwierigkeiten, mit denen der *Time*-Korrespondent Theodore White zu kämpfen hatte, sind das treffendste Beispiel dafür und sie werden auf diesen Seiten – hoffentlich einigermaßen gerecht – geschildert. Ein weiterer hervorragender Journalist,

Stanley Karnow, der während langer Zeit von Hong Kong aus für *Time* arbeitete, erzählte mir einmal von einer Taiwanreise, die er zusammen mit seinem Chef Henry Luce unternahm. Als sie in einer Limousine zum exklusiven Palace Hotel gefahren wurden – einem Soong-Besitz mit Blick auf Taipei –, bemerkte Luce, daß der Wagen, der ihr Gepäck transportierte, nicht mehr hinter ihnen war. Mit einem Stirnrunzeln sagte Luce trocken: «Ich glaube, sie haben unser Gepäck verloren.» Darauf meinte Karnow, der die Dinge gerne beim Namen nannte: «Es wäre nicht das erste, was sie verloren haben.» Luce fand das nicht lustig. Die Bemerkung hatte jene magische Bindung zerstört, die nötig war, wenn man einer von Luces Korrespondenten zu sein wünschte. («Innerhalb eines Jahres», so erzählte mir Karnow, «arbeitete ich nicht mehr für *Time*.»)
Aus diesem und anderen Gründen entschloß ich mich, die Beobachtungen und Einblicke aus den nächstliegenden Quellen von Verbündeten der Soong-Familie wie Clare Boothe Luce, Emily Hahn und Anna Chennault nicht zu verwenden. Denn diese Perspektiven sind bekannt. Emily Hahns Buch «The Soong Sisters», das 1940 erschien, stützt sich größtenteils auf ihre Bekanntschaft mit Ai-ling Soong während ihrer Shanghaier Korrespondentenzeit für *The New Yorker*. Man erfährt darin einige private Details über die frühe Kindheit der Mädchen. Aber es erwies sich als zu parteilich, um in anderer Hinsicht von Nutzen zu sein.
Statt dessen habe ich versucht, die Geschichte der Soongs so zu schreiben, daß ein von ablehnender oder zustimmender Interpretation unabhängiges Bild entstand. Wie Perseus, der es vermied, der Medusa in die Augen zu blicken, suchte ich nach den Soongs im Spiegel ihrer Zeit und im Leben ihrer engsten Vertrauten. Ihr prächtiges Federkleid vermochte nicht mehr zu täuschen. (Die verwendeten Methoden, die Orte, an denen die Informationen in Amerika zu finden sind, und die Quellen für die wesentlichen Behauptungen im Text werden alle im Anhang detailliert aufgeführt.)
Ein Beispiel soll hier genügen: Die Schattenseite von Chiang Kaisheks Aufstieg zur Macht in den 20er Jahren ist von Propagandisten übermalt worden. Viele der düsteren Details wurden verwischt oder ausradiert. Über seine Jugend bleibt deshalb nicht viel mehr übrig als eine salbungsvolle Lobrede. Das macht es nicht einfach, Chiangs Beweggründe und Handlungen direkt zu überprüfen. Eine Welle neuerer Untersuchungen aus China vermochte jedoch, Licht in die Biographien einiger Vertrauter aus Chiangs frühen Jahren zu bringen. Diese Publikationen sind in der Bibliographie aufgeführt. Indem ich diese Elemente sorgsam zusammengefügt und gezeigt habe, wie diese

Vertrauten in den früheren 20er Jahren zusammenarbeiteten, ist es mir gelungen, genügend Hauptzüge einer großangelegten politischen Verschwörung zu rekonstruieren, um zu zeigen, wie sie vor sich ging und wer die Hauptakteure waren. Chiangs direkte Verbindung zu der berüchtigten Grünen Gang in Shanghai nach dem Winter 1926/27 ist seit vielen Jahren bekannt. Doch wußte man nicht genau, daß diese Verbindung schon viel früher bestand und was sie für seine Karriere bedeutete. Es ist nun zum ersten Mal möglich, das «geistige Band» zu sehen, das sie alle schon seit seiner Jugend, also vor 1910, verband, und zu erkennen, wie die Anführer der Grünen Gang Chiang entschlossen einsetzten (und von ihm eingesetzt wurden), um die Revolution aus den Händen von Dr. Sun Yat-sens Koalition zu reißen. Zusammenhänge, die bis anhin nur vermutet werden konnten, treten nun deutlich zutage. Chiangs Machtübernahme, die von der offiziellen Geschichtsschreibung kaum sinnvoll erklärt worden ist, erhält nun zum ersten Mal eine schlüssige Begründung.
Die gleiche Methode, die Chiang so klar erkennbar werden läßt, zeigt auch die übrigen Mitglieder der Soong-Dynastie in neuem Licht. Weil der Erfolg der Soongs von Dunkelmännern abhing, die nicht zur Familie gehörten, ist es nur möglich, die Geschichte der Soongs zu verstehen, indem die Rollen dieser Dunkelmänner erkannt werden. Zwar gehörten sie nicht zu den Soongs, doch müssen wir sie als Verbündete dieses Clans betrachten. Die wichtigsten dieser Verbündeten waren der Chef der Grünen Gang, Tu Yueh-sheng, und ein kleiner Kreis von Leuten, die seine Interessen durchsetzten. Tu selber war schon fast ein Mitglied der Familie.
Ich möchte unbedingt hinzufügen, daß ich nie ein alter Chinakenner war, sondern lediglich ein vorübergehender Betrachter. Als ich zu recherchieren begann, mußte ich mir sagen lassen, daß die Vergangenheit endgültig vorbei war, die Gegenwart ihr in schnellem Tempo folgte und der Zukunft das gleiche Schicksal droht. Nachdem ich mich von diesen enttäuschenden Neuigkeiten erholt hatte, fragte ich mich, wer für das Ganze verantwortlich war. Während die Möglichkeiten vielleicht unendlich waren, wurden einige der interessanteren Möglichkeiten zu meinen ständigen Begleitern. Meine Faszination durch die Soongs wuchs mit jeder Entdeckung, die zeigte, daß sie nicht das waren, was sie schienen. Eines Tages fiel mir in Singapur völlig zufällig ein kurioses Dokument in die Hände. Es war Generalissimo Chiangs Polizeiakte der britischen Kolonialverwaltung in Shanghai. Sie enthielt eine Zusammenstellung von Morden und Anklagen wegen bewaffneten Raubüberfalls.[6] Dies war wenig bekannt. Besonders unter Amerikanern gab es eine stille Vereinba-

rung, über die Soongs – und besonders über den Zweig der Chiangs – ohne jeden Realitätsbezug zu sprechen. Genauso, wie ein schreckliches Familiengeheimnis verborgen wird oder die verschlossene Türe in der Dachkammer, hinter der Mrs. Rochester mit ihren Ketten klirrt und auf das große Feuer wartet.

1. Kapitel

Ein Himmelssohn reißt aus

Die Legende von Charlie Soong ist das Meisterstück einer Erfindung aus dem 20. Jahrhundert. Aus spärlichsten Fakten wurde sie erstmals in den 20er Jahren von Chinamissionaren ausgeschmückt. Westliche Journalisten griffen sie auf, fügten ihre eigenen enthusiastischen Übertreibungen hinzu und verbreiteten die Legende in Zeitschriften und Zeitungen. Zu jener Zeit schien sie nur eines jener reizenden Märchen aus dem Orient zu sein, genau so wahr oder falsch wie viele andere.

Charlie Soong, so wurde erzählt, soll der Sohn verarmter Bauern auf der südchinesischen Insel Hainan gewesen sein. 1875, im Alter von neun Jahren, wurde er von einem Onkel adoptiert und nach Boston, Massachusetts, mitgenommen, wo er sich als Angestellter in einem Tee- und Seidengeschäft abrackerte. Der Knabe sehnte sich danach, nach amerikanischem Muster ausgebildet zu werden, um sein Schicksal zu erfüllen. Eines Tages lief er fort und versteckte sich an Bord eines Schiffes mit dem Namen *Colfax*, das in Boston vor Anker lag. Glücklicherweise war der Kapitän ein gottesfürchtiger Christ namens Charles Jones, der an dem Knaben Gefallen fand. Der gute Kapitän gab ihm Arbeit als Kajütenjunge und unterwies ihn in Religion, bis die *Colfax* in Wilmington, North Carolina, einlief. Kapitän Jones brachte seinen dankbaren Schützling dort in eine Methodistenkirche, damit er getauft werde. Seinem Beschützer zu Ehren nahm der Junge den Namen Charles Jones Soong an. Die Kirchgemeinde war beeindruckt und sorgte dafür, daß Charlie eine Ausbildung erhielt. Auf ihr Ersuchen hin wurde er von General Julian Carr, einem Bürgerkriegshelden, aufgenommen. General Carr mochte Charlie, finanzierte seine Ausbildung am Trinity College (der späteren Duke University) und danach sein Studium an der Theologischen Fakultät der Vanderbilt University in Nashville, Tennessee. Dem großen Plan gemäß wurde Charlie als Methodistenmissionar nach China zurückgesandt,

um seinen Landsleuten das Evangelium zu bringen. In Shanghai wurde er mit dem Drucken von Bibeln reich, verwendete das Geld, um Dr. Sun Yat-sens Revolution zu finanzieren und hatte sechs Kinder, die alle Herrscher über das republikanische China wurden.
Einiges von dieser Legende entspricht der Wahrheit, das meiste jedoch ist pure Erfindung. Das Schiff namens *Colfax* lief nie Boston an. Auch gab es nie einen Charles Jones, der ihr Kapitän war. «General» Carr kam nie über den Rang eines Soldaten hinaus. Charlies Eltern waren keine verarmten Bauern, auch hatten sie keine Ahnung, daß er sich in den Vereinigten Staaten aufhielt. Genau genommen lautete ihr Name Han, nicht Soong. Das sind nur einige der Widersprüche.
Die wahre Geschichte jedoch ist interessanter. Die ersten Hinweise über Charlies im Verborgenen liegende Herkunft finden sich in den Briefen, die er 1881 schrieb, nachdem er schon sechs Jahre von zu Hause weg war. Sie wurden geschrieben, weil seine Eltern nicht wußten, daß er Asien verlassen hatte. Zufällig stieß der Journalist James Burke in den späten 30er Jahren auf diese Briefe, als er eine Biographie über seinen Vater, den Missionar William Burke (ein lebenslanger Freund Charlie Soongs), schrieb. Sie waren in entstelltem phonetischem Englisch von einem Knaben abgefaßt, der die Sprache eben erst zu lernen begonnen hatte, und die Fragen, die sie aufwarfen, konnten nicht beantwortet werden, ohne Fakten zu kennen, die damals Jim Burke nicht zugänglich waren.[1]
In diesen Briefen schrieb Charlie, daß sein Vater in «Südostchina» im Staat Kanton, der auch Monshou County [sic!] genannt würde, lebte. Auf den ersten Blick ergab dies keinen Sinn. Mit dem Staat Kanton mußte die Provinz Kwangtung, zu der die große südchinesische Hafenstadt Kanton gehörte, gemeint sein. Doch auf keiner Karte der Provinz Kwangtung findet sich ein Ort namens Monshou-Bezirk.
Charlie schrieb den Namen seines Vater «Hann Hong Jos'k». Er hatte keine Ahnung, wie ein solcher chinesischer Name ins Englische zu transkribieren war. Er schrieb deshalb den Namen einfach so, wie er für ihn im Hainaner Dialekt klang.
Glücklicherweise schrieb er unten auf der Seite den Namen seines Vaters noch in chinesischen Schriftzeichen hin. Korrekt in der damals gebräuchlichen Art ins Englische übertragen, lautete der Name seines Vaters Han Hung-i. Damit war klar, daß sein Familienname in Wirklichkeit Han sein mußte – nicht Soong. Das ist verwirrend. Wie konnte ein Knabe namens Soong einen Vater namens Han haben? Gleich neben dem Namen seines Vaters hatte Charlie seinen eigenen Namen in chinesischen Schriftzeichen hingeschrieben. Korrekt ins

Englische übertragen, lautet er Han Chiao-shun. Offenbar hatte Charlie zwei Namen. Da aber niemand wirklich wußte, wie er zum ersten Namen Soong gekommen war, war es unmöglich, diese Widersprüche aufzulösen oder irgendwie Schlüsse daraus zu ziehen. Die Briefe wurden beiseite gelegt und vergessen. Während vieler Jahre blieb der Name Soong ein Geheimnis.
1945 entdeckte ein Forscher in den Archiven der amerikanischen Küstenwache ein weiteres Teilchen des Puzzles – Charlie Soongs Dienstakten von seiner Tätigkeit auf einem Zollschiff. Das Rätsel um den Namen Soong hätte schon damals gelöst werden können, wären alle Teilchen des Puzzles an einem Ort zusammen gewesen. Doch der Forscher in den Archiven der Küstenwache wußte nichts von den alten Briefen, die Jim Burke gefunden hatte.
Als ich die verblüffenden Teile des Puzzles zum ersten Mal zusammenlegte, war die Antwort klar. Charlies wirklicher Name wurde in Amerika verstümmelt, und der Name Soong wurde ihm ganz durch Zufall an Bord des Schiffes gegeben. Soong war also sein amerikanisches Pseudonym. Einer der bekanntesten Namen in der modernen Geschichte war eine Fälschung. Wenn Charlie Soong mitnichten Charlie Soong war, so waren auch seine Kinder keine Soongs. Der Mädchenname Madame Chiang Kai-sheks lautete eigentlich nicht May-ling Soong, sondern May-ling Han. Diese Entdeckung war ein überaus deutliches Signal, jede Behauptung über die Soongs äußerst genau zu prüfen. Die Vorsicht wurde bald belohnt.

Aus all den mageren Angaben, die Charlie hinterließ, und den Bruchstücken und Teilchen, die aus anderen Quellen zusammengetragen wurden, können wir einiges aus seinen frühen Lebensjahren rekonstruieren.
Er kam tatsächlich aus der Provinz Kwangtung, zu der auch die Insel Hainan im Südchinesischen Meer gehört. Etwa halb so groß wie Irland, war Hainan damals ein unterentwickeltes Konglomerat von Bergen und Regenwäldern, umgeben von flachen Reisfeldern und einem Ring von Küstendörfern. In der umwölkten Bergregion im Innern bestellten die Bergvölker der Hmong und Li, die auch einen Großteil des Hochlands an der Südküste Chinas bewohnen, ihre unsicheren Äcker und pflanzten zu ihrem Vergnügen Opium. Die niederen Regionen wurden mit viel mehr Ehrgeiz von Han-Chinesen bebaut, die im Laufe der letzten tausend Jahre die seichte Meerenge überquert hatten, um Seuchen, Hungersnöten und politischer Verfolgung zu entgehen. In den Küstendörfern, die entlang der von Palmen und australischen Pinien beschatteten Strände lagen, gab es Kolonien

politischer Flüchtlinge. Viele von ihnen waren Mitglieder der gegen die Mandschus gerichteten Geheimgesellschaften und in morschen Dschunken der Küste entlang südwärts geflohen, um Sicherheit und Schutz zu finden. Auch für die glühendsten unter den ausländischen Missionaren war Hainan ein entbehrungsreicher, weitab von der Heerstraße gelegener Außenposten. Jedes Jahr wurden die wenigen Ausländer von Banditen ausgeraubt, die die offenen Türen und Fenster ausnutzten und gelegentlich jemanden umbrachten.
Neben den Missionaren gab es auf der Insel immer auch einen oder zwei junge britische Zollbeamte, die dorthin gesandt wurden und dort versauerten. Der Zollposten war in Haikou, von wo aus man die Meerenge überblicken konnte. Es war ein Wind und Wellen ausgesetzter Hafen, so daß die Dschunken der vorsichtigen Schmuggler anderswo ankerten. Die besten Ankerplätze waren alle entlang der Ostküste gelegen, so auch der Schmugglerhafen Wench'ang, der in einer großen Bucht lag, die heute Qinglan Gang heißt. Die Bewohner dieser Gegend sprachen den Namen Wench'ang guttural aus, so daß daraus etwas zwischen «munching» und «one shoe» wurde, und auch mit nur oberflächlichsten Kenntnissen des Chinesischen ist klar, daß Charlie den Namen nur falsch buchstabiert hatte, nämlich Monshou. Tatsächlich – ein genaues Kartenstudium und geographische Nachweise machen es offensichtlich – war diese Stadt mit ihrem geschäftigen Hafen der einzig mögliche Ort, aus dem Charlie kommen konnte. Wench'ang war der Haupthafen für die bekannten Hainan-Dschunken, die entlang jener Routen Handel trieben, die Charlie beschrieb.
Die Dschunken wurden in der Nähe des Ufers aneinandergetäut. Viele Familien verbrachten ihr ganzes Leben an Bord. Wie in den meisten chinesischen Häfen lag auch über Wench'ang ein beißender Geruch von Fischsauce und Schweinefett, der scharfe Gestank von Exkrementen und das ebenso unverwechselbare Aroma von nassem, frisch gesägtem Teakholz. An lokalen Maßstäben gemessen, waren die Hans alles andere als arm. Charlies Vater war offensichtlich ein ziemlich wohlhabender Kaufmann, Schiffsbauer, Vorsteher in einer Geheimgesellschaft und Schmuggler; aus verschiedenen Quellen wissen wir, daß er eine ganze Anzahl großer, hochseetüchtiger Dschunken besaß. Seine Flotte segelte bis Sumatra und trieb, angefangen von der portugiesischen Kolonie Macao in der Nähe von Kanton, bis hinunter nach Hanoi in Annam Handel; eine Seereise, die eine Woche dauerte. (In einem seiner Briefe von 1881 schrieb Charlie: «Sie haben Dschunken, die gehen von Macow bis Hanhigh, 6 Tage Wasser.»)
Charlies Vorfahren lebten weit im Norden in der trockenen, von

Bergketten umgebenen Provinz Shansi, Hunderte von Meilen vom Meer entfernt. Wie viele andere Chinesen waren auch sie gezwungen gewesen, weiter südlich, in der Provinz Kwangtung und auf der Insel Hainan, vor den Aufständen, die der Eroberung Chinas durch die Mandschus 1644 folgten, Schutz zu suchen. Einige seiner Vorfahren waren Hakkas, die schon früher, während der Südlichen Sung-Dynastie (1126-1279), als China von zentralasiatischen Steppenvölkern besetzt wurde, nach Süden gewandert waren. Der Name Hakka bedeutet ‹Gäste›, was eine Bezeichnung für die aus dem Norden Vertriebenen war. Die Hakkas hatten ein ausgeprägtes Stammesdenken; auch heute noch, wo sie in Gruppen auf der ganzen Welt verstreut leben, halten sie am Stammesdenken fest. An diesem Ort der Verbannung hatten sie unter den Bootsbewohnern, die im Hafen von Wench'ang lebten, eine neue Existenzgrundlage gefunden.
Vieles wurde bestätigt durch die Entdeckung obskurer Aufzeichnungen des Auswärtigen Amtes der Vereinigten Staaten, wonach Charlies ältester Sohn dem Präsidenten Franklin Roosevelt einmal ein Modell einer Hainan-Dschunke geschenkt haben soll. Dem Modell legte T.V. Soong folgende Erkärung bei:

> In Kenntnis Ihres Interesses für Segelschiffe erlaube ich mir, Ihnen durch unseren Minister in Washington ein getreues Modell einer hochseetüchtigen Hainan-Dschunke, die genau in verkleinertem Maßstab unter Aufsicht unserer Behörde nachgebaut wurde, überreichen zu lassen. Hainan ist eine Insel vor der Küste von Kwang tung, auf der meine Vorfahren seit Generationen lebten und deren mutige Leute dafür bekannt waren, mit solchen Schiffen bis nach Indien Handel zu treiben.[2]

Diese großen Hainan-Dschunken waren ungewöhnlich seegängige, dreimastige Segelschiffe, die, damit sie besser durch die hohen Wellen glitten, wie Bananen gekrümmt waren. Man bestückte sie mit kleineren Kanonen, um Marodeure fernzuhalten. Auf die Bugplanken wurde ein Paar großer Augen gemalt, die weit voraus auf ferne Gewässer starrten.[3] Die Augen und das rote, aus Stoffstücken gefertigte Segelwerk, das wie ein Kamm in die Höhe ragte, verlieh den Dschunken jenen Anblick, der zu ihrem Spitznamen «Großäugige Hühner» führte.[4]
Die Großäugigen Hühner der Familie Han verließen Hainan jeden Sommer, um die traditionelle Seereise anzutreten. Mit dem Südwest-Monsun segelten sie nordwärts, um Waren nach Macao, Swatow und Amoy zu bringen. Danach, sobald die jahreszeitlichen Monsunwinde drehten und für den Rest des Jahres in Richtung Nordwesten wehten,

segelten sie mit chinesischer Ware nach Siam, Malaya und Java. Hatten sie die Südsee erreicht, konnte die Mannschaft auch ein allein segelndes Schiff kapern oder ein nicht befestigtes Dorf an der Küste ausplündern. (Auch heute noch meiden Hochseesegler diese Gewässer.) Bis zum Frühjahr trieben die Dschunken dann zwischen den Künsteninseln Handel oder gingen auf Beute aus. Setzte der Südwest-Monsun ein, drehten sie bei und segelten heimwärts.[5]

Charlie muß schon früh in seinem Leben kurze Reisen unternommen und mit seinen Onkeln und Brüdern die kurze Strecke nach Annam zurückgelegt haben, denn es war üblich, daß sich kleine Kinder an Bord aufhielten. Aber wie er sich später erinnerte, entschied sein Vater, daß der Junge, als er im Sommer 1875 neun Jahre alt wurde, groß genug sei, um mit seinem ältesten Bruder nach Java zu segeln. Dort sollte er bei einem entfernten Verwandten in die Lehre gehen. Diese Reise, die anfangs auf gewohnte und angenehme Art verlief, dauerte schließlich wider Erwarten mehr als ein Jahrzehnt und führte ihn in eine neue Welt.

Mit Charlie an Bord segelte das Großäugige Huhn in jenem August aus der Bucht und durch die Meerenge dem Festland entgegen. Wie die frühesten Photographien zeigen, war Charlie dunkelhäutig, klein und kräftig gebaut wie ein Teakholzblock. Seine Augen waren hell wie diejenigen eines Stars, der gerade sprechen lernt. Zu diesem Zeitpunkt war sein schwarzer Haarschopf immer noch in Form einer runden Kappe geschoren, mit einem langen Zopf auf dem Rücken, wie es Chinas Mandschu-Herrscher vorschrieben.

Die Küste Südchinas war eine lange Kette von blauen Hügeln, Halbinseln und Inseln. Gruppen von Fischerdschunken aus Kwangtung scharten sich um die besten Ankerplätze. Die Augen auf ihren Bugplanken waren, im Gegensatz zu denen der Hainan-Dschunken, die den Horizont absuchten, auf die Fische gerichtet. Ein altes Scherzwort sagt, daß zwischen den Bewohnern dieser beiden Gebiete der gleiche Unterschied bestände. Mit dem letzten günstigen Wind Ende August erreichten die Hainan-Dschunken die portugiesische Kolonie Macao an der Mündung des Perlflusses, deren Hafenansicht von Bungalows im iberischen Stil, ausgedehnten Lagerhäusern und den Türmen katholischer Kirchen geprägt wurde. Vier Monate später, mit Beginn der neuen Monsunzeit im Dezember, hatten die Händler traditionsgemäß den Verkauf ihrer Waren beendet und ihre Schiffe mit neuer Fracht beladen. Von Macao aus drehten die Großäugigen Hühner südwärts, um zuerst Hanoi und dann Saigon in lockeren Gruppen anzulaufen, dann hielten sie über den Golf von Siam auf Malaya zu. In jedem der Häfen gab es Kolonien geschäftstüchtiger Übersee-

chinesen. Weiter südlich, in Malaya, Sumatra, Java und Borneo, war die chinesische Landbevölkerung sehr zahlreich. Chinesen arbeiteten in den Bergwerken, führten Läden oder kauften im Landesinneren Rohstoffe, um sie an die Küste zu transportieren.[6]
Die südostasiatischen Handelsnetze der Hainaner Kaufleute wurden durch eine von Chinas mächtigsten Geheimgesellschaften, die *Chiu chao,* zusammengehalten. Ihre Mitglieder waren ursprünglich geflüchtete Bootsbewohner aus der Küstengegend von Swatow, etwa 170 Meilen nordwärts von Kanton entfernt. Die Chiu chao war wesentlich beteiligt am Widerstand, den es gegen die Mandschu-Invasoren gab. Als dieser organisierte Widerstand zusammenbrach, zerstreuten sich die Chiu chao und verteilten sich im Laufe der nächsten drei Jahrhunderte überallhin, wobei sie ihre geheimen Bräuche beibehielten. Wie die Seezigeuner pflegten sie ihre Sprache und ihre Eigenheiten als geheimes Band. Weil zu diesen Banden noch ihre ausgedehnte chinesische Familientradition kam, waren ihre Handelsnetze stärker und enger geknüpft als diejenigen anderer Überseechinesen. Mit der Zeit dominierten die Chiu chao den Schmuggel und Handel von Opium entlang der chinesischen Küste. Sie hatten auch ihre Leute bei den niederen Chargen der Britischen Niederlassungen in Hong Kong, Shanghai und Singapur. Ihre geheimen Verbindungen brachten exklusive Gilden hervor, und diese wiederum wuchsen zu unermeßlich reichen und mächtigen Syndikaten und Kartellen.[7] Wenn man sich im Westen böse chinesische Piraten vorstellte, die Gold, Drogen und ängstliche Mädchen schmuggelten und irgendwo in den Buchten der Pfefferinseln auf Beute lauerten, dann dachte man an die Chiu chao. Bis heute kontrollieren die Chiu chao-Gewaltigen, die den größeren Banken in dieser Region vorstehen, den internationalen Drogenhandel vom Goldenen Dreieck Indochinas über Bangkok nach Amsterdam und anderen großen Drogenzentren. Die westliche Drogenpolizei sieht die Sache anders herum.
Wie die Schachteln, in denen immer kleinere Schachteln stecken, setzte sich die Chiu chao-Bruderschaft aus vielen Familien mit ihren privaten Schmugglernetzen zusammen. Außenstehende wurden nicht toleriert, und Flüchtlinge oder Exilanten aus anderen Teilen Chinas mußten sich auf irgendeine Art in die Bruderschaft eingliedern, um zu überleben. Die Familie Han aus Shansi mit ihren ebenso am Clan festhaltenden Hakka-Wurzeln mußte, um überhaupt in Hainans Handelswelt des 19. Jahrhunderts mit ihren Seehandelsgeschäften erfolgreich zu sein, durch Einheirat Teil der Chiu chao-Bruderschaft werden. Sie mußte also selbst zur Geheimgesellschaft gehören. Über die Generationen hin, die die Familie schon in Hainan ansäßig gewesen

war, war es nur durch eine Heirat zwischen Hakka-Clan und Chiu chao möglich gewesen, die Handelsbeziehungen der Familie auszudehnen, so daß sie über ganz Südostasien als Handelspartner fungierten. Und genau das taten sie auch.
Charlies älterer Bruder war unterwegs, um seine Lehrzeit bei einem Zweig der Familie in Hinterindien anzutreten. Während drei Jahren war auch Charlie ein als Lehrling angestellter Diener seiner Verwandten. Anfang 1878 fand der rastlose Knabe eine Gelegenheit zu entkommen. Zwölfjährig geworden, traf er einen entfernten Verwandten, einen «Onkel» (dessen Name Charlie nie nannte) – einen jener Kwangtunger Emigranten, die vor langer Zeit ausgewandert waren, um in den Vereinigten Staaten Eisenbahnlinien zu bauen.[8]
In der zweiten Hälfte des 19. Jahrhunderts wanderten Zehntausende von Südchinesen nach Amerika aus, um den zerstörerischen Folgen der Taiping-Rebellion zu entkommen. Die meisten waren nicht einfach Kulis, sondern ausgebildete und ehrgeizige Arbeiter, die ihre Fahrkarte selbst bezahlten und genug für laufende Ausgaben übrig hatten, bis sie sich niedergelassen hatten. In Amerika wurden sie von den Vorarbeitern der Eisenbahnbauunternehmen angestellt, die damit die Probleme mit europäischen Einwanderern vermieden. Die Himmelssöhne arbeiteten härter und beschwerten sich weniger. Bald waren vier Fünftel aller Arbeiter, die an der Zentral-Pazifik-Bahnlinie bauten, Chinesen, was den Ausbau der Linie schnell vorantrieb. Auch beim Bau der Süd-Pazifik-, der Nord-Pazifik- und der Kanada-Pazifik-Bahn begann man, Chinesen zu beschäftigen und sie die härteste Arbeit verrichten zu lassen. In Flechtkörben wurden sie über die Felsen hinuntergelassen, um das Schienenbett aus dem massiven Stein herauszumeißeln. Chinesen bekamen ein Drittel weniger Lohn als die Weißen und erhielten weder freie Kost noch Unterkunft. Der Gouverneur von Kalifornien schrieb 1865 an Präsident Andrew Johnson: «Ohne sie wäre es unmöglich, die westlichen Streckenabschnitte dieses großen nationalen Unternehmens in der vom Kongreß festgesetzten Frist fertigzustellen.»[9]
Charlies neugefundener «Onkel» blieb nur kurz in Kalifornien und zog dann nach Neuengland. Dort hatte er durch Fleiß und Geschäftstüchtigkeit so viel auf die Seite gebracht, daß er in Boston seinen eigenen Laden mit chinesischen Nahrungsmitteln eröffnen konnte. Nun war er auf dem Weg zurück nach Boston, nachdem er eine kurze Reise nach Hause unternommen hatte, um mit seinem Erfolg anzugeben. Während eines Zwischenhaltes in Java, bei dem er das Schiff wechselte, machte er Charlie ein Angebot – eine Reise um die halbe Welt in ein märchenhaftes Land, das die Chinesen Fusang nannten.

Es war eine Falle, in die auch noch viel praktischer denkende Leute gegangen wären. Wie Voltaires Candide mit Dr. Pangloss zog Charlie nun mit seinem «Onkel» auf und davon. (Jahre später schrieb er an seinen Vater: «Ich verließ Bruder in Hinterindien.»)
Der Seeweg nach Amerika führte an der Westküste Javas vorbei zum Hafen von Anyer Lor, wo sich die Teeklipper mit einer letzten Ladung Süßwasser und Vorräten eindeckten, bevor sie westwärts über den Indischen Ozean und um das Kap der Guten Hoffnung nach London oder Boston segelten. Charlie und sein «Onkel» müssen offensichtlich im Frühjahr 1878 in See gestochen sein, denn sie erreichten Boston im Frühsommer.[10]
1878 drängten sich im von roten Ziegelbauten geprägten Hafengebiet Bostons die großen, aufgetakelten Segelschiffe, doch die Stadt schöpfte ihren Reichtum nicht mehr aus dem See- und Chinahandel. Der Bürgerkrieg hatte die Situation verändert. Nun wurde Bostons alter Reichtum in Eisenbahnlinien, Industriewerke und Schuhfabriken investiert. Doch mit der neuen Industrialisierung kam es auch zu Arbeitskämpfen. Die ehemaligen Soldaten und europäischen Einwanderer verlangten mehr Lohn und bessere Arbeitsbedingungen. Als Folge des Bürgerkriegs sank die Wirtschaftstätigkeit; 1873 entstand eine größere Depression, und zehntausend amerikanische Firmen brachen zusammen. Unter solchen Umständen konnten Streiks nicht toleriert werden. Als Reaktion darauf wurden chinesische Kulis aus dem Westen der USA herbeigeschafft und als Streikbrecher eingesetzt. Charlies Verwandter war einer von ihnen.
Damals gab es in Boston nur ein Dutzend fest niedergelassener Himmelssöhne. Sie lebten am anderen Ufer des Charles River in Cambridge und waren Sprößlinge reicher chinesischer Familien, die ins Ausland gesandt wurden, um eine westliche Ausbildung zu erhalten. Zwei dieser Bevorzugten waren Wen Bing-chung und New Shanchow (die sich jetzt im westlichen Stil B.C. Wen und S.C. New nannten).[11] New und Wen stammten beide aus Shanghai und waren deshalb außergewöhnlich, weil der eine in beinahe jeder Hinsicht das Spiegelbild des anderen war, was auch auf die umkehrbare Buchstabenfolge ihrer Namen zutraf – die Herren Gilbert and Sullivan wären entzückt gewesen. Es war ein Kuriosum, das bestehen blieb, solange sie lebten. Zur rechten Zeit kehrten sie nach Shanghai zurück, heirateten ein Schwesternpaar, wurden Charlies Geldgeber, brachten es zu gleichem Reichtum und Ansehen und halfen beide entscheidend mit, daß zum ersten Mal westliche Lehrmittel in China gedruckt wurden. Sie hatten einen nachhaltigen, wenn auch indirekten Einfluß auf die

moderne chinesische Geschichte und waren Wegbereiter des Aufstiegs der Soong-Dynastie.[12]
Wen und New waren als Mitglieder der ursprünglichen Chinese Education Mission [Chinesische Ausbildungsmission] nach Amerika gekommen, die von einem Kantonesen namens Dr. Yung Wing, dem ersten Chinesen, der an einem amerikanischen College abschloß, geleitet wurde. Während er noch in Yale studierte, faßte Yung Wing den Entschluß, zur Erneuerung seines Landes etwas beizutragen, indem er vielversprechende chinesische Jugendliche durch westliche Schulen und Universitäten schleuste. Sein Plan war 1871 von der Mandschu-Regierung gebilligt worden. Wen und New, die beiden Jungen aus Shanghai, gehörten zum ersten Kontingent.
Im Winter 1878/79 kamen sie oft in Charlies Laden, um Tee zu trinken und sich die Köpfe darüber heiß zu reden, wie China nach dem westlichen Vorbild erneuert werden könnte.
Sie freundeten sich mit Charlie an und drängten ihn, eine Schule zu besuchen und einen angemessenen Beruf zu erlernen. Nach einigem Zureden hatten sie ihn soweit, daß er mit seinem Anliegen an seinen «Onkel» gelangte. Als praktischer Mann, der nur seine Alltagsgeschäfte kannte, fühlte er sich durch die Aussicht, daß es ein besseres Leben als das eines Teehausbesitzers gebe, gekränkt. Er zerstörte Charlies Hoffnungen, so daß Charlie Pläne schmiedete, Reißaus zu nehmen.
Im Januar 1879, weniger als ein Jahr nachdem er Hinterindien verlassen hatte, machte Charlie einen letzten, jedoch erfolglosen Versuch, die Erlaubnis zum Schulbesuch zu erhalten.
Als seine Pläne einmal mehr zurückgewiesen wurden, packte er seine wenigen Sachen und ging zum staatlichen Dock hinunter, wo er sich als blinder Passagier an Bord der *Albert Gallatin* versteckte. Er wußte nicht genau, was er eigentlich wollte, doch war er sicher, daß er es wollte. Mit den Menschen ist es wie mit den auf die chinesischen Dschunken gemalten Augen: einige schauen hinab nach den Fischschwärmen, andere sehen erwartungsvoll zum Horizont.[13]
Der Kutter lief noch am gleichen Abend aus. Man fand Charlie erst, als die Küste schon weit hinter ihnen lag und das Schiff die offene See erreicht hatte. Unverzüglich wurde Charlie vor den Kapitän gebracht.
Kapitän Eric Gabrielson war neununddreißig und ein einsilbiger, gottesfürchtiger Norweger aus Stavanger, das im mit Inseln übersäten Bokn-Fjord liegt und eine der ältesten Seefahrersiedlungen des Westens ist. Als Kind einer Schiffsbauerfamilie war er auf Schiffen aufgewachsen und verbrachte den größten Teil seines Lebens auf

See. Kurz vor dem Ausbruch des Bürgerkrieges, im April 1861, war er nach Amerika ausgewandert und hatte bei der Unionsarmee gedient. Als der Krieg vorbei war, fuhr er, sichtlich erleichtert, als Offizier der Zollbehörde wieder zur See. Sein zugeteilter Hauptha-fen war Edgarton, in der Meerenge von Nantucket auf der Insel Martha's Vineyard gelegen. Das Hafenstädtchen beherbergte eine sauber geputzte Gemeinde von puritanischen Seeleuten und Schiffsbesitzern.

Eric Gabrielson warb schon bald um die Tochter von Littleton Wimpenny, einer der großen Seefahrergestalten Massachusetts'. Er wurde ein eifriges Mitglied der Methodistengemeinde in Edgartown, wo die Wimpennys regelmäßig ihre Kirchenlieder sangen, und heiratete schließlich dort am 17. November 1867 Miss Wimpenny.

Über die Jahre hinweg zeichnete sich Kapitän Gabrielson durch unerschütterliche Entschlossenheit in der Führung, kompromißlose Rechtschaffenheit in seinem Urteil und lobenswerten Einsatz für seine Mannschaft aus.

Charlie hatte ungemeines Glück, gerade ihm in die Hände zu geraten. Er hatte genug durchgemacht, um mit aller Überzeugung zu wissen, daß der Weg, den der Chinesenjunge einschlagen wollte, grundsätzlich falsch war. Als guter Christ, eifriger Psalmensänger und wohltätiger Bruder der glaubensstarken Methodistengemeinde fühlte er sich verpflichtet, die Dinge so einzurenken, wie es Gott befahl. Der Knabe war ein gelber Sklave im Laden seines Onkels gewesen. Dieser Art von Problemen hatte der Bürgerkrieg für die Schwarzen ein Ende gesetzt, so daß Gabrielson keinerlei Absichten hatte, den vielversprechenden Jungen zurück zur Schinderei in die alles andere als zuträglichen Löcher von Bostons kleiner Chinatown zu schicken. Zwar wurde ihr Gespräch nicht aufgezeichnet, aber das Resultat: Als Gabrielson den Jungen nach seinem Namen fragte, antwortete Charlie, daß er Chiao-shun heiße. Für Amerikaner klang das genau wie «Chow Sun» oder «Charles Sun». So trug ihn Gabrielson am 8. Januar 1879 in die Musterrolle ein und fügte hinzu, daß Charlie sechzehn und somit alt genug für eine Anstellung sei. Charlie war damals nur vierzehn, und wir müssen annehmen, daß er es für nötig hielt, ein falsches Alter anzugeben.

Das war das erste Mal, daß der Name Sun in einer Aufzeichnung festgehalten wurde. Als Charlie nach und nach Englisch lesen und schreiben lernte, schrieb er seinen Namen «Soon», wahrscheinlich, weil er für ihn so klang. Als er später einmal für eine Weile nach China zurückging und sich genötigt sah, sich eher seiner chinesischen Umgebung als westlichen Sitten anzupassen, verfeinerte er ihn zu

«Soong», was einer der akzeptierten englischen Schreibweisen des dynastischen Namens der Sung entsprach.
Dank Kapitän Gabrielson wurde Charlie der Schiffsjunge der *Albert Gallatin*, ein bezahltes Mitglied der Mannschaft im Dienst der Zollabteilung des U.S.-Finanzministeriums.
Doch war der Name nicht alles, was er bekam. Er ließ sich seinen Zopf abschneiden und erhielt aus den Vorräten des Schiffes eine funkelnagelneue Garnitur Seemannskleider, wie es sich für einen Kajütenjungen auf einem staatlichen Schiff der U.S.-Regierung gehörte. Mit dieser neuen Identität war es Charlie möglich, während der nächsten anderthalb Jahre auf der *Gallatin* im Hafen von Boston anzukommen und auszulaufen, ohne befürchten zu müssen, entdeckt zu werden. Dabei halfen ihm die Muskeln seiner Mannschaftskameraden ebenso wie die respekteinflößende Hoheit der Zollbehörde. Eine Photographie aus dieser Zeit zeigt, daß er mit seinem kurzen Haarschnitt und der Borduniform bemerkenswert unchinesisch aussah.
Zwischen Gabrielson und dem chinesischen Kajütenjungen entwikkelte sich eine starke Beziehung. Wenn die *Gallatin* jeweils im Hafen von Edgartown vor Anker lag, machte Gabrielson den Jungen mit verschiedenen Leuten der Gemeinde bekannt. Über die Monate unterrichtete er den heidnischen Jungen nach den Lehren des Christentums. Langen Stunden an Bord folgten Tage am Herd der Familie und sonntägliche Besuche in der Methodistenkirche. Gabrielson staffierte Charlie mit seinem ersten westlichen Anzug aus, der aus schottischem Tweedstoff gefertigt und vorne mit vier Knöpfen versehen war. Darunter trug er, wenn er jeweils am Sonntag zur Kirche ging, ein Hemd mit gestärktem Kragen und eine schwarze Krawatte. Nach dem Gottesdienst, so schrieb er in einem Brief voll angenehmer Erinnerungen, pflegte er mit Mrs. Gabrielsons Neffen, dem achtjährigen Harry Wimpenny, im Hof von Gabrielsons Haus zu spielen.[14]
Im Januar 1880 sah Charlies Zukunft so vielversprechend aus, daß er sich für eine weitere Dienstperiode einschrieb. Doch vier Monate später wurde Kapitän Gabrielson ganz unerwartet nach Wilmington, North Carolina, versetzt.[15]
Während zwei Monaten beschwerte sich Charlie. Er schrieb Kapitän Gabrielson und bat ihn, etwas zu unternehmen. Der Kapitän wandte sich nach Washington und arrangierte mit seinem Vorgesetzten, daß der Chinesenjunge aus dem Dienst entlassen wurde.
Charlie versteckte sich als blinder Passagier auf dem erstbesten Schiff, das von Boston nach Wilmington fuhr, und war schon unterwegs nach Süden, um seinen Wohltäter wieder zu treffen. Als er in Wilmington ankam, hielt er sofort nach Kapitän Gabrielsons neuem

Schiff Ausschau. Eric Gabrielson hatte das Kommando über ein Schiff erhalten, das vom Finanzministerium offiziell als «Schaufeldampfer zweiter Klasse» bezeichnet wurde. Der U.S.-Zolldampfer *Schuyler Colfax* war eine jener unglücklichen zwitterhaften Konstruktionen, die am Ende des Segelzeitalters auftauchten. Er hatte das Vorderteil eines Klippers, doch ein champagnerglasförmiges Heck und nur kurze, verkümmerte Masten. Es war ein Dampfer; Segel konnten keine gesetzt werden, und um vorwärts zu kommen, war er auf die Schaufelräder angewiesen. Doch dies war gerade sein Vorteil bei der Jagd auf steuerflüchtige Schmuggler, die auf den Wind angewiesen waren.
Charlie hatte keine Mühe, die *Colfax* zu finden, die am Zollhausdock vertäut war. Gabrielson nahm den Knaben wieder unter seine Fittiche. Obwohl er Charlie seine altvertraute Stelle als Kajütenjunge nicht mehr anbieten konnte, hatte er auf der Musterrolle die Stelle eines Messejungen frei. Unter dieser Funktion schrieb er ihn ins Logbuch ein.
Eine Zeitlang nahm das Leben wieder seinen gewohnten Lauf. Die *Colfax* dampfte aus dem Hafen von Wilmington, passierte das Signallicht bei Fort Caswell, das Feuerschiff bei Frying Pan Shoals, den Leuchtturm auf Bald Hill und fuhr dann nordwärts nach Body's Island, um danach gegen Süden in Richtung Georgetown beizudrehen. Dazwischen half sie in Seenot geratenen Schiffen und fing Zollsünder ein.[16]
Für die Mannschaft der *Colfax* war Charlie ein komischer Vogel. Um 1880 gab es erst wenige Chinesen im Süden der USA, und die meisten von ihnen wurden nach New Orleans gebracht, um die nunmehr freien Sklaven auf den Baumwollplantagen zu ersetzen. Einige wenige machten kleine Läden oder Wäschereien auf. Sie waren über den ganzen Süden verteilt, aber bis dahin hatte sich noch keiner in North Carolina niedergelassen. Charlie war der einzige Chinese, den man in diesem Teil des Staates je gesehen hatte.
Der Junge war nun beinahe fünfzehn, gab aber vor, siebzehn zu sein. Wenn er also noch zur Schule gehen und auf den richtigen Weg gebracht werden sollte, durfte keine Zeit verloren werden. Glücklicherweise zeigten Gabrielsons Freunde aus der Kirchgemeinde Interesse an dem Jungen. Einer von ihnen, Oberst Roger Moore, ein Veteran des Bürgerkrieges, war eine der führenden Persönlichkeiten in der Methodistenkirche an der Front Street, wo er auch Bibelstunden für Männer leitete. Im Gegensatz zu vielen seiner Nachbarn wußte Moore, wo China war und was die Methodistenmission dort zu erreichen versuchte. In den letzten Jahrzehnten des 19. Jahrhunderts war

es dem rechtgläubigen Amerika ein großes Anliegen, die Bürde des weißen Mannes auf sich zu nehmen, die Andersartigen zu zivilisieren und zu taufen. China, mit einem Viertel der Weltbevölkerung, stellte das größte Potential der Seelengewinnung dar.
Glaubt man Moores Nachkommen, die immer noch zu den führenden Personen der Gemeinde gehören und die Geschichte gerne erzählen, soll der Oberst den Messejungen der *Colfax* eines Samstags im Hafen auf einem Poller sitzend gefunden und ihn für den folgenden Morgen zum Gottesdienst in die methodistische Grace-Kirche eingeladen haben. Und Charlie war ein voller Erfolg.[17]
Am nächsten Sonntag nahmen Moore und seine Freunde Charlie in die Kirche an der 5. Straße mit und stellten ihn Ehrwürden Thomas Page Ricaud vor, einem Eisenfresser von biblischer Statur.
Charlie sollte im Laufe seines Lebens viele Revolutionäre kennenlernen, aber Ehrwürden Ricaud war der erste und ein Mann, der in der Gluthitze der göttlichen Feuerprobe geschmiedet worden war. Als Katholik in Baltimore geboren, verlor er in seiner Kindheit Vater und Mutter. Ein Onkel adoptierte ihn und nahm ihn nach Mexiko City mit, wo er die Universität besuchte und sich zum Priester ausbildete. Die revolutionären Unruhen in den 30er Jahren zogen ihn in ihren Bann; er wurde Guerilla, verlor seinen Glauben, wurde verwundet, geriet in Gefangenschaft und floh schließlich nach Frankreich. Später kehrte er in die Vereinigten Staaten zurück und lehrte an der University of Virginia Recht. Eines Tages, während eines Gottesdienstes, wurde er von dem religiösen Erlebnis überwältigt und bekehrte sich auf der Stelle zum protestantischen Glauben. Als sein katholischer Onkel von seiner unglaublichen Bekehrung hörte, enterbte er den Jungen kurzerhand. Ricaud ergriff jedoch die Gelegenheit und wurde 1841 Methodistenprediger in Virginia. Später wurde er ins Küstengebiet von North Carolina versetzt, eine einsame Gegend voller metaphysischer Schatten.[18]
Auf den steifen Photographien jener Tage erscheint Ricaud als furchteinflößende Gestalt. Er war klein und dürr und außergewöhnlich wild im Ausdruck, als ob er vierzig Tage und vierzig Nächte an einem höchst unbequemen Ort verbracht, dort eine Bibel gefunden und sie nun als Beweis mitgebracht hätte. Sein Gesichtsausdruck hatte etwas Gejagtes, und sein langer, knotiger Bart entsprach jenen Prophetenbildern, die die Schüler im Bibelunterricht mit gebührender Furcht anstarrten. Doch über dem furchteinflößenden Bart bestätigten Ricauds Augen die schlimmsten Erwartungen. Wässerig blau, so unbestimmt wie Austern, vermochten sie durch jeden hindurch geradewegs in die tiefste Seele zu schauen. Es war allen klar, daß er die

kleinste Falschheit wahrzunehmen und die leiseste Täuschung oder Ausrede auszumachen imstande war. Unter seinem Blick wanden sich die Damen bis zur Entzückung, und den Herren wurden die steifen Kragen zu eng.[19]
Als er Charlie sah, erkannte der weitgereiste Geistliche sofort eine «Gelegenheit für Christus». Er lud den Jungen zu Gesprächen unter vier Augen ein. Eine Reihe solcher Gespräche fand im Wohnzimmer des Predigers statt, wo Ricauds hübsche Tochter Rosamond Zitronenlimonade servierte. Wenn Charlie eine westliche Ausbildung als Missionar oder sogar als Missionsarzt erhalten konnte, konnte er mit seinem Wissen nach China zurückkehren und Körper und Seele seiner Landsleute heilen. So konnte sein Schicksal und vielleicht auch dasjenige Chinas verändert werden. Das war Ricauds Vision.
Wen und New hatten Charlies Verlangen geweckt. Gabrielson hatte ihm gezeigt, zu was es ein Einwanderer bringen konnte. Doch war es Ricaud, der ehemalige mexikanische Bandit, der in ihm einen Sinn für Zielstrebigkeit und einen großartigen Ehrgeiz weckte.
Bei einem Abendgottesdienst in der ersten Novemberwoche des Jahres 1880 trat Charlie vor die Gemeinde und kniete nieder. Die ganze Gemeinde war vom Schauspiel angetan, das der Himmelssohn bot, als er sich vor ihrem Altar beugte. In einer der hinteren Bankreihen sah eine junge Frau zu, wie er sich zum Christentum bekehrte.[20] Als er sich erhob, bemerkte sie, daß er «ganz glücklich war und sein Gesicht leuchtete».[21]
Als der Gottesdienst zu Ende war und die Gemeinde in das Zwielicht des Abends hinaustrat, verkündete Charlie voller Stolz immer wieder, daß er nun «den Erlöser gefunden» habe. Wenn sich diese zugänglichen und enthusiastischen Leute zusammentaten, hatten sie eine gewaltige Kraft und konnten alles erreichen. Sie waren seine neue Familie. Er erzählte ihnen, wie gerne er als Missionar nach China zurückkehren würde. Nichts hätte ihnen mehr gefallen können. Unter der Leitung von Ehrwürden Ricaud und Oberst Moore nahmen sie sich seiner Sache an. Charlie besprach sein Vorhaben mit Eric Gabrielson, der sich persönlich an den Finanzminister wandte, um erneut eine Dienstentlassung zu erwirken, damit der Chinesenjunge seine Ausbildung beginnen konnte.
Am darauffolgenden Sonntagmorgen, dem 7. November 1880, erschien im Wilmingtoner *Star* unter der Überschrift «Nachrichten aus der Methodistenkirche an der 5. Straße» eine kurze Notiz: «Heute morgen wird in dieser Kirche eine Taufe stattfinden. Ein konvertierter Chinese wird dem feierlichen Recht unterstellt. Er ist wahrscheinlich der erste ‹Himmelssohn›, der in North Carolina je die christliche

Taufe empfangen hat. Ehrw. T. Page Ricaud wird den Gottesdienst leiten.»[22]

Es war ein eindrücklicher Anblick an diesem Sonntag um 11 Uhr. Das Innere der Kirche war weiß getüncht, der Altar stand, gegen die Reihen der dunkel gebeizten Eichenbänke gerichtet, unter einem gewölbten Proszenium. Hinter dem Altar hing ein roter Samtvorhang. Zu beiden Seiten des Altars standen Tudor-Stühle mit hohen Rückenlehnen. Gleich daneben, auf der rechten Seite, befanden sich ein Klavier zur Begleitung der Lieder sowie eine Reihe einfacher Stühle mit geraden Lehnen für den Chor.[23]

Wie üblich trug Ehrw. Ricaud seinen zweireihigen Prinz-Albert-Frack und auf seinem kahlen Schädel eine auffällige Perücke. Er breitete sein Taschentuch vor dem Altar aus und kniete zum Gebet nieder. Dann erhob er sich und legte seine Hände auf Charlies sorgfältig pomadisiertes Haar. Feierlich taufte ihn der Priester «Charles Jones Soon».[24]

Wo hatte Charlie den Namen Jones her? Die Erklärungen widersprechen sich. Doch die Wahrheit war ziemlich einfach und von Rosamond Ricaud, der Tochter des Priesters, damals klar erklärt worden. Sie sagt, daß es ihr Vater gewesen sei, der Charlie gedrängt habe, den Namen Jones als zweiten Vornamen anzunehmen. An Bord war Charlie schon unter dem Familiennamen Sun bekannt, an Land jedoch hieß er Charles Soon (denn er sprach das Wort undeutlich aus). Ricaud hatte einen Taufschein auszufüllen, auf dem Platz für den Vornamen, den zweiten Vornamen und den Familiennamen frei gelassen war. Deshalb brauchte Charlie einen zweiten Vornamen. Nach Rosamonds Erklärung wählte ihr Vater einfach einen Namen aus dem Handgelenk. Doch war ihre Erklärung späteren Legendenmachern nicht attraktiv genug.[25] Die bevorzugte Version, die später weltweit verbreitet werden sollte, ließ Charlie den Namen Charles Jones zu Ehren des Kapitäns, «dessen Schiff ihn nach Wilmington gebracht hatte» annehmen. Je nach dem, wer die Geschichte erzählte, kam das Schiff direkt aus China oder nur von Boston. Eine andere phantasievolle Version macht Charles Jones, der Charlie ursprünglich mit Ehrw. Ricaud und allen anderen Leuten in Wilmington bekannt machte, zum Kapitän der *Colfax*. Noch Jahre später schworen Alteingesessene, daß sie sich an Kapitän Charles Jones, der oft den Gottesdienst besuchte, erinnerten. (Einige meinten, daß, wenn er nicht Kapitän gewesen war, so doch zumindest Steuermann.) Dies war jene Version, die in den Illustrierten der *Time*-Presse institutionalisiert wurde.

Die Fakten machen jedoch deutlich, daß die *Colfax* nie in die Nähe von Boston kam. Ihr Heimathafen war Wilmington, North Carolina. Auch gab es auf der *Colfax* oder sonstwo beim Zolldienst während der ganzen Jahre nie einen Kapitän Charles Jones, auch keinen Steuermann dieses Namens. Ebenso erscheint auf keiner Musterrolle irgendeines Schiffes des Zolldienstes – in was für einer Position auch immer – ein Charles Jones.

Doch Eric Gabrielson hat tatsächlich gelebt. Die Legendenmacher haben Charlie mit der Wahl seines Namens Charles Jones eine großzügige Ehrenbezeugung an seinen Wohltäter zugeschrieben. Jedoch wird der Name Eric Gabrielson in den Soong-Archiven nicht einmal erwähnt.

Einige Tage nach seiner Taufe fand Charlie Arbeit in einer ansässigen Druckerei, wo er das Handwerk zu lernen begann. Währenddessen war aber schon Größeres im Entstehen.[26]

Die Idee, einen geretteten Heiden in seine Heimat zurückzuschicken, damit er seinen heidnischen Brüdern predige, hatte einen voraussehbaren Einfluß auf die Methodisten Wilmingtons. Hier war nun ihre Gelegenheit, durch Charlie den Lauf der Geschichte in einem weit entfernten, kaum verstandenen Teil der Welt zu ändern. Die Gemeinde beriet, wie man dies in die Wege leiten könnte, und so entstand ein Plan über das weitere Vorgehen.[27]

Zuoberst auf der Liste stand Charlies Eintritt in eine Schule.

Trinity College war eines der wenigen Colleges im Süden, das den Bürgerkrieg überlebte. Der Verwalter, Dr. Braxton Craven, hielt den Schulbetrieb mit einem Kollegium von sechs Lehrern aufrecht und wurde dabei von wohlhabenden Privatpersonen der methodistischen Gemeinde unterstützt. Im Dezember 1880, wenige Wochen nach Charlies Taufe, machte Ehrwürden Ricaud Craven einen Vorschlag: Ob er bereit wäre, einen chinesischen Jungen in sein College aufzunehmen, um ihn auf große Taten vorzubereiten?[28]

Um Charlies Schulgeld bezahlen zu können, schrieb Oberst Roger Moore an Julian S. Carr in Durham, North Carolina, einen der reichsten Männer im Süden. Es war einer jener Briefe, die Carr in jenen dunklen Tagen sonst vor allem von Soldatenwitwen gefallener Konföderierter erhielt, die verzweifelt nach einer Schule für ihre Kinder suchten. Carr half ihnen beinahe ohne Ausnahme. Auch in diesem Fall beantwortete er den Brief.

Carr hatte eigentlich keinen militärischen Grad. Obwohl seine Bewunderer später oft behaupteten, daß er «eine Beförderung in seiner Tasche herumtrug», diese aus Bescheidenheit jedoch nicht annahm, war er während des Krieges nie mehr als ein einfacher Soldat gewesen.[29] Sein Offiziersrang wurde ihm als Ehrentitel für seine

Großzügigkeit von der Konföderierten Veteranenvereinigung von North Carolina verliehen.
Julian Carr war ein Mann von phänomenalem Format. Er war einer der führenden Kapitalisten seiner Zeit und seines Landes. Er erwirtschaftete und verlor zwei große Vermögen mit Tabak und Textilien, war einer der Gründer der Duke University – und setzte, indem er Charlie unterstützte, Ereignisse in Bewegung, die den Lauf der Geschichte veränderten.[30]
Als Sohn eines erfolgreichen Kaufmannes aus Chapel Hill war Carr, wie ein Biograph schreibt, «unter dem nachhaltigen Einfluß seiner frommen und vorbildlichen methodistischen Eltern, die ihren Sohn in frühester Jugend mit den Vorstellungen der Rechtschaffenheit, des Christentums und des Ehrgeizes vertraut machten, groß geworden».
Nachdem er in der Konföderationsarmee gedient hatte, entschloß sich Carr, einer jungen Dame aus dem benachbarten Durham den Hof zu machen, und borgte sich von seinem Vater 4 000 U.S.$, um einen Drittel einer kleinen lokalen Tabakgesellschaft zu kaufen.
Der Krieg hatte zwei Dinge für die Soldaten unentbehrlich gemacht: Whiskey und Tabak, und die Nachfrage hielt auch nach dem Krieg an. Carrs Firma nannte sich bescheiden Bull Durham, wobei sich Bull auf den Stier bezog, der auf der Etikette des bekannten englischen Coleman-Senf erschien, welcher in einer Stadt gleichen Namens – Durham in England – hergestellt wurde. Sie verkaufte einen neuen, milden Blondleaf-Tabak, der in der trockenen Erde von North Carolina ausgezeichnet gedieh. Dieser Tabak war bei Soldaten auf beiden Seiten außergewöhnlich beliebt. Carrs Hauptverdienst war es jedoch, Bull Durham landauf landab bekannt gemacht zu haben, indem er in ganz Amerika große Werbeplakate auf Scheunen pinseln ließ. Bald darauf war er Millionär. Er entwickelte auch Maschinen, um bei Bull Durham die Massenproduktion einzuführen und den Tabak in die ganze Welt zu exportieren. Wenn sich amerikanische Frauen in den hektischen Tagen von 1880 hinter der Scheune ihre eigenen Zigaretten drehten, war es überaus wahrscheinlich, daß sie sich eine Bull Durham rollten. Mark Twain pflegte zu witzeln, daß das einzige, was ihm von den ägyptischen Pyramiden in Erinnerung geblieben sei, das Bull Durham-Zeichen sei, das man dort hingemalt hatte.[31]
Die Firma wuchs von einem 30 000-U.S.$-Umsatz im Jahr 1871 zu einem 4-Millionen-U.S.$-Unternehmen im Jahr 1887. Carr wurde Präsident oder Hauptaktionär anderer Firmen wie Durham's First National Bank, Electric Lighting Company, eines Straßenbahnunternehmens sowie von Immobilien-, Industrie- und Bergwerksgesell-

schaften.[32] Trotz dieses Erfolges kümmerte er sich weiterhin um Veteranen der Konföderationsarmee und sorgte dafür, daß seine Arbeiter genug Geld sparen konnten, um zu heiraten oder ihre Kinder in die Schule zu schicken. Es war bezeichnend für seine Persönlichkeit, daß er all dies tat, ohne Aufmerksamkeit zu erregen oder ohne eine Gegenleistung zu erwarten.

Er war genau der richtige Mann, die Ausbildung Charlies zu garantieren.

Es war schon spät an jenem warmen, staubigen Aprilabend des Jahres 1881, als der Zug Charlie und Ehrwürden Ricaud nach Durham brachte. Durham war eine Grenzstadt; es gab nur wenige Geschäfte, und das Farmland begann schon einige Häuserzeilen hinter der Eisenbahnstation. Das Vergnügungsviertel befand sich im Edgemont-Quartier, doch die Freudenmädchen durften sich nicht öffentlich zeigen. Es war ein leichtes, Saloons zu finden, und Faustkämpfe auf den Straßen gehörten zum Alltag. Es gab nur wenige vornehme Häuser; sie standen in der East Main Street. Carrs Haus war eines davon, ein anderes gehörte einem weiteren Tabakfabrikanten namens Washington Duke, der sich auf ein neues Produkt spezialisiert hatte, das sich Fertige Zigaretten nannte. Wie Wilkes Caldwell, Carrs schwarzer Diener, meinte, war Durham «kein Ort für einen gebildeten Menschen».[33]

Vermögende Leute zogen eine Droschke dem Sattel vor, Julian Carr ließ den Jungen und den Priester mit einem Vierspänner abholen.

Carr, so stellte sich heraus, war ein angenehmer und umgänglicher Mensch, mit hoher Stirn, vollem Schnurrbart und ruhigen, intelligenten Augen. Sein schütteres Haar war noch immer dunkel, trotz seiner sechsunddreißig Jahre. Nannie Carr, ein gesundes sanftes Mädchen aus Durham, mit kalten, grauen Augen und durchsichtiger Haut, war seit neun Jahren seine Frau und eine glückliche Mutter. Sie war der Grund, warum sich Julian Carr zuerst für eine Investition in Durham zu interessieren begonnen hatte. Sie gebar ihm zwei Töchter und drei Söhne und war, nach den Worten eines Bewunderers, «wert, den Familienkreis um jeden häuslichen Herd, wo weibliche Tugenden ihren Lichtschimmer verbreiten und das Wesentliche zum Glück beitragen, zu schmücken und zu beglücken».[34]

Die Carrs richteten Charlie ein eigenes Zimmer ein. Das einzige erwähnenswerte Eigentum, das er mitbrachte, war ein kleines Holzschiffchen, das er an Bord gebraucht hatte, um Schnurhängematten zu flechten – eine Fertigkeit aus den Küstengebieten, die ihm ein Matrose beigebracht hatte. Er schlug vor, sein Taschengeld in Durham auch weiterhin mit dem Herstellen und Verkaufen von Hänge-

matten zu verdienen, Zeichen eines starken, unverrückbaren kapitalistischen Instinkts.[35]
Die Carrs nahmen Charlie in die Trinity-Kirche mit und führten ihn in die Gemeinde ein. Er trug nun einen respektablen konservativen beigen Leinenanzug mit Weste und eine locker hängende Krawatte, die ihm Mrs. Carr umband. Sein kurzgeschnittenes Haar war rechts gescheitelt und mit Pomade festgeklebt, sein Gesicht sauber gewaschen und immer zum Lachen bereit. Nach westlichen Maßstäben war Charlie, ohne seinen Mandschu-Zopf, überraschend hübsch.
«Wissen Sie», meinte ein Mädchen in seinem Alter, «er sah gar nicht wie ein Chinese aus. Er war gut angezogen und hatte ausgezeichnete Manieren. In der Tat, er war wirklich höflich, wie man das oft von Chinesen erzählt.»[36] Die Trinity Church-Sonntagsschule von Durham sorgte für Charlies Lebenskosten (und verwaltete das Stipendium von Julian Carr). Sein Schulgeld wurde vom Trinity College übernommen, das die Summe aus der Methodistenstiftung bezog. Charlie bewohnte mit anderen Jungen zusammen ein Zimmer im Haus eines Professors.
Während dieses Aprils lernte Charlie in Durham jedermann kennen, vor allem aber den großen James Southgate und dessen Tochter Annie. Sie war ein kleiner grüner Apfel von einem Mädchen – mal zärtlich, mal abweisend, mit Sommersprossen und zu allen Späßen aufgelegt –, das daran war, in eine empfindliche Pubertät hineinzuwachsen, jene Zeit der mysteriösen Krankheiten und spitzenbesetzten Blusen. Das Erwachsenwerden würde all ihrem Zauber ein Ende bereiten. Doch im Moment war sie noch ein Kind. Sie wurde Charlies Vertraute und Mitverschwörerin. Southgate war mit seinem Sohn zusammen im Versicherungsgeschäft tätig; er war voller Ideen, wie man in Durham einen YMCA (Young Men's Christian Association, deutsch CVJM) gründen könnte. Von Leuten, die diesen Verein unterstützten, wurde Charlie – der noch nie zuvor von einem Y gehört hatte – mit Ernsthaftigkeit in den Tugenden des YMCA unterrichtet.[37]

Diese angenehmen Wochen in Durham waren schnell vorbei, und Charlie war auf dem Weg nach Trinity. Das College befand sich in einem alleinstehenden Gebäude, das ehemals das Gemeindehaus von Randolph County, einer Waldgegend drei Meilen südlich von High Point, gewesen war.[38] In jenem Jahr hatten sich zweihundert Studenten eingeschrieben. Der Studentenschaft hatten schon einmal einige Indianer angehört, doch hatte man dort vor Charlies Ankunft noch nie einen Chinesen gesehen.[39] Schon nach wenigen Wochen konnte

Dr. Braxton Craven in seinem Jahresbericht vom 9. Juni 1881 vermerken: «Er macht in jeder Hinsicht gute Fortschritte, studiert eifrig und wird Erfolg haben.»[40]

Da er für ein reguläres Collegestudium nicht vorbereitet war, betrachtete man ihn in Trinity als «speziellen Studenten» – doch dies war zu jener Zeit in Amerika nichts Außergewöhnliches. Die Professoren waren einverstanden, ihm konzentrierte Vorbereitungskurse zu erteilen, in denen sie den Stoff, den andere Studenten in zehn Jahren lernten – Lesen, Schreiben und Rechnen – in wenige Monate hineinpackten. Dabei war es allen klar, daß Charlie für ein Leben als Missionar unter seinen eigenen Landsleuten ausgebildet werden sollte. Deshalb konnten viele Kapitel des regulären Unterrichtspensums übergangen werden. Es gab keinen Grund, ihm zum Beispiel mehr als nur flüchtige Kenntnisse in Latein, Griechisch und Deutsch – auf diese Fächer waren die meisten Professoren der Schule spezialisiert – zu vermitteln. Dafür konzentrierten sie sich darauf, sein Englisch zu verbessern und ihm die Bibel von vorn bis hinten beizubringen.

Er wohnte im Haus von Professor W.T. Gannaway, dem «grand old Man» und Lateinprofessor des College.[41] Die meisten seiner Lektionen fanden zu Hause bei Dr. Craven statt. Dieser kluge und überarbeitete Gentleman war ein Meister der Metaphysik und Rhetorik. Charlies Unterricht wurde von Dr. Craven und seiner Frau geteilt, die mit dem Fünfzehnjährigen Stunde um Stunde die Runen der westlichen Kultur entzifferte, die sich Charlie mit einer einzigartigen Verbindung von Begabung und mechanischem Gedächtnis einprägte. Es war in China üblich, daß die Kinder die Klassiker, während sie unter den Augen ihrer Lehrer langsam vor- und rückwärts schaukelten, durch Repetition lernten, indem sie die Zeilen, ohne diese zu verstehen oder nach einer Erklärung zu fragen, solange wiederholten, bis sie fest im Gedächtnis saßen. Charlie war deshalb schnell im Nachahmen und imstande, die Bibelverse, die er las, und die Sätze, die er in Gebeten hörte, zu wiederholen, als ob er sie begriffen hätte. Wie jedes Kind, das Bibelverse rezitiert, schien er wenig zu verstehen. Wie seine Briefe zeigten, mischte er die frommen Bibelstellen kunterbunt durcheinander. Doch machte das seinen Lehrern keine Sorgen, vielmehr waren sie von seiner raschen Nachahmungsfähigkeit beeindruckt und hielten sie für ein Zeichen deutlichen Fortschritts.

Bis zum Sommer hatte sich Charlie genug Englisch angeeignet, um den ersten einer Reihe von mehreren Briefen zu schreiben, die Hinweise auf seine früheste Kindheit enthalten. Darunter gibt es einen Brief an seinen Vater in Hainan und einen leicht beschädigten Begleitbrief an den Missionar Dr. Young J. Allen, den Vorsteher der

Southern Methodist Mission in Shanghai, in dem Dr. Allen gebeten wurde, den Brief an Charlies Vater weiterzuleiten.

Vereinigte Staaten von Amerika
Durham, North Carolina
25. Juni 1881

An Mr. Allen
Geehrter Herr,
darf ich Sie um einen Gefallen bitten, ich bin nun seit ungefähr sechs Jahren von zu Hause weg und möchte meinem Vater sagen, wo ich bin und was ich tue, sie sind in Südost-China im Staat Kanton, genannt Monshu Bezirk, zu Hause, sie besitzen Dschunken, die von Macow nach Hanhigh gehen, etwa sechs Tage Wasser, mein Vater heißt «Hann Hong Jos'k». Ich hoffe, daß Sie herausfinden, wo sie sich aufhalten, ich bin vor einigen Monaten in Wilmington, North Carolina, bekehrt worden und nun helfen mir die Durham Sonntagsschule und Trinity, Sie sehen, ich bin in großer Eile meine Ausbildung hinter mich zu bringen, damit ich nach China zurückkehren und ihnen dort vom Erlöser erzählen kann, bitte schreiben Sie mir, wenn Sie meinen Brief erhalten haben, ich bin Ihnen zu großem Dank verpflichtet, auf Wiedersehen.

Hochachtungsvoll
Charlie Jones Soon[42]

Daß Charlies Brief an seinen Vater in Englisch geschrieben war, ist nicht weiter erstaunlich, denn Charlie war schon lange genug weg aus China, um das meiste seiner chinesischen Aufsatzkenntnisse aus der Kindheit vergessen zu haben. Er hatte sich auch im Englischen noch nicht zurechtgefunden, obwohl er ausschließlich Englisch gesprochen und seine ganze Schulzeit darauf verwendet hatte, es auch schreiben zu lernen.

Vereinigte Staaten von Amerika
Durham, North Carolina
25. Juni 1881

Lieber Vater,
ich schreibe diesen Brief und sage Dir, wo ich bin. Ich verließ Bruder 1878 in Hinterindien und kam in die Vereinigten Staaten und hatte endlich Christus unseren Erlöser gefunden. Gott ist mir zum Heil des Erlösers begegnet. jetzt helfen mir die Sonntagsschule von Durham und Trinity und ich bin in großer Eile, mich ausbilden zu lassen, damit ich nach China zurückkehren kann, um Euch von der Liebenswürdigkeit meiner Freunde in Durham und von der Gnade Gottes erzählen zu können. er sandte seinen eigenen Sohn, damit er in der Welt für alle Sünder sterbe. ich bin ein Sünder, doch durch die

Gnade Gottes gerettet. ich erinnere mich, als ich ein kleiner Junge war, nahmst Du mich zu einem großen Tempel mit, um hölzerne Götter anzubeten. ach, Vater, es gibt keine Hilfe von hölzernen Göttern. wenn Du sie auch Dein ganzes Leben lang anbetest, helfen sie Dir kein bißchen. in unserer Vergangenheit wußten sie nichts von Christus, doch jetzt habe ich einen Erlöser gefunden, der mich auf allen meinen Wegen beschützt. öffne Deine Ohren, damit Du hören kannst, was der Geist sagt und richte Deine Augen hoch, damit Du Gottes Größe sehen kannst. ich vertraue auf Gott und hoffe, daß ich Dich auf dieser Erde durch Gottes Willen wieder sehen werde. jetzt haben wir Ferien und ich wohne in Mr. J.S. Carrs Haus in Durham. Bitte beantworte meinen Brief, sobald Du ihn erhältst und ich werde sehr glücklich sein, etwas von Dir zu hören. Sage Mutter, dem Bruder und den Schwestern herzliche Grüße und Dich grüße ich herzlich. wenn ich wieder schreibe, werde ich Dir mehr erzählen. Mr. Mrs. Carr sind eine gute christliche Familie und sie waren sehr freundlich zu mir, schon bevor ich sie kannte. Auf wiedersehen Vater, schreib an Trinity College, N.C.

Dein Sohn
Hann Cardson
Charlie Jones Soon[43]

Trotz seiner Andersartigkeit wurde Charlie von seinen Schulkameraden mit viel Enthusiasmus akzeptiert. Sie spielten ihm gern Streiche, neckten ihn als «Chinee» und machten Witze über seinen Namen.[44] Er reagierte auf diesen jugendlichen Spott auf ebenso jugendliche Art, indem er ihnen seine eigenen Streiche spielte und lernte, mit spitzer Zunge zurückzugeben. Machte sich jemand über seinen Namen lustig, pflegte er alsbald zurückzugeben: «Lieber komme ich bald (soon) als zu spät.»[45]

Damit er das gewichtige Schicksal, das ihm seine Wohltäter zugedacht hatten, nicht vergaß, wurde ihm die Rolle des Heidenpriesters wieder und wieder eingetrichtert. Seine Aufgabe wurde ihm sowohl öffentlich als auch privat ständig eingebläut. 1881, eine Woche vor Weihnachten, veranstaltete man für ihn in der kleinen Kapelle des Trinity College eine eindrückliche Feier. Dr. Craven, auch Pfarrer der Gemeinde, predigte diesen Sonntag über das Thema «Gehet hin in alle Welt und verkündet die frohe Botschaft jeglicher Kreatur». Diese Predigt war an Charlie gerichtet und führte ihm seine Aufgabe vor. Als Teil dieses Sonntagsgottesdienstes wurde die Gemeindezugehörigkeit des Jungen offiziell – und mit viel Kirchengesang und Händeschütteln – von Wilmington nach Trinity übertragen.

Während seiner Ferien besuchte Charlie Ehrwürden Ricaud und dessen Tochter Rosamond in Wilmington, spazierte nach der Sonntagsschule mit Annie Southgate durch Durham oder wiegte auf der Veranda des Carr-Hauses Nannie Carrs jüngsten Sohn in den Schlaf, während die fünfjährige Liza auf den Treppenstufen saß und mit ihren Lieblingspuppen spielte.[46]

Es ist klar, daß den Chinesenjungen alles tief beeindruckte, was er von jenem Mann lernte, den er gerne «Vater Carr» nannte, denn er fuhr fort, viele Einzelheiten aus Carrs Leben zu übernehmen oder, Jahrzehnte später, nach Shanghai zu übertragen. Diese Einzelheiten gewinnen eine interessante Resonanz, je mehr sich Charlies Leben entwickelt, und schließen die Namen seiner Kinder, den Kosenamen für seine Frau und die Geschäfte, die er betrieb, mit ein. Carr gab dem Jungen auch eine äußerst wirksame Erziehung in wirtschaftlichen Dingen sowie ein Urteilsvermögen in geschäftlichen Belangen mit auf den Weg und förderte seinen unternehmerischen Instinkt.

Charlies Interesse für Mädchen wurde langsam auffällig. Als sein erstes Jahr in Trinity vorbei war, schrieb er einem Klassenkameraden, dem sechzehnjährigen Gordon Hackett (Charlie nannte ihn «Golden»), der nach Wilkesboro in die Sommerferien verreist war. Der Brief war in einer meisterhaft verzierten Handschrift abgefaßt – was eine von Charlies Eigenheiten und das Ergebnis seiner frühen Vertrautheit mit Schreibpinsel und Schriftzeichen war – und voller Neuigkeiten über die Sommertage am Trinity College:

> Beide Misses Field sind noch hier. Sie gehen am nächsten Freitagmorgen nach Hause. Ich sag Dir, es sind sehr reizende junge Damen. Sie gefallen mir wirklich. ... Trinity ist jetzt sehr angenehm, doch ich weiß nicht, wie es sein wird, wenn die Mädchen abgereist sind. ... Miss Bidgood ist noch hier. Ich glaube, daß sie bis nächsten Monat hier bleiben wird. Sie sieht so hübsch wie immer aus. Ich habe sie und Miss Cassie seither einige Male besucht. Sie spricht sehr anregend. ... Golden, ich habe mit den Mädchen eine tolle Zeit gehabt, den ganzen Tag, und habe seit dem Abschlußfest kein Buch mehr aufgemacht, mit Ausnahme der Bibel. Alles ist jetzt ruhig. Miss Mami und zwei andere Mädchen besuchen gegangen gestern abend und wir haben es toll gehabt mit allen Mädchen. ... Wir gingen noch zu Ella Carr, und wir hatten den größten Spaß, von dem Du je gehört hast.[47]

Am meisten Aufmerksamkeit schenkte Charlie Ella Carr, einem langbeinigen, linkischen Mädchen. Ihr Vater war Professor O.W. Carr, einer von Julian Carrs ärmeren Vettern, der Griechisch und Deutsch am Trinity College unterrichtete. Der Chinesenjunge befreundete sich mit Professor Carr und seiner Frau. Zusammen saßen sie dann während Stunden im Wohnzimmer und hörten Ella beim Klavierspielen zu.[48]

Man kann kaum daran zweifeln, daß Charlies Aufenthalt am Trinity College zu einem abrupten Ende kam, weil er ein Auge auf Miss Ella Carr geworfen hatte. Da waren die Versuchungen der langen warmen Nachmittage und die Brise aus den Erlen. Es geht aus dem Brief an «Golden» hervor, daß Charlie plante, auch nach der Sommerpause am Trinity College zu bleiben, denn er drängte seinen Freund, «ans College zurückzukehren, wenn du kannst». Wenn er es täte, so versprach Charlie, würden sie zusammen einiges «steigen lassen».

Eines Tages im Hochsommer warf Ellas Mutter Charlie plötzlich aus ihrem Haus und verbot ihm wiederzukommen. Wir können uns nur fragen, was für eine zärtliche Umarmung sie unterbrach und uns aufgrund der Strenge ihrer Antwort die Frage beantworten. Danach gab es ein überstürztes Hin und Her, und Charlie fand sich von einem Tag auf den anderen und ganz wider Erwarten weit weg, an der Vanderbilt University in Nashville, Tennessee, eingeschrieben.[49]

Die Erklärung, die die Methodistenkirche dafür anbot, war von angemessener Frömmigkeit, wie ein Auszug aus einer kirchlichen Version der Soong-Legende zeigt, die im *News and Observer* von Raleigh 1936 abgedruckt wurde:

> Dr. Craven, mit dem Charlie Gespräche über seine Laufbahn als Missionar führte, brachte die Angelegenheit vor den Vorstand der Missionen der Methodistenkirche. Dieser riet ihm, daß der junge Chinese an der Vanderbilt University in Nashville große Fortschritte machen würde; gleichzeitig könne er auf seine praktische Missionsarbeit durch Kontakte mit Vorstandsmitgliedern und zurückgekehrten Missionaren vorbereitet werden.[50]

Dann fährt der Bericht mit einer Passage fort, die den Sachverhalt klarer erkennen läßt:

> Obwohl diese Versetzung ihn seinem Ziel schneller näher bringen würde, mußte Charlie sie eingehend mit Craven besprechen, bevor er damit einverstanden war, North Carolina zu verlassen.[51]

Die Stellung, die die Methodisten in Charlies Leben einzunehmen begonnen hatten, zeigte nun die Probleme eines zweifachen Maßstabs. Es war gut und recht, daß Charlie in der Phantasiewelt des missionarischen Eifers seine Rolle spielte. War er bereit, nach China zu gehen, um das Evangelium der Southern Methodist Mission zu verkünden und mitzuhelfen, China nach viertausend Jahren der Irrelei-

tung auf den rechten Weg zu bringen, so würden seine Geldgeber während dieser Zeit für eine abgekürzte Ausbildung und, in bescheidenem Maß, für Kleider und Nahrung sorgen. Beide Parteien wurden so für ihre Anstrengungen belohnt. Charlie war ihr auserwählter Himmelssohn, doch mußten sie in Fragen der Intimität eine klare Trennungslinie zwischen einem Chinesen und einer ihrer Töchter ziehen.
Voller Trauer brachte Charlie an seinem letzten Tag im Trinity College Mrs. Ella Carr die letzte seiner Hängematten als Abschiedsgeschenk. Wie sie später Freunden anvertraute, soll er dazu noch eine sorgfältig vorbereitete Rede gehalten haben, bevor er auf die Knie fiel, seine Arme um sie schlang und in Tränen ausbrach.
In Wilmington rief diese Episode einen köstlichen Skandal hervor. Mitglieder der Gemeinde der Methodistenkirche an der 5. Straße erzählten noch Jahre danach, daß Charlie mit Julian Carr in Konflikt gekommen sei, weil er «mit seiner Tochter erwischt worden» sei. Die Namen klangen ähnlich – Eliza Carr und Ella Carr –, doch Julian Carrs Tochter war damals erst fünf Jahre alt. Immerhin taucht in allen Gerüchten zumindest der gleiche Familienname auf.
Als Charlie mit dem Zug Nashville erreicht hatte, putzte er sich heraus und ging in ein Photoatelier. Dort ließ er von sich ein formelles Porträtphoto machen und sandte es durch Freunde an Miss Ella Carr in Trinity. 1937, mehr als ein halbes Jahrhundert später, als Ella Carr als Mrs. Dread Peacock von High Point bereits in ihren reiferen Jahren stand, war das Original des Porträts immer noch einer ihrer gehüteten Schätze.[52]
Der säuerliche Atem der Moral umgab Charlie von nun an. Methodistenvorsteher, die sich selbst für gebildet hielten – wie Charaktere aus einem Dickens-Roman –, verurteilten ihn als Opportunisten, Betrüger und Prasser. Wenn die Herde von Charlie begeistert war, so hatten die Gebildeten seine Fehler aufzuzeigen. Der amtierende Vorsteher der Theologischen Fakultät an der Vanderbilt University war am wenigsten großzügig.

> Soong oder Soon, wie wir ihn nannten, war hier von ’82 bis ’85 eingeschrieben. Er war ein Taugenichts, unbändig und voller Spaß, aber kein sehr guter Student. Es sieht so aus, daß er kein großes Interesse weder für die Religion noch fürs Predigen zeigte. Tatsache ist, daß Soon nach China zurückkehrte und sich für irgendein Geschäftsunternehmen interessierte. Im Lauf der Zeit heiratete er eine Frau, die ihm mit Sicherheit überlegen gewesen sein muß.[53]

Dies war die Ansicht von Dr. George B. Winton, dem amtierenden Vorsteher, und sie wurde von seinem unmittelbaren Kollegenkreis und von höheren Kirchenvorstehern geteilt.
Ein viel freundlicheres Bild zeichnete Ehrwürden John Orr, der einer von Charlies Klassenkameraden an der Vanderbilt University gewesen war.

> Am Anfang beachteten die Schüler Soon kaum oder gar nicht. Er war vor allem einfach ein Chinese. Doch dies änderte sich. Er hatte einen klaren Verstand und lernte die englische Sprache genau und fließend. Gewöhnlich überschäumte er vor Geist und Witz und war guter Dinge. Die Jungen begannen ihn gern zu haben und nahmen ihn zu allen Anlässen und Festen mit, die auf dem Campus stattfanden. Seine Handschrift sah wie gedruckt aus, mit hauchdünnen Aufstrichen und perfekten Schattierungen. Er schrieb die Einladungskarten für die Jungen. Obwohl er des Englischen nicht mächtig und deshalb im Nachteil war, bereitete er sich gut auf seine Lektionen vor und bestand alle Examen. Er schloß in einer Klasse von vier Studenten sein Theologiestudium mit einer Auszeichnung ab.[54]

Die Studenten mochten ihn alle überaus gern. «Er war geistreich und freundlich», erinnerte sich sein Klassenkamerad James C. Fink.[55] Charlies Zimmerkamerad J.B. Wright, später Prediger in Cairo, Georgia, sagte von ihm: «Er hatte eine großzügige und freundliche Veranlagung und hatte immer etwas für einen guten Witz übrig. Er war bei allen Studenten populär. Er war ein guter Durchschnittsstudent mit einem hellen Verstand.»[56] Ehrwürden D.H. Tuttle hörte Charlie mehrere Male predigen und meinte, daß «es allen, die ihn gehört hatten, ein geistiger Gewinn gewesen» sei.[57]
Wie immer Charlie an der Oberfläche ausgesehen haben mag, darunter war er ein Junge, der weit von zu Hause weg und deshalb auf die Freundlichkeit von Fremden angewiesen war.

> Es war unter den strebsameren Jungen üblich (erinnerte sich Orr), sich vor dem Sonntagsfrühstück in der kleinen Kapelle der Wesley Hall zu einer Art religiöser Betrachtung zu treffen. Eines Morgens erhob sich Soon und stand eine Weile still, bevor er etwas sagte. Dann begannen seine Lippen zu zittern, und er sagte: «Ich fühle mich so klein. Manchmal bin ich so einsam. So weit weg von meinen Leuten. So lange unter Fremden gewesen. Ich komme mir vor wie ein kleines Holzstückchen, das den Mississippi hinuntertreibt.» Tränen flossen ihm über die Wangen, und bevor er weiterzusprechen fähig war, war er von mehr als einem Dutzend Jungen umgeben, die den

> Arm um ihn legten und ihn ihrer brüderlichen Liebe versicherten. Soon beendete die Zusammenkunft an jenem Morgen.[58]

Von allen Studenten lernte William Burke Charlie am besten kennen. Es war der Anfang einer lebenslangen Verbindung. Seine Meinung über Charlie war weder verletzend noch sentimental, sondern frei heraus. «Soon galt bei seinen Klassenkameraden deshalb als etwas Besonderes», schrieb er in einer Biographie über seinen Vater, «weil er weder Wäschereiangestellter noch Koch war.»[59]

Eines Nachmittags bereitete Burke Charlie einen herzlichen Empfang. Mitten im Zimmer stand auf einem hölzernen, mit einem Tuch bedeckten Tisch eine gewöhnliche Schüssel voll Wasser. Im Wasser schimmerte ein Silberdollar. Neben der Schüssel lag ein Bügeleisen mit einem Metallgriff. Unter dem Tisch verborgen war eine Reihe Flüssigbatterien, die durch einen kaum sichtbaren Kupferdraht mit dem Wasserbecken und dem Bügeleisen verbunden war.

Burke, ein kräftiger, über sechs Fuß großer und über zweihundert Pfund schwerer Kerl, begrüßte Charlie und die anderen Jungen, die ins Zimmer gerannt kamen, herzlich.

«Ich habe heute für alle eine kleine Überraschung», kündigte Burke an. «Es ist das Bügeleisen dort auf dem Tisch, es ist verhext und kommt aus einer Zauberhöhle hinter den Sieben Bergen. Jeder, der es berührt, verliert die Kraft über seinen Willen. Versucht es einmal; jeder, der es wagt, den Dollar aus dem Becken zu fischen, während er gleichzeitig das Bügeleisen hält, kann ihn behalten.»

Einige listige Blicke wurden getauscht, doch niemand rührte sich.

«Wie wär's mit dir, Charlie?» fragte Burke gedehnt.

Charlie näherte sich vorsichtig und guckte auf das Bügeleisen und den im Wasser liegenden Silberdollar. Nichts schien ihm verdächtig. Er hielt das Bügeleisen fest und wollte nach der Münze greifen. Als er die Wasseroberfläche berührte, warf ihn zu seiner Verblüffung ein Schlag nach hinten. Doch dann merkte er kleinlaut, daß man ihn hereingelegt hatte. Burke begann lauthals zu lachen, und Charlie stimmte bald in das Gelächter ein.[60]

Während der Sommerferien stiegen die Theologiestudenten auf die Rednertribüne, um für Gott Glaubensfeldzüge zu unternehmen. Charlie arbeitete mit einer Gruppe von Wanderpredigern und half den Evangelisten, Veranstaltungen in den Südstaaten durchzuführen. Eine seiner bevorzugten Stationen war Franklin, Tennessee, denn hier hatte er sich mit der Familie Stockard, die eine hübsche Nichte namens Sally hatte, angefreundet. Er ließ sich von seinem Porträtphoto, das er eigentlich für Miss Ella hatten machen lassen, einen

Abzug herstellen und überreichte ihn Sally. Doch ihre Freundinnen neckten sie mit ihrer «Chinesenromanze», worauf sie die Photographie ins Kaminfeuer warf. Ihrer Mutter jedoch gelang es, das etwas angekohlte Photo zu retten, und es wurde die am meisten publizierte Photographie Charlies, bis 1937 Mrs. Dread Peacocks geliebtes Original auftauchte.[61]

Seine Teilnahme an der Evangelisationstournee brachte Charlie ins Gleichgewicht und verbesserte sein Englisch. Nach ein paar Jahren konnte er der kirchlichen Zeitung in Raleigh, North Carolina, dem *Christian Advocate*, in aller Aufrichtigkeit schreiben:

> Die Leute aus Nashville leisten gute Arbeit in dieser Stadt. Die Evangelisationsveranstaltung begann in den letzten Tagen des vergangenen Monats, und einige Gemeinden verzeichneten einen Erfolg, wie er in der Geschichte dieser Stadt bisher noch nie dagewesen war. In verschiedenen Gemeinden laufen die Veranstaltungen noch weiter. Bis jetzt hatten wir schon 150 Bekehrungen. Tatsächlich ist der Erfolg größer, als es die Leute erwartet hätten. Ehrwürden Mr. Sam Jones von Ga. (ein Südstaatenevangelist) wird diese Woche in Nashville auftreten und im Missionszelt predigen, das auf einem Platz neben dem Postbüro errichtet wird. Dies ist ein großer Segen für die Einwohner von Nashville. Wir zweifeln nicht im geringsten daran, daß er Hunderte von Leuten mit der Hilfe und Gnade Gottes zu Christus führen wird.[62]

In einer Fußnote wurde der Leser des *Advocate* daran erinnert, wer Charlie war. Der Herausgeber der Zeitung fügte noch die gönnerhafte Bemerkung hinzu: «Sein Brief zeigt deutliche Fortschritte.»

Für Charlie war es nun sicher, daß er nach Shanghai gesandt werden sollte, sobald er seine Studien an der Vanderbilt University 1885 beendet hätte. Dieser Entscheid wurde von Bischof Holland N. McTyeire getroffen, dem Vorsteher der Vanderbilt University und Beauftragten der Southern Methodist Mission in China. Der Bischof setzte Dr. Allen in Shanghai von dieser Entscheidung in Kenntnis, worauf Charlie im Frühjahr einen knappen Bestätigungsbrief von Dr. Allen erhielt. Alles schien in die Wege geleitet zu sein, ihm an der Anglo-chinesischen Universität eine Lehrstelle zu geben. Als Charlie antwortete, klang sein Brief schon ein bißchen hochgestochen:

Wesley Hall, Vanderbilt University
Nashville, Tennessee
27. Juli 1883

Lieber Dr. Allen,
Ihr freundlicher Brief kam vor einiger Zeit an und tatsächlich, ich war glücklich, ihn zu erhalten. Er zeigt mir, daß Sie Ihre ganze Arbeit, Ihr Leben und Ihren Geist in Gottes Hände legen. Ich hoffe, daß ich Sie, so Gott will, bald sehen werde. ich weiß noch nicht, wie lange ich in den Staaten bleiben werde, doch ich will versuchen, mich so gründlich vorzubereiten, wie es die Möglichkeiten zulassen. Wenn meine Schulzeit zu Ende ist, so hoffe ich, den Chinesen das Licht zu bringen. Das Ziel meiner Tage ist es, Gutes zu tun, den Menschen zu ehren und Gott zu loben; meinen Mitmenschen will ich Gutes tun und sie von der ewigen Strafe erlösen. Das will ich, und Gott sei mein Helfer. Vor einigen Tagen stellte mir eine Methodistin eine ungewöhnliche Frage, sie sagte: «Nun gut, Bruder Soon, jetzt bist Du ein Missionar, wirst Du auch für deine Überzeugung leiden und für Christus sterben können?» Und ich dachte mir, daß das eine ungewöhnliche Frage ist. Doch ich beantwortete sie von ganzem Herzen und so, wie es mein Gefühl für richtig hielt. Da antwortete ich, ja Madam, ich bin bereit, für Christus jedes Leiden auf mich zu nehmen, wenn Gott mein Helfer ist. Darauf erwiderte sie: «So sollte unsere Einstellung sein, denn Gott wird uns helfen, wenn wir in ihn vertrauen.» Möge Gott uns allen helfen, unseren Schatz in den Himmel zu bringen und ihn mit großer Hingabe zu erwarten, damit wir am Ende sagen können: «Ich war stark im Glauben, ich habe für die gute Sache gekämpft, und deshalb soll ich die Krone des Lebens empfangen.» Gott segne Sie und alle Ihre Mühe.

Charles J. Soon[63]

Als die Zeit für die Abschlußfeier vom 28. Mai 1885 gekommen war, schrieb der Wilmingtoner *Star* über den «frommen und ziemlich ehrgeizigen jungen Himmelssohn»:

> ... Er schloß seine Studien an der Vanderbilt University mit besonderer Auszeichnung ab. Er wird einige Wochen zusammen mit seinen Freunden und seinem Wohltäter in Durham verbringen, um, wie wir hören, dann nach China zu gehen, wo ihm ein Lehrstuhl an der Anglo-chinesischen Universität von Shanghai, Provinz King Si [sic!] angeboten worden ist. Sein ganzes Betragen, so hören wir, war die höchste Auszeichnung für alle jene, die sich so hilfsbereit um sein Wohl gekümmert haben, während er seinerseits diesen Freunden gegenüber offenbar immer tiefste Dankbarkeit empfand.[64]

Es wurde oft behauptet, daß Charlie seine Studien an der Vanderbilt University mit einem akademischen Grad abgeschlossen hätte. Auch

die oben zitierte Quelle versichert, er hätte seine Studien mit Auszeichnung abgeschlossen. Aber das war nicht der Fall. Um Gottes Plänen in China so bald als möglich dienstbar zu sein, wurde er in aller Eile durch das System geschleust.[65]
Zwar erhielt er ein Diplon, doch letzten Endes wollte Charlie nicht zurück. Nicht nach Shanghai. Zumindest jetzt noch nicht. Er wollte zuerst noch Medizin studieren. Julian Carr unterstützte den Jungen voll und ganz. Wenn er noch Medizin studieren wollte, so würde er die Ausbildungskosten übernehmen. Doch Bischof McTyeire war dagegen. Er behauptete, daß es schon «zu viele» Missionsärzte gäbe, was ziemlich absurd war. Auf den wahren Grund wird in einem Brief hingewiesen, den er Dr. Allen nach Shanghai schrieb:

Vanderbilt University
Nashville, Tennessee
8. Juli 1884

Lieber Dr. Allen,
wir hoffen, Ihnen diesen Herbst Soon senden zu können, zusammen mit Dr. Park. Ich vertraue auf Sie, daß Sie ihn gleich am Anfang als *Wanderprediger* einsetzen, wenn nicht zu Pferd, dann zu Fuß. Soon wünschte noch ein Jahr oder zwei länger zu bleiben, um Medizin zu studieren, damit er sich besser nützlich machen könne, usw. Sein großzügiger Gönner, Mr. Julian Carr, war nicht abgeneigt, ihn weiter zu unterstützen.
Aber wir waren der Meinung, daß der *Chinese* in ihm noch nicht ausgetrieben sein sollte, wenn er unter den Chinesen tätig wird. Schon hat er einen Sinn für Annehmlichkeiten entwickelt – und ist den bequemeren Seiten höherer Zivilisation nicht abgeneigt. Das ist ja nicht sein Fehler.
Lassen Sie unseren jungen Mann, an den wir unsere Arbeit verwandt haben, nun selbst *arbeiten.* Und zwar gleich an vorderster Front, *kein Nebenposten.* Seinem Verlangen, Medizin zu studieren, wurde mit dem Hinweis begegnet, daß wir schon so viele *Ärzte* hätten, wie die Mission braucht, und sogar noch einen mehr.
Ich habe die Zuversicht, daß unser Sohn mit Ihrem verständigen Beistand seine Sache recht macht. Wenn er es tut, wird das für ähnliche Unternehmungen hier sehr ermutigend sein. Das Schicksal von vielen ist in seinem Fall verknüpft....

Ihr Bruder in Christo
H.N. McTyeire[66]

Dieser Brief und auch Vorsteher Wintons Bestätigung von Charlies ungezogenem Verhalten zeigten den Bischof und seine Mitarbeiter

von einer wenig einnehmenden Seite. Was den Überschuß an Ärzten anbelangte, so log der Bischof, und nachdem man die Zeitungen glauben gemacht hatte, Charlie unterrichte an Dr. Allens College, wies er Allen vertraulich an, den jungen Mann in das Hinterland zu verbannen.
Keine besonderen Umstände sollten berücksichtigt werden. Er sollte den niedrigsten Rang erhalten und zu Fuß seine Runden von einer Stadt zur andern machen. Dies war eine Maßnahme, die ausgedacht war, um Charlie unter seinen eigenen Landsleuten zu erniedrigen. Die Chinesen ließen sich von äußerem Prunk wie etwa Sänften beeindrucken. Charlie sollte auf den Status eines Bauern reduziert werden. Er war, so glaubte der Bischof, selbstzufrieden geworden und verweichlicht, weil ihn die Methodisten allzusehr verpäppelt hätten. Doch wenn er einmal gezwungen würde, sich zu erniedrigen, wäre es möglich, aus dem ehrgeizigen jungen Chinesen ein brauchbares Werkzeug zu machen.

In Charlotte, North Carolina, wo in jenem Sommer der Methodistische Kirchentag des Bundesstaates Carolina zusammentrat, wurde Charlie als Diakon ordiniert. Er war nun neunzehn Jahre alt. Normalerweise würde er nur eine provisorische Anstellung erhalten haben, um erst nach zwei Jahren im Amt bestätigt zu werden. Doch Bischof McTyeire schaltete sich ein; er wollte, daß der Chinese unverzüglich nach China zurückginge. Auf Seite 53 des Konferenzstenogramms findet sich der Eintrag: «Missionar für China, Charles Jones Soon.»
Charlie machte eine große Reise, um sich von all seinen Freunden zu verabschieden. Eine Kette von Evangelisationsveranstaltungen in Durham, Wilmington und Washington, North Carolina, bot dazu die Gelegenheit.
Es brachte jedoch nichts, nochmals nach Trinity, dem Ort seines romantischen Fiaskos, zurückzukehren. Nach einem letzten Besuch bei den Carrs in Durham ging Charlie in seine alte Kirche an der 5. Straße in Wilmington, um eine Abschiedspredigt zu Ehren von Ehrwürden Ricaud zu halten. Kapitän Gabrielson war in Pension gegangen und hatte sich nach seinem geliebten Martha's Vineyard zurückgezogen. Charlie blieb mit ihm in brieflichem Kontakt.
Während er weiterhin bei den Ricauds weilte, beobachtete man nicht ohne Bedenken, wie er und Rosamond flirteten. Die veilchenäugige Rosamond, nun fünfzehn, hatte ihren kindlichen Übermut hinter sich gelassen und war eine reizende junge Dame geworden. Der arme Ricaud, der grimmig blickende ehemalige Pistolero, der zum Gottesmann geworden war, sandte seine lebhafte Tochter zu ihrer erwachse-

nen Schwester, damit sie den Rest des Sommers unter ihrer Obhut verbringe.[67]
Um Charlie aus Wilmington wegzubringen, bevor irgend etwas passieren konnte, nahm ihn Ricaud nach Washington mit, einer kleinen ländlichen Stadt, in der er an einer religiösen Sommerschule unterrichtete. Charlie hätte nicht glücklicher sein können, als er entdeckte, wie viele Mädchen an den Kursen teilnahmen. Dies war auch ein gutes Thema, um mit seiner langjährigen Bekannten in Durham, Annie Southgate, diskutiert zu werden:

> Ich verbrachte eine sehr angenehme Zeit in Washington, obwohl ich erst wenige Mädchen kenne. Es heißt, daß auf einen Jungen sieben Mädchen kommen. Ich habe mich in Miss Bell verliebt. Zu dumm, glaubst Du nicht auch, denn ich muß mein Herz in Washington lassen und nach China gehen. Es besteht keine Gefahr, daß ich mich in eine von Onkel R's (Ricauds) Töchter verliebe. Miss Jennie verlobt sich mit einem jungen Mann, der nur sieben Fuß und neun Inches groß ist, und Miss Rosa ist zu jung, denn sie ist erst fünfzehn und verbringt den Sommer bei ihrer Schwester. Du siehst, es gibt also keine Gelegenheit, mich zu verlieben, selbst wenn ich wollte.[68]

Darauf bekennt Charlie: «Miss Annie, ich muß Euch sagen, daß ich Euch lieber mag als jedes andere Mädchen in Durham.»
Die schöne «Miss Bell» war die blonde Eula Bell, eine lokale Schönheit aus dem Städtchen, die aus Langeweile an den Sommerkursen teilnahm. «Ich fürchte», gab sie viele Jahre später zu, «wir gingen nicht dorthin, um Wissen zu erwerben, sondern um einfach irgendwo hinzugehen . . . Die jungen Leute sahen sich jeden Tag vor und nach den Schulstunden und in der Mittagspause.» Charlie hatte den großen Nachteil, daß er Chinese war, meinte sie, und deshalb hätte er sie nie ausgeführt. Aber sie sah ihn jeden Tag in der Schule.[69]

Es wurde Dezember, bis Charlie zusammen mit dem Missionsarzt Dr. W.H. Park in Nashville einen Zug bestieg und die beiden nach Kansas City reisten, wo sie auf die transkontinentale Eisenbahn umstiegen. Auf den engen Bänken saß man dichtgedrängt, und die Rückenlehnen waren so niedrig, daß man unmöglich einschlafen konnte. Die Zeitungen und Nachrichtenmagazine, die es im Zug zu lesen gab, waren voll von dramatischen Berichten über Ereignisse in der ganzen Welt. In Karthum, so konnten sich die Leser belehren lassen, war vor einigen Monaten der englische General «China» Gordon (der es den Taiping-Rebellen gezeigt hatte) von fanatischen Kriegern der Mahdi in Stücke gerissen worden; in Saskatchewan war Louis

Riel gerade gehängt worden, weil er eine Rebellion gegen Ottawa inszeniert hatte; in England war Gladstone abwechselnd an der Macht oder nicht; in Paris hatte Louis Pasteur einen Stoff gegen Tollwut entwickelt, und an der nordwestlichen Pazifikküste in der Gegend von Seattle hatten antichinesische Ausschreitungen so viele Opfer verursacht, daß Präsident Cleveland sich genötigt sah, einzuschreiten.[70]

Der amerikanische Wilde Westen hatte es auf die Chinesen abgesehen. Als Charlie von Küste zu Küste fuhr, skalpierten die Weißen Chinesen, in den fruchtbaren Ebenen ebenso wie in der hehren purpurnen Bergwelt. In den 80er Jahren brach mit dem Ende des Silberbooms eine Rezession über die Westküste herein. Es war schwierig, Arbeit zu finden, und Fabrikanten stellten Chinesen ein, weil die Himmelssöhne weniger Ansprüche stellten. Als Folge davon steigerten sich die arbeitslosen Weißen in eine Raserei gegen die «gelbe Gefahr», angestachelt von skrupellosen Zeitungsherausgebern und Politikern. Chinesische Stadtteile gingen in Flammen auf. Weiße Unruhestifter inszenierten «Zopf-ab-Veranstaltungen», bei denen nicht nur Zöpfe abgehackt, sondern auch die ganze Kopfhaut abgerissen wurde. Enthauptungen, eine für Amerika untypische Hinrichtungsart, fanden selbst in so abgelegenen Orten wie Montana statt. Bei einer der schrecklichsten Grausamkeiten, die sich nachweislich zutrug, soll der aufgebrachte Mob einem Chinesen die Genitalien abgehackt und diese in einem Saloon als geröstete Prärieaustern verspeist haben.[71]

Tausende von Chinesen flohen vor der weißen Gefahr und kehrten nach China zurück. Als Folge davon schrumpfte die Zahl der Chinesen an der amerikanischen Westküste von 110 000 Ende des 19. Jahrhunderts auf knapp 60 000. Die Blutbäder erreichten ihren Höhepunkt, als Charlie unterwegs nach Shanghai war. Zur gleichen Zeit verstümmelte eine aufgebrachte Menge in Rock Springs, Wyoming, 28 Chinesen und verbrannte sie lebendigen Leibes, während sich die anwesenden Bürgersfrauen amüsierten und applaudierten. Sie folgten damit dem Ratschlag des Herausgebers des *Montanian:* «Es kümmert uns nicht, wenn da und dort mal ein Chinese umgebracht wird, doch vor kurzem ist zuviel passiert. Bringt also keine Chinesen um, es sei denn, sie hätten es verdient. Und wenn sie es verdient haben, sollen sie alle daran glauben.»[72]

In ganz Amerika wurden lokale Gesetze und Vorschriften für Chinesen eingeführt, so daß sich der Kongreß veranlaßt sah, die chinesische Einwanderung zu limitieren – das erste Mal in der amerikanischen Geschichte, daß die Einwanderung einer bestimmten Nationalität eingeschränkt wurde. Am Anfang hatten die Mandschus den Chinesen untersagt, ihr Land zu verlassen. Doch die ausländischen Mächte wollten billige Arbeitskräfte. Deshalb wurden die Mandschus nach dem Zweiten Opiumkrieg gezwungen, die Ausreise zu bewilligen. Die westlichen Nationen, allen voran Amerika, organisierten den Kulihandel. Im Vertrag von Burlingame aus dem Jahr 1868 bestätigte der Kongreß das Recht des freien Verkehrs zwischen China und Amerika. Doch als die Eisenbahnstrecken fertig gebaut waren, wurden die billigen chinesischen Arbeitskräfte eher eine Belastung als eine Hilfe. Der Kongreß revidierte den Burlingame-Vertrag drastisch und verabschiedete 1882 ein Ausschluß-Gesetz, das allen Chinesen, mit Ausnahme von Lehrern, Studenten, Kaufleuten und Touristen, die Einreise in die USA verbot. Chinesen, die sich in den USA niedergelassen hatten, konnten das amerikanische Bürgerrecht nicht erwerben. Die Zahl der chinesischen Einwanderer fiel von über vierzigtausend im Jahr 1881 – als Charlie das Trinity College besuchte – auf nur zehn im Jahr 1887, kurz nachdem Charlie nach Hause fuhr.

Die Reaktion in China war von Verbitterung gekennzeichnet. Gruppen aufgebrachter Leute stürmten amerikanische und europäische Missionen. In einigen Gegenden war die Durchreise für Ausländer äußerst riskant. In der westlichen Presse und in westlichen Geschichtsbüchern wird den Ungerechtigkeiten, die Weiße in China während dieser Zeit zu erleiden hatten, meist viel Aufmerksamkeit geschenkt. Die ebenso brutalen und viel besser organisierten Gewalttätigkeiten, denen Chinesen in Amerika ausgesetzt waren, werden jedoch unterschlagen. Diese Unterschlagung machte es den westlichen Mächten wiederum möglich, erneut Druck auf die schwache kaiserliche Regierung in Peking auszuüben. Um die Rundaugen zu beruhigen, wurden chinesische Truppen eingesetzt, die den lokalen Protest niederschlugen. Unter diplomatischem Druck gab Peking Verlautbarungen heraus, in denen alle Chinesen aufgefordert wurden, «mit den christlichen Missionen in Frieden zu leben». In Washington dagegen wurde nichts unternommen, um den Ausschreitungen gegen die «Gelbe Gefahr» Herr zu werden.

Ohne sich dessen bewußt zu sein, nahm Charlie, während er das Land durchquerte, sein Leben selbst in die Hand. Auf beiden Seiten des Pazifiks wurden einander bekämpfende Kräfte freigesetzt, die Charlies Leben und dasjenige seiner Kinder beeinflussen sollten. Glücklicherweise erreichte er San Francisco ohne Zwischenfall. Er schiffte sich auf einem Dampfer der Pacific Mail ein, der Yokohama und dann Shanghai anlief – nach zehnjähriger Wanderschaft war er nun auf der Heimfahrt.

2. Kapitel

Der Bastard kehrt zurück

Als Charlies Dampfer im Januar 1886 den schlammigen Whangpoo hinaufkroch und am Pier der Shanghai Dock Company in Hongkew anlegte, war das Hafengebiet übersät mit Schiffen aus dem Westen und Frachtdschunken. Unter den Schiffen, die weiter vom Kai entfernt lagen, befanden sich fünf notorische Opiumhulken. Sie waren einst stolze Segelschiffe gewesen; jetzt, mit ihren bis auf Stümpfe abgesägten Masten, sahen sie aus wie alte römische Galeeren. Auf ihren Decks waren Verschläge gebaut worden. In den Laderäumen lagen Vorräte an indischem Opium: die wohlbehüteten Reserven der westlichen Handelshäuser.

Es war üblich, nicht im schmutzigen Gewimmel Hongkews an Land zu gehen, sondern einen Sampan die paar hundert Meter flußaufwärts zum Kai zu nehmen, wo die Passagiere von Bord gehen konnten, wie es sich gehörte. Wie Charlie später seinem Studienkollegen Bill Burke erzählte, fuhren Dr. Park und er zusammen in einem Sampan zum Kai. Eine drahtige alte Hexe führte das einzige Ruder im Heck; der Sampan kroch an der Mündung des Soochow vorbei und näherte sich der Anlegestelle vor dem Britischen Konsulat. Aus dieser Zeit gibt es zahlreiche Photographien vom Kai, die ihn als makellose viktorianische Promenade zeigen. Durch das Gittertor des Konsulats waren hübsche Gärten zu sehen, mit blühenden Bäumen und Büschen, die den Backsteinbauten Schatten spendeten, und der Union Jack baumelte faul in der Luft. Am Kai direkt vor dem Konsulat befand sich eine Orchestermuschel; hier trafen sich die ansässigen Weißen bei Sonnenuntergang mit ihren Damen zu Drinks und Tanzmusik. Der Kai war jetzt mit Steinen gepflastert und mit schattigen Bäumen gesäumt. Er wurde sorgfältig bewacht, damit die Asiaten draußen blieben, aber da und dort warteten lautlos Rikschakulis, ihre Rikschas, deren Sitze von kleinen, mit Fransen besetzten Markisen gedeckt waren, vornüber auf die Stangen gekippt. Den Kai entlang

zog sich eine imposante Zeile drei- und vierstöckiger Kolonialgebäude mit prächtigen Säulen und breiten Veranden, von denen aus man das geschäftige Treiben auf dem Fluß sah.
Obwohl die Szenerie völlig westlich war, war der Geruch Chinas nicht zu verkennen. Er war gemischt aus Blütenduft, Pflaumensauce, verbranntem Knoblauch, Tintenfisch, entleerten Lenden, der Aussicht auf Enthauptungen – und aus Unrat. Es war, als treibe man im Fruchtwasser, und daraus weggenommen zu werden, war, als würde man aus dem Mutterleib gerissen.
Indem das Auge dem Fluß folgte, glitt es über eine Stadtsilhouette von der gleichen Majestät, die Schiffe bei ihrer Ankunft in Singapur oder Bombay begrüßte und die einen mit Stolz erfüllte, während des Goldenen Zeitalters ein Engländer zu sein – wenn man tatsächlich einer war.
Charlie ging gehorsam zum anderen Ende Hongkews, um Dr. Allen, den großen Mandarin der Methodisten, zu besuchen. Es war ein Treffen, das von vornherein zum Scheitern verurteilt war. Dr. Allen war ein Mann, der nicht an seiner eigenen Überlegenheit zweifelte. Obwohl Amerikaner, war er wie viele Engländer im Lauf der Jahre nach China gekommen, um sich in Elfenbeintürmen und Orchideenhäusern der Vorstellung niederzulassen. Dr. Allen war vor dem Amerikanischen Bürgerkrieg als Missionar hierhergekommen; das Ergebnis war, daß der Kampf die finanzielle Versorgung durch die Heimatkirche abgeschnitten hatte. Um sich seinen Lebensunterhalt zu verdienen, nahm er bei einer chinesischen Institution, die mit dem kaiserlichen Arsenal Shanghais verbunden war, eine Arbeit als Lehrer und Übersetzer an. Hier hatte er es ausschließlich mit der privilegierten Elite zu tun. In seinem Fall war die Bezeichnung «Missionar» irreführend. Er war ein Hohepriester in der Tradition der jesuitischen Emissäre. Es war ihm nicht gegeben, den ungewaschenen Menschenmassen des Ostens die westliche Religion zu predigen oder gewöhnliche Chinesen dazu zu bringen, sich um die christlichen Tugenden zu kümmern. Er betrachtete sich eher als Missionar für die chinesische Intelligenzija; er rechnete sich aus, daß die Elite, wenn er sie mit westlicher Wissenschaft beeindrucken konnte, empfänglich würde für die westliche Kultur und die feineren Nuancen der christlichen Ideologie.
Vierzig Jahre lang war Allens hauptsächliches Mittel, westliches Wissen seiner eingeweihten Zuhörerschaft näherzubringen, eine Zeitschrift gewesen, die er in klassischem Chinesisch herausgab und die *Review of the Times* hieß. Ihre Artikel über Politik, Ökonomie, Wissenschaft und soziale Themen wurden von den Mandarinen ver-

schlungen. Die Zeitschrift war ein wichtiger Berührungspunkt der beiden Kulturen. Allen gründete das anglo-chinesische College in Shanghai und besetzte es mit aufrechten jungen chinesischen Gelehrten, die er nach seinen Vorstellungen herangezogen hatte. Er ließ seine Studenten Essays in klassischem Chinesisch schreiben, die seine Ideen zum Ausdruck brachten, und publizierte sie im *Review*. Für ihn war Charlie nur ein ehrgeiziger Bauernsohn.

Im Jahr 1886 bestand die Southern Methodist Mission aus lediglich sechs Missionaren, die unter Allens direkter Aufsicht arbeiteten. Drei der sechs fanden sein autoritäres Verhalten unerträglich und beantragten eine Versetzung nach Japan.[1]

Nur zwei Tage bevor Charlie in Shanghai ankam, hatte Dr. Allen seine Befürchtungen in einem Brief an Bischof McTyeire und das Missionskomitee in Nashville offen zum Ausdruck gebracht. Die Leute daheim, erklärte er, hätten ein Problem geschaffen. Vielleicht war Charlie amerikanisiert, aber er war immer noch Chinese. Er verdiente keine Spezialbehandlung. Wenn ein Chinese gefördert und zu Ehren gebracht werden sollte, dann sollte es einer sein, den Dr. Allen ausgesucht hatte.

«Es gibt noch einen weiteren Punkt», schrieb er dem Komitee,

> Punkt 10 – auf den ich zu sprechen kommen möchte –, nämlich das Gehalt von Mr. Soon. Er wird nun in zwei Tagen hier sein, und ich habe keine Information darüber, wie das Komitee ihn behandeln will. Was soll sein Status sein, was sein Lohn? Es gibt in diesem Fall viele Peinlichkeiten. Die Burschen und Männer in unserem anglo-chinesischen College sind ihm insofern weit überlegen, als sie – die Fortgeschrittenen unter ihnen – sowohl englische als auch chinesische Gelehrte sind: sie sind fähig – und haben es gezeigt –, auf dem Gebiet des Aufsatzes und der Übersetzung Arbeiten vorzulegen, die in einer öffentlichen Sitzung von Missionaren, wo sie vorgestellt und beurteilt wurden, das Lob unserer ältesten und fähigsten Mitarbeiter erlangt haben. Und Soon wird nie ein chinesischer Gelehrter werden, sondern bestenfalls ein *entnationalisierter* Chinese, unbefriedigt und unglücklich, wenn er nicht weit über seine Verdienste hinaus eingesetzt und bezahlt wird – und die Folge davon ist, daß keiner unserer Brüder ihn nehmen will.[2]

Allen behauptete, daß alle drei Missionare der Southern Methodist Mission, die in China bleiben sollten, es abgelehnt hätten, Charlie als Assistenten anzustellen.

Dr. Allen setzte Charlies Monatsgehalt auf weniger als 15 $ in amerikanischer Währung fest. Das reichte gut zum Leben, wenn man ein chinesischer Dorfbewohner mit bescheidenen Erwartungen war. Charlie, der weder gewöhnlich noch bescheiden war, schluckte es erst einmal. Aber er bat Dr. Allen um die Erlaubnis, einige Wochen frei zu nehmen, bevor er die Arbeit aufnahm, damit er seine Familie in Hainan besuchen konnte. Er war zehn Jahre lang nicht zu Hause gewesen und hatte seine Eltern nicht mehr gesehen, seit er neun Jahre alt gewesen war. Dr. Allen lehnte ab; er bestand darauf, daß die Reise um einen Monat verschoben werde, bis zu den chinesischen Neujahrsfesttagen, wenn alle Missionare frei nahmen. Das war kein unvernünftiger Aufschub, aber Charlie nahm ihn übel auf, vielleicht wegen Dr. Allens diktatorischem Gebaren. Er zeigte ein tiefes Ressentiment, als er an Annie Southgates Vater schrieb:

> Nein. Ich bin meine Eltern bis jetzt noch nicht besuchen gegangen. Dr. Allen sagt, ich dürfe während des kommenden chinesischen Neujahrsfestes gehen, aber nicht vorher. Ich bin äußerst ungehalten über diese Art von Autorität, aber ich muß sie geduldig ertragen. Wenn ich etwas Unbesonnenes unternähme, könnten die Leute daheim (besonders meine Freunde in Durham) denken, ich sei ein unloyaler Methodist und ein Gesetzesbrecher; deshalb habe ich mich stillgehalten wie eine Maus. Aber wenn die Zeit erfüllt sein wird, werde ich alle die anmaßende Autorität des gegenwärtigen Superintendenten abschütteln, trotz all seiner Beteuerungen ... und seiner Verachtung gegenüber der einheimischen Priesterschaft. Der große (Dr. Allen) war der Mann, der vor einem Jahr alle einheimischen Priester aus dem Predigtdienst entlassen wollte. Und er ist der Mann, der meine Vorzüge und die Gleichberechtigung, auf die ich einen Anspruch habe, ignoriert. Ich arbeite nicht gern unter ihm – ich werde ihn um Versetzung nach Japan ersuchen.[3]

Charlie suchte tatsächlich um Versetzung nach. Den drei amerikanischen Rebellen wurde die Erlaubnis erteilt, in Japan eine Station der Southern Methodist Mission zu eröffnen, um Dr. Allens Klauen zu entkommen. Charlie erhielt keine Erlaubnis.
Charlies erste Stelle war in Woosung, außerhalb der Vorstädte Shanghais, wo der Whangpoo in den Yangtse mündet, eine endlose Weite braunen Wassers und dunstigen Himmels. Es war eine weite flache Gegend, die in eine lange, in den Hauptfluß mündende Sandbank auslief. Die Häuser des Dorfes waren meist einstöckige Gebäude aus Schlammziegeln und Mörtel, mit bröckelnden Wänden, frei herumlaufenden Enten und kleinen Teichen voller Karpfen am Rand reichen, schwarzen Ackerlands. Hier also sollte Charlie seine ersten Erfahrungen machen im Predigen zu einer kleinen Gemeinde von Chinesen, die bereits treue Methodisten waren.[4]

Auch die Kinder in der zur Kirche gehörenden Schule sollte er unterrichten. Die Schüler waren ungezogene Bauernkinder, die ihren Spaß daran hatten, ihre Lehrer zu plagen. Nach dem Bericht eines von ihnen (Hu Shihs, der später in Cornell studierte und schließlich einer der hervorragendsten Philosophen Chinas wurde) riefen Charlies untersetzte Gestalt, seine kurzen Haare und sein vertrautes südchinesisches Gesicht Kichern hervor, als er hinter das Lehrerpult trat. Er wartete, bis der Lärm nachließ, öffnete seine Bücher und begann zu sprechen. Die Schüler waren mit einemmal still. Nicht *was* Charlie sagte, gewann sie, sondern der starke Eindruck, daß er einer von ihnen war. Charlie war allein in den Westen gereist, nicht auf irgendein kaiserliches Geheiß oder als Schützling der Missionare. Er hatte in Amerika seinen Weg gemacht zu einer Zeit, da die Chinesen es dort äußerst schwer hatten. Es war offensichtlich, daß er vom Land kam. Wie bei Bauern, die ihr Leben barfuß auf den Feldern verbrachten, bis ihre Zehen gespreizt waren wie Entenfüße, war es bei Charlie: auch er hatte noch Schlamm zwischen den Zehen. Genau das, was Dr. Allen an ihm nicht gemocht hatte – seine niedrige Herkunft –, machte ihn für seine Schüler attraktiv. Er wurde der beliebteste Lehrer der Schule. Als sein erster Kurs zu Ende ging, verbreitete sich die Kunde von seiner Beliebtheit, und die Einschreibungen verdoppelten sich von zwölf Schülern auf vierundzwanzig.
Für die anderen Chinesen jedoch war er ein Witz.[5] Sein Dialekt ergab keinen Sinn. Er hätte genausogut ein Ausländer sein können, weil er seine Schüler in Englisch unterrichten mußte, der einzigen Sprache, die sie gemeinsam hatten. Während jedermann schwarze Baumwollgewänder oder Hosen und Jacken von verschossenem Blau trug und das Haar zu einem Zopf geflochten hatte, trug Charlie die Kleidung eines ausländischen Teufels, und sein Haar war kurz und in westlichem Stil geglättet. Sein Gesicht war, anstatt die Gefühle zu verbergen, nach westlicher Art offen und lebhaft. Er war klein und breit – in einem Teil Chinas, in dem die Leute meist groß und hager waren. Wenn Kinder ihn auf der Straße sahen, riefen sie «fremder Teufel», und ihre Eltern kläfften «Siau a-ts» (kleiner Zwerg). Selbst den Geschmack an chinesischem Essen hatte er verloren. Stattdessen verlangte er Lendensteaks mit Bratensauce und Grütze.[6]
Dr. Allen war entschlossen, diese amerikanische Fassade abzutragen. Als erstes mußte Charlie den Shanghaier Dialekt lernen. Sein Sprachlehrer war eine bemerkenswerte Figur, die unter dem christlichen Namen Charlie Marshall bekannt ist. Als junger Bursche war Marshall für vierzehn Jahre nach Amerika gegangen, als Diener Dr. D.C. Kelleys, eines der ersten Southern Methodist-Missionare.

Während des Bürgerkriegs folgte Marshall seinem Herrn in die Armee der Konföderierten und war zusammen mit den schwarzen Sklaven anderer Offiziere untergebracht. Dank ihnen entwickelte er einen starken Hinterwäldler-Akzent und einen eindrücklichen Vorrat südlicher Idiome.

Die Sprachstunden mit Charlie Marshall und Charlie Soon verwandelten sich oft in Diskussionen über die richtigen englischen Entsprechungen zu chinesischen Ausdrücken. Charlie Soon mit seiner Collegebildung konnte es sich nicht verkneifen, das Englisch seines Lehrers zu verbessern. Die kleine Bruderschaft der aus dem Mississippigebiet stammenden Missionare schüttete sich bald aus vor Lachen über einen Vorfall, bei dem Marshall schließlich die Beherrschung verlor[7]: «Du, du Grünschnabel du!» platzte er heraus. «Warum plagst du mich mit dem Yankee-Geschwätz? Ich habe Englisch gesprochen, bevor du überhaupt auf der Welt warst. Jetzt hau ab und laß mich in Ruh.»[8]

Charlie mußte auch die sozialen Verhaltensregeln neu lernen. An einem Sonntag sah er in der Kirche ein junges chinesisches Mädchen, das ihn nur gerade für einen Augenblick scheu ansah, und er entschloß sich, sich vorzustellen, wie er es in Durham oder Nashville getan hätte. Er hatte vergessen, daß in China anständige Jungen und Mädchen einander nicht trafen und nicht einmal sahen, bis sie verheiratet waren. Obwohl die westliche Gesellschaft in Shanghai Chinesen in Situationen zusammenführte, in denen der alte Moralkodex kompromittiert wurde, fuhren die Chinesen fort, an solchen Sitten festzuhalten, sobald es um ihre Töchter ging. Mädchen im heiratsfähigen Alter huschten unter strenger Familienbewachung zur Kirche hinein und hinaus.

Charlie fand heraus, daß dieses Mädchen Lehrerin in einer Missionsschule in Nansiang war. Die Schule wurde von der fürchterlichen Miss Lockie Rankin geleitet, dem ersten weiblichen Missionar der Southern Methodist Mission in China. Sie war 1878 angekommen, im gleichen Jahr, in dem Charlie Hinterindien in Richtung Boston verließ. Miss Lockie leitete ihre Schule mit Hilfe der strengsten moralischen Grundsätze beider Kulturen sowie einiger zusätzlicher, die sie sich selbst ausgedacht hatte.

Charlie, der hiervon nichts wußte, ging nach Nansiang und fragte Miss Lockie höflich, ob er bei der hübschen Lehrerin vorsprechen dürfe. Miss Lockie war entrüstet und sagte, auf gar keinen Fall. Sie warf Charlie hinaus und schloß die junge Frau in ihrem Zimmer ein, bis er weg war.[9]

Wenigstens in einer Hinsicht fühlte Charlie sich nun glücklicher und zuversichtlicher: Endlich hatte er die Erlaubnis erhalten, seine Eltern zu besuchen. Er schrieb den Southgates, er habe einen Küstendampfer nach Hainan genommen und sei plötzlich unangemeldet auf der Türschwelle seiner Familie gestanden. Sein Vater und seine Mutter erkannten ihn zuerst nicht, aber dann erfolgte eine große Wiedervereinigung der Familie. Mr. Han war das alternde Oberhaupt der lokalen Chiu chao-Bruderschaft, und Charlies ältester Bruder hatte das Handelsnetz, das sich über ganz Ostasien spannte, übernommen. Obwohl Charlie jetzt weit oben im Norden ansässig war, hatte die Chiu chao-Bruderschaft doch einen mächtigen Stützpunkt in der Internationalen Niederlassung Shanghais, der es Charlies Familie ermöglichte, ihn mit vielen nützlichen Verbindungen zu versehen. Erst jetzt entdeckte Charlie, wie er den Southgates erzählte, daß Dr. Allen den Brief, den er vor sechs Jahren an seinen Vater geschrieben hatte, nie weiterbefördert hatte.

Nach sechs Monaten Sprachausbildung in Woosung wurde Charlie als Wanderprediger ins Hinterland geschickt, nach Kunshan, auf dem Weg, der durch das Seenland nach Suchow führt. Hier gab es reiche schwarze Erde, die im Lauf der Jahrhunderte vom Yangtse abgelagert worden war, mit erhöhten Fußpfaden, die kreuz und quer durch die von ihren Erträgen berstenden grünen und gelben Felder führten, bestellt von Gruppen blaugekleideter Bauern, die auf der Erde knieten. Es war eine regelrechte landwirtschaftliche Rüstkammer. Neben den Wassergräben waren riesige weiße Rettiche und gestreifte Wassermelonen aufgestapelt wie Artilleriemunition. Armeen von Enten exerzierten in Federn unter Spalieren, die schwer beladen waren mit Granaten aus Kürbissen und Patronengürteln voller grüner Bohnen.
Kunshan war eine alte ummauerte Stadt von vier Meilen Umfang mit einer ärmlichen Bevölkerung von 300 000 Menschen. Neben den Southern Methodists, die durch Charlie vertreten waren, gab es eine Missionsstation der Southern Baptists und eine von französischen Katholiken. Jede hatte eine kleine Gemeinde, aber die Mehrheit der Stadtbewohner waren Buddhisten, Taoisten und Mohammedaner.[10]
Mit seinem Hungerlohn mietete Charlie ein winziges Häuschen. Es war eine Periode ernsthafter Enttäuschungen. Er fand, daß sowohl Chinesen als auch Leute aus dem Westen ihn nicht leiden konnten und ihm aus dem Weg gingen. Die Bauern, gesellig und voll von lebendigem Humor, waren Fremden gegenüber äußerst zurückhaltend. Charlie war ein Fremder, weil er weder Fisch noch Vogel war. Er spürte, daß er in Kunshan sogar noch stärker auffiel, weil er vom traditionellen China umgeben war, von Leuten, die nichts von Men-

schen aus dem Westen wußten; sie sahen sie nur aus der Ferne und hörten in den Teehäusern von ihren Greueltaten. Weiße Missionare wollten sich nicht mit ihm zusammentun, weil er Chinese war – nicht ein zukünftiger Bekehrter, sondern ein Rivale. Um sich besser anzupassen, legte Charlie seine amerikanischen Kleider ab und trug nun ein chinesisches Gewand und ein Käppi.[11]

Die Einsamkeit wurde seine schwerste Bürde. Er hielt sich fest an den Erinnerungen an die Leute, die in Amerika freundlich zu ihm gewesen waren. Es war ein schrecklicher Schlag für ihn, als er von Annie Southgates Tod erfuhr. Immer schon zerbrechlich, war sie schließlich einem jener unbestimmten, aber quälenden Leiden erlegen, die die Ärzte mit Blutegeln und Aderlässen behandelten.

Am 4. Februar 1887 schrieb er ziemlich verworren an James Southgate:

> Mit großer Betrübnis habe ich vom Tod von Miss Annie erfahren, obwohl ich mich andererseits freue zu wissen, daß sie im Himmel glücklicher ist, als sie auf Erden je sein konnte. Und zweifellos geht alles gut aus für die, die Gott lieben. Möge Gott Euch alle trösten und stützen mit Seiner zärtlichen Liebe und Gnade, und am Ende, wenn unsere Arbeit in diesem Leben getan ist, mögen wir alle sie treffen an jenem glücklichen Ufer, von dem es keinen Abschied gibt. Miss Annie war eine meiner besten Freundinnen. Ihr christliches Beispiel verdient Beachtung. Als ich Amerika verließ, hatte ich keine Vorstellung davon, daß solch ein Ereignis so bald eintreffen könnte und daß es uns nicht gestattet sein würde, uns auf dieser Seite des Jordans nochmals zu treffen. Oh, es ist traurig zu denken, daß Gottes lieblichste Blume gepflückt und von uns genommen worden ist, aber genau diese selbe Blume blüht im Garten Gottes im Himmel. Glücklich bist Du, der Du schläfst in dem Herrn, und dreifach glücklich bist Du, der Du von der Sorge der Erde übergeführt wirst zur himmlischen Freude. Möge Gott uns fernhalten von aller Sünde und Schwäche, und möge er uns am Ende hinüberführen in Sein Reich, wo wir alle unsere Freunde und Lieben wieder treffen und ewig leben werden mit Christus.

Dann eines Tage wendete sich sein Schicksal. Er besuchte gerade Shanghai und schlenderte eine Straße hinunter, als er einen Geist aus der Vergangenheit antraf: den Bostoner Studenten S.C. New.

Nachdem er Charlies Klagen angehört hatte, schlug New eine einfache Lösung vor. Charlie brauchte eine Frau. Er bot sich an, nach der traditionellen chinesischen Sitte den Unterhändler und Heiratsvermittler zu spielen. New hatte sogar schon das passende Mädchen im Sinn – seine neunzehnjährige Schwägerin.[12]

S.C. New hatte sich gerade in eine der ältesten und berühmtesten chinesischen Familien eingeheiratet; sie stammte in direkter Linie vom Premierminister der Ming-Dynastie ab, der 1601 vom Pionier der jesuitischen Missionare, Matteo Ricci, zum Katholizismus bekehrt worden war.[13]
News Schwiegermutter war auf dem Familiensitz der Hsus in einem westlichen Vorort Shanghais geboren worden. Sie wurde von einem Gelehrten namens Ni, einem Episkopalen, unterrichtet. Als die Zeit reif war, heiratete sie Herrn Ni und wurde selbst Episkopalin.[14] Als dem Paar drei Töchter geboren worden waren, band Madame Ni die Füße der Mädchen ein, um ihre kindliche Schönheit zu bewahren. Das jüngste Mädchen reagierte hierauf schlecht und bekam hohes Fieber. Am Ende gaben ihre Eltern auf.[15] Da sie die dritte Tochter und mithin eine unbedeutende Heiratskandidatin war, konnten ihre Füße uneingebunden bleiben. Indessen hatte kein chinesischer Gentleman danach noch in Betracht gezogen, sie zu heiraten.
Der Name des häßlichen Entleins war Ni Kwei-tseng. Während sie heranwuchs, freute sich ihr Vater darüber, daß sie, wenn sie auch große Füße hatte, so doch lesehungrig war. Mit fünf Jahren übte sie unter Anleitung eines Lehrers chinesische Schriftzeichen. Sie lernte Kalligraphie und las die Klassiker, während andere Mädchen sich im Spitzenklöppeln vervollkommneten.[16] Mit acht Jahren besuchte sie die Bridgman-Mädchenschule, die von der Woman's Union Mission von Shanghai geführt wurde. Mit vierzehn Jahren war sie fortgeschritten genug, um die Mädchen-High-School von Pei Wan am Westtor Shanghais zu besuchen, die sie mit siebzehn Jahren abschloß. Sie tat sich in Mathematik hervor und lernte Klavierspielen – für die meisten Chinesen ein fremdes Instrument.[17]
Fräulein Ni Kwei-tsengs älteste Schwester war eine überaus geeignete Heiratskandidatin gewesen, als S.C. New aus Boston zurückkehrte. Durch passende Vermittler wurde eine standesgemäße Hochzeit arrangiert. News Cousin und Alter Ego, B.C. Wen, kehrte zu dieser Zeit ebenfalls aus Boston zurück. New heiratete die älteste Schwester, Wen heiratete kurz darauf die nächste. Nur eine Schwester blieb übrig – die mit den großen Füßen, der westlichen Ausbildung und einer Neigung zum Klavierspielen – lauter Eigenschaften, die sie für einen richtigen chinesischen Ehemann zu einer armseligen Kandidatin machten.
Wenn sie keine geeignete Heiratskandidatin war, so galt das gleiche für Charlie. Wen und New richteten es ein, daß er sie zur Kirche begleitete, wo Fräulein Ni im Chor singen würde. An diesem Sonntag sah Charlie ein frischgescheuertes Bild christlicher Genügsamkeit vor

sich, ein schlichtes Mädchen mit runden Backen und sanften Augen, die Brauen säuberlich gezupft, um ihnen einen lieblichen runden Bogenschwung zu verleihen, mit glattem schwarzem Haar, das im Nacken zu einem Knoten gebunden war, und mit einem winzigen Gebilde von Staubperlen, die über ein Ohr gesteckt waren. Mit ihren neunzehn Jahren war Fräulein Ni Kwei-tseng zwei Jahre jünger als Charlie. Sie war auch gleich groß wie er, weniger als fünf Fuß. Sie strahlte auf besondere Art den Charakter und die Persönlichkeit einer jungen Frau aus, die nicht mit Schönheit geschlagen ist.
Am gleichen Nachmittag erhielt Fräulein Nis Mutter einen sorgfältig ausgearbeiteten Bericht über Charlies vortreffliche Eigenschaften, und nach einer angemessenen Bedenkzeit gab sie bekannt, daß sie mit der Heirat einverstanden sei.[18]
Die Hochzeit fand im Hochsommer 1887 statt. Sie war eine unbedeutende Angelegenheit, veranstaltet vom Missionar Clarence Reid und gefolgt vom traditionellen, opulenten Familienbankett im Shanghaier Stil, mit Dutzenden von Gängen, Mengen von Kaoliang genanntem Zuckerrohr-Whiskey und Hunderten von Verwandten und anderen einflußreichen Leuten, die Charlie nicht kannte, Leuten, die über Geschäfte, Banken, Handwerk, Militär und die kaiserliche Verwaltung mit seinen neuen Schwägern verbunden waren. Die Tür zu einer neuen Welt war einen Spalt weit geöffnet. Unglücklicherweise gibt es keine Aufzeichnungen darüber, ob Charlies eigene Familie zu der Gelegenheit aus Hainan hinaufkam. Da die Chiu chao-Bruderschaft in der Internationalen Konzession Shanghais überaus mächtig war, wäre es keine Überraschung gewesen, wenn Charlies Vater oder älterer Bruder an der Feier teilgenommen hätten, aber die Entfernungen waren groß. Einige Jahre früher wäre es charakteristisch für Charlie gewesen, seine Familie in einem Brief an Freunde in North Carolina offen zu erwähnen, aber an diesem Punkt wurde er immer verschlossener in bezug auf seine Verbindungen. Bald wird klar werden, weshalb.
Nach der Feier nahm Charlie seine Braut mit nach Kunshan, wo die beiden sich zum ersten Mal näherkamen. Das Leben trat in eine milde Periode ein, getrübt lediglich durch das Gehalt, das, obwohl nun zwei Leute zu unterhalten waren, bei weniger als 15 $ pro Monat blieb. Es wurde einigermaßen ausgeglichen durch eine Mitgift (von großer, aber unbekannter Höhe), die seiner Braut von ihrer wohlhabenden Familie gemäß der Sitte ausgesetzt wurde. Sie war ein wertvolles Startkapital. Ihr Clan gab Charlie außerdem etwas, das dem Entrée in den bewachten Kreis britischen Grafenstands entsprach. Er hatte nun einen gewissen Status und einen sichtbaren Platz in der

chinesischen Gesellschaft inne, und es wurde von ihm erwartet, daß er das Beste machte aus den Gelegenheiten, die ihm durch diese verwickelten Verbindungen geboten wurden.

William Burke, sein alter Vanderbilt-Kommilitone, war bei Charlies Wiedergeburt zugegen, und wir verdanken ihm zahlreiche Einzelheiten über diesen Zeitraum. Burkes Dampfer kam im Oktober 1887 in Shanghai an, rechtzeitig für die zweite Jahreskonferenz der Southern Methodist Mission in Soochow. Der großgewachsene, kräftige Burke, unkenntlich durch einen buschigen Bart, entdeckte, daß unter seinen Missionskollegen ein Chinese war, der ein schwarzes, seidenes Gewand und ein Käppi trug. Burke erkannte ihn nicht, bis Dr. Allen die Teilnehmer vorstellte.[19]

Charlie sagte lachend: «Du hast das magische Bügeleisen nicht mitgebracht, oder?»

«Nein», grinste Burke, «aber ich glaube, ich muß ein neues herrichten.»

Als die Konferenz fünf Tage später zu Ende ging, wurde Burke nach Sungchiang versetzt, der Präfekturhauptstadt des Distrikts Shanghai. Sie würden nahe genug beieinander sein, um sich von Zeit zu Zeit zu sehen. Charlie wurde zur Wiederaufnahme seines Postens nach Kunshan beordert, aber diese Aussicht deprimierte ihn nicht mehr. Er fühlte sich durch Dr. Allen nicht mehr verwundbar. Er hatte geheime Pläne. Sein nächster Brief an den *Christian Advocate*, am 4. November 1887 geschrieben, strotzte vor Lebenskraft. Obwohl Charlie an der Oberfläche über Missionsangelegenheiten schrieb, bezog er sich zwischen den Zeilen eigentlich auf seine eigenen glänzenden Aussichten:

> Nun, der gütige Herr ist uns sehr gnädig gewesen, und wir sind ihm sehr dankbar. Die Aussichten sind überaus vielversprechend. Der Geist des Herrn findet rasch Seinen Weg in die Herzen Seiner im Dunkel wandelnden Menschen. Wir beten und hoffen, daß der Herr uns dieses Jahr viele Seelen für Christus schenken wird.
>
> Unsere Chinamissionskonferenz hat getagt und ist zu Ende gegangen. An unseren Aufgaben hat sich nichts geändert. Jedermann ist zu seinen Pflichten zurückgekehrt. Ich bin für ein weiteres Jahr [nach Kunshan] zurückgegangen. Mit der Gnade und Hilfe Gottes hoffe ich, für meinen Erlöser mehr und bessere Arbeit zu verrichten als je zuvor.
>
> Unser Frauenspital in Soochow ist fertiggestellt. Aber der verantwortliche Arzt, Dr. Phillips, liegt krank in Shanghai. Unsere neue Backsteinkirche in der englischen Konzession Shanghais erhält gerade ihren letzten Schliff.

In China wird soeben eine neue Seite aufgeschlagen.
Pläne und Entwürfe aller Art liegen bereit. Die Regierung trägt sich mit dem Gedanken, eine lange Eisenbahnlinie von Peking nach Kanton zu bauen, in der Art westlicher Zugverbindungen, und eine weitere Eisenbahnlinie soll auf der Insel Formosa gebaut werden, um die kaiserlichen Truppen, die die wilden Stämme jener Insel unterwerfen sollen, in der Wildnis hin und her zu transportieren.
Nun, ich muß schließen, aber zuvor muß ich Ihnen noch sagen, daß etwas bei mir sich verändert hat – ich bin verheiratet. C.F. Reid von unserer Missionsstation leitete die Zeremonie.

Am chinesischen Neujahr kam Burke zu einem Besuch nach Kunshan und schilderte das Ereignis später seinem Sohn in allen Einzelheiten. Charlie traf ihn im Teehaus des Orts. Überall explodierte Feuerwerk. Als sie über den Markt zurückgingen, lief eine Menge von Bauern zusammen und starrte neugierig den riesigen Weißen und seinen kurzgeratenen Begleiter an. Ein Bauer konnte nicht an sich halten:
«Zwei fremde Teufel», rief er verblüfft aus, «ein Riese und ein Zwerg.»[20]
Die Pfarrei war ein zweistöckiges, aus Schlammziegeln errichtetes Gebäude mit einem Ziegeldach. Das untere Geschoß schloß einen winzigen Hof mit einem hölzernen Tor ein. Durchquerte man den Hof, betrat man einen Raum, der als Wohn- und Eßzimmer diente. Ein Ölofen brannte in der Ecke, und die Fenster waren mit zwei Schichten Wachspapier abgedichtet, um die Wärme drinzubehalten.
Charlies Braut brachte Tassen mit grünem Tee herein und wurde vorgestellt. Burke war erleichtert, als er sah, daß sie normale Füße hatte. Er war immer noch dabei, Chinesisch zu lernen. Kwei-tseng sprach nur wenig Englisch und scheute sich, es anzuwenden; deshalb dolmetschte Charlie. Das Gespräch kam auf seinen hauptsächlichen Kummer, das kärgliche Gehalt und das Elend, für Allen zu arbeiten. Wie sollten sie Kinder haben können, wenn sein Lohn nur um einige Dollars stieg? Burke ahnte, daß Charlies Tage als Missionar gezählt waren.[21]

Von unparteiischer Warte aus betrachtet, mag Dr. Allen recht gehabt haben. Charlies Begabung lag nicht in unerschütterlicher missionarischer Hingabe. Er war ein ungewöhnlicher Charakter, ein Ausreißer voller Charme, Energie, Ruhelosigkeit und quecksilbriger Anpassungsfähigkeit. Er war nicht zum Gehorsam geboren. Captain Gabrielson, Julian Carr und Ehrwürden Ricaud – alles welterfahrene Männer – hatten in ihm die Eigenschaften der Klugheit, Findigkeit und Geistesgegenwart entdeckt, die sie dazu brachten, ihn zu unterstützen, als hätten sie einen verwandten Geist entdeckt. Aber eigentlich war es seine Kühnheit, die sie anzog, denn jeder von ihnen hatte auf seine Art mit der Tradition gebrochen. Charlies Begabung lag am Ende darin, Vorschriften zu durchbrechen, und nicht darin, sie einzuhalten. China hatte in diesem Augenblick der Geschichte Männer, die Vorschriften durchbrechen konnten, bitter nötig. Die alte Ordnung war zu einer Last geworden. Das Leben wurde von den Anstandsformen erstickt. Es gibt Zeiten, in denen sich Narren besonders hervortun und in denen nur Banditen Könige sein können. So eine Zeit war nahe.

«Manchmal denke ich», sagte Charlie in jener Nacht in Kunshan zu Burke, «ich könnte mehr für mein Volk tun, wenn ich frei wäre von der Mission, Bill. Du weißt, was ich von dem geistigen und materiellen Druck halte, unter dem ich arbeite ... Aber bitte glaub mir, wenn ich die Mission tatsächlich verlassen sollte, wird das niemals heißen, daß ich das Predigen von Christus dem Gekreuzigten aufgebe. Ich werde immer fortfahren, mein möglichstes für die Mission zu tun.»[22]

Burke war es klar, daß für Charlie etwas im Tun, etwas im Gange war. Charlie brachte es jetzt noch nicht über sich, es preiszugeben, aber später tat er es gegenüber Burke und anderen: Er hatte den Bruch bereits vorbereitet. Kurz vor der chinesischen Neujahrsfeier im Jahr 1888, als sein amerikanischer Freund diesen dramatischen Umschwung in Charlies Haltung bemerkte, war er in eine mächtige Geheimgesellschaft Shanghais aufgenommen worden: Der Übergang vom Prediger zum Revolutionär hatte begonnen.

Es ist nicht möglich, präzisen Aufschluß über das genaue Datum oder die Umstände zu geben, weil alles äußerster Geheimhaltung unterlag. Aber seine Verbindung mit der republikanischen, gegen die Mandschus gerichteten Verschwörung stand 1894 fest, und wie bei den meisten anderen Shanghaier Revolutionären basierte sie auf der Mitgliedschaft in der wirkungsvollsten Anti-Mandschu-Triade, die als Hung P'ang bekannt ist – Rote Gesellschaft oder Rote Gang. Die Farbe Rot war hier ein Wortspiel: sie wurde mit dem Titel des ersten Mingkaisers, Hung Wu, identifiziert und wurde zu jener Zeit natürlich nicht mit dem Kommunismus in Verbindung gebracht.[23]

Die Rote Gang war die mächtigste und eine der interessantesten Organisationen in Shanghai, und in den einflußreichen Kreisen Shanghais war man nichts, wenn man nicht zur Gang gehörte. Offensichtlich waren es Charlies allgegenwärtige Schwäger New und Wen, die ihn in ihre Reihen einführten; sie hatten ihn ja auch so großzügig zum Familienmitglied und Vermögensteilhaber gemacht. Dank ihnen hatte Charlie den Durchbruch zur wirklichen Welt geschafft. Von diesem Punkt an waren die meisten seiner engsten chinesischen Gefährten patriotische Mitglieder der Roten Gang. Mit der Zeit wurde es allgemein bekannt, daß Charlie Soong alle geheimen Papiere und politischen Flugblätter der Triade druckte.

Für Leute aus dem Westen gehörten die Triaden zu einer widerwärtigen Unterwelt, die nur für Chinesen verständlich war. Für viele Chinesen waren sie jedoch völlig normale private Vereinigungen mit Clan- und Geschäftsverbindungen ganz in der Art eines Freimaurerordens. Darüber hinaus waren diese Triaden, zusätzlich zur Aufgabe, die Mitglieder mit moralischer und materieller Unterstützung zu versehen, der Vertreibung der Mandschus verschrieben. Das war seit dem Fall der Mingdynastie vor beinahe drei Jahrhunderten ihr Zweck gewesen, und sie waren immer noch besessen von dem Auftrag. Er verpflichtete sie in dem Sinn, in dem die Kreuzigung und Wiederkunft Christi die frühen Christen verpflichtete. Außerdem verlieh er allem, was sie taten, eine angenehme Aura von Mysterium, Geheimnis und Magie.

Dem Shanghaier Polizeitratsch und der Lehre der Triade zufolge wurden die Aufnahmezeremonien in die Rote Gang an Bord einer alten Opiumdschunke, die auf dem Whangpoo unweit der Französischen Konzession ankerte, abgehalten. Neulinge wie Charlie wurden spät nachts von drei Vertretern der Roten Gang – einem Ratsmitglied namens «Weißer Papierfächer», einem Kämpfer namens «Roter Pfahl», bewandert in der Kriegskunst, und einem unter dem Namen «Strohsandale» bekannten Boten – dorthin gebracht. Tief hinten im Laderaum war auf einem Tisch ein Altar aufgestellt, dekoriert mit langen roten Papierrollen, auf die chinesische Zeichen geschrieben waren. Auf dem Altar stand eine Schale mit ungekochtem Reis, in der achtundzwanzig Räucherstäbchen und drei rote Fahnen steckten. Im Dunkel überwachten ein Dutzend Senioren und Vorsteher der Gesellschaft die Zeremonie.[24]

Die Neulinge wurden angewiesen, niederzuknien, während die Räucherstäbe angezündet wurden. Während die Stäbe einer nach dem andern zu schwelen begannen, wurden sie dem Zeremonienmeister weitergegeben, der sie in die Reisschale zurücksteckte. Darauf mußten die Neulinge bestimmte Sätze wiederholen und bekamen Räucherstäbchen, die sie mit der Spitze nach unten in jeder Hand halten mußten. Sie wurden angewiesen, die Stäbchen niederzuwerfen und sechsunddreißig Eide zu wiederholen, worauf ihnen neue Räucherstäbchen zum Niederwerfen gegeben wurden. Dann nahm ihnen der Zeremonienmeister den Eid der Treue und Geheimhaltung ab und setzte ein großes Schwert auf einen Punkt zwischen ihren Schulterblättern. Es war klar, daß Verrat ein Durchtrennen der Flechse zur Folge haben würde, so daß sie nie mehr die Arme würden heben können. Der Zeremonienmeister stach sie in den Finger und machte sie zu Blutsbrüdern. Jedem Ordensmitglied wurde eine Codenummer gegeben, und er lernte geheime Erkennungszeichen, damit er mit anderen Mitgliedern in Teehäusern und anderen öffentlichen Lokalitäten Kontakt aufnehmen konnte. Die Zeremonie gipfelte im rituellen Verbrennen der ganzen Dekoration, der Fahnen und der Rollen.

Charlies geheimes Leben hatte nun begonnen. Den wichtigsten Geheimbundkontakt seiner Karriere sollte er zwar erst 1894 knüpfen. Aber er war auf seinem Weg, unterstützt von einer Bruderschaft, die einem durch die Hintertür Zutritt zu allem verschaffte, was Shanghai zu bieten hatte. Es lag nun an ihm, aus diesem glücklichen Schicksal Kapital zu schlagen.

Die Umstände, die Charlie reich machen sollten, traten nicht sofort ein. Sie entwickelten sich durch die gegenseitige Befruchtung seiner Missionarskarriere und seines Geheimlebens. Ironischerweise begann Charlie nun auch, als Missionar Erfolg zu haben. 1888 wurde er zum amtsbevollmächtigten Priester befördert. Im folgenden Jahr wurde er in den Distrikt Shanghai versetzt, wo er dem finanziellen und revolutionären Herzen Chinas näher war. 1890 gelang es ihm, das Wanderpredigen aufzugeben und in Tse So, einer Vorstadt Shanghais, als Prediger ansässig zu werden. Bald sprach es sich herum, daß er der stolze Besitzer eines Druckereibetriebs war und das Predigen aufgeben wollte. Charlie brauchte die Methodisten nicht mehr.

Ende 1889 hatte Charlie, als er sich überlegte, wie er etwas Geld nebenher verdienen könnte, einen Teilzeitjob als Vertreter oder «colporteur» der American Bible Society angenommen, einer Organisation, die preisgünstige Bibelausgaben in verschiedenen Sprachen überall auf der Welt anbot. Die Gesellschaft verkaufte und verschenkte Bibeln «ohne dogmatische Erläuterungen oder Kommentar». Sie wurden durch Zuschüsse der Gesellschaft auf einem niedrigen Preis gehalten.

Charlies Aufgabe war es, Bibeln in englischer Sprache und chinesische Ausgaben des Neuen Testaments, die von den Missionaren Bridgman und Culberhorn in klassisches Chinesisch übertragen worden waren, zu verkaufen. Er fand heraus, daß nur Mittelstandschinesen sich diese Bücher leisten oder sie lesen konnten.[25]

Die meisten Chinesen konnten es sich nicht leisten, überhaupt irgendwelche Bücher zu kaufen. Selbst subventionierte Bibeln lagen außerhalb ihrer Reichweite. Die am häufigsten angebotene Bibel wurde zwar in China publiziert, aber auf ausländisches Papier gedruckt und in ausländisches Leder gebunden. Sie kostete beinahe drei U.S. $, was für die Verhältnisse in einem chinesischen Dorf ein astronomischer Preis war. Es war zum Beispiel ein Fünftel von Charlies monatlichem Anfangsgehalt als Prediger. Die gleiche Ausgabe, in billigerem chinesischem Leder gebunden, kostete beinahe 2 U.S. $. Ein Mitarbeiter der Presbyterian Press in China erklärte einmal Ende des 19. Jahrhunderts:

> Manche finden, es sei dem heiligen Charakter des Bandes am angemessensten, wenn er in bester Qualität gedruckt werde, auf dauerhaftem Papier, und fester gebunden, als es chinesische Bücher gewöhnlich sind. Andere haben das Gefühl, daß es, da unsere Bücher im Idealfall fast verschenkt werden sollen, nicht klug ist, jene, denen es kaum oder gar nicht um den Inhalt geht, in Versuchung zu führen, daß sie die Bücher haben möchten, sei es als Schmuckgegenstände, sei es aus kaufmännischen Absichten. Im allgemeinen wird ein Mittelweg eingeschlagen, und es gibt Ausgaben in verschiedenen Preislagen mit Rücksicht auf die verschiedenen Gruppen von Lesern.

Die billigste Ausgabe des Neuen Testamentes, auf chinesisches Papier gedruckt und in Pappe statt in Leder gebunden, kostete einen U.S. $.

Die traditionelle chinesische Drucktechnik war unpraktisch. Holzblöcke wurden sorgfältig von Hand geschnitten und wie westliche Holzschnitte verwendet. Die Ergebnisse waren eher künstlerisch als kommerziell. Außerdem war die verwendete Sprache das klassische Chinesisch, nicht die geläufige Umgangssprache, und deshalb für den Durchschnittsmenschen unverständlich. Charlie war in einer Position, in der er mithelfen konnte, dies zu verändern. Aufgrund der Arbeit, die er einst als Lehrling in einer Druckerei in Wilmington ausgeübt hatte, kannte er die Grundprinzipien westlicher Drucktechnik. Zusammen mit seinem chinesischen Erfindungsgeist war das alles, was er brauchte. Als Verkäufer bei der American Bible Society lernte er die ökonomische Seite der Sache aus erster Hand. Wenn er einige Druckpressen erwerben und sie andauernd mit billigem einheimischem Papier laufen lassen konnte, wenn er Pappeinbände und chinesische Arbeitskräfte in der Setzerei verwendete, wäre es tatsächlich möglich, westliche Bücher in englischer Sprache nachzudrucken und in großen Massen zu produzieren; und das zu Preisen, die alle außer den ärmsten Chinesen bezahlen konnten. Bereits fertigten die Missionare umgangssprachliche Übersetzungen vom Alten und Neuen

Testament an, die diese Bücher zum erstenmal für jeden Chinesen, der lesen konnte, verständlich werden ließen.
Mit Bibeln würde ein Verleger nur bescheidene Gewinne erzielen. Aber so ein lobenswertes Projekt würde problemlos finanzielle und technische Unterstützung von einer Anzahl westlicher Missionsvereinigungen und religiöser Organisationen erhalten. Tatsächlich übernahm Charlie bald Druckaufträge von mehreren Missionsgesellschaften, und es gelang ihm sogar, von Dr. Allens *Review* lukrative Kommissionen einzustreichen. Indem er historische, wissenschaftliche und technische Bücher aus dem Westen nachdruckte, konnte er seine Gewinne bedeutend vergrößern. Daneben konnte er vertrauliche Druckaufträge der Geheimgesellschaften ausführen, darunter politische Traktate und Material für die Mitglieder. Wie ein taiwanesischer Regierungsbeamter mir gegenüber einmal stolz bemerkte: «Dieser Charlie Soong war Chinas erster Raubdrucker!»[26]
Sein Schwager B.C. Wen war Erzieher und hatte ausgezeichnete Verbindungen zum kaiserlichen Hof. Er stand in gutem Kontakt mit den aristokratischen Reformern, die China mit westlichem Wissen und westlicher Technologie bewaffnen wollten. Wen sah sofort, daß die billige Produktion westlicher Lehrmittel in China – selbst in englischer Sprache – westliche Ausbildung in die Griffnähe von Millionen bringen und so zur Wiedergeburt der Nation beitragen würde.
Charlie brauchte Geld. Kwei-tseng war schwanger geworden. Anfang 1890 gebar sie ihr erstes Kind, ein Mädchen. Charlie nannte es Ai-ling («angenehme Stimmung») und gab ihm zu Ehren von Nannie Carr den christlichen Namen Nancy. Am 27. Januar 1892 schenkte Kwei-tseng einer zweiten Tochter das Leben: Ching-ling («glückliche Stimmung»). Sie bekam zu Ehren von Ehrwürden Ricauds Tochter den christlichen Namen Rosamond.[27] Zur Zeit, als sein zweites Kind geboren wurde, war Charlie finanziell aus dem Gröbsten heraus. Mit der Mitgift seiner Frau, einem ansehnlichen Beitrag seiner beiden Schwäger und einer strammen Kapitalinvestition seiner Triadenverbündeten kaufte er zusätzliche Druckerpressen und ein kleines Gebäude in der französischen Konzession, um sie unterzubringen. Lange Zeit hatte er sein Projekt brieflich mit Julian Carr diskutiert, und sobald das Geld für die Maschinen zur Hand war, wurde die Transaktion offenbar von seinem Gönner in Durham in die Wege geleitet. Das von der Roten Gang erworbene Gebäude war ein heruntergekommenes Lagerhaus an der Shantung Road, wo patriotische Individuen kommen und gehen konnten, ohne die Aufmerksamkeit von Mandschu-Agenten auf sich zu ziehen.
Charlie nannte seine Firma Sino-American Press (Hu-Mei Shu Kuan)

und hatte innert kurzer Zeit Druckaufträge für Bibeln der American Bible Society, Traktate der Methodisten und Gesangbücher anderer missionarischer Vereinigungen. Setzer waren rund um die Uhr damit beschäftigt, westliche Lehrmittel zu kopieren. Es blieb kaum Zeit übrig, die aufhetzenden Flugblätter der Geheimgesellschaft zu drukken. Seinen Status als Missionar hatte Charlie bereits auf eine Teilzeitverpflichtung reduziert. Im Frühling 1892 zog er sich ganz aus der Southern Methodist Mission zurück.

In North Carolina war die Reaktion hierauf gehässig. Das Gerücht lief um, Charlie Soon sei «dazu zurückgekehrt, hölzerne Götzen zu verehren».

Erbost setzte Charlie einen Brief an den Herausgeber des *Christian Advocate* auf:

Shanghai, China
8. September 1892

Lieber Bruder Reid:

Wollen Sie mir freundlicherweise etwas Platz in Ihren geschätzten Kolumnen zugestehen, um ein paar Worte zu sagen, die ein falsches Gerücht, das in einigen Teilen North Carolinas über mich die Runde macht, richtigzustellen? Durch den Brief eines Freundes bin ich davon unterrichtet worden, daß in dieser Stadt hinterbracht wurde, ich sei «zur heidnischen Sitte der Verehrung hölzerner Götzen zurückgekehrt». Ich schreibe dies, um festzustellen, daß hierin *nicht ein Körnchen Wahrheit liegt*. Der Gedanke, meinen teuren Erlöser Jesus aufzugeben und zur Verehrung lebloser Götter aus Holz und Stein zurückzukehren, ist mir niemals in den Sinn gekommen, seit ich zum christlichen Glauben übergetreten bin. Es wäre verrückt, wenn ein Mensch das ewige Leben hingäbe für einen immerwährenden Tod.

Aber der Urheber des falschen Gerüchtes wird nun vielleicht sagen, daß Salomon der weiseste Mann war, der je gelebt hat, und doch danach Götzen verehrte. Warum sollte nicht irgendwer das gleiche tun? Meine Antwort lautet, daß ich weder so weise bin, wie Salomon es war, noch so närrisch. Aber der Schreiber dieser Zeilen nimmt für sich in Anspruch, verständig genug zu sein, um dem Herrn zu dienen, so gut er kann. Und darin wird er fortfahren, solange er lebt.

Mein Grund, den Missionsdienst zu verlassen, war der, daß er mir kein zum Leben ausreichendes Einkommen bot. Ich konnte mit etwa 15 $ amerikanischer Währung im Monat nicht mich selbst, meine Frau und meine Kinder unterhalten. Ich hoffe, meine Freunde werden verstehen, daß mein Abschied vom Missionsdienst nicht bedeutet, daß ich aufgehört habe, von Christus dem Gekreuzigten zu predigen.

Zurzeit arbeite ich mit der American Bible Society zusammen, aber ich verrichte immer noch Missionsarbeit im Zusammenhang mit unserer Kirche. Meine Mitarbeiter im Herrn, die Brüder Hill und Bonnell, werden das bezeugen. Daß ich den Missionsdienst verlassen habe, bedeutet also lediglich, daß ich nun ein selbständiger Arbeiter für unsere methodistische Mission bin, oder einer, der für die Mission tut, was er kann, ohne für seinen Unterhalt von der Heimatkirche abzuhängen.

Ich predige nun in unserer neuen methodistischen Kirche, die von Brother Moore aus Kansas (USA) gestiftet worden ist und die die schönste einheimische Kirche in China ist. Wir haben in dieser Kirche eine sehr große Sonntagsschule und ein ausgezeichnetes Lehrerkollegium. Ich selbst habe ebenfalls eine sehr nette Sonntagsschulklasse, die aus jungen und alten Männern zusammengesetzt ist. Wir haben viel Freude an den «Internationalen Sonntagsschulzusammenkünften». Sollte irgend jemand von Ihnen die Gelegenheit haben, an einem Sonntagmorgen vorbeizukommen, werden wir ihm ein unvergeßliches Willkommen bieten und ihm zeigen, wie gut unsere Kinder ihre Lektionen aufsagen können.

Ich hoffe, daß jene, die haben sagen hören, ich sei «zur heidnischen Sitte der Verehrung hölzerner Götzen zurückgekehrt», freundlicherweise die Mühe auf sich nehmen werden, diese paar Zeilen zu lesen und selbst zu beurteilen, wo ich stehe. Ich erfreue mich meiner Religion und hoffe, daß alle meine Freunde sich der ihren erfreuen.

Schließlich, Freunde, habe ich noch eine Bitte an Euch, nämlich erstens, betet für mich, daß ich ein nützliches Werkzeug im Gewinnen von Seelen für Christus sein möge. Zweitens, betet für das Werk der Mission in diesem von Nacht umfangenen Land, und drittens, betet zum Herrn, daß er mir mehr Arbeiter aufs Feld schicken möge, denn es ist reif zur Ernte!

C. J. Soon

Dies war das letzte Mal, daß Charlie die Schreibweise «Soon» verwendete. Er änderte seinen Namen nun in «Soong». Von keinem Familienmitglied wurde je eine Erklärung für diese seltsame Änderung angegeben, am wenigsten von Charlie selbst.

Nachdem er sich in North Carolina fünf Jahre lang Charlie Soon genannt hatte und als Ehrwürden Charles Jones Soon nach China beordert worden war, wäre es unvernünftig gewesen, seinen Namen, nachdem er in Shanghai angekommen war, wieder in Han zu ändern. Chinesische Männer haben die Eigenheit, eine Reihe von Pseudonymen oder Spitznamen zu verwenden, um eine neue Geisteshaltung oder neue Absichten anzudeuten. Ein Junge könnte etwa «Großes Versprechen» genannt werden und dann in der Schule seinen eigentlichen Namen in «Mitternachtsgelehrter» abändern. Es war eine Angelegenheit der Laune. In einem Land, das voll war von Berichten über Briganten und Legenden des Heldenmuts, änderten sich die Namen oft entsprechend der Art, wie ein Mann seine besonderen Lebensumstände sah. Charles Soon war ein Bühnenname. Seine engsten chinesischen Freunde in Shanghai sagten ihm immer noch seinen richtigen Namen, Chiao-shun, ins Gesicht, ohne Leuten aus dem Westen je den Grund zu nennen.

Als die Zeit gekommen war, die Chinamission zu verlassen und seine Karriere als Verleger zu lancieren, mußte Charlie den komischen Namen «Soon» gesellschaftsfähig machen. Für Amerikaner mochte er akzeptabel sein, aber in China war es kein angesehener Name. Die Lösung lag in einem klassischen Buch namens *Pak Ka Sing* (Hundert Familiennamen). Das Buch zählt die angesehensten Namen der chinesischen Geschichte auf – die Namen der ursprünglichen hundert großen Familien der chinesischen Geschichte. Jedermann, der einen neuen Namen annahm, tat gut daran, ihn hier zu entnehmen. Die Möglichkeit, mit der Charlie am nächsten an «Soon» herankommen konnte, war das Ideogramm, das von der «Sung» genannten chinesischen Dynastie, die von 960 bis 1279 regierte, verwendet worden war. Von 1892 an begann Charlie, seine eigenen Geschäftskarten mit dem Schriftzeichen «Sung» für seinen Familiennamen zu drucken. Auf diese Art verlieh er sich eine neue Legitimität unter den traditionellen Chinesen, die die Oberschicht von Shanghai bildeten. Es paßte ganz gut, daß er einen der großen dynastischen Namen des alten China annahm, denn er gründete gerade eine der großen Dynastien des modernen China.

Zusammen mit seinem neuen Namen schien Charlie ein weit größeres Einkommen zu haben, als selbst der tüchtigste Verleger verdienen konnte.

Die Zeiten hatten sich geändert.

Zu seinem Verlagshaus fuhr Charlie in einer Rikscha, die von einem Leibwächter gezogen wurde. Der Heimweg führte am von Bäumen beschatteten Park des Shanghaier Kais vorbei, dem Flußufer vor der Britischen Konzession entlang, am Britischen Konsulat vorbei und über den Soochow in den Distrikt Hongkew. In dessen äußeren Teilen (wo auch Dr. Allen lebte) dehnten sich die Vororte aus, die Häuser wurden größer und waren von breiteren Landstrichen unterbrochen. An einer unbefestigten Straße zwischen Gemüsefeldern mit schwarzer Erde hatte Charlie gerade sein erstes richtiges Haus gebaut. Es war von angemessener Exzentrizität. Als Erinnerung an Hainan pflanzte er um den Besitz Kokospalmen aus Südchina. Vor einen

Bach, der vor dem Haus durchfloß, setzte er eine niedrige Mauer, damit seine Kinder nicht hineinfallen konnten. Hinter einem breiten Hof war eine Hausfassade zu sehen, wie sie in Wilmington, New Orleans, Savannah oder anderen Gemeinden im Süden im neunzehnten Jahrhundert üblich war. Die Veranda im Parterre zog sich über die volle Breite des Hauses, und dem ersten Stockwerk war – wie Julian Carrs erstem Haus in Durham – eine weitere Veranda vorgebaut. Das einzige, was in dem Vorkriegsbild fehlte, waren hängendes Moos und Schmiedeeisen. Im Innern lagen Charlies privates Arbeitszimmer, ein Eßzimmer, ein Wohnzimmer in chinesischem und ein zweites Wohnzimmer in amerikanischem Stil, mit einem Klavier für seine Gattin und Lehnstühlen mit spitzenbesetzten Schonern. Im hinteren Teil lagen Vorratsräume und das Treppenhaus.
Im oberen Stockwerk lagen vier Schlafzimmer auf die Veranda hinaus, ergänzt durch zwei große Badezimmer mit riesigen, gelb und grün beschichteten, mit Drachen verzierten Soochower Badewannen. Sie hatten fließendes kaltes Wasser; heißes Wasser wurde aus der Küche hinaufgetragen. Neben den Wannen standen verzierte Nachtstühle mit Deckeln und verborgenen Nachttöpfen. Dienstboten leerten sie hinter dem Haus aus, von wo der Haufen jeden Morgen vom Dungsammler des Ortes auf einem Schubkarren weggefahren wurde, um auf den nahen Feldern verwendet zu werden. Alle Räume waren mit Kerosenlampen beleuchtet und mit Gasradiatoren beheizt. Gäste erachteten die Betten als Neuheit, weil sie westliche Matratzen hatten. (Chinesische Betten waren harte hölzerne Plattformen, auf drei Seiten von geschnitzten Gittern umgeben und von einem hölzernen Baldachin bedeckt. Arme Leute schliefen, wenn sie Glück hatten, auf *kangs*, gemauerten Plattformen über brennenden Herden. Amerikanische Matratzen waren der Gipfel der Zügellosigkeit. Charlie Soongs Kinder wuchsen damit auf, westliche Betten *kangs* zu nennen.)
Hinter dem Haus, durch einen Innenhof von ihm getrennt, enthielt eine kleine, für sich stehende Hütte die Küche, die Vorratskammer und die Dienstbotenzimmer. In der Küche standen Ziegelöfen mit Holzkohlebehältern und riesigen chinesischen Töpfen für umfassendes Kochen. Hinter dem Haus lag ein Gemüsegarten, der groß genug war, um das ganze Jahr frisches Gemüse zu liefern. Charlie besorgte den Garten selbst, wenngleich das seinen Ruf als komischen Kauz verstärkte.[28]

Nachdem Charlie jahrelang von 15 $ im Monat gelebt hatte, war er, was seinen neuen Wohlstand betraf, sehr verschwiegen. Die Geheimgesellschaft hatte ihm eine neue Perspektive eröffnet. Schweigen war sowohl ein Spiel als auch eine Notwendigkeit. Seine Verbündeten in der Triade wußten ganz genau, daß sie auf die gräßlichste Art hingerichtet würden, wenn ihre Aktivitäten ans Licht kamen. Die Strafe für eine lose Zunge bestand darin, daß sie entfernt wurde. Mit der Sonntagsschule am einen und der Roten Gang am anderen Ende der Skala lebte Charlie ein säuberlich getrenntes Doppelleben.

Schweigen wurde zu seiner Gewohnheit. Wichtiger noch war, daß er diese Gewohnheit auch in seinen Kindern ausbildete, so daß deren persönliches Leben während ihrer Kindheit offen zutage liegt und dann plötzlich undurchsichtig wird. Wie ihr Vater arbeiteten sie hart daran, ein öffentliches Image aufzubauen, bewahrten jedoch ein undurchdringliches Schweigen über sich selbst.

Immer noch ist Charlies Reichtum geheimnisumwittert. Eine mögliche Erklärung hierfür ist die, daß er die Mitgift seiner Frau durch eine Geldsumme ergänzte, die er von Julian Carr borgte. Der Tabakmillionär mit dem wohlverdienten Ruf, völlig fremden Leuten Geld zu geben, betrachtete Charlie «praktisch als Familienmitglied». Obwohl sie nun auf einander entgegengesetzten Teilen der Erde lebten, hielten sie einen regelmäßigen Briefverkehr aufrecht. Falls Charlie mit dem Plan an Carr herangetreten wäre, sich als Verleger von Bibeln im umnachteten China zu etablieren, hätte er niemanden finden können, der eher dazu bereit gewesen wäre.[29]

Es wären auch noch andere Quellen dagewesen. Charlie war 1887 zu Hause von der Han-Familie herzlich empfangen worden, und weitere Besuche in Hainan folgten im Lauf der Jahre. Mitglieder der Chiu chao-Bruderschaft im Dienst von britischen Kaufleuten kontrollierten alle kriminellen Aktivitäten in der Internationalen Konzession Shanghais mit eiserner Hand bis zum Jahr 1900, als sie einen Waffenstillstand erklärten und mit rivalisierenden Gangs, die ihre Basis in der Französischen Konzession hatten, ein Syndikat bildeten.[30] Das bedeutete, daß Charlies Vater und älterer Bruder die ersten Geschäftsunternehmungen des jüngeren Sohns mit Leichtigkeit hätten unterstützen können. Die Manchuregierung folgte dem anerkannten chinesischen Prinzip, daß die Bestrafung eines Verbrechens sich über den Schuldigen hinaus auf seine ganze Familie ausdehnen sollte, und gab Charlie somit allen Grund zur Verschwiegenheit. Es war alles sehr geheimnisvoll.

Tatsächlich aber ist die Antwort auf die Frage nach Charlies Reichtum in einer Seitenlinie der Familie zu finden. Der Hauptanteil von Charlies Geld kam aus der Nudelindustrie. Das Drucken war nur der Schuhlöffel, der Charlie in die Geschäftswelt Shanghais schlüpfen ließ. Sobald er ins Handelsleben involviert war, war Charlie von

größtem Nutzen als Zwischenhändler oder *Komprador* zwischen Ost und West.
In den neunziger Jahren lancierte die chinesische Gentry ihre eigenen industriellen Projekte. Anfänglich glaubten progressive Mitglieder der Gentry, Chinas Unterwürfigkeit gegenüber dem Westen sei durch die militärische Überlegenheit des Westens entstanden. Sie versuchten, die Nation zu stärken, indem sie eine moderne Waffenindustrie aufbauten und westliche Militärmethoden übernahmen. Aber sie wurden gefolgt von einer neuen Welle chinesischer Reformer, die behaupteten, die Macht des Westens läge nicht in militärischer Kraft, sondern in industrieller Stärke.
Westliche Ideen, Maschinen, Industrien und Handelshäuser machten phantastische Beutezüge. Einige wohlhabende Chinesen beschlossen, den Wettstreit mit ihnen aufzunehmen. Es war nicht leicht, weil der Westen die Märkte dominierte. Aber als Rezessionen und finanzielle Krisen die ausländischen Reihen ausdünnten, nutzten chinesische Unternehmer die Gelegenheit, die Lücken zu füllen. Eine einheimische Bourgeoisie begann zu wachsen, als mit Gentry-Kapital Baumwoll-, Tabak- und Nahrungsmittelindustrien, Schiffslinien, Banken und Handelshäuser gegründet wurden. China begann, einen bedeutenden Mittelstand zu entwickeln, und sein Herz schlug in Shanghai.
Als Charlie sich als Verleger etabliert hatte, trat die wohlhabende Fou Fong-Familie – eine der führenden Familien des neuen Mittelstands – an ihn heran mit dem Vorschlag, die Leitung einer Kornmühle zu übernehmen, und zwar einer der größten in Asien. Die Fou Fongs brauchten einen Spitzenmann mit Charlies Fähigkeit, sich zwischen den beiden Kulturen hin- und herzubewegen. Er würde ihr Komprador in Verhandlungen mit westlichen Geschäftsleuten sein, sie in bezug auf westliche Trends und Haltungen beraten und als Mittelsmann für ihre Mühlen dienen. Während Südchina vom Reis abhing, hing Nordchina von Nudeln ab, und Shanghai war das Zentrum einer neuen Industrie, die Teigwaren produzierte für einen Markt, der von Japan bis Indonesien reichte.
Mit der Unterstützung von Julian Carr und mit seinem millionenschweren Mühlenkapital in Amerika wurde Charlie einer der ersten Chinesen, die Maschinen der Schwerindustrie für Fabriken in chinesischem Besitz importierten. Er war der führende englischsprechende Manager der Fou Fong-Mühlen und hielt diese hochbezahlte Stellung für den Rest seines Lebens inne. Er wurde mit einer Aktienmehrheit in der Firma belohnt.[31]
Die Rolle des Kompradors liegt mitten in dem Spannungsfeld von Feindschaften, in dem die revolutionären Erhebungen des zwanzig-

sten Jahrhunderts zum Ausbruch kamen. Es war eine komplexe Rolle – irgendwo zwischen Zuhälter und Patrizier –, die die verschiedenen wirtschaftlichen Klassen im Orient verband und das Schmieröl zwischen Ost und West lieferte. Shanghai war eine Stadt von Kompradoren.

Keinem britischen Gentleman – und somit keinem Ausländer gleich welcher Nationalität, der als Gentleman zu gelten hoffte – wäre es im Traum eingefallen, in direkte Geschäftsverhandlungen mit Chinesen zu treten. So etwas wäre erniedrigend gewesen. Es wäre außerdem eine harte Arbeit gewesen, die das Beherrschen der chinesischen Sprache, des chinesischem sozialen Kodex und der chinesischen Geschäftspraktiken (letztere ein Geheimnis für sich) erfordert hätte. Die Briten hatten in ihrem Opiumhandel Kompradore angestellt, oft Perser oder irakische Juden, die im Lauf der Zeit sagenhaft reich wurden und als einige der führenden Familien Shanghais aus diesen Geschäften hervorgingen – darunter die Sassoons, die Hardoons und die Kadoories. Man sagte, sie seien «auf Kamelen von Bagdad nach Shanghai gekommen und in Rolls Royces wieder weggefahren».

Auch viele chinesische Kompradore wurden reich. Nichts lief ohne sie. Als geschickte Politiker machten sie auf beiden Seiten Profite. Erfolgreiche Kompradore waren ranghöchste Triadenmitglieder. Der Anführer der Roten Gang war gleichzeitig der oberste Geheimagent der Kolonialregierung in der Französischen Konzession: ein Komprador des Verbrechens.

Charlie brachte alle Voraussetzungen mit, um in diese Welt einzutreten. Er sprach jetzt sowohl den Hainaner als auch den Shanghaier Dialekt und war gewandt im Englischen; er würzte die Konversation mit genügend Bibelzitaten, um jeden puritanischen Yankee-Kaufmann für sich einzunehmen. Er hatte in New England und im Süden gelebt und dadurch einen entwaffnenden Südstaaten-Akzent entwikkelt. Über den sagenhaft reichen Carr hatte er ausgezeichnete Geschäftsverbindungen in Amerika. In Shanghai, wo alle rechtschaffenen Ausländer zur Kirche gingen, weil es ihnen wichtig war, und alle nicht rechtschaffenen mitgingen, weil es gesellschaftlich unumgänglich war, war die Kirche ein Treffpunkt, der Geld und Leute in fruchtbare Verbindung brachte. Charlie war ein seltener Artikel: ein in Amerika ausgebildeter chinesischer Priester, der zum Komprador geworden war. 1893/94 tauchte Charlie Soong unvermittelt aus dem Dunkel auf als eine Figur, mit der zu rechnen war, als erfolgreicher Verleger und Industrieller ebenso wie als prominenter Geistlicher einer führenden Kirche in der internationalen Niederlassung. Die Ausländer betrachteten ihn nicht mehr als verächtlichen «einheimischen Prediger»; er wurde stattdessen eine Art Berühmtheit in Shanghai. Man sprach über seinen Erfolg, und wer über ihn hatte sprechen hören, sprach um so mehr über ihn. Die Legende begann sich aufzubauen.

Für Charlie Soong selbst waren die Jahre der Armut nun vorüber, und eine Zeit der Intrigen begann.

3. Kapitel

Die Revolutionäre

1894 traf Charlie Soong einen Bruder der Geheimgesellschaft, der sein engster Freund werden und aus ihm einen Revolutionär und Flüchtling machen sollte. Ihre beiden Namen waren von nun an in einer der großen Verschwörungen der Geschichte sowohl durch Heirat als auch durch die Legende dauernd verbunden. Zusammen führten sie den Mandschus ein Täuschungsmanöver vor und brachten so das große Kaiserreich an den Rand des Zusammenbruchs – alles, was es noch brauchte, war ein leichter Anstoß.

Er hieß Sun Wen. Er hetzte die Massen auf, wurde von den Mandschus verfolgt und mußte eine Reihe von Pseudonymen annehmen. Der Name, unter dem er in der ganzen Welt bekannt wurde, lautete jedoch Sun Yat-sen. Seine frühen Jahre sind ein Modellfall von Entfremdung und unstillbarem Ehrgeiz.

Suns Vater war Aufsichtsbeamter auf einem Gutsbetrieb in Ts'uiheng, im Delta des Perlflusses in der Nähe von Macao. Sein älterer Bruder Sun Mai schloß sich in den 70er Jahren den kantonesischen Emigranten an und fuhr nach Hawaii, wo er zuerst als Arbeiter auf den Reisfeldern seinen Lebensunterhalt verdiente und dann einen Laden aufmachte. Er legte seine Gewinne in Landbesitz auf der Insel Mani an und sandte pflichtbewußt Geld nach Hause. Immer der Tradition verpflichtet, kehrte Sun im Mai 1878 nach China zurück, um das Dorfmädchen, das sein Vater für ihn ausgewählt hatte, zu heiraten. Während dieser Reise begeisterte er seinen jüngeren Bruder mit allerlei Geschichten über das Leben auf den Inseln, auf denen die Untertanen des Königs Kalakua Freiheiten genossen, von denen man in China noch nie etwas gehört hatte. Er überredete seine Mutter, den jüngeren Bruder nach Hawaii zu bringen, und einige Monate später reiste der zwölf Jahre alte Sun Wen über den Pazifik.

Der Junge trat in eine anglikanische Schule in Honolulu ein, die von britischen Lehrern geleitet wurde. Für einen Bauern, der im feudalen

China keine Aufstiegsmöglichkeiten hatte, ließ eine westliche Ausbildung nie realisierbare Ambitionen aufkommen. Sun besuchte danach das Oahn College, wo er sich für Medizin, Politik und das Christentum zu interessieren begann. Sein älterer Bruder konnte es nicht zulassen, daß er von einer fremden Religion verführt wurde. Nach einem erbitterten Streit nahm er Sun Wen aus dem College und schickte ihn nach China zurück.

Doch es war zu spät. Die Erfahrungen im Ausland hatten Sun Wen verändert, er kam sich in seinem Heimatdorf am falschen Ort vor. Seine Umgebung mißbilligend, verbrachte er seine Zeit mit Schlägern der Ortschaft, übte sich in der als Hsing-i bekannten Kriegskunst und trat einer Triade bei, die sich die Gesellschaft der Drei Harmonien nannte.[1]

Er war ein kleiner, drahtiger Junge, trug noch einen Zopf und sah chinesisch aus. Doch in seinem Innern war er dem jahreszeitlichen Rhythmus der Gemeinschaft entfremdet. Als Demonstration seines Hasses entweihte er eines Nachts mit einem Freund das hölzerne Idol der Dorfgottheit. Beide wurden aus dem Dorf vertrieben, und Sun flüchtete zu Freunden nach Hong Kong, wo er seine Studien wieder aufnahm. 1884 wurde er von Dr. Charles Hager, einem amerikanischen Kongregationalistenmissionar, auf den mandarin-chinesischen Namen I-hsin getauft, der auf Kantonesisch «Yat-sen» ausgesprochen wurde.

Aber die Angelegenheit mit der Dorfgottheit war noch nicht zu Ende. Als Suns Bruder von der Missetat hörte, befahl er dem Jungen, nach Hawaii zurückzukommen. Er ließ Sun in seinem Geschäft als Angestellten arbeiten und war entschlossen, ihm Respekt beizubringen. Doch die Anstrengung war vergeblich. Nachdem er auch nur kurz von dieser Disziplin gekostet hatte, gelang es ihm, durch seine Freunde Geld aufzutreiben und nach China zurückzureisen. Sein Bruder akzeptierte danach die Unabhängigkeit des Burschen, zeigte, indem er ihm vergab, außerordentliche Charaktergröße und erklärte sich bereit, seine Collegeausbildung zu bezahlen. Sun schrieb sich zuerst als Medizinstudent am Spital ein und wechselte danach an das neue Medizin-College für Chinesen in Hong Kong. Dort lernte er die führenden chinesischen Liberalen der Kronkolonie kennen. Einer von ihnen war Dr. Ho Kai, ein in England ausgebildeter Rechtsanwalt und Doktor der Medizin, ein politischer Salonprovokateur, der beachtliche Berühmtheit genoß. Dr. James Cantlie, ein britischer Arzt, der später für seine bahnbrechenden Untersuchungen zur Leprosie weltberühmt wurde, war Vorsteher des Medizinischen Instituts. Der aufgeweckte und erfinderische Sun Yat-sen wurde sein Lieblingsstudent.

Erfüllt von wilden Ideen und charismatisch in seiner Unternehmungslust, faszinierte Sun junge chinesische Radikale. Als junge Männer mit genügend Zeit und einem Verlangen nach Anerkennung hörten sie stundenlang Dr. Ho Kai zu, wie er die «losen Sitten und bösen Gewohnheiten» der Mandschus verdammte.[2] China mußte erneuert, der Korruption ein Ende bereitet und der ganze Haushalt in Ordnung gebracht werden, verkündete er. Sun und seine Freunde begannen sich als Revolutionäre mit großer Tradition zu betrachten und machten sich daran, im Chemielabor Bomben zu basteln.

Sun war erfolgreich genug, um 1892 sein Studium abzuschließen. Doch sein Diplom nützte ihm praktisch nichts, denn der Lehrplan des Medizinischen Institutes entsprach nicht den britischen Richtlinien. Sun eröffnete einen Laden für Kräutermedizin in Macao, doch die portugiesischen Ärzte veranlaßten über die Behörde die Schließung des Ladens, weil Sun kein portugiesisches Diplom besaß. Sun zog nach Kanton und baute eine Kette von Apotheken auf, die von seinen Freunden geführt wurden, während er westliche Medikamente vertrieb und Operationen durchführte. In dieser Zeit fuhr er fort, mit Sprengstoff zu experimentieren, und spielte mit dem Gedanken, eine gegen die Mandschus gerichtete Untergrundorganisation aufzubauen. Doch hatte er sich nicht ganz der Revolution verschrieben und machte einen letzten Versuch, in die Mandschu-Bürokratie einzubrechen.

Mit außergewöhnlichem Mut schrieb er einen Brief an den mächtigsten Beamten des Kaisers. Li Hung-chang war ein Gönner des Hong Konger Institutes für Medizin, an dem Sun studiert hatte. Wenn es ihm gelang, die Aufmerksamkeit und Gunst dieses großen Mannes zu gewinnen, war es möglich, einen wichtigen Posten im Regierungsdienst zu erhalten.

Sein Brief berief sich auf die Meinung Dr. Ho Kais, daß China die Stärke des Westens erreichen könne, indem es die in China geborenen Talente einsetzte. Er pries den Obersten Sekretär als einen Mann, der dafür bekannt sei, talentierte Leute zu fördern, und skizzierte seine Qualifikationen:

> Ich habe schon die englischen Medizinprüfungen in Hong Kong bestanden. Als junger Mann genoß ich die Erfahrung eines Auslandstudiums. Westliche Sprachen, Literatur, Politik, Sitten, Mathematik, Geographie, Physik und Chemie – all das konnte ich im Überblick studieren. Aber ich richtete besondere Aufmerksamkeit auf ihre

Methoden, mit denen sie ihrem Land zu Wohlstand und einer mächtigen Armee verhalfen, sowie auf ihre Gesetze zur Erneuerung des Volkes und zur Vervollkommnung der Sitten.[3]

Zu Beginn des Jahres 1894 reiste Sun nach Norden, um dem Obersten Sekretär in Tientsin seinen Fall persönlich vorzutragen. Unterwegs machte er einen kurzen Halt in Shanghai, wo er einen Triadenbruder namens Charlie Soong traf.

Die Geheimgesellschaft, der Sun Yat-sen als Knabe beigetreten war – die Gesellschaft der Drei Harmonien –, war die gleiche südchinesische Triade, in der Charlie Soongs Familie auf der Insel Hainan aktiv war; sie gehörte auch zur Chiu chao-Bruderschaft. Es war eine der zwei Triaden in der Internationalen Niederlassung von Shanghai, der Charlie angehörte; die andere war die Rote Gang.
Der erste Kontakt zwischen Sun und Soong fand in der Methodistenkirche Moore statt, wo sie nach einem Sonntagsgottesdienst einander vorgestellt wurden. Während seines ganzen Lebens ging Sun immer wieder zur Kirche, um Anhänger zu rekrutieren. Gerne pflegte er zu sagen: «Ich gehöre nicht dem Christentum der Kirchen an, aber dem Christentum Jesu Christi, der ein Revolutionär war.»[4]
Auch neben der Mitgliedschaft in der gleichen Triade hatten die beiden viel gemeinsam. Sie kamen beide aus der Provinz Kwangtung, sprachen den gleichen Dialekt und hatten die englische Umgangssprache gelernt. Beide waren im Ausland zur Schule gegangen und waren Christen. Beide hätten Medizin studieren wollen. Beide waren äußerst ehrgeizig, und für beide war es schwierig, in der Konfuzianischen Gesellschaft unterzukommen, weil sie Bastarde waren: nach westlichem Vorbild erzogene Bauern. Sicher erkannte jeder im andern ein verwandtes Ich.
Charlie machte sich über Suns Tientsiner Unternehmen keine große Hoffnung, doch tat er sein möglichstes, um das Abenteuer zu fördern, und er versicherte Sun, daß er, wenn sein Vorhaben erfolglos wäre, darauf zählen könne, daß Charlie seine Sache hinter die Rote Gang im Yangtse-Gebiet stecken würde. Charlie machte Sun mit zwei anderen wichtigen Männern bekannt, dem mächtigen Komprador Cheng Kuan-ying und dem einflußreichen Journalisten Wang T'ao, die leitende Mitglieder der Roten Gang waren. Der Journalist verschaffte Sun ein Empfehlungsschreiben für einen der unteren Bürokraten im Büro des Obersten Sekretärs. Mit diesem kleinen Vorteil bewaffnet, setzte Sun seine Reise fort.
Jeder, der einen Mandschu-Hofbeamten auch nur leicht verletzte,

konnte enthauptet werden. Andere chinesische Kritiker gaben sich damit zufrieden, anonyme Schmähschriften auf das Mandschu-Regime zu verfassen, und publizierten diese in aller Sicherheit in der Britischen Kronkolonie oder im Untergrund. Die kühne Meinung von Suns Mentor, Dr. Ho Kai, war bis zu diesem Zeitpunkt nur unter einem Pseudonym in der Hong Konger *China Mail* veröffentlicht worden. Jetzt plante Dr. Sun, einen der mächtigsten Männer des Kaiserreichs persönlich mit seinen Ideen, die eifrig ignoriert worden waren, zu konfrontieren. Unter den gegebenen Umständen war dies ein Akt außerordentlichen Muts.

Doch es war ein ungünstiger Augenblick. Der Oberste Sekretär hatte dringende Angelegenheiten zu erledigen, die seine volle Aufmerksamkeit verlangten. Der Krieg mit Japan lag in der Luft, es ging um Korea. Während Jahrhunderten war Korea Chinas Vasallenstaat gewesen. Doch als Japan von Kommodore Perry «geöffnet wurde», endete seine Isolation mit einem Schlag. Die Japaner modernisierten in aller Eile ihre Nation und versuchten ihr Hoheitsgebiet auf die an Bodenschätzen reiche Halbinsel auszudehnen.

Als Sun Tientsin erreichte, gab er eine Abschrift des Briefes dem Bekannten Wang T'aos, in der vergeblichen Hoffnung, der Brief würde dem Obersten Sekretär vorgelegt. Er wartete erfolglos. Keine Audienz bahnte sich an. Der Oberste Sekretär hatte keine Zeit, unwichtigen sozialen Reformen nachzuhängen, die ihm von einem unbedeutenden Kräuterdoktor aus dem Süden vorgeschlagen wurden.

Sun Yat-sen stand vor einer Entscheidung. Als er nach Shanghai zurückkehrte, hielt sich Sun bei Charlie Soong auf, der die Fäden zog, wie er versprochen hatte. Er ließ Suns Brief an den Obersten Sekretär als Essay in der September/Oktober-Ausgabe von Dr. Allens *Review of the Times* publizieren. Dies war die erste Gelegenheit, bei der Suns Ansichten einer breiten Öffentlichkeit vorgestellt wurden.

Während der langen Diskussionen in Charlies Druckerei vertrat Sun jeweils die Ansicht, daß eine soziale Reform nichts bringen würde. Es war an der Zeit, eine neue politische Bewegung zu gründen, die mit den Geheimgesellschaften zusammenarbeitete und als Anführer auf dem Weg zur Revolution fungierte.

Danach hielt sich Dr. Sun regelmäßig in Charlies Haus auf.[5] Er berief die konspirativen Zusammenkünfte im Arbeitszimmer ein und wurde Pate der Soong-Kinder. Wo immer Sun hinging, um Geld und Unterstützung für seine Sache zu organisieren, hielt ihn Charlie auf dem laufenden und schickte ihm Geld aus seiner eigenen Tasche, um die Auslagen zu bezahlen.[6]

Es war eine Freundschaft, die durch die alte chinesische Tradition des Banditentums, wie es im klassischen Roman *Die Räuber vom Liang Shan Moor* beschrieben wird, gefestigt wurde. Vor der phantastischen Kulisse einer Moorlandschaft und eines Bergnests namens Liang Shan Po hatten die vogelfreien Helden des Romans eine «befreite» Zone erobert und eine Republik der Abtrünnigen errichtet. In dieser Zwischenwelt von Magie und Talent wurden gute Taten mit angemessenen Schurkereien vereinbart. Geschichten dieser noblen Räuber und Rebellen kannte in China jedermann durch mündliche Überlieferung und lokale Schauspiele. Eine beliebte Geschichte handelt von einem Bauern, der zum Banditen wurde und zum ersten Ming-Kaiser emporstieg.

Es gab schon immer solche Geheimgesellschaften, Räuberbanden und esoterische Sekten. Doch bis zum 17. Jahrhundert waren sie zersplittert und bilderstürmerisch. Das Jahr 1644, in dem die Mandschus die Macht eroberten, stellt einen Wendepunkt dar. Von nun an dehnte sich ein ganzes Netz von Gesellschaften über das ganze Land aus, die das Ziel hatten, die Mandschus zu stürzen.

Sieht man von der Essaysammlung des französischen Historikers Jean Chesneaux ab, so gibt es im Englischen keine allgemein verständliche und verbindliche Darstellung dieser Geheimgesellschaften und ihrer Entwicklung zu den Triaden des 19. und 20. Jahrhunderts. Alles, wozu es die Soong-Dynastie brachte, hing bis zu einem gewissen Grad von diesen Triadenverbindungen ab. Die Geheimgesellschaften sind ein wenig erforschtes und mit vielen ungeklärten Fragen verbundenes Phänomen, doch sie bilden einen zentralen Teil der Geschichte der Soongs.[7]

Ursprünglich eroberten die Mandschus nur die nördliche Hälfte Chinas. Im Süden blieb der Piratenführer Coxinga der Ming-Dynastie treu und bekämpfte die Mandschus zu Lande und auf dem Wasser. Coxinga wurde in Nagasaki geboren und war der Sohn eines berühmten chinesischen Piraten und seiner japanischen Konkubine. Aus diesem Grund blieb er bis in die heutige Zeit auch ein Held des japanischen Puppentheaters. Als die Mandschus Nanking überrannten, zogen Coxinga und sein Vater ihre Streitkräfte in die unwegsame Provinz Fukien zurück, die der von den Holländern kontrollierten Insel Taiwan gegenüber lag, und halfen dort, den Prinzen von T'ang als rechtmäßigen Inhaber des Ming-Thrones an der Macht zu halten.

Die Mandschus brachten es nicht fertig, Coxinga zu besiegen, so daß sie Coxingas Vater bestachen, um ihn zum Verräter zu machen. Wütend versammelte Coxinga ein Heer von hunderttausend Kriegern und marschierte 1659 in das stark befestigte Yangtse-Delta ein. Doch war er zur See ein besserer Kriegsherr als auf dem Land. Es gelang ihm beinahe, Nanking zu erobern, bevor er zurückgedrängt wurde. Einmal mehr kämpfte er sich den Weg in seine Zufluchtsprovinz Fukien frei und entriß danach Taiwan den Holländern, um die Insel als Bollwerk zu gebrauchen. Eine Zeitlang herrschte Coxinga sowohl über die Insel als auch über ein ansehnliches Gebiet der Küstengegend um Amoy. Doch seine Rebellion endete, als er 1662 plötzlich eines natürlichen Todes – möglicherweise an einem epileptischen Anfall – starb. Seine Rebellion rief die neuen Geheimgesellschaften ins Leben.[8]

Obwohl man ihn im Westen kaum kennt, ist Coxinga einer der größten chinesischen Helden, der erstaunliche Ähnlichkeit mit Alexander dem Großen aufweist und der von der kommunistischen Regierung Chinas hoch geachtet wird. Coxingas Widerstand umfaßte ein weitverzweigtes Spionagenetz und eine Untergrundbewegung. Nach seinem Tod zersplitterte sich dieser Untergrund. Aber 128 militante buddhistische Mönche, die der Widerstandsbewegung angehörten, hielten im Shaolin-Kloster in der Nähe von Foochow der Belagerung durch die Mandschu-Armee stand. Sie waren in der Kriegskunst, die man heute Kung Fu nennt, außerordentlich geübt. Ein Verräter lieferte sie an die Mandschus aus, und nur achtzehn entkamen.

Man spürte einen nach dem andern dieser heroischen Mönche auf, bis nur noch fünf von ihnen am Leben waren. Diese fünf Kung Fu-Meister bildeten den Kern eines neuen, gegen die Mandschus gerichteten Widerstandes, der sich innerhalb der Strukturen der alten Sekten und Piratenbünde des klassischen China organisierte. Nach dem ersten Ming-Kaiser, Hung Wu, wurde diese Widerstandsbewegung Hung-Liga genannt. Die Hung-Liga hatte sich zum Ziel gesetzt, die Ch'ing-Dynastie der Mandschus zu stürzen und die Ming-Dynastie wieder an die Macht zu bringen – was in einem in China jedem Kind bekannten Slogan «Fan Ch'ing fu Ming» – «Nieder mit den Ch'ing, hoch mit den Ming» – zusammengefaßt wurde.

Die Mitglieder der Hung-Liga breiteten sich der Küste entlang von Foochow und Amoy bis Swatow aus. Viele von ihnen waren Hakkas, die schon Jahrhunderte früher ins Exil gegangen waren. Die alten Exilanten und die neuen Flüchtlinge machten gegen die Mandschus gemeinsame Sache und taten sich zusammen, um ihr Überleben zu sichern. Sie waren Handelspartner und Piraten und operierten, als sie Kanton erreichten, eine Stadt, die Fremden äußerst mißtrauisch gegenüberstand, bei jeder Gelegenheit gegen die Mandschus. Die Migranten sprachen den eigenartigen Chiu chao-Dialekt und verkehrten nur unter ihresgleichen. Da sie von den Kantonesen nicht akzeptiert wurden, taten sie sich zu Gilden zusammen und boten einander Zuflucht, Unterstützung und brüderliche Hilfe in dieser feindlichen Umgebung. Die Gilden erfüllten sowohl soziale als auch konspirative Funktionen.

Aus diesen Gilden entwickelten sich zwei Hauptgruppen von Geheimgesellschaften. Im Norden, wo die kaiserliche Kontrolle streng war, gab es weniger Möglichkeiten, sich frei zu äußern, so daß die Gesellschaften die Form von Sekten mit stark spirituellen Zügen hatten. Unter diesen Gesellschaften gab es die Acht Trigramme-Sekte oder die Fäuste der Harmonie und Gerechtigkeit – die man im Westen die Boxer nennen sollte.

Im Süden, weit weg von der rigiden Kontrolle der Mandschus, waren die Geheimgesellschaften weniger spirituell und ungestümer. Sie nahmen sich die Räuberbanden des Romans *Die Räuber vom Liang Shan Moor* zum Vorbild. Sie nannten sich Triaden, nach dem gleichseitigen Dreieck, dessen Seiten nach der chinesischen Vorstellung Mensch, Himmel und Erde versinnbildlichten. Diese Triaden teilten sich in drei Gruppen auf: Die Gesellschaft von Himmel und Erde (T'ien-ti Hui), die Gesellschaft der Drei Punkte (San-tien Hui) und die Gesellschaft der Drei Harmonien (San-ho hui). Letzterer gehörten sowohl Charlie als auch Dr. Sun an.

Die Zahl der Mitglieder wuchs rasch an. Da die Mandschu-Eroberung die chinesische Lebensweise zersplitterte, waren die ländlichen Gebiete noch Jahrzehnte später voll von entwurzelten Leuten: ehemaligen Soldaten, Bettlern, Dieben, Desperados, Mördern, Tagelöhnern, Händlern, Geschäftsleuten, wandernden Handwerkern, Kunsthandwerkern, Studenten und politischen Exilanten. Um diese so verschiedenen Mitglieder aufzunehmen, vergrößerten sich die Triaden um ein Vielfaches, bis es im 19. Jahrhundert Hunderte von Ablegern gab, die nur noch symbolische Verbindungen zu ihren Ursprungsorden pflegten. Einige von ihnen, wie die weitverbreitete Gesellschaft der Vorsteher und Brüder, waren Robin-Hood-Banden von armen Bauern und Kanalschiffern, die durch Schmuggel eine umfassende Untergrundökonomie aufbauten. Viele der kommunistischen Guerillas des 20. Jahrhunderts stammten aus dieser Organisation.

Die Triaden zogen Abenteurer an, die in der normalen Gesellschaft den Weg nach oben versperrt fanden. Durch die Triaden konnten ehrgeizige Männer geheime Gelder und brachliegende Arbeitskraft kontrollieren und sich so außerordentliche politische und finanzielle Vorteile verschaffen. Einige der Triaden waren streng patriotisch, andere dagegen benutzten den Patriotismus, um ihre rein kriminellen Absichten zu vertuschen. Andere wiederum verbanden beides, indem eine unsichtbare kriminelle Organisation, der «dunkle Faden», von

einer sichtbaren patriotischen Organisation, dem «hellen Faden», überdeckt wurde. Eine solche Kombination stellte die Rote Gang von Shanghai dar.
Diese Bruderschaft von Triaden wartete auf jedermann, der entfremdet, zornig oder frustriert war. Für viele war es schon genug, Mitglied zu sein, mit geheimen Erkennungssignalen – einer speziellen Art, im Teehaus eine Tasse oder eine Reisschüssel zu halten –, die es erlaubten, an beliebigen Orten mit anderen Mitgliedern in Kontakt zu treten. Wie einige Gewerkschaften im Westen, so half die Triade immer aus, wenn Not bestand. Wer jedoch einmal Mitglied geworden war, der konnte nicht mehr austreten.
Als sich Charlie Soong und Dr. Sun Yat-sen 1894 entschlossen, mit einem kleinen Kreis weiterer Konspirateure zusammenzuarbeiten, hing ihre Hoffnung auf eine Revolution davon ab, ob sie die enorme latente Macht der Triaden mobilisieren konnten. Nach dem Zusammenbruch der Taiping-Rebellion um die Mitte des 19. Jahrhunderts wandten sich viele Triaden von der Politik ab, um sich nur noch dem Profit zu verpflichten. Es war Zeit, sie wieder für die Sache zu gewinnen, für die sie ursprünglich gedacht waren. Sun rechnete, daß es in ganz China 35 Millionen Mitglieder solcher Geheimgesellschaften gab, die einmal mehr für eine revolutionäre Sache eingesetzt werden könnten. Er machte klar, daß er beabsichtige, sein Leben dem Sturz der Mandschus und der Schaffung eines «Asiens der Möglichkeiten» zu widmen. Er lud seine Freunde und seine Geheimgesellschaftsbrüder ein, seinem Weg zu folgen. Charlie Soong wurde eines der Gründungsmitglieder von Suns verborgener Bewegung.
Sie begannen sofort, einen bewaffneten Widerstand zu planen.

Die Verschwörer arbeiteten nachts in Charlies Arbeitszimmer in Hongkew, das im westlichen Stil mit schweren Holzstühlen und einem massiven Direktorenpult eingerichtet war. Sie konzentrierten ihre Aufmerksamkeit auf Kanton, wo Verschwörungen zum Alltag gehörten. Um 1894 waren die Umgebung von Kanton und das Delta des Perlflusses voll von Mini-Armeen aus Räubern und Schmugglern, von denen viele Dr. Sun bekannt waren. Diese Armeen konnten gegen die kaiserliche Garnison eingesetzt werden. Die Unterwelt der Stadt wurde von Triaden regiert, und auf ihre Mitglieder konnte man, bei entsprechender Bezahlung, bei einem Aufstand zählen. War Kanton erst einmal in Suns Händen, so dachten sie, würde es möglich sein, eine Armee aufzubauen, mit der man den Mandschus die ganze Nation entreißen könnte.
Während Sun bei den Soongs weilte, wurde ein pro-japanischer

koreanischer Führer nach Shanghai gelockt und ermordet. Suns kleine Gruppe hatte nichts mit der Ermordung zu tun und war auch nicht in der Lage, davon zu profitieren.
Doch gab es Mitglieder in der Roten Gang, die jede Gelegenheit ausnutzten, um der Regierung in Peking Schwierigkeiten zu bereiten. Man brachte die Leiche auf einem chinesischen Kriegsschiff nach Korea. Dort wurde sie in Stücke gehackt und ausgestellt, um Aufständische abzuschrecken. Japan war empört. Ein Krieg schien unmittelbar bevorzustehen und würde die Mandschus im Norden vollumfänglich beschäftigen.
Am 1. August 1894 begannen die Feindseligkeiten. Sun hatte immer noch nicht angefangen, Leute für seinen Putsch in Kanton zu organisieren. Zuerst brauchte er eine tragfähige politische Organisation und eine Geldquelle. Sun reiste nach Hawaii, während Charlie in Kanton blieb, um sich über die Entwicklung auf dem laufenden zu halten. Am 24. November 1894 begann er für eine Organisation, die Gesellschaft zur Wiedergeburt Chinas (Hsing Chung Hui) heißen sollte, Leute zu rekrutieren. Er brachte einhundertzwanzig hawaiianische Chinesen zusammen.
Im Dezember 1894, während Sun noch auf der Insel nach finanzieller Unterstützung suchte, erreichte ihn ein dringender Brief von Charlie Soong:[9] Die chinesische Regierung hatte gegen die Japaner eine Reihe von empfindlichen Niederlagen erlitten. Die öffentliche Wut gegen die Mandschus war groß. Sie mußten schnell handeln. Sun war elektrisiert. Anfang Januar verließ er Honolulu und ging nach Hong Kong. Eine Handvoll hawaiianischer Chinesen folgte ihm, um am Aufstand teilzunehmen. Charlie Soong blieb in Shanghai, um nach den Finanzen zu sehen und für Sun Augen und Ohren in der Yangtse-Gegend offen zu halten.
In Hong Kong wurde Suns Trupp durch eine Gruppe verstärkt, die von Yang Ch'u-wen angeführt wurde. Doch fehlten ihnen immer noch Leute. Die Zeit verstrich, und es wurde Frühling. Dann traf die Nachricht ein, daß China in Korea eine schwere Niederlage erlitten habe. Bis zum Beginn des Sommers 1895 waren erst 153 Kämpfer rekrutiert worden. Trotzdem waren Sun und Yang ohne Zögern bereit, ihren Aufstand anzuzetteln.
Um erfolgreich zu sein, mußten sie sich ganz auf angeheuerte Schurken und Schläger verlassen – Tagediebe, Banditen, Ordnungsleute der Geheimgesellschaften und ausgemusterte chinesische Soldaten.
Dem Mondkalender entsprechend, wählte man für den Aufstand den neunten Tag des neunten Monats, den 26. Oktober. Eine günstige Gelegenheit, denn an diesem Tag brachten die Chinesen überall auf

den Gräbern ihrer Vorfahren Opfer dar. Die Massen, die aufs Land pilgerten, würden so die Verschiebung von Suns Streitkräften verbergen. Der Hauptharst, dreitausend Triadenmitglieder, sollte sich in Hong Kong versammeln und als gewöhnliche Passagiere auf Fähren nach Kanton gebracht werden. Mit ihnen wollte man Tausende von Pistolen transportieren, verpackt in Fässer mit der Aufschrift «Portland Zement». Die Söldnerarmee sollte sich nach der Landung in Kanton aufteilen, in die Häuser von Regierungsbeamten und Militärbefehlshabern eindringen und sie ermorden oder bis zum Putsch als Geiseln festhalten.

Die zwei Drahtzieher Yang und Dr. Sun teilten die Verantwortung. Yang sollte die angeheuerten Söldner in Hong Kong versammeln und sie nach Kanton schicken, wo Sun die Aufgabe hatte, die Triaden zu organisieren und die militärischen Operationen zu überwachen. Bevor die Sache in Gang gebracht wurde, sandte Sun einen Beauftragten nach Shanghai, um Charlie und seine Mitglieder kurz über die endgültigen Pläne zu unterrichten.

Ein gleichgesinnter englischer Journalist, Thomas A. Reid von der Hong Konger Zeitung *China Mail,* hatte die Erlaubnis, bei den Planungssitzungen dabei zu sein. Um im Ausland die öffentliche Meinung für den Putsch günstig zu stimmen, begann er wohlberechnete Artikel zu schreiben. Reid schilderte Südchina als reif für eine Revolte. Waren die Mandschus einmal gestürzt, erklärte er, würde eine «verantwortungsbewußte» neue Regierung die großzügige Hilfe und uneigennützige Führung durch ausländische Regierungen und Unternehmen begrüßen. Mit diesem kleinen Bluff beabsichtigte man, den ausländischen Financiers den Mund zu wässern.

«Was sie anstreben», schrieb Reid großspurig über die Verschwörer, «ist – obwohl es unmöglich scheint, ein solches Verlangen bei den Chinesen wahrzunehmen – ein rechtmäßiger Aufstand, um das Land vom ungerechten System der Mißwirtschaft, das China von westlichen Einflüssen, westlichem Handel und der westlichen Zivilisation ausgeschlossen hat, zu befreien.»[10]

Die erste Panne passierte zwei Wochen vor dem Putsch. Am 9. Oktober wurde von einem Mitglied von Dr. Suns Erneuerungspartei, Chu Ch'i, eine Kriegserklärung aufgesetzt. Diese Erklärung sollte am Tag des Aufstands in Kanton angeschlagen werden. Indem Chu Ch'i dieses Dokument aufsetzte, gefährdete er seine ganze Familie. Wenn der Putsch fehlschlug, konnte jedermann in seinem Clan bestraft werden. Chus ältester Bruder, der nicht am Plan beteiligt, doch gemäß der Tradition für die Sicherheit der Familie verantwortlich war, entschloß sich, die Beamten zu informieren.

Als er den Mandschu-Behörden in Kanton vom Komplott erzählte, lachten ihn diese aus. Niemand glaubte, daß Sun Yat-sen mehr als ein harmloser Dilettant und Egozentriker war. Trotzdem beauftragte man als Sicherheitsmaßnahme Agenten, seine Unternehmungen genau zu verfolgen. Da er seine Überwachung bemerkte, vermied es Sun, irgend etwas Verdächtiges zu unternehmen. Die Agenten berichteten darauf, daß er, wie gewöhnlich, gar nichts im Sinn habe.

Am 26. Oktober vor Sonnenaufgang kamen die Schwierigkeiten aus einer unerwarteten Ecke: In Hong Kong, wo Yang seine Söldner versammelt hatte, war ein Streit um die besten Waffen ausgebrochen. Während man sich auf den Docks in den Haaren lag, lief das Schiff ohne die Söldner aus.

In großer Aufregung telegraphierte Yang nach Kanton, um Dr. Sun mitzuteilen, daß «die Ware» erst am nächsten Tag abgeschickt würde. Sun war in einem schrecklichen Dilemma. Seine angeheuerten Schurken und Triadenschläger hatten sich schon zum Angriff bereit gemacht. Wenn sie ohne das Kontingent aus Hong Kong begannen, war eine Niederlage unvermeidlich. Das Vernünftigste war, die ganze Sache abzublasen. Sun zahlte seine Leute aus und schickte sie nach Hause.

Doch bevor seine Antwort, daß der Aufstand abgesagt worden sei, in Hong Kong ankam, hatte sich der Streit um die Waffen gelegt, und Yangs Söldnerheer fuhr auf der *Powan* nach Kanton. Zu diesem Zeitpunkt wußte die Polizei in Hong Kong alles über die Verschwörung, und ein Inspektor sandte den Mandschu-Behörden in Kanton ein Telegramm. Als die *Powan* anlegte, wartete ein großes Kontingent kaiserlicher Soldaten am Pier. Im Durcheinander gelang es den meisten Söldnern zu entkommen, doch die Anführer und fünfzig Rebellen wurden verhaftet.

In anderen Teilen Kantons hoben kaiserliche Soldaten die Verstecke der Partei der Wiedergeburt Chinas aus, verhafteten Aufständische und konfiszierten Waffen, Uniformen und Rebellenfahnen. Dr. Sun nahm zuerst Zuflucht im Haus eines chinesischen christlichen Geistlichen und floh dann, als Frau verkleidet, in einer mit Vorhängen versehenen Sänfte nach Macao. Von Macao entkam er mit einem Schiff nach Hong Kong.

Das Schicksal der gefangenen Aufrührer war typisch für die Praktiken der Mandschu-Justiz. Zwei von Suns engsten Genossen wurden enthauptet. Ein anderer wurde mit sechshundert Schlägen mit dem «Armeestock» zu Tode geprügelt. Ein weiterer wurde in Stücke gehackt; dieser «Tod in tausend Schnitten» war die offizielle Strafe für Verrat.

Als Folge dieses Fiaskos wurde Sun Yat-sen zum Flüchtling, und auf seine Festnahme wurde eine Belohnung ausgesetzt.
Sein Putsch war mißlungen, doch wurde er über Nacht zur Berühmtheit – und zum anerkannten Anführer der gegen die Mandschus gerichteten Bewegung.
Während der nächsten 16 Jahre war Sun ein verfolgter Verbrecher, der im Exil lebte und chinesischen Boden nicht mehr betreten konnte. Mehr denn je hing er deshalb von Charlie Soongs Geld und anderen Parteiführern ab, die für ihn die chinesische Revolution weitertrieben. Er zog von Land zu Land, um bei den Überseechinesen Unterstützung zu suchen, doch war er immer auf der Flucht.

Um der Verfolgung zu entkommen, verließ Dr. Sun mit zwei Leutnants unverzüglich Hong Kong und schiffte sich nach Japan ein. Aber als sie in Kobe an Land gingen, merkten sie, daß die Japaner über die Ereignisse in Kanton gut unterrichtet waren und den kläglich mißglückten Aufstand als Teil einer ernsthaften «Revolution» bezeichneten. Sun fühlte sich geschmeichelt. Seine Gefolgschaft wuchs. Er entschloß sich, nach Hawaii zu gehen, wo seine Anhängerschaft größer war.
Bevor er losfuhr, sah er die Zeit gekommen, sich zu verkleiden. Es war zu auffällig, in chinesischen Kleidern und mit einem langen Zopf rund um den Erdball zu wandern. Er schnitt seinen Zopf ab, frisierte sein Haar nach westlicher Art und kaufte sich einen Geschäftsanzug. Um die Sache perfekt zu machen, ließ er sich einen Schnurrbart wachsen. Das Resultat war verblüffend. Er sah aus wie ein vornehmer japanischer Diplomat.
Als er im Januar 1896 Hawaii erreichte, war Suns Familie dort schon in der Obhut seines Bruders Sun Mai. Suns Frau war die Tochter eines Dorfhändlers, die sein Vater für ihn ausgewählt hatte. Sie hieß Lu Mu-chun. Bis jetzt hatte er sie, wenn er reiste oder in Hong Kong studierte, immer in ihrem Dorf gelassen, so daß er sie nicht häufig sah. Das Wiedersehen in Hawaii hatte ihr drittes Kind zur Folge, ein Mädchen, das im November 1896 zur Welt kam.
Nachdem er sechs Monate auf den Inseln verbracht hatte, beschloß er, zum ersten Mal unter den Chinesen auf dem amerikanischen Festland um Unterstützung nachzusuchen. Um dazu den Weg zu ebnen, trat er einer weiteren kantonesischen Triade bei – dem amerikanischen Flügel der Chih Kung Tong. Wegen seiner Meisterschaft in den Kriegskünsten verlieh man ihm den hohen Rang des Roten Mastes oder Kämpfers.
Die Chih Kung Tong war zu dieser Zeit die einflußreichste Triade in

Amerika. Sie hatte ihre Wurzeln in der Provinz Kwangtung, wo ihre Mitglieder Schmuggler, Piraten und Küstenhändler waren. Die Triade hatte in der Taiping-Rebellion um 1850 eine Schlüsselrolle gespielt, und als dann die Taipings besiegt wurden, flohen viele Triadenmitglieder nach Amerika, wo sie weitere Ableger der Geheimgesellschaft aufbauten. In Amerika gab es eine ganze Anzahl von Triaden: Die On Leong, mit Basis in New York, herrschte über die Chinatowns bis nach Denver. An der Westküste regierte die Bing Kung Tong Vancouver und San Francisco. Die Hip Sing Tong war in New York und San Francisco stark, während die Ying On Tong den Südwesten dominierte. Zwei kleinere Triaden, die Hop Sing und die Suey Sing, hatten viel Einfluß in Los Angeles. Durch seine Mitgliedschaft in der Chih Kung Tong hatte Sun Zugang zu allen diesen Geheimgesellschaften.

Doch in San Francisco machte Sun einen gefährlichen Fehler. Er posierte für eine Porträtphotographie. Ein Abzug des Photos fiel in die Hände von Mandschu-Agenten und wurde nach Peking weitergeleitet. Unverzüglich wurde eine Beschreibung des «neuen» Dr. Sun an die chinesischen Vertretungen in der ganzen Welt gesandt.

Die erste Tour durch Amerika brachte nur wenig Geld und Gefolgsleute. Für Chinesen war das Leben in den Vereinigten Staaten schon schwierig genug, und man wollte keine Revolution unterstützen, die Washington noch mehr Schwierigkeiten bereiten würde.

Sun reiste nach England weiter, um seinen Freund Dr. Cantlie zu besuchen. Sobald er ankam, wurde er von Zivildetektiven der Slater Detective Agency ausgemacht, die von der chinesischen Regierung beauftragt worden war, Sun aufzuspüren. Die Schatten folgten ihm bis zu Cantlies Londoner Wohnung in der Devonshire Street und beobachteten auch, wie er sein bescheidenes Quartier nicht weit von Grey's Inn Place bezog.[11]

Paradoxerweise war die Chinesische Vertretung gleich um die Ecke von Dr. Cantlies Wohnung, in Portland Place, gelegen. Jedesmal, wenn Dr. Sun seinen Freund besuchte, spazierte er an der Vertretung vorbei. Seine Selbstgefälligkeit brannte bald mit ihm durch; er glaubte, daß ihn in der Vertretung niemand erkennen würde. Er könne einfach hineinspazieren, ein wenig plaudern und wieder fortschlendern, ohne daß ihm jemand auf die Schliche käme.

Unfähig, der Versuchung zu widerstehen, schlenderte er am Samstag, dem 10. Oktober, auf das Tor der Vertretung zu, wo er einen chinesischen Studenten in ein Gespräch verwickelte. Als sich Sun nach anderen Kantonesen erkundigte, wurde er in die Vertretung gebeten und einem Übersetzer mit Namen Teng vorgestellt. Sun gab sich als

Ch'en Tsai-chih aus, doch der genau beobachtende Übersetzer merkte, daß auf der Uhr des Fremden der Name Sun eingraviert war. Unverfroren diskutierte Sun über die Schwächen der Mandschu-Regierung. Danach verließ er, ohne gemerkt zu haben, daß er sich verdächtig gemacht hatte, die Vertretung.
Sobald er gegangen war, benachrichtigte der Übersetzer seine Vorgesetzten. Diese waren überrascht, denn Sun hatte schon vor einigen Tagen Slaters Privatdetektive erfolgreich abgeschüttelt. Wenn er schon dumm genug war, einmal in ihre Hütte hineinzuspazieren, so würde er es auch noch ein zweites Mal versuchen. Die Vertretung beauftragte den Übersetzer, die Straße zu beobachten und Sun, falls er wieder auftauchen würde, hineinzulocken. Zwei starke Mandschu-Sicherheitsposten wurden gleich hinter der Eingangstür aufgestellt.
Am folgenden Tag, Sonntag, dem 11. Oktober 1896, verließ Sun seine Wohnung, ohne den dösenden Slater-Agenten, der ihn beschatten sollte, aufzuwecken, und machte sich in Richtung Portland Place auf den Weg, um Cantlie zu besuchen. Er sah einen Chinesen, der neben dem Eingang der Vertretung herumlungerte. Es war der Übersetzer Teng. Während sie einige Worte wechselten, manövrierte Teng Sun näher zum Eingang. Zwei Mandschu-Schläger kamen heraus, schnitten Sun von der Straße ab und luden ihn ein hineinzukommen, um ihr «Gespräch» über gut gewürztem Essen aus Hunan fortzusetzen. Sie legten ihre Pranken um seine Arme und führten ihn hinein. Die Tür fiel ins Schloß. Sun wurde in ein eigens für die Gelegenheit leergeräumtes Zimmer hinaufgedrängt.
Die Chinesische Vertretung in London wurde von Minister Kung Chao-yun, dem Repräsentanten der Pekinger Ch'ing-Dynastie, geleitet. Die Tagesgeschäfte jedoch erledigte ein Engländer, Sir Halliday Macartney. Dieser war ein Nachkomme Lord Macartneys, der 1793 die erste britische Delegation nach China leitete. (Der Kaiser wies die Briten auf die berühmt gewordene Art zurück: «Unser himmlisches Königreich besitzt alles in großem Überfluß und entbehrt keiner Ware innerhalb seiner Grenzen. Deshalb», fuhr der Kaiser fort, «besteht keine Veranlassung, die Güter von . . . Barbaren zu importieren.»)
Sir Halliday Macartney hatte im Krimkrieg als Militärchirurg gedient und machte später eine steile Karriere in der britischen Kolonialverwaltung in Indien und China. Dort wurde der Oberste Sekretär auf ihn aufmerksam, und er wurde von der chinesischen Regierung beauftragt, die diplomatischen Angelegenheiten mit dem Hof von St. James zu regeln. Auch er war einer jener stolzen britischen Man-

darine, deren orientalisches Gebaren rücksichtsloser war als dasjenige der Chinesen selbst.
Macartney war schon vorher an die britische Regierung gelangt, um Dr. Sun nach China auszuliefern, falls er nach Großbritannien käme. Das Gesuch wurde abgewiesen, doch änderte dies nichts an Macartneys Entschlossenheit, mit diesem gelben Marktschreier kurzen Prozeß zu machen. Sobald er Sun in seiner Vertretung gefangengesetzt hatte, begann er mit der Glen-Schiffahrtslinie Abmachungen zu treffen, um den unglücklichen Revolutionär illegal aus England hinauszuschmuggeln und ihn so seinem sicheren und schmerzvollen Tod entgegenzuführen.
In seinem Zimmer eingesperrt, versuchte Dr. Sun alles, um Dr. Cantlie eine Nachricht zukommen zu lassen. Er warf Zettel aus dem vergitterten Fenster, mit dem einzigen Ergebnis, daß es zugenagelt wurde. Er versuchte den englischen Hausdiener George Cole zu bestechen, der ihn zu bewachen hatte. Doch dieser blieb hart.
In der Zwischenzeit war Dr. Cantlie durch Suns Verschwinden beunruhigt. Er entschloß sich, Detektive einzusetzen und wandte sich natürlich gerade an Slaters, die größte und angesehenste Privatdetektei, die es zu dieser Zeit in London gab. Die ehrenwerte Organisation sah nichts Falsches darin, zwei Herren zu dienen, und machte sich mit Freuden daran, Dr. Sun für Dr. Cantlie zu «finden». (Tatsächlich wußten sie nicht, wo sich Sun aufhielt, auch nicht einmal, nachdem er von ihrem anderen Auftraggeber gefangen genommen war.)
Zwar wies der Hausdiener Suns Bitten um Hilfe hartnäckig ab, doch diskutierte er die ergreifende Lage des Gefangenen mit der Haushälterin der Vertretung, einer Engländerin namens Mrs. Howe. Als eine Frau von klaren Grundsätzen entschied sie, daß etwas unternommen werden müsse.
Eine Woche nach Suns Gefangennahme klingelte Mrs. Howe an Dr. Cantlies Türe, steckte einen Zettel in seinen Briefkasten und entfernte sich rasch. Auf dem Zettel stand:

> Einer Eurer Freunde wird seit letztem Sonntag in der Chinesischen Vertretung hier gefangengehalten. Man will ihn nach China zurückschicken, wo er mit Sicherheit gehängt wird. Es ist traurig für den armen Mann, und wenn nicht sofort etwas unternommen wird, wird er weggeschafft, und niemand weiß es. Ich wage nicht, mit meinem Namen zu unterschreiben, doch das ist die Wahrheit. Glauben Sie mir, was ich sage. Was immer Sie unternehmen, es muß sofort geschehen, denn sonst ist es zu spät. Ich glaube, sein Name lautet Lin Yen Sen.

Am folgenden Tag, von Mrs. Howes leuchtendem Beispiel beeindruckt, erschien der Hausdiener George Cole mit einer geheimen Botschaft, die Sun auf zwei Visitenkarten geschrieben hatte, in Dr. Cantlies Wohnung.

> Ich wurde am Sonntag in die Chinesische Vertretung entführt und soll aus England nach China geschmuggelt und dort getötet werden. Ich flehe Dich an, rette mich schnell. Die Chinesische Vertretung hat schon ein Schiff gechartert, um mich nach China bringen zu lassen, und ich werde auf dem ganzen Weg mit niemandem Kontakt aufnehmen können. Oh! Weh mir!

Cantlie und ein Kollege, der bekannte Experte für durch Moskitos übertragene Krankheiten, Dr. Patrick Manson – der aus seiner Schulzeit in Hong Kong mit Sun befreundet war –, benachrichtigten Scotland Yard und das Außenministerium. Dr. Manson eilte in die Vertretung und erkundigte sich nach Sun, doch wurde ihm versichert, daß sich niemand mit einem solchen Namen in der Vertretung aufhalte.

Es war schon Sonntagabend, und weder das Außenministerium noch Scotland Yard hatten etwas unternommen. Cantlie war verzweifelt. In aller Eile suchte er die *Times* auf und erzählte die Geschichte den Redakteuren. Doch in der Montagsausgabe wurde Sun mit keinem Wort erwähnt. Die Redaktion hatte beschlossen, nichts zu veröffentlichen, bis die Regierung ihre Haltung bekanntgeben würde. Die Herausgeber des *Globe* machten sich weniger aus diplomatischen Gepflogenheiten. Als sie Wind von der Geschichte erhielten, druckten sie eine Spezialausgabe. Reporter sprachen bei der Vertretung vor, und einer warnte den Übersetzer Teng, daß am nächsten Morgen eine aufgebrachte Menschenmenge die Vertretung belagern würde, wenn Sun nicht sofort freigelassen würde.

Tatsächlich war am nächsten Morgen die Geschichte in jeder Londoner Zeitung, und das Geschrei, das die Öffentlichkeit zur Verteidigung Suns anstimmte, war ohrenbetäubend. Das Außenministerium entschloß sich zu handeln und stellte Macartney ein Ultimatum. Am 23. Oktober, um 4 Uhr 30, 12 Tage nach Suns Gefangennahme, erschien Scotland Yard-Chefinspektor Jarvis mit Dr. Cantlie und einem königlichen Botschafter, der vom Außenministerium gesandt war, in der Vertretung, um die Herausgabe der Geisel zu verlangen.

Zuschauer und Reporter belagerten den Eingang, als Dr. Sun aus der Vertretung geführt und in einem zweiräderigen Kabriolett zu Scotland Yard gefahren wurde. Er war ein freier Mann.

Einmal mehr war Dr. Sun durch einen lächerlichen Patzer ins Licht der Öffentlichkeit gerückt worden. Er war nun weltbekannt. Journalisten baten ihn um Interviews. Sun genoß seine Berühmtheit. Er verbarg die Tatsache, daß er sich die ganze Geschichte selbst eingebrockt hatte, und schmückte seine Rolle aus, indem er sagte, er sei getäuscht und gefangengenommen worden. Sein Bericht über den Vorfall, ein gerissener Taschenspielertrick, wurde in England unter dem Titel *Gekidnappt in London* herausgebracht. Sun Yat-sens Name war in aller Munde. In China wurde das Buch von Charlie Soong und seinen Freunden in Umlauf gebracht.

Geht man von Dr. Suns Neigung zu Mißgeschicken aus, so darf man sich fragen, wie er seine Anhänger bei der Stange hielt. Was machte seine Faszination aus? Rückblickend und mit dem Vorteil, hinterher schlauer zu sein und über die nötigen Informationen zu verfügen, die im Lauf der Jahre von zahlreichen Gelehrten zusammengetragen worden sind, nehmen Suns Abenteuer die Form pikaresker Streiche an, die ein Wiener Opera buffa-Publikum begeistert hätten. Doch war dies zu Dr. Suns Zeit nicht offensichtlich. Die Teilnehmer waren den Ereignissen zu nahe. Revolutionäre Leidenschaft machte aus jedem schrecklichen Mißerfolg ein schlimmes Drama. Es war nicht möglich, die komischen Proportionen eines Fiaskos, das mit grausigen Hinrichtungen, Massakern und langsamem Erwürgen endete, wahrzunehmen. Suns Schwänke, die von allen Beteiligten, wenn nicht gar von allen Zuschauern, mit tödlichem Ernst aufgenommen wurden, gehörten mehr zum grand guignol als zur komischen Oper. (Das Britische Außenministerium nahm Sun nicht sehr ernst.)

In alle Ereignisse waren auch viele Verschwörer verwickelt, so daß Sun nur dann die Schuld zu treffen scheint, wenn man seinen Fall isoliert betrachtet. Ohne Frage war er begabt. Er war ein leidenschaftlicher Redner, fähig, die Sache, die er vertrat, überzeugend darzustellen. Er vermochte jene zum Handeln zu bewegen, die ihre Energie und ihren Eifer sonst in trunkenen, konspirativen Diskussionen vergeudet hätten, die die meisten Revolutionen zu Fehlgeburten machen. Wenn er auch in gewisser Hinsicht oberflächlich war, so mag es gerade diese Eigenschaft gewesen sein, die ihn am Leben erhielt, während andere, bessere Revolutionäre ermordet wurden. Es gab viele Gewalttaten, und viele Aufwiegler und Anstifter starben auf die grausamste Art und Weise. Vielleicht waren unter ihnen Frauen und Männer, die ehrenhafter waren als Sun, doch waren sie zu stark engagiert, um zu überleben. Suns Mißgeschicke hielten ihn immer ein wenig vom Geschehen fern, so daß er am Ende davonkam.

Jene, die überleben, schreiben auch die Geschichte neu. Die

Geschichte wird dauernd gefälscht, und so entsteht ein fortwährender Kampf zwischen Tatsachen und Propaganda. Suns Bericht von seiner Entführung in London war mythische Heldenpropaganda und wurde zum Evangelium. Viele Jahre später, nach seinem Tod, erhöhte ein systematisches Programm der Vergötterung sein Bild zu einer göttlichen Gestalt. Am Ende bestand Suns Kunst in einer gewissen Leichtigkeit, und seine Führerschaft dauerte, wie diejenige vieler bekannter Anführer, einfach deshalb fort, weil er überlebte, während alle um ihn herum starben. Er hatte die Intuition Don Giovannis – und wußte, wann es Zeit war, sich über den Balkon davonzumachen. Er war, mit einem Wort, Chinas erster moderner Politiker.

Frei, zu kommen und zu gehen, wie es ihm paßte, verbrachte Sun die nächsten sechs Monate lesend in der Bibliothek des Britischen Museums und machte dort so provokative Bekanntschaften wie diejenige des exilierten Revolutionärs Felix Volkowsky, des Herausgebers der Zeitung *Free Russia.*

Schließlich kehrte Sun im Juli 1897 London den Rücken und ging nach Japan, das während der nächsten Jahre seine Operationsbasis werden sollte. Dort empfing ihn eine Gruppe mächtiger japanischer Ronins – energischer und gefährlicher Leute, die im mittelalterlichen Japan Samurai geworden wären, jetzt aber als freie Abenteurer ihr Glück versuchten. Es waren leidenschaftliche Männer vom Schlage jener, die einige Jahre später die erzpatriotische Gesellschaft «Schwarzer Drachen» gründeten und Japan in sein überstürztes asiatisches Kriegsabenteuer manövrierten. Sie wurden Suns Beschützer, Geldgeber und Mitverschwörer. Sie sahen in ihm nicht nur eine Möglichkeit, die kaiserliche Regierung in China zu stürzen, sondern mehr noch ein Mittel, die westlichen Mächte aus Ostasien zu vertreiben. Die herrschende Vision einer japanischen Nation als Führer der panasiatischen Renaissance bestimmte ihr Denken und Handeln. Unter diesen einflußreichen Japanern waren Leute wie Sugarawa Den, Miyazaki Torazo, Inukai Ki, Okuma Shigenobu und Soejima Taneomi.

Während der nächsten acht Jahre zettelte Sun noch weitere erfolglose Aufstände an. Er war nun aus Britisch Hong Kong ebenso wie aus China verbannt, so daß er aus Distanz durch Geheimagenten operieren mußte. Er gründete in jeder chinesischen Stadt revolutionäre Zellen und baute seinen Parteiapparat aus. Charlie Soong, der die Buchhaltung und Mitgliederlisten führte, investierte jeden auch noch so kleinen Betrag, um die Parteikasse zu füllen. In seiner Druckerei an der Shantung Road fanden regelmäßig Planungssitzungen mit anderen Organisationen statt. Er war zwar nicht der Hauptorganisator, doch einer der Handvoll Männer, die den innersten Kreis bildeten. Ihr Feldzug hing zu einem großen Teil vom Vertrieb der revolutionären Literatur ab, die in Charlies Sino-American Press heimlich produziert wurde.

Die andauernde Erniedrigung, die China nach dem Boxeraufstand von 1900 durch den Westen hinnehmen mußte, gab der Sache Suns neuen Auftrieb. Die Boxer werden im Westen gewöhnlich als eine Gruppe chinesischer Fanatiker abgetan, die plötzlich aus dem Nichts auftauchten. Aber sie wurden durch die schlechte Behandlung der chinesischen Arbeiter durch deutsche Kolonialbeamte und Minenbesitzer in der Provinz Shantung zur Rebellion getrieben. Deshalb war ihr Protest ursprünglich gegen die Arroganz der Ausländer und die kaiserliche Regierung gerichtet, die unfähig war, dem Druck der Ausländer zu widerstehen. Als ausländische Truppen in Peking einmarschierten, um den Boxern und der kaiserlichen Regierung eine Lektion zu erteilen, flohen die Kaiserinwitwe und ihr Hof: Chinas Erniedrigung war perfekt. Von diesem Zeitpunkt an wurde die Zahl zorniger chinesischer Studenten, die nach Japan gingen, um dort sowohl ihre wissenschaftliche als auch ihre militärische Ausbildung zu vervollständigen, immer größer. Diese Studenten bildeten den Kern einer neuen, radikaleren revolutionären Bewegung. Viele von ihnen scharten sich um Dr. Sun und betrachteten ihn als erfahrenen Revolutionär. Um von dieser Unterstützung zu profitieren, überzeugte Sun die Anführer einer rivalisierenden Anti-Mandschu-Fraktion, ihre Kräfte mit ihm in seiner neuen Allianzpartei (Tung-men Hui) zu verbinden.

Die Allianzpartei verband zum ersten Mal die Mitglieder der traditionellen Geheimgesellschaften, die sich mehrheitlich aus Kaufleuten und Arbeitern zusammensetzten, mit radikalen Intellektuellen und jungen Studenten. Es war eine flüchtige Verbindung.

Am 30. Juli 1905 fand in Tokio eine Versammlung statt, um die Partei zu organisieren. Charlie Soong kam aus Shanghai. Es war eine geschlossene Sitzung zur Planung der politischen Strategie. Der größte Teil der Diskussion drehte sich natürlich um Geld. Dr. Sun bat Charlie Soong, die Last zu tragen. Um überhaupt eine Erfolgschance zu haben, war mehr nötig als tröpfelnde Spendengelder. Eine beträchtliche Summe wurde gebraucht. Man wußte, daß Charlie persönliche Verbindungen zu außergewöhnlich reichen Leuten in Amerika hatte, die für die übrigen außer Reichweite waren. So kam man überein, ihn auf die Suche nach den benötigten Millionen zu schikken.

4. Kapitel

Der Finanzmann

In den Jahren nach dem ersten katastrophalen Aufstand in Shanghai waren Charlies verlegerische Unternehmungen wie Bambusschößlinge gesprossen. Die Sino-American Press brachte Dutzende von weltlichen und religiösen Titeln heraus, darunter die Soochower Bibel, eine der ersten Bibeln in chinesischer Umgangssprache – besorgt von seinem alten Freund Dr. Park.

Charlies Unternehmungen dehnten sich aus, und er wurde eine Art Shanghaier Charakterfigur: Ausländern war er als «Charlie Soong, der Bibeldrucker» bekannt. Er schloß sich anderen Investoren an, um die Commercial Press of Shanghai zu lancieren, einen Verlag, der westliche Lehrbücher für China produzieren und kommerzielle Druckaufträge in riesigen Auflagen ausführen sollte. Es wurde eines der größten Verlagsunternehmen Ostasiens. Charlie Soongs wachsendes Imperium deckte das Spektrum von politischen Flugblättern und Bibeln bis zu Lehrbüchern über Ingenieurswissenschaften, Meisterwerken der chinesischen Literatur und Nudeln ab.[1] Ermutigt von Julian Carr, investierte Charlie in Tabak- und Baumwollfabriken und importierte Maschinen für sie. 1904 war sein persönliches Vermögen fest begründet. Seine flüssigen Aktiva gingen an die Revolution.[2]

Als Teil seines Beitrags rief Charlie den Shanghaier CVJM ins Leben. Führende Parteimitglieder trafen sich immer noch in seinem Haus in Hongkew oder in seiner ersten Druckerei an der Shantung Road. Die niedereren Parteichargen jedoch benutzten den CVJM-Sitz als sicheres Haus, wo sie sich treffen und untereinander verkehren konnten, ohne Aufmerksamkeit auf sich zu ziehen.[3]

Charlie hatte zugenommen, und seine Augen waren ein wenig traurig. Zerknitterte Hosen, ein weißes Hemd und eine gestreifte Regimentskrawatte mit gelockertem Knoten verliehen ihm das Aussehen eines geplagten Zeitungsherausgebers in Kansas City. Seine Rolle als Revolutionär war nur wenigen seiner westlichen Freunde bekannt, darunter dem Missionar William Burke und seiner Frau Addie. Für den Augenblick schien er nicht in Gefahr, entdeckt zu werden. Trotzdem erwarb er als Vorsichtsmaßnahme einen portugiesischen Paß, indem er behauptete, er sei in Macao geboren worden. Obwohl Pässe noch nicht überall in Gebrauch waren und er keinen benötigte, um nach Japan zu gelangen, würde das portugiesische Bürgerrecht doch die neuen, Chinesen betreffenden Ausschlußgesetze in Amerika umgehen. Wenn es Schwierigkeiten gab, konnten seine Familie und er in den Vereinigten Staaten Zuflucht finden.[4]

1905, als Charlie für Dr. Sun nach Amerika fuhr, reiste er als vermögender Mann in einer Luxuskajüte eines Dampfers der Pacific Mail.[5] Als das Schiff in San Francisco anlegte, wurde er von Mitgliedern der Chih Kung Tong empfangen. Die Triade hatte ihren Hauptsitz an der Spofford Alley 36, und Charlie wurde dahin mitgenommen, um mit einer Reihe von chinesischen Bankiers und Geschäftsleuten bekanntgemacht zu werden.[6] Zwar wurde die Triade später zur Zielscheibe einer Untersuchung des amerikanischen Finanzministeriums, die den Rauschgifthandel betraf, aber 1905 war Opium noch nicht illegal, und Heroin war noch nicht erfunden worden. Die Chih Kung Tong gab sich liebenswert als «Chinesische Freimaurer der ganzen Welt» aus, und ein kleines Schild dieses Inhalts hing über dem Eingang an der Spofford Alley. Unter diesen wohlhabenden Sino-Amerikanern, die begierig waren, ihren patriotischen Eifer zu beweisen, war Charlies Aufenthalt rentabel in dem Sinn, als er Geld für die Partei einbrachte. Aber Charlie blieb nur wenige Wochen in San Francisco. Der Hauptgrund seiner Reise bestand darin, Julian Carr zu besuchen. Carr war nun die genaue Personifikation des Gentleman aus den Südstaaten. Sein Haar und Schnurrbart waren weiß geworden. Er hatte eine verblüffende Ähnlichkeit mit Mark Twain. 1895 hatte er Bull Durham für drei Millionen $ verkauft, was damals eine gewaltige Summe war und Carr in den Kreis der reichsten Männer Amerikas brachte. Sein gesamtes Vermögen mag etwa das Dreifache des genannten Betrags umfaßt haben. Er stürzte sich in ein neues Unternehmen und lancierte die Durham Hosiery Mills (Strumpffabriken), um aus seiner vorteilhaften Stellung in der Baumwollindustrie weiteres Kapital zu schlagen. Die Fabriken wurden zum weltgrößten Unternehmen in der Strumpfbranche. Auf dem demokratischen Parteitag des Jahres 1900 wurde Carr von Delegierten aus North Carolina als Vizepräsident der Vereinigten Staaten nominiert. Er lehnte die Nomination ab. Auf dem Land gründete er eine Occoneechee genannte Versuchsfarm, die eines der führenden landwirtschaftlichen und botanischen Forschungsinstitute seiner Zeit wurde.[7]

Während des spanisch-amerikanischen Kriegs 1898 gab Carr die spektakulärste Schaustellung seiner Großzügigkeit. Als Durhamer Männer zum Kampf aufbrachen, kündigte Carr, der sich leidenschaftlich für gerechte Sachen einsetzte, an, er werde jede hinterbliebene Familie unterstützen. Außerdem bat er die Familien einer weißen und einer schwarzen Kompanie von Soldaten (jede umfaßte 120 Mann) aus anderen Städten in North Carolina, ihm während der Dauer des Feldzugs ihre Rechnungen für alle Lebenskosten zu schikken. Als Höhepunkt reiste er nach Florida, wo die Truppen sich für ihren Einsatz gegen die Spanier in Kuba vorbereiteten. In Jacksonville, wo er das Erste Regiment von North Carolina im Feldlager traf, sorgte Carr dafür, daß sie mit allem Luxus, der sich ermöglichen ließ, ohne daß militärische Vorschriften über das Lagerleben verletzt wurden, versehen wurden, und überreichte dem befehlshabenden Offizier 25 000 $, um die künftigen Ausgaben zu decken.[8]
Julian Carr hatte die Gewohnheit, seine Überzeugungen mit Geld zu bekräftigen. Vor mehr als zwanzig Jahren hatte er sich eines jungen Burschen aus China angenommen, weil er an Charlie Soong glaubte, ihn zu sich nach Hause genommen und seine Ausbildung bezahlt. Jetzt war Charlie unterwegs, um Carr ein neues Anliegen zu unterbreiten.

Als Carr Charlie diesmal am Bahnhof von Durham abholte, war es eine Begegnung unter Gleichen.
Charlie war nicht mehr der ungeschickte heranwachsende Himmelssohn, der 1881 dem Zug aus Wilmington entstiegen war. Er war jetzt ein wohlhabender Pandabär von Mann, der einen dreiteiligen Sergeanzug und seinen liebsten zerdrückten Filzhut trug.
Die beiden Männer fuhren in einer offenen Kutsche zum östlichen Ende der Hauptstraße, zu einem palastartigen Wohnhaus, das inmitten eines Gartens von 200 a Fläche stand. Dies war Carrs berühmte Somerset-Villa, benannt nach einem Vorfahren, Robert Carr, von dem man sagte, er sei der Graf von Somerset gewesen.[9] Carr war nun so reich, daß er keine vernünftigen Möglichkeiten mehr finden konnte, sein Geld auszugeben, und prunksüchtig wurde. Sein Durhamer Haus wurde als eine Sehenswürdigkeit der Nation gepriesen. Im Gegensatz zu Herrensitzen in Newport war derjenige Carrs nicht ein gräfliches Schloß aus behauenem Stein. Es war aus einheimischen Kiefern in einem sorgfältigen viktorianischen Pfefferkuchenstil gebaut, mit Türmchen, Giebeln und verzierten Vorsprüngen. Balkone waren überall angebracht, wohin der Geist wehte; einer maß 220 Fuß. Auf einem Türmchen saß eine kupferne Wetterfahne, die lumpige

500 $ gekostet hatte, wie ein Hexenhut auf einem Plumpudding. Mit der Ausnahme von Vanderbilts Biltmore-Sitz in Asheville, North Carolina, galt Carrs Grundstück als «das großartigste Stück Landschaftsgärtnerei in den Südstaaten». Faktotum John O'Daniels und Landschaftsspezialisten aus Holland, Frankreich und England hatten eine Symphonie aus Dahlien, Phlox, Singrün, Hortensien, Salbei, Wollgras, Malven, Callalilien, Rosen und Percallas komponiert.[10] Ein vierzig Fuß langes Beet von roten, blauen und weißen Blüten stellte die amerikanische Flagge dar; ein anderes Beet mit goldenen und bronzenen Blüten bildete den weißköpfigen amerikanischen Adler ab, und zwar mit einer Spannweite von dreißig Fuß.[11]

Im Innern setzte die Üppigkeit sich fort. Somerset ist als «eines der schönsten und vollkommensten Privathäuser der Welt» bezeichnet worden. Farbige Strahlen schienen durch die bunten Glasfenster, und die geschliffenen Kristalleuchter hatten 5 000 $ das Stück gekostet. Es war eines der wenigen Häuser in North Carolina, die sich sowohl elektrischen wie Gaslichts erfreuten. Es hatte auch eine umfassende Einbruch- und Feueralarmanlage. (Carr war ein vorsichtiger Mann, der für sein eigenes Leben eine Versicherung über eine Million $ abgeschlossen hatte.) Teppiche und Möbel im Wert von 40 000 $ schmückten die Räume. Das Prachtstück im Hauptsaal war eine riesige Darstellung des Gedichtes «Curfew must not ring tonight» («Die Abendglocke darf heut' nacht nicht läuten», von Rose Hartwick Thorpe) auf farbigem Glas. Auf ihr klammerte sich ein wollüstiges Mädchen, bekleidet lediglich von einer Stoffbahn in fließendem Faltenwurf, erotisch an den Klöppel einer riesigen Glocke – «Da zwischen Erd' und Himmel aufgehängt, indes die Glocke hin und her schwang».[12] Um die elegante Atmosphäre zu vervollständigen, waren die Decken mit Cupidos bemalt, und die Badezimmer waren aus italienischem Marmor.

In den folgenden Wochen begleitete Charlie Julian Carr in den Old Club, Durhams vertrauliche Zuflucht für etablierte Geschäftsleute an der Ecke Main Street/Market Street. In einer Ambiance von Eichentäfer und Bourbon-Sour-Flecken auf den Ledersesseln führte Charlie lange Gespräche mit Carr und alten Freunden, darunter Miss Annies Bruder, J.H. Southgate. Carr hatte ein paar alte Trinity- und Vanderbilt-Kumpanen zusammengetrommelt, die jetzt Prediger und Ladenbesitzer waren. Einige der Professoren vom Trinity College wackelten herein, um das Neueste von den Unternehmungen des kleinen Chinesen zu hören, der relegiert worden war, weil er der Tochter eines Fakultätskollegen zuviel Aufmerksamkeit geschenkt hatte. Sie fanden ihn glücklich, tatkräftig und zuversichtlich.[13]

Einer der Anwesenden war T.M. Gorman, Carrs Privatsekretär. Gorman bemerkte später, daß Charlie sich im Club sehr zu Hause zu fühlen schien und manche gemeinsame Interessen mit den reichen Männern am Ort hatte.[14]
Aber Gorman war nicht dabei, als Charlie und Julian Carr während der folgenden Wochen in Somerset den eigentlichen Zweck des Besuchs vertraulich besprachen. Im Studierzimmer, das mit lederüberzogenen Chesterfieldmöbeln ausstaffiert und von Bücherregalen und Bildern gesäumt war, berichtete Charlie detailliert über die bewaffneten Aufstände, die gescheitert waren, und über die Grausamkeit und Barbarei der Mandschus gegenüber gefangengenommenen Revolutionären. Bedenkt man, was für ein Mensch Julian Carr war, muß er empört gewesen sein bei der Vorstellung von Massenenthauptungen, Begrabenwerden bei lebendigem Leib, langsamem Erwürgen und Zutodepeitschen durch tausend Schläge. Als der Mann, der hauptsächlich dafür verantwortlich war, auf Dr. Suns Finanzen zu achten, glaubte Charlie, daß die Aufstände vor allem aufgrund unzureichender finanzieller Reserven fehlgeschlagen waren. Die Organisation lag im argen, es mußten Abstriche gemacht werden, die Männer handelten überstürzt, und die Folgen waren katastrophal. Ihr Ziel bestand darin, China vom Despotismus zu befreien. Wenn ihnen das gelang, konnten Chinas enorme Reserven an Menschen aus der Leibeigenschaft und zu einem neuen Leben geführt werden. Das Christentum hatte dann die Chance zu blühen. Die Schwierigkeiten, mit denen sie zu kämpfen haben würden, waren groß. Aber wenn sie nur eine Ecke chinesischen Territoriums befreien konnten, würde es eine Flut einheimischer finanzieller Unterstützung geben. Vertrauen in die Revolution würde sich unter den wohlhabenden Überseechinesen ausbreiten, Millionen von Dollars würden zur Verfügung stehen, und die Revolution würde sich selber tragen.[15]
Julian Carr hatte seine eigene Bank unten an der Straße, und er war in einer Position, in der er über große Summen an Geld verfügen konnte. Sein Engagement im spanisch-amerikanischen Krieg hatte ihn innert weniger Monate über 100 000 $ gekostet. Anders als im spanischen Krieg, in dem für ihn keine persönliche Beziehung mitgespielt hatte, war hier sein lebenslanger Schützling Charlie Soong involviert, ein christlicher Vorsteher seiner eigenen Gemeinde und eine der Hauptpersonen in einem Kampf, der ein Viertel der Weltbevölkerung befreien sollte.
Obwohl es Gorman später nicht gelang, irgendeine Aufzeichnung über finanzielle Transaktionen zwischen Julian Carr und Charlie zu entdecken, nicht einmal eine Notiz mit der Bitte um finanzielle

Unterstützung, war er überzeugt, daß der General Charlie eine beträchtliche Geldsumme gab. Es war Carrs Art.

Nachdem Charlies Besuch in Durham beendet war, reiste er im Zug nordwärts nach New York City und verschwand von der Bildfläche. Er hatte mit Überseechinesen Geschäftliches zu regeln – er hatte Geld aufzutreiben, was besser im Verborgenen geschah. Er bewegte sich wie ein großer Karpfen in einem schlammigen Fluß: Er hinterließ da und dort ein paar kleine Wellenspuren an der Oberfläche, die sein Kommen und Gehen anzeigten, aber kein anderes Zeichen. In diesen New Yorker Unternehmungen ebnete sein Schwager B.C. Wen Charlies Weg. Wen spielte eine seltsame Rolle in der Revolution. Nach außen hin war er Erziehungsberater der Kaiserinwitwe, und ihm wurde vertraut. Aber er führte ein Doppelleben. Wie sein Cousin S.C. New öffnete er Türen für Charlie Soong und damit in der Konsequenz für die republikanischen Verschwörer gegen den Kaiserthron. Wen und New gehörten zur herrschenden Klasse Shanghais. Sie hielten eine beneidenswerte Stellung inne, nicht unähnlich derjenigen der deutschen Bankiersfamilien, der Fugger und Welser, die Spaniens Eroberung der Neuen Welt finanziert hatten. In New York öffnete Wen finanzielle Türen für Charlie; er stellte ihn den führenden Persönlichkeiten der chinesischen Gemeinschaft und den chinesischen Bankiers vor.

Als Charlie nach Shanghai zurückkehrte, überwies er der Schatzkammer der Allianzpartei über zwei Millionen U.S. $. Diese Zahl wird in einer Vielzahl von Quellen angegeben, darunter vom chinesischen Botschafter Alfred Sze in seiner Ansprache an der Duke University im Jahr 1936. Sicherlich kam ein Teil des Geldes von vielen verschiedenen Leuten, aber alle Anzeichen weisen darauf hin, daß der Löwenanteil von seinem alten Freund und Wohltäter kam: von Julian Carr.

Dank seines Erfolges im Zusammenbringen von Geldern während seiner Tournee durch Amerika in den Jahren 1905/6 wurde Charlie zum Schatzmeister der Revolutionären Allianzpartei ernannt, eine Verpflichtung, die er vorher nur informell innegehabt hatte. Jetzt war er offiziell für die Finanzierung der Revolution verantwortlich. Er diente weiter als Erster Sekretär in Dr. Suns Parteihauptquartier und sorgte aus seiner eigenen Tasche für Suns persönliche Auslagen: Im wesentlichen gewährleistete er, daß der Doktor unternehmen konnte, was immer er wollte.[16]

Nach 1907 wurde es zunehmend schwieriger, Dr. Sun auf der Spur zu bleiben, weil er unter dem diplomatischen Druck des Drachenthrons ständig gezwungen war, ein Land um das andere zu verlassen. Das Leben eines Flüchtlings war beschwerlich, aber er wurde überall herzlich empfangen und bewirtet und war der Liebling der Damen. Er war ein Meister im Erwecken von Leidenschaften bei Männern, die zu lange aus dem Reich der Mitte fortgewesen waren. Lange Zeit war es Dr. Sun erlaubt gewesen, seine Tätigkeiten in Japan frei zu entfalten. 1907 jedoch gab die japanische Regierung, der es unbehaglich wurde ob der wachsenden Zahl chinesischer Radikaler auf den Inseln, Sun Geld und bat ihn höflich, das Land zu verlassen. Er ging nach Indochina, wo er fortfuhr, in den großen chinesischen Gemeinden von Hanoi und Saigon die Verschwörung zu organisieren. Er hatte die Unterstützung gleichgesinnter französischer Behörden, die schwer vom Opiumhandel mit China profitierten, und einträgliche Verbindungen mit den Geheimgesellschaften in der Französischen Konzession Shanghais. Sino-französische Miniaturarmeen durchstreiften die Gegenden am oberen Teil des Roten Flusses und des Mekong den chinesischen Grenzen entlang, schmuggelten Waren und erwarben Rohopium von den Bergstämmen, die es anbauten.
Sun Yat-sen betrachtete diese privaten Opiumarmeen als Mittel, um das Mandschuregime an seiner spärlich bewachten Hinterseite fortwährend zu ärgern und vielleicht die Kontrolle über einen Teil der Provinzen Kwangsi oder Yunnan zu gewinnen. Er nahm das großzügige Angebot seiner Helfer in Hanoi, ihre «Armeen» zu einem guten Zweck zu verwenden, an. Es folgte eine Reihe von Scharmützeln, in denen Dr. Suns geborgte Soldaten kurze Zeit ein Stück Mandschuterritorium besetzt hielten, bevor die überraschte chinesische Besatzung zum Gegenangriff überging. Suns Streitkräfte kaperten einen Zug und flohen zurück aufs französische Territorium, die Feinde dicht auf den Fersen. Das Ergebnis war ein internationaler Vorfall zwischen China und Frankreich. Obwohl die Mandschus klar im Recht waren, endete die Affäre – wie die meisten in jener Zeit – damit, daß China Frankreich eine Entschädigung bezahlte. Im Gegenzug tat Frankreich den Mandschus den Gefallen, Dr. Sun zum Verlassen Hanois zu nötigen.[17]
Er ging nach Singapur und dann nach Bangkok, wo er unverzüglich den nächsten Ameisenhaufen aufwühlte. Ein bemerkenswerter Brief des aufgeregten amerikanischen Gesandten in Bangkok, Hamilton King – das Schreiben war lange Zeit in den Archiven des Auswärtigen Amtes begraben –, enthüllt Dr. Suns schwierigen Charakter und

seine raffinierten Handlungsmethoden. Der Brief ist an den Staatssekretär Elihu Root gerichtet und datiert vom 15. Dezember 1908:

> Bei seiner Ankunft in der Stadt machte er sich sehr still an seine Angelegenheiten, aber sowohl die chinesische als auch die siamesische und englische Lokalpresse brachten sofort Themen aufs Tapet, die mit der chinesischen Revolution und den Revolutionären in Zusammenhang standen, den Namen des Doktors anführten, seine Arbeit erwähnten und über seine Karriere bis zu dem Zeitpunkt, als er nach Siam kam, berichteten. Sie riefen die siamesische Regierung als ein China freundlich gesinntes Regime zu ihrer Pflicht, und die Polizei wurde veranlaßt, Suns Vorgehen zu überwachen und über seine Zusammenkünfte Bericht zu erstatten.
>
> Am 4. Dezember wurde Sun Yat-sen beim Bürgermeister und beim Polizeichef vorgeladen, und während eines Gesprächs, in bezug auf welches alle von dem Doktor als von einem höflichen Gentleman sprechen, wurde ihm mitgeteilt, daß seine Anwesenheit unter der großen Zahl von Chinesen in der Stadt wachsende Unruhe hervorrufe und daß er wegen der besonderen Umstände, die in Siam herrschten, gebeten werde, die Stadt innert drei Tagen zu verlassen. Sun zeigte sich sehr überrascht: er bemerkte, die Ankündigung sei sehr kurzfristig, und sagte, er müsse um eine Verlängerung der Frist bitten, damit er seine Geschäfte erledigen könne; und auf die Frage, wieviel Zeit er denn brauche, sagte er, mindestens eine Woche. Zur Eile gedrängt, antwortete er ruhig, er müsse seinen Gesandten aufsuchen, bevor er sein letztes Wort spreche; als er gefragt wurde, wer denn sein Gesandter sei, wich er den Fragen aus und entschuldigte sich höflich.
>
> Es scheint, daß der Gedanke, dieser Chinese werde von einer anderen Regierung protegiert, bis zu diesem Zeitpunkt niemandem in der siamesischen Regierung in den Sinn gekommen war, und bis heute wird es von sehr wenigen ausländischen Bewohnern der Stadt vermutet. Ein paar Stunden später sprach Sun, begleitet von seinem Freund von der Chino-Siamese Daily News, bei der amerikanischen Gesandtschaft vor. In diesem ausgedehnten Gespräch, bei dem sein Freund draußen blieb, enthüllte der Doktor, dies sei das erste Mal gewesen, daß er im Osten seine Verbindung mit der amerikanischen Regierung erwähnt habe. Man beachte, daß Siam der erste Ort war, an dem er amerikanische Gerichtsbarkeit fand. Dr. Sun hat am medizinischen Institut in Hongkong studiert; als Kind wünschte er in Amerika ausgebildet zu werden, aber nachdem er sich mit großem Eifer zum Christentum bekannt hatte, schlug sein Vater die Bitte ab und schickte ihn nach China. Er bekennt sich nicht mehr zum christlichen Glauben. Er spricht ausgezeichnet Englisch mit einem leichten Akzent; er ist intelligent, von geistiger Stärke und Wachsamkeit und ein Mann von entschiedenem Charakter. Er sieht gut aus, verhält sich

ziemlich distinguiert, ist von milder Art und jederzeit höflich. Er trägt keinen Zopf.

...

Dr. Sun wurde als Kind chinesischer Eltern in Hawaii geboren – sein Paß und seine Geburtsurkunde liegen bei –, und er ist dreimal in Amerika gewesen, das erste Mal als Chinese, das letzte Mal 1904, diesmal als amerikanischer Bürger, wobei er Mühe hatte, ins Land hineinzukommen, wie seine Papiere zeigen. Er versichert, die Frage sei nur deshalb aufgekommen, weil er zu dieser Zeit einen amerikanischen Paß hatte, während er vorher als Chinese gegolten hatte. Er verließ Amerika das letztemal am 4. Dezember 1904, und seit dieser Zeit ist er auf Reisen gewesen und hat Vorträge gehalten über «Republikanische Institutionen, Ausbildung der Chinesen außerhalb Chinas, Befürwortung einer republikanischen Regierungsform anstelle der bestehenden. Die Chinesen an die Macht bringen, China den Chinesen». Er ist ein Bewunderer Amerikas und illustriert seine Vorträge mit Beispielen aus der Regierung der Vereinigten Staaten. Er war mehrere Monate in Japan, wo er großer Sympathie und Unterstützung von allen Seiten begegnete, aber auf ein Gesuch der chinesischen Regierung hin wurde er gebeten, weiterzuziehen. In Japan fand er ein großes und ermutigendes Arbeitsfeld.
Später war er in Französisch-Indochina und beteiligte sich an der Rebellion an der Grenze der Provinz Yunnan. Er sagt, er sei unter den französischen Beamten auf viel Sympathie gestoßen, aber auf ein Gesuch der Regierung in Peking hin bat die französische Regierung ihn, weiterzureisen. In Cochinchina gibt es 100 000 Chinesen, in Tonkin und Annam aber nur wenige.
Bevor er nach Bangkok kam, war er in den Vereinigten Malaiischen Staaten und in Singapur tätig gewesen. Er verließ Singapur aus eigenem Antrieb, weil er von einem Antrag der chinesischen Regierung an die britische erfahren hatte, die ihn zur Weiterreise auffordern sollte.

...

Sein Vater war ein wohlhabender Pflanzer in Hawaii, und Sun Yatsen besitzt zusammen mit seinem Bruder dort Land, das von diesem bestellt wird. Seine Frau und seine drei Kinder leben ebenfalls dort.
Auf seine Bitte hin reiche ich dem Amt seinen Antrag auf Registrierung weiter, was auch mir für die weitere Bearbeitung des Falles dienlich wäre. Da er in einem Territorium geboren wurde, das zur Zeit seiner Geburt nicht zu den Vereinigten Staaten gehörte, später jedoch durch Annexion zu den Vereinigten Staaten kam, glaubte ich den Antrag für einen im Lande geborenen Bürger verwenden zu dürfen – ich wäre froh zu erfahren, wie das Amt diesen Punkt regelt. Ich lege dem Antrag Suns seinen Paß und auch die Geburtsurkunde bei.[18]

Dieser amüsante Brief zeigt, wie unbesorgt Dr. Sun die Wahrheit zu seinen Zwecken umdichtete und wie locker er es mit dem Schwören von Treueeiden nahm. Er trug eine ganze Anzahl beglaubigter Dokumente bei sich, darunter «Affidavits» von «Zeugen», die behaupteten, ihn «von Geburt an» in Hawaii gekannt zu haben.
Die U.S.-Regierung hatte keine Möglichkeit festzustellen, ob seine Papiere nur Imitationen waren. Anstatt sie zu konfiszieren, schickte das Auswärtige Amt Suns gefälschten amerikanischen Paß und die falsche Geburtsurkunde drei Monate später nach Bangkok zurück. In einem beigeschlossenen Brief hielt das Amt fest, daß Sun Yat-sen tatsächlich amerikanischer Bürger sei, aber sich nicht als solcher verhalten habe.

> Es scheint, daß Sun Yat-sen nach Paragraph 4 der Kongreßakte vom 30. April 1900, «Festsetzung einer Regierung des Territoriums Hawaii», zu einem Bürger des amerikanischen Staates gemacht wurde, aber ob er jetzt eine Berechtigung auf Protektion als solcher hat, ist eine andere Frage. Ein Bürgerrecht impliziert Pflichten und Aufgaben genausogut wie Rechte. Sun Yat-sen hatte sich zu entscheiden zwischen den Verpflichtungen, die ihm aus seinen politischen Bindungen erwachsen, und den Ansprüchen der Herkunft. Es scheint klar, daß er das letztere gewählt und sich mit der chinesischen Nation identifiziert hat. Er erfüllt nicht nur keine Pflichten in Zusammenhang mit dem amerikanischen Bürgerrecht, sondern er ist ganz und gar in der chinesischen Politik engagiert. Darüber hinaus scheint er der Anführer in der Agitation gegen eine Regierung zu sein, mit der unsere Regierung auf freundlichem Fuß steht.
> ... es mag fraglich sein, ob Sun Yat-sen sich letzten Endes selbst expatriiert hat, aber das Amt ist nicht der Ansicht, daß er das Anrecht auf einen Paß oder auf die Registrierung als amerikanischer Bürger hat, noch auf die Protektion durch diese Regierung, solange er sich in der eingeschlagenen Richtung weiterbewegt. Mr. Suns Papiere liegen bei.

In anderen Worten, Sun war ein amerikanischer Bürger und würde sein Bürgerrecht nicht verlieren, wenn er unbeschränkte Zeit im Ausland blieb. Aber er durfte keine Protektion erwarten, solange er weiterhin Aufstände anzettelte. Hätte das Amt sich die Mühe gemacht, Suns Briefe der diplomatischen Gesandtschaft in Peking zu übermitteln, wäre ein Sturm der Entrüstung die Folge gewesen. Der amerikanische Gesandte in Peking betrachtete Dr. Sun als «notorischen Revolutionär» und wäre nicht schlecht erstaunt gewesen, ihn als amerikanischen Bürger bezeichnet zu sehen.
Im Unterschied zu Don Quijote war Dr. Sun ein schlauer, gerissener,

sich immer wieder wandelnder Gegner – voller schnellebiger Veränderungen in seinem Charakter. Er log oft und brillant und wechselte unbeschwert von einer Reihe von Prinzipien zu einer andern, wenn die Situation es erforderte. Er war ein politisches Chamäleon.

Andererseits haben Kritiker der Soongs Charlie als ränkeschmiedenden Aufsteiger beschrieben, der Sun Yat-sen als Werkzeug betrachtete, um Macht und Prestige zu gewinnen. Ein Kritiker, Percy Chen, schrieb:

> In den alten Zeiten vor der Befreiung Chinas durch die kommunistische Partei war es eine Sache des Prinzips, daß jeder Chinese «nach der passenden Gelegenheit Ausschau hielt». Wenn die Gelegenheit kam, war es entscheidend, sie zu erkennen und zu nutzen, denn so eine Gelegenheit lief einem vielleicht nie wieder über den Weg. Charles Soong sah in Sun Yat-sen wahrscheinlich genau diese Gelegenheit. Es war ein gewagtes Spiel, aber dennoch war es vielleicht das Mittel, sein Schicksal und das seiner Familie zu bestimmen. Die Gelegenheit kam nicht zu seiner Lebenszeit, aber sie kam bestimmt für seine Kinder.[19]

Wie unrecht Chen hatte. Dr. Sun tat das, was er tat, auf die beste Art, indem er seinen Wanderzirkus von Singapur bis nach Saskatoon führte. Charlie Soong war sein Manager. Sie waren aufeinander angewiesen. Als ihre Wege sich trennten, hatte Charlie das Nachsehen.

Andererseits lag Percy Chen völlig richtig, was Charlies Kinder anging.

5. Kapitel

Die Wunderkinder

In den fünfzehn Jahren, seit Charlie die Methodistenmission aufgegeben hatte, wurden ihm vier weitere Kinder geboren; die Dynastie war nun beinahe vollständig.
Nachdem Kwei-tseng den beiden Mädchen Ai-ling und Ching-ling das Leben geschenkt hatte, gebar sie am 4. Dezember 1894 ihren ersten Sohn. Er erhielt den chinesischen Namen Tse-ven und wurde auf den christlichen Namen Paul getauft, doch kannten ihn alle unter der Abkürzung T.V.
Danach kam noch ein weiteres Mädchen. Es wurde 1897 geboren, dem Mondkalender nach am zwölften Tag des zweiten Monats – dem 5. März: ein pausbäckiges Kind mit einem Mondgesicht. Im Stil der Namen ihrer älteren Schwestern Ai-ling und Ching-ling nannte Charlie das Kind May-ling («Schöne Stimmung»).[1]
Ihr folgten noch zwei Knaben – T.L. (Tse-ling) und T.A. (Tse-an). Mit drei Mädchen und drei Knaben waren die Geschlechter genau ausgeglichen.
Mit der Geburt ihres letzten Kindes wurde Madame Soong frömmer und begann das Haus in Hongkew mit harter Hand zu führen. Charlie pflegte sie Mammy zu nennen, so wie Julian Carr seine Frau Nannie nannte; doch damit enden auch schon die Gemeinsamkeiten. Jeden Tag wurde gebetet, und den Kindern wurde strengstens verboten, Lastern wie Kartenspiel und Tanz zu frönen. Diese Wandlung von der energischen jungen Frau zur frommen Witwe vollzog sich um die Jahrhundertwende nach der Geburt von May-ling.[2] Es war, als ob das Jahr 1900 der Zenit ihres Lebens gewesen wäre und den frohen Stunden des Morgens die nüchternen Realitäten des Nachmittags folgten. Diese Veränderung zeigte sich auch in den Charakteren der Kinder. Die ersten vier waren voller Leben und Unfug, immer energiegeladen und erfinderisch. Die letzten zwei – T.L. und T.A. – waren blasse und grüblerische Naturen.

Charlies Lebensumstände hatten viel damit zu tun. Er hatte seine ersten Kinder ermutigt, ging auf ihre Launen ein, indem er ihnen alles gab, was sie wollten, und überzeugte sie, daß man im Leben alles erreichen könne und ihnen die Welt zu Füßen liege. Er förderte ihren Ehrgeiz und schuf Erwartungen, die nur mit der außergewöhnlichsten Anstrengung und Raffgier erfüllt werden konnten. Er war voller Geschichten über sein eigenes Abenteuer und ein lebendiges Beispiel dafür, daß wer wagt, gewinnt.

Als dann die letzten zwei Knaben geboren wurden, war Charlie zu beschäftigt, um ihnen so viel Zeit zu widmen, wie er an die anderen gewandt hatte. Er war nun im Begriff, Millionär zu werden, hatte den verantwortungsvollen Posten des Ersten Sekretärs der Revolutionären Partei übernommen und stand in engem Kontakt mit dem exilierten Dr. Sun. Als Folge davon waren nur die Kinder, die vor 1900 geboren wurden, unternehmungslustig.

Charlies Liebling war Ai-ling. Sie war knabenhaft, kräftig und fern aller Schönheit.[3] Doch sie war klug, behende und von einer natürlichen Verschlagenheit, die Charlie förderte, indem er sie überallhin mitnahm und ihr den inneren Ablauf der Druckerei, der Getreidemühlen, der Tabakfabriken und Textilbetriebe zeigte. So lernte sie, wenn die beiden in seiner privaten Rikscha, die von einem Leibwächter gezogen wurde, durch die Straßen fuhren, die Stadt und ihre untergründigen Wege der Bereicherung kennen. Ai-ling gehörte zum Inventar seiner Büros. Sie saß im Hintergrund und betrachtete die Szene mit kühlem, ausdruckslosem Blick, während Geschäftsleute ein- und ausgingen, um von ihrem Vater Geld zu erschmeicheln oder ihn von obskuren Investitionen zu überzeugen.[4]

Als sie im Alter von fünf Jahren erklärte, sie sei nun bereit, zur Schule zu gehen, spottete ihre Mutter. Doch Charlie ging mit ihr zu Helen Richardson, der Leiterin der McTyeire-Mädchenschule. Dies war die exklusivste und schickste ausländische Schule in Shanghai. Sie war nach jenem Bischof McTyeire benannt, der Charlies Leben als Missionar so schwer gemacht hatte. Miss Richardson war eine außergewöhnliche Frau und eine Erzieherin von großem Können und großer Erfahrung. Sie kannte Charlies Kinder schon aus der Sonntagsschule und wußte seit einiger Zeit, daß ihn ein interessantes Problem beschäftigte: Seine älteste Tochter war äußerst frühreif und ihrem Alter weit voraus.

Miss Richardson hörte sich Charlies Fall an und willigte ein, Ai-ling als besondere Schülerin aufzunehmen. Sie würde von Miss Richardson persönlich unterrichtet werden. Die Art des Unterrichts war derjenigen, die Charlie am Trinity College genossen hatte,

nicht unähnlich. Miss Richardson war bereit, die Regeln großzügig auszulegen.
Als die Schulzeit begann, verabschiedete sich Ai-ling von ihrer Mutter und machte sich mit Charlie auf den Weg zur McTyeire-Schule. Jahre später erzählte sie ihrer Freundin Emily Hahn von diesem ersten Tag, an den sie sich genau erinnerte: Sie war sauber herausgeputzt, trug grüne Hosen und eine gemusterte Jacke, ihr Haar war in Zöpfe geflochten und mit Bändern zusammengehalten. In der rechten Tasche war eine kleine Schachtel mit Callard & Bowser's Butterkaramellen und in ihrer linken Tasche eine andere Schachtel mit bittersüßer Schokolade der gleichen Firma. Hinter ihnen folgte eine zweite Rikscha, die den neuen schwarzen Koffer transportierte, der mit Kleidern und persönlichen Effekten, alle fürs Internat gekennzeichnet, vollgestopft war.[5]
Erst als Charlie Miss Richardsons Arbeitszimmer verlassen hatte und die schwere Tür hinter ihm ins Schloß fiel, kamen Ai-ling die Tränen.

Zu jedermanns Überraschung – ausgenommen Charlies – war Ai-ling eine Attraktion an der McTyeire-Schule. Sie war das Maskottchen des Internats, Soong Tai-tai (Madame Soong) genannt. Die Sommerferien verbrachte sie zu Hause in Hongkew. Nach zwei Jahren Privatunterricht war sie bereit, dem normalen Unterricht mit den anderen Schülern zu folgen.[6] Als sie alt genug war, sich allein auf dem Fahrrad festhalten zu können, nahm sie Charlie jeweils mit, wenn er den Kai entlang und unter dem angenehmen Schatten der Feigenbäume durch die Nanking Road fuhr. Als sie zehn war, kaufte er ihr ein eigenes Fahrrad. Damit pflegte sie hinunter zum Kai zu fahren und den Sikh-Polizisten zu umkreisen, der an jener Stelle den Verkehr regelte, wo die Nanking Road in den Kai mündete.[7]
Im Jahr 1900 trat auch ihre Schwester Ching-ling, die eben sieben geworden war in die McTyeire-Schule ein. Im Gegensatz zu den anderen Soong-Kindern, die volle runde Kloßgesichter und einen entsprechenden Körperbau hatten, war Ching-ling eine wahre Schönheit. Ihre Gesichtszüge waren fein, zerbrechlich und nachdenklich. Ihre Oberlippe war leicht aufgeworfen und ihre Augen weich, verletzt und abwesend. Wie eine Gefangene in einem mittelalterlichen Turm schien sie das Leben traurig aus großer Distanz zu betrachten. Anders als die geschäftstüchtige Ai-ling oder die durch und durch verwöhnte May-ling trug sie ihr Haar nicht streng nach hinten gekämmt, sondern ließ es weich über ihre Stirne fallen und faßte es im Nacken mit einer Schleife zusammen.

Ching-ling fehlte die herrschsüchtige Natur ihrer Schwestern, sie war liebenswürdiger, graziler und zärtlicher.
May-ling regierte das Haus. Sie war so rund, daß sie «kleine Laterne» genannt wurde. Sie wurde von Eitelkeit verzehrt und war von ihrer Macht überaus eingenommen. Ihr Egoismus traf auf keinen Widerstand und hatte kaum etwas zu tun mit äußerer Schönheit. Sie war eine geborene Brahmanin, zugeknöpft, hochmütig und schon als junges Mädchen gebieterisch. Sie verehrte ihre fleißige Schwester Ai-ling und tat alles, was ihr Ai-ling befahl. Wenn Ai-ling in Familienangelegenheiten jeweils das Kommando übernahm, wurde sie von May-ling aufs genaueste beobachtet, so als ob May-ling sich auf diese Rolle vorbereitete.
Als May-ling fünf Jahre alt geworden war, bestand sie darauf, Ai-ling in die McTyeire-Schule zu folgen. Wie Ai-ling wurde auch sie mit einer Seemannskiste, einer gemusterten Jacke und bangen Erwartungen in die Schule gebracht. Doch der Versuch dauerte nicht lange. Während des Tages ging alles bestens. Sie gewann die Herzen ihrer Schulkameraden, setzte bei älteren Schülerinnen ihren Willen durch und eilte wie ein Wirbelwind durch die Lektionen. Doch nachdem es dunkel geworden war, und sie, während Schatten um die Dachrinne huschten, allein in ihrem Bett lag, kamen Alpträume hoch, und ihre Angstschreie zerrissen die unschuldige Stille des Schlafsaals.
Am Ende mußte sie nach Hause gebracht und wieder von ihrem Privatlehrer unterrichtet werden. Sie hatte nicht den eisernen Willen Ai-lings. Dazu war sie überdreht. Wenn sie so nervös wurde, bekam sie die Pocken, und ihr Körper war über und über mit roten Flecken verunstaltet – so daß es unmöglich war, sie hübsch zu finden.[8]
May-lings ältester Bruder T.V. war der einzige der Knaben, der aus Charlies eigenwilligem Umgang einen Nutzen zog. Er schlug in vielem Ai-ling nach, doch war er nicht so zäh und keineswegs so einseitig, dafür widerstandsfähig und aggressiv. T.V. hatte eine besondere Gabe, menschliche Absichten zu durchschauen und, im Gegensatz zu Ai-ling, einen guten Sinn für Humor, was ihn zum angenehmen Gesellschafter machte. Er war ein kleiner, kräftiger und fröhlicher Junge, der beim Studieren immer die Stirn runzelte und einen unglaublichen Sinn für Zahlen hatte.
Weil es für Knaben keine methodistische Schule wie die McTyeire gab, wurde T.V. einige Jahre lang zu Hause privat unterrichtet. Danach sandte man ihn an die St. John's University, eine episkopalische Institution in Shanghai, an der auch Kurse für sehr junge Schüler geführt wurden.

Der riesenhafte William Burke und seine zierliche Frau Addie waren im Herbst 1899 von ihrer kleinen Missionsstation nach Shanghai versetzt worden. Die Burkes hatten nun vier Söhne, die alle in China geboren worden waren. Sie pflegten enge Beziehungen zu Macon, Georgia, und waren 1896, erst vor kurzem also, dort auf Urlaub gewesen. Burke sollte der neue Vorstandspräsident des Shanghaier Missionsdistrikts werden, was bedeutete, daß er Charlie Soong wieder ziemlich oft sehen würde.

Das Pfarrhaus befand sich an der Yunnan Road in der Nähe der Methodistenkirche Moore, in der Charlie die Sonntagsschule leitete. Das Nachbargebäude war die McTyeire School. Burkes Jungen pflegten auf den Baum bei der Hofmauer zu klettern, um den Mädchen der McTyeire School beim Spielen zuzuschauen.

Es war Charlies Absicht, alle seine Kinder in Amerika ausbilden zu lassen. So kam er eines Tages, es war im Jahr 1903, zu Burke, um ihn um Rat zu fragen. Ai-ling war mittlerweile dreizehn geworden und erklärte, daß sie nun bereit sei. Charlie hatte mit nur fünfzehn Jahren am Trinity College zu studieren begonnen, und Ai-ling war um einiges besser vorbereitet. Nachdem sie in Amerika ein Jahr privat unterrichtet würde, meinte Charlie, wäre sie fähig, die regulären Collegekurse zu besuchen.[9]

Burke bot Charlie an, Richter DuPont Guerry am Wesleyan College in Macon, Georgia, zu schreiben. Wesleyan war das erste offizielle Mädchencollege in Amerika. Wie die Colleges Vanderbilt, Trinity und Emory war es eine Institution der Southern Methodists. Im Gegensatz zu vielen Schulen im Gebiet der Konföderation wurde Wesleyan während des Bürgerkriegs nicht zerstört. Macon hatte als friedliche und vornehme Gemeinde, die zwischen Magnolien vor sich hindöste, überlebt.

Richter Guerry, der Präsident des Colleges, war ein enger Freund Burkes. Burke schrieb ihm einen langen Brief, worin er erzählte, was Charlies Herkunft war, wie er an der Vanderbilt University zum Methodistenprediger ausgebildet wurde, was er in China vollbracht hatte und wie außergewöhnlich seine Kinder, vor allem Ai-ling, waren.

Richter Guerrys Antwort erreichte Burke Ende Sommer 1903. Die Vorstellung, die Tochter eines chinesischen Geistlichen in seinem College aufzunehmen, gefiel ihm. Im Laufe der Jahre hatten schon einige amerikanische Indianermädchen seine Schule besucht, doch noch nie ein Mädchen aus China. Guerry schlug vor, daß Ai-ling bei ihm wohnen sollte, bis sie sich an die Umgebung gewöhnt hätte (und sich die Mädchen der Schule an sie gewöhnt hätten). Akademische

Richtlinien waren in jenen Tagen sehr flexibel, vor allem an kleinen privaten Colleges, deren Schüler aus den besseren Kreisen kamen. Richter Guerry meinte, Ai-ling könne die Kurse der Vorbereitungsstufe besuchen.[9]

Charlie machte sich Gedanken, wie Ai-ling nach Georgia gelangen sollte. Burke plante, während seines Urlaubs im nächsten Mai dorthin zu fahren, und bot Charlie an, daß seine Tochter mit seiner Familie reisen solle.

Ai-ling begann die Monate zu zählen. Als der Winter von den Feldern schmolz und der Frühling kam, hatte sie ihre Sachen schon gepackt. Burke plante mit seiner Familie an Bord des Pacific Mail-Dampfers *Korea* zu fahren, der Shanghai am 28. Mai verließ. Charlie buchte für Ai-ling eine Überfahrt auf dem gleichen Schiff. Danach ging er auf das portugiesische Konsulat und bezahlte eine «spezielle Taxe», um für Ai-ling einen Paß zu kaufen, wie er selbst ihn schon seit 1895 als Sicherheitsvorkehrung bei sich trug. Er behauptete, in Macao geboren worden zu sein, was auch Ai-ling durch ihre Eltern zur Bürgerin der portugiesischen Kolonie machen würde. Dies war ein Routinetrick, der nicht viel kostete. Charlie wollte ihr wenigstens diese nominelle Protektion geben.

Als der Tag der Abreise kam, war Addie Burke bei schlechter Gesundheit. Sie erholte sich gerade vom Typhusfieber und war noch ziemlich schwach, als sie sich auf dem Beischiff *Victoria* einschifften, um die eineinhalb Stunden den Whangpoo hinab zum Meerhafen an der Mündung des Yangtse zu fahren. Auf der *Korea* sollte Ai-ling eine Kabine mit Miß Addie und ihrem jüngsten Sohn teilen, während William Burke und seine drei älteren Söhne die Kabine nebenan bezogen.

Die Familie begleitete Ai-ling nicht zum Hafen; der große Abschied hatte zu Hause in Hongkew stattgefunden. Nur Charlie brachte sie zum Landesteg und fuhr auf dem Beischiff mit hinaus. Die *Korea* war ein bequem eingerichtetes Linienschiff, das einer amerikanischen Reederei gehörte. Als Symbol westlichen Erfindergeistes im Morgengrauen des 20. Jahrhunderts war die Korea ein schwimmender Palast der Kontraste. Im Laderaum waren 588 Kisten starkriechenden schwarzen Opiumteers untergebracht, während auf Deck eine Ladung frischgebackener Missionare mit Bibeln unter dem Arm in der feuchten Maihitze Bäche schwitzte und dabei zusah, wie Charlie sich auf dem Beischiff entfernte.[10]

Ai-ling verbarg ihre Gefühle gut, als Charlie winkte. Zwei Jahre sollten vergehen, bevor sie sich wieder sahen. Sie schaute vom Promenadendeck hinunter. Ihr Haar trug sie zu einem langen, dicken Zopf geflochten, der am Ende von einer großen schwarzen Seidenmasche zusammengehalten wurde. Eine zweite große Seidenmasche war oben auf ihrem Kopf befestigt. Die Seidenbänder waren ein widerwilliges Zugeständnis an ihre Weiblichkeit und ihre Mutter. Sie trug ein Kleid im westlichen Stil, das von einer der Damen aus der Methodistengemeinde in Shanghai, Mrs. J.W. Kline, geschneidert worden war. Ein Sturm kündigte sich am westlichen Horizont an. Schließlich zog sie doch ihr Taschentuch hervor. William Burke, der neben ihr stand, bemerkte, daß sie weinte.[11]

Für die Passagiere der Kabinenklasse, wo Ai-ling die einzige Asiatin war, verlief die dreitägige Überfahrt wenig ereignisreich. Doch einen Tag bevor das Schiff Kobe erreichte, starb ein chinesischer Zwischendeckpassagier an einer Krankheit, die von den Schiffsärzten als akute Lungenentzündung identifiziert wurde. In Kobe kamen japanische Quarantäneoffiziere an Bord. Sie waren anderer Meinung: Für sie war es ein klarer Fall von Beulenpest.

Japan lebte in Furcht vor der Pest. Das Schiff mußte von Bug bis Heck desinfiziert werden, bevor es weiter nach Yokohama fahren konnte. Jedermann an Bord mußte an Land gehen und sich in einem übelriechenden Medizinalbad untertauchen lassen, auch Miss Addie. William Burke protestierte, seine Frau sei rekonvaleszent und habe noch keine Kraft. Doch das Herumstreiten mit japanischen Beamten half nichts.

Am folgenden Tag zog Miss Addie wie alle anderen Passagiere alte Kleider an und schleppte sich zur Quarantänestation. Männer und Frauen wurden getrennt, bevor sie ins Badehaus gebracht wurden, wo sie einzelne hölzerne, mit Desinfektionslösung gefüllte Bottiche vorfanden. Sie zogen sich aus, setzten sich in die Bottiche und wurden aus Kellen mit der heißen Brühe übergossen. Während ihre Kleider desinfiziert wurden, erhielten sie Baumwollkimonos. Als sie zum Schiff zurückkehrte, hatte Miss Addie hohes Fieber.

Während zehn Tagen mußte das Linienschiff in Quarantäne bleiben. Dann endlich lief der Dampfer nach Yokohama aus. Doch Miss Addie war zu schwach, um aufzustehen. Burke war beunruhigt und veranlaßte, daß sie an Land gebracht und im Allgemeinen Spital von Yokohama als Notfall behandelt wurde. In einer von Pferden gezogenen Ambulanz brachte er sie ins Spital. Danach kehrte er zu seinen Kindern zurück. Sie würden nicht weiterreisen, zumindest nicht zu diesem Zeitpunkt.

Burke erklärte Ai-ling die Situation. Sie mußte zu Beginn des Herbstsemesters in Macon sein. Er wollte sie nicht aufhalten. Sie erklärte, sie sei bereit, allein weiterzureisen. An Bord war ein mit Burke

befreundetes Missionarsehepaar, das sich einverstanden erklärte, auf Ai-ling aufzupassen. Damit war die Sache erledigt, und Burke ging zu seinen Kindern ins Spital zurück, um am Bett von Miss Addie zu wachen.
Einige Tage später war für Miss Addie, ohne daß Ai-ling etwas davon wußte, das Ende ihres Kampfes gekommen. Am 30. Juni 1904, einen Monat nach ihrem neununddreißigsten Geburtstag, starb sie. Burke und seine Söhne ließen Miss Addie in Yokohama begraben.

In der Zwischenzeit war die *Korea* auf dem Weg nach Honolulu und San Francisco. Wie Ai-ling später mit Bitterkeit Burke erzählte, fühlte sie sich etwas einsam und ging ins Kabinendeck hinunter, um das Missionarsehepaar zu besuchen. Als sie sich der Kabine näherte, hörte sie Stimmen im Gang:
«Es ist sicher eine Erleichterung, von diesem Erdteil wegzukommen», sagte die Frau. «Ich habe diese schmutzigen Chinesen und diese schrecklichen Japsen so satt. Hoffentlich werden wir für einige Zeit keine mehr zu Gesicht bekommen.»[12]
Ai-ling zog sich schnell in ihre Kabine zurück.
Die einzige Zerstreuung, die den Passagieren der *Korea* geboten wurde, war die Anwesenheit des amerikanischen Journalisten Jack London, der in aller Eile hergekommen war, um über den brandaktuellen Russisch-Japanischen Krieg in der Mandschurei zu schreiben. In einem Anfall von schlechter Laune hatte er einen japanischen Diener niedergeschlagen. Dafür wollte ihn ein japanischer Befehlshaber vor Kriegsgericht stellen, doch gab er sich schließlich mit Londons Ausweisung aus Korea zufrieden.[13] Die Anwesenheit eines solchen Prominenten war für Ai-ling nicht sehr ermutigend. Jack Londons Erfahrungen mit den Japanern hatten seine Angst und seinen Ekel vor Ostasiaten nur angestachelt und ihn in seinem Glauben, der Westen stünde einer Gelben Gefahr gegenüber, bestätigt. Was die Asiaten und alle anderen Rassen betraf, so war er «zuerst ein Weißer und erst dann ein Sozialist.»[14]
Seine Haltung war unglücklicherweise typisch für eine wachsende Zahl von Amerikanern, vor allem an der Westküste und speziell in San Francisco.
Ai-ling verbrachte den Rest der Überfahrt allein, mit Ausnahme jener Gespräche, die sie mit einer sympathischen jungen Amerikanerin, Anna Lanius, führte, die in Yokohama an Bord gekommen war. Auch sie gehörte der Southern Methodist Kirche an, so daß die Mädchen etwas gemeinsam hatten und Freundinnen wurden. Anna Lanius war als Missionarin in Japan gewesen und nun auf ihrer

ersten Urlaubsreise nach Hause. Während eines kurzen Aufenthaltes in Honolulu gingen die beiden an Land, um sich ein bißchen umzusehen.[15]

Als sie auf den Dampfer zurückkehrten, nahm der Zahlmeister Miss Lanius beiseite. Die Einwanderungsbeamten hatten die Papiere aller Passagiere durchgesehen, die an Land gegangen waren. Der Zahlmeister erklärte, man habe danach über Ai-lings Papiere diskutiert. Es sähe so aus, als ob etwas mit ihrem portugiesischen Paß nicht in Ordnung sei, und dies werde in San Francisco sicherlich Schwierigkeiten bringen.[16]

Als die *Korea* endlich ihr Ziel erreichte, umwölkte eine große Nebelbank die Einfahrt in die San Francisco Bay. Als sie angelegt hatten, nahmen die Einwanderungsbeamten hinter einem Tisch im Aufenthaltsraum des Schiffes ihre Plätze ein. Die Passagiere stellten sich in einer Reihe auf, um ihre Dokumente zu zeigen. Ai-ling streckte ihren portugiesischen Paß vor. Der Beamte nahm ihn ihr aus der Hand und fuhr sie an. Nach Anna Lanius und Ai-ling soll sich folgender Wortwechsel zugetragen haben:

«Du versuchst also, mit so einem Wisch reinzukommen?» schnaubte er. «Das haben schon viele andere Chinesen versucht, meine Kleine. Aber so geht das nicht. Bleib nur schön hier, bis wir soweit sind, daß wir dich ins Arrestlokal bringen können.»

Ai-ling starrte auf ihren Paß. Der Einwanderungsbeamte konnte gar nicht wissen, wo sie geboren worden war. Das einzige, was er deshalb anzweifeln konnte, war die Echtheit des Passes selbst. Dieser war jedoch ein gültiger, offizieller portugiesischer Paß, im Konsulat von Shanghai unterschrieben und abgestempelt. Was darin stand, stimmte vielleicht nicht, doch der Paß selbst war bestimmt nicht gefälscht.

Sie schaute dem Beamten gerade in die Augen.

«Sie können mich nicht ins Arrestlokal stecken», schnauzte sie ihn an, «ich bin ein Passagier der Kabinenklasse und nicht des Zwischendecks.»

Der Beamte war verblüfft.

Anna Lanius trat einen Schritt nach vorn: «Mit Sicherheit werdet ihr sie nicht ins Arrestlokal bringen!» beharrte sie. «Ich werde hier bei ihr bleiben und dafür sorgen, daß das nicht geschieht.»

Unter den Beamten entstand eine hitzige Diskussion. Ein mitfühlender Gesundheitsinspektor namens Dr. Gardener erhob Einsprache: «Das ist nicht der richtige Ort für ein Tier mit Selbstachtung.»

Das Arrestlokal, um das es ging, war ein Gefängnisgebäude am Kai von San Francisco, nicht weit entfernt vom Matrosengefängnis, einem berüchtigten Loch voller Mörder, Messerstecher, Sodomisten und Meuterer, die den lecken Schiffsrümpfen in den Docks von San Francisco entstiegen waren. Wenige Meerhäfen hatten so sehr den Ruf von Gewaltverbrechen, Laster und Korruption wie San Francisco in den Jahren zwischen dem Goldrausch und dem Erdbeben von 1907.

Normalerweise wurden in solchen Fällen die chinesischen Einwanderer in einer Hütte bei der Anlegestelle der Pacific Mail Steamship Company festgehalten, wo die Bedingungen schäbig genug waren, um manchen Chinesen voller Abscheu wieder abreisen zu lassen, sobald er sich aus den Krallen der Beamten befreien konnte. Nur die streitsüchtigsten oder gewalttätigsten Immigranten wurden ins Arrestlokal überführt. Dennoch drohten diese Beamten damit, ein fünfzehnjähriges Mädchen mit solchen Leuten zusammenzusperren. Die Entschlossenheit Anna Lanius' rettete die Situation. Statt Ai-ling ins Arrestlokal zu überführen, hielten sie beide Mädchen an Bord der *Korea* fest – und vergaßen sie prompt.

Nach Plan sollte das Schiff nun desinfiziert und neu ausgerüstet werden. Sobald die letzten Passagiere an Land gegangen waren, kamen die Arbeiter an Bord, um Teppiche, Bettzeug, Matratzen und Möbel auszuräumen, damit das Schiff von der Brücke bis zum Kielraum gereinigt werden konnte. Anna Lanius und Ai-ling Soong wurden in einer kleinen Kabine eingeschlossen und erhielten dreimal am Tag Kartoffeln, Brot und Steak.

Niemand wußte von ihrer Lage. Es gab auch keine Person, an die man sich hätte wenden können.

Sobald das Schiff angelegt hatte, war jemand gekommen, um Ai-ling abzuholen. Es war Dr. Clarence Reid, der Missionar, der Charlies Traugottesdienst geleitet hatte. Er war in San Francisco und kümmerte sich dort um Chinesen. Als Reid den Dampfer erreichte, war es ihm wegen des Einwanderungsprozederes nicht möglich, Ai-ling sofort zu sehen. Er wartete mehrere Stunden. Als sie nicht erschien, mußte er in aller Eile einer Wochenendverpflichtung nachkommen; er wußte nicht, was mit ihr geschah.[17]

Nach den drei Tagen im schwimmenden Arrestlokal war Anna Lanius so verzweifelt, daß sie beinahe zusammenbrach. Ein junger Einwanderungsbeamter erlaubte ihr, an Land zu gehen, um Dr. Reid anzurufen. Nachdem sie bei einem Dutzend Leuten nachgefragt hatte, fand sie mit Hilfe eines presbyterianischen Geistlichen Dr. Reids Aufenthaltsort in der Stadt.

Am frühen Morgen des nächsten Tages kam Dr. Reid in Begleitung einer Krankenschwester, die Anna als Beschützerin des chinesischen Mädchens ablösen sollte, im Hafen an. Miss Lanius eilte

nach Hause und ließ die fürchterliche Erfahrung so weit wie möglich hinter sich.
Ai-ling wurde noch zwei weitere Wochen festgehalten. Aus irgendeiner Laune ordneten die Beamten an, sie von der *Korea* auf ein anderes Schiff zu bringen. Noch mehrere Male mußte sie das Schiff wechseln, bevor sie nach neunzehn Tagen freigelassen wurde.[18]
Sie gehörte jedoch nicht zu jenen Leuten, die weinend herumsitzen. Was ihr Tränen in die Augen trieb, waren vielmehr Wut und Frustration. Sie war schon immer zäh und scharfsinnig gewesen und neigte dazu, die Sachen mit sich selbst auszumachen. Die Tage auf den Schiffen verstrichen in aufreibender Machtlosigkeit. In der Zwischenzeit bemühte sich Dr. Reid, über religiöse Kanäle in Washington, D.C., etwas auszurichten. Auf irgendeine Art gelang ihm das, und Ai-ling wurde unvermittelt freigelassen. Man fragte nicht weiter nach ihren Papieren, auch der Paß wurde nicht mehr angezweifelt. Obwohl das Dokument echt und nur sein Inhalt gefälscht war, war das alles bedeutungslos geworden. Jetzt wurde sie von der amerikanischen Regierung akzeptiert.
Ai-ling wurde von Dr. Reid an Land geleitet und blieb noch drei weitere Tage bei ihm in San Francisco. Sie erfuhr vom Tod Addie Burkes und wußte, daß William Burke und seine vier Söhne an Bord der *China* waren, die am 25. Juli in San Francisco eintreffen sollte.
Nachdem Burke in San Francisco angekommen war, matt und leidgeprüft, schloß sich Ai-ling für die nächste Etappe der Reise, die Bahnfahrt nach St. Louis und Macon, wieder ihm an. Am 2. August nach Mitternacht erreichte Ai-ling das Wesleyan College. Sie war jetzt ein ganzes Stück älter und erfahrener als noch in Shanghai.
Die Erfahrung hatte eine tiefe Wunde hinterlassen.

Als Ai-ling am ersten Morgen in Georgia erwachte, fand sie sich schon im *Telegraph* an unübersehbarer Stelle angekündigt:

> Miss Eling Soon, das chinesische Mädchen, das auf ihrem Weg ans Wesleyan College an Bord eines Schiffes in San Francisco festgehalten wurde, ist heute nacht um 0 Uhr 30 in Begleitung von Ehrw. W.B. Burke in Macon eingetroffen. Ehrw. Burke war schon seit einiger Zeit auf dem Rückweg von Shanghai. Man wird sich an dieser Stelle daran erinnern, daß Mrs. W.B. Burke auf ihrer Reise zurück nach Hause in Yokohama starb. Das chinesische Mädchen wartete, nachdem sie in San Francisco festgehalten worden war, die Ankunft von Ehrw. Burke ab.
>
> Miss Soon ist die Tochter einer chinesischen Mutter christlichen Glaubens und ist in Shanghai aufgewachsen. Ihr Vater wünschte, ihre

Ausbildung in Amerika zu vervollkommnen, um sie für die christliche Arbeit unter ihren eigenen Leuten in China vorzubereiten.
«Als Kind war sie die Frucht unserer eigenen missionarischen Arbeit», meinte gestern der Präsident des Wesleyan College, Guerry. Mr. Burke, unser Missionar, war glücklich, sie während seines Besuches in diesem Sommer in die Vereinigten Staaten bringen zu können. Natürlich wählte er das Wesleyan College für sie aus, da hier viele seiner Schwestern und Nichten studiert haben.
Ehrw. Burke schrieb Präsident Guerry und arrangierte bereitwillig die Aufnahme des Mädchens, das als Tochter eines christlichen Geistlichen kommt. Er bürgt für sie gemäß den Collegeregeln.
Als Ehrw. Burke in San Francisco ankam, schloß sich das chinesische Mädchen ihm an und kam so ans Wesleyan College, ohne den Kontinent alleine durchqueren zu müssen. Man sagt, das Mädchen sei sehr aufgeweckt.
«Natürlich wird sie sich keiner der jungen Damen aufzwingen oder aufgezwungen werden», meinte Präsident Guerry im weiteren. «Sie sind frei und können sich so benehmen, wie sie es für richtig halten. Was ihre zuvorkommende und respektvolle Behandlung angeht, so habe ich keine Bedenken.
Miss Soon ist die erste chinesische Studentin hier», führte Präsident Guerry weiter aus. «Doch ist es bestens bekannt, daß zu verschiedenen Zeiten Indianermädchen am Wesleyan College studiert haben.»

Es war ungeschickt, daß Richter Guerry es für nötig hielt, sich im voraus in der Zeitung für Ai-ling zu entschuldigen. Keine weiße Dame würde gezwungen werden, sich mit ihr abzugeben. Man gab ihr ein kleines Zimmer im Haus von Richter Guerry, und im folgenden Monat begann sie mit ihrem Vorbereitungsstudium.
Der Ort Macon, den sie kennenlernte, war ein sanftes Städtchen mit angenehmen Wäldern und pastellfarbenen Schatten. Es wurde 1823 am Ocumulgee Fluß errichtet und nach seinem Gründer Nathaniel Macon benannt. Es hatte den Bürgerkrieg überlebt, obwohl hier in größerem Umfang Waffen und Gold der Konföderierten lagerten. Während des Krieges waren im Gebäude des Wesleyan College Tausende von verletzten Rebellen gepflegt worden.[19]
In jenen Tagen lag das College noch auf einem Hügel oberhalb der Stadt, mit einer schönen Sicht über die Tannen. Das College bestand aus einem einzigen, neoklassizistischen Gebäude, dessen Frontsäulen wie die Feldwachen der Südstaatenarmee in Linie standen. Als der Campus vergrößert wurde, errichtete man weitere neoklassizistische Gebäude. Kurz vor der Jahrhundertwende wurde das Hauptgebäude im viktorianischen Pfefferkuchenstil umgebaut, und verwinkelte Türme und Mansardendächer kennzeichneten den Bau. Die Stadt

erklärte, daß es «ein überaus elegantes Gebäude mit allem für erzieherische Zwecke Notwendigen» sei. Die Schlafräume der Studentinnen lagen im Dachgeschoß, das gemütlich eingerichtet war, mit großen Arbeitszimmern und Ankleideräumen. Auf jedem Stockwerk gab es ein Badezimmer, in dem Badewannen und alle Porzellannachttöpfe standen. Alles war so konstruiert, daß «Komfort, Sauberkeit und Gesundheit gewährleistet» waren. Im Jahr 1900 wurde angebaut, um fünfundsiebzig zusätzliche Unterkünfte zu schaffen.
Die Studentinnen waren hauptsächlich Kinder aus wohlhabenden – wenn nicht reichen, so doch angesehenen – Familien aus den Südstaaten. Sie trugen seidene Röcke über mehreren Unterröcken und türmten ihr Haar zu ausgeklügelten Frisuren. Obwohl die Zeit des Südstaatenbundes schon lange vorbei war, als Ai-ling in Macon ankam, warfen sich die Mädchen des Wesleyan College für jedes Porträt in eine Vorkriegspose, die ihre Väter veranlaßt haben muß, Haltung anzunehmen und sich mürrisch zu räuspern.

Ai-lings charakteristische Widerspenstigkeit machte sich bezahlt. Innerhalb weniger Wochen war es den anderen Mädchen klar, daß das kleine, kräftige Chinesenmädchen mit ihrem Pfannkuchengesicht für sie keine Bedrohung, in der Art, die sie gewohnt waren, darstellte. Die ersten Eindrücke, die Ai-ling auf ihre Mitstudentinnen und Lehrer machte, wurden 1932 von einer ehemaligen Studentin, Eunice Thompson, gesammelt und in einem ganzseitigen Feature über die Jugend der Soong-Schwestern im *Tennessean* von Nashville publiziert. Dieser Artikel war voller altmodisch gefärbter Eindrücke aus der unschuldigen Jugendzeit der Mädchen.
In allen Darstellungen wird Ai-ling als ernsthafte Studentin eingeschätzt; sie war zurückhaltend, aufmerksam und ernst, als ob sie die einzige wäre, die über Spitzen und Rüschen hinaus zu sehen vermochte. Sie war möglicherweise das einzige Mädchen des Colleges, das den aktuellen Marktwert dieser zur Schau gestellten Anmaßungen kannte und im Kopf das Nettovermögen jedes ihrer Väter bis zum letzten Pfenning berechnen konnte. Charlie Soongs Tochter ließ sich nichts vormachen. Ai-lings Schulkameradinnen interpretierten ihr reserviertes Benehmen als Schüchternheit und fanden es entwaffnend.[20]
Mrs. Guerry war eine freundliche, warmherzige Frau, die sich alle Mühe gab, Ai-ling ein Zuhause zu geben. Das eingeschüchterte Mädchen entwickelte deshalb eine lebenslange Zuneigung zum Richter und seiner Frau. Charlie schrieb Ai-ling regelmäßig und empfahl ihr Bücher über chinesische Geschichte, die sie dann auch pflichtgetreu

durchackerte. Durch seinen Einfluß sorgte er dafür, daß Ai-lings Wurzeln fest im chinesischen Boden verankert blieben, während sie sich äußerlich der amerikanischen Umgebung anpaßte. Sie trug nur amerikanische Kleider. Sie legte sich ein Repertoire an amerikanischen Slangausdrücken zu und machte ohne Schwierigkeiten Gebrauch von ihrer neu erlernten Sprache. Noch bevor das erste Jahr zu Ende war, schnitt sie den größeren Teil ihres Zopfes ab und begann ihr Haar in einer modischen Pompadourfrisur zu arrangieren.

Ihre äußere Erscheinung war irreführend. Eines Tages, so erinnerten sich ihre Schulkameradinnen, musterte einer ihrer Professoren sie von Kopf bis Fuß und bemerkte, sie sei eine «feine amerikanische Bürgerin» geworden. Darüber wurde Ai-ling wütend und wies ihn vor ihren Schulkameradinnen zurecht, indem sie ihn daran erinnerte, daß sie keine Amerikanerin sei, sondern eine Chinesin, und stolz darauf. Die Erinnerung an die Art und Weise, wie man sie in San Francisco behandelt hatte, nagte noch in ihr. (Um es in diesem Fall genau zu nehmen: Sie vergaß, daß sie behauptete, Portugiesin zu sein.)

Im Januar 1906 erhielt Ai-ling speziellen Urlaub, um nordwärts zu reisen. Die Entschuldigung, die sie dafür bereit hielt, war die Ankunft ihres Onkels B.C. Wen in Washington, D.C., der im Auftrag der Kaiserinwitwe eine kaiserliche Ausbildungskommission nach Amerika leitete. In jenen Tagen reisten Collegemädchen nicht allein, so daß Richter Guerry seine Frau als Anstandsdame mit auf die Reise schickte. In Washington begleitete Ai-ling ihren Onkel zu einem Empfang im Weißen Haus, wo sie Präsident Theodore Roosevelt vorgestellt wurde. In seiner polternden Art fragte der Präsident das sechzehnjährige Mädchen, was sie von Amerika hielte.

«Amerika ist sehr schön», behauptete Ai-ling ihm geantwortet zu haben, «und ich bin hier sehr glücklich, doch warum nennt ihr es ein freies Land?» Schnell beschrieb sie ihren Empfang in San Francisco vom vergangenen Sommer. «Weshalb sollte ein chinesisches Mädchen nicht hineingelassen werden, wenn es doch ein freies Land ist? Wir würden unsere Chinabesucher nie so behandeln. Man sagt doch, daß Amerika das Land der Freiheit sei!»[21]

Präsident Roosevelt, so erzählte sie, war überrascht. Nachdem er ihrem Ausbruch zugehört hatte, murmelte er, daß es ihm leid täte, und wandte sich dem nächsten Gast zu.[22]

Von Washington reiste Ai-ling mit ihrem Onkel nach New York weiter. Dort traf sie ihren Vater, der gerade von Durham kam, wo er Julian Carr besucht hatte. Charlie sah kein Mädchen mehr vor sich: Ai-ling war nun eine kräftige junge Frau und nach der neusten Mode gekleidet. Nachdem sie ihren gesellschaftlichen Verpflichtungen nachgekommen war, fuhr sie nach Macon zurück.

Wenn Ai-ling auch weniger leichtfertig als ihre Zeitgenossinnen aus Georgia war – die meisten unter ihnen Lokalschönheiten mit beschränktem Horizont –, so war sie doch nicht ohne Sinn für Komödie. Wenn in der Theatergruppe des Colleges milde über Wesleyan gespottet wurde, war sie mit von der Partie. In einem Programm für Klassenanlässe von 1909 wurde als wichtigstes Ereignis des Tages ein Theaterstück aufgeführt: *Die Wechselfälle des Collegelebens*. Es war von drei älteren Collegestudentinnen nach den Büchern von Betty Wales bearbeitet worden. Eine dieser Studentinnen war Ai-ling Soong. Anläßlich ihres Abschlusses in diesem Jahr gab sie eine Lesung, eine Bearbeitung des ursprünglichen Librettos von Puccinis *Madame Butterfly*, in der sie die Rolle der tugendhaften Japanerin Cio-Cio-San rezitierte, die von einem unreifen amerikanischen Marineoffizier, Leutnant Linkerton, betrogen wird. Damit sie sich für diesen Anlaß ein echtes japanisches Kostüm machen konnte, schrieb sie ihrem Vater, er solle ihr genügend Seide schicken. Charlie sandte ihr 40 Yards rosarot gefärbten Brokatstoff.[23]
Mit ihrem Abschlußdiplom in der Tasche bestieg Ai-ling den Zug nach San Francisco, wie es ihr Vater fünfundzwanzig Jahre früher getan hatte. Als sie Shanghai erreichte, hatte ihr Charlie in seinem Studierzimmer in Hongkew schon ein Pult hinstellen lassen – und ein weiteres in seinem geheimen politischen Hauptquartier in der Druckerei an der Shantung Road. Ai-ling sollte Dr. Sun Yat-sens englischsprachige Sekretärin werden, seine Korrespondenz erledigen, seine Ansprachen und Verlautbarungen ausfeilen und die Botschaften kodieren, die ihm zugesandt wurden, wo immer er sich aufhielt. Dies entlastete Charlie, so daß er sich auf seine Aufgaben als Finanzverwalter der Revolution konzentrieren konnte.

Nachdem Charlie 1906 Ai-ling in New York getroffen hatte, hatte ihn B.C. Wen über den Hudson nach Summit, einer kleinen Stadt in New Jersey, mitgenommen, um dort Miss Clare Potwins bescheidener Schule einen Besuch abzustatten.[24]
Clara Potwin war eine große, energische Frau, mit dichtem kastanienbraunem Haar. Ihr Vater hatte noch vor der Jahrhundertwende einigen chinesischen Studenten in Yale Unterricht gegeben. Es waren wohlhabende junge Männer. Als sie nach China zurückkehrten, reiste Clara Potwin mit ihrem Vater in den Fernen Osten, um sie zu besu-

chen. So lernte sie im Lauf der Jahre diesen Erdteil aus eigener Anschauung kennen.
Die Potwins hatten weißrussische Vorfahren, und ihr Name lautete ursprünglich Potrovin. Nachdem ihr Vater gestorben war, führte Clara Potwin seine Arbeit fort, indem sie eine kleine Anzahl chinesischer Studenten auf amerikanische Colleges vorbereitete.
Ihre Schule befand sich am Locust Drive in einem gemieteten Haus, dessen hübsches, weiß gestrichenes Fachwerk mit den braunen Zedernschindeln kontrastierte.[25]
B.C. Wen kannte Clara Potwin durch ihren Vater und einen weiteren Freund aus Summit, den amerikanischen Erzieher William Harry Grant. Harry Grant arbeitete während Jahren als Bibliothekar in Manhattan, das nur eine kurze Zugfahrt von Summit entfernt war. Er war auch ein aktives Mitglied der presbyterianischen Kirche und von ihrer Auslandmission fasziniert. Als er durch China reiste, um die Missionsstationen zu besuchen und seine Neugier zu befriedigen, traf er Wen und wurde durch ihn einer der Gründer des Central Christian College in Kanton.[26]
Nicht weit von Grants Haus entfernt befand sich ein größeres Gebäude, das alte Manley Farmhaus, das man in eine Pension mit dem Namen St. Georges Hall umgebaut hatte. Hier stiegen jeweils Harry Grants chinesische Freunde ab.[27]
Der Zweck von Wens Besuch in Summit 1906 bestand darin, seinen Patensohn «Ajax» Wang in Miss Potwins Schule anzumelden. Der Knabe sollte für sein Studium an der University of Pennsylvania in zwei Jahren vorbereitet werden. Charlie Soong gefiel die Atmosphäre der Schule, und er fragte Clara Potwin, ob sie bereit wäre, im folgenden Jahr seine beiden Töchter Ching-ling und May-ling aufzunehmen.
Da May-ling erst acht Jahre alt war, schien Charlies Entschluß, sie in eine amerikanische Schule zu schicken, verfrüht. Doch ging er durch eine turbulente Lebensphase, die von Gefahr und Verschwörung gekennzeichnet war. Es konnte nur eine Frage der Zeit sein, bis man ihn entdeckte und er entweder fliehen oder Verhaftung und Hinrichtung befürchten mußte.
Wenn Ai-ling im Wesleyan College war und die zwei jüngeren Mädchen in Miss Potwins Obhut, dann wäre der Weg für Notfälle frei. Sein ältester Sohn T.V. war daran, seinen Abschluß an der St. John's Middle School in Shanghai zu machen, und würde bald bereit sein, sein Studium in Harvard zu beginnen. Die anderen zwei Jungen – T.A. und T.L. – waren immer noch klein und stellten in einem Krisenfall kein allzu großes Handicap dar.

Clara Potwin nahm die Mädchen noch so gerne auf.
B.C. Wen brachte sie zu ihr. 1907 leitete er eine weitere Kommission nach Amerika, so daß sein diplomatischer Status die Kinder davor bewahren würde, Ai-lings verletzende Erfahrung von San Francisco nochmals durchmachen zu müssen.
Im Sommer 1907 schifften sich Wen und seine Frau zusammen mit Ching-ling und May-ling an Bord der *Manchuria* ein. Im Verlauf der Reise stieß noch Harry Grant zu ihnen. In solcher Begleitung passierten die Mädchen in San Francisco die Einwanderungskontrolle ohne Probleme.[28]
Emily Donner, eine von Miss Potwins Schülerinnen, erinnerte sich an die Erwartungen, die mit dem Kommen der chinesischen Mädchen verbunden waren:

> In unserer kleinen Welt war das etwas Interessantes. Doch während langer Zeit wurde nicht weiter davon gesprochen, so daß wir die Sache wieder vergaßen, bis wir eines Morgens zur Schule kamen und sie beide da waren.
> Die Ältere, ein sehr ernstes und stilles Mädchen, muß ungefähr fünfzehn gewesen sein. Sie schien uns sehr erwachsen, da wir alle etwa neun Jahre alt waren. Ihr chinesischer Name lautete Ching-ling, doch aus irgendeinem Grund nannten wir sie Rosamond ... Wir sahen sie nicht sehr häufig, da sie bei unseren kindischen Spielen und Neckereien nicht mitmachte.
> Doch war da auch ein entzückendes kleines Mädchen namens May-ling, das gerade so alt war wie wir und voller Leben und Vitalität steckte, mit mehr als nur ein wenig Unfug im Kopf ...
> May-ling war ein gutmütiges kleines rundes Ding, das alles wissen wollte – alle neuen und verschiedenen Bäume und Blumen, alles über die Häuser und die Leute.
> Als die Mädchen eine Weile bei Miss Potwin zu Gast waren, kam die ältere Schwester Ai-ling ... sie besuchen. Sie war schon ziemlich erwachsen und sehr nett und freundlich. Sie verblüffte uns 1908, da sie viel Reispuder aufgetragen und Lippen und Wangen geschminkt hatte. Wir merkten dann, daß dies für chinesische Mädchen dieses Alters ebenso üblich war wie ein diskreter Tupfer Puder für ältere amerikanische Mädchen. Ich nehme an, daß sie es sehr schön gemacht hatte, doch aus der Perspektive des kleinen Mädchens hoffte ich, May-ling würde nie älter werden und ihr Gesicht so verändern.
> Eines Tages kam ein Paket aus China an. Darin war, unter einer Menge hübscher bunter Sachen für die Mädchen, ein kleiner, süßer schwarzer Seidenanzug für May-ling. Er bestand aus einer kleinen, schwarzen Seidenhose und einem Jäckchen, auf das grüne Drachen

gestickt waren. May-ling zog den Anzug an und machte sich daran, da sie ja in Hosen steckte, auf einen Baum zu klettern. Sie kletterte so hoch hinauf, daß sie selbst nicht hinunter konnte, worauf mein Bruder nach einer Weile ebenfalls hinaufkletterte, um sie herunterzuholen, während wir unten blieben und hofften, daß der Seidenanzug dabei nicht zerreißen würde. Er blieb ganz.[29]

Die Stadtbibliothekarin Louise Morris entdeckte bald, daß die beiden Chinesenmädchen unersättliche Leserinnen waren. Ching-ling, «die Ernsthafte», verschlang Romane für Erwachsene und Sachbücher, die «weit über dem Geschmack eines durchschnittlichen Mädchens in diesem Alter» lagen. May-ling zog «Peter Rabbit» vor.[30]
May-ling wurde oft vom Heimweh geplagt und flüchtete dann zu Margaret Barnes, einer Lehrerin, die in Miss Potwins Schule wohnte.

Oft kam sie abends in mein Zimmer, um von ihrer Familie zu erzählen oder über das Leben in China zu berichten. Beiden Mädchen gefiel ihre chinesische Frisur nicht, und sie baten deshalb, lernen zu dürfen, wie man sich im amerikanischen Stil frisiert. Zu diesem Zweck kaufte man ihr ein rotes Band, und danach kam sie regelmäßig jeden Morgen, um sich das Band in zwei großen Maschen in ihr Haar knoten zu lassen.

Nachdem dieses angenehme Jahr in Summit vorüber war, war Ching-ling alt genug, ihr Studium am Wesleyan College zu beginnen. May-ling und sie verbrachten den Sommer 1908 mit Freunden in Demorest, einer Stadt im Hügelland von Georgia. In Demorest befand sich die Piedmont School, 1897 von einem methodistischen Wanderprediger gegründet, den die Nachwelt unter dem Namen Brother Spence kennt. Während May-ling den Herbst in Demorest verbrachte und dort mit ihren Spielkameradinnen die lokale Schule besuchte, war für Ching-ling die Zeit gekommen, in Macon mit dem Herbstsemester zu beginnen.
Noch Jahre danach blickte May-ling gerne auf diese Erfahrung zurück:

Ich war noch zu klein, um das College zu besuchen, denn ich war erst elf, und da mir das Städtchen gefiel und ich Spielkameradinnen unter den kleinen Mädchen fand, entschloß sich meine Schwester (Ching-ling), mich bei Mrs. Moss, der Mutter einer Schulkameradin meiner älteren Schwester, zurückzulassen.
Ich besuchte die achte Klasse in Piedmont und genoß den neunmonatigen Aufenthalt dort sehr. Es war sehr interessant, dort so viele Schüler zu finden, die mit mir in die achte Klasse gingen, aber schon

erwachsene Männer und Frauen waren. Sie kamen von weit her aus dem Hügelland, viele von ihnen hatten während Jahren in der Elementarschule unterrichtet, um das Geld für Piedmont zusammenzubekommen. Alle zeigten sie sehr großes Interesse an mir und, was mich betraf, so erhielt ich einen Einblick in das Leben von Leuten, die hart arbeiten mußten, um leben zu können und um die nötigen Mittel zusammenzubringen, eine Elementarausbildung zu erlangen. Ich glaube, daß diese Begegnung mein Interesse für das Schicksal derjenigen weckte, die nicht auf Rosen gebettet sind – eine Erfahrung, die ich sonst vielleicht nicht gemacht hätte. Sie ließ mich einsehen, daß diese Leute Wertvolles leisteten, denn schließlich machen sie und ihresgleichen doch das Rückgrat jeder Nation aus.
Es war in Piedmont, wo ich in die Geheimnisse der Grammatik eingeweiht wurde. Meine Englischkenntnisse waren damals bestenfalls oberflächlich, da ich erst zwei Jahre in Amerika gewesen war und mir viele trickreiche Redewendungen angewöhnt hatte, die meiner Grammatiklehrerin gar nicht gefielen. Um mich davon zu heilen, ließ sie mich versuchen, die Sätze zu zerlegen. Ihre Anstrengungen müssen doch ein wenig Erfolg gezeitigt haben, denn heute sagen die Leute, ich würde ein sehr gutes Englisch schreiben ... Die Leute des Städtchens betrachteten mich als eine Art Kuriosität, doch Kuriosität hin oder her, ich hatte die 5-Cent-Bonbons, die ich in Mr. Hunts Gemischtwarenhandlung kaufte, so gern wie jede meiner Spielkameradinnen. Ich erinnere mich, daß es für uns drei vier kleine Mädchen eine große Sache war, wenn eine von uns einen Nickel besaß und die anderen einladen konnte, mit uns Sahneplätzchen oder Lutscher zu teilen, die so verführerisch in Mr. Hunts Schaufenster ausgestellt waren. Wir wußten in jenen Tagen nichts über die Gefahren von Fliegen und Mikroben und machten uns nichts daraus, obwohl schmutziges Fliegenpapier in Mr. Hunts Schaufenstern die gleiche Ehre genoß wie die attraktive Ware, die dort ausgestellt war. Wie dem auch sei, ich lebe noch, um die Geschichte zu erzählen.
Nie in meinem Leben habe ich ein so starkes Gefühl rechtschaffener Wohltätigkeit gespürt wie damals, als Florence und Hattie Hendrickson, Flossie Additon und ich einige Tage vor Weihnachten beschlossen, daß der wahre Geist der Jahreszeit verlange, jemanden glücklich zu machen. Wir alle nahmen es sehr ernst mit unseren wohltätigen Absichten, spendeten alle 25 Cents und kauften mit diesem Dollar Kartoffeln, Milch, Hamburger, Äpfel und Orangen für eine arme Familie, die hinter den Bahngeleisen wohnte. Wir versuchten bescheiden zu sein und unsere noble Tat für uns zu behalten, doch war unsere Aufregung so groß, daß Mr. Hunt unsere Diskussion über die Ratsamkeit gewisser Lebensmittel hörte. Ich erinnere mich – Physiologie war mein liebstes Fach –, daß ich darauf bestand, Zucker, und zwar in ausreichender Qualität, zu kaufen, so daß die Kohlenhy-

drate die schwachen Kinder warm halten und der Mutter genügend Energie geben sollten, während eine der anderen wohltätig gesinnten Spenderinnen, die zu dieser Investition beigetragen hatte, sehr für Kartoffeln argumentierte, denn diese würden am meisten sättigen und Wärme produzieren. Mr. Hunt hörte der aufgeregten Debatte neugierig und amüsiert zu und setzte der ganzen Sache ein Ende, indem er großzügig von allem etwas beisteuerte. Als wir dann mit unseren Paketen im Arm die Schwellen überquerten, fühlten wir uns wie die blühende Jeanne d'Arc auf ihrer heiligen Mission. Doch wie wir die heruntergekommene Holzhütte erreichten, die die Empfänger, die wir im Sinn hatten, ein Zuhause nannten, und vor der entmutigten, abgehärmten Mutter standen, deren Kinderschar hinter ihren Röcken hervoräugte, waren wir wie mit Dummheit geschlagen und brachten kein Wort hervor. Wir ließen die Bündel fallen und rannten davon. Als wir weit genug gerannt waren, fühlten wir uns erneut tapfer; eine von uns wagte sogar zurückzurufen «Fröhliche Weihnacht», worauf wir noch schneller als vorher rannten.

Unser liebster Zeitvertrieb war Haselnußsuchen. ... Ich pflegte sehr viel zu lesen. Einer meiner bevorzugten Orte dafür war eine Holzbank zwischen zwei Bäumen neben dem Haus, in dem ich wohnte. Das Haus gehörte Mrs. Moss. Sie hatte die Aufsicht über die Schlafräume der Jungen. Ich wohnte mit ihr zusammen in einer Wohnung im unteren Stockwerk – mit ihr und ihren beiden Töchtern, Rosina und Ruby. ...Wenn Mrs. Moss besonders nett zu mir sein wollte, dann ließ sie mich Plätzchen backen. Sie gelangen mir nie. Es schien, daß ich ganz und gar nicht mit den Instinkten eines Kochs gesegnet war...

Ich kehrte nie nach Piedmont zurück, doch ich erinnere mich mit Freude an jene Zeit, die ich in dieser Umgebung verbrachte.[31]

Auch mit zwölf war May-ling immer noch zu jung, um selbst als «spezielle Studentin» in das Wesleyan College aufgenommen zu werden. Doch als Richter Guerry zurücktrat, wurde die Bestimmung, welche Nicht-Studenten von der Unterbringung im College ausschloß, geändert. Der neue Leiter des Colleges, Bischof W.N. Ainsworth, richtete es so ein, daß May-ling in der Nähe von Ching-ling sein konnte.[32]

Jede der Soong-Schwestern verbrachte fünf Jahre in Georgia, doch May-ling besuchte nur während eines Jahres offiziell das College. Den Rest der Zeit wurden die Vorschriften zurechtgebogen, gebrochen oder umgeschrieben, damit sie aufgenommen werden konnte. Sie konnte sich im ganzen College herumtollen und wurde von den älteren Mädchen als Maskottchen betrachtet. Obwohl sie im Schlaftrakt ihr eigenes Zimmer hatte, nicht weit von den Nachttöpfen entfernt, verbrachte sie die meiste Zeit in Bischof Ainsworth' Haus. Die Ainsworth hatten eine Tochter namens Eloise. Sie war ein zartes, doch lebendiges Mädchen, nur zwei Jahre jünger als May-ling. Die beiden wurden schnell Freunde, rannten bald zusammen in den Gängen des viktorianischen Hauptgebäudes um die Wette, spielten den Collegemädchen Streiche und spionierten ihnen hinterher. Ihre Mutter, Mrs. Ainsworth, schrieb Jahre später einen Artikel voller Erinnerungen an jene Tage:

> Eloise war überglücklich, eine Spielkameradin ihres Alters zu haben. Schon von Anfang an fühlte sie [May-ling] sich bei uns ganz zu Hause, denn sie verbrachte den größten Teil ihrer Freizeit mit Eloise. Eines Tages schmollte May-ling unglücklich über einer Meinungsverschiedenheit, die sich zwischen ihr und Eloise ergeben hatte. Sie hatten anscheinend Frieden geschlossen, doch May-ling schmollte immer noch. Weil Eloise Angst hatte, ihre Freundin verletzt zu haben, entschloß ich mich, mit May-ling über die Tugend des Vergebens zu sprechen. Ich fragte sie, ob sie sich nicht schämte, einen solch häßlichen Charakterzug zu zeigen. Sie antwortete schnell und mit einem Augenzwinkern: «Weshalb? Keineswegs, Mrs. Ainsworth, es macht mir Spaß.»
> Die zwei Mädchen machten sich ein besonderes Vergnügen daraus, durch die Vorhänge der Aufenthaltsräume zu linsen, wo die Collegemädchen ihre Verehrer trafen. Sie kicherten und kamen dann zu mir gerannt, um zu erzählen, was sie gesehen hatten. Zwei romantischere kleine Seelen konnte man sich kaum vorstellen, und wenn sich eines der Collegemädchen verlobte, waren sie so aufgeregt wie sonst niemand.
> Meine Söhne William und Malcolm pflegten mit den kleinen Mädchen ihren Spaß zu treiben und sie in einer Schubkarre durch die langen Veranden des Colleges zu fahren. May-lings schwarze Zöpfe flogen im Wind hin und her. Sie ließ es sich auch gefallen, wenn die Knaben sie an den Zöpfen zogen.[33]

May-ling hatte in Gesellschaft immer Erfolg.
Man sorgte für spezielle Lehrer: Da waren Margie Burks und Lucy Lester, beides junge Mitglieder des Lehrkörpers. Miß Burks' Mutter, Mrs. M.M. Burks, eine Englischlehrerin, sorgte für May-lings persönliche Bedürfnisse, nähte ihr Kleider und half ihr in der Stadt, Schuhe zu kaufen. Die Soong-Schwestern kleideten sich nach amerikanischer Mode, aber ihre Garderobe wurde aus chinesischem Stoff gemacht, der aus Shanghai gesandt wurde. Wenn sie ganz alleine waren, zogen beide sofort wieder chinesische Kleider an. Ihre Schulkameradinnen pflegten unverhofft in May-lings Zimmer zu stürzen, nur um zu

sehen, wie sie sich in ihren großen Kleiderschrank flüchtete und so lange drin blieb, bis sie sich umgezogen hatte, um westlich gekleidet wieder herauszukommen.
May-ling galt als frühreif. Sie war äußerst lebhaft und hatte oft Unfug im Sinn. Doch ihr schnelles Mundwerk half ihr gewöhnlich auf charmante Weise aus der Patsche. Zu einer Zeit, als Lippenstift und Wangenrouge als verwerflich galten, wurde sie einmal erwischt, als sie Reispuder und Lippenstift aufgetragen hatte.
«Oh May-ling», rief eine ältere Studentin aus, «ich glaube, dein Gesicht ist angemalt.»
«Ja», gab sie zurück, «chinesisch angemalt.»
Man erlaubte ihr, jederzeit während des Französischunterrichts auszutreten, um sich ein Weilchen auf dem Campus herumzutollen – einfach weil sie darauf bestand, daß das nötig sei.[34]
Als sie 1912 dann endlich in die erste Klasse des Colleges eintreten konnte, erwies sie sich als nicht besonders fleißig. Anstatt auf Fleiß verließ sie sich lieber auf Witz und Eingebung. Ihre ältere Schwester Ching-ling aber wurde eine ernsthafte Studentin.
Die schweigsame Ching-ling war in einer anderen Welt zu Hause. Sie dachte über die tieferen Ursachen der Ereignisse in China nach und wägte die Grundsätze jener Revolution ab, von der ihr Vater und sein Freund Dr. Sun so besessen waren. Ihre Klassenkameradinnen beschrieben sie übereinstimmend als «schön». Doch sie hätten ebensogut «düster» oder «tragisch» sagen können. Denn was ihrem Gesicht diese außergewöhnliche Schönheit gab, waren Traurigkeit und Nachdenklichkeit. In ihrem Herzen war sie bereits eine hingebungsvolle Verschwörerin.[35]
Charlie hielt seine Töchter mit langen Briefen und Zeitungsausschnitten auf dem laufenden. Ching-ling konnte sich so ein Bild über den mühsamen Fortgang von Dr. Suns Revolution machen. Sie war zu jung, um jene Geduld im Scheitern zu haben, die ihr Vater und ihr Pate nach einem Jahrzehnt der Niederlagen gelernt hatten. Sie konnte nicht wissen, daß das Ende doch noch kam – auf eine Weise, die niemand voraussehen konnte.

6. Kapitel

Der verhängnisvolle Euphemismus

Es war eine Sache der Tradition, daß jede Dynastie nur dann die Macht erlangte, wenn sie das Mandat des Himmels erhielt, und daß sie stürzte, wenn sie das Mandat verlor. Die Mandschus hatten das Mandat schließlich verloren.[1]

In Peking waren, als sollte dieser Verlust signalisiert werden, ominöse Entwicklungen im Gang. Im November 1908 starb die Kaiserinwitwe, möglicherweise durch Gift. Mit dem Zugriff eines Reptils hatte der Alte Buddha China direkt oder indirekt ein halbes Jahrhundert lang regiert und kaltblütig jedermann niedergestreckt, der sie herauszufordern wagte: sie hatte die Macht der Mandschus noch lange Zeit, nachdem sie normalerweise zusammengebrochen wäre, aufrechterhalten. Als Reformer innerhalb der chinesischen Führungsspitze sich 1898 um ihren kaiserlichen Rivalen, den jungen Kaiser Hsü, geschart hatten, hatte sie ihn im Sommerpalast gefangengesetzt und alle ihre Anstrengungen vereitelt. Jetzt, auf ihrem Totenbett, war sie nicht willens, ihn sie überleben zu lassen, und befahl ihren Eunuchen, den jungen Kaiser zu vergiften. Er starb einen Tag vor ihr. Als die Nachricht vom Tod der Kaiserinwitwe Ching-ling in Macon erreichte, feierte sie im geheimen tagelang.

Mit dem Hinscheiden der Kaiserinwitwe löste sich die Atmosphäre von Bosheit und Korruption jedoch nicht. Ihr Nachfolger, ihr Großneffe Pu Yi, war ein Kind, das die Palasteunuchen in ein geheimes Leben von Grausamkeit und Ausschweifung einführen würden. Die Macht des Drachenthrons fiel seinem Vater, dem Prinzen Chu, als Regenten zu. Aber Prinz Chu konnte nichts ausrichten. Die mächtigen Männer, die China für die Kaiserinwitwe über viele Jahre regiert hatten, waren einer nach dem anderen weggestorben, sie waren ihr ins Grab vorausgegangen oder unmittelbar gefolgt. Der einzige starke Mann, der übrigblieb, der gerissene Militärbefehlshaber Yuan Shih-kai, war aus seiner Stellung entfernt worden und hatte sich unter der Maske des Ruhestands vorübergehend ins Unterholz zurückgezogen. Diese Verzettelung der Macht ließ China ohne effektive Führung zurück. Unter so auffallenden Anzeichen der Verwundbarkeit der Mandschus war Dr. Sun in der Lage, neue Gelder von Überseechinesen in den Vereinigten Staaten und in Kanada zusammenzubringen – für einen weiteren Versuch, die Macht zu übernehmen, und zwar im Februar 1910. Dieser Aufstand war Suns neunter seit dem verpfuschten Versuch 1895 in Kanton und der siebte seit der Gründung der Revolutionären Allianz in Tokyo. An keinem dieser Aufstände außer dem ersten hatte Sun direkt teilgenommen, weil er vom chinesischen Festland abgeschnitten war. Er arbeitete über Geheimagenten. Wie alle früheren war auch dieser Aufstand schlecht organisiert: Die schlecht trainierten Männer, die an ihm teilnahmen, waren nicht fähig, den Zeitplan einzuhalten, und ließen den ganzen Versuch scheitern. Ein ermutigendes Zeichen wurde bei dem Debakel jedoch sichtbar: Das erste Mal, seit die Revolution begonnen hatte, lief eine beträchtliche Anzahl von kaiserlichen Truppen zu den Rebellen über, und einige Gentrymitglieder und Kaufleute schlossen sich ebenfalls an. Sie zeigten, daß die Unzufriedenheit mit der kaiserlichen Regierung über die Klassenschranken hinaus um sich griff.[2]

Sun reiste von Singapur nach Europa und Amerika, hielt Reden und brachte Geld zusammen. Im Namen der zukünftigen Republik bot er Bürgerrechte, Geschäftsverbindungen, Amtssitze im Parlament sowie nach den größten Donatoren benannte Statuen und Parks zum Verkauf an.

Bei Chinesen in Penang und anderen Teilen Südostasiens brachte er etwa die Hälfte des Geldes zusammen, das er für die Organisation eines weiteren Aufstands benötigte. Er war sehr ermutigt. Nachdem er die Gelder an Charlie in Shanghai geschickt hatte, brach Sun zu einer weiteren Welttournee im Wirbelwindtempo auf. Sie gipfelte in Vancouver, British Columbia, wo er den Rest des benötigten Geldes bei der großen chinesischen Gemeinde innert weniger Tage zusammenbrachte.

Der neue Angriff wurde auf den 13. April 1911 angesetzt. Wiederum war Kanton das Ziel. Fünf Tage, bevor der Angriff beginnen sollte, unternahm es ein übereifriger Singapurer Rekrut unter den Rebellen, in eigener Regie den Kommandanten der Mandschu-Besatzung umzubringen. Die Behörden waren nun alarmiert, schlossen die Stadt mit einem undurchdringlichen Sicherheitsnetz ab und belegten unzuverlässige Truppeneinheiten mit Kasernenarrest. Genau wie 1895, als das Fährschiff in Hong Kong abfuhr, während Suns Revolutionäre um die Waffen stritten, war es nutzlos, weiterzumachen, aber zu spät, umzukehren. Zu spät, weil so viele Geldgeber dringend Ergebnisse erwarteten.[3]

Die Aufrührer griffen, nachdem sie zwei Wochen über das ursprünglich geplante Datum hinaus unschlüssig an Ort getreten waren, am 27. April schließlich an. Um halb sechs Uhr abends attackierten 130 mit Pistolen und selbstgebastelten Bomben bewaffnete Revolutionäre das Hauptquartier – den Yamen – des Generalgouverneurs. Niemand hatte sich darum gekümmert, meuternde Einheiten der sogenannten Armee der kaiserlichen Regierung zu verständigen, und folglich erschienen sie nicht.

Nur ein paar Banditen tauchten auf. Als die Revolutionäre in den Innenhof des Yamen einbrachen, bemerkten sie, daß die Mandschubeamten bereits geflohen waren. Als sie das Gebäude zu verlassen versuchten, fanden sie sich von einer Übermacht kaiserlicher Truppen abgeschnitten. Einer der Revolutionäre, der dachte, er könne einige Soldaten dazu bewegen, sich gegen ihre Herren zu wenden, begann etwas zu rufen und wurde augenblicklich von einer Kugel niedergestreckt. Der Rebellenführer, der realisierte, daß der Streich vorüber war, schlüpfte in eine Ladengasse, legte Straßenkleider an und verschwand in der Nacht.

Die jungen Revolutionäre mußten sich nun allein verteidigen: fast hundert von ihnen wurden getötet oder gefangengenommen. Die Gefangenen wurden entweder erdrosselt oder enthauptet. Die, die schon tot auf der Straße lagen, wurden trotzdem enthauptet.

Der Historiker Wu Yu-chang, der an dem Aufstand teilnahm, bemerkte:

> Trotz des unvergleichlichen Heldenmuts der Märtyrer mußte eine bewaffnete Revolte ohne die Teilnahme der breiten Volksmassen fehlschlagen ... Alle bewaffneten Aufstände, die im revolutionären Kampf der Massen abgetrennt sind, sind nichts als militärisches Abenteurertum. Aber obwohl die zahlreichen bewaffneten Aufstände, die unter der Führung der Revolutionären Allianz lanciert wurden, scheiterten, versetzten sie der reaktionären Herrschaft der Mandschuregierung einen ernsthaften Schlag. Zahllose Menschen wurden ermutigt, den revolutionären Kampf fortzusetzen, und Mitglieder der reaktionären herrschenden Klasse bekamen es mit der Angst zu tun.[4]

Während der Gewissenserforschung, die dem Massaker in Kanton folgte, besuchte der australische Journalist W.H. Donald Charlie

Soongs Sino-American Press. Im Innern fand er den üblichen Kreis hochkarätiger Revolutionäre.
Charlie begrüßte Donald herzlich und witzelte: «Wie steht es mit Australiens Beitrag zur Verwirrung des Gegners?» Donald hörte der Diskussion über die Desorganisation, die bisher jeden Aufstand beeinträchtigt hatte, eine Weile lang zu und unterbrach sie dann:
«Wenn die Sache mit den Mandschus erledigt ist, was dann? Ihr Leute weicht dem Thema der Regierung aus. Regieren ist eine große Sache, die effizient gehandhabt werden muß. Es muß mehr sein als ein Traum und eine Hoffnung. Ihr müßt geschulte und fähige Männer haben ...»
Einer der Verschwörer winkte ab. «Ach, das sind praktische Dinge», sagte er leichthin. «Ich vermute, jemand wird sich um die Details kümmern.»[5]
Charlie Soong machte einen unglücklichen Eindruck. Offensichtlich war Dr. Sun nicht allein mit seiner unpraktischen Art.
Aber zu diesem Zeitpunkt war es ein wenig spät, sich den Kopf darüber zu zerbrechen, was sie mit der Macht tun sollten, wenn sie sie erst einmal hatten.

Ching-ling begann gerade ihr zweites Jahr im Wesleyan College, als es endlich losging.
Weit unten am Yangtse, in der eigentlich aus drei Städten bestehenden Stadt Wuhan, plante eine Gruppe von unzufriedenen Armeeoffizieren in ihrer Garnison ihren eigenen Aufstand gegen die Mandschus. Am 9. Oktober explodierte eine ihrer selbstgebastelten Bomben zufällig in einem Versteck.
Polizeikräfte, die auf der Bildfläche erschienen, entdeckten Dokumente, Insignien, Siegel und Banner. Sie handelten rasch, stürmten das nahegelegene Hauptquartier der Verschwörer in der Hsiao-ch'ao-Straße und verhafteten eine große Zahl von Verschwörern. Die Tore der Stadt wurden verriegelt, die Armeebaracken umstellt, und die Polizei ging mit erbeuteten Mitgliederlisten hinein. Panik ergriff die Männer. Für die abtrünnigen Militäroffiziere war die Wahl einfach: Sie konnten entweder Gefangennahme und brutale Bestrafung hinnehmen, oder sie konnten alles riskieren und ihren lange geplanten Aufstand fortsetzen. Vier Truppenbataillone meuterten unerwartet und übernahmen die Kontrolle der Stadt. Der Generalgouverneur floh in einem Kanonenboot über den Yangtse. Es war der 10. Oktober 1911, der glückverheißende zehnte Tag des zehnten Monats, die «doppelte Zehn».
Die Meuterer waren schlecht organisiert. Sie wurden von im politi-

schen Leben Unbekannten angeführt, von Mitgliedern einer lokalen revolutionären Gruppierung, die sich die «Literarische Gesellschaft» nannte. Sie hatten keine bedeutsame Verbindung mit irgend einer Triade und keinen direkten Kontakt zu Dr. Suns Allianzpartei. Aber sie hatten spontan das getan, was trotz jahrelangen Versuchens niemand anderer zustande gebracht hatte. Am 12. Oktober, zwei Tage, nachdem die selbstgebastelte Bombe zufällig explodiert war, setzten die Rebellen eine provisorische republikanische Regierung ein und ernannten ihren lokalen Kommandanten, Li Yuan-hung, zum revolutionären Militärbefehlshaber. In den folgenden Tagen und Wochen schloß sich eine Provinz nach der anderen den Rebellen an und erklärte sich unabhängig von der Obrigkeit der Mandschus.

In einem letzten Versuch, sich zu retten, riefen die Mandschus den obersten Militärberater der verstorbenen Kaiserinwitwe, den geriebenen Yuan Shih-kai, aus dem «Ruhestand» zurück.[6]

Yuan war ein Kriegsherr, der jahrelang die eigentliche militärische Macht hinter dem Pekinger Regime ausgeübt hatte. Als in den neunziger Jahren des neunzehnten Jahrhunderts Reformen eingeführt wurden, hatte er Ausländer mit dem Aufbau der ersten «modernen» Armee beeindruckt und die Militärakademie Peyang gegründet, in der die Offiziere mit westlichen Drillmethoden vertraut gemacht wurden und lernten, statt Speeren, Bogen und Pfeilen westliche Waffen zu verwenden. Seine Karriere verdunkelte sich mit dem Tod der Kaiserinwitwe, aber 1911 erkannte er in diesem Ruf zu den Waffen eine Chance, für sich selbst die Macht zu erlangen. Yuan organisierte energische Attacken gegen die Rebellen – Attacken, die kurz vor dem militärischen Sieg wohlberechnet abbrachen. Sein Ziel war es, Vorteile gegenüber den Rebellen zu gewinnen, ohne die Seite der Manchus tatsächlich zu stärken, und dann zu warten, bis beide Seiten erschöpft waren.[7]

Zu guter Letzt lag das Schicksal des Drachenthrons in der Hand der Westmächte. Unter Beobachtern bestand kaum ein Zweifel, daß die Mandschus am Ende waren. Großbritannien allein war in China so mächtig, daß seine Unterstützung des Throns oder der Rebellen das Ergebnis bestimmen würde, wie es schon ein halbes Jahrhundert zuvor bei der Taiping-Rebellion geschehen war.

Die Briten ließen bekanntwerden, daß sie keine Maßnahmen zur Unterstützung des Throns ergreifen würden. Als die anderen fremden Mächte sahen, wie Großbritannien sich verhalten würde, schwenkten sie auf den gleichen Kurs ein. Durch den Entschluß, dem Schauspiel zuzusehen, setzte der Westen der Mandschudynastie ein Ende. Indem Großbritannien es andererseits jedoch ablehnte, die Republikaner zu unterstützen, legte es das Schicksal Chinas vorsätzlich in die Hände Yuan Shih-kais, machte ihn zum neuen starken Mann und verurteilte das Land zu einer weiteren Periode von Despotismus und Aufruhr.[8]

Dr. Sun war in Denver, Colorado, als die Revolution stattfand.[9] Er war sich des bedeutenden Ereignisses nicht bewußt, bis er eines Morgens, bevor er den Zug nach Kansas City nahm, beim Frühstück die Zeitung aufschlug. Aus der Zeitung erfuhr er auch, daß er unter denen war, die als mögliche Führer des neuen China genannt wurden. Er realisierte, daß das Schicksal dieser jungen Regierung von fremden Mächten entschieden werden konnte, im besonderen von Großbritannien und den Vereinigten Staaten. Wenn er persönlich westliche Unterstützung gewinnen konnte, verschaffte ihm dies vielleicht eine Position in der Führungsspitze. Deshalb hastete Sun, anstatt sofort nach China zurückzustürmen, nach Washington, um um ein privates Gespräch mit dem Staatssekretär Knox nachzusuchen. Der Sekretär lehnte es ab, ihn zu empfangen. Unverzagt eilte Sun weiter nach New York und bestieg ein Schiff nach England.[10]

In London gelang es Sun, mit Sir Trevor Dawson, dem Leiter der großen Waffenfabrik Vickers Sons & Maxim, in Kontakt zu treten. In Erwartung eines bedeutenden Auftrags der neuen chinesischen Regierung willigte Sir Trevor ein, Suns Fall dem Außenminister darzulegen. Unter anderem war Sun bereit, Großbritannien eine Vorzugsbehandlung in China anzubieten: Er würde die chinesische Flotte britischen Offizieren unterstellen und Großbritannien die Dienste von fünfunddreißig Millionen Mitgliedern von Geheimgesellschaften garantieren. Diese wilden Schmeicheleien brachten nichts ein. Das Außenministerium war schon längst zu dem Schluß gekommen, Sun Yat-sen sei ein bloßer «Windbeutel». Tatsächlich stand der Kurs der britischen Regierung schon fest – Whitehall stand entschlossen hinter dem starken Mann Yuan Shih-kai. Die einzige Zusicherung, die Sun erhielt, war die, daß Großbritannien «neutral» bleiben werde – ein Entschluß, der bereits von der Gesandtschaft in Peking bekanntgegeben worden war.[11]

Enttäuscht reiste Sun nach Paris, wo er ein Gespräch mit Clemenceau erreichte, aber wiederum nichts ausrichtete. Mit leeren Händen bestieg er in Marseille ein Schiff und fuhr heim.

Suns Fehlschläge verhinderten, daß er von seinen wichtigsten politischen Rivalen ernstgenommen wurde, sie minderten aber sein öffentliches Ansehen als Revolutionär nicht.

Seine Anhänger glaubten, er habe den Fall der Mandschus inspiriert, obwohl er gar nicht anwesend gewesen war. Als Sun am 25. Dezember 1911 in Shanghai ankam, wurde ihm von großen Scharen von Anhängern ein Heldenempfang bereitet: Charlie und Ai-ling waren mit dabei. Sun ging geradewegs zu Charlie nach Hause, um sich mit seinen Leutnants zu beraten. Die Revolution war nun für einen großen Teil Südchinas eine vollendete Tatsache, wenngleich die Situation im Norden alles andere als bereinigt war. Delegierte aus allen befreiten Gebieten, darunter auch aus dem Pulverfaß Wuhan, waren in der alten Hauptstadt der Ming-Dynastie, von Shanghai aus eine kurze Strecke den Yangtse flußaufwärts, zusammengekommen. Nanking wurde als neue Hauptstadt des republikanischen China vorgeschlagen. Diese Verlegung der Hauptstadt sollte die Verbindung mit der Vor-Mandschu-Periode symbolisieren – die alte Blutschuld der Ming bezahlen –, und Peking die Zähne zeigen. In Nanking bemühten sich die Delegierten, einen republikanischen Präsidenten zu wählen. Bis anhin war es nicht gelungen, für einen der führenden Kandidaten eine klare Mehrheit zu gewinnen. Jetzt suchten sie nach einem Mann, auf den sie sich als Kompromiß einigen konnten. Es bestand die Außenseiterchance, daß Dr. Sun, der die ganze Show verpaßt hatte und erst ziemlich spät im Verlauf der Verhandlungen auf der Bildfläche erschien, einmal mehr sein phänomenales Glück unter Beweis stellen und sich genau als der Kompromißkandidat erweisen konnte, der den Stillstand der Verhandlungen überwand.

Ai-ling und Charlie begleiteten Sun nach Nanking. Wiederum wurde ihm ein begeisterter Empfang bereitet, und er wurde einstimmig zum Provisorischen Präsidenten der Chinesischen Republik gewählt.

Kurz nach Suns Amtsantritt sandte Charlie Ching-ling eine der ersten, mit fünf Streifen versehenen republikanischen Flaggen. Ihre Zimmergenossinnen erzählten später, sie hätten erstaunt zugesehen, wie Ching-ling einen Stuhl zur Wand zog, auf ihn stieg, die alte kaiserliche Drachenflagge herunterriß und die neue Flagge an ihrer Stelle befestigte.

«Nieder mit dem Drachen», rief sie. «Hoch mit der Flagge der Republik!» (Die fünf horizontalen Streifen – rot, gelb, blau, weiß und schwarz – repräsentierten die Han-Chinesen, die Mandschus, die Mongolen, die Moslems und die Tibetaner.)[12]

Ching-ling war über die Nachricht vom Zusammenbruch des Reichs außer sich vor Freude. Stärker denn je wurde sie in Anspruch genommen von den Ereignissen rund um diese heftigen Veränderungen und von den Leuten, die sie in Gang gebracht hatten. Die Studentenzeitschrift von Wesleyan brachte ihren Artikel «Das größte Ereignis des zwanzigsten Jahrhunderts». Weil er so viele ihrer späteren Überzeugungen vorwegnimmt, verdient er näher betrachtet zu werden.

Eines der größten Ereignisse des zwanzigsten Jahrhunderts, ja sogar das größte seit Waterloo ist nach der Ansicht vieler bekannter Erzieher und Politiker die chinesische Revolution. Sie ist eine äußerst ruhmreiche Errungenschaft. Sie bedeutet die Emanzipation von vierhundert Millionen Seelen aus der Knechtschaft einer absoluten Monarchie, die über viertausend Jahre lang bestanden hat und unter deren Herrschaft «Leben, Freiheit und das Streben nach Glück» verweigert worden sind. Sie bedeutet außerdem den Fall einer Dynastie, deren grausame Unterdrückung und Selbstsucht die einst wohlhabende Nation zu einem in Armut lebenden Land heruntergewirtschaftet haben. Der Sturz der Mandschuregierung bedeutet die Zerstörung und Vertreibung eines Hofes, an dem die barbarischsten Sitten und die erniedrigendste Moral herrschten.
Noch vor fünf Monaten hätten wir nicht einmal in unseren kühnsten Träumen an eine Republik gedacht. Einige nahmen sogar das Versprechen einer baldigen konstitutionellen Regierung mit Skepsis auf. Aber tief im Herzen jedes Chinesen, ob er nun Politiker oder Arbeiter war, bestand eine gegen die Mandschus gerichtete Gesinnung. Alle Leiden wie Hungersnot, Überschwemmungen und Rückschritte in jedem Bereich des Lebens wurden auf die tyrannischen Mandschus und ihren Hof von unehrlichen Beamten zurückgeführt. Unterdrükkung war der Grund dieser wunderbaren Revolution, die sich als Segen entpuppte. Schon jetzt sind wir Zeugen von Reformen, die unter einem Despoten niemals verwirklicht worden wären. Wir lesen in den Zeitungen von der Bewegung gegen die Zöpfe in China und daß Tausende und Abertausende ihre Anhängsel – die chinesische Nationalschande – geopfert haben. ... Unzählige weitere Reformen finden jetzt statt ... Die Revolution hat in China Freiheit und Gleichheit geschaffen, diese beiden unveräußerlichen Rechte des Individuums, die den Verlust so vieler hochgesinnter und heldenhafter Leben zur Folge hatten; Brüderlichkeit jedoch muß erst noch erreicht werden. ... Brüderlichkeit ist das noch unerreichte Ideal der Menschheit, und die Freiheit hat keinen festen Grund außer der Brüderschaft der Menschen, und Gleichheit kann nie mehr sein als ein Traum, bis die Menschen einander als Brüder empfinden.

Im Maconer *Telegraph* las Ching-ling, daß Suns erste Amtshandlung als Provisorischer Präsident darin bestanden hatte, eine Prozession anzuführen, die den Gräbern der Ming-Kaiser in Nanking Tribut zollte. Durch diesen Akt erfüllte er den Bluteid der Triade – «Fan Ch'ing Fu Ming» – «Nieder mit den Ching, hoch mit den Ming!»
Aber einen Monat später legte er sein Amt nieder.
Obwohl Sun in Nanking den Titel des Provisorischen Präsidenten innehatte, blieb die wirkliche Macht in Peking in den Händen des starken Mannes Yuan Shih-kai. Als Meister der Palastintrige und

geschickter Manipulator von Meuchelmorden hatte Yuan China fest im Griff. Er kontrollierte Peking, das alle ausländischen Regierungen als Sitz der Macht anerkannten, er hatte Großbritannien hinter sich, seine Armeen kontrollierten Nordchina, und ohne seine Mitarbeit war die Republik machtlos. Der unmündige Kaiser Pu Yi blieb als Yuans Marionette und Überbleibsel der Mandschus auf dem Thron. Da China dermaßen gespalten war, konnten die Republikaner nicht für die ganze Nation sprechen. Um das völlig klarzustellen, inszenierten Yuans Leute in den nördlichen Provinzen, die sie kontrollierten, eine Reihe von blutigen Aufständen, lehnten sich zurück und sahen zu. Dr. Sun war überhaupt nicht in der Lage, die Aufstände ohne die Kooperation von Yuans Nordarmeen und seiner Polizei zu unterbinden. Yuan ließ ihn unfähig erscheinen. Suns Allianzpartei war auf die Realität der Revolution schlechterdings nicht vorbereitet gewesen. Der Doktor selbst betrachtete die Revolte in Wuhan immer noch als «rein zufällig». Vertretern seiner Allianz gelang es nicht einmal, Kontrolle über die republikanische Führung zu gewinnen. Als Folge hiervon gab es zwei republikanische Machtbasen – die Revolutionäre mit Hauptquartier in Wuhan, wo der Aufstand von 1911 stattgefunden hatte, und Dr. Suns Allianz mit Sitz in Shanghai und Nanking. In einem Versuch, alle republikanischen Parteien zu vereinigen, wurde eine neue nationale Partei organisiert, die Kuomintang oder KMT genannt wurde. Aber sie kontrollierte die Situation nicht, und zahlreiche konterrevolutionäre Gruppen behinderten sie oder leisteten Widerstand.[13]

Sun brauchte nur Tage, um zu realisieren, daß er tatsächlich machtlos war. Hinter seinem Rücken verhandelte der starke Mann Yuan mit den Anführern verschiedener republikanischer Faktionen und bot sich als die einzige Person an, die imstande war, das Chaos zu beenden und China unter eine klar umrissene Herrschaft zu stellen. Yuan täuschte die verschiedenen republikanischen Faktionen, indem er ihnen anbot, selbst Mitglied der Kuomintang zu werden und alle seine hautpsächlichen Minister ebenfalls der KMT beitreten zu lassen. Er versprach, er werde den unmündigen Kaiser absetzen, sobald seine Forderungen akzeptiert würden und er Dr. Sun als Präsidenten ersetze.

Philosophisch tröstete Sun sich damit, daß er sein Hauptziel, China zur Freiheit zu führen, erreicht habe. Aber es muß ihn tief geschmerzt haben, als er schließlich anerkannte: «Yuan ist der einzige Mann, der zurzeit China regieren kann.»[14] Sun machte das Angebot, zugunsten Yuans zurückzutreten unter der Bedingung, daß der unmündige Kaiser sein Amt niederlege und der starke Mann die ganze Regierung nach Nanking verlege. Yuan akzeptierte die Bedingungen, und der Kaiser dankte am 12. Februar ab. Zwei Tage später wurde Yuan zum Provisorischen Präsidenten gewählt. Er trat sein Amt am 10. März an, und am 1. April zog Dr. Sun Yat-sen aus den Regierungsbüros in Nanking aus, um Platz zu machen. Ab September arbeitete der Doktor für Präsident Yuan als Direktor der Nationalen Eisenbahnen.

Eine schreckliche Desillusion folgte. Sobald Yuan das Amt des Präsidenten innehatte, schob er den schlimmeren unter denjenigen, die ihn unterstützten, Schlüsselpositionen zu und berief seine einflußreichsten Anhänger ins Kabinett. Die wenigen unabhängigen republikanischen Führer, die im Kabinett verblieben, sahen sich isoliert. Es war nur eine Frage der Zeit, bis Yuan sie entmachtet hatte und diktatorische Kontrolle erlangte. Sein Vorgehen war nichts Neues. Aber so offensichtlich es gewesen sein muß, viele Republikaner erkannten die Gefahr nicht sofort. In der Euphorie, die dem Fall der Mandschus gefolgt war, waren sie mit anderen Dingen beschäftigt. In verschiedenen Teilen des Landes wurden Wahlen für eine Gründerversammlung abgehalten, und die gewitzteren Politiker wurden von Kampagnen in Beschlag genommen.

In Macon sah Ching-ling klarer als die meisten anderen, daß die wirkliche Revolution noch nicht stattgefunden hatte. Sie begann die Monate zu zählen, bis sie heimkehren und ihre Rolle in ihr spielen konnte.

Für Dr. Sun war seine Arbeit bei der Eisenbahn eine Art Urlaub – Zeit, die Wunden zu lecken. Offenbar kam er nie auf den Gedanken, daß Yuan sich seiner entledigte, indem er ihn mit einer nutzlosen Arbeit beschäftigte. Er erhielt ein Gehalt von 30 000 chinesischen $ im Monat und reiste vornehm umher. Auf seine Initiative hin wurde Charlie Soong zum Finanzverwalter der Nationalen Eisenbahnen ernannt und schloß sich Suns Umgebung an; Ai-ling agierte als Suns Sekretärin.

Es war ein schwerwiegender Fehler. Zum erstenmal wurden Charlie Soong und seine Familie öffentlich mit Sun in Zusammenhang gebracht, eine Veränderung, die für alle gefährlich war.

Sie unternahmen zusammen eine große Rundreise durch China, überallhin, wohin bestehende Eisenbahnlinien nie führen konnten. Sie flitzten dem Yangtse entlang, ratterten durch den Kao-ling-Getreidegürtel der Mandschurei und wanden sich um die geisterhaften Karstformationen der sanften, grünen Provinz Kwangtung.

Ein ganzer Zug war mit besonderen Wagen ausgestattet. Dr. Suns persönlicher Wagen war einer, der zuvor vom Alten Buddha benutzt worden war. Die Kaiserinwitwe hatte eine Serie von sechzehn Wagen bestellt aus dem einfachen Grund, weil andere Monarchen sie auch hatten. Ihr persönlicher Wagen übertraf sogar die Faubergé-Eleganz der Transsibirischen Eisenbahnwagen der Romanows. Keine Veränderungen waren angebracht worden, seit die Kaiserinwitwe mit vierzig Paar Schuhen und zweitausend Kleidern gereist war. Die kaiserliche Ausstattung – eine Decke aus blauem Samt, verziert mit goldenen Zeichnungen von Päonie und Phönix, vervollständigt durch die kaiserlichen gelben Seidenvorhänge – schien dem neuen Eisenbahndirektor wahrscheinlich ganz in der Art passend, in der Stalin am zaristischen Dekor Gefallen fand, als er Jahre nach dem Tod der kaiserlichen Familie im Zug durch Rußland fuhr.[15]

Der australische Journalist Donald, der sich Sun an die Fersen geheftet hatte, begleitete ihn auf einer Reise nach Norden. Der Zug war überfüllt von Herumtreibern, Gefolgsleuten und Stellensuchern, die meisten für eine Gratisfahrt dabei, darunter auch die allgegenwärtigen hübschen Mädchen. Donald bemerkte, daß nächtliche Stelldicheins mit sinnlichen Stimmen und juwelenbesetzten Händen, die unerwartet zwischen den schweren grünen Samtvorhängen der den Beamten der neuen Regierung zugeteilten Schlafkojen hervorsahen, zur Routine gehörten.[16]

An jeder Station dröhnten Signalhörner, und Dr. Sun stieg aus, um Würdenträger zu begrüßen, Tee zu trinken und eine Rede zu halten. Oft saß Sun mit Donald zusammen bei langen Gesprächen über die Entwicklung Chinas, und manchmal nahm Ai-ling auf einem Sitz in der Nähe Platz, kritzelte Notizen und lächelte ermutigend.

Von Suns Standpunkt aus waren Eisenbahnen die Lösung für das Problem der Armut Chinas. Bevor es Eisenbahnen gab, insistierte Sun, waren die Vereinigten Staaten arm gewesen. Aber sobald sie Geld geliehen und 200 000 Meilen Gleise gebaut hatten, war Amerika eine der reichsten Nationen der Welt geworden. Da China ein bißchen größer war, mußte es weit mehr Gleise bauen.

Eines Morgens wurde Donald gerufen, um dem Doktor Gesellschaft zu leisten. Sun betrachtete eine große Karte Chinas, die an der Wand befestigt war, und schwang einen Schreibpinsel. Während Donald zusah, zog er Linien, die verschiedene Städte verbanden. Als ihm klarwurde, was der Mann tat, dachte Donald bei sich: «Ich habe den überzeugendsten Beweis gesehen, daß Sun nicht nur völlig verrückt ist, sondern noch verrückter.» Donalds Bericht von ihrer Unterhaltung bleibt ein Klassiker.[17]

«Ich möchte, daß Sie mir mit dieser Eisenbahnkarte helfen», sagte Sun. «Ich schlage vor, innert zehn Jahren zweihunderttausend Li

[dreißigtausend Meilen] Gleise zu bauen. Ich markiere sie auf dieser Karte. Sehen Sie die dicken Linien, die von einer Provinzhauptstadt zur anderen führen? Nun, das werden die Hauptlinien sein. Die anderen sind Seitenlinien und weniger wichtige Verbindungen.»
Die nächsten paar Tage erschien Donald jeden Morgen um sieben Uhr und sah zu, wie Sun seine Linien zeichnete, die krummen auswischte und sie gerade zeichnete. Schließlich, als der Zug sich einer größeren Stadt näherte, in der Presseinterviews geplant waren, rückte Donald heraus mit der Sprache:
«Ich würde Ihre Eisenbahnkarte den Korrespondenten nicht zeigen», sagte er beiläufig. «Sie würde Ihre eigenen besonderen Ideen preisgeben.»
«Oh nein», lachte Sun. «Das macht mir nichts aus. Ich möchte, daß die Leute sie kennen. Meine Karte wird China retten.»
«Vor ein paar Tagen sagten Sie, Sie würden innert zehn Jahren zweihunderttausend Li bauen», konterte Donald. «Das ist kaum möglich. Zum einen würde es viel Geld kosten, zum andern glaube ich nicht, daß Sie selbst in dreißig Jahren so viele Meilen bauen lassen können.»
«Es ist sehr einfach», antwortete Sun. «Wir werden alles Geld, das wir wollen, bekommen. Einige der Linien werde ich mit britischem Kapital bauen, einige mit amerikanischem, einige mit deutschem, einige mit japanischem, und so weiter.»
«Wissen Sie nicht, daß die Mandschus das gleiche versuchten? Sie versuchten, die Eisenbahnen zu nationalisieren und sie mit fremdem Kapital zu betreiben. Was bekamen sie statt dessen? Eine Eisenbahnrevolte.»
Als Sun nicht antwortete, zeigte Donald auf der Karte auf das gebirgige Tibet. «Doktor, die Linie, die Tibet umgibt, kann niemals gebaut werden. Sie können Sie mit Pinsel und Tusche bauen – aber das ist alles. Manche der Pässe, die Ihre Eisenbahn überqueren soll, sind fünfzehntausend Fuß hoch.»
«Es gibt dort Straßen, oder?» stellte Sun rhetorisch fest.
«Nicht Straßen, Doktor. Lediglich schmale, unwegsame Pfade. Sie führen in Spiralen in den Himmel hinauf. Sie sind so steil, daß ein starkes Yak sie kaum hinaufsteigen kann.»
«Wo es eine Straße gibt, kann auch eine Eisenbahn gebaut werden», antwortete Dr. Sun und ließ das Thema fallen. Donald notierte später seine persönliche Reaktion auf Suns Traum: «Er ist verrückt; nicht, weil er die Karte gezeichnet hat, denn mit Geld und einem Überfluß an Zeit könnte jede Linie, die er gezeichnet hat, gebaut werden; aber Sun hat die Verwegenheit zu glauben, einfach weil er das Ding

gezeichnet habe, würden ihm ausländische Kapitalisten genug Geld geben, um das ganze Zeug in ... fünf bis zehn Jahren zu bauen!»
Suns Agenten suchten bei Financiers wie J.P. Morgan um Kapital für die Eisenbahnen nach, aber ohne Erfolg.[18] Nur ein Vertrag wurde unterzeichnet, bevor der Ausbruch des Ersten Weltkriegs allen derartigen Bestrebungen ein Ende setzte, und dieser Vertrag – mit George Pauling and Company in London – kam nie über das Planungsstadium hinaus.[19]
Dies waren berauschende Augenblicke für Dr. Sun, aber Donald sah Anzeichen dafür, daß Suns Enttäuschung über den Verlauf der Revolution ihn zur Verzweiflung brachte, und in seiner Verzweiflung verlor er den Realitätsbezug. Eines Tages besuchte Donald Suns Büro in Shanghai, als Ai-ling irgendwelche Papiere hereinbrachte und dann den Raum wieder verließ. Sun betrachtete ihre Hüften, als sie hinausging, wandte sich Donald zu und flüsterte, er wolle sie heiraten.[20]
«Sie sollten Ihr Verlangen lieber sublimieren», sagte Donald. «Sie sind schon verheiratet.»
«Ich werde mich vorher von meiner Frau scheiden lassen», sagte Sun.
«Aber Ai-ling ist Charlie Soongs Tochter», protestierte Donald. «Charlie ist Ihr bester Freund gewesen. Ohne ihn wären Sie oft in der Patsche gesessen. Und was Ai-ling und die anderen Kinder betrifft, so sind Sie ihr Onkel gewesen. Sie sind beinahe Ihre Kinder gewesen.»
«Ich weiß, ich weiß», sagte Dr. Sun, «aber ich will sie trotzdem heiraten.»
Sun schien es ganz ernst zu meinen. In jener Nacht bestand er darauf, daß Donald ihn zu Charlies Haus begleitete, weil er beabsichtigte, ihn geradeheraus um Ai-lings Hand zu bitten. Widerstrebend willigte der Australier ein, aber er wollte nur als Beobachter mitgehen – er hatte keinerlei Absicht, Suns Verrücktheit zu unterstützen.
Charlie war wie vor den Kopf geschlagen. Er wankte rückwärts, als sei er getroffen worden. Die Farbe wich aus seinem Gesicht, und er starrte den Mann an, der zwanzig Jahre lang sein engster Freund und Mitverschwörer gewesen war. Als er wieder die Kontrolle über sich gewann, sagte er schließlich: «Yat-sen, ich bin Christ. Die ganze Zeit habe ich geglaubt, du seist es auch. Ich habe meine Kinder nicht dazu großgezogen, daß sie in der Liederlichkeit leben, die du vorschlägst. Ich werde mich nicht an Leute gewöhnen, die mit der Ehe Schindluder treiben. Wir sind eine christliche Familie und werden es, so Gott will, bleiben.»
Dr. Sun schien verwirrt; als hätte er diese Reaktion im Leben nicht erwartet. Er blickte von Donald zu Charlie und wieder zurück zu Donald, sein Gesicht dunkel vor Verlegenheit.

«Ich will, daß du gehst, Yat-sen», sagte Charlie. «Ich will, daß du gehst, und ich will, daß du nie mehr wiederkommst. Meine Tür ist für dich auf immer verschlossen.»
Donalds Bericht über diese Ereignisse mag übertrieben sein. Charlie und Sun arbeiteten nach kurzer Zeit wieder wie gewöhnlich zusammen.
Was auch immer für Spannungen auf familiärer Ebene zwischen den beiden bestanden, sie wurden durch Entschuldigungen wieder behoben. Aber das Thema war alles andere als erledigt. Für Charlie sollten noch weit größere Überraschungen kommen.
Höchstwahrscheinlich dämpfte Ai-ling selbst Dr. Suns Liebesglut am wirksamsten. Er war ein Träumer. Sie war realistisch. Als seine Sekretärin war sie in der Lage gewesen, seine Schwächen zu beobachten und zu verstehen, wie dünn seine Fassade war, wie zerbrechlich seine Prahlereien.
Für eine Frau, die so praktisch veranlagt war wie Ai-ling, spielte es keine Rolle, daß Sun an das, was er tat, glaubte und niemals aufgab. Überzeugung ist kein greifbarer Aktivposten. Weil sie Charlie so nahe war, sah sie ihn die Hände ringen über die fortwährenden Rückschläge der Verschwörer. Vielleicht konnte sie nicht anders, als Dr. Sun die ganze Schuld zu geben. Aber für ihre Schwester Ching-ling war es eine ganz andere Geschichte.

Anfang 1913 bestätigte der ehrgeizige Yuan die schlimmsten Befürchtungen und traf Anstalten zur totalen Machtübernahme. Es wurde offenbar, daß er davon träumte, sich selbst zum Kaiser zu erklären. Er übernahm die diktatorische Kontrolle der Regierung und brach sein Versprechen, die Administration wieder in Nanking anzusiedeln. Alle nördlichen Provinzen wurden von ihm ergebenen Kriegsherren unter Kontrolle gehalten, von den sogenannten Peyang-Militärs, die in seiner Peyang-Akademie ausgebildet worden waren. Indem er die Administration in Peking behielt, hatte er sie in seiner Gewalt und unter der Überwachung seiner militärischen Abschirmung im Norden.
Von seiner Hochburg in der Verbotenen Stadt aus befahl Yuan Meuchelmorde, um seine wichtigsten Rivalen auszuschalten. Zielscheiben waren die republikanischen Anführer, die mit Dr. Sun in der neuen nationalen Partei, der KMT, verbunden waren. Bei Wahlen erzielte die Partei erdrutschartige Gewinne. Aber bevor das große Auswirkungen für ihre Seite und gegen Yuan haben konnte, begannen seine angeheuerten Killer ihre Arbeit.
Es ist eine Binsenwahrheit, daß ein politisches Mordregime die

meistversprechenden Konkurrenten aus dem Wettbewerb ausschließt. Das traf sicherlich zu für die Periode, die nun in China einsetzte und die dem Feld die Blumen nahm, um nur das Unkraut wachsen zu lassen.

Unter den ersten Opfern war der einunddreißigjährige Sung Chiao-jen, Führungsmitglied der neuen KMT-Partei und einer der nur vier unabhängigen Republikaner, die im Kabinett des starken Mannes übriggeblieben waren. Dieser junge Politiker hatte eine Fähigkeit, die für China ziemlich originell war – zu seinen Qualitäten als bemerkenswerter Administrator war er ein in der Provinz populärer Praktiker, der fähig war, bei der ländlichen Bevölkerung Unterstützung zu gewinnen – etwas, das selbst Dr. Sun nicht erreicht hatte. Suns engster Kreis war der Ansicht, daß die Bauern geführt werden mußten, bevor sie mit einer unmittelbaren Rolle im demokratischen Prozeß betraut werden konnten. Im Vergleich hierzu war die volkstümliche Anziehungskraft Sung Chiao-jens ein politisches Phänomen. Als Yuan sich anschickte, die Macht zu übernehmen, traten Sung Chiao-jen und die anderen drei unabhängigen Kabinettsmitglieder aus Protest zurück und verursachten so eine direkte Konfrontation. Am 20. März 1913, als Sung einen Zug in Shanghai bestieg, schoß ihn ein Meuchelmörder zweimal in den Bauch. Die Kugeln waren absichtlich so gezielt, daß sie den schlimmsten Todeskampf verursachten. Es dauerte zwei Tage, bis Sung starb.[21]

Eine Untersuchung des Mordes führte direkt zum Premierminister des Diktators und zu einem Kabinettssekretär. Ein Skandal tobte rund um den starken Mann. Aber das war nur der erste von vielen Meuchelmorden – einige von ihnen wurden dreist in aller Öffentlichkeit verübt, andere wurden durch Gift bei Banketten oder privaten Diners bewerkstelligt.

Nicht im geringsten abgeschreckt durch den Skandal, setzte Yuan seine Säuberungen fort, entließ Abgeordnete der KMT-Partei aus ihrem Amt und ersetzte sie mit eigenen Anhängern aus Militärkreisen. Viel Zeit verstrich, bis den Republikanern dämmerte, was vor sich ging. Verspätet kamen sie zu dem Entschluß, daß die Zeit gekommen sei, die Karten offenzulegen. Am 11. Juli 1913 erklärte der Statthalter von Kiangsi mit der Ermutigung Sun Yat-sens seine Provinz als von Peking unabhängig. Dr. Sun machte bei diesem Schritt sofort mit, indem er Yuan öffentlich angriff und sagte: «Laßt alle Menschen im Land jedermann angreifen, der es wagt, sich selbst zum Kaiser zu machen.»[22] Prompt wurde er aus seinem Amt als Vorsteher des Eisenbahnbaus entlassen. Die «Zweite Revolution» hatte begonnen.

Ching-ling war gerade aus dem College in Macon zurückgekehrt, zu spät, um Dr. Suns kurzen, aber beunruhigenden geistigen Blackout mitzubekommen. Nun, da die «Zweite Revolution« im Gang war, schien Dr. Sun wieder der alte zu sein: er plante, organisierte, sah sich nach seinen Verfolgern um. Er hatte wieder ein Ziel, und wieder war er eine heroische Gestalt. In dieser Phase traf Ching-ling ihn an, als sie voller Leidenschaft und Idealismus vom Wesleyan College heimkam.

Als Yuan Suns Verhaftung und Exekution anordnete, floh der Doktor nach Japan und erreichte Tokyo Ende 1913. Nun, da bekannt war, daß Charlie Soong einer der engsten Vertrauten Suns war, entschied er, es sei klüger, China zu verlassen und seine ganze Familie mitzunehmen. Charlie machte das Haus in Hongkew dicht und sammelte seine Küken: Ai-ling, Ching-ling und die beiden jüngeren Söhne (May-ling und der älteste Junge, T.V., waren noch auf der Schule in Amerika). Sie begleiteten ihn und «Mammy» Soong zur Französischen Konzession und dann flußabwärts. Im Meerhafen des Yangtse wurden sie an Bord eines Dampfers genommen, der der Roten Gang gehörte und bei der nächsten Flut in Richtung Kobe fuhr.

Die Soongs waren politische Flüchtlinge geworden.

In Japan wurden sie von lokalen Parteiführern der KMT herzlich empfangen. Charlie und seine Familie wohnten vorübergehend in Unterkünften, die durch Dr. Suns einflußreiche japanische Verbindungen zur Verfügung standen. Später zogen sie weiter in die Nähe von Tokyo und nahmen ein Wohnhaus am Steilufer in Yokohama mit Blick über die Tokyo Bay, einer Gegend, die bei Ausländern als schick galt.[23]

Während Charlie und Dr. Sun die alten Verschwörungen neu belebten, nahm Ai-ling ihre Pflichten als Dr. Suns Sekretärin wieder auf. Ching-ling, stets die glühende Romantikerin, begann ihre ganze Freizeit in den Parteibüros zu verbringen. Dr. Suns Frau, die er vor vielen Jahren in einer von den Eltern bestimmten Hochzeit im Dorf seines Vaters geheiratet hatte, gehörte auch zu den Exilanten. Ihr einziger Sohn, Sun Fo, war schon erwachsen und studierte in den Vereinigten Staaten Journalismus.

Eines Tages besuchte Charlie den chinesischen CVJM in Tokyo, einen beliebten Treffpunkt der Exilanten. Dort wurde er mit H.H. Kung (Kung Hsian-hsi) bekanntgemacht, einem dreiunddreißigjährigen Mann aus der Provinz Shansi, der reichen, Opium anbauenden Gegend, in der Charlies eigene Familie einst gelebt hatte, bevor sie sich auf der Insel Hainan niederließ. Die Kungs besaßen die merkwürdige Auszeichnung, in direkter Linie vom Weisen Konfuzius abzustammen. Wichtiger als das war ihr außerordentlicher Reichtum. Das Vermögen der Familie kam aus einer Kette von Leihhäusern, die vom Familienbesitz in Taiku in der Provinz Shansi aus über ganz China verstreut waren. Diese Leihhäuser gewährten Bauern sowie kleinen und mittleren Geschäftsleuten Darlehen. Zu jener Zeit gab es in China auf dem Land keine Banken im westlichen Sinn. In guten Jahren wurden die Bauern von ihren Grundherren hoch besteuert, und in harten Zeiten zahlten die Gutsherren (wenn sie klug waren) einen Teil dieser Steuergelder in Form von Darlehen oder öffentlichen Bauten an die Bauern zurück. In größeren Städten, wo der unmittelbare Ausgleich zwischen Bauern und Grundherren verloren gegangen war, waren solch einfache finanzielle Arrangements nicht mehr möglich. Pfandleiher wie die Kungs sprangen in die Lücke, um den Bedarf zu befriedigen. Indem sie ihre Geschäfte klug führten, wurden sie während guter Zeiten reich, und wenn Katastrophen eintraten, waren sie recht großzügig im Gewähren kleiner Darlehen an Bauern, Gutsbesitzer und Ladenhalter.

Durch Pfänder, die verfielen, erlangten sie eine große Zahl von Besitztümern und setzten ihre Profite gerissen zum Gewinn noch größerer Summen ein. Schließlich dehnte sich das Geldverleihnetz der Kungs bis nach Peking, Kanton und sogar Japan aus. Die Kungs waren in der Lage, praktisch jede Unternehmung zu unterschreiben und zu finanzieren.

H.H. Kungs Vater hatte die Pekinger Filiale des Familienunternehmens geleitet und kehrte später nach Taiku zurück, um in der Führung des Hauptsitzes mitzuarbeiten. Gegen Ende der Mandschuära wurden die Leihhäuser der Kungs von modernen regionalen Banken überflügelt. Deshalb gründeten die Kungs ihre eigenen Banken und verwandelten ihre Leihhäuser in Gemischtwarenhandlungen oder Ramschläden – und begannen anderswo nach großen finanziellen Gewinnen zu suchen. Die Kungs waren die engsten Berater des Kriegsherrn Yen Hsi-shan, der die Provinz Shansi von der Mandschuregierung «befreit» hatte und nun ihr militärischer Herrscher war. Er war einer der wenigen «aufgeklärten» Kriegsherren in China, was bedeutete, daß er mit Ausländern zu beiderseitigem Profit zusammenarbeitete. Die Kungs berieten ihn in finanziellen Belangen, achteten auf seine geschäftlichen Unternehmungen und unterstützten Yens eigenen Bankiersclan; im Gegenzug erhielten die Kungs die vorzüglichsten Gelegenheiten, mit den ausländischen Gesellschaften, die sich in Shansi scharten, Geschäfte zu machen.[24]

H.H. wurde im Haus seiner Familie in Taiku geboren. Seine Mutter starb bei der Geburt seiner Schwester. Weil der Vater in der Hochfinanz äußerst beschäftigt war, wurden die Kinder in eine nahe amerikanische Missionsschule geschickt, die von Dr. Charles Tenney gegründet worden war. Hier trat H.H. heimlich zum christlichen Glauben über. Er blieb bis 1896 an der Schule und wechselte dann zum North China Union College über, einem von Missionaren geleiteten Institut in der Nähe von Peking. Dann war er an einer höchst seltsamen finanziellen Transaktion beteiligt, die zur Zeit des Boxeraufstands stattfand und bei der es offenbar um eine ungeheure Summe ging.[25]

Auf ihrem wilden Zug durch Nordchina ermordeten die Boxer über zweihundert Missionare, fünfzig Missionarskinder und etwa zwanzigtausend «Hilfsteufel» – chinesische Christen. Kung war in den Ferien zu Hause in Shansi, als die Boxer – im Jahr 1900 – durch diese Gegend streiften. Sowohl ausländische als auch chinesische Christen waren in ernster Gefahr. In einer Gegenüberstellung mit seinem Vater und seinem Onkel gestand H.H. ein, daß er selber Christ sei – es war das erstemal, daß einer von der Familie davon hörte. Sie versteckten ihn, bis die Bedrohung durch die Boxer vorüber war. Während er in seinem Versteck war, wurden in Shansi 159 Ausländer hingerichtet, darunter 137 protestantische Missionare und ihre Kinder – alle seine Freunde. Am 9. Juli war in Taiyuan in Kungs Heimatprovinz ein chinesischer Konvertit Zeuge einer besonders gräßlichen Szene:

> Der erste, der nach vorn geführt wurde, war Mr. Farthing (ein englischer Baptist). Seine Frau klammerte sich an ihn, aber er wies sie sanft weg, trat vor die Soldaten und kniete nieder, ohne ein Wort zu sagen, und sein Kopf wurde mit einem Schwertstreich des Scharfrichters abgeschlagen. Ihm folgten Mr. Hoddle und Mr. Beynon, Dr. Lowitt und Dr. Wilson; alle wurden mit einem Streich vom Scharfrichter enthauptet. Dann wurde der Anführer, Yu Hsien, ungeduldig und befahl seinen Leibwächtertn, die alle schwere Schwerter mit langen Griffen trugen, die anderen töten zu helfen. Mr. Stokes, Mr. Simpson und Mr. Whitehouse wurden als nächste getötet, der letzte durch einen Streich, die anderen durch mehrere.
>
> Als die Männer erledigt waren, kamen die Frauen an die Reihe. Mrs. Farthing hielt ihre Kinder, die sich an sie klammerten, an der Hand, aber die Soldaten trennten sie und enthaupteten die Mutter mit einem Streich. Der Scharfrichter enthauptete alle Kinder und tat es geschickt, mit nur einem Schlag, aber die Soldaten waren ungeschickt, und einige Frauen mußten mehrere Streiche erdulden, bevor sie starben. Mrs. Lowitt trug ihre Brille und hielt die Hand ihres kleinen Jungen sogar noch fest, nachdem sie getötet worden war. Sie sprach zu den Leuten und sagte: «Wir kamen alle nach China, um

euch die Frohe Botschaft von der Erlösung durch Jesus Christus zu bringen, wir haben euch nichts zuleide getan, sondern nur Gutes; warum behandelt ihr uns so?» Ein Soldat nahm ihr die Brille ab, bevor er sie enthauptete; er benötigte dazu zwei Streiche.
Nachdem die Protestanten getötet waren, wurden die Katholiken nach vorn geführt. Der Bischof, ein alter Mann mit langem weißem Bart, fragte den Anführer, warum er diese üble Tat beginge. Soweit ich hörte, gab ihm der Anführer keine Antwort, er zog sein Schwert und hieb es dem Bischof mit einem schweren Streich übers Gesicht; Blut floß über seinen weißen Bart, und er wurde enthauptet.
Die Priester und Nonnen folgten ihm rasch nacheinander in den Tod. Dann wurden Mr. Piggott und seine Leute aus dem nahen Distriktsgefängnis herbeigeführt. Er war immer noch in Handschellen, ebenso wie Mr. Robinson. Er predigte zu den Leuten, bis er mit einem Streich enthauptet wurde. Mr. Robinson erduldete den Tod sehr ruhig. Mrs. Piggott hielt die Hand ihres Sohnes, selbst als sie enthauptet wurde, und er wurde unmittelbar nach ihr getötet. Die Frauen und zwei Mädchen wurden ebenfalls rasch getötet.
An diesem Tag wurden im ganzen fünfundvierzig Ausländer enthauptet, dreiunddreißig Protestanten und zwölf Katholiken. Auch eine Anzahl einheimischer Christen wurde umgebracht. Alle Leichen wurden bis zum nächsten Morgen am Ort der Hinrichtung liegengelassen, da es Abend geworden war, bevor die Arbeit beendet war. Während der Nacht wurden den Toten Kleider, Ringe und Uhren abgenommen. Am nächsten Tag wurden sie an einen Ort innerhalb des großen Südtors geschafft, mit Ausnahme einiger Köpfe, die in Käfigen auf die Stadtmauer gestellt wurden. Jedermann war überrascht über die Festigkeit und Ruhe der Ausländer, von denen niemand außer zwei oder drei Kindern geweint oder einen Laut von sich gegeben hatte.[26]

Zu dem Zeitpunkt, als die rote Schärpen tragenden Boxer Peking erreichten und den Stadtteil der Gesandtschaften belagerten, hatte die Manchuregierung beschlossen, die Rebellion zu unterstützen, und erklärte den ausländischen Mächten den Krieg. Sechs Nationen sandten Truppenkontingente, um ihre Gesandtschaften zu befreien, und machten kurzen Prozeß mit dem chinesischen Widerstand. Graf Alfred von Waldersee, der das deutsche Kontingent befehligte, erhielt vom Kaiser eine uneingeschränkte Vollmacht:

Wenn Ihr auf den Feind trefft, werdet Ihr ihn vernichten. Pardon wird nicht gegeben, Gefangene werden nicht gemacht. Tut mit allen, die Euch in die Hände fallen, was Euch beliebt. Genau wie die Hunnen unter Attila vor einem Jahrtausend den Ruf der Tapferkeit erwarben, mit dem sie in unserer geschichtlichen Tradition noch gegenwär-

> tig sind, mag der Name Deutschlands in China auf solche Art bekannt werden, daß kein Chinese es jemals mehr wagen wird, einen Deutschen scheel anzusehen.[27]

Sobald die ausländischen Streitkräfte Peking eingenommen hatten, gingen sie auf Sauftour. Die Repressionen durch westliche Truppen, die der Einnahme folgten, waren weit schlimmer als alles, was die Boxer angerichtet hatten. In Peking wurden Tausende von Chinesen massakriert, und die Paläste der Verbotenen Stadt wurden geplündert. Pierre Loti, ein französischer Marineoffizier und vielbewunderter Romancier, war verblüfft über das Ausmaß der Zerstörung:

> Stille und Einsamkeit sowohl innerhalb als auch außerhalb dieser Mauern. Nichts als Trümmer und Ruinen, Ruinen. Das Land in Schutt und Asche, und kleine graue Ziegel – kleine Ziegel, alle gleich, in zahllosen Myriaden verstreut über die ehemaligen Standorte von Häusern, die zerstört worden sind, oder auf dem Pflaster dessen, was einst eine Straße war ... eine Stadt, von der nur eine Masse merkwürdiger Trümmer übriggeblieben ist, nachdem Feuer und Bomben alles schwächere Material zu Staub gemacht haben.[28]

Weitere Tausende von Chinesen wurden bei Vergeltungsschlägen in Tientsin getötet. Eine Strafexpedition der Russen im Grenzdorf Blagowetschensk, wo die Chinesen ein paar Schüsse abgegeben hatten, endete im Abschlachten Tausender chinesischer Männer, Frauen und Kinder, deren Leichen in den Heilungchiang geworfen wurden.

Während die westlichen Armeen Peking unter Kontrolle hielten, hatte H.H. Kung die Gelegenheit zu einer guten Tat. Die Westmächte waren entschlossen, die Provinz Shansi streng zu bestrafen, weil die meisten Missionare dort getötet worden waren. Der junge Kung hatte als Christ die knifflige Aufgabe, die Vertreter des Westens zu überreden, ihre Meinung zu ändern. Solche Probleme wurden gewöhnlich durch große Geldsummen gelöst, die den westlichen Repräsentanten als «Reparationen» bezahlt wurden, und durch die Garantie bedeutender wirtschaftlicher Zugeständnisse an ausländische Firmen, die begierig waren, China auszubeuten.

Im Fall von H.H. Kung und der Provinz Shansi wurden die Ergebnisse der Verhandlungen nie bekannt. Westliche Finanzbeteiligungen in der Provinz wurden plötzlich bemerkenswert aktiv; Standard Oil war unter den Investoren. Die Nachricht über die getöteten Missionarsfamilien wurde dem Mülleimer überantwortet. Keine ernsthafte Vergeltung wurde angestrebt, keine Bestrafung gefordert. Kungs mysteriöse Geschäfte beeindruckten den Kaiserthron so, daß er

Ehrentitel erhielt und einen Paß, mit dem er in angemessenem Stil in Amerika aufs College gehen konnte. Er entschloß sich, das Oberlin College in Ohio zu besuchen.[29]
Als Dr. Sun 1905 nach Cleveland kam, ging Kung hin, um ihn in der Versammlungshalle der chinesischen Triade sprechen zu hören. Kung war beeindruckt, aber er trat nicht unverzüglich der Allianzpartei bei. Er war auf die Aufgabe konzentriert, eine amerikanische Ausbildung zu erhalten, und im folgenden Jahr, nachdem er im Oberlin College abgeschlossen hatte, ging er nach Yale, um dort Ökonomie zu studieren. Da er in einer Umgebung von Bankiers, Financiers und Pfandleihern aufgewachsen war, hatte Kung einen intuitiven Begriff davon, wie Geld arbeitete und wie es unter den richtigen Umständen rasch vervielfacht werden konnte. Geld war für ihn nicht magisch, mysteriös oder verwirrend.
Als er, nachdem er in Yale abgeschlossen hatte, wieder in Taiku war, stürzte er sich mit Enthusiasmus ins Familienunternehmen. Wichtiger noch war, daß er nun der führende Berater des Kriegsherren Yen Hsi-shan wurde.[30] Kung arbeitete als sein Spekulant und hielt für ihn bei Geschäften mit Ausländern Augen und Ohren offen. Da der Kriegsherr für seinen Geiz ebenso bekannt war wie für seine List und seinen Charme, war es eine interessante und lohnende Arbeit.[31] Die beiden blieben jahrzehntelang enge Freunde und halfen sich gegenseitig.
1910 heiratete Kung ein verwaistes Mädchen mit einem hübschen Gesicht, das von der Missionsschule im Taiyuan aufgenommen worden war. Sie waren glücklich zusammen, aber sie war schwach und schwindsüchtig. Im August 1913, zur Zeit, als Yuan Shih-kai in Peking zu diktatorischer Macht gelangte, starb Kungs junge Frau an Tuberkulose. Verzagt schloß er sich dem allgemeinen Exodus der «Liberalen» nach Japan an. Er wurde zum Verwalter des chinesischen CVJM ernannt, kurz bevor Charlie Soong ihn dort traf. Zu seiner Überraschung erfuhr Charlie, daß Kung 1906 auf einer Party in New York Ai-ling getroffen hatte, als sie von Macon nach Norden gekommen war und Kung in Yale studiert hatte. Wenn jemand einen aufstrebenden jungen Mann erkennen konnte, dann war es Charlie, und er lud H.H. sofort zu sich nach Hause zum Abendessen ein.
In jener Nacht fand sich Kung, nachdem er die Soong-Familie mit einem bescheidenen Bericht von seinen Abenteuern erfreut hatte, im Bann von Ai-ling Soong.
H.H. war die Erhörung ihrer Gebete. Stämmig, geckenhaft und von unterwürfigem Gebaren, war er alles andere als für sich einnehmend. Aber wenn er weit davon entfernt war, bezaubernd zu sein, so war sie

es auch. Er war ein Verbindungsglied zur Realität inmitten eines tingelnden Vorprogramms politischer Schwärmer. Während andere berauschende Entwürfe von Utopia einatmeten, atmete Kung Währung aus. Für Ai-ling war Idealismus die Glasur auf dem Kuchen; der Kuchen konnte nur mit Hilfe von Macht gebacken werden, und Macht konnte nur durch Geld erlangt werden. Sie hatte das alles lange genug vor sich gehen sehen, um es ganz genau zu verstehen. Es war Geld gewesen, was Julian Carrs Macht begründet hatte, und es war Geld gewesen, was Charlie Soong aus einem Wanderprediger zu einer dynamischen Kraft in der Geschäftswelt Shanghais gemacht hatte.

Beim Abendessen waren Madame Soong, die verträumte Ching-ling und die halbwüchsigen Söhne, T.A. und T.L., zugegen. Rechts und links von Charlie saßen H.H. und Ai-ling, beide völlig vertraut im Umgang mit Geld und elektrisiert davon.

In Bazars und auf Markplätzen in ganz China nahmen Standkrämer und Obstverkäufer Münzen in die Hand, schlugen sie gegeneinander und hörten nachdenklich auf den Klang. War er klar, waren die Münzen aus Silber, und der Handel kam zustande. Hatten die Münzen einen falschen Klang, waren sie gefälscht, und es war aus mit dem Geschäft. Millionen Male am Tag, so oft Münzen die Hand wechselten, wurde von Yunnan bis in die Mandschurei dieser vertraute Handgriff ausgeführt. Diese Nacht hatte Charlie zwei Münzen aufgenommen und sie leicht aneinandergeschlagen. Der Klang war klar und lieblich. Der Klang reinen Profits.

Sie heirateten im Frühling.

Am Hochzeitsmorgen regnete es in Yokohama heftig, der Regen spülte rosa Kirschblüten die Straßen hinab und in die Gullies und sandte treibende Inseln von Blüten in wirbelnder Bewegung hinaus über den zinnfarbenen Spiegel der Tokyo Bay. Die Luft roch nach feuchter Erde. Bevor die Zeremonie stattfand, klarte der Himmel auf, und es wurde einer jener milden Apriltage wie aus Haikugedichten. Wie die Kirschbäume trug Ai-ling Rosa, und zwar eine blasse Atlasjacke und einen mit Pflaumenblüten bestickten Rock. Ihr glänzendes schwarzes Haar war mit Blütenzweigen der gleichen traditionsreichen Blüte geschmückt.[32]

Die Zeremonie fand in einer kleinen, auf einem Hügel gelegenen Kirche statt; anwesend waren Charlies unmittelbare Familienmitglieder sowie Kungs Cousins und ein paar Freunde. Nach der Zeremonie zog Ai-ling sich um; sie trug nun ein apfelgrünes, mit goldenen Vögeln verziertes Kleid, und die Neuvermählten fuhren in einer Kutsche an den Küstenort Kamakure. Die Wolken von pastellfarbenen

Blüten und das zarte, den sich aufhellenden Himmel durchbrechende Licht betrachtend, meinte H.H.: «Das sind glückliche Vorzeichen.»

Sun Yat-sens politische Vorzeichen waren alles andere als glückverheißend. In einem Versuch, die Unterstützung zu gewinnen, die er benötigte, um Yuan herauszufordern, versprach er Japan Sonderprivilegien in China. Er wußte nicht, daß Tokyo unter dem Tisch bereits mit dem Diktator feilschte. In seiner gewohnten Verstiegenheit bot Sun politische, militärische und wirtschaftliche Zugeständnisse an, die allem, was Großbritannien innehielt, gleichkamen. Es gelang ihm, Japans Appetit anzuregen, aber die Zeit war noch nicht reif für solche Geschäfte. In Europa war der Erste Weltkrieg ausgebrochen, und Tokyos Aufmerksamkeit war ganz darauf fixiert. Der Ausgang des europäischen Kriegs konnte über Großbritanniens künftige Rolle in Ostasien entscheiden und die Verhandlungsbedingungen verändern. Unfähig, Fortschritte zu machen, zeigte Sun erneut Anzeichen, unter der Last zusammenzubrechen. Einmal schrieb H.H. Kung aus Japan einem Bekannten: «Manche sind der Ansicht, daß die Gefahren und Sorgen sein Nervensystem angegriffen haben.»

Es war eine der seltenen Gelegenheiten, bei denen einem Mitglied des Soong-Clans eine Stellungnahme zu Sun herausrutschte, so verschlossen waren sie in bezug auf ihr persönliches Leben. Aber wenn H.H. glaubte, Dr. Sun sei dabei, den Verstand zu verlieren, zitierte er wahrscheinlich Charlie und Ai-ling.[33]

Es waren schlechte Zeiten für jedermann, der Hoffnungen für das Schicksal Chinas hegte. Die Revolution von 1911 hatte das erste Anzeichen einer Dämmerung nach einem Jahrhundert der Dunkelheit gebracht, nur um China durch die Diktatur Yuan Shih-kais in die schwärzeste Nacht zurückgeworfen zu sehen. Für die Revolutionäre, die ihrem Ziel so nahe gewesen waren, war es besonders schwer. Wu Lao, der später Rektor der chinesischen Volksuniversität wurde, erinnerte sich: «Die Enttäuschung und Verzweiflung der Leute waren so groß, daß sie es kaum aushalten konnten, und eine Reihe von ihnen beging Selbstmord.»

In diesem düsteren Zustand brauchte Sun jemanden, auf den er sich stützen konnte. Ching-ling übernahm die Pflichten ihrer Schwester als Dr. Suns Sekretärin. Sie glaubte an die Revolution wie niemand anderer. Eine mächtige Leidenschaft verzehrte die beiden. Es war eine Romanze von Winter und Frühling. Er war fast fünfzig, sie war kaum zwanzig.

Sie hielten ihre Affäre so lange wie möglich geheim. Unverhofft gab Charlie bekannt, daß sie nach Shanghai zurückkehren würden. Er arrangierte den Kauf eines kleinen Wohnhauses in der Französischen Konzession, der Backsteinvilla an der Avenue Joffre. Ching-ling widersetzte sich. Die Soongs nahmen sie praktisch als Geisel mit und verschwanden aus Japan. Die neuvermählten Kungs gingen mit ihnen.

Charlies Wahl der Französischen Konzession als Wohnsitz war aus Sicherheitsgründen notwendig. Die meisten chinesischen Revolutionsführer lebten in der Französischen Konzession, weil sie dadurch, daß sie sich auf französischem Territorium befanden, geschützt waren. Wichtiger noch: Sie hielten sich im Hoheitsgebeit der Roten Gang auf. Der Polizeichef der französischen Sûreté in Shanghai war Pockennarben-Huang (Huang Chih-jung), der Anführer der Roten Gang und der mächtigste Gangboß im tausend Meilen langen Yangtsetal. Als der Mann, der alle Druckerarbeiten für die Rote Gang ausführte, hatte Charlie Soong im Lauf der Jahre eine Menge Arbeit für Pockennarben-Huang geleistet, und nun, da er seine Familie in Gefahr sah, schien es ihm natürlich, bei ihm Schutz zu suchen, indem er ein Haus innerhalb des magischen Kreises erwarb.

Kurz nach ihrer Rückkehr nach Shanghai gaben die Soongs die formelle Verlobung ihrer Tochter Ching-ling mit einem jungen Mann aus guter Familie bekannt. Sie wehrte sich hartnäckig und bestand darauf, sie werde nicht einwilligen.

Charlie sperrte sie in ihr Schlafzimmer im oberen Stockwerk. Sie schrieb Dr. Sun heimlich und fragte, ob sie nach Japan zurückkommen solle. Der Brief wurde von ihrer Amme aus dem Haus geschmuggelt. Sun antwortete mit der Bitte, sie solle kommen; er sagte, er brauche sie. Ching-ling versuchte, ihrem Vater die Situation zu erklären, aber Charlie blieb hart: schon der bloße Gedanke empörte ihn. Er befahl sie zurück in ihr Zimmer. Sie warnte ihn, sie würde weglaufen: deshalb ergriff er die Vorsichtsmaßnahme, ihre Schlafzimmertür zu verschließen. In jener Nacht stieg Ching-ling, während ihre Amme die Leiter hielt, aus dem Fenster. Noch in derselben Nacht bestieg sie ein Schiff nach Kobe.[34]

Es war ein waghalsiges Unternehmen für ein ehrbares chinesisches Mädchen, nicht nur ein Verstoß gegen die Kindespflicht, sondern auch gegen den Grundsatz, daß die Familie vorgeht.

Dr. Sun, dem die Tollkühnheit eines zweideutigen Verhältnisses klar war, traf alle nötigen Vorbereitungen für eine Hochzeit. «Ich hatte keinerlei Gewißheit, ob er ein Scheidungsverfahren eingeleitet hatte und ob er beabsichtigte, mich zu heiraten – bis ich ankam», sagte Ching-ling Jahre später. «Als er mir seine Angst erklärte, ich würde

Bild 1: Charlie Soong

Ohne seinen chinesischen Zopf und für den Auftritt als Methodistenprediger herausgeputzt, machte Charlie während seiner Studienzeit am Trinity College und an der Vanderbilt University einen attraktiven Eindruck. Für viele Leute aus den Südstaaten war er der erste Chinese, den sie je zu Gesicht bekamen. *[Fifth Avenue Methodist Church, Wilmington, N. C.]*

Bild 2: Julian Carr

Der Tabakindustrielle, Multimillionär und in den Südstaaten für seine Philanthropie bekannte »General« Julian Carr wurde Charlies amerikanischer Wohltäter. Er legte den Grundstein für den großen Reichtum der Soong-Dynastie.
[Durham Public Library, Durham, N. C.]

Bild 3: Ni Kwei-tsung

1887 heiratete Charlie die ruhige und im christlichen Glauben erzogene Ni Kwei-tsung. Sie entstammte einer Gelehrtenfamilie und hatte wie Charlie eine westliche Ausbildung genossen. Sie gebar ihm drei Töchter und drei Söhne, die die Geschicke Chinas entscheidend prägen sollten. *[Private Sammlung]*

Bild 4: Ai-ling und May-ling

Während Ai-ling (rechts), von Geld und Reichtum fasziniert, in eine der reichsten Bankiersfamilien Chinas heiratete, vermählte sich die eitle und herrschsüchtige May-ling (links) mit Chinas oberstem Führer, dem Generalissimo Chiang. Das Photo stammt aus den späten 20er Jahren. *[Culver Pictures, Inc.]*

Bild 5: Dr. Sun und Ching-ling, 1924 [Eastfoto]

Bild 6: Chiang

Generalissimo Chiangs Karriere begann in der Shanghaier Unterwelt. Als Mörder und Schläger für die Grüne Gang knüpfte er jene Beziehungen zu den Hauptfiguren der Shanghaier Unterwelt, die auf seinem Weg zur Macht von entscheidender Bedeutung waren. Launisch, unberechenbar und hysterisch in seinen Reaktionen, war er für gnadenlose Disziplin und verlangte bedingungslosen Gehorsam. *[Wide World Photos]*

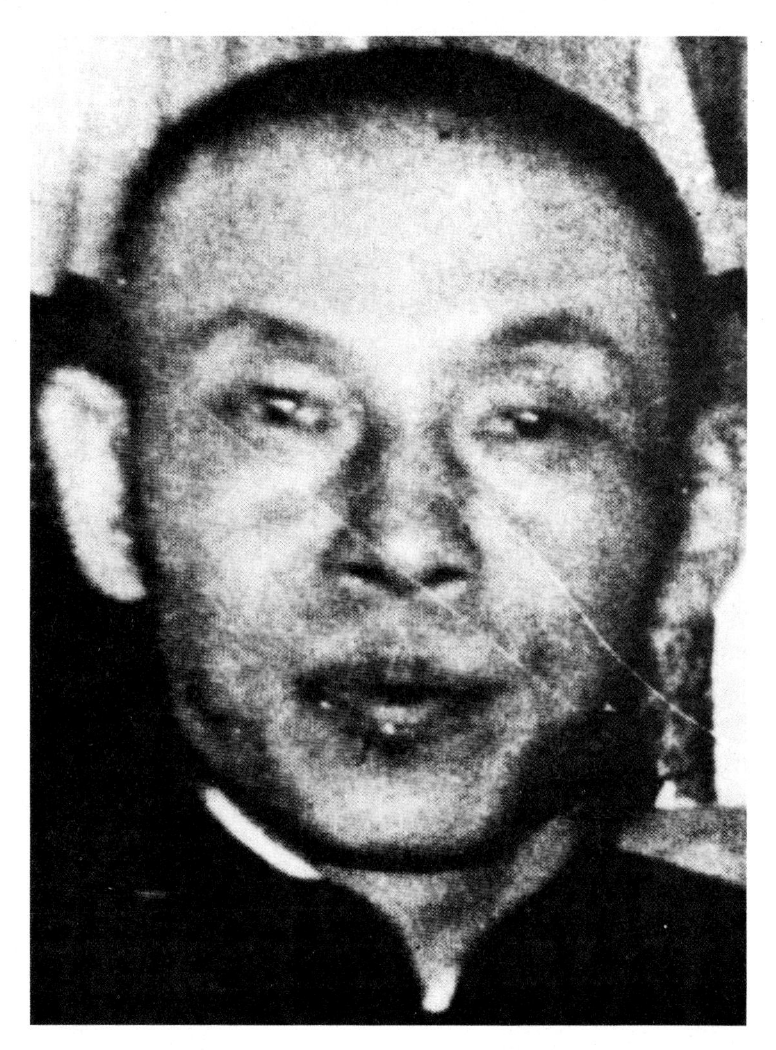

Bild 7: Großohr-Tu

Als Anführer der berüchtigten Grünen Gang – einem Verbrechersyndikat, das den Drogenhandel und Heroinexport kontrollierte – war Großohr-Tu Generalissimo Chiangs geheimer Sponsor. Durch Drogen, Erpressung und eine Politik der offenen Gewalt manövrierte er Chiang an die Macht und sorgte dafür, daß Oppositionelle, vor allem Kommunisten, zu Zehntausenden eliminiert wurden. *[Brian Crozier]*

Bild 8: Chiang und May-ling

Nachdem Ai-ling ihre jüngste Schwester zur Heirat gedrängt hatte, vermählte sich May-ling 1927 mit Chiang Kai-shek. Damit hatten die Soongs einen direkten Zugang zur militärisch-politischen Macht, während Chiang von den finanziellen Beziehungen der Soongs profitierte. Zudem war mit May-lings Erfahrung und Geschick im Umgang mit dem Westen – vor allem mit Amerika – der Weg zu ausländischer Unterstützung geebnet. *[Wide World Photos]*

sonst als seine Konkubine bezeichnet werden und der Skandal würde der Revolution schaden, willigte ich ein. Ich habe es nie bereut.»
Sie wurden am Tag nach ihrer Ankunft getraut.
Wenig später schrieb Ching-ling einer Schulkameradin im Wesleyan College: «Die Hochzeit war äußerst einfach, denn wir beide hassen überflüssige Zeremonien und ähnliches. Ich bin glücklich und versuche, meinem Mann so viel wie möglich bei seiner englischen Korrespondenz zu helfen. Mein Französisch ist viel besser geworden, und ich bin jetzt imstande, französische Zeitungen zu lesen und auf Anhieb zu übersetzen. Du siehst also, die Ehe ist für mich wie das Zur-Schule-Gehen, mit der Ausnahme, daß mich keine ‹Examen› plagen.»[35]
Vielleicht wäre es für die Soongs ein weniger schlimmer Schlag gewesen, wenn Sun Yat-sen sich von seiner ursprünglichen Frau tatsächlich hätte scheiden lassen. Stattdessen erzählte er einfach jedermann, er betrachte sich als geschieden. Er hatte so lange seine eigenen Vorschriften aufgesetzt und sich seine eigenen Pässe ausgestellt, daß die Wahrheit flexibel geworden war. Wäre er ein konfuzianischer Chinese gewesen, wäre es akzeptabel gewesen, eine zweite Frau zu nehmen, unter der Voraussetzung, daß die Clanälteren einwilligten. Als Christ aber beging er Bigamie. Streng gesprochen war Ching-ling eine Ehebrecherin. Sie war nur Suns Mätresse. Besonders für Mammy Soong – eine einfache, redliche Frau und religiöse Fundamentalistin im klassischen Sinn – war das Ausreißen ihrer Tochter ein schwerer Schock.
Als Charlie entdeckte, daß Ching-ling fehlte, stellte er Nachforschungen an und erfuhr, daß sie mit einem japanischen Passagierdampfer abgereist war. Ergrimmt buchte er seine Überfahrt auf einem Dampfer der Pacific Mail und eilte ihr nach. In Kobe bestieg er einen Zug und raste nach Yokohama, aber er kam zu spät. Die Trauungszeremonie hatte bereits stattgefunden.
Nach dem Bericht Ching-lings stellte Charlie die Braut und den Bräutigam. In einem bitteren Streit warf er Dr. Sun vor, ihre Freundschaft verraten und verrückt gehandelt zu haben. Er erinnerte Sun an die zwei Jahrzehnte, die sie gemeinsam gekämpft hatten. Wie konnte sein bester Freund, nun, da sie dem Sieg so nahe waren, allen Verstand verlieren und ihr gegenseitiges Vertrauen zerstören?
Sun blieb gelassen. Was hätte er auch tun sollen?
Als Charlie merkte, daß sein Appell an die Loyalität fehlschlug, schwor er, daß er die Heirat mit der Begründung, daß Ching-ling minderjährig sei und nicht die Zustimmung ihrer Eltern habe, annulieren werde. Immer noch weigerte sich Sun zu antworten. Er sah

Charlie an, der tobte und schäumte. Wenn er Ching-ling an seiner Seite brauchte, dann war das alles, was es zu sagen gab.
Charlie wurde bitter. Diesmal war Sun zu weit gegangen. Er schwor, daß er niemals mehr etwas mit Sun Yat-sen und seinen Abenteuern zu tun haben wolle, und brach alle Beziehungen zu ihm und seiner Partei ab. Sein Gesicht verdunkelte sich, als er Ching-ling sagte, er verstoße sie. Er nahm das nächste Schiff zurück nach Shanghai.
Wenn später je das Thema Ching-ling aufs Tapet gebracht wurde, sagten die Soongs einfach, sie habe sich «formell Dr. Sun angeschlossen».
Monate später, als Charlie die Episode mit seinem alten Freund, dem Missionar William Burke, besprach, zeigte er seinen Schmerz in einem einzigen kurzen Ausbruch: «Bill, ich bin in meinem Leben nicht so verletzt worden. Meine eigene Tochter und mein bester Freund.»[36]

In Amerika waren May-ling und ihr älterer Bruder T.V. ganz mit ihren Studien beschäftigt, als die Nachricht eintraf, Ching-ling sei von zu Hause weggelaufen, um einen Mann zu heiraten, der alt genug war, um ihr Vater zu sein. Monate waren vergangen, als die Nachricht sie erreichte. Sie war zu deprimierend gewesen, um in einem Telegramm übermittelt zu werden.
Dr. Suns Familie war gleichermaßen erstaunt. Sun Fo, nach Japan unterwegs zu einem Wiedersehen mit seiner Familie, sagte einem Journalisten, der sich ihm in San Francisco an die Fersen geheftet hatte, die Nachricht könne unmöglich wahr sein.
Weder May-ling noch T.V. hatten sich groß für die Probleme Chinas oder für die Revolution interessiert; beide waren mit ihren Studien oder mit gesellschaftlichen Anlässen beschäftigt. Nachdem Ching-ling am Wesleyan College abgeschlossen hatte und nach China zurückgekehrt war, trat May-ling ins Wellesley College in Massachusetts über, wo sie näher bei ihrem Bruder war, der in Harvard studierte.
Sie besuchte das Wellesley College vom Herbst 1913 bis zum Sommer 1917, und die vier Jahre verwandelten sie von einem pausbäckigen Teenager in eine anmutige junge Frau.
Während des ersten Studienjahres wohnte sie in Wellesley, dem Dorf in der Nähe des College-Campus. Sie erinnerte sich später an das Dorf als an einen Ort mit «verziertem Mauerwerk, bezaubernden Waldungen und weitem Gelände».[37] Im nahen Cambridge stand T.V. im zweiten Jahr seines Harvard-Studiums. In den Annalen von Wellesley wurde er als May-lings Sachwalter aufgeführt.

Sie ließ Visitenkarten mit der Aufschrift MAYLING OLIVE SOONG drukken; den mittleren Namen hatte sie in einem Moment der Laune angenommen. Sie sprach Englisch mit einem trällernden Georgia-Akzent. Kurz nach ihrer Ankunft entschied May-ling, daß sie diesen neuen Ort nicht mochte, ging zur Dekanin, Edith Souther Tufts, und sagte gedehnt: «Na, ich glaub' ich wer' hier nich' viel länger blei'm.»[38] Sie änderte ihre Ansicht und war bald ganz mit Lernen, Jungen und Sport beschäftigt. Sie belegte Englische Literatur als Hauptfach und fand besonderen Gefallen an den Artusromanen. Im Nebenfach belegte sie Philosophie, als Wahlfach Vortragstechnik.

Nach dem ersten Jahr zog sie auf dem Campus ein und wohnte für den Rest ihres Aufenthalts in Wood Cottage. Nicht besonders sportlich, spielte sie in Kadettenbluse und Kniebundhosen aus Satin, die ein ganzes Stück über die Knie reichten, in der Basketballmannschaft ihrer Klasse. Einmal wurde sie an Ostern in der Nähe von Gloucester, als sie in einer starken Gegenströmung schwamm, vor dem Ertrinken gerettet. Die Mädchen packten sie an den Haaren und zogen sie aus dem Wasser.

Auf der Türschwelle von Wood Cottage erschienen regelmäßig Jungen, die nach May-ling fragten. Die meisten waren chinesische Studenten der Harvard University oder vom Massachusetts Institute of Technology mit Namen, die die anderen Mädchen nur als Mr. Li, Mr. Wang und Mr. Peng behielten – Freunde von T.V. Als May-ling von Ching-lings Krise erfuhr, wurde sie von der Möglichkeit gequält, daß sie eine von den Eltern im voraus bestimmte Heirat zu akzeptieren hätte, wenn sie nach China zurückkehrte. Kurze Zeit später gab sie ihre Verlobung mit Peter Li bekannt, einem Harvard-Studenten aus der Provinz Kiangsu. Das Verlöbnis bestand nur ein paar Wochen, bis ihre Angst nachließ und sie es löste.

Ein Mitglied des Collegelehrkörpers, das May-ling während dieser Jahre gut kannte, schrieb für die Collegeakten eine vertrauliche Einschätzung May-lings:

> Meine Erinnerungen an [May-ling] zeigen eine Persönlichkeit von größerem Interesse und stärkerer innerer Kraft als die ziemlich sentimentalisierte Figur, die uns im Zusammenhang mit der frömmelnden Propaganda geboten wird ... Sie war aber eigentlich fügsam gegenüber Vorgesetzten, obwohl das wirklich Interessante an ihr die Unabhängigkeit ihres Denkens war – die Tatsache, daß sie über alles furchtbar viel nachdachte. Sie stellte immer Fragen nach der Natur der Dinge; den einen Tag kam sie herein, um nach einer Definition von Literatur zu fragen, den andern Tag fragte sie nach einer Definition von Religion. Sie dachte über moralische Probleme nach und

entdeckte selbst einige der Maßstäbe, die konventioneller erzogene Menschen für selbstverständlich halten, ohne sie zu hinterfragen. Sie war eine Verfechterin der Wahrheit und nahm es übel, wenn sie entdeckte, daß sie bisher mit den üblichen falschen Informationen abgespeist worden war. Ich hatte nicht den Eindruck, daß sie charmant war oder witzig, wie andere offensichtlich sagen ... Ihre Stimmung war oft nüchtern und düster (wirklich launisch und durchaus willens, es zu zeigen, wenn sie sich langweilte). Ich glaube, daß sowohl T.V. als auch sie mit dem Verstreichen ihrer Studienzeit das Gefühl bekamen, daß die Rückkehr nach China sie vor schwere Probleme stellen werde, und fragte sich, was für Schwierigkeiten bevorstanden, wenn sie in eine Welt und zu häuslichen Maßstäben zurückkehrte, denen sie entwachsen war. Sie blieb bei all ihrer Kontaktfreudigkeit und ihrer beträchtlichen Beliebtheit ein wenig distanziert, sie betrachtete uns fragend, kritisierend oder zustimmend und fühlte sich immer als etwas andersartig. Im besonderen fand sie an der ganzen Lebensweise von asiatischen Studenten hier in Amerika etwas Unnatürliches, an einer Lebensweise, die befreit war von den alten chinesischen Vorschriften, die die Geschlechter getrennt hatten, und gleichzeitig durch die Tatsache, daß sie eine fremdartige Kolonie in einer großen amerikanischen Welt waren, auf unnatürliche Weise junge Männer und Frauen zusammenbrachte.
Natürlich war sie vielbewundert – in jener Zeit indes nicht wegen ihrer Schönheit, wie das bei ihren Schwestern der Fall war. Aber sie war von eigentümlicher Glut und Ursprünglichkeit, vielleicht auch von innerer Kraft. Sie fühlte sich T.V. echt verbunden und ordnete sich ihm unter. Er war der «Bruder», und immer wurde sein Rat eingeholt ... Natürlich ist es einfach ein seltsamer Zufall, daß ich nie von den beiden anderen Brüdern [T.L. und T.A.] gehört habe. May-ling war eine ziemlich familienbezogene Person, stolz auf ihre Familie und ihr auch gefügig, solange ihr nicht ein besonderes Unternehmen vorgeschrieben wurde. Sie erzählte unentwegt von ihren Schwestern und ihrem Vater, ständig von T.V. und manchmal von ihrer Mutter, aber kein einziges Mal erwähnte sie die beiden anderen Brüder.[39]

Als May-ling 1917 nach Shanghai zurückkehrte, hatte sich der Skandal um Ching-ling und Dr. Sun gelegt. May-ling war vom ersten Augenblick an eine Berühmtheit. Die Soongs wohnten immer noch an der Avenue Joffre. Für Galaparties war es ein kleines Haus, und May-ling zankte sich mit ihrem Vater, weil er kein prächtigeres Haus hatte. Als ihn wieder einmal ein chinesischer Freund um Rat fragte, ob er seine Tochter auf eine amerikanische Schule schicken solle, riet ihm Charlie mit einem Augenzwinkern ab. «Schick deine Kinder nicht in die Ferne», sagte er reuevoll. «Nichts ist ihnen gut genug,

wenn sie zurückkommen. ‹Vater, warum können wir kein größeres Haus haben? Vater, warum haben wir kein modernes Badezimmer?› Nimm meinen Rat an: Behalt deine Kinder zu Hause!»[40]
Da sie zu den oberen Zehntausend gehörte, wurde May-ling für die üblichen Komiteestellen nominiert. Sie nahm eine Stelle bei der Filmzensurbehörde an und eine weitere beim CVJM. Der CVJM war vor kurzem in ein neues, elegantes Gebäude umgezogen. Ganz in der Nähe stand ein weiteres hübsches Haus, in dem Charlies blühende Commercial Press untergebracht war. May-ling kam rechtzeitig vom College zurück, um ihrem Vater zu helfen, seinen alten Freund Julian Carr zu unterhalten. Carrs Frau Nannie war unlängst gestorben, und ihr Tod machte ihn melancholisch. Als Charlie ihm eine Seereise rund um die Welt mit einem gemütlichen Aufenthalt in Shanghai vorschlug, hatte Carr sich nur kurz gewehrt.
Als Carrs Schiff in Shanghai anlegte, holte Charlie den General am Landesteg ab; er trug seinen üblichen grauen Filzhut, und sein Wanst machte es unmöglich, die blaue Sergejacke zuzuknöpfen. Er brachte Carr direkt in die Französische Konzession und stellte ihn Mammy Soong sowie allen seinen Kindern – außer einem – vor. In den folgenden Tagen arrangierte Charlie ein Treffen von Carr und Ehrwürden William Burke; er zeigte ihm die alte Einrichtung der Sino-American Press und das neue Gebäude der Commercial Press. Julian Carr war jetzt ein munterer alter Gentleman, aber seine Beine waren spindeldürr geworden. Er war erstaunt über die Betriebsamkeit von Asiens herumwimmelnden Millionen:
«In den Städten erscheint alles als ein einziges riesiges Geschäft. Von dem kleinen Burschen, der seine Waren auf dem Bürgersteig ausbreitet, oder dem Loch in der Mauer ohne Boden bis zu den großen Warenhäusern, die Seiden- und Satinstoffe verkaufen, ist alles ein Laden und steht weit offen, so daß der Passant es sehen kann.»[41]
Obwohl Charlie Dr. Sun seit dem Ausreißen seiner Tochter gemieden hatte, wurde während General Carrs Besuch alle Animosität beiseitegelegt. Aufgrund der außerordentlichen Rolle, die Carr offenbar bei der Finanzierung der Revolution gespielt hatte, marschierte die ganze republikanische Führungsspitze auf, um ihn zu unterhalten. Chingling und Dr. Sun lebten nun in der Französischen Konzession in einem Haus an der Rue Molière. Nacht um Nacht war Carr Ehrengast bei einem Bankett nach dem anderen. Zwei wurden von Sun Yat-sen selbst gegeben und schlossen pompöse Dankesreden ein. Andere Spitzenleute aus der chinesischen Politik und Wirtschaft wetteiferten miteinander, wer die extravaganteste Festivität organisierte.

«Sie behandelten mich wie eine Majestät – wie einen König», schrieb Carr nach Hause. Auf Dr. Suns persönliche Anweisung wurden für Carr drei großartige Porzellanvasen entworfen und von den besten Kunsthandwerkern Shanghais hergestellt. Sie wurden Carr als offizielles Geschenk der chinesischen Regierung präsentiert, obwohl Sun gar nicht im Amt und die «Regierung» deshalb eine Ausgeburt seiner Phantasie war.[42] Wenn es noch eines Beweises für Carrs Unterstützung der chinesischen Revolution bedurfte – hier war er. Der Empfang, der ihm in Shanghai bereitet wurde, glich demjenigen, der dem Marquis de Lafayette von George Washington in Dankbarkeit für seine Dienste während der Amerikanischen Revolution gegeben wurde. Carr war wie Lafayette der «Held zweier Welten». Glücklicherweise sahen Charlie und der General einander während dieser Zeit in Shanghai – denn nur Monate nach Carrs Besuch in China starb Charlie Soong einen qualvollen Tod an Magenkrebs, wie gesagt wurde. Drei Jahre später erlag Carr einer Lungenentzündung.

Die Fakten rund um Charlie Soongs Tod sind dunkel. Seinen Freunden sagte man, er sei an Magenkrebs gestorben – mit der gleichen völligen Überzeugung, mit der ihnen gesagt wurde, er heiße Charlie Soong. Aber im Shanghai der Frühlingsmonate von 1918, wo Leute aus dem Westen Blumenduft einatmeten oder ihre Nase in ein Glas Brandy senkten, während die morgendliche Sammlung toter Chinesen wie Unrat auf Karren aus den Slums gezogen wurde, war nichts das, als was es erschien. Charlie war über eine lange Zeitspanne hinweg nie krank gewesen. In Briefen jener Zeit gibt es von keinem Familienmitglied oder Freund auch nur ein Wort der Besorgnis um seine Gesundheit. Nur sein ältester und sein jüngster Sohn – T.V., der gerade von Harvard zurückgekommen war, und T.A. – waren zur Beerdigung in Shanghai, da T.L. nicht hinreichend vorgewarnt worden war, um ebenfalls aus Amerika heimzukommen. Die Möglichkeit eines falschen Spiels hat also immer bestanden. Überall auf der Welt war es im Zeitalter Edwards für Männer von Rang schicklich, an einem erhabenen Euphemismus zu sterben. Als Euphemismus war Magenkrebs im revolutionären Shanghai ebenso an der Tagesordnung wie Bleivergiftung in Chicago und Marseille.

Es war üblich, weitschweifige Lobreden zu veröffentlichen, wann immer jemand starb, aber über Charlie Soong scheinen keine publiziert oder verbreitet worden zu sein. Obwohl er einst beklatscht worden war, weil er Dr. Suns Karriere finanzierte, verschwand Charlies Name im Augenblick, da er starb, von jedermanns Lippen – um erst wieder genannt zu werden, als seine Kinder die Macht übernahmen. Tatsächlich war er von dem Moment an, als er Einwände gegen

Ching-lings Heirat erhoben hatte, politisch inexistent geworden. Die Leute, die Sun politisch unterstützten, mußten den Doktor gegen Charlies Mißbilligung verteidigen, und so hörte Charlie automatisch auf, der Held der Bewegung zu sein. Er konnte nicht gefeiert werden, als er starb. Als Folge hiervon ist Charlie Soongs Rolle in der chinesischen Revolution von Historikern ignoriert worden. Zur Zeit von Charlie Soongs Tod versuchte Dr. Sun einmal mehr erfolglos, weit im Süden – in Kanton – eine feste Stellung zu gewinnen. Gerade jetzt konnte er es gar nicht brauchen, daß die Welt daran erinnert wurde, wie viel er anderen schuldete.

Charlies Tod ging so vollständig ohne Aufsehen vorüber, daß die Daten, die in den gängigen Nachschlagewerken angegeben werden, zwischen 1918 und 1928 variieren. Websters Biographical Dictionary zum Beispiel nimmt das Jahr 1927 an. Selbst bei Pearl Bucks Schwester, die ein Kinderbuch schrieb, das die Soong-Schwestern glorifiziert, ist Charlie 1927, als May-lings Hochzeit mit Chiang Kai-shek stattfindet, am Leben und wohlauf.

May-ling war noch kein Jahr zu Hause, als Charlie am 3. Mai 1918 im Alter von 52 Jahren starb. Sie kam an seinem Totenbett mit Ching-ling und Ai-ling zusammen. Die schwesterliche Einigkeit, die sie dabei zur Schau stellten, sollte in Zukunft nur noch äußerst selten zu sehen sein. Ihre älteren Schwestern kehrten dann wieder zu ihren Ehemännern zurück, während May-ling begann, mit ihrer Mutter in das größere Haus an der Seymour Road umzuziehen, um das sie seit ihrer Rückkehr vom Wellesley College gefleht und das zu kaufen Charlie abgelehnt hatte. Dort beschäftigten sich May-ling und Ai-ling während der Trauerzeit damit, die persönlichen Papiere ihres Vaters zu «ordnen» – danach konnten sie nie mehr gefunden werden.

Wenn Charlie Soong nicht von seinen Feinden vergiftet worden war, dann sicherlich von seinen Freunden. Denn was ihn am Ende wahrscheinlich umbrachte, war ein gebrochenes Herz.

7. Kapitel

Die Zähne des Drachen

Als Charlie Soong 1918 starb, machte Shanghai eine Periode erstaunlicher Umwälzungen durch. Wir lernten die Stadt in ihren ersten Tagen kennen, dann wieder in den Jahren um 1886, als Charlie Soong zurückkam. Nun änderten sich ihr Aussehen und ihre Persönlichkeit auf dramatische Art und Weise.

Die Industrie erlebte eine Blütezeit. Als durch den Ersten Weltkrieg Energie und Aufmerksamkeit der westlichen Unternehmer zurück nach Europa gelenkt wurden, kam das chinesische Kapital aus seinen Verstecken. Westliche Unternehmen wurden von chinesischen Investoren erworben. Neue Industrien machten, unterstützt durch chinesisches und japanisches Kapital, fette Gewinne mit Gummi, Kohle, Eisen, Soja-Öl, Mehl, Baumwolle, Seide, Zigaretten und Opium.[1] Dutzende chinesischer Banken schossen aus dem Boden, um sich des mächtigen Geldstromes anzunehmen. Shanghai war voll von über Nacht zu Millionären gewordenen Kaufleuten und Industriellen, die nun soziale Bestätigung suchten. Auch andere Industriestädte wie Kanton und Wuhan blühten, doch das Yangtse-Tal war die Schlagader, und Shanghai – die Stadt der Kapitalisten, Kompradoren und Gangster – war das Hirn, der Mund, die Brieftasche, das Bordell und der Abort.

Europäische und amerikanische Firmen kehrten nach Kriegsende in großer Zahl nach Shanghai zurück und verdrängten einige der chinesischen Firmen, doch mit der Zeit fanden ausländische und chinesische Kaufleute eine symbiotische Form des Zusammenlebens, indem sie sich gegenseitig hofierten, während sie den Rest Chinas plünderten.

Es war unter aufstrebenden chinesischen Geschäftsleuten in Mode gekommen, über Nationalismus zu sprechen, ohne davon ein Wort zu glauben. Das letzte, was die Kapitalisten von Shanghai wirklich wollten, war, ihre einseitige Verbindung zum Ausland aufzugeben. Dank

der Exterritorialität der Internationalen Niederlassung und der Französischen Konzession konnten die Chinesen dort frei operieren und in jeder Art von Schwarzhandel mitmischen. Dies brachte große Profite, die von der Steuer nicht erfaßt werden konnten. Es gab weder Einschränkungen, noch war die Situation überblickbar. Kein Ort auf der Welt war wie Shanghai – und so sollte es auch bleiben.
Die Stadt wuchs dem Fluß entlang und dehnte sich über das Land hin aus. Slums, die ihr in den Weg kamen, wurden aufgeschluckt und an ihren Rändern wieder ausgespieen. Dem Kai entlang wurden kleinere Gebäude aus dem letzten Jahrhundert durch Hochhäuser aus Stein ersetzt, in denen die Chartred Bank, die Hong Kong-Shanghai Bank und die Banken von New York und London ihre Büros hatten. In anderen neuen Gebäuden waren internationale Ölgesellschaften und die noblen Wohnsitze der Taipans untergebracht. Die ersten chinesischen Warenhäuser wurden eröffnet, Stockwerk für Stockwerk mit Kurzwaren und ausländischem Luxus vollgestopft. Die Nanking Road glitzerte wie der Broadway in der Nacht. Autos ersetzten die Pferdekutschen und pflügten sich durch die Menge wie Nashörner an einem Wasserloch; um sie herum schwärmten Rikschas wie Herden langhorniger Antilopen. Der alte britische Club mit seiner auf den Fluß hinausgehenden, gingetränkten Veranda wurde durch ein Clubhaus aus Stein ersetzt, das jedem Westend-Tory gefallen hätte. Doch hatte diese Prosperität auch ihre Kehrseite – die lange Arbeitszeit, die niedrigen Löhne und die schlechten Bedingungen für jene Chinesen, die in den Fabriken lebten und starben. Knaben und Mädchen unter zehn Jahren arbeiteten vierzehn Stunden täglich als Sklaven und fielen vor Erschöpfung auf die Lumpen unter ihren Maschinen, um zu schlafen. Man verkaufte sie an die Fabriken, und sie konnten das bewachte Fabrikareal Tag und Nacht nicht verlassen. Überall in den Straßen lagen verwahrloste Leute, aber auch Leichen verhungerter Kinder und ungewollter Babies. Zwischen 1920 und 1940 wurden jedes Jahr 29 000 Leichen gezählt, die man in den Nebenstraßen gefunden oder aus Rinnsteinen, Kanälen und Flüssen gefischt hatte.[2]
Das alles blieb nicht verborgen. Ein Reiseschriftsteller aus der Zeit schrieb: «Der eilige Rund-um-die-Welt-Tourist braucht sich nicht weit von den luxuriösen Hotels zu entfernen, um einen Blick darauf zu werfen, wenn ihm die Wahrnehmungskraft nicht völlig abhanden gekommen ist.»[3]
Für China als Ganzes hatte die Vertreibung der Mandschus das Leben nicht besser gemacht. Wenn sie etwas bewirkt hatte, dann war es eine Verschlechterung. Anstatt von einer – wenn auch verhaßten – zentralen Macht beherrscht zu werden, war das Reich der Mitte in

Teile auseinandergebrochen, die von Kriegsherren und Militärkommandanten regiert wurden. Kleinkriege zwischen ihren Privatarmeen zerstörten fruchtbares Land. Die Produktion landwirtschaftlicher Güter ging stark zurück. Reis und Korn mußten importiert werden. Dies brachte den Händlern, die horteten, um die Preise hochzutreiben, große Gewinne. Hungersnöte zwangen die Leute in die Knie; sie aßen Rinde von den Bäumen und starben in den Städten und auf dem Land auf den Straßen. Gerüchte, wonach auf den Märkten Menschenfleisch angeboten würde, zirkulierten. Entlang der Landstraßen wurden von alten Weibern Kinder als Sklaven verkauft, die dann in Fabriken und Bordellen verschwanden.

«Es ist Peking, das wirklich zählt», bemerkte die Londoner *Times.* Die Kontrolle über Peking bedeutete noch nicht die Kontrolle über China, doch mit der Kontrolle über Peking war der Besitz des Titels der Nation verbunden. Ausländische Regierungen verhandelten nur mit Peking. Hatte ein Kriegsherr die nördliche Hauptstadt eingenommen, war er automatisch der legale Herrscher. Er profitierte von ausländischen Regierungen und Handelskonzessionen und strich alle Steuern ein, die von der nationalen Regierung erhoben wurden.

Yuan Shih-k'ai kontrollierte Peking, während die Militärgouverneure der sogenannten Pei-yang-Faktion ihn abschirmten, indem sie die umliegenden Provinzen besetzten. Um sich und ihre Armeen zu finanzieren, verkauften sie im geheimen Schürfrechte an ausländische Konzerne und erhoben von der Landbevölkerung Steuern für viele Jahre im voraus, was die kärgliche Existenzgrundlage vieler ländlicher Städte und Dörfer zerstörte.

1918 gab es immer noch keine chinesische kommunistische Partei, und der Begriff «Faschismus» war noch nicht geprägt worden. Doch die Ideologien begannen sich zu polarisieren. Als Dr. Suns Allianzpartei 1905 in Tokio gegründet wurde, hatte es zwei Gruppen gegeben: die ursprünglichen bürgerlichen Vertreter der Geheimgesellschaften und ihre neuen Anhänger, die radikalen Studenten. Anfangs gab es keinen Graben, der diese Gruppe trennte, doch während des Ersten Weltkrieges begannen sich die Bürgerlichen und die Studenten als Feinde zu betrachten. Die Studenten entdeckten die doppelten Maßstäbe des Mittelstandes und wandten sich gegen den Kapitalismus. Sie betrachteten sich selbst als Nationalisten, mit einer utopischen Mischung aus Anarchie, Demokratie, Marxismus und Agrarreform. Sie dachten die Revolution zu Ende zu führen, indem sie die ausländischen Mächte, die China länger als ein Jahrhundert beherrscht hatten, hinauswerfen, das Land neu an die Bauern verteilen und alle wirtschaftlichen Privilegien abschaffen wollten. Die

Radikalen hielten ihre früheren Verbündeten aus dem chinesischen Mittelstand für antirevolutionär und antinational, denn als Geschäftsleute profitierten diese von der Bindung ans Ausland. Das Auseinanderbrechen der Revolution in einen rechten und einen linken Flügel wurde durch die Intervention Japans noch beschleunigt.
Als Deutschland durch den Ersten Weltkrieg seine weit entfernten Kolonialgebiete verlor, verschob Japan schnell seine Streitkräfte, um die deutschen Gebiete in der Provinz Shantung an sich zu reißen. Die Regierungen von Großbritannien, Frankreich und Italien versprachen Japan im geheimen, um dessen Hilfe gegen Deutschland zu gewinnen, daß es Shantung nach dem Krieg behalten könne.
Mit dieser Ermutigung fühlte sich Tokyo stark genug, Yuan Shih-k'ai eine Liste mit «21 Forderungen» vorzulegen, die China praktisch zum Vasallenstaat Japans machen würden. Als Gegenleistung für politische und militärische Unterstützung mußte Yuan Japan die permanente Kontrolle über Shantung und die Konzessionen in der Mandschurei und anderswo überlassen. Die Forderungen waren empörend, doch wenn er sie zurückwies, drohte Japan, Yuans Feinde zu unterstützen. Yuan erklärte sich widerwillig damit einverstanden, unter der Bedingung jedoch, daß die Forderungen geheimgehalten würden. Tokyo ließ absichtlich Details der Forderungen durchsikkern. Dies verursachte eine Welle öffentlicher Verachtung gegen Yuan und bittere Proteste gegen Japan.
Weil sie den Alliierten im Krieg gegen Deutschland geholfen hatten, meinten die Chinesen, sie könnten sich nun an die westlichen Mächte, vor allem an Amerika, wenden, um zu verhindern, daß sich Japan solche Freiheiten herausnahm. Als Beitrag Chinas zum Ersten Weltkrieg wurden Hunderttausende von Himmelssöhnen nach Europa und in den Mittleren Osten gesandt, um dort als Bataillone eingesetzt zu werden. An der Versailler Konferenz hofften die Chinesen, daß die westlichen Führer, allen voran der idealistisch gesinnte Präsident Woodrow Wilson, ihnen helfen würden, ihr an Japan verlorenes Gebiet zurückzugewinnen. Sie glaubten an den großen Plan des amerikanischen Präsidenten für den Völkerbund, der ein Heilmittel für alle Demütigungen der Vergangenheit zu sein schien.
Wilson war in einer mißlichen Lage. Er wollte unbedingt seinen Völkerbund. Er konnte in Versailles einfach erklären, daß er das geheime Abkommen von Shantung nicht billigen würde, das seine Alliierten getroffen hatten. Doch die Japaner machten ihm klar, daß sie in diesem Fall nicht für seinen Völkerbund stimmen würden. Es war, wie es ein Diplomat formulierte, «eine Art Erpressung». Wilson gab schließlich den Japanern nach. Es war kein populärer Entschluß; selbst

jene, die ihm dazu geraten hatten, waren davon angewidert. Doch als die Völkerbundsakte am 28. April 1919 unterzeichnet wurde, war es klar, daß Wilson sich den Japanern gefügt hatte.[4]

Der chinesische Delegierte an der Versailler Konferenz, Wellington Koo (ein Diplomat, der an der Columbia University studiert hatte und nichtsdestoweniger für seine 26 Konkubinen gefeiert wurde), unterschrieb den Völkerbundsvertrag nicht. «Wenn ich unterschreibe ...», erklärte er einem von Wilsons Beratern, «– selbst auf Befehl von Peking – habe ich bei meiner Rückkehr nicht die geringste Chance davonzukommen.»[5]

Als diese Neuigkeiten in China eintrafen und sich über Telegraphen im ganzen Land verbreiteten, gab es sechs Tage darauf, am 4. Mai 1919, einen Studentenaufruhr. Er richtete sich gegen chinesische Beamte, die für ihre Zusammenarbeit mit Japan berüchtigt waren. In Peking wurde das Haus eines Beamten niedergebrannt, ein anderer wurde verprügelt. Am folgenden Morgen wurde die Pekinger Studentenunion gegründet, die die Bewegung des 4. Mai über ganz China verbreiten sollte. Sie wurde von Lehrern, Journalisten, Liberalen aus verschiedenen Berufen und einigen Unternehmern unterstützt. Demonstrationen weiteten sich über das ganze Land aus und wurden mit harter Polizeirepression bekämpft. Durch die Ereignisse aufgeschreckt, sandte Tokyo Marineinfanterie in die Konzessionen der chinesischen Hafenstädte – darunter auch Shanghai –, um die Demonstranten einzuschüchtern. In Peking mußte der Dekan der Universität zurücktreten, weil er die Studenten unterstützt hatte. Mehr als tausend Leute wurden verhaftet. In Shanghai streikten sechzigtausend Arbeiter so lange, bis die Regierung in Peking damit einverstanden war, ihre projapanischen Minister zu entlassen und die verhafteten Studenten freizulassen. Daß die Regierung auf diese Forderungen eingegangen war, befriedigte jedoch nur die Kaufleute, nicht aber die Studenten und Intellektuellen. Am nächsten Tag verlief alles wie gewohnt. Genug ist genug, sagten sich die Kaufleute. Doch der Studentenprotest war erst am Anfang: Die Kluft entstand zwischen jenen, die die Sache ganz durchsetzen wollten, und jenen, die sich mit dem zufrieden gaben, was sie schon erreicht hatten.

Die Bewegung des 4. Mai war nicht nur gegen die ausländischen Mächte, sondern gegen alle Chinesen, die mit den Ausländern zusammenarbeiteten, gerichtet. Dies war neu in der chinesischen Revolution, und es bereitete den Kaufleuten und Geheimgesellschaften Kopfzerbrechen. Aus der Perspektive der Shanghaier Kapitalisten, die bequem und sicher in ihren Villen rund um die ausländischen Konzessionen residierten, schlug die Revolution einen dunklen

Weg ein. Sie gefährdete ihre Lebensgrundlage und ihren Würgegriff um die chinesische Wirtschaft.[6]
Einer der Führer der Studentenbewegung in Peking war ein zurückhaltender Intellektueller namens Ch'en Tu-hsiu, Leiter der sprachlichen Abteilung der Pekinger Universität, an der Mao Tse-tung als Bibliothekar arbeitete. Während seiner zweijährigen Tätigkeit an der Universität wurde Ch'en einer der Anführer der intellektuellen Avantgarde Chinas. Er verbreitete die neuen Ideen der revolutionären Linken in einer Zeitschrift, die sich *Die wöchentliche Kritik* nannte und in der chinesischen Umgangssprache herausgegeben wurde, um möglichst viele Leser zu erreichen. Als in Peking die Unruhen des 4. Mai ausbrachen, verteilte er Pamphlete, in denen er die Diktatur Yuans angriff. Dafür wurde er drei Monate eingesperrt und brutal behandelt. Nachdem er entlassen worden war, gab er seine Stelle an der Universität auf und ging nach Shanghai. Dort wurde er im Oktober 1918 der führende Kopf einer Gruppe, die sich aus jungen Anarchisten, Sozialisten und Marxisten zusammensetzte.
Die Russische Revolution hatte die Aufmerksamkeit chinesischer Studenten und des chinesischen Mittelstandes auf sich gezogen – und zwar aus genau entgegengesetzten Gründen. Rund um die Welt reagierten führende Persönlichkeiten aus Politik, Handel, Industrie und Kirche mit Angst und Empörung auf den Roten Terror der Bolschewiken, doch sie ignorierten weitgehend die ebenso abschreckenden Greueltaten des weißrussischen Terrors. Es war der Anfang einer Ära weltweiter politischer Verdächtigungen, als die Angst vor einer kommunistischen Verschwörung sich auszubreiten begann und als Folge davon verschiedene Fanatiker an die Macht gelangten, als der Ku-Klux-Klan regen Zulauf verzeichnete, die Juden automatisch zu den Roten gezählt wurden und Arbeit als Schimpfwort galt.
Ch'en Tu-hsiu und seine eher harmlose Gruppe unsicherer Intellektueller fanden, daß die Doktrin von Lenin und Marx auf die Situation zutraf, die sich in China entwickelt hatte. Der nächste Schritt in ihrer Anwendung der Doktrin bestand in der Gründung einer chinesischen kommunistischen Partei. Ohne Zweifel ermutigte sie die Anwesenheit Gregor Voitinskijs, eines Vertreters der Kommunistischen Internationalen, in ihrer Diskussionsrunde, zu einem solchen Schluß zu kommen. In ganz China wurden marxistisch-leninistische Studienzirkel mit der Hilfe von Ch'en Tu-hsius ehemaligen Universitätsfreunden und Studenten gegründet. In Changsha, der Hauptstadt der Provinz Hunan, übernahm der junge Mao Tse-tung die Organisation.
Mitte Juli 1921, dem heißesten Monat in Shanghai, als kaum ein Lüftchen den Whangpoo hinunterwehte, um die Hitze, die über der

Stadt lag, erträglicher zu machen, trafen sich unauffällig dreizehn Männer in den stickigen Klassenzimmern der Boai-Mädchenschule. Die Schule, die während des Sommers geschlossen war, war in einer rosa Backsteinvilla in der «Straße zur Freudigen Unternehmung» untergebracht. Die Männer waren Delegierte des Ersten Kongresses der Kommunistischen Partei Chinas. Einer von ihnen war Mao Tsetung, doch gab es in ihren Reihen keinen einzigen Bauern oder Arbeiter. Während beinahe zwei Wochen debattierten die Delegierten über das Parteiprogramm. Zwei russische Gesandte der Komintern hörten sich diese verschwommenen und unentschlossenen Chinesen mit wachsendem Befremden an.[7]

Als man einen Fremden bemerkte, der sich verdächtig vor den schwarz lackierten Türen des Schulhauses herumtrieb, wurde das Treffen in aller Eile abgebrochen. Die Delegierten waren durch diesen ominösen Besucher vorsichtig geworden und verlegten ihren Treffpunkt an den Südlichen See, einen Ort gleich vor den Toren der Stadt. Dort wurde der Erste Kongreß an Bord eines Vergnügungsbootes wieder versammelt, und die Delegierten fischten, aßen und redeten sich die Köpfe über Resolutionen heiß. Der schwimmende Kongreß erreichte seinen Höhepunkt in der offiziellen Gründung der Kommunistischen Partei Chinas.

Es war ein schwächlicher und zögernder Anfang. Moskau betrachtete die chinesischen Kommunisten als Schwätzer und hielt sie für politisch unreif. Doch das Treffen reichte aus, um die Gangster von Shanghai, die sich das Ganze angesehen hatten, in Aufregung zu versetzen.

Wenn die Gründer der KPCh gewußt hätten, was auf sie zukommen würde, wären sie von der mysteriösen Gestalt vor dem rosa Schulhaus in der Straße zur Freudigen Unternehmung in noch größere Aufregung versetzt worden. Der Spion hatte sich nicht nur für die französische Sûreté vor dem Gebäude postiert, sondern noch für eine weitere von Pockennarben-Huangs Organisationen: die Grüne Gang, ein neues Gangstersyndikat, das sich bald zur militantesten antikommunistischen Kraft in China entwickeln sollte. Der Leiter des Syndikats war Tu Yueh-sheng.

Tu war eine exotische Gestalt, durch und durch krimineller Stratege. Er wurde 1888 in verzweifeltster Armut am Flußufer gegenüber von Shanghai in einem kleinen Dorf namens Kaochiao, dem dreckigsten Slum Chinas, im Distrikt Pootung geboren. Sein Vater war Kuli in einer Getreidehandlung. Als seine Eltern starben, kam der Knabe zum Bruder seiner Mutter, der ihn brutal behandelte. Als Halbwüchsiger war er ein abgebrühter, mordlustiger Bursche mit schmalen

Schultern, ungewöhnlich langen Armen, großen, gelben Zähnen und den Augen einer erfolgreichen Ratte. Er entschloß sich, am anderen Flußufer in Shanghai als Opiumhändler Karriere zu machen. Doch vorerst hielt er sich am Leben, indem er sich als Helfer eines Früchtehändlers verdingte und am Flußufer der Französischen Konzession Birnen verkaufte. Nebenbei brachte er in freundschaftlichem Auftrag der Hafenbanden einige Leute um.[8]

Tus auffallendste Kennzeichen waren sein großer, kahlrasierter Kopf und seine Ohren, die wie Baumpilze von seinem Schädel abstanden. Sein Gesicht war klumpig und unregelmäßig, wie ein Sack Kartoffeln – das Resultat von Schlägen, die er abbekommen hatte. Seine Lippen waren so über seine vorstehenden Zähne gespannt, daß er zu grinsen schien, und die Augenlider zwinkerten ständig, was ihm einen lasziven Gesichtsausdruck verlieh. Auf seinem Gewand klebte immer frische Sauce. Er paßte perfekt ins Hafenmilieu. In seiner Umgebung waren herumstreunende Schläger, gemeine Messerstecher und die untersten Chargen der berühmten Roten Gang zu Hause. Tu verkehrte mit ihnen, und noch bevor er fünfzehn war, wurde er ein Mitglied der Gang.

Seine engsten Spießgesellen erhielten ihre Aufträge vom großen Boss Pockennarben-Huang persönlich. Tu hielt sich oft in der Küche von Huangs schwerbewachtem Haus auf, wo er nach einer Weile die Bekanntschaft der derben Mätresse des mächtigen Polizeichefs machte. Sie stellte ihn dem Boß vor, der ihn für einen brauchbaren jungen Mann mit schneller Auffassungsgabe hielt. Tu erledigte seine Aufträge mit Energie und Effizienz. Durch seine Großzügigkeit und seine echte Bereitschaft zu helfen schuf er sich schnell einen Freundeskreis. Es gab nichts, was er lieber tat, als einem Straßenverkäufer zu helfen, indem er den Pfandleiher terrorisierte, bei dem sich der Verkäufer verschuldet hatte.

Großohr-Tu war sehr geschickt, wenn es um Opium ging – Pockennarben-Huangs Haupteinnahmequelle. Eines Tages schlug Tu vor, daß sich die rivalisierenden Gangs zu einem Kartell zusammenschließen sollten, um so das Opium gemeinsam auf den Markt zu bringen. So würden sie den Opiumhandel in beinahe ganz China in ihrer Hand haben und die Preise diktieren, was die Profite drastisch erhöhen würde. Huang überließ es Tu, die Details auszuarbeiten, was nichts anderes hieß, als mit einigen Gangführern zu verhandeln und andere umzubringen. Zwei Anführer der Grünen Gang widersetzten sich und wurden beiseite geschafft, Großohr-Tu wurde so zum neuen Boss der Grünen Gang. Der Anführer der Blauen Gang, Chang Hsiao-lin, entschloß sich wohlweislich zu kooperieren, so daß sich

die drei Anführer der Gangs zu einer Troika zusammentaten. Zusammen beherrschten sie die ganze Unterwelt Shanghais und der angrenzenden Provinzen Chekiang und Kiangsu sowie das Yangtse-Tal bis in die mohnanbauenden Gebiete im Innern Chinas.[9]
Innerhalb der Internationalen Niederlassung wurde der Schwarzhandel mit Opium immer von der Chiu-chao-Triade der Drei Harmonien kontrolliert, die während vieler Jahre vom Kantonesen Wang-Sui angeführt wurde.[10] Großohr-Tu «überzeugte» Wang, dem Kartell ebenfalls beizutreten. Dadurch wurde Tus Einflußgebiet bis in die Internationale Niederlassung hinein ausgedehnt, wo er immer mehr selbst in die Hand nahm und nach und nach die Drei Harmonien der Grünen Gang anschloß. Nach einer Weile verdrängte die Grüne Gang alle anderen Triaden in diesem Gebiet, mit Ausnahme einer tief in den ländlichen Gegenden verwurzelten Bauernverbindung, der Gesellschaft der Vorsteher und Brüder. Tus Vermögen wuchs ins Fabelhafte; einmal wurde es vorsichtig auf über 40 Millionen U.S.$ geschätzt. Er geizte nie mit seinem Geld und war großzügig seinen Freunden gegenüber. Wenn Fremde ihm einen vernünftigen Grund angaben, gab er auch ihnen Geld. Es gibt viele Legenden um Großohr-Tu: So soll er Witwen geholfen, Waisen unterstützt und Leute gerettet haben, die alles verloren hatten. Er hatte auch ein unerschöpfliches Talent, Leute in Angst und Schrecken zu versetzen. Wenn Tu von jemandem etwas verlangte, erhielt er es auch. Er versuchte nie, den Platz von Pockennarben-Huang, seinem Schutzherrn, einzunehmen. Die Rote Gang bestand weiterhin als exklusiver Club patriotischer Revolutionäre, während kriminelle Unternehmungen ab 1910 mehr in den Tätigkeitsbereich der Grünen Gang gehörten. Pockennarben-Huang blieb der Kopf der Troika. Doch Großohr-Tu war die ausführende Instanz und hatte die Fäden von Shanghais Unterwelt in seinen Händen. Zog er an ihnen, so tanzte die Stadt nach seiner Pfeife. Eine große Zahl von Helfern stand ihm zur Verfügung, von Dockarbeitern und Straßenkulis bis zu Postbeamten und Bankangestellten. (Die Gilde der Postbeamten erlaubte ihm, jedermanns Post zu lesen.) Wo immer möglich, übernahm Tu die indirekte Kontrolle über Gesellschaften, indem er sich die Geschäftsleitung durch Erpressung und Einschüchterung gefügig machte, während seine Leute gleichzeitig die Angestellten dieser Gesellschaften in Gilden organisierten. In den meisten Fällen wurde diese Arbeit sorgfältig geplant und ausgeführt, damit die Ereignisse voneinander unabhängig zu sein schienen. Doch beide, die Gilden und die Geschäftsleitungen, waren machtlos, solange Großohr-Tu nicht an den Fäden zog.[11]

Deshalb strich im Sommer 1929, als die dreizehn marxistischen Delegierten sich in der Mädchenschule trafen, jener verdächtige Fremde um die rosa Backsteinvilla in der Straße zur Freudigen Unternehmung. Der Schnüffler wurde von Pockennarben-Huang und Großohr-Tu gesandt, um diese eigenartige Zusammensetzung von chinesischen Intellektuellen und ihre schon etwas gefährlicheren russischen Freunde im Auge zu behalten. Nach den Ereignissen in Rußland war die Gegenwart bolschewistischer Agenten und Organisatoren in China eine direkte Herausforderung für die wachsende Herrschaft der Grünen Gang.

Es ist kaum überraschend, daß Großohr-Tu einige sehr interessante Freunde hatte. Unter den wenigen Leuten, von denen er glaubte, sie seien ihm an Tücke und Hinterlist gewachsen, war eine Frau – die eine bemerkenswerte Gabe für Finanzspekulation und Hinterzimmerintrigen besaß. Sie hieß Ai-ling Soong und war Fremden jetzt als Madame Kung bekannt.

An vielen Sonntagen kam der Gangführer, nachdem Ai-ling den Gottesdienst in der Young J. Allen-Methodistenkirche besucht hatte, zu ihr nach Hause in die Route de Seiyes, um sich mit ihr in Ruhe zu unterhalten, während seine Leibwächter in jede Richtung Ausschau hielten. Die Kinder der beiden wuchsen zusammen auf.

Durch diese bemerkenswerte Zusammenkunft auf dem Grundstück der Kungs wurden die Mittel des Kung-Bankimperiums, der Einfluß der Soong-Familie und die Schlagkraft der Grünen Gang verbunden. Sie vereinigten ihre Kräfte, um während der Jahre 1916 bis 1940 eine Reihe erstaunlicher Investitionen und Ankäufe zu machen. Das christliche Image des Soong-Clans (mit seiner freundschaftlichen Oberfläche) bezauberte die Ausländer, und die dunkle Teilnahme von Großohr-Tu schüchterte jeden Chinesen ein, der sich sonst widerspenstig hätte verhalten können. Wenn seine Botschaft nicht recht verstanden werden wollte, sandte Großohr-Tu der widerspenstigen Partei seine gewohnte Warnung: einen geschmückten chinesischen Sarg. Man konnte in kürzester Zeit mit einem positiven Sinneswandel rechnen. Doch Großohr-Tu war auch am anderen Ende der Sozialskala von Shanghai zu Hause. Er verkehrte gerne in der bekannten Blauen Villa und anderen, der Grünen Gang gehörenden Bordellen im Vergnügungsviertel von Shanghai. Meist begleitete ihn ein junger Bravo namens Chiang Kai-shek.[12]

Am 31. Oktober 1887, genau um 12 Uhr mittags, wurde Chiang im zweiten Stock des Yutai-Salzgeschäfts in Chikou, einer Stadt westlich von Shanghai, hinter den Wuling-Bergen in der Provinz Chekiang, geboren – genau ein Jahr vor Großohr-Tu. Seine Mutter war 23 Jahre alt und die dritte Frau eines Salzhändlers, der beinahe doppelt so alt war. Sie nannte ihren Sohn Chiang Jui-yuan. Später erhielt er von einem seiner Lehrer einen Ehrennamen, der auf kantonesisch «Kai-shek» hieß. Unter diesem Namen ging er in die Geschichte ein.[13]

Chiangs Vater starb, als der Knabe noch klein war. Chiang fühlte sich ungewöhnlich zu seiner Mutter hingezogen, die keine sehr glückliche Frau war. Er sagte einmal von ihr, daß sie «viel Bitterkeit geschluckt» habe.

Er war ein kränkliches und eigenartiges Kind. Oft ließ er sich zu Temperamentsausbrüchen hinreißen, so daß man sich im ganzen Dorf über ihn lustig machte. Ein Wahrsager bemerkte, daß er einen anormal geformten Kopf habe und «überaus seltsam» sei. Tränenausbrüche, unkontrollierte Wut und lange Perioden des Rückzugs kennzeichneten sein Heranwachsen. Ein Lehrer, der sein unstetes Verhalten beobachtete, meinte: «Man könnte glauben, er hätte zwei verschiedene Persönlichkeiten.» Wenn er sich unter Kontrolle hatte, sprach er schnell und mit hoher Stimme den zischelnden Dialekt von Chekiang.[14]

Ohne Familienvater hatten die Chiangs unter der lokalen Verwaltung arg zu leiden. So wurde Chiang einmal, als ein Dorfbewohner, ohne seine Reissteuer zu bezahlen, sich davonmachte, vor Gericht geschleppt und mit Gefängnis bedroht, falls es ihm nicht gelingen würde, die Steuer des Davongelaufenen aufzutreiben. Irgendwie brachte er das Geld zusammen, aber er war über die Ungerechtigkeit verbittert. Er bezeichnete den Vorfall später als «den ersten Funken, der mein revolutionäres Feuer entzündete».[15]

Als er vierzehn war, wurde er mit einem drei Jahre älteren Dorfmädchen namens Mao Fu-mei verheiratet. Die Heirat half jedoch nicht, sein Temperament auszugleichen, er dachte auch nicht daran, im Provinznest Chikou oder im Salzhandel zu bleiben. Vier Jahre nach der Heirat nahm er einen Teil der Ersparnisse seiner Mutter und ging nach Fenghu, um dort eine bescheidene Schule namens «Pavillon der Literatur» zu besuchen.[16]

Auf dieser Schule entdeckte er eine schmale militärische Schrift, einen Klassiker mit dem Titel *Die Kriegskunst,* der im 4. Jahrundert v. Chr. von Sun Tzu während der Chan-Kuo-Zeit (Zeit der streitenden Reiche) verfaßt worden war. Für Sun Tzu bestand die «erhabene Kunst des Krieges» darin, den Feind ohne Kampf zu überwinden. Er bevorzugte List gegenüber brutaler Gewalt, ebenso wie Tricks und Intrigen gegenüber dem offenen Gefecht.

«Die Grundlage jeder Kriegshandlung ist die Täuschung», erklärte Sun Tzu. Das wichtigste Mittel dazu sei «der Einsatz von Geheimagenten» und nicht von Truppen. Jeder Befehlshaber, der zu dumm oder zu geizig war, ein Spionagenetz mit den besten Leuten aufzubauen, war nach Sun «kein General, keine Unterstützung seines Herrschers» und darüber hinaus «ohne jegliche Humanität». Denn der bewaffnete Kampf brachte Verschwendung und Schrecken mit sich und zerstörte die Wirtschaft und das Leben von Tausenden. Wenn die richtigen Geheimagenten eingesetzt wurden, nannte man sie «göttlicher Faden»: «Sie sind der Schatz jedes Herrschers.» Doch Sun Tzu warnte, daß «der, der nicht klug und gerecht, menschlich und weise ist, die Geheimagenten nicht einsetzen kann. Und wer nicht vorsichtig und schlau ist, kann ihnen die Wahrheit nicht entlocken.» Alles ist «wirklich heikel, wahrhaftig heikel».

Die Kriegskunst, wie auch andere chinesische Klassiker, zog im Verlauf der Jahrhunderte viele Kommentatoren an, die jeweils dem Original einen Anhang beifügten. Ein Kommentator der Sung-Zeit (960–1279) gibt ein Beispiel, wie ein «opferbereiter» Agent richtig eingesetzt werden konnte:

> In unserer Dynastie verzieh der Oberste Beamte Ts'ao einmal einem Verurteilten, um ihn, nachdem er eine Wachskugel geschluckt hatte, als Mönch verkleidet nach Tangut zu senden. Als der falsche Mönch dort ankam, wurde er verhaftet und eingesperrt. Der Mönch erzählte von der Wachskugel und förderte diese in seinem Stuhl auch bald zutage. Als man die Kugel öffnete, fanden die Tanguten einen Brief, den der Oberste Beamte Ts'ao an den Direktor der strategischen Planung von Tangut gerichtet hatte. Der Häuptling war erbost, ließ seinen Minister hinrichten und exekutierte den Mönch.

Der Kommentator fügte lakonisch hinzu: «Darum geht es.»

Sun Tzus Ideen entflammten Chiangs Vorstellungskraft und formten seine Zukunftspläne. In dieser Schule führte ihn sein Lehrer auch in die strengen konfuzianische Sekte des Sung-Gelehrten Chu Hsi ein, die Selbstverleugnung, Selbstdisziplin und moralisches Streben als die geeigneten Mittel zur Erlangung von Harmonie beschrieb. Bis jetzt war Chiangs Leben ein Kampf gegen Armut, gegen die Lächerlichkeit seines Aussehens und gegen sein gewalttätiges Temperament gewesen. Die Philosophie der Selbstverleugnung wurde für ihn deshalb wichtig, und er versuchte, wenn auch ohne erkennbaren Fortschritt, sie zu einem zentralen Grundsatz seines Lebens zu machen.

In dieser Schule legte er sich auch die lebenslange Gewohnheit zu, vor Sonnenaufgang aufzustehen und im Schlafanzug oder in der Un-

terhose eine halbe Stunde aufrecht und mit über der Brust verschränkten Armen und aufeinandergepreßten Lippen zu meditieren.[17]
Sun Tzu zufolge war er der Mann für eine Karriere zu Pferde; er war ein Mann, der Truppen und Geheimagenten kommandieren würde. 1906 trat er aus dem Pavillon der Literatur aus und setzte seine Ausbildung in der nicht weit entfernten Drachenfluß-Mittelschule fort. Doch gab er diese Schule nach drei Monaten auf, um in Japan eine militärische Ausbildung zu beginnen. Er war neunzehn Jahre alt. Japans Sieg über das kaiserliche Rußland im vorangegangenen Jahr hatte gezeigt, daß die japanische Armee die beste in Asien war. Deshalb sollte sie als Vorbild für eine Verbesserung der chinesischen Armee studiert werden.
Chiang bat seine Mutter um Geld für die Reise. Als sie sich weigerte, schnitt er sich seinen Mandschu-Zopf ab und sandte ihn ihr. Damit versetzte er das ganze Dorf in Aufregung. Widerwillig bezahlte sie darauf sein Vorhaben.
Als Chiang in Japan ankam, mußte er feststellen, daß japanische Militärakademien nur jene chinesischen Studenten annahmen, die von der Mandschu-Regierung empfohlen wurden. Chiang blieb sechs Monate in Japan und kam mit den Revolutionären in Kontakt. Ganz in die ungestüme Atmosphäre eingetaucht, imponierte ihm ihr waghalsiger Lebensstil und ihre verschwörerische, auf einen bewaffneten Aufstand hinauslaufende Politik.[18]
Sun Yat-sens Allianzpartei gab der republikanischen Bewegung neuen Auftrieb. Einer von Dr. Suns vielversprechendsten und dynamischsten Anhänger war der dreißigjährige Ch'en Ch'i-mei aus Chiangs Heimatprovinz. Er war nicht nur intelligent, sondern auch mit einem außergewöhnlichen Charisma begabt.[19] Er war ein Mann der Tat, und er nahm Chiang Kai-shek unter seinen Schutz, so daß sie bald Freundschaft schlossen.[20]
Ch'en Ch'i-mei, dieser Mann der Tat, war nur kurz vor Chiang in Japan angekommen. Während er in Shanghai in einer Seidenspinnerei gearbeitet hatte, war er von der Revolution gepackt worden und der gegen die Mandschus gerichteten Grünen Gang beigetreten. Seine ungewöhnliche Auffassungsgabe und Energie war den Gangführern aufgefallen. Pockennarben-Huang hatte ihm dringend geraten, in Japan eine Militärakademie zu besuchen. Ch'en Ch'i-meis älterer Bruder hatte sich bereit erklärt, die Auslagen dafür zu übernehmen. In Tokyo hatte sich Ch'en an der Polizeiakademie eingeschrieben. Er war außerdem Dr. Suns Partei beigetreten und als Anwerber aktiv geworden.

Im Winter 1906/1907 ging Chiang zur Hochzeit seiner Schwester nach Hause. Während er unterwegs war, führte er seinen mit der Hilfe von Ch'en Ch'i-mei ausgeheckten Plan aus, der ihm ermöglichen sollte, ohne Empfehlung der Regierung an einer Militärschule aufgenommen zu werden. Jedes Jahr fand eine Aufnahmeprüfung für die nationale Militärschule der Provinz Hopai statt, deren Kurse nur kurz dauerten. Chiang nahm an der Prüfung teil und bestand. Darauf verbrachte er das Jahr 1907 in dieser Militärschule, was ihm zur offiziellen Erlaubnis für eine Militärausbildung in Japan verhalf. Dem alten Weisen Sun Tzu hätte das sicher gefallen. Mittels dieses ausgeklügelten und zielstrebigen Umwegs schuf Chiang alle Hindernisse beiseite und war 1908 wieder in Japan, um sich für den Dreijahreskurs an der bekannten Akademie von Shimbu Gakko einzuschreiben.[21]

Bevor er nach Japan aufbrach, gebar ihm das Dorfmädchen, das er mit vierzehn Jahren geheiratet hatte, einen Sohn namens Ching-kuo. Ihr Leben mit Chiang und seiner strengen, humorlosen Mutter war schwierig gewesen. Wie die junge Frau selbst erzählte, soll Chiang sie gewalttätig behandelt und oft geschlagen haben. Sie war ohne Zweifel erleichtert, als er wegging.

In Begleitung seines Freundes und Beschützers Ch'en Ch'i-mei stellte sich Chiang Anfang 1908 der Allianzpartei vor und wurde daraufhin eingeladen, sich den Revolutionären anzuschließen.

Während der Sommerpausen ging Chiang jeweils kurz nach Chekiang zurück, um seine Mutter zu besuchen. Danach beeilte er sich, nach Shanghai weiterzukommen, um mit Ch'en Ch'i-mei einige bewaffnete Überfälle und Gangmorde auszuführen. Seine Polizeiakte begann dicker zu werden. Diese Anschläge brachten Revolutionäre und Gangster so eng zusammen, daß sie nicht mehr auseinanderzuhalten waren. 1908 nahm er bei einem dieser Nebenabenteuer an einem Angriff auf ein Gefängnis teil, bei dem Mitglieder der Grünen Gang und «eingekerkerte Revolutionäre» befreit werden sollten.[22] Möglicherweise empfahl ihn Ch'en zu diesem Zeitpunkt der Grünen Gang als Mitglied, doch das genaue Datum wurde verwischt.

Im folgenden Jahr schloß Chiang seine Ausbildung an der Akademie von Shimbu Gakko ab und begann mit der Feldausbildung bei der japanischen Armee. 1910 war er bei der Ermordung eines Mannes dabei, der in den Shanghaier Polizeiakten als «prominenter chinesischer Angehöriger der Niederlassung» bezeichnet wurde. Chiangs Polizeiakte, die von der britischen Administration der Internationalen Niederlassung geführt wurde, verzeichnete nach und nach Morde, Erpressung, zahlreiche bewaffnete Raubüberfälle und mehrere damit

verbundene Verbrechen. Er wurde für alle aufgeführten Verbrechen angeklagt, doch kam er dafür nie vor ein Gericht oder ins Gefängnis.
Im Sommer 1911 half Chiang bei der Planung eines Mordes in Shanghai. Gerade als er danach seinen Dienst beim japanischen 19. Feldartillerie-Regiment wieder aufnehmen wollte, erreichte ihn die Nachricht vom erfolgreichen Aufstand am 10. Oktober. Chiang begab sich unverzüglich nach China zurück und wurde von Ch'en Ch'i-mei damit beauftragt, das Kommando über die «83. Brigade», eine Bande von 300 bewaffneten Mitgliedern der Grünen Gang, zu übernehmen. Diese Brigade war auf Geheiß von Pockennarben-Huang zu den Revolutionären hinübergewechselt.
Shanghai war immer noch unter Kontrolle der Mandschu-Regierung, doch Ch'en Ch'i-mei beabsichtigte, die Stadt durch Gewalt einzunehmen. Anfang November 1911 leitete Ch'en mit seiner Brigade einen erfolgreichen Angriff gegen das Arsenal von Kiangnan und übernahm in der Folge als Militärgouverneur die Kontrolle über die befreite Stadt. Es wäre für ihn damals auf der Hand gelegen, Chiang Kai-shek zum obersten Befehlshaber zu ernennen. Doch er gab den Posten einem anderen, auch in Japan ausgebildeten Mann, der von festerem Charakter war. Offensichtlich wurde Ch'en durch Chiang Kai-sheks heftige Temperamentsausbrüche und seine ausgiebigen Saufereien abgestoßen.
Es gab andere Aufgaben für ihn. Ch'en vertraute ihm ein Todeskommando von einhundert Mann an, die sich sofort nach Hangchow aufmachten, um die dortigen Revolutionäre bei der Befreiung zu unterstützen. Ihr Einsatz war erfolgreich, und Chiang kehrte als Held zurück. Darauf wurde er zum Kommandanten des 5. Regiments der Kiangsu-Armee befördert.
Den Höhepunkt erreichte Chiangs frühe Karriere kurz vor Ende 1911, als er selbst daran ging, einen von Ch'en Ch'i-meis republikanischen Rivalen, den einflußreichen Revolutionär T'ao Ch'eng-chang, auszuschalten. Dieser war Anführer der (Ming-)Restaurationsgesellschaft in Shanghai – eines anderen Triadenablegers der ehemaligen Hung-Liga – und hatte offensichtlich beabsichtigt, Ch'en Ch'i-mei die politische Führung der Stadt streitig zu machen. Chiang Kai-shek beschloß, daß es jetzt Zeit sei, T'ao für immer loszuwerden, eine Tat, die ihn bei seinem Mentor wieder in die frühere Gunst setzen sollte. Er suchte das Krankenhaus von Shanghai auf, wo T'ao, unbewacht von seinen Leibwächtern, von einer Krankheit genas. Chiang verwickelte T'ao in einen Streit und zog dann, wie eine Quelle berichtet, «in unkontrollierter Wut seine Pistole und tötete T'ao mit einem Schuß».[23]

Chiang entkam der Verhaftung und ging sofort nach Japan, wo er den größten Teil des Jahres 1912 zurückgezogen, im Abseits verbrachte. Während dieses Aufenthalts gab er eine kleine chinesische Militärzeitschrift heraus, für die er eigene leidenschaftliche Artikel schrieb.
Als er im Winter 1913 nach China zurückkehrte, fiel er jedoch wieder in seine alten Gewohnheiten zurück. Einer seiner Zeitgenossen berichtet:

> Er ließ sich gehen und begann wieder zu trinken. Während Monaten tauchte er nicht mehr im Hauptquartier auf und vertrieb sich die Zeit in den Häusern der leichten Mädchen. Irgendwie verfestigte sich sein zänkisches, unnachgiebiges Verhalten, was es seinen Freunden besonders schwer machte. ... Er machte auch Bekanntschaft mit den Führern der Geheimgesellschaften von Shanghai, was ihm später, als er mit den Shanghaier Kapitalisten zu tun hatte, sehr zustatten kam.[24]

Ein anderer Zeitgenosse drückte es verständnisvoller aus:

> Seine Arbeit bereitete kaum Mühe. Sie war in durchschnittlich zwei bis drei Stunden pro Tag erledigt. Das beträchtliche Einkommen, das er dafür erhielt, bot Gelegenheit zum moralischen Niedergang. Seine Freunde, die seinen Charakter kannten und wußten, daß es nutzlos war, auf ihn einzuwirken, bedauerten dies. ... Doch die Folgen seines gewalttätigen Lebenswandels sprachen für sich selbst. Darüber hinaus machten sein aufbrausendes Temperament und sein rabiater Charakter die Zusammenarbeit mit ihm schwierig. ... Chiang läßt sich von Natur aus nicht beeinflussen. Nicht selten steigerte er sich in Wutausbrüche, die nur wenige Menschen ertragen konnten. Vor allem aber war er äußerst eigensinnig. Keiner konnte es mit ihm aushalten, und so wurde er mehr und mehr zu einer Belastung für seine Umgebung.[25]

Chiang zog oft mit Großohr-Tu durch die Kneipen. Wie ein Engländer erzählte, der Tu kannte, soll Tu in einer Weise aufgetreten sein, die den Gangstern von Chicago kaum nachstand:

> Eine Wagenladung von Leibwächtern der Vorhut kam angefahren und durchkämmte das Vergnügungslokal von der Küche bis zu den Toiletten. Danach begaben sie sich auf ihre Posten und warteten auf den Boss. Tu fuhr immer in einem großen, kugelsicheren Sedan herum. Hinter der Limousine des Gangführers kam eine zweite Wagenladung von Leibwächtern angefahren. Tu stieg nie aus, bevor diese ihn nicht umgeben hatten. Dann überquerte er, einen Leib-

wächter an jeder Seite, die Straße und betrat das Vergnügungslokal, in dem seine Leute an jeder Tür postiert waren. Während er und seine Vertrauten am vordersten Tisch saßen, waren die ihn umgebenden Tische von seinen Leuten besetzt, deren Waffen offen sichtbar waren.[26]

Man schätzte, daß jedes zwölfte chinesische Haus in Shanghai ein Bordell war, was für die Internationale Niederlassung allein eine Gesamtzahl von 668 Bordellen ergab. Jede einhundertdreißigste Einwohnerin der Stadt war eine Prostituierte. Mehr als die Hälfte von ihnen gehörten der Grünen Gang oder waren ihr tributpflichtig. Allein in der Blauen Villa gab es 121 Prostituierte.[27] In der Französischen Niederlassung beherrschten die Gangs jedes Bordell. Es war ein anstrengendes Geschäft. Unabhängig von ihrer Anziehungskraft oder ihrem Können mußten die Prostituierten sich alle Mühe geben, um die Männer den Dienstknaben oder den vielen homosexuellen Bordellen abspenstig zu machen. Um den Nachteil auszugleichen, waren die geschäftstüchtigeren Mädchen auch bereit, Nummern wie «Spiel mit der Blume im Hintergarten» anzubieten.
Weil Chiang und Tu dieser Halbwelt soviel Aufmerksamkeit schenkten, ist ihre Kenntnis von Interesse.
Die chinesischen Bordelle waren beinahe ohne Ausnahme mit Mädchen bestückt, deren Füße eingebunden worden waren. Der ideale Fuß sollte weniger als acht Zentimeter lang sein. Diese kleinen Füße waren außergewöhnlich stark anregende Sexualobjekte und standen im Zentrum jedes lauten Herrenabends. Wenn Fußfetischismus auch in vielen anderen Kulturen vorkommt (so zeigen zum Beispiel die Turk- und Mongolenfrauen in Sibirien bei heißem Wetter ihre entblößten Brüste, doch enthüllen sie ihre Füße nur für ihre Ehegatten), war er nur in China institutionalisiert. Ein französischer Gelehrter des letzten Jahrhunderts erklärte:

Meine Aufmerksamkeit wurde auf eine ... große Zahl pornographischer Stiche gelenkt, die bei den Chinesen sehr beliebt sind. Auf all den lasziven Darstellungen sehen wir, wie der Mann wollüstig die Füße der Frau liebkost. Wenn ein Himmelssohn die Füße einer Frau in seine Hände nimmt, dann wirkt das auf ihn wie junge, straffe Brüste auf Europäer. Alle Himmelssöhne, die ich darüber befragt habe, gaben einmütig zur Antwort: «Oh, ein kleiner Fuß. Ihr Europäer könnt nicht verstehen, wie exquisit, wie süß und aufregend das ist.» Die Berührung des Penis mit dem kleinen Fuß hat beim Mann eine unbeschreibliche Steigerung des Lustgefühls zur Folge. Frauen, die in der Liebe geübt sind, wissen, daß das wirksamste Mittel, ihren Liebhaber zu erregen, nicht in der Apotheke zu haben ist, sondern darin besteht, seinen Penis zwischen ihre Füße zu nehmen. Es kommt nicht selten vor, daß chinesische Christen bei der Beichte bekennen, daß sie «auf schlechte Gedanken gekommen» seien, weil sie «die Füße einer Frau angesehen» hätten.[28]

Die Sitte, die Füße einzubinden, begann im 10. Jahrhundert und wurde von den Palasttänzern in Mode gebracht. Es gibt keine früheren Illustrationen von Chinesinnen mit eingebundenen Füßen. Von den Tänzern ausgehend, verbreitete sich die Mode im Adel und wurde nach und nach auch von der Landbevölkerung imitiert. Der eine Zweck der Sitte bestand darin, die Bewegungsfreiheit der Frau einzuschränken. Konfuzianer hatten sehr wenig für ihre Frauen übrig, so daß durch die Verkrüppelung ihrer Füße sichergestellt war, daß sie sich weder zu weit von ihrem gutbewachten Haus entfernen noch vor den Schlägen flüchten konnten. Wenn die Sitte gelegentlich verurteilt wurde, so nicht deshalb, weil sie Schmerz und Leiden verursachte, sondern weil sie dem Müßiggang Vorschub leistete.[29]
Die eingeschnürten Füße zeigten, wie weit eine Mutter gehen konnte, um ihre Tochter zum begehrenswerten Sexualobjekt zu machen. Gewöhnlich wurden die Füße zum ersten Mal eingebunden, wenn die Mädchen vier Jahre alt waren. Eine etwa drei Meter lange Bandage wurde so um die Zehen gewickelt, daß diese gegen die Sohle zurückgedrückt wurden. Jeden Tag zog man die Bandage fester an, bis der Fuß so zusammengefaltet war, daß nur noch die große Zehe hervortrat. Diese Fußform wurde «goldener Lotus» genannt, denn sie glich einem Lotusfruchtknoten ohne Blütenblätter. Das Fleisch verfaulte oder löste sich langsam eiternd ab; manchmal fielen eine oder zwei Zehen ab. Der Deformationsprozeß hatte nach zwei Jahren sein Ende erreicht, was bedeutete, daß die Füße zu diesem Zeitpunkt praktisch abgestorben waren. Sie wurden in fein verzierten Seidenstiefelchen verborgen. Für einen jungen Tunichtgut war es eine alltägliche Belustigung, um alles in der Welt den kleinen Seidenschuh eines Mädchens zu stehlen, in ihn hineinzumasturbieren und ihn dann dem verlegenen und erniedrigten Mädchen zurückzugeben.[30]
Indem die Mädchen zu hinken gezwungen waren, konnten sie sich nur in kleinen Schritten, einer Balletteuse en pointe nicht unähnlich, fortbewegen. Das hatte zur Folge, daß ihre Glieder unterentwickelt und dünn blieben. Im Gegensatz dazu sollte sich, so wurde allgemein geglaubt, der Hintern und das «Jadetor» des Mädchens so entwikkeln, daß es den «Jadespeer» des Geliebten besser umfangen konnte. Der chinesische Intellektuelle Ku Hung-ming meinte sogar: «Je klei-

ner die Füße der Frau, desto wunderbarer werden die Falten der Vagina.» Chinesen machten sich nicht viel aus den Brüsten einer Frau, vielmehr träumten sie vom Lutschen und Liebkosen deformierter Füße. In den Bordellen von Shanghai wurden diese Träume jede Nacht in tausendfacher Ausführung verwirklicht.
Die Prostituierten waren sehr jung, zwölf bis vierzehn Jahre alt, und wurden entweder entführt oder von mittellosen Eltern in die Sklaverei verkauft. Sie trugen weite Seidenhosen und eine Jacke mit einem hohen, bis an die Wange reichenden Kragen. Eines der populärsten Spiele wurde «Floß» genannt. Das Mädchen übergab jeweils ihre kleinen bestickten Schuhe den Teilnehmern, die sie herumreichten. Diese liebkosten die Schuhe und ließen sich durch sie erregen. Dann wurde in den einen Schuh ein Weinglas gestellt, während der andere in eine große Schüssel gelegt wurde. Das Mädchen hoppelte dann auf ihren verkrüppelten Füßen um den Tisch und hielt die Schüssel mit einer Armlänge Abstand vor jeden hin. Die Teilnehmer klaubten Lotussamen aus einer Bambusschachtel und versuchten, diese in den Schuh in der Schüssel – das sogenannte Floß – zu werfen. Dabei hatten sie gewisse Regeln einzuhalten. Nachdem jeder Gast fünf Versuche gemacht hatte, verkündete die Besitzerin der Schuhe die Strafen, bei denen man ein bis fünf Gläser kippen mußte, aber niemals mehr, damit die Gäste nicht zu betrunken wurden. Die Drinks wurden aus dem Weinglas getrunken, das in dem anderen Schuh stand, was dem Trinker erlaubte, den betörenden Duft des parfümierten Fußes zu genießen.
Sobald einer der Gäste genügend erregt war, verschwand er mit einem Mädchen in einem privaten Zimmer. Dort war es üblich, die Füße des Mädchens zu streicheln, daran zu riechen und zu lecken und sie in Tee zu tunken, bevor dieser getrunken wurde. Eine besondere Freude war es, Mandeln, die zwischen den abgestorbenen Zehen steckten, zu essen. Wenn die Erregung dann nicht mehr auszuhalten war, führt der hechelnde Kunde seinen Jadespeer in das Jadetor ein. Dabei hob er ihre kleinen Füße hoch, so daß er den «goldenen Lotus» ganz in seinen Mund stecken und so lange lautstark daran saugen konnte, bis der Moment «der Wolken und des Regens» gekommen war.
Man mag sich wundern, wie die jungen Revolutionäre um Großohr-Tu bei diesen allnächtlichen Veranstaltungen noch Energie und Geist genug hatten, ihren täglichen Pflichten nachzukommen. Vielleicht liegt darin einer der Gründe, weshalb die Revolution nicht früher erfolgreich war.
«Alle sagen, daß ich mich der Wollust hingebe», schrieb Chiang Kai-

shek an seinen Freund. «Doch», fügte er zu seiner Verteidigung hinzu, «sie wissen nicht, daß dies die letzte Zuflucht ist, um tiefer Verzweiflung zu entrinnen.»[31]
Im Haus einer bekannten Prostituierten lernte Chiang ein hübsches Kindermädchen namens Yao Yi-ching kennen. Der Effekt war überwältigend – und blieb seinen Freunden nicht verborgen. Auf ihr Drängen hin machte er das Mädchen zu seiner Konkubine und brachte sie in das Haus seiner Mutter in Chikou. So war eine große, glückliche Familie beisammen: seine tyrannische Mutter, seine einsame Frau mit ihrem widerspenstigen Sohn sowie die exquisite Yao.[32] In diesem Jahr wurde Chiang Kai-shek fünfundzwanzig.
Offensichtlich war ihm seine Konkubine tatsächlich zugetan. Kurz danach brachte er einen Knaben namens Wei-kuo nach Hause. Ursprünglich behauptete Chiang, daß es das Kind eines Freundes in Japan sei, der nicht für seinen Sohn sorgen könne. Später erklärte er, der Knabe sei in Shanghai zur Welt gekommen. Manche spekulierten, es sei sein eigenes Kind aus der Ehe, die er in Tokyo eingegangen war. Wie auch immer – die Konkubine Yao nahm den Knaben enthusiastisch auf und sorgte für ihn, als ob er ihr eigenes Kind wäre.[33] Viele Jahre später wurde Wei-kuo von Chiangs Biographen als sein zweiter Sohn anerkannt.
1913, als die zweite Revolution, die den Diktator Yuan stürzen sollte, begonnen hatte, wurde Chiang beauftragt, ins Kiangnaner Arsenal zu schlüpfen und seine alten Soldatenkumpel zu überreden, sich gegen ihren Kommandanten zu erheben. Doch Chiang lief geradewegs in die Arme eines aufmerksamen Wachtrupps und konnte nur mit Mühe entrinnen. Er eilte darauf zu Großohr-Tu, erhielt die Verfügungsgewalt über alle Truppen der Grünen Gang, die er finden konnte, und lancierte einen schlecht vorbereiteten Angriff auf das Arsenal. Viele seines ungehorsamen Haufens wurden verletzt, so daß sie sich in die Sicherheitszone der Internationalen Niederlassung zurückziehen mußten, wo sie zu ihrer Blamage von der britischen Behörde entwaffnet wurden. Weshalb Chiang nicht unverzüglich ins Gefängnis kam, kann am besten durch die Verwechslung seiner Person erklärt werden. Als Armeeoffizier war Chiang kein Ruhmesblatt.
Doch trotz dieser erfolglosen Abenteuer gelang es ihm, entscheidende politische und kriminelle Kontakte anzuknüpfen, die auf seinem Weg zur Macht von weit größerer Wichtigkeit waren. Chiang Kai-shek, Ch'en Ch'i-mei und Stabschef Huang Fu schworen sich Blutsbrüderschaft und verpflichteten sich, einander zu schützen, wie wenn sie zum gleichen Clan gehörten. Dieser Bund hatte schicksalshafte Konsequenzen für Chiang, denn Ch'ens zwei Neffen erwiesen sich als

besonders strebsames und effizientes Paar. Chiang wurde auch der engste Freund von einem von Großohr-Tus Vertrauensmännern; er hieß Chang Ching-chang und war ein wohlhabender Revolutionär, Bankier, Makler und internationaler Händler mit gesuchten chinesischen Antiquitäten. Die Aura der Bedrohung, die diesen Menschen umgab, wurde durch eine Krankheit noch verstärkt, die einen seiner Füße verkrüppelte und ihn wie Shakespeares Richard den Dritten schlurfen ließ. Dieser düstere Millionär, den die Leute aus dem Westen Curio Chang nannten und den die Franzosen in Shanghai als Quasimodo bezeichneten, wurde einer von Chiang Kai-sheks wichtigsten politischen Beschützern.

Von Yuans Polizei, seinen Geheimagenten und Meuchelmördern gejagt, mußten sich Chiang Kai-shek und Ch'en Ch'i-mei 1915 einmal mehr nach Japan zurückziehen. Sie hatten allen Grund, um ihr Leben zu fürchten.

Während der nächsten Monate waren sie hin und wieder in Shanghai, um Aufstände anzuzetteln, an bewaffneten Überfällen teilzunehmen und Morde zu erledigen. Ch'en war zum Vorsitzenden des Zentralkomitees von Sun Yat-sens KMT-Partei aufgestiegen, was ihn nahe an die Spitze der republikanischen Bewegung beförderte. Bis zu jenem Frühjahr waren alle Versuche, ihn zu ermorden, fehlgeschlagen. Am 18. Mai 1916 gelang es einem von Yuans Mördern endlich, Ch'en in einem ruhigen Quartier der Französischen Konzession umzubringen. Die Killer wandten eine List an, um Zugang zu Ch'ens Versteck im geheimen Parteihauptquartier zu erlangen, und schossen ihn dort nieder.[34]

Seine Ermordung war ein schrecklicher Schlag für Chiang Kai-shek. Er war dreißig und hatte seinen Blutsbruder, wohltätigen Kameraden und sein Vorbild verloren. An der Bestattung las Chiang eine Lobrede auf Ch'en vor und fügte am Ende an: «O weh! Wo kann ich jetzt einen Menschen finden, der mich so gut kennt und mich so tief liebt, wie Du es getan hast?» Dann, möglicherweise als Anspielung auf die Kritik an seinen Zornausbrüchen, Zechereien und Hurereien, fuhr er fort: «Mir macht es nichts aus, daß Du ihre Lügen über mich geglaubt hast, als Du noch am Leben warst. Alles, was ich will, ist, daß ich ein reines Gewissen habe, nun, da Du tot bist.»[35]

Chiang nahm die Neffen seines toten Kameraden unter seine Obhut. Ch'en Kuo-fu und in geringerem Ausmaß der stillere Ch'en Li-fu kletterten beide sehr schnell in der Hierarchie der Grünen Gang empor; dies dank des Einflusses ihres Onkels. Sie blieben Chiang für den Rest ihres Lebens persönlich und politisch verbunden. Nach und

nach wuchs der Ch'en-Clan zum zweitgrößten Imperium nach den Soongs an.
Chiang muß es auch als eine bittere Tröstung empfunden haben, als wenige Wochen später Diktator Yuan, der angeblich Ch'en Ch'i-meis Todesurteil unterschrieben hatte, an einer Harnvergiftung starb – vergiftet von seinem eigenen Ehrgeiz, wie einige meinten.[36]

Bei der Neuverteilung der KMT-Posten, die dem Tod seines Mentors folgten, stieg Chiang Kai-shek in Ermangelung eines geeigneten Kandidaten zu Sun Yat-sens höherem Leutnantsstab auf. Im Herbst 1917 entschieden sich Dr. Sun und Ching-ling, daß die Zweite Revolution vielleicht erfolgreicher wäre, wenn sie eine neue Basis aufbauten, weit unten im Süden in Kanton, das schon in den Händen eines Kriegsherrn war, der sich erfolgreich von Peking losgesagt hatte. In jenem November bot Dr. Sun Chiang einen Posten als persönlicher Militärberater in Kanton an. Als Chiang die Hafenstadt im Süden erreichte, wurde er auch zum Chef des Generalstabs der Kwangtunger Armee ernannt. Seine tatsächliche Aufgabe war es, als Sun Yatsens Sicherheitschef und Vertrauensmann tätig zu sein. Er kam und ging, war mit mysteriösen Missionen beauftragt und in Zivil gekleidet. Man erwähnte ihn nur als «Mister Chiang».
Die Kwangtunger Armee wurde vom Kriegsherrn Ch'en Chiungming kommandiert. Seine Offiziere kamen alle aus dem Süden und sprachen kantonesisch. Sie waren dem Eindringling mit dem erdnußhaft geformten Kopf, der nur den unverständlichen Chekianger Dialekt sprach, nicht wohl gesinnt und gingen ihm aus dem Weg. Das machte die Sache für Chiang schwierig.
Nur ein schmaler Landstrich um die Stadt herum wurde tatsächlich von dem mit Dr. Sun verbündeten Kriegsherrn kontrolliert. Sie waren von feindlichen Kräften umgeben, die den nördlichen Kriegsherren ergeben waren. Bevor Chiang etwas anderes unternehmen konnte, mußte er die Flanken sichern, doch dazu reichte die Kwangtunger Armee nicht. Um seine Armee zu vergrößern, heuerte Sun wie üblich herumtreibende Söldner von Kriegsherren, Triaden und Bandenführern an. Doch diese Soldaten waren nur gegenüber einem verläßlichen Zahlmeister loyal; und gerade Geld war Suns ständiges Problem. Sun brauchte eine verläßliche Armee, doch war eine solche nur durch eigene Ausbildung und Schulung aufzubauen. Dies würde jedoch wiederum einen großen ausländischen Zuschuß erfordern. Bis dann würde er von treulosen Söldnern abhängig bleiben.
Mit finanziellen und militärischen Schwierigkeiten beschäftigt, konnte Dr. Sun den täglichen Routineangelegenheiten nicht die volle

Aufmerksamkeit schenken und übertrug die administrative Verantwortung einigen Claqueuren aus seiner Gefolgschaft, von denen viele eine hohe Meinung von sich selbst hatten, aber kaum wirkliche Fähigkeiten. Die wenigen kompetenten Leute in Suns Umkreis kamen um. Aus Verzweiflung begann er sich deshalb mehr und mehr an Chiang Kai-shek zu wenden und ließ ihn mehrmals von Shanghai herunterkommen, um die Dinge in Ordnung zu bringen. Aber die Anstrengungen blieben erfolglos. Chiang nahm diese Aufträge nur ungern an, denn er erhielt keine entsprechende Befehlsgewalt. Mehrmals kam er auf Suns Bitte nach Kanton, um für wenige Tage oder Wochen zu helfen und danach zornentbrannt nach Shanghai zurückzukehren.

In Shanghai verbrachte er einen Großteil seiner Zeit mit seinem verkrüppelten Freund Curio Chiang. Der millionenschwere Kunsthändler besaß Geschäfte in Paris und New York, in denen antike chinesische Kunstgegenstände und Stücke aus dem kaiserlichen Schatz an reiche westliche Sammler verkauft wurden. Er tat sich mit Großohr-Tu zusammen und eröffnete in Shanghai unter dem Schutz «legitimer» Geschäftsfreunde eine Aktien- und Warenbörse. Diese Börse, so wurde gesagt, sei ein gerissener Weg, um für Dr. Sun und seine Revolution Geld aufzutreiben. Doch die an den Geschäften Beteiligten waren alles Extremisten des rechten Flügels, und das Geld, das an Dr. Sun gesandt wurde, kam nicht aus den Börsengeschäften, sondern direkt aus den prallen Brieftaschen Großohr-Tus und Curio Chiangs, die damit ihre Position in der KMT-Hierarchie verbessern wollten. Sie gaben Chiang Kai-shek an ihrer Börse einen «Posten» als «Makler», was eine bescheidene Stellung für einen erfolgreichen Erpresser, Bankräuber und Schläger war. Der Posten war nicht mit irgendeinem Arbeitsaufwand verbunden, doch verschaffte er Chiang die Möglichkeit, schnell und leicht zu Geld zu kommen. Es wird berichtet, daß Chiang mehr als eine Million chinesischer $ verdient und wieder zum Fenster hinausgeworfen haben soll. Dies entsprach der Kaufkraft von über hunderttausend U.S. $ in New York.[37]

Er war einmal mehr über beide Ohren verliebt – dieses Mal in eine schlaue Prostituierte namens Ch'en Chieh-ju, die keine eingebundenen Füße hatte und erkannt zu haben schien, daß Chiang ein Hochstapler war. Er war von ihrem Talent, Leute zu unterhalten, und ihrer ungewöhnlichen Intelligenz so fasziniert, daß er sein ganzes Leben umkrempelte. Er ließ sich von seiner ursprünglichen Frau aus dem Dorf scheiden, warf die Konkubine aus dem Haus, die er kürzlich bei seiner Familie in Chikou untergebracht hatte, und heiratete Miss

Ch'en. Für die junge Frau erwies sich die Heirat als ein unglaublicher Glücksfall.[38]

Im November 1921 schrieb Chiang einen Brief an den Bruder seiner ersten Frau und bat ihn, ihm beim Arrangieren der Scheidung behilflich zu sein:

> ...während der vergangenen zehn Jahre konnte ich weder das Geräusch ihrer Schritte aushalten, noch hätte ich es ertragen können, auch nur ihren Schatten zu sehen. Bis heute hatten wir kein Zuhause, das diesen Namen verdient hätte. Meine Entscheidung, mich von ihr zu trennen, ist das Resultat einer schmerzlichen Erfahrung, die zehn Jahre gedauert hat. Sie ist nicht leichtfertig getroffen worden. Aufgeklärt und weise, wie Sie sind, wäre es Ihnen möglich, etwas für mein Glück zu tun, indem sie mich von dieser lebenslangen Qual befreien.[39]

In diesem November heiratete er Miss Ch'en in einer buddhistischen Zeremonie. Großohr-Tu, der die junge Frau «besaß», gab sie im wahrsten Sinne des Wortes «weg». Als zweite Frau nahm sie Chiangs Namen an und reiste auch unter diesem Namen in China und im Ausland.[40]

Eines Nachts, nicht lange nach der Heirat (verschiedene Daten sind vorhanden, doch war es wahrscheinlich Anfang Dezember), besuchte Chiang eine Weihnachtssoiree, die von T.V. Soong in Dr. Sun Yatsens Haus an der Rue Molière gegeben wurde. Dort traf er eine lebhafte junge Frau, die außergewöhnliche Beziehungen hatte. Es war T.V. Soongs kleine Schwester, die jüngste Tochter des legendären Charlie Soong und die Schwester von Madame Sun Yat-sen. Ihr Name lautete May-ling. Mit einem Mal war Chiangs Schale am Überlaufen.

Obwohl er eine neue Braut, eine langjährige Ehefrau und seit nicht allzu langer Zeit eine Konkubine sein eigen nannte, hatte er nur noch Augen für May-ling Soong (und ihre bemerkenswerten Verbindungen). Unverzüglich begann er einen auf lange Sicht konzipierten Plan für diese Brautwerbung zu machen.

Als er später im Dezember auf eine dringende Bitte Dr. Suns nach Kanton reiste, erzählte er ihm von seiner Bekanntschaft mit der Schwägerin des Doktors. Er erklärte Sun, daß er sich vom Dorfmädchen aus Chikou habe scheiden lassen. Weiter versicherte er ihm, daß er Miss Yao, das Zimmermädchen, das seinen in Japan geborenen Sohn erzog, aus dem Haus geworfen habe. Doch vermied er es ganz und gar, Dr. Sun von seiner neuen Frau Ch'en Chieh-ju zu erzählen, obwohl die Heirat erst vor einem Monat stattgefunden hatte. Chiang zählte diese Dinge alle auf, um Sun zu beweisen, daß er Ordnung in sein Leben gebracht und eine neue Seite aufgeschlagen habe. Er war nun bereit, wie er meinte, viel Verantwortung auf sich zu nehmen, «seine Kraft aus ganzem Herzen der Revolution zuzuwenden».[41]

«Ich habe jetzt keine Frau, Meister», soll Chiang nach Sun Yat-sens berühmter Erinnerung an diese Konversation gesagt haben. «Glauben Sie, Miss Soong könnte so weit gebracht werden, mich als Ehemann zu akzeptieren?»[42]

Der Doktor überlegte einen Moment lang und sagte dann offen nein. Aber er würde seine Frau um Rat fragen. Als Sun den Vorfall Chingling erzählte, war sie empört. Sie hätte es lieber, zischte sie, daß ihre kleine Schwester tot wäre, als daß sie einen Mann heiratete, der, wenn er nicht verheiratet war, es doch allein in Kanton mit mindestens einer oder zwei Frauen hätte sein sollen.[43]

8. Kapitel

Der Tanzbär

Im Frühjahr 1922 wurden Ching-ling und Dr. Sun beinahe von ihrem eigenen Militärkommandanten ermordet. Die Suns lebten in einem freistehenden Haus auf einem Hügel in Kanton, das mit seinen Büros im Regierungsgebäude verbunden war durch eine über den Häusern verlaufende hölzerne Fußgängerbrücke, die wegen der Monsunregen gedeckt und teilweise verschalt war.

Die an Gewalttätigkeiten reiche Geschichte Kantons hatte es für die meisten Kriegsherren, militärischen Anführer, kaiserlichen Beamten und reichen Pfandleiher (wie die Kungs) notwendig gemacht, in der Stadt oder auf den Inseln, wo der Perlfluß einen natürlichen Burggraben bildete, festungsartige Gebäude zu errichten. Die Residenz am Hügel bot keinen solchen Schutz. Sie war – vielleicht mit Absicht – verwundbar, besonders durch Artillerie- oder Mörserbeschuß von einem oberhalb gelegenen Hügel her. Wie immer war der Doktor nachlässig in bezug auf Sicherheitsvorkehrungen.

General Ch'en Chiung-ming, der zwerghafte Kriegsherr der Provinz Kwangtung, hatte keine Beziehung zu dem dynamischen Revolutionär aus Shanghai, der Chiang Kai-sheks Mentor gewesen war. Dieser Ch'en gehörte zu den Hakkas, jenen Nordchinesen, die einen eigenen Dialekt sprachen und im zwölften und dreizehnten Jahrhundert nach Südchina eingewandert waren. Sie wurden von Ausländern hoch geschätzt, weil sie es ablehnten, die Füße ihrer Frauen einzubinden, und waren auch in vielen anderen Belangen fortschrittlich. Sie spielten eine führende Rolle beim Aufbau der Chiu chao-Bruderschaft und bildeten den Kern der Taiping-Rebellion in den fünfziger Jahren des neunzehnten Jahrhunderts. Als junger Mann hatte General Ch'en bei der Eroberung Kantons im Jahr 1911, die die Provinz Kwangtung vom Kaiserreich unabhängig gemacht hatte, eine wichtige Rolle gespielt. Er war jetzt vierundvierzig Jahre alt, und unter den Kriegsherren Chinas wurde er als ungewöhnlich fortschrittlich angesehen.

Nach Yuans Tod hatte Dr. Sun sich mit Ch'en zusammengetan, um eine südliche Republik zu errichten, die in Wirklichkeit wenig mehr als ein Stadtstaat der Geheimgesellschaften in Kanton war, mit einem Gebiet, das je nach den wechselnden Lehen der Kriegsherren in den umliegenden Provinzen größer oder kleiner wurde. Während der Flitterwochen, die folgten, führte General Ch'en liberale Programme ein, darunter Auslandaufenthalte für vielversprechende Studenten, ob sie nun Konservative oder Kommunisten waren. Mit wachsendem Erfolg dieser Erneuerungen befaßte sich Ch'en stärker mit der Erhaltung und Verbesserung der südlichen Republik als mit dem langfristigen Ziel, das übrige China zu befreien.

Im Gegensatz zu ihm wurde Sun Yat-sen von seinem Traum, die südlichen Armeen nach Norden zu führen, um China zu «einigen», so in Beschlag genommen, daß er die administrativen Verantwortlichkeiten einer Reihe von Schmarotzern überließ, von denen viele zu allem anderen als zu Verschwörungen völlig unfähig waren. Die Provinz Kwangtung geriet in Unordnung, und Kanton selbst war unlenksam und ohne Verwaltung, bevölkert von Straßenräubern und in Banden von Raufbolden herumstreunenden Soldaten.

Für General Ch'en wurde es offensichtlich, daß seine Stellung in Südchina alles andere als sicher war und daß er sie völlig aufs Spiel setzen würde, wenn er sich vorschnell auf den Feldzug nach Norden einließ. Rivalisierende Kriegsherren konnten sein Gebiet besetzen. Er war verdrossen über Suns Traum von einer starken republikanischen Zentralregierung weit oben im Norden in Nanking und begann statt dessen eine lockere Föderation der chinesischen Provinzen zu begünstigen, eine Idee, die von den Kriegsherren favorisiert wurde, damit sie ihre verschiedenen Lehen behalten konnten. Unterdessen wurden Ch'ens untergebene Offiziere fett und korrupt; ihren Interessen wurde am besten gedient, wenn sie blieben, wo sie waren, und sich als Parasiten an den Einwohnern Kantons schadlos hielten.

Wiederholt beorderte Sun den General zum Feldzug, aber Ch'en schwankte. Schließlich wurde vereinbart, daß Sun die Armeen für den nördlichen Feldzug selbst anführen sollte, während Ch'en und seine Streitkräfte sich um Kanton «kümmerten».

Mit der verwegenen Ching-ling an seiner Seite verließ Sun am 6. Mai 1922 Kanton und rückte nach Shaokuan vor, um das Kommando seiner Söldnerarmee zu übernehmen. Sun wurde von einer Leibwache eskortiert, die fünfhundert treue Kuomintangsoldaten umfaßte – das war alles, was die KMT damals an eigentlichen Streitkräften zusammenbringen konnte.

Bei Suns Abreise geriet Kanton unverzüglich unter die Kontrolle von

General Ch'ens Truppen. Der Kriegsherr marschierte lässig in die Stadt, übernahm die Macht und ersetzte Sun. Kaum ein Schuß wurde abgegeben. Die Parteiführung der Kuomintang, die in Kanton geblieben war, war machtlos. In Shanghai hatten Chiang Kai-shek und andere erfahren, daß sich ein Staatsstreich anbahnte, und telegraphierten Sun, dringend «die Machtbasis zu festigen», bevor er auf dem nördlichen Feldzug vorrücke. Sun reagierte nicht. Am 25. Mai wurde dem Doktor die Gefahr bewußt. Er ließ seine gemietete Armee an der Front stehen, nahm Ching-ling und seine Leibwache mit sich und machte sich rasch auf den Weg zurück in die Stadt und in den fragwürdigen Schutz der Residenz am Hügel. Während er zusah, wie Ch'ens Streitkräfte rund um den Hügel in Angriffsstellung gingen, sandte er ein ungestümes Telegramm an Chiang Kai-shek in Chekiang: «HELFEN SIE MIR IN DIESEM AUGENBLICK DROHENDER GEFAHR – DREISSIGTAUSEND CATTIES HÄNGEN AN EINEM EINZIGEN HAAR.» (Ein Catty ist eine asiatische Gewichtseinheit, ein wenig mehr als ein englisches Pfund; der Marktausdruck sagte also, daß Dr. Sun in äußerster Not war.)[1]

Was als nächstes geschah, beschrieb Ching-ling für eine chinesische Zeitschrift:

> Etwa um zwei Uhr morgens am 16. Juni weckte Dr. Sun mich aus meinen süßen Träumen und sagte mir, ich solle mich beeilen und mich anziehen, da wir in Gefahr seien und fliehen müßten. Er hatte einen Telephonanruf erhalten mit der Meldung, daß Ch'ens Truppen im Begriff seien, auf uns loszumarschieren. Wir mußten unverzüglich auf ein Kanonenboot gelangen, von wo aus wir unsere Leute im Widerstand gegen die Rebellen befehligen konnten. Ich dachte, es käme ihm ungelegen, eine Frau bei sich zu haben, und drängte ihn, mich fürs erste hier zu lassen. Ich sagte, für mich als Privatperson bestünde wohl keine große Gefahr. Schließlich sah er ein, daß mein Argument richtig war, aber nicht einmal dann wollte er gehen, ohne fünfzig Leute unserer Leibwache hierzulassen, um das Haus zu beschützen. Dann brach er allein auf.
>
> Eine halbe Stunde, nachdem er gegangen war, etwa um halb drei Uhr, waren in der Nähe Gewehrschüsse zu hören. Unser Haus lag an einem Hügel und war mit dem Regierungssitz in Kung Ying An durch eine Passage von etwa einem Li (ca. 500 m) Länge, die wie eine Brücke über die Häuser und Straßen führte, verbunden. Es war früher das Privathaus von Lun Chi-huang gewesen. Der Feind feuerte von zwei Seiten auf uns hinab und schrie: «Tötet Sun Wen! Tötet Sun Wen!» Pechschwarze Dunkelheit verdeckte sie völlig. Unser kleines Verteidigungscorps hielt sich deshalb still. Ich konnte lediglich die sich duckenden Körper unserer Wächter in der Dunkelheit erkennen.

Als der Tag anbrach, begannen unsere Männer mit ihren Karabinern und Maschinengewehren das Feuer zu erwidern, während der Feind leichte Gewehre verwendete. Mein Badezimmer wurde in tausend Stücke geschossen. Ein Drittel unserer Handvoll Soldaten war getötet worden, aber die Übriggebliebenen leisteten noch entschlossener als zuvor Widerstand. Einer der Diener kletterte in ein hochgelegenes Versteck, und es gelang ihm, eine ganze Anzahl von Feinden zu töten. Gegen acht Uhr ging unser Munitionsvorrat zur Neige; deshalb beschlossen wir, nicht mehr zu schießen und die restliche Munition bis zum letztmöglichen Augenblick aufzusparen. Es hatte offenbar keinen Sinn, jetzt noch hierzubleiben. Unser Hauptmann wies mich an, aufzubrechen, und die Soldaten waren mit ihm einverstanden; sie versprachen für ihr Teil, hierzubleiben, um jede mögliche Verfolgung des Feindes aufzuhalten ... Es wurde berichtet, daß später alle fünfzig getötet wurden.
Vier von uns, Oberst Bow, ein ausländischer Begleiter Dr. Suns, zwei Leibwachen und ich, krochen der Brücke entlang, um zu fliehen; wir nahmen nur das Allernötigste mit. Der Feind konzentrierte das Feuer bald auf die Brücke, und Kugeln pfiffen uns um die Ohren.
Zweimal streiften Kugeln meine Schläfen, aber ohne mich zu verletzen, denn für den Augenblick waren wir durch die soliden Geländer auf beiden Seiten der Brücke recht gut geschützt. Bald kamen wir jedoch zu einer Stelle, an der die Geländer von den Kugeln zerstört worden waren, und wir mußten uns mit abenteuerlichen Sprüngen retten. Plötzlich schrie Oberst Bow auf, und Blut begann sein Bein hinabzufließen. Ihm war durch den Oberschenkel geschossen worden, eine Schlagader war verletzt. Die beiden anderen Männer trugen ihn weiter.
Wir waren mehrere Stunden auf der Brücke, bevor wir den Garten hinter den Regierungsgebäuden erreichen konnten. Eine halbe Stunde, nachdem wir dort angelangt waren, sahen wir Feuer aufblitzen, und ein Teil der Brücke wurde völlig zerstört. Jegliche Kommunikation war somit abgeschnitten. Das Feuer des Gegners konzentrierte sich nun auf das Regierungsgebäude, und wir konnten es nicht erwidern, weil das Gebäude von Privathäusern umgeben war.
Wir brachten Oberst Bow in eines der Schlafzimmer und verbanden seine Wunde notdürftig. Es griff mich sehr an, ihn leiden zu sehen; dennoch hörte er nie auf, mich zu trösten: «Eines Tages wird der Sieg unser sein!»
Von acht Uhr morgens bis vier Uhr nachmittags wurden wir buchstäblich in einer Hölle anhaltenden Gewehrfeuers begraben. Kugeln flogen in alle Richtungen. Einmal brach die ganze Decke eines Zimmers, das ich nur Minuten zuvor verlassen hatte, ein.
Um vier Uhr schickte Divisionskommandeur Wei Pang-ping, der bisher unbeteiligt geblieben war, einen Offizier hinunter, um mit uns zu

verhandeln und Kapitulationsbedingungen anzubieten. Die erste Forderung, die von unserer Leibwache erhoben wurde, betraf meine Sicherheit, die der Offizier zu garantieren ablehnte: er sagte, über die Truppen eines anderen Mannes habe er keine Gewalt. Selbst die feindlichen Offiziere konnten mit den Soldaten, die zu diesem Zeitpunkt völlig verrückt geworden waren, nichts mehr anfangen. Unsere Eisentore wurden bald niedergebrochen, und wir sahen uns den Bajonetten und Revolvern der blutrünstigen Soldaten gegenüber, denen es jedoch nicht um uns selbst ging, sondern nur um die Bündel in unseren Händen. Rasch ergriffen wir unsere Chance und rannten auf zwei wilde Haufen von Soldaten zu, die einander in den Weg geraten waren: der eine war eine Gruppe fliehender Soldaten, der andere ein Trupp feindlicher Plünderer. Mir gelang es zu entfliehen; ich trug Oberst Bows Hut und Dr. Suns Regenmantel. Ein Stoß feindlicher Truppen rannte vorbei und versuchte, das Finanzministerium und das Büro des Zollsuperintendenten zu plündern. Wir suchten uns in dem wildgewordenen Mob einen Weg durch die Menge und fanden uns schließlich in einer kleinen Gasse, wo wir fürs erste vor den Plünderern sicher waren. Ich war völlig erschöpft und bat die Leibwächter, mich zu erschießen. Sie stützten mich statt dessen auf beiden Seiten und zogen mich weiter... Überall lagen Leichen herum, Parteimitglieder, aber auch einfache Bürger. Ihre Brustkästen waren eingedrückt, ihre Arme aufgeschlitzt, ihre Beine abgetrennt. Einmal sahen wir zwei Männer, die einander gegenüber unter einem Dach kauerten. Bei näherem Hinsehen sahen wir, daß sie tot waren; ihre Augen standen weit offen. Sie mußten durch Querschläger getroffen worden sein.

Wieder wurde uns von einer Menge, die aus einem kleinen Durchgang gerannt kam, der Weg abgeschnitten. Durch unsere Gruppe ging ein Flüstern, wir sollten uns flach auf die Straße legen und uns tot stellen. Auf diese Art blieben wir unbelästigt; dann standen wir wieder auf und setzten unsere Flucht fort. Meine Wächter wiesen mich an, nicht auf die Leichen zu sehen, weil ich sonst ohnmächtig würde. Eine halbe Stunde später, als die Gewehrschüsse seltener wurden, kamen wir zu einem kleinen Bauernhaus. Der Besitzer versuchte, uns zu verscheuchen, weil er Konsequenzen fürchtete, wenn er uns aufnahm; aber ich kam seinem Versuch mit einer rechtzeitigen Ohnmacht zuvor.

Als ich aufwachte, wuschen die Wächter mich mit kaltem Wasser und fächelten mir Luft zu. Einer von ihnen ging hinaus, um nach Möglichkeit auszumachen, was draußen vorging, als plötzlich eine Gewehrsalve losbrach. Der Wächter, der im Haus war, stürzte zur Tür, um sie zuzuschlagen; er sagte mir, der andere sei von einer Kugel getroffen worden und sei nun wahrscheinlich schon tot.

Während das Feuer nachließ, verkleidete ich mich als alte Bauersfrau und verließ zusammen mit dem Leibwächter, der als Hausierer verkleidet war, die Hütte. Unterwegs las ich einen Korb und etwas Gemüse auf und nahm es mit. Endlich erreichten wir das Haus eines Freundes, das am Morgen bereits durchsucht worden war. Es war völlig unmöglich weiterzugehen; also übernachteten wir hier. Während der ganzen Nacht hörten die Geschütze nicht auf zu feuern, und unsere Erleichterung war außerordentlich groß, als wir endlich Schüsse von den Kanonenbooten hörten. Dr. Sun war also in Sicherheit.

...

Am nächsten Morgen kam ich, immer noch als Bäuerin ausstaffiert, mit den anderen in Shameen an, und dort organisierte ein weiterer Freund, ein Gießereiarbeiter, ein kleines Motorboot für mich, mit dem wir zu einem andern Haus in Linnan kamen. Auf dem Fluß drängten sich mit Beute – Mädchen und Waren – bepackte Boote, die ihr Gut in Sicherheit bringen wollten. Es wurde berichtet, daß zwei Frauen, die das Pech hatten, meiner Beschreibung zu entsprechen, ins Gefängnis geworfen worden waren. Am gleichen Nachmittag verließ ich Kanton; das Haus, in dem ich übernachtet hatte, wurde nochmals durchsucht.

Schließlich gelang es mir – nach einem Kampf auf Leben und Tod –, in jener Nacht Dr. Sun an Bord seines Schiffes zu treffen. Bald darauf gingen wir verkleidet nach Hong Kong.[2]

Auf der Flucht war Dr. Sun unerkannt an einem Detachement von Rebellen vorübergegangen. Mit gezogenen Pistolen brachte ihn seine Leibwache auf dem KMT-Kanonenboot *Yung Feng* (Immerwährendes Gedeihen) in Sicherheit; hier schloß sich auch Ching-ling ihm endlich wieder an. Für den Augenblick waren sie außer Gefahr. Wenn Sun nicht einfach als Besiegter wegfahren wollte, wozu er noch nicht bereit war, konnte er nichts anderes tun, als abzuwarten. Er brauchte dringend Hilfe. Sein erstes Telegramm hatte Chiang Kai-shek nicht veranlaßt, ihm zu Hilfe zu eilen. In wachsender Verzweiflung sandte Sun am 18. Juni eine weitere dringende, aber weniger blumige Bitte an Chiang: «LAGE KRITISCH, HOFFE AUF IHRE RASCHE ANKUNFT.»[3]

Obwohl Dr. Sun sich selbst in das Schlamassel hineinmanövriert hatte, entschloß Chiang Kai-shek sich diesmal, zu gehen. Er machte sich in Shanghai eilig auf und traf seinen Vorgesetzten an Bord der *Yung Feng*. Sie war für die nächsten sechsundfünfzig Tage, während denen Chiang Kai-shek tat, als organisiere er einen Gegenangriff, ihre schwimmende Garnison. Als Ch'en erfuhr, daß Chiang Kai-shek wieder in der Gegend war, soll sein Gesicht «blau geworden sein»: Der Kriegsherr zog die Augenbrauen zusammen und prägte einen der

denkwürdigen Aussprüche der Revolution: «Mit ihm an Mr. Suns Seite werden bestimmt eine ganze Menge verteufelter Ideen herauskommen.»[4] In der Tat, aber sie bewirkten nichts.
An Bord des Kanonenboots wurden die Verschwörer von der Hitze gedämpft wie chinesische Dim-sums. Ihre weißen Tropenuniformen und Kleider wurden vom Waschen im schlammigen Fluß fleckig. Zur Entspannung las Chiang Sherlock Holmes.[5] Nachts schlüpfte er mit Kommandogruppen an Land, um sich Nahrungsmittel (und vermutlich ein wenig Live-Unterhaltung) zu beschaffen. Während der langen Tage übernahm er seinen Anteil beim Kehren und Schrubben des Decks, um zu demonstrieren, daß er keinen Groll mehr hegte. Es fällt schwer zu glauben, daß er Dr. Sun aus purer Ritterlichkeit zu Hilfe kam und diese uncharakteristischen Mühen auf sich nahm. Bis zu diesem Zeitpunkt hatte er Sun bei jeder Schwierigkeit im Stich gelassen. Er hatte auf Suns ersten dringenden Hilferuf nicht reagiert und sich Zeit gelassen, auf den zweiten zu reagieren. Unter dem Aspekt dessen, was später passierte, und nach einer sorgfältigen Einschätzung seiner Briefe ist es offensichtlich, daß Chiang von seinen Shanghaier Verbündeten auf dem rechten Flügel zur Rettung Suns ausgeschickt wurde, weil sie klarer als er selbst sahen, daß dies die Chance seines Lebens war, in die vorderste Reihe der KMT zu treten. Wer immer dem Don Quijote-haften alten Revolutionär in diesem dunklen Augenblick des Unglücks half, indem er sein Sancho Pansa wurde, würde sich seine unsterbliche Dankbarkeit erwerben. Chiangs Bekannte wurden allmählich ernsthaft besorgt über Dr. Suns wachsende Faszination durch Sowjetrußland und den Marxismus. Ihre Unruhe mag übertrieben gewesen sein, aber sie sollten bald den schriftlichen Beweis dafür haben, daß sie recht hatten.
Dr. Sun, auf den Chiangs Zurschaustellung störrischer Festigkeit und Demut ihren Eindruck nicht verfehlte, entschied, daß der junge Kämpfer reif war für die großen Unternehmungen der Revolution. Als sie des Lebens an Bord der *Yung Feng* schließlich müde wurden, schlüpften sie verkleidet nach Hong Kong, und von dort kehrten die Suns nach Shanghai zurück, um ihren nächsten Schachzug zu erwägen.
Chiangs meteorenhafter Aufstieg begann.
Während ihrer Abwesenheit brannte General Ch'ens Armee Sun Yat-sens Haus in Kanton nieder und vernichtete alle seine Manuskripte – mit Ausnahme einiger indiskreter Papiere, die klarstellten, daß Sun, nachdem er sich an niemand anderen mehr wenden konnte, dabei gewesen war, Sowjetrußland um Unterstützung für seine Revolution zu bitten. Als diese aufrührerischen Briefe im Hong Konger

Telegraph publiziert wurden, riefen sie in den konservativen chinesischen Überseegemeinden entsetztes Händeringen hervor. Niemand wußte viel über die Bolschewiken, aber was man wußte, war beängstigend. Die französische Zeitung Hanois, *L'Avenir de Tonkin,* faßte den schändlichen Befund am 24. Juli 1922 folgendermaßen zusammen: «Die Regierung Ch'en Chiung-mings enthüllt die Originaldokumente über den Plan einer chinesisch-russisch-deutschen Allianz, die von Sun Yat-sen und dem deutschen Gesandten in Moskau, M. von Hintze, dem früheren Gesandten in Peking, vorbereitet wurde.»
In San Francisco gab Dr. Suns alte Geheimgesellschaft, die Chih Kung Tong, entrüstet bekannt, daß sie ihn aufgrund seiner «heimlichen Verschwörung mit den Bolschewiken» aus ihren Reihen ausschloß.
Auch in Washington kam es – im Bureau of Investigation, dem Vorgänger des FBI – zu einem nervösen Flügelschlagen. Das Büro hatte schon Scherereien gehabt wegen der Bolschewiken in Rußland und der düsteren Aussicht auf eine internationale jüdische Verschwörung, die durch die Gründung von Gewerkschaften die industrielle Ordnung umstürzte. Der Direktor des Büros, William J. Burns, ein einfaches Gemüt, legte eine Akte über Dr. Sun an und fragte beim Nachrichtendienst des Kriegsministeriums nach, wer zum Teufel dieser Bursche namens Sun Yat-sen eigentlich sei. Besonders erpicht war Burns darauf, zu erfahren, ob Sun Yat-sen Jude sei, ob er irgendwelche jüdischen Verbindungen habe oder durch internationales jüdisches Kapital unterstützt werde. Der Direktor des Marinenachrichtendienstes antwortete mit bewundernswerter Zurückhaltung, daß keine jüdischen Verbindungen irgendwelcher Art auszumachen seien, und fügte hinzu: «Es gibt nichts ... was darauf hinweist, daß er in irgendeiner Weise mit bolschewistischen oder radikalen Bewegungen in Verbindung steht. Er ist als Radikaler bezeichnet worden und wird von konservativen Chinesen ein Radikaler genannt, aber sein Radikalismus besteht aus visionären Entwürfen für die ökonomische Entwicklung Chinas weit über seine gegenwärtigen Erfordernisse, die Bedürfnisse der unmittelbaren Zukunft und seine finanziellen Mittel hinaus.» Wenigstens für die U.S. Navy war Dr. Sun kein Bolschewik, sondern nur ein Exzentriker.
Trotz ihres Sieges in Rußland war es den Bolschewiken nicht gelungen, eine weltweite Revolution in Gang zu bringen. Deshalb war die sowjetische Führungsspitze auf ihrer Suche nach diesbezüglichen Gelegenheiten im Ausland zu großzügigen Gesten bereit. Unmittelbar nach ihrer Machtübernahme richteten die Bolschewiken das Wort an die chinesischen Massen, riefen sie zur Unabhängigkeit vom

Imperialismus auf und verzichteten auf alle zaristischen Konzessionen in China. Das machte tiefen Eindruck auf die Chinesen, besonders nach den Enttäuschungen von Versailles. Bolschewistische Emissäre wurden nach Peking gesandt, um die Situation einzuschätzen und zu entscheiden, welche Revolutionäre Unterstützung verdienten. 1922 wurde eine formelle diplomatische Gesandtschaft unter A. A. Joffe ausgeschickt, um Pekings offizielle Anerkennung der neuen Sowjetregierung sicherzustellen. Die Militärs in Peking waren damals damit beschäftigt, London den Hof zu machen, und lehnten Joffe ab. Als Alternative reiste Joffe nach Shanghai weiter, um Sun Yat-sen zu treffen.

Die Russen machten sich keine Illusionen. Lenin bezeichnete Dr. Sun einmal als einen Mann von «unnachahmlicher – man könnte sagen jungfräulicher – Naivität».[6] Vom Standpunkt der Bolschewiken aus waren Suns Ideen utopisch und reaktionär. Dessen ungeachtet betrachteten sie ihn als nach ihren Zwecken formbar und schätzten das Potential seiner Kuomintang als ein bereitliegendes, wenn auch stumpfes Werkzeug, das von fähigeren Händen geführt werden konnte, während Sun zur Galionsfigur wurde.

In der Rue Molière empfingen Ching-ling und Dr. Sun (der immer noch seine vom Kantoner Debakel herrührenden Wunden leckte) Joffe am 18. Januar 1923 zum Diner. Der sowjetische Diplomat verbrachte mehrere Tage in Suns Haus und unterredete sich mit ihm. Beide sprachen die ganze Zeit Englisch. Es gelang Joffe, den Doktor zu überzeugen, daß die Sowjetunion keine großen Pläne mit China im Sinn habe. China war noch feudalistisch, und das Proletariat begann erst, Form anzunehmen: die «richtigen Bedingungen» für eine sozialistische Revolution sowjetischen Typs waren also nicht gegeben.

Das war im wesentlichen eine zutreffende Zusammenfassung der Haltung Lenins und Trotzkis; Joffe war also recht offen. Aber es war nicht die Haltung Stalins, wie wir noch sehen werden. Dennoch empfanden die Russen das «wärmste» Mitgefühl für die üble Lage der Chinesen, und diese konnten in ihrem Kampf auf die Unterstützung Moskaus zählen. Auf Suns Bitte hin bestätigte Joffe nochmals schriftlich die Prinzipien, die zuvor von der neuen sowjetischen Regierung zum Ausdruck gebracht worden waren: Verzicht auf alle zaristischen Konzessionen in China und Aufhebung aller Verträge und Übereinkünfte zwischen dem zaristischen Rußland und dem kaiserlichen China.

Diese Punkte der Übereinkunft wurden in einer gemeinsamen Erklärung zusammengefaßt, die am 26. Januar 1923 in englischer Sprache

abgegeben wurde, bevor Genosse Joffe Shanghai verließ, um nach Tokyo zu fahren.[7]
Nicht bekanntgegeben wurde indes, daß die Sowjets Sun und der Kuomintang versprochen hatten, einen neuen Versuch der Machtübernahme zu finanzieren, anzuleiten und zu unterstützen. Zuerst aber mußte Sun sein Mandat unter Beweis stellen, indem er die Kontrolle seiner südchinesischen Basis in Kanton wiedererlangte und dann – als Vorführung politischen Vertrauens – die eben flügge gewordene Kommunistische Partei Chinas in den Reihen der Kuomintang zuließ.
Zu Dr. Suns Glück hatten sich in Südchina während seiner Abwesenheit dramatische Veränderungen ereignet. Nachdem sein früherer Kampfgefährte, General Ch'en, sich gegen Dr. Sun gewendet und ihn aus Kanton vertrieben hatte, war der Doktor ein neues Bündnis mit den Kriegsherren der benachbarten Provinzen Yunnan und Kiangsi eingegangen. Diese Kriegsherren waren Ch'ens Rivalen. Ihre Armeen, ergänzt durch Überreste von Suns eigener Streitkraft für den Nordfeldzug und Deserteure aus Ch'ens Armee, sammelten sich und belagerten Kanton. General Ch'en entschied wohlweislich, daß er nun die Nase von Politik voll habe, zog sich aus seinem Amt zurück und schaffte einen eleganten Abgang nach Hong Kong. All das erreichte seinen Höhepunkt nur zwei Tage vor Genosse Joffes Ankunft in der Rue Molière. Sun konnte nun also auf direktem Weg nach Kanton zurückkehren, sein Amt als Außerordentlicher Präsident wieder bekleiden und damit die erste Bedingung für Moskaus Hilfe erfüllen.
Diesmal wurden die nötigen Vorsichtsmaßnahmen beachtet, und Dr. Sun und Ching-ling wurden aus Sicherheitsgründen in einer ehemaligen Fabrik auf der Insel Honan, von Kanton aus flußabwärts gelegen, verborgen. Der Fluß diente als Burggraben, und das Gebäude war solid genug, um Artilleriesperrfeuer zu widerstehen. Das dreistöckige Gebäude war in jedem Geschoß von Balkonen umgeben, von Palmen und Bougainvilleas umschattet, und es war im oberen Stockwerk zu geräumigen Wohnungen umgebaut worden, in denen winzige, durchsichtige Hauseidechsen den Wänden entlang huschten und sich begatteten. Der Doktor hatte seine Büros im ersten Stock. Als weiteres Zugeständnis an die Sicherheit hatten Besucher die Überprüfung durch Morris Cohen hinter sich zu bringen, Suns aus Kanada stammenden Leibwächter, der früher einmal Preisboxer gewesen war. Ein Amerikaner, der bei den Suns einen Höflichkeitsbesuch machte, erinnerte sich:

Während der Monate, die wir in Kanton verbrachten, wurde der Oberbefehlshaber selbst in der Halb-Öffentlichkeit kaum je ohne Mrs. Sun die Zweite an seiner Seite und das kampfbereite oder zumindest äußerst wachsame Gesicht Mr. Cohens im unmittelbaren Hintergrund gesehen. Als wir die Ehre hatten, Dr. Sun an einem Sonntagmorgen in seinem Hauptquartier und Wohnsitz in der Zementfabrik zu besuchen, überprüfte sein kanadischer Schatten, in einen Winkel des Treppenhauses beim Eingang zum Arbeitszimmer gedrückt, nicht nur mich, sondern auch meine Frau, als wolle er sich vergewissern, daß sie nicht gekommen sei, um Unglück über seinen Chef zu bringen.[8]

Im Mai, als für die Russen genug Zeit verstrichen war, um sicher zu sein, daß Sun an seiner Verpflichtung in Kanton festhielt, telegraphierte Moskau, die Unterstützung sei unterwegs.
Einige Jahre später sprach Ching-ling während einer Unterhaltung in einem Schokoladengeschäft mit Edgar Snow über die Allianz mit Rußland.
«War Rußland seine letzte Chance?» fragte Snow.
«Nun, man könnte sagen, daß er keine andere Wahl mehr hatte», antwortete sie.[9]

Michail Borodin kam am 6. Oktober 1923 auf einem chinesischen Küstendampfer in Kanton an, begleitet von zweihundert toten Schafen, die von einer heftigen Bö getötet worden waren. Er wurde unverzüglich in die Zementfabrik auf der Insel Honan gebracht.

Sun Yat-sen hieß mich herzlich willkommen, bat mich, mit ihm Platz zu nehmen, und fixierte mich mehrere Sekunden lang. Ich übermittelte ihm die Grüße Moskaus und des politischen Verantwortlichen, des Genossen Karakhan, und fügte hinzu, dieser freue sich auf ein Gespräch mit ihm bei der nächsten günstigen Gelegenheit. Dann erklärte ich ihm kurz, weshalb ich nach Kanton gekommen war, und stellte ihm einige Fragen über die Lage des Landes und besonders diejenige Kwangtungs.

Dr. Suns Besucher war Michail Markowitsch Grusenberg. Borodin war ein Pseudonym. Er wurde von Lenin als leitender Komintern-Agent in China nach Kanton geschickt. Er sollte Dr. Suns Kuomintang in eine zentralisierte Organisation im leninistischen Stil umwandeln und eine mächtige KMT-Armee finanzieren, ausbilden und ausrüsten, die die Mächteverteilung in China radikal verändern sollte. Borodin war eine Persönlichkeit von außerordentlicher Präsenz, ein Grund für den Erfolg, den er bei den Bolschewiken schon erlangt hatte. Er war auch charmant. Selbst der zurückhaltende und konservative Leiter des christlichen Colleges in Kanton, Dr. James Henry, sah ihn als eine «sehr angenehme Persönlichkeit, aufrichtig und von tiefer Ernsthaftigkeit. Er nimmt einem alle Befangenheit. ... Ich fragte ihn, ob er die Chinesen möge. Er sagte, er habe noch keinen Gedanken auf die Frage verwandt.»[10]

Leute, die Borodin trafen, gewannen den Eindruck, er sei sehr groß – ein mächtiger, bärenhafter Mann. Borodin war nur fünf Fuß groß; damit war er zwar größer als die meisten Mitglieder der Moskauer Führungsspitze, aber kleiner, als er schien. Laut Akte des Barlinnie-Gefängnisses in Schottland, wo er einmal interniert war, hatte er eine «frische» Gesichtsfarbe, dunkelbraunes Haar, graue Augen und Narben auf der linken Seite des Gesichts und auf beiden Seiten am Körper. Auf einem Gefängnisphoto sieht er so aus, wie er oft beschrieben worden ist: wie ein zorniger Bankier, der einen Kassengehilfen bei einer Unterschlagung erwischt hat – mit wildem Gesichtsausdruck, kurzgeschnittenem Haar und glattrasiertem Kinn, denn er trug noch nicht den Stalin-Schnurrbart, den er sich schließlich in China wachsen ließ.[11]

Er war am 9. Juli 1884 im Dorf Yanovichi in der Provinz Vitebsk, die später zur Byelorussischen Sozialistischen Sowjetrepublik wurde, geboren worden. Seine Eltern waren Juden. Borodin war nicht nur als Geheimagent ein verschlossener Mann, der in bezug auf Einzelheiten seines Lebens sehr verschwiegen war. Wenn er ausgefragt wurde, pflegte er nur zu antworten: «Ich wurde im Schnee geboren und lebte in der Sonne.»[12]

Als kräftiger Bursche hatte er Stämme zwischen den Eisschollen der Dwina nach Riga in Lettland hinab geflößt: Daher rührten vielleicht einige seiner Narben. Seine Muttersprache war Jiddisch, und als er sechzehn Jahre alt war, zeigte er seine verschwörerische Begabung als Schmuggler für den jüdischen Bund im Rigaer Hafengebiet. Aber als er neunzehn Jahre alt war, machte er sich davon, um sich in St. Petersburg Lenin anzuschließen. Das war 1903.

Lenin fand Verwendung für die Verbindungen, die der junge Mann zum Untergrund in Lettland hatte, einer Region, in der die Kommunisten nur über wenige Kontakte verfügten. Im folgenden Jahr sandte Lenin ihn mit einem politischen Auftrag in die Schweiz, aber die Nachricht vom Massaker der Demokraten im Winterpalast im Jahr 1905 ließ ihn nach Rußland zurückeilen. Er wurde zu Lenins leitendem Revolutionsagenten in Riga ernannt. Sein Stern stieg auf. Als er 1906 an eine Konferenz der Russischen Sozialdemokratischen Arbeiterpartei nach Stockholm gesandt wurde, saß er direkt neben Stalin,

der davon beeindruckt war, daß der zähe Lettländer in allen Kernfragen gleich stimmte wie er.[13]
Im Juli des gleichen Jahres wurde er von der zaristischen Polizei verhaftet, die ihm großzügig die Wahl ließ zwischen Exil in Sibirien und Exil im Westen. Borodin brach glücklich nach London auf. Aber nach einem Scharmützel mit Scotland Yard ging er nach Chicago, das damals die Treibstätte des amerikanischen Sozialismus war. Borodin fühlte sich hier zu Hause und heiratete Fanya Orluk, eine freundliche, aber unnachgiebige Immigrantin aus Litauen. 1908 begann er auch, an der Valparaiso-Universität von Indiana zu studieren.
In den Slums von Chicago fand er eine Rechtfertigung für die proletarische Revolution. Er begann als Englischlehrer für Immigranten in Hull House, der ausgedehnten Siedlung von Jane Adams, zu arbeiten, einem Ort, der schulische und soziale Dienste für die große Gemeinschaft der Immigranten versah. Daneben eröffnete Borodin seine eigene Englisch-Sprachschule im russisch-jüdischen Ghetto von Chicago, und 1914 wurde er Leiter der Progressive Preparatory School – eine Lebensstelle in der Near Northside. Während all dieser Jahre des Exils blieb er in engem Kontakt mit den Anführern der bolschewistischen Bewegung in Europa und Rußland; er arbeitete als ihr lokaler Agent in Chicago, und 1918 wurde nach ihm geschickt.
Als er wieder in Moskau war, wurde er sofort zu Lenin gebracht, der Borodin ein Schreiben an die amerikanische Arbeiterschaft übergab. Mitte September 1918 reiste Borodin über den finnischen Bahnhof von Petrograd pflichtschuldig in Richtung Amerika ab, als sein Auftrag plötzlich geändert wurde. Er sollte im Baltikum bleiben, um Auskünfte einzuholen und Gelder für die Revolution nach Moskau zu leiten.
Eine seiner Kontaktpersonen war der amerikanische Dichter Carl Sandburg, der in Europa eine Stelle bei der Newspaper Enterprise Association hatte. Sandburgs starke Sympathien für den Sozialismus hatten ihm in Amerika Scherereien eingetragen, und nur mit größter Schwierigkeit war es ihm gelungen, einen Paß zu erhalten, um ins Ausland reisen zu können. Deshalb versuchte er, radikale Freunde wie den Journalisten John Reed zu meiden. Nichtsdestoweniger bewegte Borodin ihn dazu, ein Bündel bolschewistischer Pamphlete, Bücher und Zeitungen zur weiteren Zirkulation in Amerika mitzunehmen. Sandburg war außerdem bereit, einen Scheck über 10 000 $, die in Chicago durch Fanya an bolschewistische Agenten weitergeleitet werden sollten, sowie 400 schwedische Kronen für Fanya selbst mitzunehmen. Plötzlich bekam Sandburg kalte Füße und rannte zur

amerikanischen Botschaft in Oslo, die er über Borodin informierte und der er den Scheck aushändigte. Aus irgendeinem Grund erwähnte er die Pamphlete und Bücher nicht. Als er in New York das Schiff verließ, konfiszierte ein behördliches Durchsuchungskomitee die sowjetische Literatur. Die ganze Zeit behielt Sandburg die 400 Kronen für Fanya und sorgte dafür, daß sie sicher in ihre Hände kamen.

1920 ernannte Lenin Borodin zum sowjetischen Konsul in Mexiko City. Als er auf einem Umweg über die Karibik und New York nach Mexiko aufbrach, war unter Borodins Gepäck ein Koffer mit einem Geheimfach, das in Form von Juwelen aus der Zeit des Zars ein Vermögen enthielt. Die Juwelen sollten in den Vereinigten Staaten verkauft werden, um Betriebskapital für die russischen Agenten zu liefern.

Als Borodin in Santo Domingo ankam, entschied er, daß es zu riskant für ihn sei, die Juwelen selbst durch den amerikanischen Zoll zu bringen, und entschloß sich, direkt nach Mexiko zu gehen. Er ließ den präparierten Koffer in der Obhut eines ahnungslosen Österreichers, den er auf der Überfahrt kennengelernt hatte – mit dem Versprechen, daß dieser den Koffer durch den U.S.-Zoll bringen und ihn Fanya aushändigen würde.

Als er sein Amt in Mexiko City angetreten hatte, erfuhr Borodin von Fanya, daß die Juwelen nie bei ihr angekommen waren. Er sandte einen Agenten nach Santo Domingo; der Agent verschwand. Ein zweiter Agent verfolgte die Spur des Österreichers und des Koffers nach Haiti. Das versteckte Fach stellte sich als leer heraus, und der Österreicher bekam einen Wutanfall. Er sagte, er habe das falsche Spiel mit dem Geheimfach entdeckt; anstatt die Edelsteine zu übergeben, hatte er den Koffer in seinen Wandschrank gestellt. Als Borodins erster Agent vorbeigekommen war, hatte er die Juwelen herausgerissen und war mit ihnen verschwunden.

Borodins Spion verfolgte die Spur des ersten Agenten bis nach Port-au-Prince und fand ihn gerade beim Kofferpacken; er wollte nach New York. Er beteuerte, nichts von den Edelsteinen zu wissen, und bestand darauf, daß sie schon nicht mehr dagewesen seien, als er in das Haus des Österreichers kam.

Die beiden Agenten gingen zurück nach Mexiko, wo sie ohne Ergebnis verhört wurden. Borodin kehrte mit leeren Händen nach Moskau zurück. Manche Kommunisten waren der Ansicht, er gebe das alles nur vor und habe die Edelsteine über Bord geworfen oder als Altersversorgung weggesteckt. Diese Anspielungen beeinträchtigten vorübergehend seine Position in der Partei. Aber im Winter 1921/22 erschien Fanya wie im Märchen mit den Juwelen und brachte ihn wieder in Gunst. Was mit den Edelsteinen wirklich geschehen war und wie sie sie wiederentdeckte, wurde nie herausgefunden.

Wiederum war Borodin in seinem Heimatland eine Berühmtheit. Seine gewandte Kühnheit und kühle Geschicklichkeit waren legendär, und russische Passanten zeigten auf ihn als «großen Mann». Er verkehrte freundschaftlich mit Isidora Duncan, die gerade in Rußland herumreiste, und in der westlichen Presse wurde er von Winston Churchills Cousin, dem «unabhängigen» Bildhauer Clare Sheridan, erwähnt; Sheridan schlug Lenin mit einem Zwinkern vor, er solle Borodin zum Botschafter am englischen Hof ernennen.

Aber diese allbekannten Schmeicheleien und seine Vertrautheit mit Lenin provozierten in anderen Lagern Eifersucht. Seine letzte Aufgabe, bevor er nach China ging, war die eines Agitators in Großbritannien während der Grubenarbeiterstreiks des Jahres 1921. Ein paar Monate später wurde er in Glasgow verhaftet, ein halbes Jahr ins Barlinnie-Gefängnis gesteckt und dann abgeschoben.

Als er im Februar 1923 wieder im Kreml ankam, hatte Lenin die Absicht, ihn nach Kanton zu schicken.

Borodin reiste mit der Transsibirischen Eisenbahn zum Baikalsee und von dort ins staubige Peking. Nachdem er vom sowjetischen Botschafter Karakhan Instruktionen erhalten hatte, reiste er auf dem Landweg nach Shanghai, wo er Sowjetagenten und Parteiführer der neuen Kommunistischen Partei Chinas traf, bevor er ein Schiff nach Kanton bestieg. Wenn er einen gewöhnlichen Liniendampfer für Passagiere oder einen Frachter genommen hätte, hätte er im britischen Hong Kong anlegen müssen, wo die Polizei ihn aufgrund seines Mißgeschicks in Schottland vielleicht erkannt hätte. Es gab keine andere Alternative, als ein Schiff zu nehmen, das auf direktem Weg nach Kanton fuhr. Es war ein kleiner, rostiger Küstendampfer, der einem Kohlenkasten überaus ähnlich sah und der Schafe geladen hatte. Als er sich durch die Meerenge von Formosa schleppte, gerieten sie in einen Taifun und wären beinahe untergegangen, bevor sie am Ufer der großen Insel Zuflucht fanden. Alle zweihundert Schafe, die an Deck eingepfercht gewesen waren, ertranken, aber das Fleisch wurde ein paar Tage später, als das Schiff über den Perlfluß tuckerte und in einiger Entfernung vom Kantoner Kai Anker warf, trotzdem verkauft.

Es war Borodins Aufgabe, Dr. Sun zu zeigen, wie die KMT-Koalition in eine diszipliniert organisierte Partei mit der Unterstützung einer breiten Massenbewegung verwandelt werden konnte. Die chinesischen Kommunisten sollten nicht mit der KMT verschmelzen, sondern sich mit ihr koordinieren und sich hinter ihre Antriebskraft stekken, um die zentrale Kraft der nationalen Revolution zu werden. Das war der Entscheid des Exekutivkomitees der Komintern vom 12. Januar 1923. Um die Gründung einer ganz neuen, von den Idealen der KMT durchdrungenen Armee, die von allen Kriegsherren völlig unabhängig war, zu gewährleisten, planten die Russen, für Dr. Sun eine Militärakademie zu gründen und mit russischen Offizieren zu besetzen. Auf seinem Weg zur Zementfabrik, wo er Dr. Sun treffen sollte, hatte Borodin Gelegenheit, die Stadt einzuschätzen und aus erster Hand zu erfahren, wie unsicher die Position der KMT in Wirklichkeit war. Kanton war voll von Soldaten, es waren vielleicht 40 000 – die launischen Truppen verschiedener Kriegsherren. Sie wurden nun von der KMT bezahlt und kosteten Sun 26 000 chinesische $ pro Tag. Dr. Sun hatte nur 200 Soldaten, die ihm persönlich treu ergeben waren und die als seine Leibwache agierten. Die übrigen waren im Kantoner Fiasko getötet worden.

General Ch'en hatte nach einer Unterbrechung sein politisches Leben wieder aufgenommen, stand wieder vor den Stadttoren und drängte, die Stadt zurückzuerobern. Suns gemietete Soldaten, die sich in den Straßen herumtrieben, waren darauf erpicht, ihren Spaß zu haben, und nicht darauf, Verteidigungsmaßnahmen zu ergreifen.

Borodin hob unverzüglich eine freiwillige Armee von 540 erfahrenen Kadermitgliedern der Kommunistischen Partei aus. Am 15. November, fünf Wochen nach seiner Ankunft, ging Borodin zu Sun, um ihm seine kampftüchtige Sturmtruppe zu präsentieren, und entdeckte, daß der schnellfüßige Doktor glaubte, General Ch'en schicke sich an, Kanton zu stürmen. Sun war schon mit Packen beschäftigt und wollte nichts anderes als seinen Fluchtplan diskutieren.[14]

Angewidert und gezwungen, die Verteidigung Kantons selbst in die Hand zu nehmen, wandte Borodin die bewährten, wenngleich blutigen Methoden der Bolschewiken aus der Zeit des Roten Terrors in St. Petersburg an. Seine Sturmtruppe griff die feindlichen Truppen mit einer modernen Brutalität an, die den traditionellen chinesischen Militärformationen völlig fremd war. Zwar hatte es in chinesischen Schlachten immer schwere Verluste gegeben, aber meistens waren sie die Folge von Chaos, Verwirrung oder der Aufopferung von Zivilisten gewesen. Borodin führte zielbewußte, durchorganisierte militärische Schlächtereien ein. Gleichzeitig trommelten starke KPCh-Organisatoren in den Bordellen und Spielhöllen der Stadt Pöbelstreitkräfte der Kriegsherren zusammen und zwangen sie, bei den Schlägereien mitzumachen. Zögerten sie, liefen sie Gefahr, erschossen zu werden. Dieser zielstrebige und aggressive Homizid verblüffte General Ch'en dermaßen, daß der Kriegsherr und seine

Offiziere, dicht gefolgt von ihren Fußsoldaten, aus der Stadt flohen. Mit kaum fünfhundert Mann in der Vorhut war Borodin gegen Tausende der Sieger des Tages.
Sein Erscheinen auf der Bildfläche war ein Glücksfall: Denn Sun, der an mysteriösen Fieberanfällen und Krankheiten zu leiden begann, war so hypnotisiert von seinem lebenslangen Ziel, den Norden zu erobern, daß seine Stellung in Kanton auch nach fünf Jahren nicht mehr war als ein armseliger Stützpunkt. Von den Kompradoren der alten Garde und den Kaufleuten der Stadt wurde Sun nicht als große Hilfe betrachtet.
Trotz Suns schwankender Allianz mit den Kriegsherren von Yunnan und Kwangsi reichte die Autorität der Südregierung kaum über die Mündung des Perlflusses hinaus, wenn nicht gerade ein größerer Feldzug Soldaten ins entferntere Hinterland brachte und die Widerstandskräfte brav auf die Wiederaufnahme der klassischen chinesischen Stinkbombenkriege zurückfielen, in denen Gongs und üble Gerüche eine wichtige Rolle spielten.
Selbst im Herzen Kantons stand Suns Regierung auf wackligen Füßen, weil seine Söldnertruppen nicht unter Kontrolle zu halten waren und die Straßen mit Piraten, Triadenmitgliedern und Raufbolden, die die Ladenhalter tyrannisierten, teilen mußten.
Die Stadt war nach der Beschreibung eines westlichen Beobachters

> fast vollständig in der Macht dieser zerlumpten, faulen, destruktiven Herumtreiber und Ex-Banditen, die sich in beinahe jedem Tempel einquartiert hatten, in beschlagnahmten Fabriken, requirierten Häusern und in jedem anderen Gebäude ohne ausländische Protektion, in dem ein paar von ihnen Platz fanden. Fast täglich konnte man in einem beschlagnahmten Gebäude am Kai oder anderswo den Eingang zu einem militärischen Hauptquartier entdecken, dekoriert mit Flaggen, Wimpeln und Blumen in vielen Farben und mit dem Pomp gezückter Bajonette und gespannter Selbstladegewehre. ...
> Chinesische Soldaten sind überall schlecht genug, aber ich würde mein Glück lieber bei denen im Norden suchen als bei diesen ungewaschenen, kindischen, aber dennoch oft bösartigen und verdorbenen Maulhelden des Südens, die durch die Straßen Kantons stolzieren, oft mit schweren modernen Waffen ausgerüstet. Sie sorgten nicht nur dafür, daß Glücksspiele, Opiumrauchen und Prostitution zu ihrem finanziellen Vorteil blühten, sondern gaben sich allen diesen Lastern in dem Maß hin, wie ihr Geld oder ihre Einschüchterungspraktiken es erlaubten. Es gab nahezu keinen Drill, keine Disziplin, keine festgesetzten Pflichten – es gab wenig mehr zu tun, als die Schiebereien fortzusetzen.
> Staatskarossen mit einem wichtigen Mann, der sich im Innern müde

zurücklehnte, und vier, sechs oder sogar acht Soldaten in Khakiuniformen auf den Trittbrettern, entsicherte Selbstladepistolen in der Hand, rasen vors Asia Hotel, folgen dem einfachen jungen Mann im Flanellanzug dicht auf seinem Weg zum Lift und kommen mit ihm wieder herunter, um erneut von allen Seiten auf den wegfahrenden Wagen zu klettern. In Kanton sind diese Paraden mit gezogenen Pistolen besonders beliebt.[15]

1923 war Kanton ein Hexenkessel. Niemand ließ eine Gelegenheit aus, mitzumischen, auch die Amerikaner nicht, die, nachdem sie gemerkt hatten, daß jemand Sun Yat-sen tatsächlich unterstützen mußte, zu ihm gingen wie Jago zu Othello und versuchten, seine Verbindung zu Borodin mit der antisemitischen Bemerkung zu vergiften: «Wissen Sie, daß ‹Borodin› ein Pseudonym ist? Kennen Sie seinen wirklichen Namen?»
«Ja», antwortete der kleine Doktor mit einem Augenzwinkern, «Lafayette.»[16]
Fanya kam mit ihren beiden Söhnen, um sich Borodin anzuschließen, und sie zogen in ein düsteres, häßliches gelbes Gebäude mit zwei Stockwerken, das auf der Hinterseite an den Kantoner Exerzierplatz grenzte und auf der Vorderseite an das ebenso häßliche Hauptquartier des regierenden politischen Kaders der KMT, des Zentralen Exekutivkomitees. Zwei bewaffnete chinesische Posten in lottrigen, unscheinbaren grauen Uniformen bewachten den Eingang. Dahinter lagen eine große, kahle Eingangshalle und das Treppenhaus; am Treppenabsatz stand eine weitere Wache. Die Borodins wohnten im oberen Stockwerk in einem Durcheinander hoher Räume. Das kahle Wartezimmer war lediglich mit einer Photographie Sun Yat-sens und einem ähnlichen Bild Lenins an der gegenüberliegenden Wand dekoriert. Das untere Stockwerk war mit Akten und vielbeschäftigten Übersetzern vollgestopft. Borodins leitender chinesischer Mitarbeiter wohnte ebenfalls im Haus und überwachte die Arbeit. Schließlich wurde ein in Paris ausgebildeter junger Kommunist namens Chou En-lai Borodins Sekretär.[17]
Neben der Nähe zum Exekutivkomitee gab es noch einen anderen Grund, dieses Haus zu wählen. Borodin war ein passionierter Reiter, und wenn er keine Zeit für längere Ausritte hatte, konnte er sein Pferd auf dem Exerzierplatz trainieren. Die düsteren Räume waren auch für Schachspiele geeignet, die manchmal mehrere Tage dauerten.
Dr. Sun war von Borodins zielstrebiger Verteidigung der Stadt im November mächtig beeindruckt gewesen. Sein Vertrauen in den

sowjetischen Berater war offensichtlich, als in den folgenden Wochen neue Vereinbarungen getroffen wurden. In ihren Gesprächen war Borodin darauf bedacht, Sun seinen Willen zu lassen. Er äußerte seine Meinung nur, wenn er gefragt wurde, und hörte zu, wie Sun seine Strategie entwickelte. Wenn Sun Zentralchina – Hankow zum Beispiel – unter seine Kontrolle bringen und in der Mongolei mit russischer Unterstützung einen zweiten Stützpunkt aufbauen konnte, wäre er in der Lage, den Westmächten gegenüber entschlossen aufzutreten. Die Mongolei mit Rußland im Rücken würde ihn in Angriffsnähe Pekings bringen. Borodin war einverstanden, daß bis dahin die Versorgung der Basis über den Seeweg organisiert werden könne. Unter dem Vorwand russischen Handels mit Kantoner Bauholz, Reis und Bohnen konnte heimlich militärische Ausrüstung aus sibirischen Häfen herbeigeschafft werden.[18]
In diesen Gesprächen entdeckte Borodin, daß Sun so war, wie Lenin ihn charakterisiert hatte – naiv. Für den durch Jahre der Intrigen abgehärteten russischen Agenten war Sun lediglich ein «aufgeklärter kleiner Satrap», der sich selbst als «Helden» und alle anderen als «Mob» betrachtete.[19]
Suns Eitelkeit war indessen nicht schuld an Borodins Kopfschmerzen. Sie sollten von Chiang Kai-shek kommen.

Chiang hatte 1920 begonnen, Interesse für die Sowjetunion zu zeigen, wahrscheinlich durch die Anstiftung von Großohr-Tu und Curio Chang. Er lernte halbherzig ein wenig Russisch und schrieb Dr. Sun einmal, daß er die Sowjetpolitik darin für stark hielte, daß sie sich in erster Linie auf die innere Sicherheit und erst danach auf den Widerstand gegen außen konzentriere.[20]
Sicherheit bedeutete Disziplin, und daran war Chiang überaus interessiert. Chiang glaubte, daß es in China aufgrund des Mangels an Disziplin, an Sicherheit und an Organisation unmöglich war, etwas zu erreichen.
Im Lauf der Jahre hatte Chiang wiederholt Aufträge fallengelassen, weil seine Genossen keine Disziplin durchsetzen und Befehle nicht präzis ausführen konnten. Er hatte es abgelehnt, an der Kantoner Regierung teilzunehmen, solange ihm nicht hinreichende Entscheidungsgewalt gegeben wurde, um Gehorsam zu befehlen.
Die sowjetische Disziplin war die Obliegenheit des bolschewistischen Organs für Staatssicherheit, das damals Tscheka hieß. Die Tscheka arbeitete eng mit der Roten Armee zusammen, um die Parteilinie in der ganzen Sowjetunion durchzusetzen, den weißrussischen Widerstand und andere reaktionäre oder ideologische Abweichlerbewegun-

gen niederzuwerfen und alle widersprechenden Stimmen zum Schweigen zu bringen. Die von Leo Trotzki angeführte Rote Armee und die von Felix Tschertschinski geleitete Tscheka waren die gemeinsamen Urheber des Roten Terrors.

Während der Zeit des Terrors erschossen, ertränkten, erstachen und erschlugen Tscheka-Agenten annähernd 500 000 Menschen; diese Morde wurden von der Partei in der einen oder anderen Weise gutgeheißen. «Wir vertreten den organisierten Terror», erklärte Tschertschinski 1918. «Die Tscheka ist kein Gerichtshof ... Die Tscheka ist verpflichtet, die Revolution zu verteidigen und den Gegner zu besiegen, selbst wenn ihr Schwert bisweilen zufällig auf Köpfe der Unschuldigen fällt.» Seine Worte wurden durch Lenin, der Idealisten in der Partei verächtlich beiseiteschob, noch verstärkt. «Die Energie des Terrors und sein Massencharakter müssen unterstützt werden», erwiderte Lenin. Er sandte Telegramme an Tscheka-Scharfrichter, in denen er sie drängte, «gnadenlosen Massenterror» anzuwenden.[21]

Chiang war das sicherlich bekannt, denn über den Roten Terror wurde in der Weltpresse ausführlich berichtet, und Shanghai war ein Zufluchtsort für geflohene Weißrussen, die die entsetzlichen Einzelheiten bezeugten.

Trotzdem lag in seiner Erwartung etwas Drängendes und Unrealistisches, als er im August 1923, nachdem er Dr. Sun immer wieder angetrieben hatte, ihn nach Moskau zu schicken, seinen Willen bekommen hatte. Er prahlte sogar vor der Abreise bei Freunden, er habe mit dem Gedanken gespielt, «fünf bis zehn Jahre» in Rußland zu bleiben – aber im Rückblick kann man vielleicht annehmen, daß er das nur sagte, um einen höchst liberalen Eindruck zu machen.[22] Er wurde fast schon im ersten Moment desillusioniert durch die Entdeckung, daß Rußland eine andere Welt war.

Der völligen Eintönigkeit, der Trostlosigkeit auf dem Land und der schrecklichen Langeweile im proletarischen Moskau war in den Propagandaberichten ein prächtiger Anschein verliehen worden. Nachdem er so viele Jahre im selbstzufriedenen Shanghai verbracht hatte, war es kein Wunder, daß Chiang sich fehl am Platz fühlte. Vielleicht spürte er auch die traditionelle Angst und Abneigung der Moskauer gegenüber Asiaten.

Wenn der Besuch auch kein persönlicher Erfolg war, so war er doch ein politischer Erfolg für die KMT. Schon bald nach seiner Ankunft in Moskau sprach Chiang am 2. September 1923 vor dem Exekutivkomitee der Komintern und sagte, er sei zuversichtlich, daß die chinesische Revolution innerhalb der nächsten zwei oder drei Jahre erfolgreich sein werde. Da er chinesische Kommunisten in Moskau

Sun Yat-sen und seine Partei schlechtmachen hörte, insistierte er, daß die Komintern die revolutionäre Bewegung in China nicht verstehe, und drängte sie, weitere Agenten zu entsenden, um erst einmal vor Ort die Situation zu studieren.

Er inspizierte Einheiten der Roten Armee, besuchte Militärschulen und Parteiorganisationen, bereiste die Marinebasis Kronstadt bei Petrograd und bemerkte, daß die sowjetische Marine noch gezeichnet war von der brutalen Niederschlagung eines Matrosenaufstands gegen die Bolschewiken vor zwei Jahren. Offensichtlich verbrachte er die meiste Zeit bei der Tscheka und machte sich ihre Methoden zu eigen.

Während Chiang sich in Moskau befand, lag Lenin in dem tiefen Koma, das seinem Tod vorausging. Statt mit ihm führte Chiang lange Gespräche mit Trotzki, der ihm versicherte, daß Rußlands Rolle darin bestehe, Befreiungsbewegungen mit der größtmöglichen moralischen und materiellen Hilfe zu versehen, daß es aber niemals durch das Entsenden russischer Truppen in die Politik einer anderen Nation eingreifen werde. Chiang traf außerdem Kamenew, Sinowjew, Radek und Tschitscherin und beobachtete den wachsenden Machtkampf zwischen Trotzki und Stalin.

Nach nur drei Monaten war Chiang zur Heimreise bereit. Viele Jahre später sagte er in einer zu Propagandazwecken niedergeschriebenen Erinnerung: «Durch meine Beobachtungen und Gespräche erkannte ich, daß nicht nur in Rußland im allgemeinen, sondern auch unter den Kommunisten selbst heftige Kämpfe im Gang waren.» Dieser Kommentar, der beabsichtigte, die Russen dem Spott preiszugeben, enthüllt auch eine gewisse Enttäuschung. Zwischen den Zeilen und in anderen Kommentaren, die Chiang zu jener Zeit abgab, wird deutlich, daß er ein direkter Zeuge für die berühmte sowjetische Disziplinarmaschinerie sein wollte und erwartete, daß die Partei den Staat und sich selbst absolut im Griff habe. Statt dessen sah er mörderische Rivalitäten und Schwächen innerhalb der Partei, wo er sie zuletzt erwartet hatte. Seine Desillusion war perfekt.

Nach seiner Rückkehr nach China riet er davon ab, dem Kreml zu trauen. «Die Kommunistische Partei Rußlands», warnte er einen KMT-Genossen, «hat in ihrem Umgang mit China nur ein Ziel, nämlich das, die Kommunistische Partei Chinas zu ihrem bevorzugten Werkzeug zu machen. Sie glaubt nicht, daß unsere Partei auf die Dauer mit ihr zusammenarbeiten kann mit dem Ziel, einen Erfolg für beide Parteien sicherzustellen. Es ist die Politik der Kommunistischen Partei Rußlands, die Gebiete, die von den Mandschus, den Mongolen, Muslims und Tibetanern bewohnt sind, dem Gebiet der

Sowjetunion einzuverleiben; vielleicht hegt sie sogar in bezug auf China selbst finstere Absichten.»[23]

Am 29. November brach Chiang seinen Besuch abrupt ab und beeilte sich, heimzukommen.

Chiang wußte, daß seine Erfahrung mit Rußland ihm unter den Kuomintanggetreuen eine Sonderstellung einräumen würde. Wenn russisches Geld es der KMT ermöglichen sollte, in der Nähe von Kanton eine neue Militärakademie zu gründen, in der eine wirkliche Armee ausgebildet und mit sowjetischen Waffen ausgerüstet werden konnte, dann mußte Chiang eine Position innehaben, von der aus er die Akademie und somit die Armee kontrollieren konnte. Seine direkten Erfahrungen in Rußland gaben ihm einen Vorsprung gegenüber allen seinen Rivalen um den Posten des Kommandanten von Whampoa.

Als er nach einer erschöpfenden Reise durch Sibirien in Shanghai angekommen war, zog er sich in sein Haus in der Provinz Chekiang zurück, das nahe bei Großohr-Tus Landsitz in einem Kloster in Mokanshan in den Wuling-Bergen lag. Dort wartete er, während seine konservativen Helfer in Kanton und Shanghai sich mit allem Eifer für seine Sache stark machten, bis die Parteiführung an ihn herantrat. Am 26. Dezember 1923 erhielt er ein Telegramm, das ihm die «volle Verantwortlichkeit» für die Akademie versprach. «Die Organisation der Militärschule», sagte das Telegramm, «kann ohne Ihren Rat nicht vorankommen.» Diesem Telegramm folgte am 30. Dezember eine Depesche Dr. Suns, der ihn bat, rasch nach Kanton zu kommen, «um über alles Bericht zu erstatten und Pläne für die chinesisch-sowjetische Zusammenarbeit zu machen».[24]

Chiang reiste am 16. Januar 1924 nach Kanton ab, rechtzeitig für einen großen Auftritt am Ersten Nationalkongreß der Kuomintang. Wie er gehofft hatte, bestätigte der Kongreß seine Ernennung zum Vorsitzenden des Vorbereitenden Komitees der Militärakademie Whampoa.

Nach dem Bericht von KMT-Eingeweihten taten sich die russischen Berater und die chinesischen Kommunisten, die infolge des russischen Unterstützungsabkommens seit kurzem der Kuomintang beitreten durften, während einer Diskussion über den Lehrplan und die Leitung der Militärakademie gegen Chiang zusammen. Als Chiang seine Pläne für Whampoa darlegte, erhoben die KPCh-Mitglieder und die Russen Einspruch und versuchten, ihn auszumanövrieren. Chiang bekam einen seiner berühmten Wutanfälle und verließ den Saal. Wieder in Chekiang, spielte er Katz und Maus und schrieb einen langen Brief an Dr. Sun. Darin gestand er die Schuld ein, auf dem Kongreß «eigensinnig» gewesen zu sein und «so unruhig, als wäre ich auf einem Nagelbett gesessen», aber das waren schließlich nur persönliche Unzulänglichkeiten. Der tatsächliche Grund für seinen Wutausbruch, sagte er, sei der innerparteiliche Streit gewesen, der von «neuen Strömungen» in der Kuomintang – den Roten und den Russen – geschürt worden sei. Er bekannte, daß er wie andere in der KMT auch konservative politische Ansichten vertrete. Er argumentierte, daß die KMT mit der Zulassung der «neuen Strömungen» ihr hergebrachtes System nicht aufgeben solle – «eine zentrale, stützende Kraft, die die Partei in jeder Situation zu tragen vermag».

Viele von denen, die Dr. Sun für fähig und loyal hielt, schrieb Chiang, seien Schmarotzer und Opportunisten. Statt dieser Leute brauche der Doktor Männer, die tatsächlich loyal und verläßlich seien – ihn selbst zum Beispiel. Chiang erinnerte Sun im weiteren daran, daß nur er, Chiang Kai-shek, ihm während des Kantoner Debakels und der Kanonenbootepisode 1922 beigestanden sei. Chiang konnte die Ausbildung von den Militärkadetten in der neuen Akademie in Whampoa nicht leiten, ohne mit dem breiteren politischen Umfeld verbunden zu sein; deshalb müßten die «neuen Strömungen» sich seinem Urteil fügen, selbst wenn er altmodische Ansichten vertrete. Chiang versah seine «altmodischen Ansichten» mit einem Heiligenschein, indem er «traditionelle Moralprinzipien» beschwor.

Mit dieser großen Herde von heiligen Kühen im Weg konnte Sun sich kaum mehr um die Entscheidung drücken. Er gab nach und erklärte sich einverstanden, Chiangs Recht, sich über die politischen Kommissare hinwegzusetzen, zu unterstützen.

Es ist immer gefährlich, wenn man Verschwörungen bei historischen Ereignissen eine zu große Rolle beimißt, nicht, weil das Moment der Verschwörung fehlte, sondern weil die Ereignisse nicht so planmäßig kontrolliert werden können. Im Fall von Chiang Kai-sheks uncharakteristischem Zuhilfeeilen, als Dr. Sun auf dem Kanonenboot festsaß, bei seiner eigentümlichen Haßliebe zu Rußland und seinem heftigen Drängen, Militärkommandeur von Whampoa zu werden, ist zumindest ein Faden, der auf Verschwörung hindeutet, auszumachen. Plump, wie sie manchmal waren, waren die konservativen Mitglieder der KMT-Führungsspitze, besonders Chiangs Freunde auf dem rechten Flügel in Shanghai, beunruhigt über Dr. Suns Ausscheren in Richtung Moskau und über das Eindringen von Linken und Mitgliedern der Kommunistischen Partei Chinas in die Reihen der KMT. Es besteht wenig Zweifel, daß sie Chiang direkt beeinflußten, daß sie ihn während seiner entscheidenden Zeit drängten, unterstützten und anleiteten. Seine publizierten Briefe zeigen, daß er in ständigem Kontakt mit ihnen stand und fortwährend um ihren Rat nachsuchte. Sie gaben ihm Regieanweisungen, erinnerten ihn an seinen Text und schubsten ihn zu Verbeugungen auf die Bühne. Er war das Werkzeug des rechten Flügels in Shanghai.

Am 3. Mai 1924 wurde Chiang als Kommandant der Militärakademie in Whampoa und als Stabschef der entstehenden Kuomintang-Armee bestätigt. Die Russen, die Befehl von Borodin hatten, wegen Chiang nichts aufs Spiel zu setzen, behielten ihre Einwände für sich. Indem sie Chiangs Ernennung zu dem begehrten Posten nicht blockierten, begingen sie einen fatalen Fehler. Borodin erfaßte die chinesische Bindung an das Loyalitätsverhältnis von Schüler und Lehrer nicht. Traditionsgemäß schuldeten die Chinesen als erstes ihrer Familie, als zweites den angeheirateten Verwandten und als drittes der Schüler-Lehrer-Bindung absolute Loyalität. Das war eine Bindung, von der die Kriegsherren Gebrauch machten; Chiang verstand sie ganz genau. Wenn er Kommandeur von Whampoa war, war letzten Endes jeder Kadett sein Schüler. Borodin mochte denken, man könne Chiang später ja immer noch loswerden. Nichts hätte weiter von der Wahrheit entfernt sein können. Vielleicht unterlief der Fehler, weil Borodin Kanton im März verlassen hatte, um in Peking Unterredungen mit russischen Diplomaten zu führen, und sich nicht um seinen Laden kümmerte.[25]

Zwischen Borodin und Sun Yat-sen war vereinbart worden, daß «die erste Aufgabe (darin bestand), eine Armee nach sowjetischem Modell aufzubauen und die Basis für einen Feldzug nach Norden vorzubereiten»[26]. Rußland würde die nötigen Gelder und Berater zur Verfügung stellen. Bis 1924 hatte die KMT keine angemessene finanzielle Basis und hing von Darlehen der Überseechinesen oder einheimischer Geschäftskreise ab. Ende Februar 1924 erhielt Dr. Sun ein Darlehen von 60000 chinesischen $, offenbar aus Moskau.[27] Die Kuomintangführung war in bezug auf die Herkunft der Gelder so empfindlich, daß Chiang Kai-shek, als er danach fragte, von dem linken Parteiführer Liao Chung-kai telegraphisch mitgeteilt wurde, er solle sich um seine eigenen Angelegenheiten kümmern: «Was die Gelder für die Militärakademie betrifft, so werde ich keine Fragen über ihre Verwendung stellen, und Sie werden keine Fragen über ihre Herkunft stellen. Es herrscht kein Mangel an Geldern, und Sie können weiterhin ruhigen Gewissens Ihres Amtes walten.» Moskau bestätigte später, daß «diese Schule 1924 von uns organisiert und zu Beginn auf unsere Kosten betrieben wurde[28]». (Moskau gab im ganzen etwa 2,7 Millionen chinesische $ für die Akademie aus.)

Nachdem die Gelder bereitlagen, mußte Ausbildungspersonal beru-

fen werden. Borodin und der sowjetische Gesandte in Peking, Genosse Karakhan, telegraphierten nach Moskau und baten um fünfzig «Militärinstruktoren», angeführt von einem «Genossen, der über beträchtliche Kampferfahrung verfügt und gleichzeitig in der Lage ist, Sun Yat-sen zu beeindrucken».[29]
Der erste sowjetische Offizier, der in Kanton ankommen sollte, «ertrank unglücklicherweise» beim Schwimmen im Perlfluß. Der Ersatz für ihn kam im Oktober 1924 an. Es war Wassily Konstantinowitsch Blyuker, in China bekannt unter seinem nom de guerre, Galen.[30]

Whampoa befand sich auf einer Insel im Perlfluß, zehn Meilen südlich von Kanton. In den siebziger Jahren des neunzehnten Jahrhunderts waren dort ein Fort der Mandschus und eine Schule zur Marineausbildung gebaut worden, und die alten Holzbauten dienten nun als Kaserne für Chiangs Kadetten. Ursprünglich plante die KMT, die Schüler in der Provinz Kwangtung offen zu rekrutieren, aber die Rekrutierenden wurden verhaftet oder von feindlichen Soldaten getötet.[31] Statt dessen wurde nun eine heimliche Aushebung in ganz China durchgeführt, und Sun war überrascht, daß dreitausend qualifizierte Bewerber sich ihm zur Verfügung stellten, von denen nur fünfhundert zur ersten Klasse zugelassen werden konnten. Chinesische Militärschulen sahen sich gewöhnlich einer großen Zahl von Analphabeten unter den Bewerbern gegenüber. In Whampoa waren überraschenderweise alle Schüler des ersten Jahres Absolventen der Mittelschule und im Umgang mit Schrift und Sprache überaus versiert.[32]
Was Dr. Sun und Borodin nicht wußten und offenbar nicht einmal vermuteten, war, daß eine große Zahl dieser Kandidaten aus den Reihen der Grünen Gang kam. Die Gelegenheit, ihre eigenen Leute nach Whampoa zu schleusen, durfte die Gang nicht verpassen. Die eigentliche Rekrutierung wurde von Ch'en Kuo-fu, einem Neffen des toten Helden Ch'en Ch'i-mei, der in der Grünen Gang eine wichtige Figur gewesen war, durchgeführt. Seit Ch'en Ch'i-mei ermordet worden war, hatten seine beiden Neffen seinen Platz in der Hierarchie der Gang eingenommen und waren von Chiang Kai-shek «adoptiert» worden. Im ganzen wurde Ch'en Kuo-fu mit der Rekrutierung von siebentausend Kadetten für Whampoa betraut, die direkt den Reihen der Grünen Gang entstammten oder indirekt durch Mitgliedschaft der Familie oder durch andere Abhängigkeiten mit ihnen verbunden waren. Ch'en brachte die Rekrutierung beinahe zustande, ohne die Französische Konzession zu verlassen; offensichtlich hatte er das gar

nicht nötig. Diese Kadetten bildeten das Rückgrat von Chiangs persönlichen Offizieren. Zu dieser Zeit war nicht einmal die Kommunistische Partei so gut organisiert und so gut postiert, um den Gang der Ereignisse zu beeinflussen.

Die Kurse begannen am 5. Mai 1924. Als Borodin einen Monat später von seiner Pekinger Mission zurückkehrte, fand eine Eröffnungsfeier statt, die den ganzen Tag dauerte; Ching-ling nahm an ihr teil, und Dr. Sun steuerte eine bewegte Grußadresse bei:

> Die Fundamente unserer Republik bestehen noch kaum. Der Grund ist einfach: Unsere Revolution ist von den Kämpfen einer revolutionären Partei getragen worden, aber nicht von einer revolutionären Armee. Infolge des Fehlens einer revolutionären Armee ist die Republik von Kriegsherren und Bürokraten schlecht geführt worden. Unsere Revolution wird niemals Erfolg haben, wenn das so weitergeht. Mit der Gründung dieser Schule wird heute eine neue Hoffnung für uns geboren. Von jetzt an beginnt ein neues Zeitalter für unsere Revolution. Diese Schule ist die Basis der Revolutionsarmee, deren Kern Ihr Schüler bildet.

Chiang Kai-shek, ein Mitglied der militanten Rechten innerhalb der KMT, war der Kommandeur. Liao Chung-kai, ein in Amerika ausgebildeter Linker, war der KMT-Repräsentant in Whampoa. Auf diese Art wurde Whampoa ein Mikrokosmos der politischen Polarisierung, die in der KMT und in der chinesischen Revolution eingetreten war. Die militante Rechte hatte einen großen Vorteil, weil sie die wachsende Rivalität sehr ernst nahm. Liao und Chiang unterstanden sechs Departemente – ein politisches Departement, ein Ausbildungsdepartement, ein Instruktionsdepartement sowie die Departemente für Logistik, Militärmedizin und militärische Ausrüstung. Die Ausbilder waren alle Absolventen der japanischen Militärakademie, der Paotinger Militärakademie oder der Yunnaner Militärakademie. Unter dem Linken Liao bot Whampoa einen der besten politischen Lehrgänge in China an, mit Kursen in Ökonomie, der Theorie des Imperialismus, der Geschichte Chinas und der Geschichte der revolutionären Bewegung im Westen.[33] Unter Chiang wurden Disziplin und die vier Kriegstugenden – Tapferkeit, Wagemut, Autorität und Härte – stark betont. Das Gesetz der kollektiven Verantwortlichkeit wurde durchgesetzt – wer ausschert, stirbt. Aber bei denen, die der Sache treu blieben, zeigte die KMT echtes Interesse an ihrem Wohlergehen als Soldaten.[34]

Whampoa legte großen Wert auf technische Ausbildung und verwendete hierzu russische Instruktoren. Zum erstenmal wurde in China eine völlig moderne, technisch fortgeschrittene Armee herangebildet. Die chinesischen Kriegsherren verwendeten moderne Waffen (etwa Gewehre und Artillerie) nur für Feuerwerke. Artilleriesalven wurden lediglich um des Eindrucks willen abgefeuert. Die Soldaten kümmerten sich wenig darum, ob sie etwas trafen. Die Mauern chinesischer Städte bestanden aus Schlammziegeln, so daß eine einzige Artilleriesalve ausreichte, um eine Stadt zur Kapitulation zu bringen. In der militärischen Tradition bestand das Ziel darin, Lärm zu machen und dann eine politische Einigung zu erreichen. Aber mit der neuen Whampoa-Armee änderte sich die chinesische Militärstrategie – Borodin und Chiang Kai-shek reichte es nicht, den Gegnern Angst einzujagen. Sie wollten Tote sehen.

Die Russen entdeckten, daß das KMT-Arsenal lediglich aus dreizehn Feldgeschützen inkompatibler Modelle sowie ein paar Gewehren und Maschinengewehren verschiedener Typen und Kaliber bestand; auch war nur sehr wenig Munition vorhanden. Die Versailler Embargoübereinkünfte verunmöglichten es China, von den Ländern, die den Vertrag unterzeichnet hatten, Waffen zu erhalten; aber die Russen, die in Versailles ausgeschlossen gewesen waren, hatten die Freiheit, Waffen zu liefern. Der Zufuhrstrom russischer Waffen für die KMT stieg allein im Jahr 1925 auf den Gegenwert von 2,5 Millionen Rubel, und weit mehr stand noch in Wladiwostok bereit.[35]

Sun Tzu, der alte Meister der Intrige, hätte an dem achtunddreißigjährigen Chiang Kai-shek Interesse gefunden. Er ließ die russischen Bolschewiken und die chinesischen Kommunisten eine noch nie dagewesene moderne Streitkraft für sich aufbauen. Es war fast, als wäre die Idee von seinen Kameraden Großohr-Tu und Curio Chang ausgedacht worden; vielleicht hatten sie sie über einem «Floß-Spiel» in einem Shanghaier Bordell ausgeheckt.

Zuvor war Geld gebraucht worden, um eine neue Armee aufzubauen. Nun wurde Geld – eine Menge Geld – gebraucht, um den Feldzug nach Norden zu finanzieren. Endlich unternahm Sun etwas Richtiges. Auf den Vorschlag seiner Frau hin entschloß er sich, ihren Bruder aus Shanghai herbeizuholen. T.V. Soong, der in Harvard ausgebildete Ökonom, hatte ein paar Ideen, wie man zu Geld kommen konnte. Als anständiger Kapitalist mit ausgezeichneten Mittelstandsempfehlungen – sein Vater war ein bekannter Verleger und methodistischer Geistlicher gewesen, seine Schwester hatte in eine der ältesten Bankiersfamilien auf dem Land geheiratet – konnte T.V. Soong viel tun, um die Nervosität der Kantoner Kaufleute zu beruhigen, die mit wachsender Besorgnis die sowjetischen Berater durch die Straßen schlendern und Anhänger der Kommunistischen Partei Chinas Mitglieder in «ihrer» bürgerlichen Kuomintang werden sahen. Tatsächlich wurde T.V., der immer noch seinen kurzen Haarschnitt aus der Collegezeit trug, von Dr. Sun beauftragt, die Finanzen der KMT zu reorganisieren, während es mit der Whampoa-Akademie vorwärtsging.[36]

Hierin lag eine gewaltige Herausforderung. Die chinesische Ökonomie als Ganzes war ein Schlamassel. Der Boden, der während des Ersten Weltkriegs gewonnen worden war, war wieder verloren gegangen. Die Ausländer waren wieder da und griffen von neuem nach Chinas Geldbeutel. Die erste Aufgabe für Ching-lings Bruder bestand darin, dringend notwendige Gelder für die täglichen Unternehmungen der KMT zusammenzubringen. Danach sollte er die Ökonomie der Provinz Kwangtung reorganisieren und ihr Steuersystem in etwas umwandeln, das wenigstens einen Anflug von Ordnung hatte. Daß er damit auf einer – mit China als Ganzem verglichen – provinziellen Ebene Erfolg hatte, war für viele Beobachter geradezu verblüffend.

T.V. Soong war ein kurzgewachsener, stämmiger junger Mann mit einem Gesicht wie ein funkelnagelneuer Dollar. Sein Gesichtsausdruck war freundlich, aber streng; ein knappes Lächeln war ihm aufgeprägt wie einer Münze. Er machte einen abwesenden Eindruck, weil seine Gedanken immer beschäftigt waren. Dieser Eindruck der Nüchternheit wurde verstärkt durch eine Brille mit kleinen, runden Gläsern, wie sie der Kaiser von Japan und der Schriftsteller James Joyce trugen. Dies, schienen sie auszudrücken, war ein Mann, der Freude daran hatte, die mit winziger Schrift beschriebenen Blätter von Hauptbüchern nachzuprüfen oder die Gewinnforderungen für Schweinebäuche an der Chicagoer Börse ins Gespräch einfließen zu lassen. Auf seiner Oberlippe schien immer ein leichter Schimmer von Schweißtropfen zu liegen. Er hatte eine Menge amerikanische Freunde.

Als er 1915 in Harvard abgeschlossen hatte, war T.V. nach New York gezogen, um für die International Banking Corporation zu arbeiten, nicht als Manager, wie später behauptet wurde, sondern als Buchhalter, der sich durch die Wechselsendungen nach China arbeitete. Es war eine seltene Gelegenheit, zu sehen, wie Überseechinesen einige ihrer geheimsten Finanzangelegenheiten in Zusammenhang mit Familieninteressen und Geschäften zu Hause abwickelten. Abends belegte er Kurse an der Columbia University. Er hatte einen scharfen Verstand und einen robusten Sinn für Humor. Politisch war er ein

richtiger westlicher Liberaler – er war imstande, gleichzeitig zwei einander widersprechende Standpunkte einzunehmen.
1917, im gleichen Jahr, in dem seine kleine Schwester May-ling nach China zurückkehrte, kam auch T.V. heim, um Sekretär bei der Han-Yeh-P'ing-Kompanie zu werden, einem industriellen Komplex von Kohlegruben, Eisenhütten und Stahlfabriken. Ursprünglich war es eine chinesische Gesellschaft gewesen, an der japanische Geschäftsleute jedoch heftig interessiert waren. Gemäß den berüchtigten «21 Forderungen» war den Japanern 1915 eine Aktienmehrheit in der Firma gewährt worden. Mit Charlie Soongs Geschäftsverbindungen war es ein leichtes, eine Anstellung für T.V. zu arrangieren. Als er jedermann damit überraschte, daß er die Bücher und finanziellen Transaktionen der Firma in Ordnung brachte, hieß es überall, er sei eine Art Genie, das nach mehr als nur der Shanghaier Finanzwelt verlangte, um sein Talent auf die Probe zu stellen. Die Probe fand statt, als Ching-ling vorschlug, ihr Bruder solle die finanziellen Schwierigkeiten der KMT im Süden lösen. T.V. kam im Oktober 1923 in Kanton an und ging sofort an die Arbeit, Südchina völlig umzukrempeln. Weil die Kuomintang dringend Betriebskapital benötigte, schlug T.V. eine Reihe drakonischer «Notmaßnahmen» vor, die in den ersten Monaten des Jahres 1924 in Kraft traten. Sie schlossen besondere Importsteuern auf Gummi, Methylalkohol und Ammoniumsulfat ein, das für Dünger verwendet wurde. Im Februar wurden alle Kaufleute in Kanton aufgefordert, der Regierung Geldsummen zu «leihen», die von 5 bis 500 $ gingen. Im folgenden Monat wurde ein Zuschlag von 10 % auf allen Mahlzeiten in Restaurants erhoben. Im April kam eine Steuer auf alkoholfreien Getränken dazu. Im Mai traten Steuern für Patentmedizin, kosmetische Artikel, Hochzeiten, Begräbnisse, religiöse Feiern und sogar Rikschas in Kraft. Eine Zeitlang hatte Dr. Sun davon geträumt, eine KMT-Regierungsbank in Kanton zu eröffnen, um die Kontrolle über den Kapitalfluß in der Region zu zentralisieren. 1924 stellte eine russische Anleihe von 10 Millionen $ die nötigen Reserven zur Verfügung, und mit T.V. Soong als Direktor wurde die Zentralbank gegründet.
Bei der formellen Eröffnungszeremonie in jenem August gab Dr. Sun lediglich bekannt, das Kapital der Bank sei durch ein «ausländisches Darlehen» zur Verfügung gestellt worden. Es war niemals völlig klar, ob das Geld tatsächlich von Moskau nach Kanton überwiesen oder ob es nur versprochen wurde. Aber die Zentralbank war bereit zu einem Blitzstart. Viele chinesische Banken deckten ihre Noten durch nicht mehr als 5 % Silberreserven, aber die Zentralbank prahlte mit einer Deckung von 25 %. Ihr Ruf war so gut, daß ihre frischgedruck-

ten Banknoten sogar in Teilen Chinas, die nicht unter der Kontrolle der Kuomintang standen, akzeptiert wurden. T.V. Soong löste die Pfandleihen der Bank gewissenhaft ein und baute ihr Vermögen auf. Private Ersparnisse, die in der Bank deponiert wurden, stiegen 1926 um das Sechsfache. Schon nach kurzer Zeit sahen sogar einfache Chinesen die positiven Auswirkungen von T.V.'s Anstrengungen.[37]

Bevor T.V. auf den Plan trat, hatte die feudalistische Ökonomie so bestanden, wie sie es seit Jahrtausenden getan hatte. Lokale Kriegsherren und obrigkeitliche Beamte hatten im Namen der Zentralregierung Steuern eingezogen und einen Prozentsatz für ihre Mühe einbehalten. Da die Verwaltung korrupt war, wurden die Steuern nicht einmal, sondern oftmals erhoben, und der Prozentsatz, der vom Eintreiber für sich behalten wurde, war jedesmal hoch. Die Salzsteuer (oder das Salzmonopol) war ebenso korrupt und preßte für ein notwendiges Lebensmittel Geld aus den Bauern, und eingeweihte Profiteure machten überall ihren Schnitt. Die Raffgeier-Schule für Ökonomie besteuerte Kurzwaren und Lebensmittel im Prinzip jedesmal, wenn sie durch ein Tor oder über eine Brücke kamen. Das war die vielgeschmähte Likin oder Warensteuer. Sie wurde aus gutem Grund verabscheut.

Von alters her wurden den Bürokraten (zu denen die Steuereintreiber gehörten) so niedrige Gehälter bezahlt, daß sie unmöglich von ihnen leben konnten. Das System funktionierte auf der Basis des «Pfründenwesens» – jeder begann mit einem winzigen Grundgehalt oder einer «Präbende», die nur durch Korruption verbessert werden konnte – durch «Pressen» oder «Teegeld». Der Lohn, den einer heimbrachte, war also nach Maßgabe seines individuellen Eifers – das heißt, nach seiner Fähigkeit, «Kommissionen» einzufordern – größer oder kleiner. Es gab keine andere Möglichkeit. Bei den Steuereintreibern wurde das «Preßgeld» von jeder eingetriebenen Steuer abgezogen.

Aufgrund seines bemerkenswerten Erfolgs im Zusammenbringen von «Notgeldern» und weil er die Zentralbank auf die Beine gestellt hatte, wurde T.V. zum Finanzminister der KMT ernannt und machte sich mit außerordentlicher Energie an die Aufgabe, die Dinge in Ordnung zu bringen.

Eine spezielle bewaffnete Truppe (die T.V. direkt verantwortlich war) wurde organisiert, um das Eintreiben der Steuern zu überwachen, und führte oft summarische Prozesse durch. Wenig später erfuhren räuberische Steuereintreiber und Schufte auf dem Land, daß das mehrmalige Eintreiben einer Steuer ihre Hinrichtung bedeuten

konnte. T.V. hatte nie selbst den Finger am Abzug, aber er realisierte den Wert der Schreibfeder, wenn sie vom Schwert unterstützt wurde. Er machte die Parteivertreter persönlich verantwortlich für die Einkünfte. Als Vorsichtsmaßnahme gegen Übereifer wurde indes beschlossen, daß die KMT-Armee die Steuern nicht direkt erheben konnte, sondern sich für Versorgungsgüter und Gelder an zivile Parteivertreter wenden mußte. Es war eine noch nie dagewesene Machtbeschränkung eines Regimes, das vom Militär abhing, ein System der «Checks and Balances». Während T.V.'s zweijähriger Amtszeit als Finanzminister in Südchina wuchsen die Einkünfte der Provinz Kwangtung auf das Zehnfache ihres früheren Betrags an – von 8 Millionen chinesischen $ Ende 1924 auf 80 Millionen Ende 1926, und das ohne eine bedeutende generelle Steuererhöhung. Der Gewinn kam in erster Linie durch die Unterbindung der «Preßgelder» und die endlosen Wiedererhebungen der Steuern zustande. Für die Bauern wurde die Steuerlast etwas leichter; gewöhnliche Verbraucher bezahlten etwa das gleiche, die wohlhabenderen Schichten bezahlten etwas mehr als vorher, sowohl in relativen als auch in absoluten Zahlen.[38]
T.V.'s Effizienz war beeindruckend, aber sie entfremdete ihn auch manchen Leuten – von jenen, die von der Korruption abhingen, bis zu räuberischen Kaufleuten, die sich im alten System wohlfühlten und es nicht verändert haben wollten. Obwohl T.V. durch und durch Kapitalist war, betrachteten ihn die Kaufleute, Kompradoren und Industriekapitäne in Kanton bald als einfach noch einen Bolschewiken. Sie waren schon durch Dr. Suns Freundschaft mit Moskau beunruhigt. Mitglieder der Handelskammer begannen, bewaffneten Widerstand gegen die Kuomintang zu befürworten. Im stillen verstärkten sie die Freiwillige Verteidigungsarmee der Kaufleute, eine Streitkraft, die 1913 gegen die Einschüchterungsversuche der Kriegsherren organisiert worden war. Sun Yat-sen war in ihren Augen einfach wieder ein Kriegsherr, und T.V. Soong war nur sein Steuereintreiber. Die Kantoner Kaufleute waren es leid, tyrannisiert zu werden, und machten sich bereit, zurückzuschlagen.[39]
So geschah es, daß T.V.'s liberale ökonomische Reformen die erste militärische Herausforderung für Sun Yat-sens Kantoner Republik hervorriefen.
Die Mitglieder der Kantoner Geschäftswelt waren in ihren Gründen gegen Suns Bündnis mit den Roten gleichmäßig in zwei Lager gespalten. Die Kapitalisten der alten Garde – Kompradoren, Handelsmagnaten und Bankiers – standen so weit rechts, daß sie sowohl die KMT als auch den neuen Mittelstand verachteten. Sie hatten Angst vor den Kommunisten, aber sie konnten auch mit den Natio-

nalisten nichts anfangen. T.V. Soong und seine moderne Finanzpolitik brachten ihnen die Bude durcheinander. Die Whampoa-Akademie zeigte sich in ihren Augen als nichts anderes als eine bolschewistische Armee. Die Überseeverbindungen der alten Garde lagen in Großbritannien. Ihre Privatvermögen lagen in britischen Banktresoren in Hong Kong, Singapur oder London. Die neuen Anführer des Mittelstands hatten aus völlig anderen Gründen Angst vor Rußland. Sie waren die Emporkömmlinge, die in einer ersten Welle nationalistischen Eifers Dr. Sun unterstützt hatten, nur um ihn jetzt nach links ausscheren zu sehen. Sie waren bereit, gewisse Opfer zu bringen, wenn das Ergebnis «nationalistisch» war – das hieß, wenn es einen wachsenden chinesischen Anteil am Weltmarkt mit sich brachte. Aber sie wollten Stabilität, um ihren neu begründeten Wohlstand genießen und vergrößern zu können. Dr. Sun ging zu weit. Russen aßen in ihren Restaurants, und chinesische Kommunisten drangen in die Belegschaften ihrer Betriebe ein, stifteten Unruhe, organisierten und förderten Streiks.

Sowohl die neuen Geschäftsleute als auch die alten Industriekapitäne beobachteten, wie die KMT-Armee in Whampoa Gestalt annahm. Diese moderne Armee würde bald die dominierende Streitkraft in der Region und vielleicht in ganz Südchina sein. Die Kaufleute wußten, daß sie dann nicht mehr in einer Position wären, in der sie Widerstand leisten könnten.

Die Kantoner Handelskammer erhielt aus Großbritannien geheime Unterstützung, um die Freiwillige Armee der Kaufleute auszubauen. Am Ort wurden die Freiwilligen in erster Linie vom mächtigen Vorsitzenden der Handelskammer, dem Komprador Ch'en Lien-po von der Hong Kong-Shanghai-Bank, unterstützt. Er war ein Schneeleopard, ein gefährlicher Widersacher: Er besaß Seidenfabriken und Versicherungsgesellschaften, zehn Banken und zahllose Leihhäuser; er hatte wertvolle Besitztümer in einem Dutzend Ländern und eine Unzahl von Häusern. Außerdem war er eine Hauptfigur in den südchinesischen Triaden. Als Komprador der Hong Kong-Shanghai-Bank war er einer der mächtigsten chinesischen Financiers der Welt. Sein persönliches Imperium erstreckte sich über den ganzen Pazifik und bis in die kantonesischen Gemeinden Europas und der Vereinigten Staaten. Im Herbst 1923 zwang er jedes Unternehmen in Kanton, 150 $ beizusteuern – die Kosten, um sechs Monate lang für den Unterhalt eines Freiwilligen der Miliz aufzukommen. Ende 1923 war die Miliz auf fünfzigtausend Mann angewachsen.[40]

Die Freiwilligen erhielten von gleichgesinnten britischen Investoren Waffen und Betriebskapital – mit dem stillen Einverständnis der britischen Regierung. Während der Monate, in denen T.V. seine Maßnahmen zum Zusammenbringen von «Notgeldern» einführte, stapelten die Freiwilligen Gewehre und Munition. Ein Slogan, der durch ihre Reihen ging, hatte einen schneidenden Klang: «Rettet Kanton vor den Bolschewiken!»[41]

Jemand von der Hong Kong-Shanghai-Bank vereinbarte mit einer deutschen Firma den Ankauf von fünftausend nach dem Krieg zurückgebliebenen Gewehren und von fünftausend Pistolen und Revolvern samt Munition. Sie wurden in Amsterdam auf einen norwegischen Frachter verladen. Dr. Suns Regierung wurde übrigens um eine Erlaubnis für die Verschiffung gebeten und erteilte diese auch, aber die Erlaubnis erwies sich als Täuschung. Als das Frachtgut am 10. August im Hafen ankam, wurde es von der KMT beschlagnahmt. Zwei Kanonenboote eskortierten das Schiff nach Whampoa, wo die Fracht ausgeladen wurde.[42]

In Whampoa waren die Kadetten auf Schwierigkeiten gefaßt. Chiangs Grünschnabelarmee war zum Kampf bereit. Überall in der Stadt wurden von KPCh-Kadern absichtlich Arbeiterunruhen angezettelt, um die Konfrontation auf die Spitze zu treiben.

Am 26. August drohte der britische Generalkonsul in Kanton Dr. Sun mit einer britischen Marineintervention, falls die KMT die Freiwilligen Kaufleute angriff. Empört übermittelte Dr. Sun Premierminister Ramsay McDonald einen formellen telegraphischen Protest. Er appellierte auch an den Völkerbund, erhielt aber keine Antwort.[43]

Die Schiffsladung von Gewehren war von der KMT in der Tat nicht auf Sun Yat-sens Befehl, sondern auf Anweisung Borodins und Chiang Kai-sheks entführt worden.

Die Handelskammer verlangte die Gewehre zurück und inszenierte eine Protestaktion, die den Reispreis in die Höhe trieb. Borodin drängte Sun, das Kriegsrecht zu verhängen, alle Geschäfte, die geschlossen blieben, zu beschlagnahmen und die eilige Wegschaffung von Wertgegenständen aus der Stadt zu verbieten. Sun war einverstanden. Kanton wurde unter Kriegsrecht gestellt. Borodin, der jetzt die Fäden zog, instruierte die KPCh, Arbeiter und Bauern zum Widerstand gegen die Freiwillige Armee der Kaufleute zu drängen. Während das Schicksal Kantons in der Schwebe war, wusch Dr. Sun – entschlossen, seinen großen Plan nicht an einem Detail scheitern zu lassen – plötzlich seine Hände rein von lokalen Angelegenheiten und verließ die Stadt, um seinen lange erwarteten Nordfeldzug zu lancieren. Borodin war wütend. Chiang Kai-shek wurde beinahe hysterisch. Während die Stadt den Siedepunkt erreichte, kamen die ersten der lange versprochenen und überfälligen russischen Waffen – Gewehre,

Maschinengewehre und Artillerie – an Bord des Dampfers *Worowsky* aus Wladiwostok an.
Als Sun Yat-sen das erfuhr, befahl er Borodin, sofort neue Waffen an die Front zu schicken. Chiang Kai-shek, der ausschließlich mit der Lage in Kanton beschäftigt war, überzeugte Borodin, daß jetzt nicht der richtige Augenblick war, um Dr. Suns Launen zu willfahren. Sun telegraphierte wütend von der Front aus und befahl, Chiang solle sich ihm unverzüglich anschließen. Chiang lehnte ab.
Es wurde Oktober, und die Kaufleute boten für die Rückerstattung ihrer konfiszierten Waffen die Bezahlung von 200 000 $ an. Sun entschied, er könne aufgrund der rechtzeitigen Ankunft der russischen Waffen auf einen Teil jener Waffen verzichten. Er bot an, die Hälfte zurückzugeben. Chiang willigte ein, sie zurückzugeben, aber ohne Munition, und hielt den Transfer zurück, bis die neue sowjetische Artillerie in Stellung gebracht war.
Am 10. Oktober – der geheimnisvollen «doppelten Zehn» – sollte der Jahrestag der Revolution von 1911 mit einer großangelegten Parade durch Kanton gefeiert werden. Abteilungen der schneidig herausgeputzten Kadetten aus Whampoa, unter ihnen der junge Lin Piao, rückten zur Parade aus. Sie wurden verstärkt durch Abteilungen des KMT-Arbeitercorps und des Studentencorps, schwangen revolutionäre Banner und riefen KMT-Parolen. Betrachtern war es überhaupt nicht klar, ob es sich hier um eine Jahrestagsfeier oder um eine kalkulierte, von Chiang Kai-shek und Borodin gelenkte Provokation handelte.
Die Parade bewegte sich dem Hafengebiet entlang bis zu der Stelle, wo die Freiwilligen Kaufleute ihre zurückgekauften Waffen ausluden. Die Route des Zugs wurde blockiert, die beiden Gruppen trafen aufeinander, und es entstand Verwirrung. In dem Handgemenge verlangten die Teilnehmer der Parade, daß die Freiwilligen Platz machten. Ein Schieben und Stoßen begann. Schüsse gingen los. Ein Dutzend KMT-Leute fiel durch Schüsse der Freiwilligen. Andere wurden verwundet.[44]
Seltsamerweise war das für eine Weile alles. Nach dem Scharmützel kam Sun sofort nach Kanton zurück; er erreichte die Stadt am 13. Oktober. Er traf Borodin und Chiang, die gerade einen auf kurz vor Mitternacht angesetzten Angriff auf die Freiwilligen organisierten, mit einer Streitkraft von 800 Whampoa-Kadetten, 220 Kadetten aus der Hunaner Militärschule, 500 Kadetten aus der Yunnaner Militärschule, 250 Soldaten aus Panzerzügen, 2000 Polizisten, allen zur Verfügung stehenden sowjetischen Militärberatern und 320 Mitgliedern der Arbeitermiliz und des Bauerncorps, das vom Instruktor Mao

Tse-tung ausgebildet worden war. Annähernd fünfzigtausend Freiwillige erwarteten sie.
Einfach als Vorsichtsmaßnahme schaffte T.V. Soong das ganze Regierungskapital der KMT an Bord der *Worowsky*. Vorkehrungen wurden getroffen für die notfallmäßige Evakuierung von Dr. Sun Yat-sen, Ching-ling, T.V. Soong und ihrem jeweiligen Gefolge, zusammen mit Borodin und seinen sowjetischen Mitarbeitern.
Am 14. Oktober um zehn Uhr nachts schlugen Chiangs Whampoa-Kadetten, unterstützt von kommunistischen Kadern und Arbeitern, wie geplant überall in Kanton los. Diesmal war es kein bloßes Scharmützel. Ganze Stadtteile wurden in Brand gesteckt. Die Straßenkämpfe zogen die Stadt dermaßen in Mitleidenschaft, daß es keine klare Beschreibung der Schlacht gibt. Die entsetzliche Zerstörung von Eigentum trug ebensoviel zur Demoralisierung der Kantoner Kaufleute bei wie die Morde. Nach einem zwanzigstündigen Chaos baten die Kaufleute um Frieden. Überlebende Freiwillige wurden von Whampoa-Kadetten entwaffnet.
Der Tag wurde als «blutiger Mittwoch» bekannt. Am Abend war alles mit Ausnahme der Brände vorüber. Ganze Teile Kantons brannten noch. Die westlichen Vororte, in denen viele Ausländer lebten, waren in Brand gesteckt und geplündert worden. Kanton lag ausgeweidet am von Trümmern übersäten Perlfluß.
Für Chiang Kai-shek war es ein glorreicher Sieg. Weder er noch irgendeiner seiner Shanghaier Helfer hatten Grund, die Verluste der Kantoner Kapitalisten zu betrauern. Für sie war es einfach um Aug um Auge und Zahn um Zahn gegangen. Die neue Armee hatte die Feuerprobe bestanden. Sie hatte den Kaufleuten eine Lektion in moderner Politik erteilt. Von nun an hatte die KMT-Armee das Sagen.
Kühl und korrekt hatte Borodin die Situation eingeschätzt, und er hatte die Schachzüge der KMT fehlerlos geführt. Die neue Armee, die er ins Leben gerufen und die Chiang und andere ausgebildet hatten, hatte nach Befehl gehandelt. Die sowjetischen Berater hatten ihren Wert unter Beweis gestellt. In einem entscheidenden Augenblick waren sowjetische Waffen angekommen. Es hatte keine Fehlschläge gegeben. Chiangs Trotz hatte Dr. Sun gestört, aber gegen diesen Sieg konnte er keine Einwände erheben.
Um seine Freude zu zeigen, ließ Sun am Kai vor der *Worowsky* einen Triumphbogen errichten. In weißen Uniformen und festen Helmen begleiteten er und sein Stab Borodin zum Schiff, um den sowjetischen Beratern, dem Kapitän und der Mannschaft in einer Zeremonie zu gratulieren.[45]

Aber Dr. Sun wußte, wenn es auch andere nicht wußten, daß seine Basis in Kanton am Ende war. Als er vor dem Ausbruch der Kämpfe die Stadt verlassen hatte – was so viele als idiotischen Zug angesehen hatten –, hatte Sun seinen Parteiführern gesagt, Kanton sei ein erledigtes Kapitel. Die Stadt hatte sich bereits gegen sie gewandt. Die militärische Zerstörung Kantons bewies nichts als den Eifer der Whampoa-Kadetten. Aber Chiang und Borodin hatten ihn ignoriert und die Stadt dafür bezahlen lassen. Sie würde ihnen nie vergeben. Sun brauchte jetzt eine neue Hauptstadt für seine Republik.

9. Kapitel

Kampf um die Macht

Am 15. Mai 1924 meldete die *New York Times* den Tod Sun Yat-sens. Sun war nicht tot. Er plante eine Reise nach Peking in der Hoffnung, daß er durch eine Koalition mit dem gegenwärtig in der nördlichen Hauptstadt herrschenden Kriegsherrn einen offenen Kampf vermeiden könne.

Die Clique der Kriegsherren, die über Nordchina regierte, war vom «christlichen General» Feng Yu-hsiang aus Peking vertrieben worden. Feng deutete an, daß er bereit sei, Sun in Peking die Rolle des Präsidenten von China anzubieten. Dies war mehr als eine Außerordentliche Präsidentschaft in Kanton. In dieser auf Kompromiß eingestellten Atmosphäre wurde Dr. Sun nach Peking eingeladen, um «der neuen Regierung seine Hilfe anzubieten» – ein Euphemismus für private Verhandlungen.[1]

Feng war ein Pancho Villa vom Land. Er taufte seine Truppen mit einer Feuerwehrspritze und zwang sie, obwohl er selbst nicht lesen konnte, jeden Abend, bevor sie das Nachtessen einnehmen durften, ein neues Schriftzeichen auswendig zu lernen. Er prahlte, daß er seinen Soldaten beigebracht hätte, sie seien Diener des Volkes. Auch schnitt er gerne damit auf, daß er sehr auf das moralische Betragen seiner Truppen achte. Doch gleichzeitig nahm Feng an Verschwörungen, Palastrevolten und Eroberungen teil, bis er ein unerreichter Meister des Doppelspiels wurde. 1924, als er der endlosen Rivalität müde geworden war, eroberte er die Hauptstadt alleine und wandte sich um Hilfe an Sowjetrußland. Obwohl Moskau schon die KMT in Südchina unterstützte und Sun Yat-sen bei der Planung einer Attacke gegen Norden half, entschloß man sich im Kreml, auch Feng zu unterstützen. Russische Instruktoren und Berater reisten mit Waffen und anderen Hilfsmitteln nach Peking.

Feng begriff, daß die Kraft der KMT und die Popularität Dr. Suns im Wachsen waren. Eine Allianz mit diesen Kräften hatte also ihre Vorteile. Anfang 1925 führte Feng «lange und erfolgreiche Gespräche» mit Borodin, die mit gegenseitigem Einverständnis endeten. Der nächste Schritt war nun Dr. Suns Sache.[2]

Doch es blieb nur noch wenig Zeit. Dr. Sun wurde am 12. November 1924 achtundfünfzig Jahre alt. Er litt an Verdauungsbeschwerden und trank deshalb keinen Alkohol. Bevor er Kanton verließ, brachte er – als Vorsichtsmaßnahme – seine Geschäfte in Ordnung. Die Schlüsselpositionen in der Regierung wurden mit wichtigen Leutnants besetzt. Zur Beruhigung der ängstlichen konservativen Parteigänger in Shanghai wurde der Rechte Hu Han-min, ein Spitzenmitglied des KMT-Exekutivkomitees, zum «Abgeordneten Generalissimo» ernannt.

Sein Weg nach Peking führte Dr. Sun, der von Ching-ling, Borodin und einer Gruppe von achtzehn KMT-Repräsentanten begleitet wurde, an Bord eines Dampfers zuerst nach Shanghai, wo er am 17. November ankam; dann fuhr er weiter nach Kobe. Die japanische Öffentlichkeit bereitete den Suns einen warmen Empfang, während der offizielle Staatsempfang kühl war. Die japanische Regierung ignorierte Sun und war wegen seines Pakts mit Rußland verstimmt. Sun gab darauf den Japanern in einer denkwürdigen Ansprache an einer Schule von Kobe eine milde Schelte: «Doch die Frage bleibt, ob Japan die Vorhut des Westens ... oder das Bollwerk Asiens sein wird. Das ist die Wahl, vor der das japanische Volk steht.»[3]

Mit leeren Händen, aber vollem Herzen ging Sun am 4. Dezember 1924 in Tientsin an Land. Mitten in einer privaten Unterredung mit dem mandschurischen Kriegsherrn brach der Doktor zusammen. Während drei Wochen wachte Ching-ling an seinem Bett. Am 31. Dezember wurde er in einem Sonderzug in aller Eile nach Peking gebracht, wo sich am Bahnhof eine Menge von über 100 000 Anhängern versammelte. Er war zu krank, um sich an sie zu wenden. Am 26. Januar wurde er in das Spital des Union Medical College eingeliefert, wo Spezialisten einen böswilligen Tumor in der Leber diagnostizierten. Das Krebsgeschwür war zu groß, um noch behandelt werden zu können. Danach brachte man ihn in das geräumige Haus des Diplomaten Wellington Koo, jenes Mannes, der China an der Versailler Konferenz vertreten hatte.

Als sich die Nachricht von Suns tödlicher Krankheit zu verbreiten begann, eilten alle engeren Vertrauten an sein Sterbebett. Die drei wichtigsten Leutnants – der Rechte Hu Han-min, der Linke Liao Chung-k'ai und der Militärführer Chiang Kai-shek – blieben jedoch in Kanton, denn ihre Macht über die südliche Hauptstadt war gefährdet.

An der Akademie von Whampoa verkündete Chiang die Neuigkeit vor seinen versammelten Kadetten:

> Unser Generalissimo, Dr. Sun Yat-sen, liegt zur Zeit schwer krank in Peking und ist bis zur Stunde noch nicht genesen. Sein Krankheitszustand ist so ernst, daß er vielleicht nicht mehr gesund werden wird. Weshalb ist er von dieser Krankheit befallen worden? Weil er sich während Jahrzehnten für die Revolution aufgeopfert hat, jedoch ohne eine Armee, mit der er seine Pläne hätte verwirklichen können. Deshalb hat er Krebs bekommen. Nun sind wir aber die zuverlässigsten Truppen in der Armee des Generalissimo, wir wissen, daß er von einer tödlichen Krankheit befallen ist, daß das Schicksal des Landes auf dem Spiel steht und das Volk leidet – wir sind es, die mit aller Härte weiterkämpfen müssen, um das Land und die Leute zu retten. Wenn wir das tun, so können wir den Generalissimo retten, auch wenn keine medizinischen Mittel mehr nützen.[4]

Von seinem Totenbett aus berief Dr. Sun einen Zentralen Politischen Rat ein, der an seiner Stelle in Peking handeln sollte. Als Vorsitzender agierte der schöne, pomadisierte Wang Ching-wei. Wang war 1910 durch seinen «Mordversuch» am Prinzregenten der Mandschus bekannt geworden, ein Attentat, das kaum mehr als eine Farce war. Die Möchtegern-Mörder versteckten eine selbstgebastelte Bombe in einem Graben in der Nähe des Prinzenpalastes, doch waren die Zündschnüre, wie die Attentäter selbst merkten, zu kurz. Man entdeckte die Bombe und konnte aufgrund ihrer Ummantelung die Verstecke der Attentäter in Peking ausfindig machen, wo Wang von der Polizei gefunden wurde. Wang kannte zwar den Plan des Anschlags, doch hatte er nicht an ihm teilgenommen. Er wurde verhaftet und verbrachte einige Monate im Gefängnis, bis die Revolution von 1911 die Gefängnistore öffnete. Später jedoch gab sich Wang als Operationsleiter des Mordanschlags aus und ließ es sich gut gehen. Wangs Fähigkeit, mit jedem erdenklichen Prinzip einen Kompromiß einzugehen, verhalf ihm zu einer guten Stellung in der Kuomintang; er überlebte, während die Leute um ihn herum umgebracht wurden. Jetzt hatte er das Glück, an Dr. Suns Totenbett zu stehen, was ihm beste Aussichten auf die Nachfolge des Generalissimo eröffnete.[5]
Während der große Verschwörer im Sterben lag, hatte der Zentrale Politische Rat der KMT sich mit zwei dringenden Problemen auseinanderzusetzen: Sollten Suns Verbindungen zu Moskau und der KPCh aufrecht erhalten werden, und – wichtiger noch – wer sollte zum neuen Generalissimo oder Obersten Führer der KMT ernannt

werden und die Ehren von Suns langem Kampf ernten? Ein Kampf um die Macht begann.

Niemand schien darauf vorbereitet. In Moskau waren nach Lenins Tod Stalin und Trotzki in ihren schicksalshaften Machtkampf verstrickt. Als Borodin dringend auf Anweisungen aus dem Kreml wartete, wartete er vergeblich.[6]

Rund um Suns Totenbett waren die wichtigsten Familienmitglieder der Soong-Dynastie versammelt: Ching-ling und ihr Stiefsohn, der erfolglose Sun Fo, ihr Bruder T.V. Soong, das finanzielle Wunderkind, die herrschsüchtige ältere Schwester Ai-ling und ihr treuer Gatte H.H. Kung mit seinen traurigen Spanielaugen und seinem goldenen Herzen.

Alle, die anwesend waren – und auch einige, die es nicht waren –, behaupteten später, beim Ableben des großen Mannes eine wichtige Rolle gespielt zu haben. Ai-ling ließ wissen, daß H.H. sich als so unersetzlich erwiesen habe, daß zwischen ihm und Ching-ling «eine immerwährende Verbindung» entstanden sei.[7] Borodin erzählte, daß Sun ihm bei vollem Bewußtsein gesagt habe: «Wenn die Russen nur mit ihrer Hilfe weiterfahren . . .» Diejenigen, die unbedingt den Westen beruhigen wollten, hörten ihn noch «laßt mir die Christen in Ruhe . . .» hauchen. Sogar jene, die meilenweit von seinem Sterbebett entfernt waren – wie Chiang Kai-shek –, haben ihre eigene Version seines letzten Segens. Der ehrgeizige Kommandeur der Akademie von Whampoa erzählte jedermann, daß Dr. Sun mit seinem letzten Atemzug noch den Namen Chiang Kai-shek ausgesprochen habe.[8]

Vor den versammelten, andächtig zuhörenden Anwesenden las Wang Ching-wei Sun ein politisches Testament vor, das von ihm unterschrieben werden sollte. Sun vermochte noch «Gut, ich bin damit völlig einverstanden» zu sagen.[9] Wang las danach noch ein privates Testament vor, in dem Sun alle seine Bücher, Papiere und persönlichen Effekten sowie das Haus an der Rue Molière Ching-ling vermachte. Das war alles, was er nach so vielen Jahren, in denen er Millionen gesammelt und ausgegeben hatte, hinterließ. Beide Testamente wurden am 11. März von Sun unterschrieben, wobei Ching-ling seine Hand führte.

Suns politisches Testament lautete:

> Während vierzig Jahren habe ich mich der nationalen Revolution gewidmet, deren Ziel es ist, China unabhängig und den anderen Nationen gleich zu machen. Die Erfahrung dieser vierzig Jahre hat mich davon überzeugt, daß dies nur erreicht werden kann, wenn wir das Volk zu einem Aufstand veranlassen und wenn wir uns mit den

Völkern, die uns als Gleichberechtigte behandeln, zu einem gemeinsamen Kampf verbinden. Die Revolution ist noch nicht erfolgreich zu Ende geführt worden. Alle unsere Genossen sollen meinen Schriften folgen – «Die Pläne des nationalen Wiederaufbaus», «Die Drei Volksprinzipien», «Das Manifest des Ersten Repräsentantenkongresses» – und alles unternehmen, die darin beschriebenen Ziele zu verwirklichen. Vor allem soll meine kürzlich abgegebene Erklärung zur Einberufung einer Nationalen Versammlung des chinesischen Volkes und zur Abschaffung der Ungleichen Verträge so bald als möglich verwirklicht werden. Dies ist mein Testament und mein letzter Wille.

Dieses Dokument, bekannt unter dem Titel «Das Tsung-li-Testament» (Das Testament des Obersten Führers), wurde danach in jeder Versammlung der KMT vorgelesen; es wurde zum Katechismus des wachsenden Sun Yat-sen-Personenkults. T.V. Soong las Sun noch einen Abschiedsbrief an die Sowjetunion vor, der von Michail Borodin und Suns in Trinidad geborenem Vertrauten Eugene Chen auf Englisch vorbereitet worden war. Später erschien er im sowjetischen Parteiorgan *Prawda*:
An das Zentrale Exekutivkomitee der Union der Sozialistischen Sowjetrepubliken:

Liebe Genossen,
Während ich hier liege, von einer Krankheit befallen, die der Mensch nicht zu heilen vermag, denke ich an Euch und die Zukunft meiner Partei und meines Landes. Ihr seid die Führer der Union der freien Republiken, des wahren Erbes, das der unsterbliche Lenin der Welt der unterdrückten Völker hinterlassen hat. Durch dieses Erbe werden die Opfer des Imperialismus veranlaßt, ihre Freiheit und Loslösung von einem internationalen System, das seit alters auf Sklaverei, Krieg und Unrecht gegründet ist, sicherzustellen. Ich hinterlasse eine Partei, von der ich hoffe, daß sie mit Euch in der historischen Tat der Befreiung Chinas und anderer durch das imperialistische System ausgebeuteter Länder vereint bleiben wird. Das Schicksal will es, daß ich meine Aufgabe nicht zu Ende führen kann und sie jenen anvertrauen muß, die, indem sie den Prinzipien und Lehren der Partei treu bleiben, meine wahren Nachfolger sein werden. Ich habe deshalb die KMT beauftragt, die Arbeit der nationalen revolutionären Bewegung weiterzuführen, damit China vom halbkolonialen Status und dem aufgezwungenen Imperialismus befreit werde. Aus diesem Grund habe ich die Partei verpflichtet, mit Euch in dauernder Verbindung zu bleiben; und ich schaue mit Vertrauen der Fortdauer der Unterstützung unseres Landes durch Eure Regierung entgegen. Ich verabschiede mich, liebe Genossen, und ich möchte meiner glühenden Hoffnung Ausdruck geben, daß jener Tag bald anbrechen wird, an

> dem die UdSSR als Freund und Verbündeter ein starkes, unabhängiges China grüßen wird, so daß die beiden Verbündeten zusammen dem Sieg im großen Kampf um die Befreiung der unterdrückten Völker der Welt näher rücken. Mit brüderlichen Grüßen.

Am Mittwoch, dem 11. März, verlangte Sun, von seinem bequemen Bett auf ein Feldbett der Armee gelegt zu werden.[10] Er starb am Donnerstag, dem 12. März, um 9 Uhr 30.
Unmittelbar darauf senkte die russische Gesandtschaft ihre Fahne auf Halbmast. Ihr schlossen sich alle anderen russischen Vertretungen in China an. Die anderen Botschaften ließen jedoch in kalkuliertem Affront ihre Fahnen noch bis zum folgenden Tag oben.[11] Die Russen bestellten in Moskau einen speziellen Sarg: einen gelb gestrichenen Stahlsarg mit Glasdeckel, von der gleichen Art wie der, in dem Lenin ursprünglich ausgestellt wurde. Es war jedoch ein ausgesprochen häßliches Unding und wurde nicht verwendet. In China werden Särge aus dem Hartholz des Stammes des *nai moh* oder Sargbaumes geschnitzt, dessen beste Exemplare aus den westlichen Bergen der Provinz Yunnan stammen. Ching-ling wählte für ihren Mann ein traditionelles Erstklaß-Modell.
Die private Beisetzung am 19. März war eine reine Familienangelegenheit der Soongs. Danach folgte eine öffentliche Trauerfeier in der Kapelle des Pekinger Union Medical College, die vom Genossen Karakhan geleitet wurde. H.H. Kung erzählte der Gemeinde, daß Dr. Sun ihm vor seinem Tod gesagt habe: «Genau wie Christus von Gott in die Welt gesandt wurde, so sandte Gott auch mich.»[12] Die Hauptrede der Abdankung, gehalten vom ehemaligen Justizminister George Hsu, war voll von Suns eigenen Vorstellungen über die Ähnlichkeit seiner Rolle mit der Christi.

> «Er war ein Revolutionär; das bin ich auch.» «Er kam, um die Armen zu erlösen, die Unglücklichen zu trösten und diejenigen in Ketten zu befreien. Auch ich habe dies versucht.» «Er wandte sich gegen die Traditionen, wie sie von den Gesetzgebern von Judäa aufrecht erhalten wurden, und betete für universale Brüderlichkeit. Da China von gleichen Fesseln gebunden ist, habe ich meinen Kreuzzug gemacht. Weil die organisierten Kirchen unter sich so gespalten und uneinig sind, habe ich meine Zugehörigkeit zu einer Kirche aufgegeben. Doch glaube ich an Christus und seine Lehre und habe mich bemüht, sie zu meiner eigenen zu machen.»

Die amerikanische Journalistin Edna Lee Booker nahm an der Trauerfeier teil:

> Aus der Stille kam ein einheitlich gekleideter Chor von Studenten der Universität Yenching. Alle trugen lange Kerzen und sangen eines von Dr. Suns Lieblingsliedern: «Süßer Friede, Gabe von Gottes Liebe.» (Leslie Severinghaus, der Schwager des *Time*-Herausgebers Henry Luce, sang den Solopart.)[13] Sie gruppierten sich um die Bahre und blieben da stehen, als der Gottesdienst, schön und eindrucksvoll in seiner Schlichtheit, weiterging. Draußen ... warteten Tausende von Leuten, bis die Chorknaben die Trauergemeinde aus der Kapelle geleiteten. Madame Sun ..., zerbrechlich und hübsch in ihrem Witwenkleid und ihrem Schleier, ging am Arm ihrer jüngeren Schwester Soong May-ling und ihres Stiefsohnes Sun Fo. Es folgten Dr. und Mrs. Kung und andere enge Angehörige der Trauerfamilie. Danach kam der große Sarg, der von vierundzwanzig Lafettenträgern getragen wurde.

In den zwei Wochen, in denen Suns Leichnam aufgebahrt war, erwiesen ihm über eine halbe Million Menschen die letzte Ehre. Dann wurde der massive chinesische Sarg in einer Prozession durch die von vielen Menschen gesäumten Straßen nach den Westbergen getragen, wo er in einer hohen Gruft im Tempel zur Blauen Wolke, der zwischen weißen Kiefern lag, aufgestellt wurde. (Der russische Sarg kam im gleichen, unglücklichen Moment in Peking an. Er wurde in aller Eile zum Tempel gebracht, wo ihn die Mönche klugerweise in einem Seiteneingang verschwinden ließen.)
Seinem Wunsch gemäß hätte Sun auf dem Purpurberg außerhalb von Nanking, in der Nähe des Grabes des ersten Ming-Kaisers, begraben werden sollen. Man veranlaßte dort den Bau eines Mausoleums, doch mußten noch fünf dunkle Jahre vergehen, bis das Grabmal vollendet wurde.

Borodin war an den Feierlichkeiten nicht anwesend. Er erwartete Schwierigkeiten in Kanton und war dorthin zurückgekehrt. Tatsächlich braute sich dort einiges zusammen.
Suns Tod kam genau in jenem Augenblick, in dem die KMT einen Feldzug vorbereitete, der den ärgerlichen Kriegsherrn von Kwangtung, Ch'en Chiung-ming, der 1922 Sun und Ching-ling aus Kanton vertrieben hatte, hätte vernichten sollen. Diese Strafexpedition wurde vom neuen sowjetischen Militärberater, General Galen, ausgeheckt.
Galen war eine imponierende Gestalt. Er raste, begleitet von zwei mit gespannten Revolvern auf dem Trittbrett mitfahrenden Leibwächtern, im Stil der Petrograder Bolschewiken in einem offenen Tourenwagen durch Kanton. Einige hielten ihn für einen österreichischen

Adeligen, der von den Bolschewiken gefangengenommen und zu ihrem mörderischen Kommunismus bekehrt worden war. Doch war er ein russischer Bauer, der 1916 den Bolschewiken beigetreten war. Während die anderen sowjetischen Berater in China die Militärakademie in Frunze besucht hatten, hatte Galen keine formelle militärische Ausbildung. Er war von Natur aus ein Taktiker und wurde viermal mit der höchsten militärischen Ehrung der Sowjetunion, dem Orden des Roten Banners, ausgezeichnet. (Das nützte ihm nicht viel: Stalin ließ ihn 1937 während der Säuberungen vom blutrünstigen Zwerg Yezhow hinrichten.)[14]

Galen war sehr streng, was die militärische Etikette anlangte. Dies beeindruckte Chiang Kai-shek. Alles, was Galen tat, gereichte auch Chiang zum Nutzen. So plante Galen die 25er Kampagne gegen Ch'en Chiung-ming mit so viel Geschick, daß ihr Erfolg Chiang im Rennen um die Kontrolle über die KMT zu einem großen Vorteil verhalf. Den meisten zeigenössischen Beobachtern dieses Rennens schien Chiang kein sehr aussichtsreicher Kandidat zu sein. Es gab andere, die viel prominenter waren.

Die in aller Öffentlichkeit bekannten, führenden Anwärter waren: der Rechte Hu Han-min, der Zentrumspolitiker Wang Ching-wei und der Linke Liao Ching-k'ai. Hinter den Kulissen gab es noch einen Kandidaten, der zwar in der Öffentlichkeit unbekannt war, der aber mit dem Parteichef engste Verbindungen pflegte und der den militanten rechten Flügel von Shanghai beherrschte – Tu Yueh-sheng, den Boß der Grünen Gang.[15]

Es gab zwei Wege, auf denen Tu zur Kontrolle über die KMT gelangen konnte: entweder indem er selbst zu Suns Nachfolger ernannt wurde, was bei normalem Vorgehen höchst unwahrscheinlich war, oder indem er einen Strohmann als Kandidaten auftreten ließ, der dann in Tus Interesse handeln würde. Als Opiumsüchtiger und Gangboss mußte Großohr-Tu schon früh zur Einsicht gelangt sein, daß ein Stellvertreter am besten in seine ehrgeizigen Pläne passen würde. Dabei dachte er an zwei Anwärter: an seinen militärischen Protégé Chiang Kai-shek, den er während fünfzehn Jahren gefördert hatte, und an seinen Shanghaier Geschäftspartner, den verkrüppelten Millionär Curio Chang. Doch Tu mußte indirekt vorgehen, denn die Gegenwart Borodins machte die Wahl eines als Antikommunist bekannten Kandidaten unwahrscheinlich.

Dem unentschlossenen Zentrumspolitiker und Frauenheld Wang Ching-wei fehlte die nötige Machtbasis. Bestenfalls konnte er als Kompromißkandidat, als Interimspapst, reüssieren. Er und der dünne, zähe rechte Politiker Hu Han-min waren diametrale Gegen-

sätze. Sie haßten einander – und man nahm an, daß sie sich neutralisieren würden.
Der klare Spitzenkandidat war der in Amerika geborene linke Liao Chung k'ai, der für die indirekte Machtübernahme Großohr-Tus das größte Hindernis darstellte. Liao war Borodins Favorit und ein enger Freund Hu Han-mins. Alle mochten Liao, vor allem Sun Yat-sens Witwe Ching-ling.
Er war der Sohn eines chinesischen Geschäftsmannes aus San Francisco. Er hatte seine Studien in Japan fortgesetzt und dort begonnen, sich für Sun Yat-sens Bewegung zu interessieren. Liao, der kameradschaftliche Linke, lernte Hu Han-min, den ehrgeizigen Rechten, kennen, und es entstand eine lebenslange Freundschaft. Während Hu Han-min für eine Einmann-Diktatur eintrat, vertrat Liao ein Programm drastischer Sozialreformen. Liao unterstrich, daß China allzu lange von eigenmächtigen finanziellen Interessen ausgebeutet worden sei. Er vertrat die Ansicht, daß der Kapitalismus eingeschränkt werden müsse und daß die Bauern ihr Land besitzen und über Konsumentenkooperativen Zugang zu industriellen Waren haben sollten. Er verlangte die größtmögliche Demokratie, doch konnte er Dr. Sun nicht überzeugen, seine Unterstützung direkt bei den Bauern zu holen. Diese Idee war um 1920 selbst den chinesischen Kommunisten zu radikal; sie wollten eine Revolution nach dem russischen Vorbild, das auf den Arbeitern in der Stadt basierte.
Es war Liao, der Dr. Sun am Ende zu überzeugen hatte, in Moskau um Hilfe nachzusuchen. Borodin mochte ihn und ging immer am liebsten über Liao vor. Zur Zeit von Sun Yat-sens Tod war Liao politischer Leiter der Akademie von Whampoa und damit Chiang Kaisheks Gegenspieler. Er war zugleich KMT-Verwalter der Provinz Kwangtung. Wenn alles seinen rechten Weg gegangen wäre, hätte Liao mit ziemlicher Sicherheit Sun Yat-sens Erbe angetreten.
In den Wochen, die Suns Tod folgten, machten sich die zwei Kriegsherren, die vorher mit der KMT verbündet gewesen waren, die Verwirrung zunutze und eroberten Kanton. Während Borodin nach Whampoa floh, leiteten Chiang und Liao mit Galens Hilfe den Gegenangriff. Die Stadt war bald wieder in ihren Händen. Innerhalb von achtundvierzig Stunden machten die Truppen der KMT 17 000 Gefangene und erbeuteten 16 000 Gewehre. Die Belagerung war vorbei.
Nachdem Kanton wieder sicher war, versammelte sich in aller Eile das Zentralkomitee der KMT, um über Suns Nachfolge zu entscheiden. Man kam zum Schluß, daß es nicht einen individuellen Nachfolger geben sollte, sondern daß die Nationale Regierung aus einem

Triumvirat der Linken, der Rechten und der Mitte zu bestehen habe: aus Hu, Wang und Liao. Wang erhielt den überaus wohlklingenden Titel «Amtierender Vorsitzender», während Hu zum Außenminister ernannt wurde. Die Kontrolle der Exekutive war in Liaos Händen. Dies war im Grunde eine Palastrevolte der extremen Linken.
Doch indem die Linke über soviel Macht verfügte, schuf sie sich auch mächtige Feinde. Im Frühjahr und Sommer 1925 hatte es zahlreiche Arbeiterunruhen gegeben, und linke Agitatoren der KMT hatten Arbeiter und Studenten aufgewiegelt. So kam es in ganz China zu Demonstrationen gegen die Ausländer, was Fabrikbesitzer, Bankiers und ausländische Taipans verärgerte. Am 15. Mai hatte in Shanghai während eines Streiks in einer Textilfabrik ein japanischer Aufseher einen Arbeiter erschossen. Die KPCh rief am 30. Mai zu einer Protestdemonstration auf. Viele leisteten dem Aufruf Folge, und die Polizei der Internationalen Niederlassung wurde gerufen. Dabei feuerte ein britisches Detachement in die Masse, tötete zwölf Arbeiter und verletzte weitere fünfzehn. Dieser «30. Mai-Zwischenfall» hatte Streiks, Boykotte und weitere Demonstrationen in anderen Städten zur Folge. In Kanton wurden 52 Demonstranten von britischen Maschinengewehren niedergemäht. Nach den Schießereien beschrieb Vera Vladimirovna Vishnayakova Akimova, eine russische Beraterin in Kanton, die ausländische Niederlassung auf der Insel Shameen, als «Splitter im lebenden Körper der Stadt»:

> Sie [die Niederlassung] lag vor uns, zusammengeduckt, bewacht von der Uferzone, getrennt durch einen schmalen künstlichen Kanal ebenso wie durch eine Mauer des Hasses und des Zornes der chinesischen Bevölkerung. So etwas wie eine sägebockähnliche Absperrung, die mit Stacheldraht umwickelt war, war auf der Brücke plaziert worden und ließ mit ihren schweren Gußeisentüren nur einen engen Durchgang, um zum Regierungssitz und den alten ausländischen Konsulaten zu gelangen.... Zwei britische Soldaten in Kolonialuniformen – mit Tropenhelm, kurzer Khaki-Hose, Gewehr in der Hand und breitem Schwert am Gürtel – gingen im Gleichschritt an der Barriere vor der Brücke auf und ab. Von der anderen Seite war kein Geräusch zu hören. Es war, als ob die Insel ausgestorben wäre. Tatsächlich waren nur noch wenige Einwohner dort. Sogar die Missionare, die vom Festland herübergeflohen waren, hatten die Insel verlassen.[16]

Der Vorfall löste auch in Hong Kong einen ausgedehnten Generalstreik aus, der bei den Briten tiefe Feindseligkeit hervorrief. So erschienen in einigen freimütigen Hong Konger Zeitungen Artikel,

die offen zur Ermordung der linken KMT-Führung aufriefen. Die britische Regierung bot T.V. Soong eine «Anleihe im Wert von 10 Millionen $» an, wenn die Streiks ein Ende nähmen, doch zog sie das Angebot zurück, als offensichtlich wurde, daß zwischen dem linken und dem rechten Flügel der KMT ein Machtkampf ausgefochten wurde. Diese negativen Folgen der linken Agitation reizten Chiang Kai-sheks Hintermänner und förderten ihre Entschlossenheit, den linken Flügel der Partei loszuwerden.
In Shanghai half ein neuer, von den Kommunisten dominierter Allgemeiner Arbeiterverband, während des nächsten Jahres mehr als fünfhundert Streiks zu organisieren. Diese neue Arbeitergewerkschaft war eine direkte Bedrohung der von der Grünen Gang beherrschten Arbeitergilden. Großohr-Tu und Pockennarben-Huang waren jedoch nicht bereit, ihre Kontrolle über die Arbeiter zu teilen. Schon seit einiger Zeit war Großohr-Tu der entschlossenste und methodischste Antikommunist in China. Nun jedoch begann er zu handeln. In der ersten einer ganzen Reihe von ominösen Unternehmungen sandte er Curio Chiang nach Kanton, um Chiang Kai-shek zu beraten und ihm ein Angebot zur Machtübernahme zu machen.[17]
Am 20. August 1925 kam Liao Chung-k'ai im Auto an ein Treffen des Zentralkomitees der KMT in Kanton. Als er aus dem Sedan stieg, traten fünf Schützen hinter den Säulen der Frontseite des Gebäudes hervor und erschossen Liao nach gangüblicher Sitte.[18] Es wurde nie formell Anklage wegen Liaos Ermordung erhoben, doch ein Gerücht zirkulierte, wonach der gemäßigte Rechte Hu Han-min dafür verantwortlich gewesen sei. Doch ist es unwahrscheinlich, daß er in das Attentat verwickelt war, denn trotz ihrer verschiedenen Ideologien und Lebensstile waren Hu und Liao seit 1905 enge Freunde gewesen. Nichtsdestoweniger flohen Hu und seine Familie sowie andere konservative Politiker der KMT aus Kanton, um der Rache zu entgehen.
Borodin und Chiang leiteten eine Untersuchung im Tscheka-Stil in die Wege, um die Verräter in den eigenen Reihen zu überführen. Einer der Verdächtigen wurde in Chiangs Büro in der Akademie von Whampoa gebracht, um dort verhört zu werden. Es begann ein Streit, Chiang wurde hysterisch, zog seinen Revolver und schoß den Angeklagten nieder.
Obwohl versucht wurde, die Schuld den Rechten, den Linken und dem Zentrum in die Schuhe zu schieben, trug die Art und Weise, in der Liao umgebracht wurde, den Stempel der Grünen Gang. Durch einen Mordanschlag wurde der Führer des linken Flügels der KMT umgebracht, und die Reaktion darauf hatte den Tod des Führers der gemäßigten Rechten zur Folge. Dies schuf ein Vakuum in der Füh-

rung der KMT und ebnete Chiang Kai-sheks Weg. Im folgenden Kampf um die Reorganisation der Machtstrukturen ergaben sich verworrene und unerwartete Entwicklungen.

Großohr-Tus langjähriger Geschäftsfreund Curio Chiang – den davor nur wenige als ernsthaften Kandidaten betrachtet hatten – wurde am 19. Mai 1926 als Nachfolger von Liao Chung-k'ai zum Vorsitzenden des Ständigen KMT-Komitees gewählt. Er hatte diese wichtige Position nur wenige Wochen inne, doch lange genug, um die Wahl Chiang Kai-sheks vorzubereiten. Curio wurde am 7. Juli 1926 von Chiang abgelöst.

Der gut getarnte Mann der Grünen Gang in Kanton – der jähzornige Kommandeur der Militärakademie von Whampoa – hatte plötzlich alle Spitzenkandidaten hinter sich gelassen, um Sun Yat-sens Erbe zu werden.

Für Chiang war der Weg nun frei, seine Machtübernahme zu Ende zu führen und sich zum Diktator über China zu machen. Doch damit keine Rückschläge die Pläne durchkreuzten, mußte das weitere Vorgehen mit größter Vorsicht in die Wege geleitet werden.

10. Kapitel

Die Grüne Verschwörung

Chiang Kai-shek war nicht einfach an die Macht gestolpert, und sie fiel nicht in seine Hände wie eine reife Frucht. Wie ging dieser plötzliche Staatsstreich von rechts wirklich vor sich? Warum sah ihn niemand kommen, und – seltsamer noch – warum erkannten der linke Flügel der KMT, die Parteiführung der KPCh und die Russen nicht, wohin das führen würde?

Die Ansicht, Chiang sei ein akzeptabler Führer der KMT-Koalition gewesen, weil er keine besondere Machtbasis oder Interessengruppe vertrat, hat sich durchgesetzt. Sie ist in Biographien und anderen Büchern über diese Periode oft geltend gemacht worden, aber sie war in gefährlicher Weise ungenau.

Eine grundsätzliche Faustregel der chinesischen Politik, die von beinahe jedem politisch unterrichteten Menschen verstanden wurde, lautete, dass vielversprechende Militärkandidaten gewöhnlich Provinzen oder Distrikte repräsentierten und deshalb den Virus des «Kriegsherrentums» in sich trugen. Wenngleich Chiang keine Machtbasis im üblichen Sinn zu haben *schien*, so hatte er einfach eine andere Basis, die eine andere Art von Macht repräsentierte – eine Art, die im Verborgenen gedieh. Selbst die KPCh realisierte nicht, daß Chiang alles der Grünen Gang verdankte.

Im November 1925, drei Monate nach der Ermordung Liaos, versammelte sich eine Gruppe von acht rechtsgerichteten KMT-Mitgliedern heimlich in den Westbergen außerhalb Pekings im Tempel der azurblauen Wolke, wo Dr. Suns sterbliche Überreste ruhten. Sie trafen sich, um über die Zukunft der KMT zu entscheiden. Die acht Männer kamen überein, daß alle Kommunisten und selbst Wang Ching-wei, der einen mittleren Kurs vertrat, aus der KMT ausgeschlossen werden mußten. Der neue Parteiführer sollte Chiang Kai-shek sein. Diese Übereinkunft war die Ausgeburt dreier Mentoren Chiangs. Großohr-Tu, Curio Chang und Tai Ch'i-tao, Chiangs enger politischer Berater, brachten die Idee vor und versicherten den anderen, Chiang sei ein «akzeptabler Mann» – er könne manipuliert werden. Das Treffen in den Westbergen endete mit der Wahl der unvermeidlichen Parole; diesmal lautete sie: «Sich mit Chiang verbünden, um Wang zu stürzen.»[1]

Wang Ching-wei mußte verdrängt werden, weil er unmittelbar nach der Ermordung Liaos vorübergehend die Kuomintang-Regierung geführt hatte und weil er zu schwach war, um einen Staatsstreich der Kommunisten zu verhindern. Er hatte gerade einen Zweiten Parteikongreß einberufen, der die meisten kritischen Departemente der Südregierung in die Hände der KPCh und anderer Linker gelegt hatte – Mao Tse-tungs, Chou En-lais, Madame Chou En-lais und der eben verwitweten Madame Liao. Für die konservativen Kreise Shanghais bedeutete das gleichviel, wie China den Bolschewiken auszuliefern. Es war dringend geboten, «sich mit Chiang zu verbünden, um Wang zu stürzen».[2]

Als strategischer Führer trat Chang Ching-chiang in das politische Rampenlicht Kantons. Weil er gegenüber der KMT jahrelang großzügig gewesen war, weil er den meisten republikanischen Revolutionsführern Geld geliehen hatte, wenn es ihnen von Zeit zu Zeit ausgegangen war, und weil er einer von Shanghais führenden Königsmachern war, wurde er von dem unbedachten Wang und anderen willkommen geheißen. Zu diesem Zeitpunkt war er durch sein Fußleiden behindert und gewöhnlich an den Rollstuhl gefesselt, in dem er auf Photographien jener Zeit erscheint. Sein Gesicht war hager und leichenblaß, seine Wangen hohl, sein Mund halboffen, als wolle er keuchen, und seine Augen hinter den dicken Brillengläsern waren kalt und von deutlicher Boshaftigkeit. Er hatte eine verwirrende Ähnlichkeit mit bestimmten Photographien von Dr. Joseph Goebbels, Hitlers Propagandaminister.

Curio Chang, bemerkte der Historiker Harold Isaacs,

> wurde Chiang Kai-sheks Mentor, leitender politischer Mitarbeiter und Berater. Das Problem bestand darin, die Führungsspitze zu stabilisieren, indem man sie den schwankenden Liberalen aus der Hand nahm. Hierfür mußte ein scharfer, verletzender, aber nicht tödlicher Streich gegen die Kommunisten und ihre radikalen Alliierten aus dem Kleinbürgertun geführt werden. Ihr Begehren verschmolz mit [Chiang Kai-sheks] leidenschaftlichem persönlichen Ehrgeiz, seiner List, seinem Neid gegenüber politischen und militärischen Rivalen, seinem Flair für Intrigen, seiner unmißverständlichen Machtgier. . . . [Chiang] wurde das, was Karl Marx mit Hinblick auf Louis Napoleon einmal einen Mann nannte, «der nicht nachts Entschlüsse faßte

und am Tag handelte, sondern der am Tag Entschlüsse faßte und nachts handelte».[3]

Als Chiang zuschlug, war es tatsächlich Nacht.
Am 20. März 1926, in den feuchten Stunden vor der Dämmerung, als Kanton schlief und selbst gute Kommunisten träumten, befahl Chiang seinen am engsten vertrauten Whampoa-Truppen, zu handeln.
Wochenlang war Chiang zum Angriff bereit gewesen und wartete nur auf die passende Provokation. Die Gelegenheit kam, als das Kanonenboot *Chungshan* in der Nacht vom 19. auf den 20. März vom Zentrum Kantons aus flußabwärts fuhr und in einiger Entfernung von Whampoa vor Anker ging. Chiang entschied, daß das Kanonenboot unter dem Befehl eines Steuermanns, der Mitglied der Kommunistischen Partei war, sich in einer bedrohlichen Stellung befand. Möglicherweise war den Roten die Grüne Verschwörung bewußt geworden, und sie organisierten einen vorbeugenden Schlag gegen sie.
Chiangs Whampoa-Einheiten schlugen mit Präzision zu. Alle politischen Ausbilder der Akademie wurden verhaftet. Alle sowjetischen Berater in Kanton wurden unter Hausarrest gestellt. Der kommunistische Chef der Marineabteilung der KMT wurde festgenommen. Das Parteibüro, das für die Leitung der Arbeiteragitation in Kanton und Hong Kong verantwortlich war, wurde nach Dokumenten und Waffen durchsucht. Der prokommunistische politische Kommissar in Whampoa, der Nachfolger Liao Chung-kais, wurde verhaftet. Dann fand eine rasche Folge von blutigen Attacken gegen Bauern statt, die von Schlägerbanden in mehreren Teilen Chinas verübt wurden. Es gab keinen Anhaltspunkt dafür, diese Bauernmassaker direkt mit Chiang oder der Grünen Gang in Verbindung zu bringen, aber das zeitliche Zusammentreffen war provokativ, wie das Widerhallen, das durch die ungeduldigen Bewegungen eines riesigen Drachen verursacht wird.[4]
Als der Morgen dämmerte, hatte Chiang die Stadt unter Kontrolle. Die KMT-Führung war übertölpelt worden. Im Zustand völliger Verwirrung fand eine hastige Sitzung des Zentralkomitees statt, die zum lauen Beschluß kam: «Da Chiang Kai-shek immer für die Revolution gekämpft hat, steht zu hoffen, daß er seinen Fehler in diesem Ereignis einsehen wird.»[5]
Wiederum war Borodin nicht da, um nach dem Rechten zu sehen. Er hatte Kanton am 4. Februar an Bord des russischen Dampfers *Pamyat Lenina* zu Gesprächen in Peking und einem anschließenden Besuch in Moskau verlassen.[6] Während seiner Abwesenheit wand

sich Wang Ching-wei vor Chiang und sagte, er sei «krank geworden». In einer erniedrigenden Szene traf er Chiang in T.V. Soongs Münzstätte und händigte die KMT-Amtssiegel aus. Er machte sich rasch fort in ein kleines Dorf außerhalb Kantons und reiste zu einer «Kur» nach Europa ab. Auf den Befehl Chiangs begannen alle russischen Berater, ihre Koffer zu packen. Führende chinesische Kommunisten versteckten sich. Dann, nach einigen Tagen, entschuldigte Chiang sich plötzlich, ließ alle seine Gefangenen frei und sagte, das Ganze sei ein großes «Mißverständnis» gewesen. Er versprach, daß den verantwortlichen Offizieren ein Verweis erteilt werde.
Diese Art mutwilliger Subtilität wäre vielleicht für den Weisen Sun Tzu typisch gewesen, aber sie war nicht charakteristisch für Chiang Kai-shek, ebensowenig wie die Sprache seiner Entschuldigung. Sie trugen vielmehr die Stempel von Großohr-Tu, Pockennarben-Huang und Curio Chang. Es war eines der Merkmale der Grünen Gang, daß Leute, die für Erpressungen entführt worden waren, immer mit überbordenden Entschuldigungen wieder freigelassen wurden (nachdem man abgerechnet hatte); und versteckten Todesdrohungen wie dem Abgeben eines Sarges im Haus eines Mannes folgten immer Entschuldigungen und Erklärungen, alles sei die Folge eines schrecklichen Fehlers gewesen – was es natürlich, wie das Opfer genau verstand, nicht war. In diesem Fall waren es, obwohl die Stimme aus Chiang Kai-shek kam, Großohr-Tus Lippen, die sich bewegten.
Offenbar waren die Anführer der Grünen Gang überrascht von der Leichtigkeit, mit der Chiang Kai-shek die Oberhand gewonnen hatte. Wenn die Roten auf einen Grünen Staatsstreich so völlig unvorbereitet waren, warum sollte man nicht mehr Stricke ausgeben und sie sich im ganzen Land selbst aufhängen lassen?
Chiangs Helfer hatten die unentschlossenen Vertreter der Mitte in der KMT aus dem Sattel gehoben. Aber sie waren noch nicht zu einer landesweiten Konfrontation mit dem harten Kern der Linken und der Kommunistischen Partei Chinas bereit. Wertvoller Boden war gewonnen worden, und es war an der Zeit, die unerwartete Verwundbarkeit der Linken auszunützen – es war an der Zeit, die Gewinne zu festigen und sich für eine endgültige Kraftprobe vorzubereiten.
Unter den gegebenen Umständen war es auch nicht nötig, die wertvolle russische Unterstützung und die organisatorischen Fähigkeiten der KPCh auszuschlagen, zumal der lange erwartete Nordfeldzug bald unternommen werden sollte.
Chiang war nun de facto der Boss der KMT, aber seine Position mußte noch formell durch Protokolle bestätigt werden. Am 15. Mai trat die Parteiführung zusammen. Die erschütterten KMT-Abgeord-

neten ernannten Chiang pflichtschuldig zum Parteiführer. Chiang ernannte dann kurzum Curio Chang zum Vorsitzenden des Zentralkomitees. Die beiden konnten nun zusammen alle Parteibeschlüsse kontrollieren.
Chiangs Plänen für den Nordfeldzug wurde offiziell zugestimmt, und für die Dauer des Feldzugs wurden ihm Notstandsvollmachten garantiert. Alle KMT-Regierungsämter wurden seinem Militärhauptquartier unterstellt. Das Zeughaus, das politische Departement, der Generalstab, die Armee- und Marineschulen wurden seinem Verfügungsrecht überantwortet. Der militärische Putsch war perfekt, und Chiangs Macht war nun absolut.
Seltsamerweise reagierte weder in China noch in Rußland die kommunistische Führung auf Chiangs Machtübernahme. Lenin hatte 1920 die Warnung ausgesprochen, wahre Kommunisten müßten darauf achten, die Führung der Revolution vor jenen zu beschützen, die sie in die Irre führten. Aber Lenin war tot. Trotzki, der diese Gefahr ebenfalls begriffen hatte, verlor gerade seinen Machtkampf. Stalin beschloß, anstatt von Chiangs Machtübernahme beunruhigt zu sein, sie zu ignorieren. Unerklärlicherweise entschloß sich der Kreml sogar, in Abrede zu stellen, daß sie überhaupt stattgefunden hatte. Alle Nachrichten über den Staatsstreich wurden aus den sowjetischen Zeitungen und der internationalen kommunistischen Presse herausgehalten. Das Exekutivkomitee der Komintern und sogar das Präsidium des Exekutivkomitees hatten ihnen die Informationen absichtlich verschwiegen. Nachrichten über Chiangs Putsch in nichtkommunistischen Zeitschriften wurden auf Moskaus Instruktionen hin von kommunistischen Organen auf der ganzen Welt heftig bestritten. Sie waren alle «Lügenberichte». Der New Yorker *Daily Worker* schrieb: «Es hat in Kanton keinen Aufstand gegeben.»[7]
Als Borodin nach Kanton zurückkehrte, begrüßte ihn kein triumphierender, kreischender Chiang, sondern einer, der vor Demut überfloß und sich kriecherisch für die diversen «Mißverständnisse» entschuldigte. Um den Punktestand auszugleichen, bot Chiang großzügig an, eine Säuberung des rechten Flügels der KMT durchzuführen. Das war nichts anderes als ein eigennütziger Vorschlag, um die übriggebliebenen gemäßigten Rechten in der Regierung zu eliminieren. Wenn sie nicht Mitglieder der Grünen Gang waren und wenn sie nicht die üblichen Schutzgelder bezahlt hatten, die selbst Chiang Kai-shek an Großohr-Tu bezahlte, waren sie Freiwild. Um Borodin seinen «guten Willen» zu zeigen, unternahm Chiang es auf eigene Faust, die gemäßigte Rechte zu säubern.[8]
Borodin sah sich einem unfaßbaren Ziel gegenüber. Chiang war be-

stenfalls von pathologischer Unbeständigkeit, ein Mann von quecksilbrigem Wesen, der hin und her wechselte zwischen schrillen, hysterischen Ausbrüchen, die seine Untergebenen in Schrecken versetzten, und verwirrenden Zwischenspielen der Selbstbezichtigung und einem nahezu kriecherischen Verhalten gegenüber seinen bestürzten Widersachern. Borodin und die Parteiführung der KPCh wußten schlechterdings nicht, was sie mit Chiangs Gebaren anfangen sollten.

Für den Umstand, daß Chiang und Borodin ihre Partnerschaft wieder aufnahmen, sind zwei Interpretationen angeführt worden. Der amerikanische Journalist George Sokolsky, der zu jener Zeit in Kanton war und später für T.V. Soong in der Kuomintang-Regierung arbeitete, war der Meinung, Chiang habe die Russen in einer Zwickmühle gehabt: entweder mußte Moskau ihn und seinen Nordfeldzug unterstützen, oder es war vorbei mit der Allianz, und alle Russen wurden zur Abreise gezwungen.[9] Dieses Argument ist naiv und nicht überzeugend. Trotzkis Verluste waren, in größerer Perspektive, Stalins Gewinne. Die andere Ansicht wird durch den Stalin-Biographen Louis Fischer vertreten: «Chiang, dessen charakteristisches Merkmal nicht der Mut war, hatte offenbar vor seinen eigenen Unternehmungen Angst bekommen.»[10] Offenbar, aber nicht in Wirklichkeit. Er entschuldigte sich kategorisch bei Borodin: «Beide Seiten wußten, daß der Kampf zwischen ihnen unausweichlich war. Aber, statt sich auf ein Blutvergießen einzulassen, bei dem die Kantoner Militärs nur gewinnen konnten, vereinbarten sie im stillen, die Angelegenheit zu verschieben, bis sie den Yangtse erreicht hätten.» Es war zum Vorteil der Grünen Gang, nun, da sie die Schwäche der KPCh und die eigenartige Passivität Moskaus realisiert hatte, eine weit größere Falle aufzustellen.

Auf Anweisungen Stalins ging Borodin sehr weit, um Chiang versöhnlich zu stimmen, und willigte ein, jene russischen Berater, die Chiang nicht mochte, aus ihrem Amt zu entfernen. Für die Trotzkisten in China war alles sehr verwirrend. Ein Berater erklärte später:

> Wir betrachten Chiang Kai-shek als merkwürdige Person mit seltsamen Eigenschaften, deren bekannteste seine Machtgier und sein heftiges Verlangen, der Held Chinas zu sein, sind. Er behauptet, er trete nicht nur für die nationale chinesische Revolution ein, sondern auch für die Weltrevolution. Es erübrigt sich zu sagen, daß das Ausmaß seines tatsächlichen Verständnisses der Revolution eine andere Sache ist. ... Er handelt ganz und gar gemäß seiner Individualität, ohne auf die Massen zu bauen. Um jedoch Ruhm zu erlangen, was sein Ziel ist, will er sich bisweilen die Massen, die Kommunistische Partei Chinas und uns selbst zunutze machen.[11]

Bündiger bemerkte Trotzki selbst später: «Als [Chiang Kai-shek] sich für die Rolle des Scharfrichters bereitmachte, brauchte er den Deckmantel des Weltkommunismus – und bekam ihn.»[12]
Da Chiang plante, die Kommunisten in eine Falle der Grünen Gang zu locken, war er gewillt, über nahezu alles zu verhandeln, bis er bereit war, die Schlinge zuzuziehen.

Wenn es noch eines weiteren Beweises dafür bedurfte, daß Chiang alles andere als zerknirscht war über seine vergangenen Taten und alles andere als bescheiden in bezug auf seine Zukunftspläne, so wurde er dadurch geliefert, daß er einen traditionellen chinesischen Vermittler – offenbar Curio Chang – mit einem Heiratsantrag zu der verwitweten Ching-ling Soong sandte. Es stand ihr noch lebhaft vor Augen, daß Chiang dringend den Rat ihres Mannes, Dr. Suns, erbeten hatte, ob er eine Chance habe, ihre Schwester May-ling zu heiraten. Chiang und seine Helfer waren darauf erpicht, auf die eine oder andere Art seine Identifikation sowohl mit dem geheiligten Doktor als auch mit dem Prestige und der finanziellen Macht der Soong-Familie zu festigen.
Ching-ling erinnerte sich während eines Gesprächs mit Edgar Snow an diesen Heiratsantrag, der ihn bündig folgendermaßen festhielt: «Chiang machte ihr nach Dr. Suns Tod im Jahr 1925 durch einen chinesischen Vermittler einen Heiratsantrag. Sie dachte, es sei Politik, nicht Liebe, und lehnte ab.»[13]

Der Nordfeldzug begann im Sommer 1926; das Ziel war das Yangtse-Tal sechshundert Meilen im Nordosten. Es war ein Vorstoß auf zwei Flügeln; eine Armee, die hauptsächlich aus Linken bestand, bewegte sich energisch nach Nordwesten in Richtung Wuhan, während Chiang eine Armee, die aus seinen bevorzugten Whampoa-Einheiten bestand, nach Nordosten in Richtung von Nanchang und Shanghai führte.
Galen, der russische Taktiker, begleitete den nordwestlichen Vorstoß. Russische Flieger erkundeten feindliche Stellungen. Unterwegs hetzten KPCh-Kader Bauern und Arbeiter in den Städten und auf dem Land auf. Der Widerstand lokaler Kriegsherren und Vorposten der nördlichen Militärs wurde von Bauernspionen und KPCh-Saboteuren von innen her bekämpft, während Eisenbahner und Telegraphenarbeiter die Verbindungen lahmlegten. Die Kommunisten hatten ihre Vorbereitungen gut getroffen und profitierten von der aufgestauten Verbitterung sowohl gegen Gutsbesitzer als auch gegen Kriegsherren. Es kam zu Grausamkeiten, als Bauern sich an lokalen Tyrannen und

der «bösen Gentry» rächten. Konservative innerhalb der KMT protestierten, aber die Antwort der KPCh wurde von Mao Tse-tung in seinem Bericht über die Bauernbewegung in der Provinz Hunan unsterblich gemacht:

> Die Bauern sind klarsichtig. Wer schlecht ist und wer nicht, wer der schlimmste und wer nicht ganz so bösartig ist, wer strenge Bestrafung verdient und wer verdient, mit einem blauen Auge davonzukommen – die Bauern führen genau Buch, und sehr selten ist das Maß der Bestrafung über das Verbrechen hinausgegangen. Zum zweiten ist eine Revolution keine Dinnerparty, oder das Schreiben eines Essays, oder das Malen eines Bildes, oder das Verfertigen von Stickerei; sie kann nicht so verfeinert, mußevoll und mild, so gemäßigt, freundlich, höflich, zurückhaltend und großherzig sein. Eine Revolution ist ein Aufstand, ein Gewaltakt, durch den eine Klasse eine andere stürzt.

Für Chiang Kai-shek indessen war «seine» Revolution tatsächlich eine Art Dinnerparty. Die KPCh kämpfte für ihn auf seinem Nordfeldzug, während er sich die Hände nicht schmutzig machte. Chiang, der den nordöstlichen Armeeflügel befehligte, schien entschlossen, seine von ihm selbst ausgebildeten Armeeeinheiten unversehrt und ausgeruht nach Shanghai zu bringen. Er rückte langsam vor, vermied Gefechte, hielt die KPCh-Kader, die ihn begleiteten, in Schranken und hinderte Bauern und Arbeiter daran, sich auf ihrem Vormarsch an Gutsherren und Gentry zu rächen. Die Siege des westlichen Flügels riefen hinreichend Angst und Aufregung hervor, um den Eindruck zu erwecken, daß eine riesige Kuomintang-Armee unerbittlich nach Norden zog. Chiang, der mit den nordwestlichen Streitkräften wenig zu tun hatte, wurde von ausländischen Beobachtern irrtümlich als die einzige «vernünftige» und «verantwortliche» militärische Figur des Feldzugs gewürdigt; «unverantwortliche» Akte wurden alle den Linken angelastet.

Im Oktober 1926 war Wuhan in die Hände der linken Streitkräfte gefallen, und die KMT-Liberalen und Kommunisten hatten die Provinzen Hunan und Hupeh unter ihrer Kontrolle. Im Dezember hatten sie auch die Provinzen Kiangsi und Fukien besetzt.

Die KMT-Regierung zog von Kanton nach Wuhan, die dreifache Stadt, in der die Revolution von 1911 stattgefunden hatte. Zur ersten Gruppe, die Kanton verließ, gehörten Borodin und Ching-ling, ihr Stiefsohn Sun Fo, Eugene Chen und seine beiden Töchter sowie T.V. Soong. Sie wurden von linken Armeeoffizieren und einer Handvoll sowjetischer Berater begleitet. Sie reisten zuerst im Zug, wechselten am Ende der Eisenbahnlinie auf Palankine über und gingen

feindlichem Territorium entlang weiter. Dann wechselten sie über auf Boote, Flußdschunken und Ponies. Mehr als die Hälfte der Reise unternahmen sie zu Fuß; es regnete täglich, und sie hatten Flußfurten zu durchqueren und schlammige Bergpfade zu überwinden.
Wuhan wartete auf sie. Aus drei Yangtse-Städten – Wuchang, Hankow und Hanyang – zusammengesetzt, war Wuhan eine Industriestadt mit einer unruhigen Arbeiterschaft. KMT-Linke und die Kommunisten hatten starken Zulauf. In einer Massendemonstration, die von weiten Kreisen der Bevölkerung unterstützt wurde, empfingen 300 000 Partisanen die KMT-Führung. Flugzeuge kreisten, und Salven von Feuerwerkskörpern knatterten wie Maschinengewehre.
Am 3. Januar 1927, im Taumel der Feier, besetzte der Wuhaner Mob unversehens die Britische Konzession in Hankow. Andere nahmen die Britische Konzession flußabwärts in Kiukiang ein. Die Wuhaner Regierung reklamierte diese Akte als Siege und erhöhte so noch ihr Prestige unter den chinesischen Linken. Die britische Regierung gab beide Konzessionen widerwillig auf. Aber während sie hier nachgaben, mobilisierten die Briten ein starkes Einsatzkommando, um ihren wichtigsten Besitz zu verteidigen: Shanghai.
Im Vergleich zum proletarischen Wuhan war Chiangs vorläufiges Feldhauptquartier in Nanchang eine mittelalterliche Hochburg traditioneller Werte und landbesitzender Gentry ohne bedeutende Industrie – es besaß lediglich ein Kraftwerk und eine Emailwarenfabrik. Hier waren die Geheimgesellschaften stark, und mächtige Konservative zogen sich im Ruhestand nach Nanchang zurück. Borodin und die Wuhaner Linken wußten es nicht, aber Chiang Kai-shek war hier in engem Kontakt mit den Bossen der Grünen Gang geblieben. Die Gangführer wußten, daß die Kommunisten und andere Linke in Shanghai einen Massenaufstand im Wuhaner Stil planten. Ein Empfang der Grünen wurde für die Roten vorbereitet.
Die Kommunisten in Shanghai hatten weder eine einheitliche Methode noch ein einheitliches Ziel und wurden fortwährend von bösartigen und willkürlichen Instruktionen Stalins verwirrt. Nichtsdestoweniger planten sie in ihrer Naivität einen Aufstand von Arbeitern und kommunistischen Kadern im Oktober 1926. Törichterweise war er als Demonstration der Stärke gemeint, Monate vor der planmäßigen Ankunft von Chiangs Hauptarmee, bei der ein noch größerer Aufstand geplant war und die Stadt selbst eingenommen werden sollte.
Nachdem Chiang den bevorstehenden roten Aufstand mit Pockennarben-Huang und Großohr-Tu besprochen hatte, entsandte er einen vertrauten Stabsoffizier namens Niu Yung-chien, um den Linken in

Shanghai seine «Unterstützung» und die Teilnahme eines «speziellen Kontigentes» von Whampoa-Truppen am Aufstand anzubieten. Die Linken begrüßten Chiangs Teilnahme und gaben seinen Offizieren die entscheidenden Details ihrer Strategie bekannt. Die Bosse der Grünen Gang gaben daraufhin dem Militärführer im Norden, der die Region Shanghai kontrollierte, Sun Ch'un-fang, einen Wink. Als der rote Aufstand begann, war die Besatzung des Kriegsherrn bereit. Chiangs «spezielles Kontingent» tauchte nie in der Wirklichkeit auf. Die Aufständischen wurden von den gutbewaffneten Söldnern des Kriegsherrn überrumpelt, und zahlreiche kommunistische Kader und Arbeiter wurden massakriert. Unbegreiflicherweise verdächtigten die KPCh-Organisatoren Chiang nie des Verrats.

Unmittelbar nach dem blutigen Fiasko kam Chou En-lai aus Kanton in Shanghai an, um die Reorganisation der geschlagenen und demoralisierten KPCh-Streitkräfte zu übernehmen. Chou hatte eng mit Borodin zusammengearbeitet und in Whampoa als einer der politischen Kommissare unter Chiang gedient. Er war ein urbaner Bolschewik, der sich unlängst als Student in Frankreich mit der Pariser Kommune beschäftigt hatte.[14]

Unterdessen traf sich Chiang in Kiukiang zu einer weiteren geheimen Besprechung mit Pockennarben-Huang. Das älteste Mitglied der Shanghaier Troika delegierte größere Unternehmungen gewöhnlich an Großohr-Tu. Aber dieses Treffen war wichtig genug, um den *Paten* aus seinem Sitz in der Französischen Konzession herauszulokken. Die Hauptstrategie, die beim Treffen in den Westbergen im vergangenen Jahr vereinbart worden und mittlerweile von Curio Chang in Kanton in Szene gesetzt worden war, näherte sich nun, da die KMT-Armee in das Stammland der Grünen Gang im Yangtse-Tal eindrang, ihrem Höhepunkt. Chiangs Armee und die Gang würden die Roten endgültig zwischen sich zermalmen.

Nach den Massakern von Linken im Oktober war der Druck in Shanghai unerträglich geworden.[15] Es herrschte der überwältigende Eindruck, daß Shanghai demnächst von mörderischen Bolschewiken eingenommen würde und daß die näherrückende KMT-Armee eine linke Legion sei, die an dem Roten Raub teilnehmen würde. Kaufleute suchten mit ihren Familien in der Französischen Konzession oder in der Internationalen Niederlassung Zuflucht. Um das Gebiet herum wurden mit Stacheldraht verstärkte Barrikaden errichtet, besetzt mit Gefechtsständen, verstärkt mit Sandsäcken und bewacht von schwerbewaffneten ausländischen Polizisten, westlichen Soldaten und Miliz. Aus verschiedenen Ländern kam eine Streitkraft von nicht weniger als dreißigtausend Mann an, «um ausländische Interessen und Bürger zu beschützen». Allein die Briten stellten in Shanghai bald zwei Soldaten für jeden Untertanen seiner Majestät. Britische Flugzeuge unternahmen regelmäßige Kontrollflüge über dem Hafengebiet, und dreißig Kriegsschiffe aus Großbritannien, Frankreich, Amerika, Japan, Italien und Portugal ankerten kampfbereit auf dem Whangpoo. Weitere waren unterwegs.

Die ansässigen Ausländer steigerten sich gegenseitig in Angst und Schrecken mit ihren Vermutungen über die rote Barbarei. Es war noch jedermann frisch im Gedächtnis, daß während der Russischen Revolution und während des anschließenden Bürgerkrieges abscheuliche Gewalttaten verübt worden waren. Die westlichen Zeitungen der Stadt, vor allem die *North China Daily News*, waren von einem anhaltenden schrillen Alarmton erfüllt, der die Nerven fast zum Zerreißen brachte.

Die Shanghaier Kommunisten und KMT-Organisatoren der Arbeiterschaft, die immer noch nicht merkten, daß Chiang Kai-shek ihr Judas war, erwarteten ungeduldig die Ankunft «ihrer» Armee. Die Einheiten ihrer Vorhut sollten, so war versprochen worden, Shanghai am 22. Februar 1927 erreichen. Um die Stadt für Chiang zu schwächen, begannen die Gewerkschaften am 19. Februar, drei Tage, bevor die Armee erwartet wurde, einen Generalstreik. Die Straßenbahnen stellten ihren Betrieb ein. Der Verkehr auf dem Whangpoo stand still.[16]

Die Sampans fuhren nicht mehr. Die Dampfer konnten nicht ablegen. Die Türen des Postamtes waren verschlossen. Alle großen Warenhäuser an der Nanking Road waren zu. In den Fabriken war es still. Am 19. Februar war Chiang indes noch weit weg von Nanchang. Die Streikenden wurden von schwerbewaffneter Polizei und Söldnern des lokalen Kriegsherrn, die von ausländischer Polizei unterstützt wurden, erwartet. Weil es sich nur um eine Niederlegung der Arbeit handelte, waren die einzigen vorhandenen Zielscheiben Studenten, die Flugblätter verteilten, und ein paar Streikwachen. Polizei und Soldaten fielen über sie her, zerrten sie mitten auf die Straße und enthaupteten sie auf der Stelle. In der mutmaßlichen Schutzzone der Internationalen Niederlassung und der Französischen Konzession verhafteten britische, amerikanische und französische Polizisten Studenten, die Flugblätter verteilten, und stießen sie von den Barrikaden in die Hände der Soldaten des Kriegsherrn – die sie sofort enthaupteten. Zweihundert Menschen wurden an diesem Tag geköpft. Am nächsten Morgen, dem 20. Februar 1927, berichtete die New Yorker *Herald Tribune:* «Nachdem die Köpfe der Opfer von Soldaten abgeschlagen worden waren, wurden sie auf Stangen zur Schau gestellt oder auf Servierplatten gelegt und durch die Stadt getragen. Tausende flohen entsetzt, als die Köpfe auf scharf zugespitzte Bambusstangen gesteckt, in die Höhe gehoben und zum Schauplatz der nächsten Exekution getragen wurden.»

Als Reaktion auf diese Massenenthauptungen brachen während der nächsten zwei Tage Straßenkämpfe aus. Die Streitkräfte des Kriegsherrn waren darauf vorbereitet und lichteten rasch die Reihen der Aufständischen; sie töteten sowohl Arbeiter als auch kommunistische Kader, die immer noch erwarteten, daß Chiangs Truppen jeden Augenblick eintreffen und das Blatt wenden würden. In einem Akt berechneter Verräterei befahl Chiang der Vorhut seiner Armee, fünfundzwanzig Meilen außerhalb von Shanghai haltzumachen. Einige der enthaupteten Körper, die auf den Straßen herumlagen, hatten Zettel in der Hand mit der Aufschrift: WILLKOMMEN CHIANG KAI-SHEK, TAPFERER KOMMANDANT DER KANTONESEN.»[17] Der Mann, dessen Truppen diese Enthauptungen vorgenommen hatten, Li Pao-chang, wurde von Chiang ein paar Wochen später mit der Befehlsgewalt über die Achte Nationale Armee belohnt.[18]

Im Januar und Februar 1927 hasteten KMT-Emissäre des rechten und linken Flügels zwischen dem Hauptsitz der Regierung in Wuhan und Chiangs Militärhauptquartier in Nanchang hin und her und versuchten, die Dinge wieder in Ordnung zu bringen. Borodins Zusammenkünfte mit Chiang brachten wenig mehr ein, als daß die beiden sich anbrüllten. Es war offensichtlich, daß etwas furchtbar falsch lief, aber niemand, nicht einmal Borodin, schien sicher, was es war. Chiang war immer äußerst schwierig gewesen. Wenn man nicht wußte, worauf er tatsächlich hinauswollte – und das wußte niemand außerhalb der Grünen Gang – ließ sein Verhalten auf nichts schließen.[19]

Chiangs nächste Überraschung war am 19. Februar 1927 fällig, als er öffentlich seine Absicht bekanntgab, die Kommunisten innerhalb und außerhalb der KMT zu eliminieren. In einer Rede erklärte er, Sun Yat-sens Revolution sei gescheitert,

> weil ... es zu viele unvereinbare Elemente gab ... Reaktionäre und Konterrevolutionäre, die das Erreichte aufs Spiel setzten. Von diesen Leuten gibt es auch heute noch zu viele. Es ist an der Zeit, sie zu verdrängen, weil sie keine wahren Genossen sind ... Da ich bekannt bin als einer, der aufrichtig an die Lehren Suns glaubt, habe ich das Recht zu sagen, daß jedes wahre Parteimitglied genau das und nichts anderes sein muß. Wer immer sich gegen die Ziele und Methoden wendet, die von Dr. Sun angegeben wurden, ist kein Genosse, sondern ein Feind, der nicht unter uns bleiben darf.[20]

Mit «Konterrevolutionären» meinte Chiang natürlich die Kommunisten: sie waren gegen seine Art von Revolution.
Die Regierung in Wuhan brauchte viele Tage, um eine Antwort aufzusetzen. Am 10. März widerriefen Ching-ling und ihre Kollegen im Zentralkomitee alle besonderen Notstandsermächtigungen, die Chiang zu Beginn des Nordfeldzugs garantiert worden waren. Chiang trat sofort von seinem Amt als Vorsitzender des Zentralkomitees zurück. Für einen flüchtigen Augenblick wurde er illegal, stand er politisch zwischen den Stühlen.
Aber seltsamerweise machten die Parteiführer in Wuhan seinen Rücktritt nicht publik. Es gab immer noch viele leitende Parteimitglieder der Linken und der Mitte, die nicht glauben wollten, daß Chiang die Revolution aufgegeben hatte.
In Shanghai gab es eine kurze Ruhepause in den Straßenkämpfen. Unfähig zu begreifen, was schiefgelaufen war, kehrten die Arbeiter an ihre Arbeitsplätze zurück. Drei sowjetische Agenten in Shanghai – Trotzkisten – schrieben an den Komintern-Hauptsitz in Moskau, sie seien von der lokalen KPCh-Führung und dem vorgesetzten Komintern-Agenten, Gregor Woitinskij, der nicht imstande gewesen war zu entscheiden, ob man mit ganzer Kraft die Stadt einnehmen oder auf Chiang warten solle, im Stich gelassen worden.

> Wir haben einen außergewöhnlich günstigen historischen Augenblick, ein außergewöhnliches Zusammentreffen von Umständen, verpaßt. Als die Macht auf der Straße lag, wußte die Partei nicht, wie sie sie übernehmen sollte. Schlimmer noch: sie wollte sie nicht übernehmen, sie hatte Angst davor ... Hätte sie entschlossen eingegriffen, hätte sie Shanghai für die Revolution erobert und das Kräfteverhältnis innerhalb der Kuomintang verschoben.[21]

In anderen Teilen Chinas, die unter seiner Kontrolle waren, begann Chiang nun seine eigene Unterdrückungskampagne. Er beauftragte Soldaten, den Vorsitzenden der Arbeiterorganisation in Kanchow umzubringen. Er begann, kommunistische und andere Anführer des linken Flügels, Studentenführer und Gewerkschaftsmitglieder zu verhaften, und verbot KMT-Zeitungen, die den linken Flügel repräsentierten. In einigen Fällen leisteten die Linken den Gangstern erfolgreich Widerstand, bis Chiang Armeeverstärkung schickte.[22]
Während seine Vorhut-Einheiten außerhalb von Shanghai blieben, waren Chiang und sein Generalstab an Bord eines Kanonenbootes, das den Yangtse hinabfuhr und sich gleichauf hielt mit dem Vormarsch seiner Hauptstreitkraft. Eine dritte KMT-Abteilung rückte von Westen her entlang der Soochower Eisenbahnlinie vor. Eine

vierte kam von Südwesten her der Hangchower Eisenbahnlinie entlang. Diese Streitkräfte trafen auf keinerlei Widerstand. Außer den massierten ausländischen Truppen in den Konzessionen gab es kein chinesisches Militärkommando von Bedeutung, das Shanghai noch gegen die KMT oder auch nur gegen den linken Straßenmob hätte verteidigen können. Der lokale Kriegsherr hatte sich wohlweislich zurückgezogen.

Etwa zu diesem Zeitpunkt machten westliche Beamte der Internationalen Niederlassung heimlich gemeinsame Sache mit der Grünen Gang. Der Vorsitzende der Internationalen Niederlassung, ein Amerikaner namens Sterling Fessenden, der «Bürgermeister» Shanghais, erzählte die Geschichte streng vertraulich John Powell, dem Herausgeber der *China Weekly Review*. Powell behielt die Geschichte bis zu Fessendens Tod Jahre später für sich. Fessenden sagte, er habe in den letzten Februartagen des Jahres 1927 begonnen, mit der Grünen Gang zusammenzuarbeiten:

> Eines Tages rief mich der französische Polizeichef an und bat mich, ihn zu einem vertraulichen Gespräch über die lokale Situation zu treffen. Ich ging zu der Adresse, die er mir angegeben hatte, und war überrascht zu sehen, daß es ein chinesischer Wohnsitz war, von einer hohen Mauer umgeben und mit bewaffneten Wachen am Eingangstor. Ich wurde hereingelassen und sofort in ein Vorzimmer geführt. Ich konnte nicht umhin zu bemerken, daß die große Eingangshalle beidseits von ganzen Stapeln von Gewehren und Maschinenpistolen gesäumt war. Bald darauf hörte ich Stimmen, und der französische Beamte kam mit zwei Chinesen herein. Der eine war Tu Yueh-sheng, der andere war ein Dolmetscher. Wir kamen sofort zur Sache, und der französische Polizeichef erklärte, er habe mit Tu das Thema diskutiert, wie die ausländische Niederlassung gegen die Kommunisten verteidigt werden könne, zumal die ansässige chinesische Regierung, die aus Vertretern des Nordens zusammengesetzt war, nach der Evakuierung des Verteidigungskommandeurs der Armee im Norden und seiner Truppen zusammengebrochen war. Tu kam in geschäftlicher Manier zur Sache. Er war bereit, gegen die Roten vorzugehen, aber er stellte zwei Bedingungen: Erstens wollte er, daß die französischen Behörden ihm mindestens 5000 Gewehre und reichlich Munition lieferten. Dann wandte er sich mir zu und verlangte eine Bewilligung, daß seine Militärlastwagen durch die Internationale Niederlassung fahren dürften, etwas, das die Behörden der Niederlassung noch nie irgendeiner chinesischen Streitmacht erlaubt hatten. Tu sagte, das sei nötig, um Waffen und Munition von einem Stadtteil der Einheimischen in den anderen zu schaffen. [Fessenden sagte, er sei

> einverstanden unter der Voraussetzung, daß er die Genehmigung des Stadtrates erhalte.]
> Ich realisierte, daß wir ein gewaltiges Risiko eingingen, wenn wir mit jemandem von Tus Ruf verhandelten, aber die Situation war kritisch, da ein Versuch der Kommunisten, die Niederlassung und die Französische Konzession einzunehmen, mit Sicherheit ein großes Ausmaß an Unruhen und Blutvergießen nach sich ziehen und sowohl das Leben von Amerikanern, Briten und anderen ausländischen Ansässigen als auch dasjenige Zehntausender von Chinesen, die in den von den Ausländern verwalteten Stadtteilen lebten, gefährdete. Nachdem die Kommunisten Pläne geschmiedet hatten, um die ausländischen Gebiete zu besetzen und sich gegen die Kuomintang-Truppen zu verteidigen, wäre es darauf hinaus gelaufen, daß die Ausländer zwischen den sich gegenseitig bekämpfenden Truppen eingequetscht worden wären. Das Ergebnis wären internationale Verwicklungen gewesen, die weit ernster gewesen wären als alles, was sich seit der Gründung der Niederlassung vor beinahe hundert Jahren ereignet hatte.[23]

Die Behörden der Französischen Konzession unterstanden der französischen Kolonialverwaltung in Hanoi. Sie waren mit Großohr-Tu und Pockennarben-Huang in großangelegte dunkle Geschäfte verwickelt. Die Französische Konzession war gleichzeitig das Zentrum des Shanghaier Opium- und Heroinschwarzhandels, der von der Grünen Gang kontrolliert wurde. Jeden Monat machte Großohr-Tu Gewinne von 6 500 000 $ und gab davon 150 000 $ den französischen Regierungsbeamten und der Polizei der Konzession weiter, um ein unbeschwertes Arbeitsverhältnis zwischen den Konzessionären und der Grünen Gang zu gewährleisten.[24]
Im Gegensatz zu anderen Ausländern waren die Franzosen nicht besorgt über Chiangs Vormarsch in Richtung Shanghai. Für diese Haltung wurden verschiedene Erklärungen gefunden; der Journalist Powell meinte, der Grund liege darin, daß die Franzosen durch katholische Missionare entlang von Chiangs Marschroute irgendwie in Chiangs Pläne eingeweiht waren. Das waren sie in der Tat, aber nicht durch Missionare, sondern durch ihren eigenen Geheimdienstchef, Pockennarben-Huang.[25]
Die Franzosen waren beunruhigt über die wachsende Bedrohung durch die KPCh und die Arbeitergewerkschaften und taten alles in ihrer Macht Stehende, um die Grüne Gang beim Ausrotten der Linken zu unterstützten. Französische Behörden waren gerade dabei, der Gang fünftausend Waffen zu übergeben, und spannten Fessenden kurzerhand für ihre Pläne ein, um den Krawalltruppen der Gang das

Passieren der Internationalen Niederlassung zu ermöglichen, so daß sie die Roten ohne weiteres umgehen konnten.
Fessenden ging unverzüglich zum Stadtrat und erhielt seine Genehmigung. «Genau an diesem Punkt», sagt Powell, «begannen die bewaffneten Auseinandersetzungen; sie hielten ununterbrochen viele Tage lang an.»[26]
Die Linken erwarteten Chiangs Hilfe nun nicht mehr. Endlich hatten sie seinen Verrat realisiert, und sie waren in äußerster Zeitnot, Shanghai einzunehmen, bevor Chiang ankam.
Die KMT-Armee, die von Hangchow her vorrückte, sollte aller Wahrscheinlichkeit nach am 22. März die Stadt erreichen. Die Linken planten ihren Putsch für die Nacht vom 20. März. Da ihre Gegner in der Stadt nun zahlenmäßig gering schienen, gab es keinen offensichtlichen Grund, weshalb sie nicht erfolgreich sein sollten.
Chou En-lai operierte von einer kleinen Wohnung an der Rue Lafayette 29 aus, die nicht weit entfernt von Großohr-Tus Haus lag. Nach den schmerzlichen Lektionen der Straßenkämpfe vom Oktober reorganisierte er die fünftausend Mann starke KPCh-Streitkraft in Kampfgruppen von dreißig Mann. Diese Kader wurden von Ladenangestellten, Fabrikarbeitern und Gruppen von Arbeitslosen unterstützt. Sie waren hauptsächlich mit Knüppeln, Äxten und Messern bewaffnet. Überraschenderweise befanden sich im kommunistischen Arsenal nur etwa 150 Gewehre, vor allem Mauser-Pistolen – eine moderne Waffe für jede der dreißig Mann starken Kampfgruppen.[27]
An Menschen fehlte es hingegen nicht. Am Abend des 20. März begann der Putsch mit einem Streik von beinahe 800 000 Arbeitern, der die Stadt lahmlegte. Dreihundert Mann, die von Chou persönlich angeführt wurden, stürmten die Polizeibüros und besetzten die Telefon- und Telegraphenzentralen sowie die Elektrizitätswerke.[28] Am 21. März kontrollierten die Linken bei Einbruch der Nacht Hongkew, wo Charlie Soong sein erstes Haus gebaut hatte; Wusoong an der Mündung des Whangpoo, wo Charlie kurze Zeit als Lehrer gearbeitet hatte; Pootung auf der anderen Seite des Flusses, wo Großohr-Tu geboren worden war; einen Streifen rund um die Internationale Niederlassung; das einheimische Viertel südlich der Französischen Konzession und das dichtbevölkerte Arbeiterviertel Chapei.
Am Nachmittag des 22. März war Shanghai plangemäß völlig in der Hand der Linken. Die letzten Soldaten des Kriegsherrn ergaben sich um sechs Uhr abends am Nordbahnhof. Chiangs Truppen waren endlich eingetroffen. Die KMT-Soldaten waren von Chiang angewiesen worden, außerhalb der Stadt haltzumachen, drängten aber ihren Kommandeur, sie wollten auch etwas von der Schlacht haben, und er

willigte schließlich ein. Ironischerweise standen genau diese Soldaten auf der Seite der Arbeiter und wollten ihnen zu Hilfe eilen.[29]
Als die ersten KMT-Soldaten die Markham Road hinabmarschierten, wurde es in Shanghai erstaunlich still.
Es war alles ein bißchen zu einfach gewesen.

Die Armee, die unter Chiangs direktem Kommando stand, besetzte, während sie unterdessen flußabwärts dem Yangtse entlang vorrückte, die Städte Anking und Wuhu und machte sich dann bereit, die alte Ming-Hauptstadt Nanking einzunehmen. Alle Städte waren zum voraus von Rowdybanden der Grünen Gang, die Versammlungslokale der Gewerkschaften und andere linke Zufluchtsorte belagerten, geschwächt worden. Während die Truppen der lokalen Kriegsherren sich zurückzogen, regierte in Nanking das Chaos: Gangleute griffen die Versammlungslokale der Gewerkschaften an, die Linken schlugen zurück, und die KMT-Soldaten marschierten ein.
Im Lauf dieser Verwirrung kam es zu Plünderungen, und eine Handvoll ausländischer Missionare und Konsulatsbeamter wurde von nicht identifizierten Angreifern getötet. Eine Amerikanerin wurde in ihrem Haus von drei nicht näher beschriebenen Soldaten überrascht, die sie ins obere Stockwerk zerrten und versuchten, sie zu vergewaltigen. Sie wurden verscheucht, bevor es soweit kam, aber das Gerücht von «Vergewaltigung» verbreitete sich rasch durch die ausländische Gemeinde, und ein amerikanischer Missionar übermittelte es Shanghaier Zeitungen und durch sie der Weltpresse. Das Ereignis wurde danach als der verrufene «Nankinger Zwischenfall» bekannt und wurde den Linken in die Schuhe geschoben. Eine Untersuchung der amerikanischen Regierung kam am Ende zu dem Schluß, daß die Angriffe auf Ausländer von den Soldaten der nördlichen Kriegsherren, die die ausländischen Mächte zu einer Intervention provozieren wollten, verübt worden waren.[30] Dieser Bericht wurde gewöhnlich ignoriert. Im Grunde war der Nankinger Zwischenfall eine geringfügige Angelegenheit, die von Leuten, die nicht recht begriffen, was vorging, zu historischen Dimensionen aufgebauscht wurde.[31]
Aufgrund der Unruhen in Nanking blieb Chiang an Bord seines Kanonenboots und fuhr weiter flußabwärts in Richtung Shanghai. Am Samstag, dem 20. März, zwei Tage, nachdem die Machtübernahme der Linken in Shanghai abgeschlossen war und die Kämpfe in der Stadt aufgehört hatten, legte Chiangs Kanonenboot am Kai an. Die Stadt stand nun – mit Ausnahme der ausländischen Konzessionen – unter einer Übergangsregierung, die von Chou En-lai angeführt wurde. Nur eine Handvoll von Chiangs Truppen war in der Stadt,

und das waren diejenigen, die auf der Seite der Linken standen. Der Rest trat in den fernen Vororten auf der Stelle. Als Chiang mit seinen Stabsoffizieren an Land ging, wurde er unverzüglich zum alten Gebäude des Außenministeriums an der Route Ghisi, direkt außerhalb der Französischen Konzession, gefahren, wo der erste, den er traf, Pockennarben-Huang war. Sie besprachen sich lange hinter verschlossenen Türen.[32]

Bevor die nächste Gruppe wichtiger Besucher eintreten konnte, wurde Chiang vom Chef der politischen Abteilung der Shanghaier Stadtpolizei, T. Partick Givens, unterbrochen, der Chiang die Erlaubnis erteilte, mit seiner eigenen bewaffneten Leibwache die Internationale Niederlassung zu betreten, wann immer er wollte. Keinem anderen KMT-General wurde so ein Privileg verliehen. Dieses Vorrecht war ein Nebenprodukt des Handels, den Großohr-Tu mit Stirling Fessenden abgeschlossen hatte.

Dann wurden Chiangs Gipfeltreffen wieder aufgenommen. Curio Chang führte eine Gruppe herein, die drei Freunde des Millionärs einschloß – den hervorragenden Gelehrten und früheren Rektor der Pekinger Universität, Ts'ai Yuan-p'ei, den Leiter des Pekinger Palastmuseums, Li Shih-tseng, und den erzantikommunistischen Gelehrten Wu Chih-hui, der unlängst Chiangs ältesten Sohn unterrichtet hatte. Das Geheimnis von Curio Changs Zugriff auf so viele auf anderen Gebieten beschlagene Männer lag darin, daß er, zusätzlich dazu, daß er selbst außergewöhnlich klug und einnehmend war, ihnen auf ihrem Weg nach oben großzügig Geld geliehen hatte. Das verpflichtete sie ihm gegenüber, und er manipulierte sie von da an zu seinen Zwecken. Sowohl Li als auch Wu hatten auf sein Drängen hin Stellen bei dem Regierungskomitee gefunden, das die Schätze der Verbotenen Stadt inventarisierte – ein bedeutender Vorteil für einen internationalen Händler mit chinesischen Antiquitäten. 1925 war Li Leiter des Palastmuseums geworden.

Während des Nordfeldzugs waren diese vier Freunde von Chiang Kai-shek als «Spezialagenten» in der Region von Shanghai eingesetzt worden und dienten als seine Kundschafter und Spitzel. Nun versammelten sie sich auf dem Kommandoposten an der Route Ghisi, um ihm Bericht zu erstatten. Unmittelbar nach diesem kriecherischen Quartett traf Chiang eine Gruppe von Bankiers aus seiner nahegelegenen Heimatprovinz Chekiang und eine andere Gruppe von Konservativen, die die Shanghaier Handelskammer vertraten. Nachdem er sie ausgehorcht hatte, brütete Chiang mit seinen Stabsoffizieren über einer Karte der Region Shanghai und überlegte sich eine Neuaufstellung seiner Truppen. Zu dieser Zeit waren nur dreitausend

KMT-Soldaten in der Stadt, und sie waren in der Hochburg der Arbeiterschaft in Chapei konzentriert; Chiang traute ihnen nicht. Dann setzte er sich mit Pockennarben-Huang, Großohr-Tu und dem dritten Mitglied der Troika, Chang Hsiao-lin (von der Blauen Gang) hin, um seine endgültigen Pläne dafür festzulegen, wie man Shanghai den Roten wegnehmen könnte.[33]

Entgegen den Befürchtungen der ausländischen Konzessionen war dem Sieg der Linken kein bolschewistisches Blutbad gefolgt. Die Kommunisten kontrollierten die Stadt nur äußerst zurückhaltend; weniger als dreitausend bewaffnete Arbeiter patrouillierten anstelle der abgesetzten Polizeikräfte. Die provisorische Regierung der Stadt wurde von der KPCh dominiert, aber viele dieser Kommunisten und Arbeiterführer waren immer noch nicht völlig davon überzeugt, daß Chiang Kai-shek beabsichtigte, sich gegen sie zu wenden. Im Überschwang des Sieges stellten sich viele Mitglieder der KPCh eine Wiedervereinigung mit der Kuomintang und eine glorreiche Zukunft der Zusammenarbeit vor. Diejenigen, die einräumten, daß es einschneidende Differenzen gab, suchten eher nach politischen Möglichkeiten, Chiang versöhnlich zu stimmen, als sich für eine militärische Konfrontation stark zu machen.

Nicht weit entfernt, in Hangchow, schlugen Chiangs Armee und die Grüne Gang am 30. März zu, schlossen die Büros der Gewerkschaften und prügelten oder töteten die Verteidiger. Noch immer waren die Linken in Shanghai nicht beunruhigt. Sie sahen es nicht als Omen an.

Chiang bestand unterdessen Interviewern gegenüber darauf, daß es «keine Spaltung gebe» und daß «die Mitglieder der Kuomintang vereint» seien.[34] Am folgenden Tag verhängte er das Kriegsrecht über Shanghai. Plangemäß wurde von der Grünen Gang eine neue, «gemäßigte» Gewerkschaft gegründet, um Verwirrung zu stiften und die Position der Linken unter den Arbeitern zu schwächen.

Während der nächsten zwei Wochen umwarb Chiang das Shanghaier Proletariat und verwirrte seine linken Gegner, indem er eine Solidaritätserklärung nach der andern abgab. Wie am Vorabend seines militärischen Putsches in Kanton im vergangenen Jahr waren seine Gegner durch seine widersprüchlichen Verlautbarungen so aus dem Konzept gebracht, daß sie nicht in der Lage waren, seinen nächsten Schachzug vorauszusehen.

Die *North China Daily News*, die am 28. März gefaselt hatte: «... wenn Chiang seine Landsleute vor den Roten retten will, muß er rasch und unnachgiebig handeln», sagte am 8. April: «Seine halbherzigen, von Entschuldigungen begleiteten Angriffe auf die Kommunisten lassen es als unsicher erscheinen, daß die Spaltung unwiderruflich ist.»

Als der ausgebootete Vertreter eines mittleren Kurses der KMT, Wang Ching-wei, am 1. April aus seinem europäischen Exil zurückkehrte, gab das Chiang noch eine weitere Möglichkeit, seine Feinde zu verwirren. Wang war zurückgekommen, um als Nachfolger Chiang Kai-sheks den Vorsitz der KMT wieder einzunehmen. Chiang verbrachte zwei Tage damit, unterwürfig mit dem Mann zu verhandeln, der ihm im vergangenen Jahr in Kanton so leicht nachgegeben hatte. Zu den beiden gesellte sich T.V. Soong, der Finanzminister der Wuhaner Regierung. Die drei Männer beratschlagten, ob es klug sei, die Kommunisten aus der KMT-Regierung zu verdrängen. Wang willigte ein, eine Parteiversammlung zu organisieren, um das Thema zu «diskutieren».[35]

Während dieser Diskussionen schien Chiang bemerkenswert willfährig. Er erweckte den Eindruck, als sei die Regierung in Wuhan über die Spaltung innerhalb der Partei beunruhigter als er selbst. Am 3. April veröffentlichte die Wuhaner Regierung ein telegraphisches Rundschreiben, das Chiangs völlige Unterordnung unter die KMT-Führung ankündigte.

> Ich bin fest davon überzeugt [log Chiang], daß [Wangs] Rückkehr die wirkliche Zentralisierung unserer Partei bewirken wird, so daß wir ohne Spaltung den endgültigen Sieg der Nationalistischen Bewegung erlangen können ... In Zukunft werden alle Angelegenheiten, die sich auf die Wohlfahrt des Landes und der Kuomintang beziehen ... vom Vorsitzenden Wang behandelt oder unter seiner Anleitung zur Ausführung gebracht werden ... Wir werden vom Zentralen Exekutivkomitee geleitet und dürfen deshalb nichts als ausdrücklichen Gehorsam zeigen.[36]

Chiang wartete lediglich eine günstige Gelegenheit ab und brachte unterdessen eine finanzielle Transaktion mit den Shanghaier Kapitalisten zum Abschluß. Er und die Troika der Grünen Gang hielten die ganze Stadt als Geisel in ihrer Gewalt, um im größten Erpressungsakt ihrer langen und ereignisreichen Karrieren ein gewaltiges Lösegeld zu fordern. Ihr erstes Ziel bestand natürlich darin, ihre Hochburg von der kommunistischen Besetzung zu befreien. Aber Pockennarben-Huang und Großohr-Tu realisierten, daß es bei diesem Vorgang substantielle Gewinne zu machen gab, indem man der Stadt das Äußerste an Schutzgeldern abforderte. Ein Teil davon würde als Betriebskapital und zur persönlichen Bereicherung an ihren Protégé Chiang Kai-shek gehen, den Rest würde die Grüne Gang behalten.

Deshalb die langwierigen Verhandlungen mit der Handelskammer, den Bankiers und den zahlreichen kleinen Gilden, denen mit der furchtbaren Aussicht, im andern Fall alles an ein kommunistisches Regime zu verlieren, die Hölle heißgemacht wurde. André Malraux erklärte es in seinem Roman *La Condition Humaine [So lebt der Mensch]* folgendermaßen: «... Nicht weil man Chiang bezahlt, wird er die Kommunisten vernichten; sondern weil er die Kommunisten vernichten wird, bezahlt man ihn.»
Fünfzig dieser verängstigten Gruppen von Kaufmannsgilden wurden in eine Föderation gelockt, die unter der Knute von einem der ältesten Freunde Chiangs stand, dem Komprador einer japanischen Dampfschiffgesellschaft. Zur Föderation gehörten die Gilde der Seidenhändler, die Gilde der Mehlhändler, die Gilde der Teehändler, die Bankiersgesellschaft und die Gilde der einheimischen Banken. Diese Föderation umfaßte die reichsten Männer Shanghais und den größten Teil des chinesischen Handelskapitals und Eigentums in der Stadt. Eine Delegation der Föderation wurde zu Chiang geschickt, um ihm als Gegenleistung dafür, daß er sie vor den Roten schützte, drei Millionen chinesische $ zu «leihen». Das Geld wurde am 4. April überwiesen. Es war nur eine Anzahlung. Ein paar Tage später wurde eine «Anleihe» von sieben Millionen $ gemacht. Eine weitere Delegation verhandelte darauf mit Chiang, um ihm eine «Reserve» von fünfzehn Millionen $ «zur Verfügung zu stellen». Und zwei Wochen später wurde eine «Anleihe» von dreißig Millionen $ überwiesen, um ihn mit dem nötigen Kapital für die Einsetzung einer neuen, «gemäßigten» Regierung in Nanking zu versehen. Das sind nur die Zahlen, die öffentlich bekannt wurden. Darüber, wieviel mehr tatsächlich in andere Hände überging, gibt es keine Aufzeichnungen.[37]
Die politische Identität der neuen Nankinger Regierung war für Leute, die im China von 1927 politisch wach waren, kein großes Geheimnis. Chiangs Faktion wurde nach dem Ort der Schlüsseltagung des rechten Flügels offen die Westberge-Faktion genannt.[38]

«Wir sind davon unterrichtet, daß Chiang Kai-shek Vorbereitungen trifft, um sich wieder gegen uns zu wenden», sagte Stalin am 1. April in Moskau, «ich weiß, daß er ein durchtriebenes Spiel mit uns spielt, aber *er* wird am Ende zerquetscht werden. Wir werden ihn auspressen wie eine Zitrone, und dann sind wir ihn los.»[39]
Stalin war über die Shanghaier Intrigen gut informiert, aber er erlaubte Chou En-lai oder anderen KPCh-Mitgliedern in China nicht, zu handeln. Offiziell erweckten der Kreml und die Komintern den Eindruck der Einigkeit mit Chiang Kai-shek. Die französische

kommunistische Tageszeitung *L'Humanité* nannte Chiangs Ankunft in Shanghai «ein neues Stadium der Weltrevolution». Die *Prawda* verbreitete eine ähnliche Botschaft.
Stalin beauftragte die chinesischen Kommunisten, die Arbeiter in Aufruhr zu bringen. Im gleichen Atemzug verfügte er, daß alle ihre Waffen versteckt werden müßten, so daß Chiang sie nicht entwaffnen könnte. Obwohl es der KPCh-Führung zu diesem Zeitpunkt nicht klar war, stieß Stalin die chinesischen Kommunisten vorwärts, um sie als Märtyrer zu opfern.
In der ersten Aprilwoche befahl Chiang seinen einzigen Truppen in Shanghai – denen, die zu den Arbeitern hielten –, die Stadt zu verlassen. Ihr Kommandeur, Hsueh Yueh, eilte zum Zentralkomitee der KPCh und bot an, Chiang als Konterrevolutionär zu verhaften. Es gab keine anderen chinesischen Streitkräfte in der Stadt, die Chiangs Verhaftung hätten verhindern können, abgesehen von seiner kleinen Leibwache und den Kriegsrechtspatrouillen, die zahlenmäßig übertroffen worden wären. Aber die KPCh erhob Einwände und schlug vor, daß Hsueh sich krank stellen und so seinen Aufbruch verzögern solle. Die Gelegenheit ging vorüber, und Hsuehs Soldaten verließen die Stadt.[40]
Am Morgen des 6. April fielen in Peking fünfhundert Soldaten des mandschurischen Kriegsherrn Chang Tso-lin, begleitet von Stadtpolizei und Geheimagenten, über die russische Gesandtschaft her und verschafften sich gewaltsam Eingang in das umzäunte Gebäude. Später wurde entdeckt, daß der Angriff mit der vorgängigen Genehmigung des diplomatischen Corps durchgeführt wurde. Der russische Stab verbrannte hastig Dokumente und Hauptbücher, aber die Feuer wurden gelöscht und die Papiere beschlagnahmt. Zwanzig chinesische Kommunisten, die in der Gesandtschaft in der Falle saßen, wurden verhaftet. Unter ihnen befand sich einer der Gründer der KPCh, Li Ta-chao, der Bibliothekar der Pekinger Universität, der Mao Tsetung einmal Arbeit verschafft hatte. Die beiden Töchter Lis wurden ebenfalls verhaftet. Nachdem er gefoltert worden war, wurde der Bibliothekar, ein Mann mittleren Alters, zu Boden gedrückt und als «Beispiel» für die anderen Kommunisten langsam erdrosselt. Seine siebzehnjährige Tochter, Phyllis Li, wurde drei Tage lang gefoltert und dann ebenfalls erwürgt.[41] Chiang Kai-shek sandte ein Telegramm nach Moskau, um seine «Empörung» und sein «Bedauern» über diese Ereignisse in Peking zum Ausdruck zu bringen. Es war einfach ein weiteres «Mißverständnis». In Shanghai legten ausländische Beamte mit unheilvoller Gebärde einen Kordon um das sowjetische Konsulat und durchsuchten alle, die hinein wollten. Am

11. April überfielen britische und japanische Truppen Zufluchtsorte der Linken in der Internationalen Niederlassung und erdreisteten sich, auch außerhalb dieses Gebietes an verschiedenen Orten chinesische Linke zu verhaften, deren Verstecke in der Nähe lagen. Diese Gefangenen wurden Chiangs Militärtribunalen außerhalb von Shanghai übergeben und später hingerichtet.

Am 12. April ertönte um vier Uhr morgens in Chiangs Hauptquartier an der Route Ghisi ein Signalhorn, dem ein lauter Sirenenton von seinem Kanonenboot, das in einiger Entfernung vom Kai lag, antwortete. Plötzlich war die Nacht erfüllt von Maschinengewehrfeuer. Die Grüne Gang hatte zugeschlagen. In einem koordinierten Angriff, der lange im voraus geplant worden war, stürmten Gruppen von zivilen Schützen, denen die Signale des Horns und der Sirene gegolten hatten, kommunistische Parteizellen und Gewerkschaftsbüros, Privathäuser und Arbeiterquartiere in allen Teilen Shanghais und auf beiden Seiten des Flusses. Eliteeinheiten von Chiangs ergebensten Whampoa-Truppen, jenen, die aus den Reihen der Grünen Gang rekrutiert worden waren, hatten in der Nacht die Stadt infiltriert, taten sich mit den Mitgliedern der Grünen Gang zusammen und versuchten, sich zu einer Versammlungshalle der Gewerkschaft und einem von Kommunisten besetzten Polizeibüro durchzuschlagen. Sie hatten Befehl, jedermann zu erschießen, der eine Waffe trug, wenn er nicht eine weiße Armbinde mit dem chinesischen Zeichen für «Arbeit» anhatte. Diese weißen Armbinden waren einen Tag vorher ausschließlich an die Mitglieder der Grünen Gang ausgegeben worden. Als die Linken in der Gildenhalle zurückschlugen, taten Chiangs Soldaten so, als seien sie auf der Seite der Linken, und boten ihnen an, mit den Gangleuten zu verhandeln. Als die Arbeiter einwilligten und ihre Waffen niederlegten, brachen dreihundert Gangmitglieder aus Verstecken in einem nahegelegenen Gebäude hervor und schossen sie nieder. Die KPCh-Führung wurde versprengt. Nur eine Handvoll entkam – einer von ihnen war Chou En-lai. Viele Linke, die gefangengenommen worden waren, wurden zusammengetrieben, auf die Straßen gezerrt und erschossen oder geköpft. Andere wurden in Lastwagen zur KMT-Militärbasis in Lunghua gefahren, wo sie durch Militärtribunale verhört und hingerichtet wurden. Der Weiße Terror hatte begonnen.

Chou En-lai fand Zuflucht im Gebäude der Commercial Press, das einst der Stolz Charlie Soongs gewesen war und das seit dem vergangenen März als Hauptquartier der Linken diente. Vierhundert Rote widerstanden dort stundenlang fast tausend Gangleuten. Bis zum Mittag waren die meisten Verteidiger tot. Chou En-lai floh wiederum und entkam diesmal ganz aus der Stadt. Er erreichte Hankow unversehrt; hier schlossen sich ihm die wenigen anderen KPCh-Führer an, die das Massaker überlebt hatten.[42]

Nach beinahe neun Stunden hörten die Maschinengewehre auf zu feuern. Die Opfer der Feuergefechte und Exekutionen an diesem Tag beliefen sich auf vierhundert bis siebenhundert Menschen. Die Shanghaier Stadtpolizei gab die niedrigere Zahl an. Eine zusätzliche, nicht bekannte Anzahl von gefangengenommenen Linken wurde in Chiangs Militärbasis hingerichtet. Später fuhren die Scharfrichter in andere Städte, um ähnliche Schauprozesse durchzuführen. Chiangs Soldaten und die Grüne Gang dehnten den Weißen Terror nach und nach auf die Städte Ningpo, Foochow, Amoy, Swatow und sogar zurück nach Kanton aus.[43]

Edgar Snow, der in Shanghai war, um für Powells *China Weekly Review* zu schreiben, hatte seit dem vergangenen Oktober Buch geführt. Seine Einschätzung des Weißen Terrors in Shanghai nimmt fünf- bis zehntausend Opfer an.[44]

Am 13. April riefen diejenigen, die von der linken Shanghaier Führung übriggeblieben waren, zu einer Arbeitsniederlegung in der ganzen Stadt auf, um gegen die Gewalttaten und Morde vom vorherigen Tag zu protestieren. Hunderttausend Arbeiter verließen ihre Arbeitsplätze. Die unbewaffneten Demonstranten planten, zu Chiangs Hauptquartier zu marschieren, aber als sie sich noch in einiger Entfernung davon befanden, eröffneten Soldaten auf beiden Seiten der Straße mit schweren Maschinengewehren das Feuer. Als die Demonstranten zu fliehen versuchten, griffen Chiangs Soldaten sie mit aufgepflanzten Bajonetten an. Viele wurden bis in die Wohnhäuser hinein verfolgt, herausgezerrt und mit den Bajonetten niedergestochen. Die Leichen füllten acht Lastwagen. Mindestens dreihundert Leute wurden abgeschlachtet.[45]

Eine grimmige Fußnote zum Terror des «Schwarzen April» lieferte die Schriftstellerin Han Suyin:

> Etwa weitere achttausend wurden während der folgenden Woche getötet. Sechstausend Frauen und heranwachsende Mädchen, Frauen und Töchter von Arbeitern, wurden in die Bordelle und Fabriken Shanghais verkauft. Tu Yueh-sheng, der Befreier, wurde zum Helden der europäischen Frauen in Shanghai. Er wurde auch von Chiang Kai-shek ausgezeichnet und als Stütze der Gesellschaft gefeiert.[46]

Shanghai war nun in den Händen Chiang Kai-sheks und der Grünen Gang, und im Lauf einiger Monate galt das auch für einen bedeuten-

den Teil des übrigen China. Ende April war es fast jedermann klar, daß Chiang Kai-shek einen Handel mit der Grünen Gang abgeschlossen hatte – natürlich hatte Großohr-Tu ihn schon seit 1922 gezielt in diese Richtung gelenkt.
Nach Jahrzehnten des Spiels mit der Macht war die Grüne Gang in einer weit besseren Position als jede andere Kraft, die Führung von Chinas nationaler Revolution an sich zu reißen. Es sollte nochmals ein Jahrzehnt dauern, bis die Kommunisten in einer ähnlichen Position waren. In China spielte die Grüne Gang eine den Braunhemden der Nazis in Deutschland vergleichbare Rolle. Ein paralleler Machtkampf fand in der Sowjetunion statt, wo der internationale Kommunismus im Sinn Trotzkis und seiner Fürsprecher verdrängt und durch den engeren nationalen Sozialismus Stalins ersetzt wurde.
In der betäubten Stille, die dem Massaker des «Schwarzen April» folgte, konnte die Regierung in Wuhan nichts anderes tun, als wirkungslose Proteste zu formulieren. Ching-ling und ihr kleiner Kreis von Genossen im Zentralen Exekutivkomitee veröffentlichten eine tapfere, aber unwirksame Proklamation:

> In Anbetracht dessen, daß Chiang Kai-shek schuldig befunden wird, unter dem Volk ein Blutbad angerichtet und die Partei unterdrückt zu haben, und in Anbetracht dessen, daß er sich vorsätzlich für reaktionäre Unternehmungen einsetzt und daß seine Verbrechen und Gewalttaten so offensichtlich sind ... *soll Chiang aus der Partei ausgeschlossen und aus allen seinen Ämtern entlassen werden* ... Kommandeure und Soldaten sollen seine Verhaftung bewirken und ihn der Zentralregierung überantworten, damit er gemäß dem Gesetz gegen Konterrevolutionäre bestraft wird.[47]

Wie hätte man diese Klage inmitten eines Sturms hören sollen? Die Regierung befand sich in Wuhan, aber die militärische Macht befand sich in Shanghai. Wuhan hatte keinerlei Möglichkeit, Befehle durchzusetzen, keinerlei Mittel, um Chiangs Verhaftung zur Ausführung zu bringen. Die linken Armeeeinheiten, die ihr noch zur Verfügung standen – eine Mischung von Rechten und Linken –, waren von einem Feldzug gegen die Kriegsherren im Norden in Beschlag genommen. Ihre Loyalität war in vielen Fällen zweifelhaft. Einige der aggressiveren linken Kommandanten, wie Hsueh Yueh, der angeboten hatte, Chiang zu verhaften, sollten bald von ihm gekauft werden. Die KPCh war gelähmt.
Nicht alle Wuhaner Beamten wollten Chiang verurteilen. Einige meinten, es sei an der Zeit, Kompromisse zu schließen und die Kommunisten und anderen Extremisten die Konsequenzen ziehen zu las-

sen. Wang Ching-wei war der führende Kopf derjenigen, die gemeinsame Sache mit Chiang machen wollten. Ching-ling appellierte an ihr Gewissen, fand sie jedoch nervös und unentschlossen.

Borodin versuchte, einen Propagandafeldzug gegen Chiang zu lancieren, aber es war, als wollte er ein erloschenes Lagerfeuer neu entfachen. Er begann, seine Papiere zu verbrennen und Vorkehrungen zu treffen, um die sowjetischen Berater und ihre Familien aus China herauszubekommen.[48]

Die Wuhaner Regierung war nicht im klassischen Sinn linksgerichtet, sondern lediglich ein leckes Boot voller Gemäßigter, die verzweifelt versuchten, über Wasser zu bleiben. Seit der Ermordung Liao Chung-k'ais in Kanton vor zwei Jahren hatte es im Zentralkomitee keine ernsthaften Linken mehr gegeben. Jetzt umfaßten die sogenannten «Linken» Ching-ling Soong, die nur eine sozialistische Visionärin und Reformerin war, ihren Stiefsohn Sun Fo, den ein ausländischer Journalist als «verdrießliche Null» verewigte, T.V. Soong, einen Liberalen im Harvard-Stil, den viktorianischen Egoisten Eugene Chen, der sich um keine andere Zukunft als seine eigene kümmerte, und schließlich den Hanswurst Wang Ching-wei.

Sie waren für niemanden als für sich selbst eine Gefahr. Borodin faßte das Ganze treffend zusammen, als er bemerkte, Ching-ling sei «der einzige Mann auf dem ganzen linken Flügel der Kuomintang».[49]

Was Borodin zusammen mit Dr. Sun versucht hatte, war beinahe gelungen, aber Chiang und die Grüne Gang hatten die Revolution von ihrem Weg abgebracht. In Moskau herrschte finsteres Schweigen. Chiangs Verrat an der KPCh hatte die schrecklichen Vorhersagen Trotzkis erfüllt, und für Stalin wurden alle Nachrichten, die Trotzki recht gaben, besser begraben. Was China betraf, so war es Trotzkis Projekt gewesen, und sein Zusammenbruch vergrößerte einfach Trotzkis Schuld, selbst wenn er die Gefahren richtig vorausgesehen hatte. Stalins Agenten hatten sicherzustellen, daß das Wuhaner Experiment ein Fehlschlag blieb.

Nachdem die Ausländer in Shanghai in Erwartung eines Roten Terrors gebebt hatten und nun stattdessen einen Weißen Terror bekommen hatten, begannen sie zu triumphieren. Jedem Zeitungsartikel, der die chinesischen Linken lächerlich machte, wurde in den Boulevardzeitungen viel Platz eingeräumt. Laut einem Bericht waren die Linken in China solche Schwachköpfe, daß die Frauenvereinigung in Hankow eine politische Demonstration nackter Frauen «mit schneeweißen Körpern und vollendeten Brüsten» organisiert hatte.[50] Diese Phantasie deutlich westlichen Ursprungs erschien in der Zeitschrift

Time am 25. April 1927 und wurde als Beweis der Verkommenheit der Linken veröffentlicht:

> Acht junge, im College ausgebildete Chinesinnen, ernsthaft, eifrig, patriotisch, schritten letzte Woche feierlich am Kai Wuhans, der Nationalhauptstadt, hinab. Die größte ging zuvorderst, trug auf einer Bambusstange ein Plakat und hatte nichts an als eine große Brille mit einem Schildpattgestell. Die sieben anderen waren noch spärlicher bekleidet. Auf dem Plakat stand: «Emanzipiert euch! Wir haben uns von der christlichen Scham befreit! Befreit China von den christlichen Mächten!» ... Chiang Kai-shek, der letzte Woche die ganze sogenannte «Rote» Regierung von Hankow zur Rechenschaft zog ... wird sein Bestes tun, weiteren Extremismus unter den chinesischen Studenten zu entmutigen.

Verleger Luce, dessen Handschrift beim Überarbeiten von Artikeln über China häufig sichtbar war, hatte ein paar «fehlende Fakten» wie den genauen Wortlaut des nicht existenten Plakats und – als ehemaliger Yale-Student, für den Schildpatt Fleiß bedeutete – das Material, aus dem die nichtexistente Brille bestand, eingefügt. *Time* verkaufte das Shanghaier Massaker platterdings als ein «Zur-Rechenschaft-Ziehen» der Linken durch Chiang. Die Vollmacht, jeden beliebigen zur Rechenschaft zu ziehen, wurde Chiang offenbar von Luce persönlich erteilt. Als Chiangs ältester Sohn ihn öffentlich verurteilte, weil er die Revolution verraten habe, war *Time* rasch mit der Behauptung bei der Hand, der Bursche stehe unter dem Einfluß des Kremls. Chiang Ching-kuo – oder CCK, wie er später genannt wurde – war das Kind aus Chiangs erster Ehe. Nachdem Chiang sich von CCK's Mutter hatte «scheiden» lassen, war der Junge in Shanghai zur Schule gegangen, wo er zum Linken wurde und an den antiimperialistischen Straßenkundgebungen teilnahm. Beunruhigt vom Linksausschlagen seines Sohns, sandte Chiang CCK auf eine Privatschule in Peking, die von dem Antikommunisten Wu Chih-hui geleitet wurde. Der Junge weigerte sich, sich unterzuordnen, und wurde bald verhaftet, weil er an einer Demonstration von Studenten teilgenommen hatte. Er war entschlossen, in die Sowjetunion zu gehen, und nachdem er mit seinem Vater lange darüber diskutiert hatte, erhielt er im August 1925 Chiangs widerwillige Erlaubnis. Er war einer der ersten chinesischen Studenten an der neueröffneten Sun Yat-sen-Universität in Moskau und trat dem Komsomol, dem Kommunistischen Jugendcorps, bei.

CCK hatte gerade sein Studium abgeschlossen, als das Shanghaier Massaker stattfand. Erschüttert von den Berichten über den Weißen Terror, schrieb der Jüngling an eine russische Zeitung:

Chiang Kai-shek war mein Vater und ein revolutionärer Freund. Jetzt ist er mein Feind geworden. Vor einigen Tagen ist er als Revolutionär gestorben und als Konterrevolutionär auferstanden. Er machte schöne Worte über die Revolution, aber bei der passendsten Gelegenheit verriet er sie. ... Nieder mit Chiang Kai-shek! Nieder mit dem Verräter![51]

11. Kapitel

Alles unter Kontrolle

Seit Anfang April, als er Wuhan verlassen hatte, um in Shanghai Chiang Kai-shek zu treffen, war der junge, dickliche T.V. Soong praktisch in der Position einer Geisel. Als Finanzminister der nationalistischen Regierung in Wuhan hoffte T.V., seine Kontrolle über den Finanzplatz Shanghai zu stärken und ihm die Provinzen Chekiang und Kiangsu, die (wegen ihrer modernen Industrien und ihres Außenhandels) vierzig Prozent des nationalen Einkommens einbrachten, hinzuzufügen.[1]

Bevor das Massaker des Schwarzen April Chiangs Position offensichtlich machte und die Regeln änderte, hatte T.V. führende Geschäftsleute eingeladen, ihm «beim Ausbalancieren des Staatshaushaltes» zu helfen, indem sie Anleihen der Wuhaner Regierung zeichneten. Als der beste Verkäufer der KMT bot er Chinas größeren Kapitalisten Einflußnahme auf die neue Regierung und die Möglichkeit an, das Verhältnis der Regierung zu Handel und Bankenwesen mitzubestimmen.

Doch Chiang Kai-shek war in dieser Angelegenheit anderer Ansicht. Er mußte die Kassen seiner Armee wieder füllen. Shanghais Financiers betrachteten ihn als ihren Erlöser. Nun jedoch entdeckten sie zu ihrem dauernden Ärgernis, daß er ihr Peiniger war. Der Weiße Terror hatte sich gegen die reichen Händler gerichtet. Der Journalist Sokolsky schrieb: «Unter dem Vorwand, Kommunisten zu jagen, war jede Form von Verfolgung erlaubt. Männer wurden entführt und gezwungen, hohe Summen an die Kriegskasse zu bezahlen. Dieser antikommunistische Terrorismus hat die Leute von Shanghai wie nichts anderes in der letzten Zeit in Angst und Schrecken versetzt.»

Die *New York Times* berichtete: «Das Los der chinesischen Kaufleute in und um Shanghai ist bedauernswert. Der Diktatur General Chiang Kai-sheks ausgeliefert, wissen die Kaufleute nicht, ob ihnen der nächste Tag Konfiskationen, obligatorische Darlehen, Exil oder gar Hinrichtungen bringen wird.»[2]

Einer der reichsten Männer in Shanghai war Fu Tsung-yao, der Vorsteher der Handelskammer, Direktor der Commercial Bank of China und leitender Direktor der chinesischen Merchants Steam Navigation Company. Chiang verlangte von Fu ein Darlehen im Wert von 10 Millionen chinesischer $. Als Weng ablehnte, befahl Chiang, ihn zu verhaften und ordnete die Konfiskation seines gesamten Vermögens an. Fu floh in die Internationale Niederlassung und überschrieb zur Sicherheit alle seine Aktien an Ausländer. Mit der Hilfe von Großohr-Tu gelangte Chiang dennoch an den größeren Teil von Fus Vermögen. Nach all dem sah Fu ein, daß es keinen Ausweg gab, und bezahlte eine beträchtliche, geheimgehaltene Summe in Chiangs private Kasse.[3]

Chiang benutzte diesen Vorfall, um die Handelskammer unter die Aufsicht seiner eigenen Freunde zu stellen.

Als nächstes gab Chiang kurzfristige «Regierungs»-Anleihen heraus und setzte Soldaten und Schläger der Grünen Gang ein, um alle, vom Ladenbesitzer bis zum Bankpräsidenten, zu zwingen, solche Anleihen zu zeichnen. Ein Millionär wollte nicht zeichnen, worauf sein Sohn entführt wurde. Ein anderer Jugendlicher, der Sohn eines Färbereibesitzers, wurde als «Gegenrevolutionär» verhaftet, doch sofort freigelassen, als sein Vater 200 000 $ «spendete». Ein Besitzer von Baumwollwebereien zahlte beinahe 700 000 $, um seinen Sohn freizukaufen. Ein anderer Kaufmann bezahlte eine halbe Million, als sein dreijähriger Erbe verschwand, worauf der Knabe prompt wieder auftauchte. Diese Art von Erpressung war jahrelang typisch für die Grüne Gang, doch nie so häufig wie zu diesem Zeitpunkt. Chiang Kai-shek machte die Erpressung zum Regierungsinstrument. Doch damit noch nicht genug.[4]

Weil sich die Kosten für Chiangs Armee jeden Monat auf über 20 Millionen chinesische $ beliefen, war es für ihn unerläßlich, neue Steuern und Importzölle einzuführen. Dazu brauchte Chiang einen sogenannten «Bagman» – den Websters Wörterbuch als «eine Person, die im Auftrag Dritter illegal erworbenes Geld einsammelt oder verteilt» beschreibt.

T.V. Soong wußte als Finanzminister, daß die Anleihen, welche Chiang aufnahm, in seine eigenen Taschen flossen. Hatte Chiang einmal das Geld eingetrieben, so würde es seiner persönlichen Bereicherung zukommen, der Unterstützung seiner eigenen Armeen und Kommandeure dienen oder für administrative Zwecke, Bestechung und andere geeignete Maßnahmen ausgegeben werden. Nichts davon würde in die Kasse und den Haushalt der Koalitionsregierung in Wuhan fließen.

Die Spaltung zwischen Wuhan und Chiang war noch kaum zur Kenntnis genommen worden oder gar allgemein bekannt. Doch Bankiers und Geschäftsleute wußten davon und wollten deshalb nicht einfach die «Geldgeber» Chiangs sein. Sie hofften immer noch, eine schriftliche Rückzahlungsgarantie für ihre Darlehen zu erhalten, indem sie den Finanzminister T.V. Soong die Darlehen gegenzeichnen ließen.[5] So würde es möglich sein, wenn Chiang das Geld nicht zurückzahlte, daß der in Finanzsachen respektable T.V. Soong es in irgendeiner Form zurückerstattete. T.V. jedoch riskierte seinen Kragen und weigerte sich, die Darlehen gegenzuzeichnen und so Chiangs Erpressung zu legitimieren. (T.V. weigerte sich auch deshalb, weil er an das Familienvermögen dachte, das in Shanghaier Mehl- und Textilindustrien angelegt war. Der Wohlstand der Soongs war durch wirtschaftliches Chaos ebenso gefährdet wie jede andere Kapitalanlage in Shanghai.)

Dies führte zu einer unmittelbaren Konfrontation mit Chiang. Am 18. April verkündete Chiang, daß er die Basis seines neuen (rechtsgerichteten) Nationalistischen Regimes von Shanghai nach Nanking verlegen würde. Chiang drängte T.V., einen Posten als Finanzminister anzunehmen und Wuhan zu vergessen. T.V. zögerte einige Tage. Doch am 20. April 1927 ließ er Chiang wissen, daß er die Anleihen nicht gegenzeichnen würde. Chiang schloß darauf T.V.'s Büro in Shanghai und ernannte einen anderen Finanzminister. Gleichzeitig zog er ihm den Boden unter den Füßen weg, indem er seine Truppen in Kanton anwies, T.V.'s ganzes Vermögen bei der Regierungsbank im Süden zu behändigen. Jetzt hatte das Finanzwunderkind keine Chance mehr und mußte kooperieren.[6]

T.V. Soong war weder links noch rechts, sondern einfach ein ängstlicher Patrizier, der nützlich sein konnte. Bevor T.V. Ende März Wuhan verließ, hatten Linke, die sich um die konservativen Sympathien des Finanzministers Sorgen machten, vor seinem Haus demonstriert und ihn auf die Straße gedrängt. T.V. erzählte dem amerikanischen Journalisten Vincent Sheean, der in Shanghai von Chiangs Machtergreifung berichtete und zwei Tage nach dem April-Massaker in der Stadt angekommen war, wie ihn der Vorfall bewegte:

> ... er [T.V.] hatte ... Angst vor jeder wirklichen Revolution; Massen flößten ihm Furcht ein, Arbeiterunruhen und Streiks machten ihn krank, und die Idee, daß die Reichen einmal ausgeplündert werden könnten, erfüllte ihn mit Schrecken. Einmal, während einer Demon-

> stration in Hankow, blieb sein Wagen in der Menge stecken und ein Fenster wurde eingeschlagen. Natürlich wurde er von seinen Wächtern sofort befreit und in Sicherheit gebracht, doch die Erfahrung ging ihm noch ein Leben lang nach – und schürte seinen nervösen Haß gegen Massenkundgebungen, der seine politische Laufbahn kennzeichnete. Diese Erfahrung war es auch, die ihn, trotz der Aufrichtigkeit seines Idealismus, in das Lager der Reaktionäre trieb.[7]

Chiang Kai-shek lernte T.V.'s Angst vor dem Mann auf der Straße im Hause von Ai-ling und H.H. Kung an der Route de Seiyes kennen, wo Chiang zielstrebig May-ling den Hof machte. Chiang schmeichelte sich in die Gunst von Ai-ling und H.H. durch ihre gegenseitige Freundschaft mit Großohr-Tu. Sie waren bereits Chiangs Parteigänger.

Als sie sich zum ersten Mal getroffen hatten, war May-ling verlobt und deshalb für sein Werben nicht empfänglich gewesen. Er war damals ohnehin nur ein ehrgeiziger Aufsteiger aus Chekiang gewesen, der Sohn eines Salzhändlers, ein rauher Soldat mit berüchtigten Verbindungen zu Gangstern und einer Schar anrüchiger Frauen in Shanghai und Kanton. Doch hatte sie eingewilligt, mit ihm in einen Briefwechsel zu treten. Chiang erwies sich als ausdauernder Briefschreiber.[8] Nun war der Aufsteiger zum Napoleon von Ningpo geworden.[9]

Besucher der Kungs trafen dort im Frühjahr 1927 auch Chiang, doch nur in Begleitung von Ai-ling und H.H. Kung. Chiang und May-ling wurden nie zusammen in der Öffentlichkeit gesehen, doch gab es Gerüchte, wonach Shanghai nicht das einzige Gebiet war, das der junge General erobert hatte.

Die Kungs setzten Chiang Kai-shek bei jeder Gelegenheit auf T.V. an und nützten dessen liberale Unentschlossenheit gnadenlos aus. Jedes Mal, wenn T.V. in den Häusern an der Route de Seiyes oder der Seymour Road, wo May-ling mit ihrer Mutter wohnte, auf Besuch war, wurde ihm eine Gehirnwäsche verpaßt. Deshalb zog er es vor, Ching-lings leeres Haus an der Rue Molière aufzusuchen, wo er vor Ai-lings Anschlägen sicher war. Daß Leute von der Grünen Gang das Haus beschatteten, machte ihn jedoch nervös. Auch wurde sein Selbstgefühl durch den steten Druck von Ai-ling und Chiang, die ihn drängten, seine Position aufzugeben – wie Belästigungen eines ungebetenen Bettgenossen –, langsam unterwandert. Einem Heerführer, dessen Truppen zum Vergnügen junge Mädchen ausweideten und ihnen bei Bewußtsein die Eingeweide um den nackten Körper wickelten, war T.V. nicht gewachsen.[10]

Während Chiang Kai-shek ihrer kleinen Schwester den Hof machte und ihren jüngeren Bruder einschüchterte, blieb Ching-ling weit außerhalb seiner Reichweite, sechshundert Meilen den Yangtse flußaufwärts in Wuhan. Der Journalist Sheean suchte sie dort auf. Obwohl Wuhan als Ort des politischen Fanatismus galt, in dem es von Revolutionären und linkem Gesindel wimmelte, fand Sheean den Ort erstaunlich ruhig. «Was während meiner Anwesenheit einem internationalen Zwischenfall am nächsten kam, war der Versuch eines betrunkenen amerikanischen Matrosen, in Mr. Eugene Chens Garten Blumen zu pflücken.»

Wuhan selbst war eine sonderbare Blume, die mitten in der weltweiten Verzweiflung und Ernüchterung nach dem Ersten Weltkrieg blühte. Im Westen waren die großen Erwartungen zusammengebrochen und der Idealismus auf dem Rückzug. Es gab kaum etwas, worauf man noch hoffen konnte. Sogar die Kommunisten zerfleischten sich selbst im Machtkampf zwischen Stalin und Trotzki. Doch in der Industriestadt am Yangtse gab es soviele revolutionäre Versprechungen, daß Delegationen aus der ganzen Welt hergereist kamen, um sich die Sache anzuschauen.

Im Zentrum dieser besonderen Blume fand Sheean Ching-ling. Sie sorgte für die Saat der Revolution und stellte die Verbindung zum toten Sun Yat-sen dar.

> Ich hatte viel über sie gehört, doch das meiste waren Lügen. Die amerikanischen Zeitungen hatten sich bei diesem Thema selbst überboten. Für sie war Mme Sun «Chinas Jeanne d'Arc»; sie war die Anführerin des chinesischen «Frauenbataillons», sie war dies, das und jenes, und was sie war, hing ganz von der Phantasie der Schlagzeilenschreiber ab. Die Meinung, daß sie im Gefecht Truppen befehligt habe, war so verbreitet, daß selbst einige der Ausländer in China daran glaubten. Diese groteske Legende wurde in Shanghai noch durch verletzende Lügen ergänzt, die ihren Charakter und ihre Motive angriffen – eine beliebte Methode der politischen Auseinandersetzung in den Vertragshäfen. Obwohl ich genug wußte, um die meisten Geschichten über sie nicht zu glauben, mußten sie doch irgendwie als Ganzes auf mich eingewirkt haben, denn ich erwartete mit Gewißheit, eine furchteinflößende Person zu treffen. Doch statt dessen saß ich einer kindlichen Person gegenüber, die von der bezaubserndsten Feinheit war ... Ihre Haltung war so natürlich, daß sie den Namen Würde verdient. Die gleiche Eigenschaft kann man gelegentlich bei Prinzen und Prinzessinnen der königlichen Familien Europas beobachten, vor allem bei den älteren; doch bei diesen ist sie das Resultat lebenslanger Übung. Mme Suns Würde war jedoch anders, mehr von innen heraus. Sie wurde nicht wie eine Rüstung überge-

stülpt, sondern entwickelte sich aus dem Inneren. Sie war auch in einem seltenen Maße mutig, was ihr auch in schweren Situationen Halt gab. Ihre Loyalität dem Namen Sun Yat-sens gegenüber und die Pflicht, die sich mit ihm verband, trotzte den endlosen Anklagen und Gerichten. ... Die Wut der eigenen Familie und die weltweiten Verleumdungen brachten es nicht fertig, ihren Willen zu beugen und sie Dinge akzeptieren zu lassen, die sie für falsch hielt. Sie war jedoch nicht bloß in jenem äußeren Sinn, den die Schlagzeilenschreiber ansprechen, eine «chinesische Jeanne d'Arc». ... Im Scheitern der chinesischen Revolution ... gingen Generäle und Redner unter, gaben auf, flohen oder hüllten sich in Schweigen. Doch die eine Revolutionärin, die nicht unschädlich gemacht werden konnte und die nicht schwieg, war die zerbrechliche kleine Witwe Sun Yat-sens.[11]

Sheean hatte weitere Begegnungen mit Ching-ling und zeichnete mehrere bewegende Porträts, darunter auch einige, die sie als tragische Gestalt darstellten. Edgar Snow und Harold Isaacs waren von Ching-ling ähnlich beeindruckt.
Doch die Blume welkte bereits. Wuhan war beinahe am Ende. Nachdem Chiang aus der Partei ausgeschlossen worden war, wurde die KMT-Regierung von den ausländischen Mächten in die Knie gezwungen. Amerikanische und britische Kanonenboote, die auf dem Yangtse patrouillierten, errichteten eine Blockade, die die Zufuhr von Reis, Öl und Kohle unterbrach. In der revolutionären Provinz von Hunan – Maos Heimat und die Gegend der aggressivsten und radikalsten Bauernbewegung – war ein verblüffender Rückschlag zu verzeichnen: Am 22. Mai wurde die Stadt Changsha von einem reaktionären, Chiang ergebenen General erobert. Tausende von Bauern stürmten die Stadt, um sie zurückzugewinnen, doch mußten sie mit schweren Verlusten wieder abziehen.
Ching-lings schwächere Kollegen wie Wang-Ching-wei gaben ihrer wachsenden Angst Ausdruck: «Die Kommunisten schlagen uns vor, mit den Massen zusammenzuarbeiten. ... Doch wo sind die Massen? Wo sind die hochgepriesenen Kräfte der Arbeiterschaft von Shanghai? Oder die Bauern aus Hunan? Es gibt keine solchen Kräfte. Man sieht ja, daß Chiang Kai-shek sich auch ganz gut ohne die Massen an der Macht halten kann. Mit den Massen zu gehen, heißt gegen die Armee zu operieren. Nein, wir gehen besser nicht mit den Massen und verbinden uns mit der Armee.»[12] Obwohl Wang das vergangene Jahr im komfortablen europäischen Exil verbracht hatte und noch nicht einen Monat in China zurück war, drängte er seine Parteigänger schon, Wuhan aufzugeben und bei Chiang Unterschlupf zu suchen – jenem Mann, der ihn in Kanton so erniedrigt hatte. Was die Wankel-

mütigen jetzt noch brauchten, um überzulaufen, war eine weitere Enttäuschung.
Zu diesem Zeitpunkt entschloß sich Stalin, einzugreifen. Moskau sandte am 31. Mai eine spezielle Geheimbotschaft an Borodin, in der er angewiesen wurde, Land zu konfiszieren, unzuverlässige Generäle in Wuhan zu entlassen, zwanzigtausend Mitglieder der KPCh zu bewaffnen und eine fünfzigtausend Mann starke Arbeiter- und Bauernarmee auf die Beine zu stellen. Unglaublicherweise zeigte einer der Komintern-Agenten, ein Inder namens M.N. Roy, Wang einen Durchschlag der geheimen Botschaft. Dies unter dem Vorwand, Wang würde wieder Mut fassen, wenn er sähe, wie sich die Kommunisten am Ende dennoch ihrer Sache annähmen. Doch Wang war erstaunt und erschreckt. Chiang hatte nämlich dem ängstlichen Wang eingeredet, daß die Kommunisten im geheimen planten, die Macht an sich zu reißen – und hier hatte er handfeste Beweise dafür, die zudem Moskaus Versprechen der KMT gegenüber seit der Sun-Joffe-Vereinbarung verletzten. Wang eilte voller Furcht zu Borodin. Betrachtet man Roys spätere Aktivitäten, so wird klar, daß Roy die Eilbotschaft Wang auf Geheiß Stalins zeigte.[13]
Auch Borodin fand die Botschaft unverständlich. Er versuchte, Wang zu beruhigen, und sagte ihm offen, daß so etwas trotz Stalins Befehlen nicht getan werden würde. In der Zwischenzeit hatten auch Ching-ling, Eugene Chen und andere das Telegramm gesehen. Stalins ausgezeichnet geplante Intervention überzeugte die gemäßigten Linken – alle außer Ching-ling und Eugene Chen –, daß Chiang Kai-sheks Vermutungen stimmten.
Dazu kamen niederschmetternde Neuigkeiten von der Front. Um Peking zu erreichen und die nördliche Hauptstadt für sich zu beanspruchen, hatte die Regierung in Wuhan die noch verbleibenden Truppen auf den Weg geschickt. Die Feldarmee errang einen bedeutenden Sieg über die nördliche Armee, doch war die Zahl der Toten und Verletzten sehr groß. Vierzehntausend Soldaten der KMT kamen ums Leben. So blieben nicht mehr genügend Truppen, um Chiang Kai-shek die Stirn zu bieten.
Für diejenigen, die immer noch hofften, Wuhan zusammenzuhalten, gab es nur eine Chance: den christlichen General Feng Yu-hsiang. Wenn man den christlichen General überzeugen konnte, der KMT beizutreten, würde er einen militärischen Wall gegen Chiang errichten.
Feng war damit einverstanden, die KMT in Chengchow zu treffen, um über eine Koalition zu diskutieren. Feng war ein bärenhafter Mann, von den ausländischen Missionaren geliebt und seit kurzem

von Moskau umworben. Theoretisch hatten die Linken aus Wuhan allen Grund, in bezug auf eine Allianz optimistisch zu sein. Der christliche General war soeben von einer erfolgreichen Reise nach Moskau zurückgekehrt und hatte sich mit Stalin so gut verstanden, daß seine Soldaten nun mit 200 russischen Artilleriegeschützen, 200 000 Gewehren und 200 neuen Maschinengewehren ausgerüstet waren.[14] In der *Prawda* erschien ein Artikel über den Besuch, in dem Feng erklärte, daß er für «die Befreiung der Nation» und die «Vollendung der nationalen Revolution» kämpfen werde.[15] Feng inszenierte eine dramatische Ankunft in Chengchow und kam in einem Güterwagen an die Versammlung: «Weil meine Soldatenbrüder auch im Güterwagen reisen.» Doch später stellte sich heraus, daß Feng seinen Güterwagen erst kurz vor Chengchow bestiegen und den größeren Teil seiner Reise in einem privaten Luxuswagen hinter sich gebracht hatte.[16]

Als die Gespräche zu Ende gingen, waren Ching-ling und ihre Parteigänger voller Hoffnung. Feng versicherte ihnen, daß er sich mit ihnen zusammentun würde. Doch der christliche General eilte zu geheimen Gesprächen mit Chiang Kai-shek nach Hsuchow, wo ihm viel Honig ums Maul gestrichen wurde. Danach sandte er folgende Botschaft nach Wuhan:

> Als ich Euch Gentlemen in Chengchow zu Gesprächen traf, sprachen wir über die Unterdrückung der Händler und anderer Mitglieder der Gentry, über die Unterdrückung der Fabrikbesitzer durch die Arbeiter und über die Unterdrückung der Grundbesitzer durch die Bauern. Das Volk wünscht, diese Form von Despotismus abzuschaffen. Wir sprachen auch darüber, wie dieser Situation Abhilfe geschaffen werden könnte. Die einzige Lösung, die wir diskutierten, soweit ich es sehe, war die folgende: Borodin, der schon zurückgetreten ist, sollte sofort in sein Land zurückkehren. Zweitens: Jenen Mitgliedern des Zentralen Exekutiv-Komitees der Regierung von Wuhan, die zur Erholung ins Ausland gehen möchten, sollte das erlaubt sein. Andere mögen sich, wenn sie wollen, der Nationalistischen Regierung in Nanking anschließen. ... Beide Regierungen, Nanking und Wuhan, so glaube ich, verstehen gegenseitig ihre Probleme. Ich brauche Euch nicht daran zu erinnern, daß unser Land nun mit einer schweren Krise konfrontiert ist. Doch angesichts dieser Tatsache fühle ich mich verpflichtet, darauf zu insistieren, daß die Zeit günstig ist, die Nationalistische Faktion zu einen, um gegen unsere gemeinsamen Feinde zu kämpfen. Ich hoffe, daß Ihr die oben erwähnte Lösung akzeptiert und umgehend Eure Schlüsse daraus zieht.

Als Borodin dieses Telegramm las, war er von dem gewundenen Sarkasmus so verwirrt, daß er einen schwedischen Journalisten fragte, ob seine Interpretation nicht etwa falsch sei. Am Ende akzeptierte Borodin dieses Telegramm mit der gleichen Resignation, mit der er schon das Shanghaier Massaker und M.N. Roys zerstörerische «Geheimbotschaft» von Stalin akzeptiert hatte. Die Lage in China war nicht mehr unter seiner Kontrolle. Borodin hatte nun nur noch ein Ziel: alle seine sowjetischen Berater sicher aus China hinauszubringen und selbst ebenso heil davonzukommen. Chiang Kai-shek setzte in Nanking einen Preis auf Borodins Kopf aus, und Steckbriefe wurden überall ausgehängt.[17]

Im Juni 1927 kehrte der Journalist Sheean nach Shanghai zurück und versprach Ching-ling, alles zu unternehmen, damit T.V. Soong mit ihr gemeinsame Sache mache. Romantiker und ein wenig Abenteurer, der er war, sah Sheean sich schon, wie er T.V. selbst durch Feindesland schmuggelte.

> Ich dachte, daß das ganze Unternehmen leicht sein würde – alles, was ich zu tun hatte, war, T.V. unter irgendeinem falschen Namen als meinen Dolmetscher mitzunehmen. Wenn er in meiner Kabine auf einem englischen Boot mitreiste, wäre das sicher genug gewesen, denn selbst der frechste von Chiang Kai-sheks Soldaten hätte es nicht gewagt, dort einzubrechen. Doch stellte ich mir das alles vor, ohne mit T.V. zu rechnen.
>
> Als ich ihn in Shanghai besuchte, schien er bereit, auf den Plan einzusteigen. ... Er sah – oder sagte es zumindest –, daß der wahre Vertreter der Kuomintangideale die Wuhaner Regierung war und nicht Chiang Kai-sheks Militärdiktatur. Trotz Überzeugungsversuchen und Drohungen hatte er jedesmal abgelehnt, Chiang Kai-sheks Regierung beizutreten. Das Haus wurde dauernd von Spionen beschattet (es ist eines der Häuser, die rund um die Uhr beobachtet werden; das war immer so gewesen, seit das Haus gebaut wurde), und T.V. war sehr nervös. Er wagte es nicht, sich außerhalb der Französischen Konzession oder der Internationalen Niederlassung aufzuhalten, denn Chiang Kai-sheks Soldaten waren überall im chinesischen Teil der Stadt, und sie hätten die Gelegenheit sofort ergriffen. Seine Alternative, wenn Chiang Kai-shek seiner habhaft wurde, war einfach: ins Finanzministerium oder ins Gefängnis. Ich glaube nicht, daß er zum Tode verurteilt worden wäre, doch war er nicht sicher. Er war tatsächlich in einem ziemlich desperaten Zustand, und der Vorschlag, den ich ihm aus Wuhan mitgebracht hatte, schien ihm einen Weg aus all den Schwierigkeiten zu bieten. Er war beinahe sofort einverstanden und bat mich, ihm eine Karte für meine Kabine auf den Namen

Wong, aus Kanton, zu kaufen. Er zeigte ein reges Interesse an den Ereignissen in Wuhan.
Am folgenden Tag hatte er aber seine Meinung geändert. In der Zwischenzeit hatte er mit seiner Mutter, seinen Schwestern und seinem Schwager gesprochen, und diese gehörten zu einer völlig reaktionären Familie.
«Es nützt nichts, wenn ich nach Wuhan gehe», sagte er voller Sorge und nervös. «Sehen Sie, die Wahrheit ist die, daß ich kein Sozialrevolutionär bin. Ich mag die Revolution nicht und ich glaube nicht an sie. Wie kann ich einen Finanzhaushalt in Ordnung halten oder die Währung aufrecht erhalten, wenn die Politik der Arbeiterschaft jedem Kaufmann und Fabrikbesitzer Angst macht, seinen Laden schließen zu müssen? Das will das Zentrale Exekutiv-Komitee nicht begreifen. ... Haben Sie gesehen, was sie mit meinen Banknoten gemacht haben, meinen schönen Banknoten! ... Sie wurden von der Inflation aufgefressen ...
Oh, meine Schwester ... ! Meine Schwester versteht das nicht. Niemand versteht, wie schwierig das ist. Wie weiß ich, ob ich nicht einen Tag, nachdem ich in Hankow angekommen bin, aus dem Finanzministerium geschleift und von der Masse in Stücke gerissen werde? Wie weiß ich, ob ich den Währungsverfall zu stoppen vermag? Man kann nichts machen, wenn sie es darauf angelegt haben, Streiks und Massenzusammenkünfte zu fördern. Sie bringen die Leute in einen Zustand der Erregung, in dem sie alles erwarten, so daß sie enttäuscht werden müssen. ... Ich bin nicht populär, das möchte ich gesagt haben. Ich bin nie populär gewesen. Die Masse hat mich nicht gern. Sie hätten mich letzten Winter umgebracht, wenn die Soldaten nicht rechtzeitig dagewesen wären. ... Sie wissen alle, daß ich Streiks und Massenzusammenkünfte nicht mag. ... Was kann ich da machen ...?»
An jenem Tag war er entschieden antirevolutionär. Doch am nächsten Tag hatte er die Seite erneut gewechselt und hatte eine hoffnungsvollere Ansicht über die Möglichkeit, das Zentrale Exekutiv-Komitee zu überzeugen, seine Arbeiterpolitik zu modifizieren. Er trauerte seinen Banknoten nach, war damit einverstanden, daß das Nankinger Regime nur eine versteckte Form einer persönlichen Diktatur sei und daß Wuhan immer noch – trotz der Kommunisten – die reine Parteitradition der Kuomintang repräsentiere.

Eine andere Journalistin aus dem Westen, die zu diesem Zeitpunkt in China ankam, war Anna Louise Strong, die schon einmal in China gewesen war und viele der wichtigsten Protagonisten kannte. Sie suchte das Haus an der Rue Molière auf und fand einen veränderten T.V.:

Vielleicht war er schon immer Chiangs Agent und ein bewußter Doppelspieler gewesen. Vielleicht hat seine Vergangenheit ihn zu einem sozialen Feigling gemacht. Vielleicht dachte er sich, daß eine Zusammenarbeit den chinesischen Nationalismus retten würde. Mir war es aus den Gesprächen, die ich mit ihm geführt hatte, klar, daß er sehr wohl wußte, daß die Revolution und die Partei in Wuhan waren und daß man ihn brauchte; doch, unschlüssig vor zwei Wegen, wählte er diesen nicht.[18]

Sheean erzählt, wie sich T.V. am Ende entschied:

«Ich kann nicht gehen», sagte er. ... «Ich kann es nicht tun. Es tut mir leid, daß ich Ihnen soviel Umstände gemacht habe, doch ich kann es einfach nicht tun.»
Er war aufgeregt und sehr nervös. Ich setzte mich in der Eingangshalle auf eine Treppenstufe und war verblüfft. An diesem Nachmittag war er doch entschlossen gewesen, und nun –!
«Was soll ich denn Ihrer Schwester sagen?» fragte ich.
«Gehen wir zu meiner Familie und sprechen wir darüber», erwiderte er.
Wir setzten uns in seinen Rolls-Royce und machten um ein Uhr morgens mehrere Besuche. Ich nahm an den Besprechungen der Soong-Familie nicht teil und kann mir deshalb nur ausdenken, wie sie alle auf T.V. eingeredet haben, den Rubikon nicht zu überschreiten. Eine der Personen, mit denen er sprach, war seine hyperamerikanisierte Schwester May-ling ... eine weitere war Dr. H.H. Kung, sein Schwager. Nach einigen Stunden der Diskussion kam T.V. aus dem Gemäuer des Kung-Hauses. Er war niedergeschlagen und bedrückt.
«Es ist alles geregelt», meinte er. «Ich werde nicht gehen. Sagen Sie meiner Schwester, daß ich ihr schreiben werde. Es tut mir leid, daß Sie umsonst belästigt wurden.»
Ich fuhr ihn in seinem immensen, leichenwagenähnlichen Auto nach Hause. Keiner von uns sagte ein Wort. Ich war von der Unentschlossenheit seines Vorgehens erschöpft, und er war sehr niedergeschlagen. Seither habe ich ihn nicht mehr gesehen, und die Ereignisse jener Nacht bleiben mein letzter Eindruck von Soong Tse-ven, sowohl von seiner Person als auch von seinem Charakter: ein aufrichtiger Liberaler, auf hoher See zwischen entgegengesetzten Küsten.[19]

T.V. ging zwar im Juli nach Wuhan zurück, doch nur, um für seinen neuen Boss Chiang Kai-shek eine Botschaft zu überbringen: Es gab Hoffnungen, eine Koalition zwischen Nanking und Wuhan zu bilden – doch nur, wenn Borodin und die chinesischen Kommunisten sofort aus der Kuomintang ausgeschlossen würden.[20]

Während Wochen war es offensichtlich, daß das Ende jeden Moment kommen konnte. Borodin hatte Fanya nach Wladiwostok gesandt, doch auf dem Weg wurde sie verhaftet und vom mandschurischen Kriegsherren Chang Tso-lin, der ihrer Erwürgung mit Freuden entgegensah, in Peking eingesperrt. Hinrichten durch Erwürgen hieß in China nicht in der Garotte nach europäischer Art umkommen, bei der der Scharfrichter plötzlich einen Eisenkragen um den Hals legt; chinesische Scharfrichter würgten mit bloßen Händen langsam das Leben aus ihren Opfern – ein Prozeß, den Experten über 15 Minuten und länger hinziehen konnten. Die Feinde des Opfers pflegten der Hinrichtung mit größter Aufmerksamkeit zu folgen, um genau zu sehen, wann das Opfer die Kontrolle über seine Blase und seinen Dickdarm verlor. Dies war die Hinrichtungsart, die der gleiche Kriegsherr für jene angeordnet hatte, die im April in der sowjetischen Vertretung festgenommen worden waren.
Ein Plan zur Rettung wurde entworfen. Doch Fanyas Gefangennahme zeigte, wie nahe das Ende schon war. Der Druck, der auf die verbleibenden KMT-Generäle ausgeübt wurde, damit sie auf die Seite Chiangs überwechselten, war groß. Als Alternative blieb nur der Untergang mit Wuhan, das lediglich ein soziales Experiment war. Schon hatte Chiang im geheimen General T'ang Sheng-chih gekauft, der in aller Ruhe seine Soldaten in Stellungen brachte, von denen aus Wuhan am 15. Juli – dem Datum der nächsten Zusammenkunft des Politbüros der KMT – erobert werden konnte.
Anna Louise Strong hielt sich zu diesem Zeitpunkt in Wuhan auf:

> Ich wurde zu Soong Ching-ling – Mrs. Sun Yat-sen – eingeladen ... die Revolution war ihre Sache, sie widmete ihr alles, nicht nur weil sie selbst davon überzeugt war, sondern auch wegen ihrer Stellung als Dr. Suns Witwe, für die sie von Millionen einfacher Chinesen beinahe verehrt wurde. ... Ihre Freunde versuchten vergeblich, sie zu veranlassen, die Revolutionäre Regierung von Hankow im Stich zu lassen. Sie stellten ihr sogar ein japanisches Schiff zur Flucht bereit, in der Annahme, daß sie gegen ihren Willen festgehalten würde. Als sie jedermann klarmachte, daß sie aus freiem Willen blieb, wurden all die subtilen Waffen der Verunglimpfung gegen sie eingesetzt.[21]

T.V. kam am 12. Juli in Wuhan an und tagte mit dem Zentralkomitee. Seine Botschaft, die er von Chiang mitbrachte, war klar und einfach: Werft die Kommunisten und Borodin unverzüglich aus der Regierung und verbündet euch mit Nanking, andernfalls ... Weil Wuhan schon am 15. Juli beschlossen hatte, die KPCh offiziell aus der Regierung auszuschließen, war die Hauptbedingung schon erfüllt. Der Rest des Ultimatums hatte zum Ziel, Ching-ling und einige weitere Parteigänger einzuschüchtern und zur Aufgabe ihrer Position zu zwingen.[22]

Am Abend dieses Tages war Ching-ling erschöpft und angewidert. Doch war es nun an ihr, von T.V. unter vier Augen zu hören, was an Zwang, Drohungen und Verdrehungen von ihrer Mutter, ihren zwei scharfzüngigen Schwestern und dem griechischen Trauerchor H.H.s aufgeboten wurde. Ching-ling sagte ihrem Bruder entschlossen und unwiderruflich nein. Sie werde nicht mit Chiang zusammenarbeiten. Und wenn die Regierung in Wuhan am Ende zusammenbrechen sollte, so werde sie einfach nach Shanghai zurückkehren und von dort aus Chiang Kai-shek weiter bekämpfen.

Wie ein Dokument des FBI zeigt, das erst Jahre später an die Öffentlichkeit gelangte und auf Gesprächen beruht, die ein befreundeter Amerikaner mit Ching-ling führte, soll T.V. große Angst gehabt haben. Er beharrte darauf, daß sie die Wohnung über der Bank verließ und mit ihm draußen einen Spaziergang machte. Als sie in genügender Entfernung von der Wohnung und ihren Beschattern waren, nahm er ihre Hand und beschwor sie, auf keinen Fall nach Shanghai zurückzukehren. Er neigte sich zu ihr hinunter und flüsterte ihr ins Ohr, ihr Leben sei in Gefahr und man werde ihr mit Sicherheit ein Messer in den Rücken stoßen. Sie lachte, doch T.V. versicherte, daß Ai-ling «ihre Ermordung genau so geplant habe wie mehrere andere zuvor».

Trotz dieser beängstigenden Beschwörungen und der ominösen Drohung, daß sie von ihrer eigenen Schwester umgebracht werden könnte, blieb Ching-ling unnachgiebig.

T.V. sandte ein kodiertes Telegramm nach Shanghai.

Der Korrespondent Sheean besuchte Borodin und bemerkte, daß auch er fatalistisch gestimmt war:

> Ich werde bis zur letzten Minute bleiben. Wenn ich gezwungen werde zu gehen, dann gehe ich. Doch ich glaube nicht, daß die chinesische Revolution zu Ende ist oder daß sie in einem anderen als einem höchst vorläufigen Sinn gescheitert ist. Sie wird wieder in den Untergrund gehen. Sie wird eine illegale Bewegung werden, unterdrückt durch Gegenrevolution und verfolgt von Revolution und Imperialismus. Doch sie hat gelernt, wie sie sich organisieren und wie sie kämpfen muß. Früher oder später, in einem, in zwei oder fünf Jahren, wird sie wieder an die Oberfläche hochkommen. Sie kann ein Dutzend Mal geschlagen werden, doch am Ende muß sie siegen. ... Was hier geschehen ist, wird nicht vergessen werden.[23]

Die KPCh hatte sich schon seit Wochen zurückgehalten, «um keine Vorwände zu liefern, die die von Reaktionären und Konterrevolutionären erhobenen Anklagen unterstützen würden».[24] Eine Reihe von kommunistischen Funktionären in Wuhan ersuchte in aller Stille um Urlaub. Andere gaben ihre Posten auf. Die KPCh erklärte Borodin, daß die Partei eher ihren Rückzug anbieten sollte, als zu warten, bis sie aus der Regierung ausgeschlossen würde. Borodin jedoch warnte, daß Moskau damit nie einverstanden wäre.

Mitte Juni versuchte jemand, General Galen bei einem Bankett zu vergiften. Ein anderer sowjetischer Berater starb, doch Galen erholte sich.[25]

Jedermann konnte erkennen, wie die KPCh auseinanderfiel. Junge Genossinnen, die ihr Haar als ein Zeichen ihres revolutionären Eifers seit dem Frühjahr 1927 kurz trugen, ließen es wieder wachsen.[26] Während die Parteikader von den Straßen verschwanden und kleine Parteibüros geschlossen wurden, machte sich der Weiße Terror breit: Kleine Gruppen von Sicherheitspolizisten und Gangstern drangen in die Parteibüros ein, nahmen Leute gefangen und erschossen jeden, der dort auftauchte.[27]

T.V. besuchte Ching-ling abermals. Sie arbeitete gerade an einer Erklärung, in der sie eine Zurückweisung der Politik Chiangs formulierte. Sie würde Wuhan nicht aufgeben. T.V. sandte Chiang über H.H. Kung am 12. Juli ein kodiertes Telegramm, in dem er aufzählte, welche Maßnahmen zur Wahrung des Gesichts von Wang Ching-wei für eine unmittelbare Kapitulation in die Wege geleitet worden waren. Am späten Abend des 13. Juli erhielt T.V. von Kung die Antwort: «SAG DEM VERKÄUFER, DASS DER HÄNDLER MIT DEM VERLANGTEN PREIS EINVERSTANDEN IST. ER ERWARTET LIEFERUNG AM VEREINBARTEN DATUM.»[28]

«Nun», meinte Eugene Chen beißend, «wer, glaubst Du, ist der Händler? Es ist Chiang Kai-shek. Und die Ware, die verkauft wird – das ist der Verrat an der Wuhaner Regierung. Diese Sprache zeigt die Mentalität von H.H. und T.V. Es ist die Sprache der Kompradoren; und sie handeln das Schicksal des Landes wie eine Ware, die gekauft und verkauft wird.»[29]

Diese Entwicklung der Ereignisse wurde von Borodin nach Moskau weitergeleitet. Am folgenden Tag sandte der Kreml eine feierliche Deklaration zurück: «Die revolutionäre Rolle der Regierung von Wuhan ist zu Ende, sie wird zur konterrevolutionären Kraft.»[30] Moskau wies die KPCh an, sich aus der Regierung von Wuhan zurückzuziehen. In der Zeit, die ihnen am 14. Juli noch verblieb, verließen Mao Tse-tung und andere kommunistische Parteiführer unauffällig Wuhan.

Ching-ling war praktisch die einzige, die standhaft blieb. Der einzige weitere Führer der KMT, der zu ihr hielt, war ihr Freund General Teng Yen-ta. Er war ein beliebter Vorsteher an der Akademie von Whampoa – keiner von Chiangs Gefolgsleuten, sondern ein Unabhängiger. Wegen seiner Intelligenz und Popularität war er während des Nordfeldzuges zum Direktor der Allgemeinen Politischen Abteilung der KMT ernannt worden. Viele der politischen und militärischen Erfolge waren ihm zugeschrieben worden.

Wenn der Selektionsprozeß der Revolution ohne störende Einflüsse durch die Grüne Gang oder Moskau abgelaufen wäre, wäre vielleicht anstelle Chiang Kai-sheks General Teng der Staatsführer Chinas geworden. Während der Spaltung zwischen Wuhan und Nanking trat General Teng auf die Seite Wuhans und nannte Chiang einen Usurpator und Verräter der Ideale Dr. Suns. Dafür wurde er von Chiang zum Kommunisten gestempelt. Dem war jedoch nicht so, denn sowohl Teng als auch Ching-ling glaubten zwar, daß einige Programmpunkte der KPCh die Leitsätze Dr. Suns ergänzten, aber sie waren mit der Abhängigkeit der KPCh von der Komintern und dem Diktat Stalins nicht einverstanden. Zu diesem Zeitpunkt fragten sie sich mit gutem Grund, ob Stalin nicht absichtlich eingegriffen habe, um seine eigenen Ziele zu verfolgen. Mit Chiang und der Grünen Gang auf der einen und den Machenschaften Stalins und der Komintern auf der anderen Seite war dem Experiment Wuhan schon der Untergang beschieden, bevor es überhaupt lebensfähig geworden war.

Nun war Ching-ling an der Reihe zu sprechen. Am 14. Juli erschien ihre Erklärung, die Chiang Kai-sheks Usurpation der Revolution verurteilte. Sie erklärte, daß eine Revolution, die die Arbeiter und Bauern ausschloß, eine Schande sei:

> Einige Mitglieder der Parteiexekutive definieren die Leitsätze und die Politik Dr. Sun Yat-sens so, daß sie meiner Meinung nach Dr. Suns Ideen und Idealen Gewalt antun.
>
> ... jede Revolution muß ... auf fundamentalen Veränderungen in der Gesellschaft beruhen; sonst findet keine Revolution statt, sondern nur ein Regierungswechsel.
>
> Um uns in der chinesischen Revolution zu führen, hat uns Dr. Sun die Drei Volksprinzipien gegeben. ... Das dritte Prinzip, die Verbesserung der Lebensbedingungen des Volkes, steht zum jetzigen Zeitpunkt auf dem Spiel, es ist das Prinzip, das die Fragen nach fundamentalen sozialen Veränderungen in China beantwortet ...
>
> In diesem Prinzip finden wir seine Analyse sozialer Werte und die Definition der Stellung der Arbeiter- und Bauernklasse. Diese Klas-

sen sind die Basis unserer Macht im Kampf gegen den Imperialismus und gegen die ungleichen Verträge, die uns zu Sklaven machen, und sie werden unser Land wirksam einigen. Sie sind die neuen Säulen, auf denen das neue, freie China ruhen wird. ... Wenn wir irgendeine Politik vertreten, die diese Stützen schwächt, dann rütteln wir an den Grundsätzen unserer Partei, verraten die Massen und sind ihrem Gründer untreu. ...

Doch heute, so sagt man, soll die Politik geändert werden, um den Ansprüchen der Zeit zu genügen. Dies hat etwas Wahres an sich, doch die Änderung der Politik darf nie soweit getrieben werden, daß sie sich in ihr Gegenteil verkehrt, so daß die revolutionäre Partei nicht mehr revolutionär ist, sondern nur noch ein Organ wird, das unter dem Banner der Revolution funktioniert, aber in Wirklichkeit jene bestehende Gesellschaft unterstützt, die es bei der Gründung der Partei zu ändern galt.

... heute ist das Los des chinesischen Bauern sogar noch elender als in den Tagen, in denen Dr. Sun durch seinen großartigen Sinn für die Ungerechtigkeit der Menschen in ein Leben für die Revolution getrieben wurde. Und heute sprechen Leute, die sich dazu bekennen, seiner Fahne zu folgen, von Klassen und denken an eine «Revolution», die grundsätzlich die Leiden der Millionen armer chinesischer Bauern außer acht läßt.

Heute hören wir auch von der Verurteilung der Bauern- und Arbeiterbewegung als einer neumodischen und fremdartigen Sache. Dies ist falsch. Vor zwanzig, dreißig Jahren dachte und sprach Dr. Sun von einer Revolution, die die Lage des chinesischen Bauern verändern sollte. ...

Während all dieser Jahre waren seine Ziele klar. Doch heute sprechen wir von neueren ausländischen Einflüssen. War Sun Yat-sen – der Anführer, der sich für eine Agrarrevolution in China aussprach, als Rußland noch unter der Gewalt des Zaren war –, war er ein Werkzeug ausländischer Interessen?

Dr. Suns Politik ist klar. Wenn gewisse Spitzenleute der Partei sich nicht an sie halten, dann sind sie nicht mehr Dr. Suns wahre Nachfolger, und die Partei ist keine revolutionäre Partei mehr, sondern nur noch ein Werkzeug in den Händen dieses oder jenes Militärkommandeurs, eine Maschine, ein Agent der Unterdrückung, ein Parasit, der sich am gegenwärtigen Sklavensystem ernährt. ...

Eine Revolution in China ist unausweichlich. ... Mein Herz ist nicht an der Revolution verzweifelt; meine Entmutigung betrifft lediglich den Weg, auf den einige jener, die die Revolution angeführt hatten, abgeirrt sind.[31]

Es war Madame Suns letztes Wort. Sie hatte, das stand außer Zweifel, mit Chiang Kai-sheks Regime gebrochen. Er konnte den Namen

Sun nicht mehr verwenden, um seine Politik zu legitimieren. Der vernichtende Schlag der freundlichen Witwe wurde von ihren Feinden unterdrückt. Doch sie sorgte dafür, daß ihre Erklärung in der *China Weekly Review* publiziert wurde.

Am folgenden Tag, dem 15. Juli, wurde die KPCh nach Plan aus der Wuhaner Regierung ausgeschlossen. Jene, die in der KMT bleiben wollten, mußten ihre Mitgliedschaft in der KPCh aufgeben oder eine «Bestrafung ohne Milde» in Kauf nehmen.

Borodin verschwand. Auch Ching-ling tauchte unter, obwohl sie kein Mitglied der KPCh war. Andere, die sich dem Rechtsrutsch widersetzt hatten, flohen aus Wuhan und früher oder später auch aus China. Einer von ihnen war Ching-lings Freund General Teng Yenta. Er gab alle seine Posten in der KMT auf und klagte die noch verbleibenden Funktionäre der Wuhaner Regierung an, mit Chiang Kai-shek gemeinsame Sache zu machen und Dr. Sun Yat-sen zu verraten. Danach floh er als Bauer verkleidet aus der Stadt. Einige Tage danach begannen die Hinrichtungen.

Auf diese Weise endete die Revolution, die mit so großen Hoffnungen in Kanton begonnen und sich zum Yangtse ausgebreitet hatte. Nicht von einem äußeren Feind besiegt, sondern von der Grünen Gang unterwandert, bis sie von innen zusammenbrach. Ihre Feinde im Norden flohen vor ihr, und viele ausländische Nationen schickten sich an, sie anzuerkennen. Doch Tausende von Rekruten der Grünen Gang wurden in aller Stille durch die Akademie von Whampoa geschleust und begannen so unter Chiang die unteren Ränge des Offizierskorps zu dominieren. Weder die unbewaffneten Bauern und Arbeiter noch die Möchtegern-Demokraten und liberalen Intellektuellen hatten die Kraft, ihrem eigenen militanten rechten Flügel zu widerstehen.

Ching-ling wurde in Verkleidung auf einem Boot den Yangtse hinunter und nach Shanghai geschmuggelt, wo sie in der Rue Molière halt machte, um ihre Angelegenheiten in aller Eile in Ordnung zu bringen. Dieses Mal schien sie ihren Überwachern entkommen zu sein. In der Angst, daß sie, wie T.V. ihr vorausgesagt hatte, umgebracht werden könnte, wenn sie länger als nötig in der Stadt blieb, oder daß man sie gefangennehmen könnte, während Chiang ihren Namen verwenden würde, um die Massaker in Zentral- und Südchina zu rechtfertigen, entschloß sie sich, ihren Protest auch über China hinauszutragen. Borodin hatte ihr eine dramatische Geste vorgeschlagen, die sie ganz klar von Chiang abgrenzen würde – einen offiziellen Besuch in Moskau.

Nach Mitternacht, als es in der Französischen Konzession still wurde und die von Bäumen gesäumten Straßen von Schatten verdunkelt wurden, schlüpfte sie schäbig verkleidet aus dem Haus, begleitet von der rothaarigen Rayna Prohme, einer lebhaften jungen amerikanischen Marxistin, die die KMT-Zeitung in Wuhan herausgegeben hatte. (Vincent Sheean hatte sich in sie verliebt und war zu diesem Zeitpunkt außerordentlich um ihre Sicherheit besorgt.) Die beiden Frauen gingen wie Bettler zum Fluß hinunter. Dort stiegen sie in einem Viertel, das von der Grünen Gang kontrolliert wurde, in ein kleines Boot und wurden hinaus in die von Unrat übersäte Strömung des Whangpoo gerudert. Das unsichere Boot glitt an Kriegsschiffen aus den verschiedensten Ländern entlang, driftete an ächzenden Dschunken vorbei und erreichte nach drei Stunden einen rostigen russischen Frachter. Noch vor Sonnenaufgang kam auch Eugene Chen mit seinen zwei Töchtern an Bord. Mit der Morgenflut lief das Schiff nach Wladiwostok aus.

Fanya Borodin entkam den Klauen des mandschurischen Kriegsherren Chang Tso-lin durch einen meisterhaften Kunstgriff. Borodin hatte irgendwie 200 000 chinesische $ als Bestechungsgeld zur Hand. Offensichtlich hatte er das Geld aus sowjetischen Reserven, die in Peking genau für solche Zwecke angelegt worden waren. Die Summe wurde an A.I. Kantorowitsch, den offiziellen Attaché in der Vertretung, weitergegeben. Kantorowitsch sollte in einem Prozeß, den der Kriegsherr inszeniert hatte, um dem Geschmack der ausländischen Diplomaten zu entsprechen, bevor er sie erwürgen ließ, als Fanyas beratender Verteidiger agieren. Er suchte den für diesen Prozeß bestimmten Richter auf. Am Morgen des 12. Juli, so früh, daß der Kriegsherr noch tief schlief, fand in aller Eile ein Prozeß statt. Fanya wurde für unschuldig befunden und freigesprochen. Ihr Verteidiger verschwand augenblicklich vom Erdboden. Der Richter ließ seine Frau und seine Kinder in Peking die Sache ausbaden und ging nach Japan, um dort als Frührentner bequem zu leben.
Außer sich vor Wut, mußte der alte mandschurische Bandit Chang Tso-lin die blamable Niederlage akzeptieren. Direkt vor seiner Nase verbarg sich Fanya in einem konfuzianischen Tempel in Peking, der in Unterkünfte für Ausländer umfunktioniert worden war. Als die Menschenjagd vorüber war, tauchte sie als katholische Nonne verkleidet wieder auf und verschwand nach Sibirien.[32]
Auch Borodin verbrachte die letzten Juliwochen in einem Versteck: in T.V. Soongs Wohnung über der Bank in Hankow, in der Chingling gewohnt hatte. Durch ein Netz von diplomatischen Garantien war Chiang einverstanden, die Russen abziehen zu lassen, doch durf-

ten sie sein Gebiet nicht durchqueren. So mußten Borodin und eine kleine Gruppe von Gefolgsleuten den Landweg durch die Wüste Gobi nehmen. Anna Louise Strong, die nun in Borodins Nähe gerückt war, flehte ihn an, sie mitzunehmen. Schließlich war er damit einverstanden.

T.V. Soong pflasterte Borodins Weg mit einer großen Summe in Silbermünzen, die, in Reispapier eingerollt, mit dem Siegel der Kuomintang-Regierung versehen und in hölzerne Kisten verpackt waren.[33] Dies war ein Teil des Lösegeldes, das Wuhan für Borodins sicheren Rückzug zu bezahlen hatte. Es war für den christlichen General Feng, die Wetterfahne, bestimmt, der Borodin freies Geleit durch sein Territorium in Nordchina «garantierte». Im Zug ging die Reise bis Ling Po, der Endstation der Eisenbahnlinie; danach mußten die Russen mit Auto und Lastwagen die Wüste Gobi durchqueren. Gerade Borodin behagte das nicht besonders. Während des letzten Jahres hatte er chronische Malaria aufgelesen, und erst kürzlich war er vom Pferd gefallen und hatte sich einen Arm gebrochen.

Am 27. Juli wurde Borodin und seiner Gefolgschaft von dreißig Leuten sowie seinen chinesischen Leibwächtern im Bahnhof von Hankow ein Spezialzug zur Verfügung gestellt.

Unter den «Würdenträgern», die ihn verabschiedeten, waren T.V. Soong und Wang Ching-wei. Während eine chinesische Militärkapelle kaum wiedererkennbare Marschmusik spielte, tranken Wang, Soong und Borodin in einem der Wagen Tee und Sprudel. Wang, der der chinesischen Etikette eine idiotische Referenz erwies, fragte Borodin, ob er es sich nicht nochmals überlegen und doch in China bleiben wolle. Borodin, dessen Geduld am letzten Faden hing, verneinte. Wang überreichte ihm einen Brief des Zentralkomitees, in dem «freundschaftliche Gefühle» ausgedrückt wurden. Borodin bedankte und verabschiedete sich. Dann dampfte der Zug langsam außer Sicht. Einige Chinesen auf dem Bahnsteig weinten. Andere machten gemeine Bemerkungen. Eine Kapelle spielte die Hymne der KMT, die nach der Melodie von «Frère Jacques» gesetzt war.[34]

Neben dem Bahngeleise, das durch die Provinzen Hupeh und Honan führte, lagen Opfer von Krieg und Hungersnot. Im Süden Chinas war das Land grün und fruchtbar, doch hier traf man auf versengtes Ödland. Nichts wuchs. Bäume und Büsche standen ohne Blätter und Rinde da. Wer noch am Leben war, war zum Skelett abgemagert. In Chengchow, dem Tor zur Wüste, traf Borodin auf den verschwenderischen General Feng. Das also war der Mann, der Borodins lange Mission zu Ende gebracht hatte, indem er mit Chiang gemeinsame Sache gemacht hatte.

Percy Chen, damals sechzehn Jahre alt, war dabei und sah, wieviel Bestechungsgeld Feng verlangte:

> General Feng verlangte von mir (erinnerte sich Chen) einen Beitrag zur Reparatur der Straßen, über die die Reise führen sollte, auch zur Reparatur von Brücken und zum Pflanzen von Bäumen entlang der Straßen. ...Doch in Wahrheit existierten gar keine Straßen, auch Brücken gab es nicht, und die Bäume, die wir sahen, waren alle in der T'ang- und Sung-Dynastie gepflanzt worden. Dennoch hatte General Feng die Form gewahrt. Ich bezahlte das Geld einem Untergebenen. Ich muß noch sagen, daß, als wir das Geld einmal bezahlt hatten, keine weiteren Forderungen von irgendeinem General entlang unserer Route erhoben wurden.[35]

Nach einem drei Tage langen Bankett mit Feng verließ Borodins Zug Chengchow, während Fengs Militärkapelle «Onward, Christian Soldiers» spielte.

Der Zug brachte sie nach Loyang und schließlich nach Ling Pao, der Endstation. Sie luden alles auf vier starke Dodge-Tourenwagen und einen Buick mit Faltdach und Mahagoniausstattung um. Borodin fuhr im Buick. Hier im Getreidegürtel war der Gelbe Fluß zweimal über die Ufer getreten und hatte die Felder überflutet. Als das Hochwasser zurückging, ließ es eine riesige Staubschale zurück. Ein Dodge mit Borodins Leibwächter und Voroshin, einem Berater, der mit Feng Yu-hsiang zusammengearbeitet hatte, führte die Karawane an. Danach folgte der Buick, der einst einem Kriegsherrn gehört hatte. In diesem Auto saß Borodin mit seinem Arzt namens Orloff. Hinter ihm fuhren ein Dodge, der mit Benzinkanistern, Koffern, Ersatzreifen und Passagieren – Percy Chen und seinem Bruder Jack sowie einem chinesischen Dolmetscher und Anna Louise Strong – beladen war. Noch zwei weitere Dodges und drei Lastautos, vollgepackt mit Holzkisten voller Dokumente, Ölkanister, Zelte, Büchsenproviant, Wasserbehälter und einem Feldbett, bildeten den Schluß der Kolonne. Auf einem der Lastwagen thronte Borodins kantonesischer Koch, unschuldig wie immer.

Jeden Abend wurde ein Lager aufgeschlagen, und die Russen packten ihr altes, auf Rädern befestigtes Maxim-Maschinengewehr aus und brachten es auf dem nächstliegenden Hügel in Stellung. Jeden Morgen dann servierte der Koch ein Frühstück aus Kondensmilch, Biskuits, Würstchen und Corned beef, das unter den Augen der Bauern eingenommen wurde, die aus ihren Hütten an den brüchigen Ufern des schokoladebraunen Flusses zusahen. Jede Tagesetappe folgte den Spuren, die von den Wagenrädern in die Lößhügel eingegraben worden waren. Oft blieben sie stecken. Wenn es regnete, hatten sie sich durch eine wahre Linsensuppe zu pflügen. Als sie den für seine warmen Quellen bekannten Ort Lin-t'ung, der von den T'ang-Kaisern in der Nähe von Sian angelegt worden war, erreichten, machte die Karawane einen längeren Halt, um alles in Ordnung zu bringen.

Nachdem er ganz allein ein dampfendes Schwefelbad genommen hatte, wanderte Percy Chen auf eine unauffällig angebaute Seitenterrasse hinaus und platzte in eine überraschende Szene. Borodin saß, frisch gebadet und zufrieden dösend, in einer Chaise-longue, während ihm Anna Louise Strong, angeregt und blühend, zärtlich «White Shepherds Watched Their Flocks by Night» vorsummte. Anna unterbrach sich mittendrin und blickte Chen haßerfüllt an. Er spürte, daß er eine interessante Entdeckung gemacht hatte. (Die romantische Liaison zwischen Michail Borodin und Anna Louise Strong wurde zu ihren Lebzeiten nie kommentiert, obwohl sie während über 20 Jahren mit ihrer beruflichen Zusammenarbeit Hand in Hand ging.)

Als die Karawane T'ungkuan nördlich von Sian erreichte, waren sie erstaunt, auf Ching-lings Freund General Teng Yen-ta zu treffen, der sie dort erwartet hatte. Nachdem Teng Yen-ta als Bauer verkleidet aus Wuhan geflohen war, ging er zu Fuß der Peking-Hankow Bahnlinie entlang nach Norden. Während eine Belohnung auf seinen Kopf ausgesetzt war, marschierte er über 250 Meilen, meist mit Flüchtlingen und von der Hungersnot Vertriebenen zusammen, bis er Chengchow erreichte. Dort erfuhr er, daß Borodin plante, auf dem Landweg nach Rußland zu kommen. So zog er querfeldein westwärts in Richtung Sian, um danach nördlich nach T'ungkuan zu gehen und auf die Karawane zu warten. Er beabsichtigte mitzufahren – und sie nahmen ihn in einem ihrer Autos mit.

Schließlich durchquerten sie die Innere Mongolei. Hier begann die Steppe. Auf dem Grasboden schaffte die Karawane bis zu 60 Meilen pro Tag. Nachdem sie die Hitze Chinas hinter sich gelassen hatten, fühlten sie die herbstliche Kälte der Steppe. Borodins Gesundheitszustand hatte sich sichtbar gebessert, als sie die Große Mauer erreichten. Hinter der Großen Mauer begann die Wüste. Sie hatten nun achthundert Meilen zurückgelegt. Siebenhundert Meilen standen ihnen noch bis Ulan Bator, der Hauptstadt der Äußeren Mongolei, bevor. Sie streiften das Territorium des Kriegsherren von Shansi, der ein enger Bekannter H.H.Kungs war. Von hier ab gab es keine Straßen mehr, und das Wasser war knapp. Sie wußten, daß sich ein russisches Empfangskomitee von Westen her auf den Weg gemacht hatte,

um Borodins Karawane auf halbem Weg mit Proviant und Treibstoff zu versorgen.
Eines Nachts verloren sie beinahe Anna Louise Strong. Sie war aufgestanden und alleine weggegangen. Borodin suchte sie mit einigen Leuten, doch schließlich gaben sie sie als verloren auf. Kurz vor Mittag entdeckten sie in ziemlicher Entfernung einen kleinen Punkt. Durch Zufall war Anna in Richtung ihrer Reiseroute weitergegangen. Als die Karawane sie eingeholt hatte, weinte sie vor Erleichterung. «Warum um alles in der Welt bist du fortgelaufen?» fragte man sie. «Ich habe so gefroren, und so habe ich zu laufen begonnen», schluchzte sie, und Tränen rannen ihr über die Wangen.
Vier Tage vor Ulan Bator trafen sie mit der russischen Ersatzkarawane zusammen und feierten mit Kaviar.
Borodin flog mit einer sowjetischen Maschine nach Verkhneudhinsk, einer Station der Transsibirischen Eisenbahn, und reiste von dort ohne besonderen Aufwand nach Moskau weiter, um dem Kreml Bericht zu erstatten. General Teng, Percy Chen und die anderen folgten ihm ein paar Tage später nach.
Ching-ling erreichte Moskau mit einem Spezialzug von Wladiwostok aus. Mit ihr reisten Eugene Chen, seine Töchter und die Amerikanerin Rayna Prohme, die immer mehr unter eigenartigen Anfällen zu leiden begann. Die halbwüchsigen Chen-Mädchen Yolanda und Silvia ließen auf der Fahrt durch die sibirische Einöde ein aufziehbares Grammophon laufen. Bei jedem Halt von der Taiga zur Steppe überreichten Empfangskomitees Eugene Chen und Ching-ling Blumensträuße, mit denen die chinesischen Genossen gegrüßt werden sollten. Bei solchen Ehrungen murmelte Ching-ling jeweils ein paar Dankesworte für die Unterstützung der Revolution und ihres verstorbenen Gatten. Eugene Chen dagegen war um Worte nie verlegen und ließ die Menge hören, was sie hören wollte. Dann fuhr der Zug weiter.
Sie kamen zu einem Zeitpunkt von Shanghai, als sich in China eine große Tragödie abspielte, und sie erreichten Moskau gerade rechtzeitig, um einer anderen großen Tragödie des Jahrhunderts beizuwohnen – der Machtkampf zwischen Stalin und Trotzki hatte seinen Höhepunkt erreicht. Nachdem Lenin gestorben war, standen jene Spitzenleute der russischen Politik, die das größte Interesse für China zeigten – Bucharin, Radek und Trotzki –, unter einem Unstern. Mit ihrer Niederlage begann in Rußland die blutige Wende nach innen, die ein Vierteljahrhundert bis zu Stalins Tod dauern sollte. Der erste Frost dieses harten politischen Winters war schon über die sowjetische Hauptstadt hereingebrochen. Die Stalinisten waren den Chine-

sen nicht freundlich gesinnt, und jene Chinesen, die vor Ende Dezember Rußland verlassen konnten, konnten sich glücklich schätzen.

Weniger als drei Wochen nach Ching-lings Ankunft wurde Trotzki aus dem Exekutivkomitee der Kommunistischen Internationalen ausgeschlossen. Trotzkis Biograph Isaak Deutscher beschreibt die Situation folgendermaßen:

> Es gab groteske Gerichtsverhandlungen. Die ausländischen Kommunisten, die über einen der Gründer der Internationalen zu Gericht saßen, um ihm alle Verdienste eines Revolutionärs abzusprechen, waren als Revolutionäre praktisch alle aufgeblasene Versager: Anstifter mißlungener Aufstände, fast berufsmäßige Verlierer der Revolution oder Oberhäupter unbedeutender Sekten, die sich alle im Ruhm jenes Oktobers sonnten, in dem der angeklagte Mann eine so hervorragende Rolle gespielt hatte.

Diese Verlierer waren alle auch standhafte Verteidiger der stalinistischen Linie; unter ihnen war der indische Querschläger M.N.Roy.[36]

Trotzki, der Lenins Strategie unterstützte, nach der die kommunistische Revolution auf die unterentwickelten Länder ausgedehnt werden müße, hatte vor einer zu engen Bindung an die bürgerlichen Befreiungsbewegungen wie die KMT gewarnt, weil diese sich früher oder später unvermeidlich gegen die Kommunisten wenden würden. M.N.Roy hatte sich, als Lenin 1920 diese Ansicht an der 2. Kommunistischen Internationalen vortrug, mit aller Vehemenz gegen diese Einschränkung ausgesprochen. Sieben Jahre später in Wuhan war es M.N.Roy, der Stalins Geheimbotschaft Wang Ching-wei zeigte und so den Untergang des Experiments von Wuhan besiegelte. Betrachtet man den verhängnisvollen Zeitpunkt, in dem Stalins Geheimbotschaft eintraf, sowie seine übertriebene Sprache und die Eile, mit der Roy die Botschaft herumzeigte, so muß man annehmen, daß Stalin die Wuhaner Regierung zu stürzen gedachte.

Das Desaster in China, in das die KPCh hineinzustolpern noch ermutigt worden war, hatte Trotzkis Schicksal in Moskau besiegelt. Er wurde zum Sündenbock; Stalin hatte über ihn gesiegt. Roy war sein Speichellecker. Deutscher beschreibt Roy als Mann, «der sein möglichstes getan hatte, um die chinesische Kommunistische Partei so weit zu bringen, daß sie vor Chiang Kai-shek im Staub kroch».[37]

Nun war es Roys Vergnügen, noch am letzten politischen Schlag gegen Trotzki in Moskau teilzunehmen.

Die haßerfüllte Haltung der Stalinisten gegenüber ihren chinesischen Genossen zeigte sich sogar auf Moskaus Bühnen. So sah Ching-ling

eine Aufführung des neuen chauvinistischen Balletts «Die rote Mohnblüte» von Glière. In dieser Parodie auf die chinesische Revolution kamen die Russen dem primitiven gelben Volk, dessen Verhalten demjenigen von Insekten glich, zu Hilfe.
Ching-ling und die an einer eigenartigen Krankheit leidende Rayna Prohme mußten vom Metropole Hotel in den Zucker-Palast umziehen, ein Gebäude im zaristischen Zuckerbäckerstil, das aus den Gewinnen in der Zuckerrübenverarbeitung errichtet worden war. Einst voller Prunk, war der Palast nun kahl und leer. Vincent Sheean, der Rayna nach Moskau begleitete, besuchte die beiden Frauen in ihrer neuen Unterkunft:

> Man führte mich einen Gang entlang zu einer geschnitzten Tür, die dann in den Raum führte, der Mme Sun Yat-sen zugeteilt war. Wie der Rest des übergroßen Hauses war auch der Raum von riesigen Ausmaßen, so daß Soong Ching-ling darin wie ein Kind erschien. Sie war das erste Mal seit vielen Jahren im europäischen Stil gekleidet und fühlte sich in ihrem kurzen Rock eher verlegen. In dieser Kleidung sah sie tatsächlich wie fünfzehn aus. ... Der Raum, so groß und düster, daß ich die gegenüberliegende Wand kaum sehen konnte, kam mir wie gewählt vor für die Größe der kommenden Ereignisse, denen sich dieses außergewöhnliche Mitglied der Menschheit zur Stunde zu stellen hatte.[38]

Dort, in dieser mit Spiegeln ausgestatteten Katakombe, lag auch das amerikanische Mädchen im Bett, das, oft bewußtlos, langsam dahinstarb. Zwei Monate früher noch war Rayna quicklebendig gewesen. Sie war eine mutige, unkonventionelle junge Frau mit einem knabenhaften Gesicht und einer sinnlichen Präsenz, die Edgar Snow zur Bezeichnung «die unmögliche rothaarige Rebellengöttin» inspirierte. Sheean schien nicht in der Lage, an etwas anderes als an sie zu denken. Selbst er erkannte nun, daß es um sie geschehen war. Sowjetische Ärzte waren unschlüssig über ihre Krankheit, möglicherweise war es eine Lungenentzündung oder eine tropische Krankheit, die in Zentralchina vorkam. Sheean wachte ängstlich über sie.
Ching-lings Trübsinn und ihre Neigung zu Vorahnungen wurden noch von der Entdeckung genährt, daß ein anderer guter Freund, General Teng Yen-ta, in großer Gefahr war. Er hatte den Kreml gedrängt, seine zweideutige Haltung gegenüber China zu klären oder sich sonst aus den inneren Angelegenheiten des Landes zurückzuziehen. Als einer der drei linken Führer der KMT in Moskau – zusammen mit Madame Sun und Eugene Chen – war er eingeladen worden, vor der 3. Internationalen zu sprechen. Offen erklärte er, daß die

freundschaftliche Unterstützung durch die Komintern am Anfang vom chinesischen Volk begrüßt worden sei, doch daß die chinesische Revolution eine ausschließlich chinesische Angelegenheit sei, die nicht zu einem Werkzeug der Interessen der Komintern gemacht werden könne. Die kommunistische Revolution, so führte er aus, sei ein speziell europäisches Phänomen, das nicht auf Asien übertragen werden könne. Weil China ein feudales, semikolonialisiertes Land sei, sei die Agrarreform eines der dringendsten Probleme. Wenn die Kommunistische Internationale sich einmischte, so würde das die Revolution von ihrer Bahn abbringen und die Kämpfe in China auf unbestimmte Zeit verlängern.
Stalin reagierte unwirsch auf diese Erklärung und beauftragte die Tscheka, Teng zu verhaften und loszuwerden. Doch Teng wurde vorgewarnt und verließ Moskau bei Nacht. Russische Freunde schmuggelten ihn aus der Stadt. Teng sollte über den Kaukasus und über die Grenze in die Türkei geschafft werden. Während Wochen wartete Ching-ling ängstlich auf eine Nachricht.
Trotz Vincent Sheeans Anstrengungen, Ching-ling aufzuheitern und Rayna Prohme zu pflegen, verbreitete sich eine Atmosphäre des Schreckens. Auch von Borodin hatten sie seit ihrer Ankunft wenig gehört. Er schien in eine politische Vorhölle geraten zu sein. Bei den wenigen Gelegenheiten, bei denen Sheean ihn sah, war er schweigsam und unbeteiligt, so als ob er sich auf ein letztes Gericht vorbereitete.
Ein anderer Russe, der Sun Yat-sen freundlich gesinnt war, lag schwerkrank in Moskau. Es war der Diplomat A. A. Joffe, der mit Dr. Sun in seinem Haus an der Rue Molière 1922 den Freundschaftspakt geschlossen hatte. Joffe litt an Tuberkulose. Trotzki hatte versucht, den Kreml zu veranlassen, Joffe zur Kur ins Ausland zu senden, doch Stalin hatte abgelehnt. Als Joffe später erfuhr, daß Trotzki aus der Partei ausgeschlossen worden war und ins Exil getrieben wurde, schrieb er seinem Freund, den er seit mehr als zwanzig Jahren kannte, einen Abschiedsbrief: «Du bist im Recht, doch die Gewißheit des Sieges Deiner Wahrheit liegt genau in der unnachgiebigen Ablehnung . . . , in der Zurückweisung jedes Kompromisses, genau wie das immer das Geheimnis der Siege Illichs (Lenins) gewesen war. Ich habe Dir das schon lange sagen wollen, doch erst jetzt angesichts des Abschieds konnte ich mich überwinden.»[39] Dann legte Joffe die Feder nieder, griff zum Revolver und schoß sich eine Kugel durch den Kopf.
Das Schicksal war Borodin nicht länger freundlich gesinnt. Für ihn bedeutete Moskau die Endstation. Stalin war ihm nicht zugetan.

Nach den Paraden zu Ehren der Oktoberrevolution sahen ihn Sheean und Ching-ling nie wieder. Man wies ihm eine bedeutungslose Tätigkeit in der Redaktion einer von Moskau gesteuerten Zeitung zu. In den stalinistischen Säuberungen von 1949 wurde er verhaftet und in ein KZ irgendwo auf dem Archipel deportiert, wo er 1951 starb.
Borodin faßte seine Erfahrungen mit der chinesischen Revolution einmal als Epitaph zusammen, als er bemerkte, die Kuomintang sei «eine Toilette, die immer stinkt, so oft man auch spült».

Ching-ling war erschöpft. Innerhalb zweier Jahre war sie von der First Lady zur exilierten Witwe gesunken. Doch war sie immer noch das Wertvollste, was irgendein Führer der chinesischen Revolution sich zulegen konnte. Mit großem Entsetzen vernahm sie, daß die *New York Times* schrieb, sie werde demnächst Eugene Chen heiraten und der Kreml würde für sie die Hochzeitsreise arrangieren. Sie hörte diese Geschichte, als ihr ein Engländer in Moskau zu ihrer «baldigen Wiederverheiratung» gratulierte. Der Tradition gemäß verlor eine chinesische Witwe ihren guten Ruf, wenn sie sich wieder verheiratete. Irgend jemand aus dem Lager Chiang Kai-sheks – möglicherweise ihre Schwester Ai-ling – war entschlossen, ihre Glaubwürdigkeit zu zerstören.
Sie war von der Geschichte so vor den Kopf gestoßen, daß sie zusammenbrach.[40] Während drei Wochen war sie krank gewesen und gerade dabei zu genesen, als die Zeitungen eine nächste Attacke lancierten. Ihre jüngere Schwester May-ling würde sich demnächst in einer Prachthochzeit in Shanghai mit Chiang Kai-shek vermählen. Es war zu offensichtlich, daß die Verleumdung mit Eugene Chen absichtlich lanciert worden war, um den Weg für Chiangs Heirat mit May-ling freizumachen. Die Wichtigkeit der einen Soong-Heirat wurde gesteigert, indem die Wichtigkeit der anderen vermindert wurde. Die Welt konnte nun Suns Witwe vergessen, denn sie war ja die Schlampe eines «Mischlings» aus Trinidad. (Daß Chen halb Afrikaner, halb Chinese sei, war eines der ständigen Gerüchte.) Die neue Mutterfigur der chinesischen Revolution würde nun die Soong-Frau des Nankinger Generalissimo sein.
Dann trafen jedoch Neuigkeiten ein, die ihr wieder Mut machten: General Teng war am Leben. Es war ihm gelungen, über die sowjetische Grenze in die Türkei zu fliehen, und er war nun in Berlin in Sicherheit. Ching-ling entschloß sich auf der Stelle, auf eigene Faust Moskau zu verlassen, um General Teng in Deutschland zu treffen – sobald ihre Freundin Rayna gesund genug war, loszufahren.

Drei Wochen nach dem Shanghaier Massaker, während Schläger der Grünen Gang Shanghai unsicher machten und überall in China Leute auf seinen Befehl hin exekutiert wurden, hielt Chiang Kai-shek um die Hand May-ling Soongs an. Sie willigte ein.[41]

Man weiß mehr über Chiangs Beweggründe als über May-lings. Brian Crozier zitiert in seiner 1976 erschienenen Biographie über Chiang eine Analyse Hu Lins, einem der Gründer der Zeitung *Ta Kung Pao*:

> Chiangs Wiederverheiratung war ein wohlkalkulierter politischer Schachzug. Er hoffte Madame Sun Yat-sen und T.V. Soong für sich zu gewinnen, indem er ihr Schwager wurde. Zu diesem Zeitpunkt begann sich Chiang auch Gedanken darüber zu machen, wie er Unterstützung aus dem Westen erhalten könnte. Mit May-ling als seiner Frau hatte er «einen Mund und Ohren», um mit dem Westen zu verhandeln. Daneben hielt er große Stücke auf T.V. als Finanzexperten. Doch wäre es unfair zu sagen, daß Chiang May-ling nicht liebte. Chiang sah sich offensichtlich als Held. Und in der chinesischen Geschichte lieben die Helden normalerweise die Schönheiten. Aus politischen Überlegungen hätte Chiang alles unternommen. Eine neue Frau zu heiraten, schien unter diesen Umständen ein logischer Schritt zu sein.[42]

Diese Einschätzung wird durch den Historiker Tang Leang-li bestätigt, der noch hinzufügt: «Chiang wollte die ungeteilte Nachfolge des Erbes von Sun Yat-sen antreten.»[43]

Die Wichtigkeit von Suns Image darf nicht unterschätzt werden. Den meisten Chinesen erschien er als halbgottähnliche Gestalt. Wenige nur hatten den kleinen Doktor persönlich gekannt. Im Lauf der Zeit brachte die Propaganda mit Sun allerlei Magisches in Zusammenhang. Seine Photographie war überall. Jede auch noch so flüchtige Begegnung mit ihm verlieh Politikern und Generälen etwas Besonderes. Politiker, auch Wang Ching-wei, schmückten sich mit Suns Image. Für die Grüne Verschwörung war es von großer Wichtigkeit, daß sich Chiang als irdischer Delegierter Dr. Suns mit einem übernatürlichen Mandat ausgeben konnte.

Wenn es für Chiang wichtig war, durch seine Einheirat in die Soong-Familie den Anspruch auf Suns geheimnisvolle Autorität erheben zu können, so war es für ihn ebenso wichtig, sich Zugang zu finanzieller und materieller Unterstützung aus dem Westen zu verschaffen. Er brauchte sie dringend zur Festigung des Regimes. Die Gang würde kaum für alle seine Rechnungen aufkommen; auch waren der Erpressung Grenzen gesetzt. Obwohl er sein Machtgebiet durch Eroberung oder den Erwerb der Loyalität eines regionalen Kriegsherren schnell erweitern konnte, hatte er kaum Verfügungsgewalt über Chinas finanzielle Ressourcen. Solange Peking die anerkannte Hauptstadt blieb, konnte Chiang nicht auf reguläre Steuereinkünfte oder auf Gelder der Zentralregierung hoffen, um sein Regime in Nanking über Wasser zu halten. Er gab große Summen für Feldzüge oder zur Überbietung seiner Rivalen aus. Die Millionen, die er durch Erpressung zusammenbrachte, reichten einfach nicht aus. Obwohl die ausländische Unterstützung allein nie reichen würde, sein Regime finanziell zu tragen, konnte sie doch eine der Säulen werden, auf denen Nanking ruhte.

Der leichteste Weg, auf dem Chiang Zugang zu ausländischen Quellen – privaten Investitionen ebenso wie offizieller Unterstützung durch ausländische Regierungen – erhalten konnte, führte über die Soong-Familie, vor allem über T.V. Soong. T.V. hatte Verbindungen zu ausländischen Banken, ausländischen Firmen, ausländischen Regierungen und speziellen Gruppen wie den amerikanischen Missionsgesellschaften, die wiederum ihren Einfluß in Washington, D.C., geltend machen konnten. Während der Monate April, Mai und Juni des Jahres 1927 wohnte T.V., bewacht wie ein Gefangener, im Haus an der Rue Molière und wurde von Ai-ling und H.H. entsprechend bearbeitet. Angesichts eines solchen familiären Drucks gab T.V. nach. Jetzt wollte Chiang noch May-ling heiraten. T.V. selbst hatte erst vor kurzem Laura Chang, eine reiche junge Dame aus Shanghai, geheiratet. T.V. wußte genau, daß Chiang in der Vergangenheit verschiedene Male wegen Mordes, bewaffneten Raubüberfällen und Erpressung angeklagt worden war; auch waren seine vorangegangenen Ehen ein düsteres Kapitel. Was jedoch T.V. als Bankier ganz persönlich getroffen hatte, war Chiangs Beschlagnahmung der Silberreserven der Zentralbank von Kanton, die jenes finanzielle System lahmlegte, das T.V. mit so viel Mühe und Anstrengung entwickelt hatte. Doch hatte er keine Möglichkeit, Widerstand zu leisten.

«Wer in der Soong-Familie hatte also beschlossen», so fragte die Autorin Han Suyin rhetorisch, «daß diese ‹große Allianz durch Heirat› hergestellt werden sollte?» Sie verwies, wie viele andere, auf Ai-ling als Planerin des Ganzen.

> Sie war immer die Heiratsvermittlerin, Planerin und Verwalterin des Familienvermögens gewesen. Wäre es aber nicht ein brillanter Coup, ihre jüngere Schwester May-ling mit dem Oberkommandierenden der Nationalistischen Streitkräfte zu verheiraten? «Wir können diesen Mann gebrauchen», meinte sie. Und sie begann sogleich, die wider-

spenstige May-ling davon zu überzeugen, daß eine solche Heirat in ihrer aller Interesse, vor allem dem des Hauses Soong, sein würde.[44]

Den Eindruck, daß die Heirat mit Chiang «arrangiert» wurde, konnte Ching-ling bestätigen: «Als ich Ching-ling zum ersten Mal traf», erzählte Edgar Snow, «sagte sie, daß bei dieser Heirat nicht Liebe, sondern Opportunismus auf beiden Seiten im Spiel sei.» Zehn Jahre später bemerkte Ching-ling Edgar Snow gegenüber: «Am Anfang war es nicht Liebe, aber jetzt vermutlich doch. May-ling liebt Chiang aufrichtig und er sie auch.» Dann fügte sie noch hinzu: «Ohne May-ling wäre er vielleicht noch viel schlimmer gewesen.»[45]

Was wäre also für Ai-ling natürlicher gewesen, um ihren Einfluß in Nanking zu garantieren, als Chiang die Einheirat in den Soong-Clan anzubieten, mit seiner direkten Verbindung zu Sun Yat-sen, dem Zugang zu ausländischer Finanzunterstützung und den finanziellen Diensten von T.V. Soong und H.H. Kung?

Obwohl einige Leute von ihr entzückt waren und sie als gutmütige Natur einschätzten, war Ai-ling die dominierende Partnerin in allen Belangen. Sie hatte H.H. Kung geheiratet, als beide 1914 als politische Flüchtlinge vor dem Kriegsherrn Yuan Shih-k'ai nach Japan gekommen waren. Als sie nach ihrer Heirat nach China zurückkehrten, blieb Ai-ling solange bei ihren Eltern an der Seymour Road 139, bis H.H. die nötigen Sicherheitsvorkehrungen für ihre Reise nach Shensi getroffen hatte. Als sie sich schließlich nach Taiku, H.H.s Heimatort, aufmachten, endete die Eisenbahnlinie schon in Yutse, so daß Ai-ling den Rest der Reise in einer Sänfte zurücklegen mußte, während H.H. auf einem mongolischen Pony neben ihr herritt.

Ai-ling mag durch diese Unannehmlichkeiten beunruhigt gewesen sein, doch war die Ankunft in ihrem neuen Zuhause sicher keine Enttäuschung. Das Haus, in dem sie wohnen sollte, war häßlich, aber riesengroß. Es war ein Palast mitten in einem wunderbaren Garten. Das Bedienungspersonal zählte nicht weniger als fünfhundert Leute.[46]

H.H. finanzierte eine lokale Schule, die Ming-hsien genannt wurde und die er später mit seiner Alma mater, dem Oberlin College, verbinden konnte, um so eine Kette von Oberlin-in-China-Schulen zu gründen. Er versuchte mit einigem Aufwand den Anschein zu erwekken, aktiv in die Angelegenheiten der Schule involviert zu sein. Aber laut persönlichen Briefen von Verwaltern des Oberlin College wurde beschlossen, diese Behauptung in Amerika nicht geltend zu machen, weil sie der Wahrheit nicht entsprach.[47]

Ai-ling brachte ihr erstes Kind Rosamond (Ling-li) 1916 in Taiku zur Welt. Ihm folgten noch drei Nachkommen, die alle in Shanghai geboren wurden: David (Ling-k'an), Jeanette (Ling-wei) und Louis (Ling-chieh). Sie alle wurden wie Treibhausorchideen aufgezogen.[48] Theodore White beschrieb den jungen David Kung als «abscheulich». Eine bekannte Soong-Anekdote illustriert diese Feststellung: Nachdem David Kung schon als Halbwüchsiger Autofahren gelernt hatte, wurde er einmal von einem Verkehrspolizisten, einem Sikh, an einer Kreuzung im Gebiet der Internationalen Niederlassung angehalten. Als der Polizist ihn wegen rücksichtslosen Fahrens schalt, soll der junge Kung angeblich eine Pistole gezogen haben. Was danach geschah, ist nicht ganz klar: Die einen sagen, niemand sei verletzt worden, andere erzählen, daß er dem Polizisten einen Daumen weggeschossen habe.

Jeannette Kung sei, so stimmten die Erinnerungen aller überein, «äußerst arrogant»,[49] «ungezogen» und «mürrisch» gewesen.[50] Während sie heranwuchs, kleidete sie sich immer mehr in Männerkleidern, und zwar in einem solchen Ausmaß, daß sie oft für einen Mann gehalten wurde.

Emily Hahn beschreibt eine Szene am Familientisch der Kungs:

> Eine der Tischregeln, die eingeführt werden mußten, betraf zum Beispiel die Dessertfrüchte. Die Schale, in der Äpfel, Birnen, Orangen oder, was immer die Jahreszeit hervorbrachte, aufgetürmt waren, wurde herumgereicht. Um zu verhindern, daß einfach nach der besten Frucht gegriffen wurde, setzte Madame Kung fest, daß jedem Kind diejenige Frucht zustehe, die gerade zuoberst war, unabhängig von ihrer Größe. Eines Tages war die oberste Frucht eine Birne mit einer faulen Stelle. Die Schale wurde zuerst vor David hingestellt. «Ich glaube, ich esse heute keine Früchte», sagte der Junge gleichgültig.
>
> Man reichte die Schale Rosamond weiter, die gemäß der Tischregel die Birne mit der faulen Stelle ohne Widerrede nahm. Die Schale machte die Runde und wurde wieder in der Mitte des Tisches plaziert. Zuoberst lag eine schöne Birne ohne Flecken. ... David schaute sie sich näher an und sagte darauf: «Ich glaube, ich werde heute trotzdem etwas von den Früchten essen.» Ganz ruhig streckte er die Hand aus, angelte sich die Birne und begann sie zu schälen. Die anderen Kinder beschwerten sich lautstark: «Ungerecht, ungerecht, David hat gemogelt.»
>
> David hob seine Augenbrauen, während er die Birne weiterschälte: «Früchtepolitik», erklärte er.[51]

In Shanghai war H.H.s Familie in einem palastähnlichen Gebäude in der Französischen Konzession untergebracht. Der Familiensitz hatte große, den Gästen zugängliche Räume, die in einem modernistischen

Stil ausgestattet waren. Ein Ausländer, der das Haus von innen gesehen hatte, berichtete:

> In diesem Haus bewahrte er ein Erinnerungsstück auf, das immer an seine Wichtigkeit gemahnen sollte: einen großen schwarzen Wandschirm, der im Gang zum Speisezimmer stand und mit dem Bild eines auf einem felsigen Untersatz posierenden Löwen verziert war, der erhobenen Hauptes und mit weit aufgerissenem Rachen offensichtlich ein brünstiges Gebrüll von sich gab. In einer Ecke stand in chinesischer Schrift: «Der schläfrige Löwe ist erwacht. Diese Erinnerung wurde einem Manne überreicht, der mehr als jeder andere den kommerziellen Löwen Chinas aufgeweckt hat: H.H. Kung.» Er hatte ihn von den Direktoren der Shanghaier Messe erhalten.[52]

Zusätzlich zu diesem Haus erwarb die Familie weitere Liegenschaften in Peking, Kanton, Hongkong und Nanking. Kungs Aufmerksamkeit galt hauptsächlich den familiären Geschäften und seinem Beruf als Hauptagent der Standard Oil Company in China, was seinen Familienschatz um ein weiteres Vermögen bereicherte.[53]

H.H. Kung war eher listig als klug. Man zog ihn deshalb oft als Zwischenhändler bei. Aus diesem Grund wurde er auch in Verwaltungsräte oder Verhandlungskommissionen berufen. Er diente als ständiger Überbringer von Botschaften zwischen den nördlichen Kriegsherren, die ihn alle gut kannten und aus deren Bekanntschaft er wiederum Gewinne machte. Während des Nordfeldzugs beauftragte Chiang H.H., die Verhandlungen mit dem christlichen General Feng und dem Kriegsherrn von Shansi, Yen Hsi-shan, zu leiten.[54]

Während der Spaltung zwischen Chiang und den Linken der Wuhaner Regierung war es H.H. Kung, der den verräterischen General Feng durch «eine finanzielle Abmachung» zum Wechsel in Chiangs Lager bewegte. Ebenso führte H.H. erfolgreiche Verhandlungen mit Yen Hsi-shan, dessen Territorium Chiang in Schußweite von Peking brachte. Diese kleine Schikane untergrub die Allianz der Militärs und verschaffte Chiang Kontrolle über die nördliche Hauptstadt. Aufgrund dieser Hilfeleistungen schuldete Chiang Kai-shek den Kungs viel. Doch H.H. war nicht der Mann, der Chiang hätte zwingen können, diese Hilfeleistungen zu vergelten, und ihm die Hölle heiß zu machen, falls er es nicht tat. Auf H.H. konnte man sich verlassen; er tat, was man ihm auftrug, und zwar gekonnt, doch bestand, wie es schien, wenig Gefahr, daß er unabhängig zu denken begann. Trotzdem hatten viele den Eindruck, daß H.H. Kungs große finanzielle Macht gefährlich sein konnte.

Ai-ling war der ständige Stachel. Nach der Heirat übernahm sie die

Verwaltung des Kung-Vermögens. Sie arbeitete in verschiedenen Liegenschaften mit ganzen Teams von Sekretärinnen und Buchhaltern, während H.H. Kung Sitzungen präsidierte.
Nicht selten hielt sie ihre Sekretärinnen rund um die Uhr auf Trab. Mit der Zeit sprach es sich in China herum, daß sie die Position ihres Ehemannes ausnutzte, um geheime Informationen über Finanzgeschäfte zu erhalten, aus denen sie wiederum persönlich Kapital schlug. Eine der finstersten Behauptungen über sie war in einem FBI-Dossier enthalten. Der Informant sagte dem FBI gegenüber aus, daß Ai-ling dafür bekannt sei, Mörder zu dingen, um ihre Feinde und unkooperativen Geschäftsrivalen umzubringen. Wie sie so etwas jeweils in die Hand nahm, ist – wenn die Behauptungen stimmen – nicht in den FBI-Dokumenten aufgezeichnet.
Wenn sie sich tatsächlich solcher extremer Mittel bedient hätte, so wäre es für sie ein leichtes gewesen, solche Geschäfte von ihrem Freund Großohr-Tu erledigen zu lassen, zumal das in seine Branche fiel. Doch gab es noch andere Wege. In China existierte schon lange eine Geheimgesellschaft für Frauen, deren Fäden sich über ganz Asien spannten und die einzig zur Ermordung oder Bestrafung von Männern gegründet worden war. Die Dienste dieser Gesellschaft wären zur Verfügung gestanden. Im FBI-Dossier steht weiter: «Die wirkliche Drahtzieherin hinter der Gruppe soll, so wird berichtet, Madame Kung sein. ... Sie wird als bösartige und schlaue Frau beschrieben. Sie hält sich im Hintergrund und dirigiert die Familie.»[55]
John Gunther beschrieb in seinem 1942 erschienenen Buch *Inside Asia* Ai-ling als «willensstarkes Wesen, das von einer dämonischen Energie und einem großen Willen zur Macht besessen ist. Äußerst tüchtig, listig, und ehrgeizig, ist sie die mächtigste Persönlichkeit in China.» Solange das FBI die Quellen für diese Aussagen über Ai-ling nicht aufdeckt, können wir ihre Richtigkeit nur dadurch beurteilen, daß das FBI die Quelle wiederholt im Kreuzverhör befragt und daraus geschlossen hat, daß es sich um wahre Aussagen handle. Der FBI-Agent L.B. Nichols erklärte, daß er dem Informanten glaube. Ein Memorandum dieser Aussagen über Ai-ling ließ man dem Chef der Special War Policies Unit, dem Generalstaatsanwalt der Vereinigten Staaten, und Harry Hopkins, dem Berater des Präsidenten, mit der Unterschrift des FBI-Direktors J. Edgar Hoover zukommen.
Eine Illustration von Ai-lings Geschäftsmethoden wird uns auch im oben erwähnten FBI-Dokument gegeben. Es handelt sich um einen ausgedehnten Grundstückhandel, der angeblich in Hong Kong getätigt wurde:

> Bevor der Handel abgeschlossen wurde, richteten sich zwei junge Chinesen, David Kung ... und ein jüngerer Bruder von T.V. Soong [T.A.] in einer Wohnung in Hong Kong ein, wo sie einen Kurzwellensender aufbauten, mit Madame Kung Kontakt aufnahmen und sie täglich mit genauen Informationen versahen, die ihr ermöglichten, sich in eine Position zu manipulieren, in der sie einen Gewinn von 50 000 000 $ aus dem Handel herauszuschlagen vermochte. [Offensichtlich bezog sich die Summe auf amerikanische Dollars, aber selbst in chinesischer Währung wäre dies damals ein Vermögen gewesen.] David Kung und der jüngere Bruder von T.V. Soong wurden angeblich vom britischen Geheimdienst «auf frischer Tat» ertappt und aufgefordert, innerhalb von zwei Stunden Hong Kong zu verlassen.[56]

Während China Japan beschuldigte, die chinesische Wirtschaft zu zerstören, meinte der Shanghaier Agent des Finanzministeriums der Vereinigten Staaten, Martin R. Nicholson: «Mme Kung, nicht Japan, zerstört den chinesischen Dollar.»
Im April 1927 halfen Kung und seine Frau Chiang, von den eingeschüchterten Kaufleuten Geld zu erpressen. Der Generalissimo war ein häufiger Gast im Hause Kung. Als der Kommandant der U.S. Asienflotte, Admiral Mark Bristol, Chiang besuchte, fand der Empfang in Anwesenheit der Kungs und T.V.'s im Haus der Soongs an der Seymour Road statt. Der Admiral war beeindruckt und von seinen neuen Bekanntschaften sehr angetan, wie er in einem Memorandum des Treffens festhielt. Er trat damit dem wachsenden Kreis von Amerikanern bei, die die Soongs bewunderten. Während dieser Zusammentreffen hatte Chiang die Gelegenheit, zu beobachten, wie geschickt die Soongs Leute aus dem Westen für sich einzunehmen vermochten und wie leicht sie amerikanische Repräsentanten von ihren Meinungen überzeugen konnten.[57]
Wenn also Chiang H.H. Anfang Mai 1927 mitteilte, daß er um die Hand May-lings anhalten wolle, so war das der Höhepunkt eines Prozesses, der schon lange vorher von Ai-ling ausgelöst worden war.
T.V., der immer noch ein bißchen aufsässig und wiederborstig war, hatte nichts mehr gegen die Heirat einzuwenden, nachdem man ihm klargemacht hatte, daß er nie mehr etwas in Shanghai machen könne, wenn er sich quer stellte. Die Kapitulation veränderte ihn: Danach wurde er zum hingebungsvollen Opportunisten. Im Juni erlaubte man ihm zurückzukehren, um als Finanzminister mit freier Verfügungsgewalt über Wirtschaft und Finanzen wieder in sein Amt eingesetzt zu werden. Ebenso sollte er Ai-ling und H.H. dabei helfen, seine Mutter zur Billigung von May-lings Heirat zu bewegen.

Charlie Soongs Witwe war gegen die Heirat, denn Chiang war kein Christ; auch wußte sie von seinen früheren Ehen. Sie unterrichtete an der Sontagsschule in Charlies Kirchgemeinde in der Niederlassung. Ihre Generation besetzte nun die oberen Posten in der Shanghaier Gesellschaft; sie besaßen Banken und Industrien, sie bauten Krankenhäuser und Schulen.
Der Weiße Terror würde Madame Soong sicher nicht für Chiang eingenommen haben. Möglicherweise überzeugte Ai-ling aus diesem Grund ihre Mutter, nach Japan in Urlaub zu fahren, um ihre Freunde in Nagasaki zu besuchen und in den Bädern von Kamakura, dem Ort, an dem Ai-ling und H.H. ihre Flitterwochen verbracht hatten, eine Kur zu machen. Die Familie würde ihr später nachreisen. In Japan wäre Madame Soong in sicherer Entfernung.

In diesem Moment wären Chiang Kai-sheks ehrgeizige Pläne beinahe gescheitert. Die nördlichen Kriegsherren machten Chiang und den Führern der Grünen Gang ein geheimes Angebot, bei dem sie Chiangs eigene Generäle kunstvoll umgingen. Dann, so der Plan der Kriegsherren, sollte Chiang ausgebootet werden, indem seinen wichtigsten Befehlshabern gesagt wurde, daß er hinter ihrem Rücken Verhandlungen mit dem Feind führte. Es war eine Kriegslist, wie sie im Sun Tzu steht.
Während Chiang wütend jedes Doppelspiel bestritt, griffen die nördlichen Kriegsherren plötzlich an, und Chiangs verwirrte Generäle wurden bis zum Yangtse zurückgetrieben. Angewidert erklärten drei Generäle der KMT, daß sie keine weiteren Befehle von ihrem Generalissimo entgegennehmen würden. Nachdem Chiang Kai-shek Curio Chang und Großohr-Tu konsultiert hatte, gab er bekannt, daß er «im Interesse der Einheit [der Partei]» von allen Ämtern in der KMT zurücktreten und sich vom politischen Leben zurückziehen werde. Es war ein klassisches Manöver. Chiang verließ die Stadt und gab vor, alle seine Pläne aufzugeben. Dies machte den Kampfplatz für seine Rivalen frei, die sich nun gegenseitig an die Gurgel springen konnten.
Chiang nahm zweihundert Leibwächter mit und zog sich in die Wildnis zurück. Dazu wählte er ein buddhistisches Kloster in den Bergen von Wuling aus, das Mokanshan hieß. Es war von Großohr-Tu übernommen worden und ein beliebter Rückzugsort der Grünen Gang.

May-ling hatte es schon Freunden weitergesagt, daß sie Chiang heiraten werde. Anfangs September ging das Gerücht in ganz Shanghai um. Bestätigt wurde es jedoch nicht vom Generalissimo, sondern –

sonderbarerweise – von der großen Schwester Ai-ling. Madame Kung nahm sich der ganzen Sache an und berief am 16. September in ihrem Sitz an der Route de Seiyes eine Pressekonferenz ein. Dort «stellte» sie den Generalissimo und May-ling einer Menge von Reportern und Photographen vor und gab bekannt, daß «der General meine kleine Schwester heiraten wird». Jedermann wurde in den gepflegten Garten gebeten, um das hübsche Paar zu photographieren. Die Bilder wurden rund um die Welt in Zeitungen und Illustrierten abgedruckt. Niemand dachte daran, sich zu fragen, was Ai-lings Rolle als Heiratsvermittlerin eigentlich bedeutete, und niemand fühlte sich veranlaßt zu fragen, was aus der gegenwärtigen Madame Chiang geworden war, die seit November 1921 mit ihm verheiratet war. Sie wurde einfach unter den Teppich gekehrt. Am 17. September druckte die *New York Times* einen Artikel mit der Überschrift: CHIANG HEIRATET MME. SUNS SCHWESTER. In dem Artikel, den der Shanghaier *Times*-Korrespondent Misselwitz geschrieben hatte, las man, daß ein englischer Schneider Chiangs Heiratsanzug anfertigen werde.[58]

«Es wurde erklärt», schreibt Misselwitz, «daß Chiang von seiner ersten Frau geschieden wurde ... durch den alten chinesischen Brauch ... daß er sagte ... sie sei von nun an nicht mehr seine Frau. ... Chiang hat in Abrede gestellt, daß die Mme. Chiang Kai-shek, die zur Zeit in Amerika weilt, seine Frau ist. Es scheint, daß er zwei andere ‹Ehefrauen› weggeschickt hat, ebenso wie seine allererste Frau, so daß er nun bereit ist, Miss Soong zu heiraten.»

Die Verwirrung darüber, welche Frau welche war und um wieviele es im ganzen ging, hatte eine interessante Nebengeschichte. Die Frau, die unter dem Namen Madame Chiang Kai-shek in den USA herumreiste, war niemand anders als Ch'en Chieh-ju. Bilder, die 1925 von ihr gemacht wurden, zeigten deutlich, daß sie schwanger war. Sie war eine große schlanke, attraktive Frau mit hochgestecktem Haar, scharfen Gesichtszügen und einer deutlichen Wölbung ihre Bauches – das Resultat der Schwangerschaft ist nicht bekannt. Um sie für Chiangs Heirat mit May-ling aus dem Weg zu schaffen, arrangierte Großohr-Tu für sie die Übersiedlung in die Vereinigten Staaten. Sie schrieb sich an der Columbia University in New York ein und besuchte dort bis zu ihrem Doktorat Kurse. Später zog sie an die Westküste, wo sie sich ein Haus in der Nähe von San Francisco kaufte und einige Zeit an der Standford University verbrachte.[59]

Ohne sich durch die Existenz dieser verschiedenen Madames Chiang stören zu lassen, beteuerte Misselwitz, daß May-lings bevorstehende Heirat eine Heirat sei, «die einzig auf der Liebe der beiden Partner» gründe.[60]

Die Neuigkeiten von Chiangs Romanze mit den Soongs und die Aussicht auf den Erwerb der «legitimen Erbschaft» Dr. Sun Yat-sens ließen alles andere in den Hintergrund treten. Jedermann vergab Chiang, daß er versucht hatte, im geheimen einen Handel mit den nördlichen Militärs einzugehen. Die Heirat mit May-ling war wichtiger.
Der Generalissimo blieb lange genug in Shanghai, um seine neuen englischen Anzüge in Empfang zu nehmen und einen «Chefberater» Curio Chang zu konsultieren. Seine Karriere war beinahe wieder im Lot.[61]
Am 28. September 1927 fuhr Chiang in vollem Putz nach Nagasaki, um Madame Soong in aller Form um die Hand ihrer jüngsten Tochter zu bitten. Mammy Soong war in Kamakura, wo Chiang mit ihr zusammentraf.
Obwohl die Mutter es abgelehnt hatte, Chiang je eine formelle Audienz zu gewähren, empfing sie ihn nun, wie Emily Hahn beschreibt:

> Chiang hatte eine Bestätigung der Scheidung von seiner ersten Frau besorgt und *hatte alle anderen Angelegenheiten, die durch Gerüchte stark aufgebauscht worden waren,* in Ordnung gebracht. Doch blieb immer noch das Problem seiner Religionszugehörigkeit. Mrs. Soong fragte ihn, ob er bereit sei, Christ zu werden, und glücklicherweise gefiel ihr seine Antwort. Er würde sich bemühen, sagte er, er würde die Bibel lesen und sein möglichstes tun, doch er könne, ohne ihn zu kennen, nicht versprechen, den christlichen Glauben anzunehmen. Mrs. Soong begann in ihren Vorurteilen zu schwanken, und nach kurzer Zeit wurde die Verlobung bekanntgegeben. [Hervorhebung von S.S.][62]

Madame Soong standen einige Enttäuschungen bevor. Sie wollte, daß ihre Tochter in Charlie Soongs Kirche von ihrem eigenen Pastor getraut wurde. Dies war bei Ai-lings Heirat in Japan nicht möglich gewesen, und natürlich auch nicht, als Ching-ling ausgerissen war. Doch die Methodistische Kirche verbot ihren Geistlichen, geschiedene Leute kirchlich zu trauen, «mit Ausnahme, daß einer der Partner unschuldig, aus einem in der Bibel angegebenen Grund, geschieden wurde (Ehebruch). Bischof Ainsworth, der May-ling in Georgia ein Zuhause gegeben hatte, während er Vorsteher des Wesleyan Colleges war, befand sich nun in China. Aber auch er war an das Kirchenrecht gebunden. Das gleiche galt für den Hauspfarrer der Soongs, Z.T. Kaung von der Young J. Allen Memorial Church. Madame Soong fragte ihn jedoch, ob er wenigstens in dem Haus an der Seymour

Road mit dem Brautpaar beten könne. Ja, damit war der Geistliche einverstanden.
Am 1. Dezember 1927 versammelten sich die Soong-Familie, Freunde und Verwandte an der Seymour Road. Während Admiral Mark Bristol mit einer Schwadron von U.S. Navy-Offizieren sehr angetan zusah, betete Ehrwürden Kaung mit May-ling und dem Ex-Generalissimo, der in einem seiner neuen Anzüge mit gestreifter Hose, Gamaschen und schwarzem Frack mit silberner Schleife niederkniete, sein eigenartig erdnußähnlich geformter Kopf frisch geschoren.
Die private Zeremonie wurde von David Yu geleitet, dem nationalen Sekretär des Christlichen Vereins Junger Männer. Danach machten sich alle für die öffentliche Feier im Majestic Hotel am Kai bereit.
Schon am frühen Nachmittag war der Ballsaal des Majestic mit dreizehnhundert Leuten gefüllt. Ein gutes Tausend mehr warteten vor dem Eingang. Drinnen im Ballsaal waren die runden Bankettische mit Leinentüchern gedeckt, und auf den Stühlen sassen Zechbrüder mit hochroten Köpfen. Am Hoteleingang wurden die Gäste von Leuten der Grünen Gang durchsucht. Bevor man den Ballsaal betreten konnte, wurde man für eine nächste Leibesvisite angehalten. Danach wurde jedem Gast eine Nadel mit den chinesischen Schriftzeichen von Braut und Bräutigam überreicht.
Der Ballsaal war fröhlich mit Flaggen und weißen Blumen dekoriert, die von der Lewis Nursery zu großen Hochzeitsglocken arrangiert worden waren. Auf einer Drehbühne stand ein großes Porträt von Dr. Sun, das von zwei fünfstreifigen KMT-Standarten und der rot-weiß-blauen Fahne der Nationalisitischen Regierung flankiert wurde. Diesen Altar, der noch mit weißen Blumen übersät wurde, dominierten zwei große Schilder, auf denen die chinesischen Schriftzeichen für «Glück» und «langes Leben» aufgemalt waren. Auf einem separaten Podest saß ein weißrussisches Orchester.
Um 4 Uhr 15 begann das Orchester zu spielen. Der Mann, der die ganze Feier leitete, nahm unter Dr. Suns Porträt Platz. Es war einer der führenden Rechtspolitiker, Dr. Ts'ai Yuan-p'ei, ehemaliger Präsident der Pekinger Nationaluniversität, der Curio Chang geholfen hatte, Chiang Kai-sheks Eroberung von Shanghai vorzubereiten. Erst kurz zuvor war er in Nanking zum Erziehungsminister ernannt worden. Unter den Gästen waren die Konsuln von Großbritannien, Japan, Norwegen, Frankreich und einem Dutzend anderer Nationen. Admiral Bristol vertrat die Vereinigten Staaten. Auch Großohr-Tu war unter den Gästen; sein geschorener Kopf glänzte.
Als Chiang Kai-shek, begleitet von H.H. Kung und dem Trauzeugen,

seinem Chefsekretär, im eleganten europäischen Galaanzug erschien, ging ein Raunen durch die Menge.
Plötzlich streckten alle die Hälse. Einige Gäste stiegen auf die Stühle. Die Kameras der Nachrichtenagenturen surrten. Das weißrussische Orchester spielte Mendelssohn: May-ling betrat den Ballsaal. Sie schritt am Arm T.V.'s durch die Gasse, die durch einen roten Teppich und weiße Blumen markiert wurde. May-ling trug ein Kleid aus weißem und silbernem Crêpe Georgette, das auf der einen Seite leicht drapiert und mit Orangenblüten dekoriert war. Sie zog eine lange Schleppe aus weißer Charmeuse hinter sich, die mit Silber bestickt war und unter der Silberschuhe hervorschauten. Ihr schwarzes Haar wurde durch einen Schleier aus Chantilly-Spitzen verborgen, der über ihren Rücken fiel und eine zweite Schleppe bildete. Sie trug einen Strauß aus rosafarbenen Nelken und Farnen, der mit weißen und silbernen Bändern zusammengebunden war.
Hinter May-ling gingen vier Brautjungfern, jede in pfirsichfarbene Charmeuse gekleidet. Danach kamen Jeanette und Louis Kung, genau gleich als Pagen gekleidet, in schwarzen samtenen Kniehosen und Jacken mit Bordüren, Kragen und Manschetten aus weißer Seide.
Vor dem Altar Dr. Suns, dessen Witwe im Moskauer Winter erbärmlich fror, traten May-ling und Chiang aufeinander zu und stellten sich vor seinem Porträt auf. Braut und Bräutigam verneigten sich vor dem Bildnis und erwiesen auch den Standarten zur Linken und Rechten ihre Reverenz. Kameras klickten, surrten, klapperten und blitzten. Dr. Ts'ai Yuan-p'ei verlas die Heiratsurkunde. Als er damit fertig war, wurde sie mit einem Siegel versehen. Dann blickten sich Braut und Bräutigam in die Augen und verneigten sich. Auch vor den Trauzeugen und den Gästen verneigten sie sich noch einmal. Es gab keine Küsse und Umarmungen. Danach begann das Orchester zu spielen, während der amerikanische Tenor E.L. Hall «Oh Promise Me» sang.
Während die Gäste donnernd applaudierten, paradierten der Generalissimo und seine Frau durch die Gasse und setzten sich auf ihre Plätze unter einer riesigen Blumenglocke. Man zog an einem Band, und aus der Blumenglocke schwebten Hunderte von roten Rosenblättern auf die Braut und den Bräutigam nieder.
Danach zog sich May-ling zurück und verließ durch den Hinterausgang das Hotel. Sie wurde an die Seymour Road gefahren, um sich umzuziehen. Noch am selben Abend verließ sie mit Chiang und zweihundert Leibwächtern in einem Spezialzug die Stadt. Ziel der Reise war das Mokanshan-Bergkloster der Grünen Gang.

Die *New York Times* brachte am folgenden Tag die Heirat zuoberst auf der Titelseite und fügte an, daß die KMT-Partei für den Samstag eine Plenarkonferenz einberufen habe. «Wenn die Konferenz erfolgreich verläuft», schrieb die Zeitung, «wird Chiang sein Amt in der Revolutionsregierung wieder antreten.» Chiang veröffentlichte eine Erklärung, wonach er bereit sei, das Kommando erneut zu übernehmen. «Nach unserer Hochzeit wird die Revolution ohne Zweifel größere Fortschritte machen, denn ich kann von nun an die große Verantwortung, die die Revolution mir auferlegt, mit ruhigem Herzen tragen. ... Von nun an sind wir zwei entschlossen, uns für die Sache der chinesischen Revolution das letzte abzuverlangen.»

Die Gegenwart des ganzen diplomatischen Corps bei der Hochzeit zielte nicht nur darauf, die eingeladenen Gäste zu beeindrucken; ebenso war die Anwesenheit Admiral Bristols bei der Familienfeier im Majestic Hotel, zu denen er seinen ganzen Stab mitgebracht hatte, nicht vergeblich. Das neue Mitglied der Soong-Familie war nun international akzeptiert: Amerika war zufrieden.

Als May-ling und ihr Gatte im Kloster ankamen, wurde Chiang sofort an eine sogenannte «dringende Parteisitzung» gerufen. Die Sitzung dauerte von acht Uhr morgens bis acht Uhr abends. Die Bosse der Grünen Gang hatten Chiang auf seiner Hochzeitsreise begleitet.

Die Lage in China hatte sich nach Chiangs Rücktritt im letzten Sommer bedeutend verschlechtert.[64] Ohne die Anwesenheit des Generalissimo konnten die KMT-Delegierten der Mitte nichts ausrichten. Aus Verzweiflung trug die KMT Chiang an, den Posten des Staatsoberhauptes wieder zu übernehmen. Am 10. Dezember 1927, neun Tage nach der Hochzeit, wurde Chiang wieder in sein Amt als Oberster Befehlshaber und – als Folge davon – zum Vorsitzenden des Zentralen Exekutiv-Komitees gewählt. Einmal mehr war er, wie *Time* ihn nannte, «Chinas starker Mann» – der Generalissimo.

Chiangs Rückkehr an die Macht wurde von einer passenden Machtdemonstration seiner Generäle begleitet. Ihr Vertrauen in seine Führung war wiederhergestellt. Sie stießen gegen Norden vor und zwangen die nördlichen Kriegsherren, sich zurückzuziehen. Die Japaner wollten jedoch nicht, daß die zurückweichenden Kriegsherren hinter die Große Mauer auswichen und so die Mandschurei destabilisierten, weshalb sie scharfe Warnungen an die Kriegsherren richteten. Der mandschurische Kriegsherr Chang Tso-lin wurde von japanischen Agenten, die seinen Eisenbahnwagen sprengten, ermordet. Die Armeen von Chiangs neuem Verbündeten, dem Kriegsherrn von Shansi, Yen Hsi-shan, marschierten in Peking ein und ergriffen im Namen der KMT von der Stadt Besitz.[65] Am 10. Oktober 1928 – dem

Jahrestag, der «Doppelten Zehn», des Aufstandes in Wuchang im Jahr 1911 – wurde Chiang Kai-sheks Regierung in Nanking zu Chinas nationaler Regierung.

Es ist schwierig, May-lings persönliche Entscheidung, Chiang zu heiraten, zu verstehen, wenn man nur die schmeichelnden Porträts der «Frau hinter Chinas großem Führer» betrachtet.
Im Jahr 1927 war May-ling nach ihren eigenen Angaben siebenundzwanzig Jahre alt. Sie war jedoch schon dreißig und eine Frau von gefestigtem Selbstbewußtsein. Sie hatte Heiratsanträge ausgeschlagen, darunter solche von wohlhabenden und ehrgeizigen jungen Männern. Sie sagte, sie würde lieber eine alte Jungfer werden als einfach die Frau noch eines chinesischen Taikuns. Für chinesische Verhältnisse war es die letzte Gelegenheit. Daß sie ein falsches Alter angab, zeigt mit aller Deutlichkeit, in was für einer Lage sie war.
May-lings politische Heimat war auf der extremen Rechten. Sie beschrieb ihre Schwester Ching-ling einmal als bloße Romantikerin. Chiangs Massaker verursachten nur unter den Kommunisten und anderen Mitgliedern der niederen Stände Leiden. «Exzesse» waren immer die Folge des schrecklichen Übereifers gewöhnlicher Soldaten. Chiang war nun sagenhaft reich, nur noch einige wenige Handelskönige konnten sich mit ihm messen. Was jedoch noch wichtiger war: Chiang hatte Macht. Geld schien May-ling weniger zu interessieren als ihre ältere Schwester. Ai-ling war herangewachsen, als Charlie Soong sich abmühte, seine erste Million zu verdienen; deshalb wurde sie durch seine Fixierung auf Geld geprägt. Ching-ling wandte sich von Ai-lings Fixierung ab und entwickelte ein Mitgefühl für die Benachteiligten.
May-ling wuchs heran, als das Familienvermögen schon gesichert war; sie betrachtete Geld deshalb lediglich als Selbstverständlichkeit. Langeweile war ihr größter Feind und die Ursache einer Ungeduld mit Leuten und Dingen während ihres ganzen Lebens. Sie war voll von Ideen und Energie, doch waren ihr durch ihre Person Grenzen gesetzt. Chiang bot Macht an. Für ihn bedeutete Macht die Möglichkeit, Umstände und Leute zu kontrollieren. Für sie bedeutete Macht Einfluß. Er bot ihr die Möglichkeit, epochemachende Veränderungen herbeizuführen, das Leben Chinas ihrem Willen gemäß zu verändern. May-ling betrachtete sich als eine Medici, die fähig war, Schicksale zu wenden. Der Schlüssel zu ihrem Charakter könnte eine Beobachtung ihrer Hausmutter am Wesleyan College sein: May-lings hervorstechende Eigenschaft, abgesehen von ihrer Lebendigkeit, war ihre totale Unterordnung Autorität gegenüber. Damit meinte sie wahr-

scheinlich Unterordnung unter eine Macht, nicht Unterwürfigkeit im allgemeinen, wie sie May-ling nie zeigte. Es wäre nicht undenkbar, daß Ai-ling, wie immer sie auch May-lings Vorteile darzustellen wußte, ihr platterdings befahl, Chiang zu heiraten.
Die Chinesen fanden die beste Formel dafür, als sie den – schon oben erwähnten – Aphorismus über die Soong-Schwestern prägten: «Die eine liebte das Geld, die andere die Macht, und die dritte liebte China.»
Gespannt darauf, ihre kürzlich erworbene Autorität als Braut des Generalissimo auszuprobieren, brachte May-ling Chiang mit der Grünen Gang in Schwierigkeiten, sobald ihre Flitterwochen zu Ende waren. Ilona Ralf Sues vernahm die Einzelheiten einige Jahre später vom Berater der Soong-Familie, W.H. Donald:

> In Shanghai war es für alle wichtigen Leute üblich, der Grünen Gang ein Schutzgeld zu bezahlen. Chiang hatte immer seine «Schulden» bezahlt. Doch May-ling begann ihn während ihrer Flitterwochen zu bearbeiten: Sie überredete ihn, daß er jetzt der Generalissimo und wichtigste Mann in China sei und deshalb über solchen Angelegenheiten stehe.
> Sie war eine ungestüme und unfolgsame junge Frau, oft aufgetakelt oder ungepflegt, mit blitzenden Augen und einer Art, allen Kleinkram beiseite zu schieben, um zum Wesentlichen zu kommen. Sie war stolz auf sich, und wenn T.V. Soong im stillen über all die Jahre Schutzgeld bezahlt hatte, so wußte sie nichts davon.
> Chiang ließ es sich durch den Kopf gehen. Als er mit seiner Braut aus den Bergen zurückkehrte, reisten sie inkognito und schlüpften unbemerkt nach Shanghai. Der Generalissimo mußte dringend an einigen Sitzungen teilnehmen. Er würde im späteren Verlauf des Tages wiederkommen.
> Zwei Stunden später hielt ein prächtiger Rolls-Royce vor dem Haus an der Seymour Road, um May-ling zu «ihrer Schwester» zu bringen. May-ling stieg ein und wurde wegchauffiert. Doch kam sie nie bei Ai-ling an. Stunden vergingen. Der Generalissimo kehrte zurück und begann sich Sorgen zu machen. Er roch Lunte und ging zum Telefon. Auf direktem Weg war in diesem Fall nichts zu erreichen, er wählte deshalb T.V.'s Nummer.
> Es dauerte nicht sehr lange, bis Chiangs Schwager verstanden hatte, wovon der Generalissimo sprach. T.V. legte den Hörer auf und wählte erneut. Er rief eine private Nummer an, die nur den wenigsten bekannt war. Eine Sekunde später hörte er eine bekannte und furchteinflößende Stimme: Es war Tu Yueh-sheng.
> Mme Chiang war wohlauf. Kein Grund zur Sorge. Sie war bei bester Gesundheit. Man habe sie gefunden, als sie allein durch die gefährli-

chen Straßen von Shanghai fuhr, nur in Begleitung einer Dienerin. Ein sehr unvernünftiges Unternehmen, wenn man an die allgegenwärtigen Gefahren dachte. Um ihrer Sicherheit willen war sie zu einer komfortablen Villa gefahren worden, wo sie mit aller Höflichkeit behandelt wurde, wie es sich für ihre soziale Stellung und ihre Position als Frau des neuen Herrschers über China gehörte. Obwohl alles getan wurde, um es ihr angenehm zu machen, schien sie nicht zufrieden und lehnte es ab, etwas zu essen. Großohr-Tu bedauerte aufrichtig, daß der Generalissimo seit seiner Heirat zu beschäftigt gewesen war, um den nötigen Schutz für sich und Madame zu arrangieren. Das war tatsächlich unvorsichtig in einer so gefährlichen Stadt wie Shanghai.

> Vielleicht wäre Mr. Soong so freundlich und würde vorbeikommen, um entsprechende Abmachungen in dieser Sache zu treffen. Eine einfache Angelegenheit, einige übliche Formalitäten im Interesse der Sicherheit seiner Schwester.[66]

T.V. eilte zu Großohr-Tus streng bewachtem Sitz erledigte die «Formalitäten», holte May-ling in der Villa, wo man sich um sie «gekümmert» hatte, ab und brachte sie zu Chiang zurück. Die Botschaft war klar: Großohr-Tu zog den Generalissimo an seiner Leine.

May-ling merkte nicht, als sie Chiang heiratete, daß sie sich auch in Chiangs «Familie» eingeheiratet hatte. Ai-ling wußte das, ebenso H.H., Ching-ling und T.V. Doch erst nachdem sie entführt wurde, begriff May-ling, daß Großohr-Tu von nun an ihr Pate war.

12. Kapitel

Eine Geschichte von zwei Schwestern

Einen Monat vor May-lings Hochzeit stand Ching-ling in der bitteren Kälte fünf Stunden lang auf dem Roten Platz, während die Rote Armee zum Jahrestag der Oktoberrevolution vorbeimarschierte. Die Kremlführer salutierten unentwegt. «Wir kannten den Trick, daß man Zeitungen mitnehmen sollte, um sie sich unter die Füße zu legen, noch nicht», erinnerte sich Percy Chen, «deshalb waren unsere Füße eiskalt und schmerzten stark. Ich trug Schuhe mit Gummisohlen, die die Kälte bis zu einem gewissen Grad abhielten. Aber mein Vater und Madame Sun litten, weil sie unter ihren Gummi-Überschuhen nur Lederschuhe mit dünnen Sohlen trugen.»[1]

Ching-lings Leben war öde geworden. Zu allen anderen Problemen kam jetzt noch, daß ihr das Geld ausging. Ihre Familie hatte sich gegen sie gewandt; deshalb konnte sie ihren angehäuften Reichtum nicht in Anspruch nehmen. Ihr Bruder, der später damit prahlte, er habe Ching-ling aus eigener Tasche eine kleine Rente ausgesetzt, war damit beschäftigt, seinem neuen Herrn zu dienen. Alles, was Dr. Sun ihr hinterlassen hatte, war das Haus an der Rue Molière. Das wenige, was sie von Wuhan her hatte, ging zu Neige, aber sie war hartnäckig entschlossen, vom Kreml unabhängig zu bleiben und nach Berlin zu entweichen, sobald Raynas Schicksal feststand.

Es gab nur ein paar kurze Gelegenheiten zum Aufatmen. Sie wurde in die Datschas der sowjetischen Führungsmitglieder eingeladen, darunter in das Landhaus des sowjetischen Präsidenten. Sie fuhr mit Madame Kalinin in einem Pferdeschlitten. Aber solchen Erholungen haftete etwas Unwirkliches an. Die Wirklichkeit war bedrückend.

Ching-ling war hager geworden – «eine ergreifende Gestalt», wie Vincent Sheean dem Auswärtigen Amt mitteilte,

> von allen Seiten umlagert mit Bitten, sich öffentlich für verschiedene kommunistische Proklamationen und politische Programme in Hin-

sicht auf China zu verpflichten. Es herrscht ganz offensichtlich die Meinung, die Russen seien in China «geneppt» worden. Als Folge davon haben die chinesischen Revolutionäre, die nach Moskau gegangen sind, kein Geld und keinerlei Aussicht, zu Geld zu kommen, wenn sie nicht nach Amerika gehen.[2]

Am 21. November starb Rayna Prohme. Sowjetische Ärzte hatten sie auf Tuberkulose behandelt, aber sie hatte sich in China eine Enzephalitis zugezogen. Sie wurde am Thanksgiving Day [Erntedankfest, am 4. Donnerstag im November] kremiert, und alle Wuhaner Exilanten versammelten sich im Schneetreiben zur Beerdigung.
Sheean erinnerte sich betrübt:

> Am Nachmittag des Begräbnisses marschierten wir alle stundenlang durch Moskau zum neuen Krematorium. Delegationen von chinesischen, russischen und amerikanischen Kommunisten waren anwesend: viele von ihnen hatten Rayna gar nicht gekannt. Es war sehr kalt, und im Gehen gewahrte ich die gebeugte, frierende Gestalt Madame Sun Yat-sens. Ihr Einkommen war von China aus gestrichen worden; sie war zu stolz, die Hilfe von Fremden anzunehmen; sie hatte überhaupt keine Winterkleider und ging in einem dünnen, dunklen Mantel durch die trostlosen, eiskalten Straßen. Das Auto, das ihr vom sowjetischen Außenministerium geliehen worden war, fuhr hinter dem Leichenzug her; es war wenigstens warm. Ich versuchte sie zu überreden, einzusteigen, aber sie wollte nicht. Sie ging Schritt für Schritt zu Fuß durch die Stadt, ihr liebliches Gesicht über die verschränkten Arme gesenkt. Sie war selbst erst vor ein paar Tagen von einer Krankheit genesen und war äußerst blaß. Selbst durch den eisigen Dunst, in dem sich an jenem Tag alles bewegte, sah ich, daß Soong Ching-ling nun, da sie hinter der Totenbahre ihrer völlig uninteressierten Freundin schaudernd durch die frühe Dunkelheit ging, die einsamste Verbannte war.[3]

Als Rayna gestorben war, packte Ching-ling im Dezember 1927 ihre wenigen Habseligkeiten und floh aus Moskau, wobei sie eine internationale antiimperialistische Tagung in Brüssel zum Vorwand nahm. Schließlich schaffte sie es, nach Berlin zu kommen. Der Gegensatz zu Moskau war verblüffend. Das Berlin der zwanziger Jahre war eine Stadt, die nach der Niederlage im Ersten Weltkrieg eine Überdosis abbekommen hatte und außer Rand und Band geraten war. Die femme fatale der Stadt war die drogensüchtige Anita Berber, das Modell für den «Blauen Engel», die jede Nacht nackt im Kabarett «Die weiße Maus» tanzte und mit Frauen und Männern ins Bett ging. Bei privaten Parties waren Kellnerinnen, die nur hauchdünne Hös-

chen trugen und dafür bezahlt wurden, daß sie sich befummeln ließen, der letzte Schrei. Auf dem Kurfürstendamm waren Männer wie Frauen gekleidet und Frauen wie Männer. Die Welt stand Kopf. Was gewöhnlich nur im Verborgenen geschah, wurde nun in ganzen Gruppen, vor Zuschauern und als Philosophie praktiziert. Deutschland war bereits auf dem Weg in die Jahre der Depression.
Berlin beherbergte auch Künstler, Schriftsteller, Musiker und Politiker. Kommunisten wetteiferten mit Anarchisten, während die Faschisten sich heimlich trafen, um das Vaterland zu retten.
Als politischer Flüchtling in Berlin widmete Ching-ling ihre Zeit der wachsenden internationalen antifaschistischen Bewegung und der Antiimperialistischen Liga, bei der sie ihr eigenes Anliegen vertreten sah. Im Dezember 1927 – und zwanzig Monate später zum zweitenmal – wurde sie zur Ehrenvorsitzenden der Liga gewählt. Vor allem aber war der mutige Teng Yen-ta auch in Berlin. Zusammen arbeiteten sie Pläne zur Organisation einer neuen Dritten Kraft in China aus, einer Bewegung, die sowohl zu Chiangs reaktionärer Kuomintang als auch zu den Kommunisten eine Alternative bieten würde.
Vincent Sheean traf Ching-ling in Berlin, war erschrocken über die ärmlichen Umstände, in denen sie lebte, und erzählte einem Freund in der amerikanischen Botschaft von seiner Besorgnis. Der Diplomat gab die Information in einem vertraulichen Memorandum an Washington weiter:

> Von einem gemeinsamen engen Freund habe ich erfahren, daß Mrs. Sun Yat-sen sich seit drei Wochen in Berlin verborgen hält, und zwar so gut verborgen, daß nicht einmal die Polizei davon weiß.
> Ihr halbjähriger Aufenthalt in Moskau hat sie, was den Bolschewismus und die bolschewistische Propaganda betrifft, völlig desillusioniert.
> Sie erhofft sich nichts für China von der gegenwärtigen Nationalen revolutionären Regierung, deren Mitglieder, darunter ihr Stiefsohn Sun Fo, der über die Politik reich geworden ist, nach ihrer Darstellung alle korrupt sind.
> Sun Fo ist auf seiner Weltreise gestern in Berlin angekommen; seine Stiefmutter, die wahrscheinlich von seinem Kommen gehört hatte, verschwand gestern aus ihrem Versteck.
> Sie steht in engem Kontakt mit China und überlegt sich, wie das Land durch die ehrliche Anwendung der «Drei Prinzipien» ihres Mannes gerettet werden kann.
> Sie lebt hier äußerst bescheiden, ja sogar armselig.
> Ihr sind für dreißig Vorlesungen in Amerika fünfhundert $ pro Abend angeboten worden, aber sie hat das Angebot bis heute nicht angenommen.[4]

In Nanking war ein Versuch im Gange, Ching-ling zurückzulocken und in Chiangs Netz zu ziehen. Es wurde geplant, Dr. Suns sterbliche Überreste von ihrer Ruhestatt in den Westbergen bei Peking in einen dauerhaften Schrein auf den Purpurberg außerhalb Nankings zu überführen. Es sollte eine große Schau zugunsten Chiang Kai-sheks werden, die den Leichnam des verehrten Heiligen weiter in seine Nähe brachte und sein rechtsgerichtetes Regime bestätigte.
Der Generalissimo und seine Frau verwendeten einen Teil seines neuerworbenen Vermögens dazu, das altersschwache Nanking aufzupolieren. Chiang hatte keinerlei Absicht, zuzulassen, daß Peking noch länger als die Vitrine Chinas angesehen wurde. Der Name Peking [«Nördliche Hauptstadt»] wurde zu Peiping [«Nördlicher Friede»] degradiert. In Übereinstimmung mit dem neuen Image Nankings gab Chiang über eine Million $ aus, um auf dem Purpurberg ein Mausoleum für Dr. Sun zu bauen.
Es war, wie das bei Mausoleen zu sein pflegt, groß und häßlich; es bestand aus achtzigtausend Quadratmetern Marmor. Am Eingang stand ein Bogen mit der chinesischen Inschrift: «Menschenliebe». Dahinter lagen ein großer Hof und ein dreigeteilter Gang, der in ein dreibogiges Tor mit der Inschrift: «Die Welt gehört den Menschen» mündete. Als nächstes folgten acht Treppenstufen aus Soochower Granit, die zu dem Stelenpavillon und dann zum Mausoleum selbst führten. Dieses war ein Marmorbau mit vier Kuppeln und schillernden blauen Dachziegeln. Im Innern waren die Wände mit Zitaten Dr. Suns bedeckt, und an der Decke war seine Flagge zu sehen. Ein Platz für seinen Sarg war im hinteren Teil ausgespart worden.
Auf Chiangs Drängen schickten die Soongs Ching-lings jüngeren Bruder T.L. nach Berlin, um sie zurückzuholen. T.L. war das einzige Familienmitglied, das Ching-ling nicht völlig entfremdet war. Ching-ling war sich der tieferliegenden Motive Chiangs bewußt; deshalb gab sie, bevor sie Deutschland verließ, eine öffentliche Erklärung ab, in der sie sich von Chiang und seiner Regierung distanzierte.

> Ich fahre nach China, um der Überführung der sterblichen Überreste Dr. Sun Yat-sens zum Purpurberg, wo er begraben zu werden wünschte, beizuwohnen.
> Um jedes mögliche Mißverständnis zu vermeiden, muß ich hier feststellen, daß ich nachdrücklich an meiner Erklärung festhalte, die ich am 14. Juli 1927 in Hankow abgegeben und in der ich meinen Rückzug aus der aktiven Teilnahme an der Arbeit der Kuomintang bekanntgegeben habe, und zwar aufgrund der konterrevolutionären Politik und der Aktivitäten des Zentralen Exekutivkomitees . . .
> Es muß deshalb vollauf klar sein, daß meine Teilnahme an der Bei-

setzung in keinerlei Sinn eine Änderung oder Umkehrung meines Entschlusses bedeutet oder als solche ausgelegt werden kann, mich von jeder direkten oder indirekten Arbeit in der Kuomintang fernzuhalten, solange ihre Führung den politischen Grundsätzen Dr. Suns entgegengesetzt ist.

T.L. war entsetzt. Er sagte seiner Schwester, sie sei verrückt. Nach einem Bericht von Bekannten in Berlin brachte Ching-ling ihn zum Schweigen, indem sie sagte: «Die Soongs wurden für China geschaffen, nicht China für die Soongs.»[5]
Sie reiste zunächst mit der Transsibirischen Eisenbahn nach Harbin. Ein Reporter berichtete über den Empfang:

Von der Grenze an gab es an jedem Bahnhof Kundgebungen. Der Zug fuhr auf die Minute pünktlich in Harbin ein, und eine große Menschenmenge wartete am Bahnhof, unter ihr chinesische Beamte, Eisenbahnchefs, Vertreter des Handels, der Finanz und der Gesellschaft. Der sowjetische Generalkonsul und der japanische Generalkonsul waren unter den Anwesenden. Madame Soong ging von ihrem Sonderwagen rasch in den speziellen Warteraum, in dem Champagner und Früchte serviert wurden, und nachdem sie für eine Photographie posiert hatte, ging sie vom Bahnhof ins Hotel. Um sieben Uhr abends wurde im Hotel Moderne ein Bankett serviert, und um 22.40 Uhr kehrte sie zum Bahnhof zurück und setzte ihre Reise nach Peking fort. Als sie wegfuhr, war die Menschenmenge noch viel größer als bei ihrer Ankunft, und ihr wurden viele Blumen überreicht. Unter Militärmusik und dem Schwingen von Flaggen und Bannern dampfte der Zug aus dem Bahnhof.[6]

Der Generalissimo hatte dafür gesorgt, daß Ching-ling herzlich empfangen wurde. Sie kannte den Propagandawert dieser Empfänge für Chiang und wiederholte ihre Empfindungen gegenüber jedem Journalisten, den sie traf:

Die Nationalistische Bewegung ist verraten und völlig verzerrt dargestellt worden. ... Es ist der größte Schandfleck Chinas, daß diese schmähliche Konterrevolution von Männern angeführt wird, die im öffentlichen Bewußtsein eng mit der Nationalistischen Bewegung in Verbindung gebracht werden. ... Diese Männer ... versuchen nochmals, China auf den gewohnten Weg von Kleinkriegen um persönlichen Gewinn und persönliche Macht zu ziehen.

Aber ihre Erklärungen blieben unbeachtet. Westliche Zeitungsherausgeber scheinen angenommen zu haben, sie sei eine gefährliche rote Schwärmerin. Sie räumten ihr nur wenig Platz ein.

In Peking zog Ching-ling sich zurück, bis es Zeit war, den Zug zur Beisetzung in Nanking zu besteigen. Sie mied ihre Familie, weil sie Chiang unterstützte. Nachdem sie im feuchten, heißen Nanking angekommen war, ließ sie die langen Zeremonien über sich ergehen, bestieg den Purpurberg, um noch weitere Zeremonien zu ertragen, und sah schließlich, wie der Sarg ihres Mannes beigesetzt wurde. Dann entfloh sie nach Shanghai und in ihr Haus an der Rue Molière. Zwei Monate lang hörte man nichts von ihr. Dann, am 1. August, der zum Internationalen Anti-Kriegs-Tag erklärt worden war, veröffentlichte sie einen neuen Angriff auf Chiang. In Shanghai war das ein Akt beachtlichen Wagemuts. Der Angriff war in der Form eines Telegramms an die Antiimperialistische Liga in Berlin gehalten.

> ... Die reaktionäre Nankinger Regierung tut sich mit den Imperialisten zu brutalen Repressionen gegen die chinesischen Massen zusammen. Nie ist der verräterische Charakter der konterrevolutionären Kuomintangführer der Welt so unverschämt demonstriert worden wie heute. Nachdem sie die Nationale Revolution verraten haben, sind sie zwangsläufig zu Werkzeugen des Imperialismus verkommen und haben versucht, einen Krieg mit Rußland zu provozieren. Aber die chinesischen Massen lassen sich durch Unterdrückung nicht einschüchtern und durch Lügenpropaganda nicht täuschen: Sie werden ausschließlich auf der Seite der Revolution kämpfen. Terrorismus wird nur bewirken, daß noch breitere Massen mobilisiert werden und daß unsere Entschlossenheit, über die gegenwärtige blutige Reaktion zu triumphieren, noch verstärkt wird.

Obwohl ihre Sprache mit rosaroten Klischees durchsetzt war, war der Inhalt schneidend und durchdringend. Großohr-Tu muß beim Lesen des Telegramms noch giftiger reagiert haben als der Generalissimo. Während der nächsten paar Tage war Madame Sun dem Tod wahrscheinlich näher als je zuvor.

Als Versuche unternommen wurden, ihre Botschaft auf chinesischen Flugblättern in Umlauf zu bringen, wurde der Verteiler verhaftet. Jemand warf einen Armvoll Flugblätter vom Dach des Warenhauses Zur Aufrichtigkeit auf die Nanking Road hinunter. Als ein Freund Madame Sun fragte, was sie über ihren Ausbruch empfinde, legte sie die Hand aufs Herz und sagte: «Ich habe ein gutes Gefühl da drin, seit ich das Telegramm abgeschickt habe. ... Was mit mir selbst weiter passiert, ist nicht wichtig.» Ihr Haus wurde überwacht, ihre Besucher wurden beschattet, und es verbreitete sich das Gerücht, das nächtliche Tippen ihrer Schreibmaschine sei in Wirklichkeit ein geheimer Telegraph nach Moskau. Ching-ling blieb gelassen. «Was die Revolution angeht, so gibt es in meinem Herzen keine Hoffnungslosigkeit», sagte sie zu Freunden. «Entmutigt bin ich nur über die Wege, auf die einige derjenigen, die die Revolution angeführt haben, abgeirrt sind.»[7]

Einer derjenigen, die mitgeholfen hatten, die Revolution in die Irre zu leiten, kam unter dem Vorwand eines Höflichkeitsbesuchs zu ihr, um sie wegen des Flugblatts auszuschelten. Um zu demonstrieren, daß es sich wirklich um einen Höflichkeitsbesuch handelte, brachte er seine Frau mit.

Es war der Fanatiker Tai Ch'i-tao, ein ehemaliger Linker, der jahrelang als Dr. Sun Yat-sens Sekretär gearbeitet hatte und Ching-ling aus den alten Tagen kannte. Seine angestammte Heimat war die Provinz Chekiang – die Heimat Chiang Kai-sheks und die Machtbasis der Grünen Gang. Er hatte kurze Zeit mit dem Marxismus geliebäugelt und eine chinesische Einführung zum *Kapital* verfaßt. Er hatte seine Freunde ermutigt, die Kommunistische Partei Chinas zu gründen, und war beinahe selbst beigetreten, entschied dann aber, er habe für Dr. Sun schon alle Hände voll zu tun.[8]

1922 war Tai Ch'i-tao geschäftlich in der Provinz Szechuan unterwegs, als er in eine mysteriöse psychische Krise geriet. Sie trat in Hankow ein und könnte mit einer traumatischen Konfrontation mit einer der fanatischeren kommunistischen Zellen der Stadt in Zusammenhang gestanden haben. Tai versuchte, Selbstmord zu begehen, indem er sich in einen Fluß stürzte. Er wurde gerettet und suchte, um sich zu erholen, Zuflucht bei einer der asketischen Schulen des Buddhismus. Als er im Herbst 1923 nach Shanghai zurückkam, verabscheute er alle Kommunisten und Radikalen. Großohr-Tu und Curio Chang nahmen Tai unter ihre Fittiche und überzeugten ihn, daß der Schlüssel zur Erlösung in einem Putsch des rechten Flügels läge – mit Chiang Kai-shek, weil er «verläßlich» war, als militärischer Galionsfigur.

Mit einemmal hörte Tai auf, gegen Kommunisten zu protestieren, und nahm in Dr. Suns Kantoner Koalition einen Posten als Vorsteher der politischen Abteilung in Whampoa an, wo er als Chiangs Gegenstück agieren konnte. Gemeinsam kontrollierten die beiden die Akademie: Bei ihnen lag die sorgfältige Selektion und Ausbildung der Kadetten.[9]

Als die Besorgnis des rechten Flügels über die KPCh und das Bündnis mit Rußland wuchs, organisierte Tai Ch'i-tao das Treffen in den Westbergen, das den harten Kern des rechten Parteiflügels hinter Chiang Kai-shek vereinigte und seine Mitglieder säuberlich in Großohr-Tus Tasche bündelte.

Nach Chiangs Machtübernahme wurde Tai der Präsident des Prüfungs-Yuans, der alle Anstellungen im öffentlichen Dienst unter seiner Kontrolle hatte – eine einflußreiche Position für einen Torquemada. Als er am 10. August in die Rue Molière kam, fand die folgende Unterredung statt, die von Madame Sun aufgrund ihrer Notizen rekonstruiert wurde.

> Nach ein paar sentimentalen Erinnerungen sagte Tai, sein Gesundheitszustand sei schlecht, er habe oft danach getrachtet, ins Ausland zu gehen, und in der Tat sei er letztes Jahr drauf und dran gewesen, nach Europa abzureisen, als die dringenden Bitten Chiang Kai-sheks und seiner anderen Freunde, ihnen beim Wiederaufbau des Landes zu helfen, ihn an der Ausführung seines zärtlich gehegten Plans gehindert hätten. Tai fügte hinzu, es gehe ihm weder ums Geld noch um eine Stellung; er habe kein anderes Motiv, sich an der Regierung zu beteiligen, als das, seinen Teil an den Verpflichtungen in den schwierigen Aufgaben «der Partei und des Landes» zu übernehmen. Weil ich merkte, daß Tai auf «Veranlassung» Chiangs gekommen war und versuchte, mir «Neuigkeiten» zu berichten, unterbrach ich ihn mit der Bemerkung, es sei tatsächlich jammerschade, daß es ihm nicht gelungen sei, das Land zu verlassen. Er wurde verlegen und schwieg. ...
> Dann stand er von seinem Platz auf, murmelte, er müsse mir etwas zeigen, und begann in seiner Tasche zu kramen. Schließlich zog er ein gefaltetes Papier aus seiner Brieftasche. Er wollte es mir gerade überreichen, als ich ihm versicherte, es sehe ganz wie ein Exemplar meines Telegramms an die Antiimperialistische Liga aus, das Nanking unterdrückt hatte. ...
> Tai: «Dann ist es wirklich von Ihnen! Ich konnte das kaum glauben! Es ist unvorstellbar, daß eine Person in Ihrer Stellung so eine Haltung einnimmt. Das ist in der Tat eine überaus ernste Angelegenheit!»
> Soong: «Es ist die einzige aufrichtige Haltung, wie sie auch Dr. Sun unter diesen Umständen eingenommen hätte. Es war dumm von Ihnen, das Gerücht zu verbreiten, mein Telegramm sei eine Fälschung der Kommunisten, denn es steht in meiner Macht zu beweisen, daß jedes einzelne Wort von mir stammt.»
> Tai: «Die Kommunisten sind für alle möglichen Verbrechen verantwortlich. Wie konnten Sie nur so ein Telegramm veröffentlichen, das die Regierung angreift, besonders jetzt, wo die Kommunisten im ganzen Land Verwüstungen anrichten, morden, plündern und sengen, und alles auf Anordnung Moskaus? Das ist ein sehr schwerer Verstoß, über den die Regierung trotz persönlicher Erwägungen nicht einfach hinwegsehen kann. Selbst wenn die Regierung einen Fehler begangen hätte, hätten Sie kein Recht, offen zu sprechen! Sie müssen

die Parteidisziplin einhalten – und das Schlimmste an der Sache ist, daß das Telegramm an Ausländer gerichtet ist. *Es läuft darauf hinaus, daß Sie die Regierung und das Volk schlechtmachen, Ihr eigenes Volk!*»

Soong: «Was die Parteidisziplin betrifft, so gehöre ich nicht zu Ihrer ‹Partei›, obwohl ich Ihnen dafür ‹verpflichtet› bin, daß Sie meinen Namen an Ihr Zentrales Exekutivkomitee geheftet haben. Nun haben Sie die Stirn, mir zu sagen, ich hätte kein Recht zu sprechen! Haben Sie mich also als Markenzeichen auf die Liste Ihres Parteikomitees gesetzt, um die Öffentlichkeit zu täuschen? Ihre Insinuationen sind beleidigend, aber seien Sie versichert, daß niemand die Nankinger Regierung als Repräsentanten des chinesischen Volkes ansieht! Ich spreche für die unterdrückten Massen Chinas, und Sie wissen es! ... Ist es nicht eine Schande, mich vor der französischen Polizei anzuklagen, ich hätte einen geheimen Telegraphen installiert? Ist es nicht eine Schande, ausländische Spione auf mich anzusetzen? Sie haben die revolutionäre Geschichte Chinas mit Flecken besudelt, für die die Massen Chinas Sie eines Tages zur Rechenschaft ziehen werden!»

Tai: «Sie sind zu ungeduldig, Frau Sun. Eine Revolution kann nicht an einem Tag vollendet werden. Anstatt Ihre Kräfte in destruktiven Angelegenheiten, in Angriffen auf die Regierung und ihre Führungsspitzen zu vergeuden, ist es Ihre Pflicht, mit uns zusammenzuarbeiten. Ich kann Ihre Empörung und Ihre Gefühle ganz gut verstehen. Sie sind die Folge der schmerzlichen Erfahrungen dieser letzten Jahre. Aber Dr. Sun war kein gewöhnlicher Sterblicher. Er war allen Menschen weit überlegen. Der Himmel versah ihn mit außergewöhnlicher Weisheit und Gaben ...»

Soong: «... Ich muß Sie davor warnen, Dr. Sun als Idol, als einen weiteren Konfuzius und Heiligen zu interpretieren. Es beleidigt sein Andenken, sein Denken und ... Handeln. Es tut mir leid, aber mit Ihrem Verstand ist es abwärts gegangen!»

Tai: «Im Gegenteil, mein Verstand hat sich mit den Jahren weiterentwickelt. Die sozialen Bedingungen verbessern, den Unterhalt der Leute reformieren, ist das nicht revolutionär?»

Soong: «Die Kuomintang wurde als revolutionäre Organisation gegründet. Sie war nie als Reformgesellschaft gedacht, sonst wäre sie so genannt worden.»

Tai: «Darf ich fragen, was Ihre Vorstellung von einem Revolutionär ist? Es scheint da verschiedene Definitionen zu geben!»

Soong: «Einer, der mit dem bestehenden System unzufrieden ist und daran arbeitet, an seiner Stelle eine neue soziale Ordnung, die der Gesellschaft als ganzes nützt, zu errichten. Und darf ich nach Ihren bisherigen revolutionären Heldentaten fragen?»

Tai: «Haben Sie versäumt zu bemerken, daß auf jedem Regierungssektor große Fortschritte erzielt worden sind? Daß der Wiederaufbau im Gange ist, daß neue Gebäude anstelle der verfallenen Bauten aus dem Boden schießen, daß neue Eisenbahnlinien geplant sind, die die Verkehrsbedingungen im Land verändern und die Leiden der Menschen lindern werden?»

Soong: «Ich habe nichts bemerkt als das willkürliche Töten Zehntausender revolutionärer Menschen, die eines Tages die niederträchtigen Beamten ersetzt hätten. Nichts als das hoffnungslose Elend der Leute, nichts als die selbstsüchtigen Machtkämpfe der Militärs, nichts als die Ausbeutung der ohnehin schon hungernden Massen, in der Tat: nichts als konterrevolutionäre Aktivitäten. ... Glauben Sie auch nur einen Moment lang, daß Dr. Sun die Kuomintang als Werkzeug für die Reichen organisiert hat, damit sie noch reicher würden und den notleidenden Millionen Chinas das Blut aussaugten?»

Tai: «Kai-shek tut sein Äußerstes, um Dr. Suns Programm zur Ausführung zu bringen. Er trägt eine ungeheure Verantwortung auf seinen Schultern, und es gibt überwältigende Hindernisse, die er überwinden muß. Es ist die Pflicht aller Parteimitglieder, ihm hierbei zu helfen. Aber die Lage ist sehr schwierig und kompliziert. Ja, selbst wenn Chiang Kai-shek die Regierung Ihnen oder Wang Ching-wei übertragen würde, bin ich sicher, daß die Lebensbedingungen nicht im geringsten verbessert, ja vielleicht sogar verschlechtert würden.»

Soong: «Seien Sie versichert, daß ich nicht danach trachte, Herrn Chiang zu ersetzen!...»

Tai: «Warum könnten Sie nicht für eine Weile nach Nanking kommen? Sie hätten dort die angenehme Gesellschaft Ihrer Familie und wären in einer solchen Umgebung glücklicher. Wir sind doch alle Menschen und hegen Zuneigung und Mitgefühl füreinander.»

Soong: «Wenn es mein Ziel wäre, glücklich zu sein, würde ich nicht an die Stätten schmerzlicher Ereignisse zurückkehren, um mitzuerleben, wie unsere Hoffnungen und Opfer begraben werden. Außerdem ziehe ich es vor, mit Massen zu sympathisieren, als mit Individuen.»

Tai: «Ich hoffe, daß Sie keine weiteren Stellungnahmen mehr veröffentlichen, Frau Sun.»

Soong: «Es gibt nur eine Möglichkeit, mich zum Schweigen zu bringen, Herr Tai. Erschießen Sie mich oder stecken Sie mich ins Gefängnis. Wenn Sie das nicht tun, geben Sie damit einfach zu, daß Sie nicht fälschlich angeklagt werden. Aber was immer Sie tun, tun Sie es offen, so wie ich, ... umgeben Sie mich nicht mit Spionen.»

Tai: «Ich werde Sie bei meiner Rückkehr aus Nanking wieder besuchen.»

Soong: «Weitere Gespräche wären zwecklos – die Kluft zwischen uns ist zu tief.»

Als Tai Ch'i-tao und seine Frau aufbrachen, drehte der alte Mann sich um, seine Zunge fuhr rasch über die trockenen Lippen (er war

ein sehr nervöser Mensch), und er zischte zum Abschied giftig: «Wenn Sie irgend jemand anders als Madame Sun wären, würden wir Ihnen den Kopf abschlagen.»
Ching-ling lächelte. «Wenn Sie die Revolutionäre wären, die Sie vorgeben zu sein, würden Sie das ohnehin tun.»[10]

Es spielte keine Rolle, daß die Geschichte mit dem Telegraphenapparat in ihrem Schlafzimmer albern war. Wenn der Kreml geheime Nachrichten aus Shanghai wollte, hatte der sowjetische Geheimdienst für diese Zwecke drei erfahrene Spione in der Stadt, die Genossen Diamant, Dribensky und Sorge. Außerdem waren da noch ein Tass-Korrespondent, Genosse Rover, und ein Vertreter des Außenministeriums, Genosse Krymsky.[11]
Die amerikanische Schriftstellerin und Aktivistin Agnes Smedley befand sich zu jener Zeit ebenfalls in Shanghai. Sie war eine stämmige, nicht unattraktive Frau mit kantigem Gesicht und dem kurzen «Keine Schnörkel!»-Haarschnitt eines Revolutionärs. Sie war lebhaft, energisch und verspielt und hatte Sinn für Humor, was sie viel später während einer Party im roten Hauptquartier in Yunnan dazu bewegte, Mao das Tanzen beizubringen. «Sein Stolz verbot es ihm jedoch», erklärte sie danach gutmütig. Schließlich war sie mit Maos Streitkräften unterwegs und schrieb ausführlich über den Heldenmut und die Opfer der Roten Armee. Sie war ein hartes Leben gewöhnt. John Fairbank sagte über sie: «Sie war auf der untersten Stufe der Bergbaustädte Colorados aufgewachsen, dort, wo der amerikanische Traum zum Albtraum wurde. Ihr Vater starb an Trunksucht, ihre Mutter an Überarbeitung, ihre Tante wurde Prostituierte. Agnes überlebte durch bloße Willenskraft und Persönlichkeit.»[12] Sie wurde durch Ungerechtigkeit angespornt, etwas zu unternehmen – ob es nun um die Unabhängigkeit Indiens ging oder um die Bürgerrechte der chinesischen Bauern. Sie war durch eine Liebschaft mit einem indischen Anarchisten mit der Revolution bekanntgemacht worden. Nun war sie sechsunddreißig Jahre alt und als Chinakorrespondentin der *Frankfurter Zeitung* aus Deutschland gekommen.
Agnes Smedley stand auf der schwarzen Liste des Generalissimo, weil sie mit Ching-ling und der KPCh gemeinsame Sache machte. Der amerikanische Militär-Nachrichtendienst war ihr gegenüber ebenfalls mißtrauisch und brachte sie mit dem sowjetischen Spionagering um Richard Sorge in Verbindung. Dieser Verdacht gründete offensichtlich einfach auf der Tatsache, daß Agnes Smedley in Shanghai leichtfertig als Briefkasten für Leute diente, die sie kaum kannte, darunter eine Anzahl von Russen aus Sorges zwielichtiger

Welt. Agnes Smedley lebte nicht weit entfernt von Ching-ling an der Avenue Dubail 85 in der Französischen Konzession und wurde somit ständig von Rowdies der Grünen Gang überwacht.[13]
Agnes und Ching-ling hatten viele Gemeinsamkeiten, unter anderem die Beziehungen zur Antiimperialistischen Liga. Sie hatten auch viele gemeinsame chinesische Freunde, darunter Mitglieder der neuen Dritten Kraft und der KPCh. Die Tatsache, daß sie beide Chiang verabscheuten und ihre Verachtung nicht verbargen, zog ihnen die Feindschaft von Chiangs Bewunderern zu. Von hier war es nur noch ein Schritt, bis beide Damen der Spionage angeklagt wurden.
Die Nankinger Diktatur war sich nicht zu gut, zu solchen Verleumdungen zu greifen. Gegen den Zeitungsherausgeber John Powell hatte es eine Flüsterkampagne gegeben, die nahelegte, auch er sei vom Kreml bezahlt worden.[14]
Obwohl Ching-ling der Mund gestopft und ihr denkwürdiges Streitgespräch mit Tai Ch'i-tao in China nicht weit herum bekannt wurde, gab es andere Wege, über die ihre Botschaft durchdrang. Ein skandalöses Flugblatt war im Umlauf; es scheint nicht von Madame Soong verfaßt zu sein, aber nur ein Mitglied der Soong-Familie konnte solche Details über die Toilette der jüngeren Schwester kennen:

> *Höchst traurige Bekanntmachung an vierhundert Millionen Landsleute*
>
> Nach dem Erfolg des gegen den Norden gerichteten Feldzugs der Revolutionären Streitkräfte im vergangenen Jahr nützte Chiang Kaishek, der einer Bande von Erpressern entstammt, die Gelegenheit, die Regierungsgewalt zu ergreifen, im Namen der Kuomintang und ihres Führers Sun zu seinem Vorteil aus. ...
> [Chiang] verhält sich wie die Kaiser Chieh und Chow, zwei Tyrannen, die jeden töteten, der auch nur zu flüstern wagte. ... Verschiedene Staatsanleihen sind von Chiang willkürlich als Privatvermögen verwendet worden. Seine Einlagen bei gewissen, von Ausländern weißer Rasse betriebenen Banken belaufen sich im ganzen auf 50 Millionen $. ... Der fixe Jahresbetrag für Toilettenartikel, die von seiner illegitimen Frau, Soong May-ling, aus Frankreich bestellt werden, beträgt vier Millionen $, und jedes Blatt ihres Toilettenpapiers, das mit einer medizinischen Lösung aus dem Ausland hergestellt wird, kostet 20 $. Im weiteren kostet ein Paar ihrer Diamantenschuhe 800 000 $, und ein Kleid kostet 500 000 $. Solche luxuriöse Bequemlichkeit und ausschweifende Eleganz sind noch nie dagewesen.[15]

Das Flugblatt könnte als reine Propaganda angesehen werden – mit Ausnahme der seltsamen Bemerkung über May-lings Garderobe und kosmetische Mittel. Nur jemand, der eng mit ihr vertraut war, konnte

wissen, daß sie an Nesselausschlag litt, einem chronischen Hautleiden, das jedesmal, wenn sie nervös war, ihren ganzen Körper mit schlimmen roten Flecken bedeckte. Da sie extrem überempfindlich war, kam das häufig vor. Demzufolge war sie hysterisch in bezug auf seidene Wäsche und Lingerie. Es war nicht ungewöhnlich, daß sie ihre Bediensteten drei- oder viermal an einem einzigen Nachmittag die Seidenbettwäsche wechseln ließ.[16]
Der Text des Flugblatts war vielleicht ein gemeiner Angriff auf die Frau des Generalissimo, aber die Ungleichheit im Kampf zwischen den Soongs und ihrer eigensinnigen Schwester war bereits alles andere als gerecht. Ching-ling kämpfte einen einsamen Kampf: Sie hielt den Einschüchterungsversuchen der Nankinger Regierung, der Grünen Gang und ihrer eigenen Brüder und Schwestern stand. Ihre gefährlichsten Gegner in der Nationalistischen Regierung waren die Soongs, und die schreckten, wie sie besser als die meisten andern wußte, vor nichts zurück. Anna Louise Strong dazu:

> Ihre früheren Bekannten versuchen, durch Verleumdungen ihrem Namen und Ruf zu schaden. Gerüchten zufolge ist sie mit verschiedenen Personen in Rußland und Deutschland verheiratet; jeder prominente chinesische Revolutionär, der sie ausfindig zu machen versucht, um mit ihr zusammenzuarbeiten, wird als ihr neuer Ehemann bezeichnet. ... Selbst diese Verleumdungen sind für sie vielleicht nicht so ärgerlich wie andere Gerüchte, die ständig in Abrede stellen, daß sie zu einem unabhängigen Urteil fähig ist. ... «Wenn ich eine Äußerung mache», sagte sie in Paris zu mir, «wird mir nicht zugestanden, daß ich, eine Frau, eine eigene Meinung haben kann. Alle meine Überzeugungen sind offenbar beeinflußt worden, und zwar in der Regel von Moskau.»

Ching-ling ging für kurze Zeit nach Europa, um mit Teng Yen-ta in Berlin Kriegsrat zu halten. Er hatte aus einiger Distanz operiert und die Bewegung der Dritten Kraft in China über Freunde und Agenten, die für ihn arbeiteten, aufgebaut. Ching-ling überzeugte ihn, daß er mit ihr nach Shanghai zurückkehren sollte, um gemeinsam direkt gegen Chiang zu kämpfen. Sie kamen überein, zusammenzuarbeiten, um die Dritte Kraft im Untergrund aufzubauen, bis sie stark genug wäre, um Chiang direkt gegenüberzutreten. Ein paar Wochen später, als Ching-ling wieder zu Hause in Shanghai war, schlüpfte Teng in die Internationale Niederlassung, wo er in einem sicheren Haus sein Hauptquartier aufschlug und begann, mit den verschiedenen Mitgliedern der Dritten Kraft im ganzen Land Kontakte aufzunehmen und sie zusammenzuziehen.

Das spärliche Beweismaterial, das zur Verfügung steht, legt nahe, daß Ching-ling fünf Jahre nach Dr. Suns Tod schließlich einen neuen Gefährten gefunden hatte und daß die beiden, nachdem sie dem starken und wagemutigen Teng Yen-ta nähergekommen war, ein Liebespaar geworden waren. Das wird in Bemerkungen von Agnes Smedley und Harold Isaacs, die damals in Shanghai waren und einen großen Teil ihrer Zeit im Freundeskreis um Ching-ling zubrachten, angedeutet. Ob es eine rein platonische oder eine wirkliche Romanze war, wird wohl immer im ungewissen bleiben. Man muß eher von einer Vermutung sprechen als von einer Tatsache. Aber was immer es war – es war von kurzer Dauer.
Während die Dritte Kraft im Untergrund lebte und wuchs, hatte China für kurze Zeit wieder eine Alternative zur kommunistischen Partei und zur Nankinger Diktatur. Teng tauchte von Zeit zu Zeit auf und klagte Nanking öffentlich an, das Volk zu verraten und das Werkzeug von Militärs, Bürokraten, Grundbesitzern und Financiers zu werden. Er griff auch die KPCh an: sie ordne die Interessen der chinesischen Bauernschaft jenen des Kremls unter. Er forderte eine umfassende gesellschaftliche Erhebung, die von allen unterdrückten «gewöhnlichen Bürgern» unterstützt würde und sich zugunsten eines sozialistischen Staates sowohl vom Kapitalismus als auch vom Kommunismus abwendete.
Über Großohr-Tu arrangierte Chiang Kai-shek heimlich Teng Yentas Verhaftung durch die britischen und amerikanischen Polizeibehörden innerhalb der Zufluchtsstätte der Internationalen Niederlassung. Ohne sich um formelle Vorschriften zu kümmern, verfolgten sie Teng bis in die Niederlassung, nahmen ihn fest und lieferten ihn der Nankinger Geheimpolizei aus. Chiang kerkerte ihn außerhalb von Nanking ein und ließ ihn viele Monate lang foltern.
Ching-ling versuchte verzweifelt, ihn freizubekommen. Wiederholt verfaßte sie Appelle. Agnes Smedley erzählte Harold Isaacs – aber vielleicht ist die Geschichte nicht wahr –, Ching-ling habe den außergewöhnlichen Schritt unternommen, selbst nach Nanking zu gehen, um ihren verabscheuten Schwager aufzusuchen. Der Generalissimo habe ihr eine Audienz in seinem Büro gewährt, sagte Agnes Smedley, und Ching-ling habe ihren Schwur gebrochen, Chiang niemals um etwas zu bitten. Sie versuchte es mit allen Arten von Bitten und flehte am Ende gar um Tengs Leben. Chiang hörte ihr ausdruckslos und wortlos zu, bis sie erschöpft war. Dann blickte er sie scharf an und sagte nur: «Ich habe seine Hinrichtung befohlen.»[17]
Tage zuvor, am 29. November 1931, beinahe ein Jahr nach seiner Verhaftung, war Teng auf Chiangs Befehl aus seiner Zelle geholt und mit

einem Draht langsam erdrosselt worden. Man sagte, der Henker sei berühmt dafür, daß er die Opfer eine halbe Stunde lang am Leben hielt, während er seinen Griff enger machte. In seinem Büro blieb Chiang stumm, während Ching-ling um das Leben eines Mannes flehte, der bereits tot war, und erfreute sich am Schauspiel ihrer momentanen Verwundbarkeit.
Ching-ling war tief getroffen. Als sie nach Shanghai zurückgekehrt war, prangerte sie den politischen Mord an:

> Es ist nicht länger möglich, die Tatsache zu verbergen, daß die Kuomintang ihre Stellung als revolutionäre Partei eingebüßt hat. Sie ist nicht von ihren Gegnern außerhalb der Partei liquidiert worden, sondern von ihren eigenen Anführern. ... Die wirkliche Revolution wurde durch schreckliche Schlächtereien und Terrorismus in den Untergrund getrieben. Mit dem Antikommunismus als Deckmantel für ihre Verräterei setzte die Kuomintang ihre reaktionären Aktivitäten fort. In der Zentralregierung streben Parteimitglieder nach den höchsten und einträglichsten Posten und bilden persönliche Cliquen, um ihre Positionen zu stärken. ... Aber treue und aufrichtige Revolutionäre sind auf viele grausame Arten vorsätzlich zu Tode gefoltert worden; das jüngste Beispiel ist der Mord an Teng Yen-ta, der fest, geduldig, loyal und tapfer war. ...
> Ich meinerseits kann es nicht ertragen, anzusehen, wie die von Sun Yat-sen in vierzig Jahren geleistete Arbeit von einer Handvoll selbstsüchtiger und intrigierender Kuomintang-Militärs und -Politiker zerstört wird. ... Ich bin überzeugt, daß trotz der terroristischen Aktivitäten, die von den heute an der Macht befindlichen reaktionären Kräften fortgesetzt werden, Millionen von wahren Revolutionären in China nicht von ihrer Pflicht abweichen werden, sondern, gedrängt von der kritischen Situation im Land, ihre Arbeit verstärken und triumphierend dem von der Revolution gesetzten Ziel entgegenmarschieren werden.

Im Gegensatz zu Ching-ling, die auf alle Arten gejagt und eingeschüchtert wurde, war die kleine Schwester May-ling zur Macht hinter dem Thron geworden. Sogar in noch größerem Maß als früher war sie nun eine Frau von heftiger Energie und herrschsüchtigem Wesen. Chiangs Anhänger, die vor ihrer Reizbarkeit und Arroganz auf der Hut waren, machten einen großen Bogen um sie und behandelten sie mit vollendeter Förmlichkeit. In den ersten beiden Jahrzehnten ihrer Ehe nahm May-lings Einfluß auf Chiang je nach seiner Treue und ihrem Erfolg, ausländische Hilfe für sein Regime zu fördern, zu oder ab. In der Zeitschrift *Life* karikierte Henry Luce den Generalissimo und seine Gattin absichtlich, indem er sie zu romantischen Stereotypen machte, die an den Zeitungsständen reißenden Absatz fanden. Als Teil dieses Vorgehens wählte Luce immer Spitznamen für seine Berühmtheiten. Er taufte den Generalissimo Chiang «Gissimo» und May-ling «Missimo».[18] In China verstümmelten Journalisten Chiangs Spitznamen zu «der Gimo» und nannten May-ling «Madame» oder manchmal «die Drachenlady». Der Militärattaché der amerikanischen Gesandtschaft in Peking, ein drahtiger geradliniger Stabsoffizier namens Joseph Stilwell, prägte seinen eigenen Namen für Chinas obersten Führer: «Erdnuß».[19]

May-ling wurde das Sprachrohr der «Erdnuß» für die westliche Welt. Sie gab «halboffizielle» Interviews und schrieb lange Briefe, Zeitschriftenartikel und Bücher zur Publikation in den Vereinigten Staaten. Auf Amerikaner übten diese Veröffentlichungen eine gefährliche Faszination aus. Es war, als hätte ein aufgewecktes College-Girl in China die Macht übernommen und liefere nun einen fortlaufenden Kommentar darüber, was in den Angelegenheiten dieser geheimnisvollen und schwierigen Nation wahr und was falsch sei. Obwohl sie asiatisch aussah, bestätigte sie stets von neuem, daß sie in jeder anderen Hinsicht amerikanisch war. «Das einzige Chinesische an mir ist mein Gesicht», sagte sie.[20] Es war auch nett zu wissen, daß sie Christin war.

Weniger als zwei Jahre nach ihrer Hochzeit löste May-ling Chiangs Versprechen ein und drängte ihn zu einer öffentlichen Taufe. Die Zeit für so eine Geste wurde knapp. Madame Soong war nun einundsechzig Jahre alt und bei schlechter Gesundheit. Zu jedermanns Überraschung hatte die Matriarchin eine Zuneigung zu ihrem neuen Schwiegersohn gefaßt. In der kleinen Welt von Mammy Soong war die Figur des gewandten Generalissimo – korrekt wie ein Ausgehstöckchen in seiner schicken Uniform und gefolgt von gutgeschulten Dienern, Leibwachen und kriecherischen Bürokraten – ein Symbol für den Beginn der Soong-Dynastie. Durch ihn wurde Mammys Leibesfrucht das himmliche Mandat verliehen. Obwohl die Soongs es nicht zugegeben hätten, hätten sie das Mandat nicht erhalten, wenn Ching-ling nicht mit Dr. Sun davongelaufen wäre.

Chiang wurde am 23. Oktober 1923 von Ehrwürden Z.T. Kaung in Charlie Soongs Kirche getauft. Die Nachricht von dem Ereignis wurde in China mit Erstaunen aufgenommen, gefolgt von spöttischem Unglauben. Aber bei Ausländern, besonders bei Amerikanern, gab es ein hörbares Seufzen der Zustimmung. Nach acht Jahren heftiger Agitation gegen das Christentum in China gab es hier ein Zeichen dafür, daß die Arbeit der Missionare erleichtert werden sollte, daß das Kreuz leichter zu tragen wäre. May-ling, deren bezeichnendster

Charakterzug die Fähigkeit war, zu glauben, was immer sie glauben wollte, betrachtete die Taufe offenbar als Akt der Aufrichtigkeit.
Während Chiangs Motive zweifelhaft waren, war Mammy Soong offenbar zufrieden mit dieser Geste. Sie starb am 23. Juli 1931 in ihrem Sommerhaus an der Küste in Tsingtao.
Nicht jedermann war von Chiangs Konversion eingenommen. *The Christian Century*, eine amerikanische Zeitschrift, schrieb in ihrem Leitartikel:

> Chiang steht an der Spitze einer Regierung, die durch ihre erzieherischen und anderen Verordnungen in weiten Kreisen als dem Programm der christlichen Kirchen in China entgegengesetzt betrachtet worden ist. ... Christliche Führungskräfte überlegen sich ernsthaft, ob es noch möglich ist ... weiterzumachen. ... Chiang Kai-sheks Eintritt in die rechtmäßige christliche Gemeinschaft wird mit zurückhaltender Begeisterung begrüßt werden. Mit Sicherheit wird die Kirche außerhalb Chinas die Entwicklung über einen beträchtlichen Zeitraum zu beobachten wünschen, bevor sie zu dem Schluß kommt, daß diese Taufe einen wichtigen Sieg darstellt. ... Die meisten denkenden Christen werden zugestehen, daß die Bekehrung Konstantins zu einer der schrecklichsten Katastrophen führte, die je über die westliche Kirche kamen. In ähnlicher Weise wird die Bekehrung Wladimirs nicht als Triumph, sondern als Niederlage der echten Christenheit in der osteuropäischen Welt erinnert. ... In der gegenwärtigen Situation in China spielen noch andere Faktoren mit ... beispielsweise der offensichtliche und dringende Bedarf an ausländischer Unterstützung, besonders in Form von Darlehen ... der Bedarf an Kapital ist so dringend, daß beharrliche Gerüchte von der Wiederaufnahme des Opiumhandels mit offizieller oder halboffizieller Duldung sprechen.
> ... Die Führer der Nankinger Regierung ... wissen, daß es das westliche Interesse an ihrer Regierung nicht vermindern wird, wenn ein getaufter Christ an ihrer Spitze steht. ... Sie müssen ganz unmittelbare und praktische Vorteile im Sinn gehabt haben, als sie den Präsidenten ermutigten, diesen Schritt zu unternehmen. ... Überall werden Christen wohlberaten sein, die Bekanntmachung ... in keiner Weise als sicheres Anzeichen für einen Fortschritt auf der Seite des Reichs Gottes in China zu begrüßen.[21]

Zuversichtlich steigerte May-ling ihre Briefproduktion an einflußreiche Freunde; viele der Briefe wurden später publiziert (womit sie offenbar auch gerechnet hatte). Oft waren sie von Schnappschüssen, die May-ling geknipst hatte, begleitet, beispielsweise «Picknick mit dem Generalissimo». Ihre Briefe behandelten Staatsangelegenheiten,

Kämpfe gegen feudalistische Kriegsherren und Kommunisten, Waisenhäuser und Wohlfahrtskampagnen. Ihr Stil paßte bequem ins Bewußtsein des amerikanischen Mittelstands. Hier war das China, das die Amerikaner sehen wollten.
Einer der ersten publizierten Briefe May-lings wurde 1928 an eine ehemalige Klassenkameradin aus der Collegezeit geschrieben, die ihn dem Ehemaligenverein von Wellesley weitergab. Er erschien in *The Wellesley Magazine*:

> Wie Du zweifellos den Zeitungen entnimmst, sind die Kriegsherren in China noch nicht endgültig besiegt. Sie trotzen der Zentralregierung, um ihre selbstsüchtigen Begierden nach Interessensphären zu befriedigen, ungeachtet der Tatsache, daß ein vereinigtes China die einzige Rettung für unser Land ist. Als Oberhaupt der Nationalregierung und als Generalissimo der nationalistischen Armee tat mein Mann sein möglichstes, um den Aufstand der rebellischen Generäle Yen und Feng zu verhindern. Aber diese Generäle mit ihren feudalistischen Vorstellungen konnten nichts anderes sehen als ihre selbstsüchtigen Interessen. Das Ergebnis war unausweichlich. Die Zentralregierung erließ den Befehl, die Aufstände zu unterdrücken, und mein Mann führte als Generalissimo die Armee an. ... Mein Herz blutet bei dem Gedanken an die Katastrophen, mit denen unser Land konfrontiert worden ist. Hungersnöte durch Dürren und Überschwemmungen, vom Kommunismus angestiftete Banditen, und jetzt wieder blutiger Krieg zur Befriedigung der Gier skrupelloser Militaristen.[22]

May-lings Verwandlung in eine vollendete Propagandistin entsprach einem Vorschlag W.H. Donalds, der sich unentwegt in chinesische Angelegenheiten einmischte. Der Australier war wieder beigezogen worden, um die Kuomintang-Führung zu beraten. Er kritisierte Chiang und May-ling freimütig wegen ihrer beschränkten Kenntnis Chinas. Er wies darauf hin, daß der Generalissimo wenig über sein eigenes Land wußte; er war nicht durch die Provinzen gereist. Chiang war vielleicht geschickt im Umgang mit Kriegsherren und im Befehligen seiner Armee, aber er hatte keine Vorstellung davon, was die chinesische Bevölkerung dachte. Er war in gefährlicher Weise auf das angewiesen, was ihm von seinen Untergebenen gesagt wurde. Er blieb in seinem Büro und erteilte Befehle.[23]
Auf der anderen Seite baute Mao Tse-tung mit der Unterstützung der Bauernschaft im gebirgigen Grenzgebiet der Provinzen Kiangsi und Fukien eine chinesische Sowjetrepublik auf. Mao lebte mit den Bauern zusammen, verstand ihre Probleme und Bedürfnisse, glaubte an

ihre Leistungskraft und suchte ihre Unterstützung. Der Generalissimo, argumentierte Donald, konnte weder wirkungsvoll gegen die Kommunisten vorgehen noch die Nation einen, wenn er «sein» Volk nicht kannte. Er sollte reisen. Obwohl er Flugzeuge nicht mochte, sollte er sie benutzen, um sich in die ländlichen Gebiete hinauszuwagen. Er könnte May-ling mitnehmen und sie zu den Missionaren sprechen lassen.
Während der langen und manchmal abenteuerlichen Reisen, die die Folge dieser Gespräche waren, blieb Chiang von steifer Unzugänglichkeit, wenn es darum ging, die Bevölkerung für sich einzunehmen. Eine Geschichte, die Donald erzählt, illustriert Chiangs Empfindlichkeit:

> Irgendwo in einem entlegenen Dorf trafen sie einen Mann, der die Nationalflagge wie eine Schürze um die Hüften gebunden hatte. Erstaunt über die Empörung der Fremden, erklärte er ruhig, er sei Metzger und dieses Stück Stoff komme ihm sehr zustatten, weil das Blut auf dem roten Hintergrund weniger auffalle. Chiang schäumte und wollte den Mann an Ort und Stelle hängen lassen. Donald sprang ein. Das Hängen eines einzigen Metzgers reichte nicht aus. Es mußte mehr getan werden, um die Flagge zu rehabilitieren. Anstelle einer haarsträubenden Vorstellung, die nur einen lokalen Effekt hätte, könnte Chiang seine Macht dazu verwenden, im ganzen Land obligatorische Zeremonien des Fahnenhissens zu befehlen. Nicht der Metzger, sondern die Regierung war schuld an seiner Unwissenheit. ... Chiang sah das Argument ein und erteilte den Befehl. Von diesem Tag an versammelten sich jeden Morgen und jeden Abend Schulkinder, Studenten, Soldaten, Beamte und ganze Vereine um die Fahnenstangen, um das Symbol Chinas zu grüßen.[24]

Auf die chinesische Bevölkerung machte May-ling kaum Eindruck, aber unter den Ausländern zog sie große Aufmerksamkeit auf sich. Wohin immer sie ging, sprach sie zu den ausländischen Missionaren und in den Damenclubs. Sie war bereits die First Lady der Damenclubs in Shanghai; nun wurde sie die First Lady der Damenclubs in ganz China. Sie brachte die ausländischen Ehefrauen, die kirchlichen Gruppierungen und die Missionare auf ihre Seite. Es war ganz natürlich, daß die Missionare für jedes – noch so illusorische – Anwachsen ihres Einflusses am Hof dankbar waren und May-ling als Anwältin des Christentums zu sehen begannen.
Ende 1933 bestand sie darauf, an die Front in den Bergen von Kiangsi zu gehen. Die Kommunisten hatten während Chiangs verschiedenen «Vernichtungsfeldzügen» schwere Verluste erlitten, aber

es war seiner Armee nicht gelungen, die Guerillas aus ihrem Schlupfwinkel zu vertreiben. Bauern, die ihm über den Weg liefen, wurden dafür bestraft, daß sie die «Banditen» unterstützt hatten. Außer Sichtweite ausländischer Beobachter zerstörte die KMT Dörfer, brannte Felder nieder und richtete alle Bauern hin, die dumm genug waren, dazubleiben. May-ling wurde erzählt, diese Zerstörungen seien das Werk der Roten. Sie war nie nahe genug am Geschehen, um zu erkennen, daß es nicht so war.

Dem rauhen Wetter, unwegsamen Gelände und primitiven Lebensbedingungen ausgesetzt, zog sie sich Mitte Januar 1934 eine Erkältung zu und mußte das Bett hüten. Sie nutzte die Gelegenheit, einer Sekretärin in einem Brief an einen ihrer ehemaligen Lehrer am Wellesley College ihre Abenteuer zu diktieren:

> Ich kam nach einer viertägigen Sampanfahrt von unserem letzten Feldhauptquartier am neunten des laufenden Monats in Kien-Ur an. Wie Sie wahrscheinlich wissen, habe ich meinen Mann auf dem Feldzug gegen die Kommunisten-Banditen in der Provinz Kiangsi an die Front begleitet. Ich stand dem Soldatenhilfswerk vor und arbeitete mit ganzem Herzen daran, die Frauen aus Kiangsi in ihren Bestrebungen, unsere Verwundeten zu trösten und aufzuheitern, anzuleiten. Obwohl das Leben hart war, während wir mit unserer Armee weiter ins Landesinnere vorstießen, war ich doch glücklich, daß ich bei guter Gesundheit und auch Ausdauer war, so daß ich mit ihm zusammensein und helfen konnte; denn müßte ich still zu Hause sitzen bis zu der Zeit, da in China wirklich Friede herrscht, so müßten wir lange warten, bis wir zusammensein könnten. Und deshalb habe ich es immer vorgezogen, ihn zu begleiten. Wir bleiben nie länger als zwei Wochen an einem Ort, denn unsere Armee dringt rasch vor. Auf was für materielle Bequemlichkeiten wir auch verzichten müssen – es kümmert uns nicht, denn wir haben uns und unsere Arbeit.
>
> ... Ich denke gerade an einen Zwischenfall, der sich im vergangenen Monat in Fuchou, Kiangsi ereignete, wo sich während unseres Feldzugs gegen die dortigen kommunistischen Banditen unser Feldhauptquartier befand. Tief in der Nacht hörten wir plötzlich von der Stadtmauer her das Krachen mehrerer hundert Schüsse. Was war geschehen? Mein Mann wies mich an, mich rasch anzukleiden. Er befahl den Männern vom Geheimdienst, Erkundigungen einzuziehen. Unterdessen wurden die Schüsse beharrlicher und zahlreicher. In der bitteren Kälte zitternd, warf ich mich bei schwachem Kerzenlicht in meine Kleider, begann, gewisse Papiere, die nicht in Feindeshand fallen durften, auszusortieren, und hielt sie für den Fall, daß wir das Haus verlassen müßten, in der Nähe des Herdes zum Verbrennen bereit. Dann nahm ich meinen Revolver und setzte mich

hin, um auf das zu warten, was weiter geschehen sollte. Ich hörte meinen Mann Befehle erteilen, daß alle vorhandenen Wachen einen Kordon bilden sollten, so daß wir, wenn wir tatsächlich von Kommunisten umzingelt waren, uns den Weg freischießen konnten. Wir wußten nicht, was draußen vorging, aber wir wußten, daß die Feinde, nachdem wir so viele Siege errungen hatten und die völlige Vernichtung des Gegners in Sichtweite war, zu allem entschlossen waren – sie waren angestachelt worden, alles zu versuchen, um uns zu töten. Mein Gatte hatte alle unsere Männer außer einer kleinen Gruppe von Wachen in den Kampf geschickt, so daß wir praktisch ungeschützt waren. Mein Mann umgibt sich ohnehin nie mit vielen Wachen, und es ist eine wohlbekannte Tatsache, daß er in bezug auf sein eigenes Leben unglaubliche Risiken eingeht. Wenn ich dabei bin, ist er ein wenig vorsichtiger, aber er sagt mir oft, ein wirklicher Führer dürfe sein eigenes Leben nicht zu hoch einschätzen, denn wenn man zu sehr um die eigene Sicherheit besorgt ist, wird die Kampfmoral der Armee geschwächt, und da wir für unser Land kämpfen, wird der Himmel uns beschützen. Und sollten wir getötet werden, was gibt es Ruhmvolleres, als im Kampf zu sterben?
... Aber um auf Fuchou zurückzukommen: Nach einer Stunde traf die Nachricht ein, daß die Posten an der Stadtmauer mehrere Lastwagen mit unseren Männern in der Dunkelheit irrtümlich für Feinde angesehen hatten und daß ein Streit entbrannt war, in dessen Verlauf einer der Männer feuerte. Das brachte die anderen so auf, daß alle Wachen rund um die Stadtmauern das Feuer auf den mutmaßlichen Feind erwiderten. Die für die Unruhe verantwortlichen Männer wurden am nächsten Morgen vor ein Kriegsgericht gestellt. Sie taten mir leid, aber ich glaube, es ist notwendig, die Disziplin aufrechtzuerhalten. Während wir über den Grund der Unruhe im Zweifel waren, fürchtete ich mich nicht das kleinste bißchen. Ich hatte nur zwei Dinge im Sinn: Erstens, die Papiere, die Informationen über unsere Truppenbewegungen und -stellungen enthielten, durften nicht in Feindeshand fallen; zweitens, wenn ich merkte, daß ich gleich gefangengenommen würde, müßte ich mich erschießen, denn dieser Tod wäre rein, ehrbar und der Gefangennahme vorzuziehen, da Frauen, die in die Gewalt der Kommunisten-Banditen gerieten, unsägliche Brutalitäten und Erniedrigungen erlitten.
Am Silvester machten mein Mann und ich einen Spaziergang in die umliegenden Berge. Wir entdeckten einen Baum mit weißen Pflaumenblüten, der überreich ausgeschlagen hatte. Welch ein glückliches Omen! ... Mein Gatte brach sorgsam ein paar Zweige, und als wir am Abend heimgekehrt waren und die Kerzen anzündeten, überreichte er sie mir in einem kleinen Bambuskorb. Ein wahrhaftes Neujahrsgeschenk! Ich glaube, durch diese Geschichte verstehen Sie viel-

leicht, weshalb ich mein Leben so gern mit ihm teile. Er hat den Mut eines Soldaten und die Empfindsamkeit eines Dichters!

Der Feldzug, den May-ling beschrieb, wurde von einem der bekanntesten Strategen Nazideutschlands – General Hans von Seeckt – für Chiang geplant. Als Hitler 1933 an die Macht kam, bat Chiang um Militärhilfe. Hitler sandte von Seeckt und Generalleutnant Georg Wetzell nach China. Die Entschlossenheit Chiangs, eher die Kommunisten zu bekämpfen als die Japaner, war nach Hitlers Geschmack. Von Seeckt arbeitete eine aufwendige Strategie aus, die Chiang zwang, tiefer als erwartet in T.V. Soongs Kasse zu greifen. Das führte im August 1934 zu einem erbitterten Streit. Es war von Seeckt, der Chiang ersuchte, Hunderte von Meilen an Straßen bis in die rote Hochburg in Kiangsi bauen zu lassen. Es war von Seeckt, der Tausende von Befestigungsanlagen bauen ließ und der unter dem Schutz von schwerem Luftwaffen- und Artilleriebombardement Tanks und Panzerwagen ins Gefecht brachte. Während die Bodentruppen der KMT sich langsam vorwärtsbewegten, wurden noch mehr Betonbunker gebaut, und Chiangs Feinde wurden nach und nach eingekreist. Von Seeckts Strategie brachte der Bergbevölkerung Hungersnöte, und seine Taktik der verbrannten Erde verwüstete Städte und Dörfer. Schätzungen über die Anzahl der Todesopfer gingen weit auseinander. Edmund Clubb sagte, daß 700 000 KMT-Soldaten gegen 150 000 kommunistische Guerillas kämpften; Edgar Snow gab an, daß die Kommunisten Verluste von 60 000 Mann erlitten und daß im ganzen eine Million Menschen getötet wurden oder verhungerten. Von der Million Todesopfer waren also mindestens 940 000 keine «kommunistischen Banditen».[25]

May-ling hielt weiter flußabwärts am Yangtse im kühlen, umwaldeten Erholungsort Kuling, wohin sie mit dem Generalissimo 1934 auf Urlaub gefahren war, Hof für die britischen und amerikanischen Missionare, die dort Ferien machten. Nach den Berichten der Missionare sickerte keine der Wohltaten von Chiangs Regierung hinab bis zu den gewöhnlichen Leuten. Der Generalissimo «kontrollierte» nun einen beträchtlichen Teil Chinas. Aber das ganze Gerede von Vereinigung und Fortschritt ging über die Köpfe der Massen hinweg. Wenn Nanking Unterstützung von fremden Regierungen und Missionaren aus dem Ausland erwartete, mußte Chiang zuerst den Ausländern in China mit greifbaren Wohlfahrtsprogrammen Eindruck machen. Schließlich lebte man in der Ära des «New Deal».[26]
May-ling begriff dieses Problem rasch. Sie trat mit einer Idee an

Chiang heran, und er war überraschend schnell einverstanden. May-ling setzte sich mit den Missionaren zusammen, um die Details von Chinas «New Deal» auszuarbeiten. Sie nannte ihn die «Bewegung Neues Leben». Sie ging von den vier chinesischen Tugenden aus – Höflichkeit, Dienstbarkeit, Ehrlichkeit und Würde – und putzte sie im Stil des strammen amerikanischen Mittelstands heraus.[27] Ihre Art des Neuen Lebens war in bekannten amerikanischen Credos enthalten: «Spuck nicht aus, Sicherheit geht vor, gute Straßen, paß auf, wo du hintrittst, rechts halten, sich hier aufstellen, frische Luft und Sonne, klatsch die Fliege, putz die Zähne, nimm deine Vitamine, liebe deinen Nächsten, stoße und ziehe, spare, geh langsam, bleib stehen, schau, hör im Straßenverkehr, bessere Babies, mach sauber, streich neu, bring's in Ordnung.»

May-ling erklärte: «Wenn ein Mensch nicht neu geboren wird, kann er das ‹Neue Leben› nicht sehen.»[28]

Bizarre Dinge begannen sich zu ereignen. Chinesische Pfadfinder, bewaffnet mit Holzkisten, stellten sich entlang den Straßen chinesischer Städte auf. Wenn sich ein Mann mit zerdrücktem Hut oder brennender Zigarette näherte, hielt ihn der Pfadfinder an, stieg auf seine Kiste, strich den Hut des Mannes glatt, nahm ihm die glimmende Zigarette aus dem Mund und warf sie in die Gosse, salutierte, stieg von der Kiste und wartete auf das nächste Opfer.

Die Chinesen mochten es überhaupt nicht, aber die Ausländer waren entzückt. Regierungsbeamte, die realisierten, wie wichtig es war, der Gattin des Generalissimo zu gefallen, stellten sich hinter die Kampagne. Übereifrige Militärkommandeure, die ganz darauf bedacht waren, Madames Gunst zu gewinnen, schickten Terrorbanden aus, die jeden verprügelten, der auf die Straße spuckte. Männer, die beim Gehen schlurften, und Restaurantgäste, die zu ihren Mahlzeiten Wein oder Schnaps tranken, die mehr als vier Gänge bestellten oder Trinkgelder gaben, wurden auf die Straße gezerrt und vermöbelt. (Brandy und Wein wurden danach in Teekannen serviert, um die Pfadfinder, die überall Wache standen, zum Narren zu halten.)

Mädchen, die Rouge und Lippenstift verwendeten oder westliche Mäntel und Hüte trugen, wurden von der Polizei ohne Umstände festgenommen und bekamen mit nicht entfernbarer roter Tinte die Zeichen «Abartige Kleidung» auf die Haut gestempelt. Friseure, die Dauerwellen machten, und Ladenhalter, die unanständige Badeanzüge verkauften, wurden vor Scharen von Schaulustigen gedemütigt. «Neues Leben»-Slogans wurden auf die Mauern von Gäßchen gepinselt, und Plakate, die die Neuigkeiten in riesigen Schriftzeichen ankündigten, wurden überall aufgeklebt.

Ein paar ganz brauchbare Dinge liefen ebenfalls mit, etwa öffentliche Hygienekampagnen, der Ausbau der Kanalisation und Verbesserungen in der Wasserversorgung. Das Beerdigungswesen wurde überprüft: es sollte nicht mehr so aufwendig sein. Um die Kosten individuell durchgeführter Feiern auszuschließen, wurden Massenhochzeiten veranstaltet. Der Aberglaube wurde angegriffen – darunter die alten Sitten, Räucherstäbchen anzuzünden, Feuerwerk loszulassen oder an Beerdigungen Spielgeld zu verbrennen, um den Dahingegangenen die Überfahrt zu bezahlen. Jedermann wurde «ermutigt», dreimal täglich Gesicht und Hände zu waschen, einmal wöchentlich zu baden, Gemüse vor dem Essen zu waschen und abzukochen und das Rauchen aufzugeben.
May-ling gab sich Mühe, in der Öffentlichkeit nicht zu rauchen, aber sie war süchtig nach englischen Mentholzigaretten und eine heimliche Kettenraucherin.[29]
Der Generalissimo stellte sich mit einem in May-ling-Englisch für eine Shanghaier Zeitschrift geschriebenen Artikel hinter den Kreuzzug:

> Die Geisteshaltung der überwiegenden Mehrheit der Chinesen ist heute durch Sich-Treiben-Lassen und Geschmacklosigkeit gekennzeichnet. Das drückt sich in Handlungen aus, die nicht unterscheiden zwischen gut und böse, richtig und falsch, privatem Interesse und öffentlichem Wohl. Deshalb sind unsere Beamten heuchlerisch, gierig und korrupt; unser Volk ist desorganisiert und gleichgültig gegenüber der Wohlfahrt der Nation; unsere Jugend ist degeneriert und verantwortungslos; und unsere Erwachsenen sind lasterhaft und unwissend. Die Reichen geben sich Vergnügungen und Extravaganzen hin, während die Armen niedrig und schmutzig sind und im dunkeln tappen. All dies hat zu einem völligen Zusammenbruch von Autorität und Disziplin geführt, der soziale Unruhe zur Folge hat, welche wiederum uns hilflos gemacht hat gegenüber Naturkatastrophen und ausländischer Aggression.

Wie Mussolini war Chiang entschlossen, die Nation sauberzuschrubben, den Bauern beizubringen, nicht auszuspucken, und die Züge dazu zu bringen, den Fahrplan einzuhalten. Wie Hitler war er entschlossen, alle sozial und politisch Abartigen loszuwerden und die Bürger zu disziplinieren, selbst wenn er in einigen Fällen hart durchgreifen mußte. Chiang glaubte, daß der Faschismus auf drei Beinen stand – Nationalismus, absoluter Glaube an den Obersten Führer und spartanische Militarisierung der Bürger.[31]
Die Bewegung Neues Leben war die populäre Manifestation von

Chiangs Faschismus – ein Spielzeug für seine Frau und die Missionare –, und sie war komisch genug, um von den Ausländern im allgemeinen nicht ernst genommen zu werden. Die Missionare, die die zur Zeit von Chiangs Taufe von ihren eigenen Zeitschriften geäußerten Warnungen ignoriert hatten, schlugen sich nun eifrig auf die Seite des Neuen Lebens. Vergessen waren die Zeiten, in denen Chiangs Regime als Widersacher der missionarischen Bemühungen betrachtet worden war.

Die Tatsache, daß Chiang von Hitler fasziniert war, bewirkte die Gründung einer neuen Geheimgesellschaft, die Hitlers Braunhemden und Mussolinis Schwarzhemden nachgebildet war. Chiang nannte sie die Blauhemden[32], leugnete ihre Existenz aber wiederholt. Sie waren ein Ableger seiner beiden Geheimdienste, der Parteigestapo unter den Ch'en-Brüdern und der militärischen Geheimpolizei unter Tai Li.[33]
Chiang wurde nun stark von den beiden Neffen seines Mentors in der Grünen Gang, des ermordeten Revolutionshelden Ch'en Ch'i-mei, abhängig. Der ältere Neffe, Ch'en Kuo-fu, der die Kampagne organisiert und geleitet hatte, in deren Verlauf siebentausend junge Männer aus der Grünen Gang für die Militärakademie Whampoa rekrutiert worden waren, war danach mit der Aufgabe betraut worden, innerhalb der KMT eine Gestapo-Organisation aufzubauen. Als Leiter der Organisationsabteilung der KMT hatte er die Aufgabe, die Partei und die Nankinger Regierung ständig zu säubern.
Um die Loyalität eines jeden Parteimitglieds zu gewährleisten, baute Ch'en Kuo-fu ein Spionagenetz auf, das jede Dienststelle der Regierung erfaßte. Zur Leitung dieses neuen Apparats wählte er seinen jüngeren Bruder, Ch'en Li-fu, aus. Die Ch'en Brüder waren beide «Blutsbrüder» Chiang Kai-sheks: Sie hatten nach dem Tod ihres Onkels an einer Zeremonie der Grünen Gang teilgenommen. Kuo-fu, der ältere, wurde als der intelligentere, listigere und vielseitigere der beiden angesehen. Er schrieb zu seinem eigenen Vergnügen Theaterstücke und Lieder. Er bezahlte Li-fus Fahrt nach Amerika, wo der jüngere Bruder an der Universität Pittsburgh Bergbau studierte. Aber 1928 gab Li-fu den Bergbau auf, um die Leitung von Chiangs Geheimdienst zu übernehmen – der Zentralstelle für Erhebungen und Statistiken, wie der Euphemismus für die politische Geheimpolizei der KMT lautete.[34]
Während die «Zentralstelle» innerhalb der Partei spionierte und Säuberungen und politische Hinrichtungen durchführte, war Terrorismus in der breiten Öffentlichkeit die Domäne ihres militärischen Gegen-

stücks, des Militärbüros für Untersuchungen und Statistik, das vom «Himmler Chinas» geleitet wurde – von Tai Li, der zwanzig Jahre lang der gefürchtetste Mann in China war. Auch er war ein Spießgeselle Chiangs aus Chekiang. Tai Li war 1895 geboren worden, hatte seine Jugend als Gehilfe Großohr-Tus in der Grünen Gang zugebracht und war auf Tus Kosten ausgebildet worden. 1926 war er einer der Rekruten aus der Grünen Gang, die in der Akademie von Whampoa aufgenommen wurden. Während des Nordfeldzugs war er die wichtigste Kontaktperson zwischen Chiang Kai-shek und den Raufbolden der Grünen Gang in den kleineren Städten. Wenn die Armee sich auf ihrem Weg nach Norden einem Distrikt näherte, gingen KPCh-Kader voraus, um die Bauern dazu zu bewegen, die Garnison des ansässigen Kriegsherrn anzugreifen; und Tai Li ging voraus, um die Todesschwadrone der Grünen Gang zu alarmieren, damit sie die KPCh-Kader von hinten angreifen konnten. Nach der Etablierung des Nankinger Regimes wurde Tai Li die Verantwortung für die Spionageabwehr der japanischen Agenten in China und für die Organisation des Weißen Terrors gegen die kommunistischen Zellen übertragen. Alle geheimen Aktionen im China der dreißiger Jahre mit Ausnahme derjenigen, die von den Ch'en-Brüdern durchgeführt wurden, unterstanden ihm. Er war ein Mann von täuschend mildem Aussehen, mit hoher, runder Stirn und einem angenehmen Lächeln – aber von Kennern wurde er als äußerst heimtückisch angesehen. Tai Li befehligte mehr als 100 000 Regierungsagenten, und durch die Grüne Gang standen ihm wohl etwa noch einmal so viele zur Verfügung.[35]

Diese beiden Geheimpolizei-Organisationen wurden durch Chiangs Blauhemden ergänzt. Obwohl sie eine Nachbildung der faschistischen Kulte in Europa waren, eiferten sie auch der gefürchteten japanischen Gesellschaft Schwarzer Drachen nach, dem militantesten Geheimbund der kaiserlichen Armee. Die Aufgabe der Blauhemden war es, China kompromißlos zu reformieren, indem sie Köpfe gegeneinanderschlugen, politische Morde ausführten, korrupte Bürokraten und «Staatsfeinde» liquidierten. Sie zählten 10 000 Mitglieder.[36] Befehligt wurden sie von alten Klassenkameraden aus Whampoa, die zur Grünen Gang gehörten. Alle mächtigen Cliquen des Nankinger Regimes waren bei den Blauhemden vertreten. Mitglieder der C-C-Clique, die von den Ch'en-Brüdern angeführt wurde und nach den Initialen des Central Club in Nanking benannt war, gehörten ebenso dazu wie die sogenannte Whampoa-Clique, der Verteidigungsminister Ho Ying-chin vorstand. Außerdem befanden sich unter den Blauhemden professionelle Killer, die nicht der Partei oder der

Armee, sondern Tai Li oder Großohr-Tu Loyalität schuldeten. Chiang ließ sie alle an der Zeremonie der Blutsbrüderschaft teilnehmen, stach in Hände und vermischte Chromosomen.[37]
«Das ganze Land sollte militarisiert werden», schrieb Brian Crozier, langjähriger China-Korrespondent des *Economist*, «vom Kindergarten bis zum Grab. ... Ihr Ziel war ganz unverhohlen totalitär, und obwohl Chiang Kai-shek bis zuletzt mit scheinbarer Aufrichtigkeit damit fortfuhr, seine Hingabe an die Demokratie zu beteuern, kann kein Zweifel bestehen, daß er sich mit den Blauhemden, zu deren Mitglieder zahlreiche seiner Whampoa-Kadetten gehörten, identifizierte.»[38]
Die Bewegung Neues Leben, auf die Soong May-ling so stolz und mit der ihr Mann so bereitwillig einverstanden war, war lediglich eine Ausdehnung der Organisation der Blauhemden in die Öffentlichkeit, eine Möglichkeit, die Pfadfinder, den CVJM und die ausländischen Missionsgesellschaften für Chiangs Unternehmen der Disziplinierung Chinas einzuspannen. 1936 liefen die Blauhemden, getrieben von Exzessen des Eifers und der Brutalität, Amok und schadeten dem Namen der Bewegung Neues Leben. Der *Literary Digest* bemerkte in jenem Jahr: «Am meisten dazu angetan, Unruhe zu stiften, sind Chiangs eigene zivile, fremdenfeindliche, bombenwerfende, messerstechende, schießende Blauhemden-Terroristen, die einmal nützlich waren, jetzt aber nicht mehr kontrollierbar und eine Art Frankenstein-Monster geworden sind.»[39]
Als die politische Geheimpolizei der Ch'en-Brüder, die «Zentralstelle», General Teng Yen-ta folterte und erdrosselte, war Ching-ling nicht die einzige, die schockiert war.
Einem von Chiang Kai-sheks ältesten und verläßlichsten Gefolgsmännern reichte es jetzt. Es war der frühere Rektor der Pekinger Universität und rechtsorientierte Vorsteher der Restaurationsliga, Ts'ai Yuan-p'ei. Bis jetzt hatte er Chiang und seinen Paten von der Grünen Gang treu gedient und an der Hochzeit von Chiang und May-ling die Hochzeitsurkunde verlesen. Ts'ai war mit dem Amt des Präsidenten des Kontrolldepartements belohnt worden – einem der fünf Departemente der Nankinger Regierung. Außerdem war er Erziehungsminister gewesen und hatte das Universitätssystem des Landes reorganisiert. Aber während er die Unternehmungen des neuen Regimes verfolgte, regte sich in Ts'ai nach und nach der Verdacht, daß er bei der Geburt eines Ungeheuers mitgeholfen hatte. Überall sah er, wie Menschenrechte verletzt wurden.
Im Gegensatz zu vielen anderen Vertretern der Rechten war Ts'ai ein versierter Gelehrter und ein Humanist: Es war ihm unmöglich, stän-

dig Scheuklappen zu tragen. Nach langer Gewissenserforschung trat er von seinen wesentlichen Regierungsämtern zurück und gründete die Academia Sinica – die höchste Institution für fortgeschrittene Studien und Forschung in China. Ts'ai stellte sich offen auf Chinglings Seite und gegen Chiang Kai-shek; zusammen mit ihr gründete er die Chinesische Liga für Bürgerrechte. Der Hauptzweck der Liga bestand darin, Chiangs heimtückische Kampagne zu bekämpfen, die alle Gegner als Kommunisten darstellte. Mit Hilfe dieser Verdrehung war Chiang in der Lage, jeden beliebigen zu verhaften, einzukerkern, zu foltern, verschwinden zu lassen oder hinzurichten, und dies dank dem herrschenden Verfolgungswahn in bezug auf die Roten mit dem augenscheinlichen Segen aller «vernünftigen und anständigen Leute».

Eine der ersten Bemühungen der Liga war es, Ch'en Tu-hsiu, den früheren Parteiführer der Kommunistischen Partei Chinas, eine harmlose und inzwischen eher rührende Gestalt, die einmal Dekan der sprachlichen Abteilung der Pekinger Universität gewesen war, aus dem Gefängnis zu befreien. Alle Bemühungen scheiterten.

Die Liga war noch kein Jahr alt, als einer von Ts'ai Yuan-p'eis engsten Mitarbeitern an der Academia Sinica, der politisch aktive, in Cornell ausgebildete Ingenieur Yang Ch'uan, von den Blauhemden ermordet wurde. Er war von gefährlicher Freimütigkeit gewesen. Wohlbekannt mit jedermann von Chiang Kai-shek bis Großohr-Tu, kannte er die inneren Mechanismen der Nankinger Regierung. 1933 entdeckte er offenbar den geheimen Grund dafür, weshalb Chiang und Verteidigungsminister Ho keinen Einspruch gegen die japanische Invasion in der Mandschurei, die Invasion in Jehol und die Attacken auf die Große Mauer erhoben. Das reichte aus, um Yang unverzüglich ermorden zu lassen. Ts'ai Yuan-p'ei war erschüttert. Er trat von allen seinen verbliebenen Regierungsämtern zurück, gab eine öffentliche Erklärung ab, in der er seiner Abscheu über das Regime Ausdruck verlieh, und zog sich völlig aus dem öffentlichen Leben zurück.

Den Höhepunkt der Grausamkeiten stellte das schreckliche Ende von sechs der führenden Schriftsteller Chinas dar. Sie waren alle Anhänger Lu Hsuns, der literarischen Leitfigur der Revolution. Lu Hsun war ein kleingewachsener Mann von dunkler Hautfarbe, mit warmen Augen und einem tragischen Sinn für den Kummer der Nation. Seine berühmteste Erzählung war die «Wahre Geschichte von Ah.Q.» In ihr wird ein ungebildeter, von der Revolution von 1911 genarrter Kuli im Leben fortwährend gedemütigt, aber stets rationalisiert er seine Niederlagen. Als er für ein Verbrechen, das er nicht begangen hat, hingerichtet werden soll, geht er in den Tod, indem er fröhlich eine populäre chinesische Opernarie singt. In der Arie heißt es: «In zwanzig Jahren werde ich als Held wiedergeboren werden.» Die Erzählung war eine Allegorie über die Erniedrigung des Individuums und der Nation durch Mächte, die ihre Opfer mit unnützen Phantasien betäubten. Lu Hsuns Botschaft besagte, China würde seine verlorene Größe nur dann wiedergewinnen, wenn die Bauern selbst diese narkotische Trance abschüttelten und ihre eigene Revolution durchführten. «Vor der Republikszeit», klagte Lu Hsun, «waren wir Sklaven. Danach wurden wir die Sklaven ehemaliger Sklaven.»

(Es gibt eine Photographie, auf der Ching-ling mit gefalteten Händen dasitzt, umgeben von George Bernard Shaw, Agnes Smedley, Ts'ai Yuan-p'ei, Harold Isaacs, Lin Yu-tang und Lu Hsun. Alle lächeln – außer Lu Hsun, der fünfzig Jahre alt war und von der Schwindsucht verzehrt wurde, die 1936, drei Jahre später, zu seinem Tod führen sollte. Shaw war damals ein Mann von achtzig Jahren und stattete Shanghai nur einen kurzen Besuch ab. Ching-ling und die anderen hatten den Tag mit dem Versuch zugebracht, die Aufmerksamkeit des Dramatikers auf die Gewalttaten und Scheußlichkeiten von Chiangs Regime zu lenken, hatten es aber zwecklos gefunden. Shaws Geist war zu sehr damit beschäftigt, in seiner charakteristischen Weise hin und her zu huschen, als daß er sich in diese politischen Tiefen hätte ziehen lassen.)

Lu Hsun hatte als Kritiker des Nankinger Regimes kein Blatt vor den Mund genommen und lebte aus Angst vor einer Verhaftung stets im Verborgenen. Obwohl er mit vielen der führenden chinesischen Kommunisten freundschaftlich verkehrte, war er zu skeptisch, um selbst Kommunist zu werden. Ching-ling und er waren Gefährten und ständige Außenseiter: und das war keine gesunde Position.

Chiang Kai-shek hatte schließlich genug von Ching-ling, Lu Hsun und dem sie umgebenden Kreis von Schriftstellern, die sich die Liga linker Schriftsteller nannten. Er befahl seiner Geheimpolizei, die Autoren festzunehmen. Lu Hsun entging der Festnahme geschickt, aber sechs junge Anführer der Gruppe – unter ihnen Feng Kung, die bekannteste Schriftstellerin Chinas – wurden verhaftet und gezwungen, eine große Grube auszuheben. Sie wurden an Händen und Füßen gefesselt, in die Grube geworfen und lebendig begraben.[40]

«Das», sagte Ching-ling bitter, «ist unser Generalissimo – er begräbt unsere besten jungen Menschen bei lebendigem Leib. Offensichtlich ist er in seinen Bibelstudien noch nicht bis zu den Korinthern vorgedrungen.»[41]

13. Kapitel

Die Zuckerfeen

Als T.V. Soong sich bereit erklärte, mit Chiang Kai-sheks Regime in Nanking zusammenzuarbeiten, sah er vor seinem inneren Auge die Zuckerfeen tanzen. Obwohl dunkle Machenschaften im Gange waren, dachte er sich, er könne etwas aus der chinesischen Wirtschaft machen. Nachdem man von den Shanghaier Kaufleuten Millionen erpreßt hatte, um Chiangs Rechnungen zu bezahlen und die Diktatur von Nanking zu errichten, wollte T.V. die Sache geradebiegen – um einen modernen rechtmäßigen Staatshaushalt zu etablieren, der dem neuen China eine sichere Basis geben sollte. Er hatte klare Vorstellungen und verfügte als Finanzminister theoretisch auch über die Macht, diese Ideen in die Praxis umzusetzen.
Doch tat er zugleich recht und unrecht. Alles, was er in die Wege leitete, richtete sich wieder gegen ihn. Es war eine Litanei von Klagen. Er etablierte einen attraktiven Markt für Anleihepapiere, so daß sich die Investoren überzeugen ließen, der Kauf von Staatsanleihen sei die beste Anlage. Dies war auch gut so. Dadurch jedoch nahm er der noch in den Kinderschuhen steckenden chinesischen Industrie die Kapitalreserven weg. Und dies wiederum war schlecht. Banken und Maklerfirmen pumpten Geld in T.V.'s Anleihepapiere; chinesische Investoren sahen ihn in der Rolle ihres Fort Knox, und die Rückzahlung der Staatsanleihen schien ihnen schon durch seinen guten Namen gesichert. All dies war gut, vor allem für sein Selbstbewußtsein. Die andere Seite der Medaille jedoch war der Umstand, daß der Markt für Anleihepapiere unweigerlich zusammenbrach, wann immer T.V. mit Chiang Krach hatte. Als T.V. Chinas Kapitalisten auf die Unterstützung des Nankinger Regimes trimmte, machte er dies so gründlich, daß er auch ihre Rolle als unabhängige Kraft zerstörte und sie zu Sklaven der Diktatur machte. Nachdem ihn sein Schwager H.H. Kung als Finanzminister abgelöst hatte, wurden alle fiskalischen Beschränkungen auf-

gehoben, so daß die Maschinerie, die T.V. konstruiert hatte, außer Kontrolle geriet.

Die Gangstermethoden von 1922 wurden zwar nicht mehr im selben Ausmaß wiederholt, doch war es immer noch Erpressung, was die Beziehung der Nankinger Regierung zur chinesischen Geschäftswelt charakterisierte. Dies blieb jedoch ausländischen Beobachtern durch T.V.'s Flair für die Praktiken der westlichen Ökonomie verborgen. Er glaubte im Namen Chinas aufzutreten, doch für Chiang war er lediglich ein gefangener Zauberer, ein Alchemist, der gerade solange von Nutzen war, als er aus Blei Gold zu machen vermochte.

Zu Beginn des Jahres 1928 nahm die Regierungskasse monatlich 3 Millionen chinesischer $ ein; ihre Ausgaben beliefen sich jedoch auf das Vierfache. (Offiziell wurden 3 chinesische $ gegen 1 U.S.$ gewechselt.) Der größte Teil dieser Einnahmen wurde «Investoren» aus Chinas reichsten, um Shanghai gelegenen Provinzen Kiangsu und Chekiang abgeknöpft. T.V.'s Methode bestand einfach darin, jene Mittelsmänner auszuschalten, die immer, wenn Steuern durch ihre Hände gingen, ihren «Tribut» abzogen. Diese Methode hatte er zum ersten Mal in Kanton für Sun Yat-sens Südliche Regierung erfolgreich praktiziert. Doch jede Provinz fiel bald wieder in ihre alten Gewohnheiten zurück, wenn T.V. aufhörte, das System zu überwachen.

T.V. änderte jedoch seine Taktik, indem er nicht mehr gegen die Korruption zu Felde zog, sondern direkt den Shanghaier Kapitalisten den Hof machte. Im Juni 1928 lud er siebzig Shanghaier Bankiers, Geschäftsleute und Industrielle sowie fünfundvierzig Vertreter der Staats-, Provinz- und Stadtverwaltung zu einer Konferenz ein. Er versicherte ihnen, daß die Sonderausgaben des Vorjahres nur wegen der außergewöhnlichen militärischen Bedürfnisse für Chiangs Nordfeldzug nötig gewesen wären. Danach kam er zur Sache:

> Keine Regierung kann das Vertrauen des Volkes genießen, ohne es an der Formulierung ihrer Politik teilhaben zu lassen. Das Finanzministerium hat nicht zugewartet, bis hochfliegende Pläne über die Teilnahme des Volkes an der Regierung formuliert waren. Wir haben hier Verantwortliche aus dem nicht-politischen Bereich, Vertreter der Steuerzahler, zusammenkommen lassen, damit sie uns kritisieren, uns helfen und anzuleiten.[1]

Das sei, so betonte er, «ein Schritt vorwärts in Richtung demokratischer Institutionen in China».

T.V. schlug eine Begrenzung der Militärausgaben vor, ebenso einen Staatshaushalt, die Errichtung einer starken Zentralbank, die

Abschaffung des Tael als Standardmaßeinheit, die Schaffung einer zentralen Münzstätte und die landesweite Eliminierung der Likin, einer feudalen Steuer.[2] Die Delegierten verlangten dafür die Rückgabe ihrer konfiszierten Vermögen. Sie sprachen sich auch dafür aus, «daß die Regierung Gewerkschaftsgesetze erlassen solle, die Agitatoren davon abhielten, solche Organisationen zur Unruhestiftung zu mißbrauchen». Dies konnte eine Maßnahme gegen kommunistische Agitatoren sein oder eine verschleierte Bitte um Schutz vor den «Gewerkschaften» Großohr-Tus.

An einer ebensolchen Wirtschaftskonferenz in Nanking im folgenden Monat forderte T.V. erneut eine Kürzung der Militärausgaben. Dies könne, so argumentierte er, am besten dadurch erreicht werden, daß die Anzahl der von Chiang und seinen Stäben angestellten Leute reduziert werde. (Viele der führenden Kommandeure trugen mehr Soldaten in ihre Mannschaftslisten ein, um so den Sold für nicht existente Soldaten zu kassieren.) Da nun der Nordfeldzug Peking erreicht und «China geeint» hatte, hielt T.V. die Zeit für gekommen, die Militärausgaben zu kürzen. Im *North China Herald* drängte T.V. Chiang unverhohlen, seine Vorschläge anzunehmen, denn «nach dem 31. Juli wird der Nationalistischen Regierung von den Shanghaier Bankiers, die den Reichtum Chinas kontrollieren, kein Cent mehr geliehen».

John Macmurray von der Amerikanischen Gesellschaft in Peking erläuterte, wie die Bankiers hofften, die Generäle zur Zusammenarbeit zu veranlassen: «Chinesische Bankiers werden Kapital für die Auflösung gewisser Truppenverbände zur Verfügung stellen ... dies ratenweise ... die Zahlungen hängen jedoch von den Fortschritten ab, die dieser Auflösungsprozeß macht.»

T.V. führte sein Gambitspiel zu Ende, indem er das Zentrale Exekutiv-Komitee der KMT warnte, es stehe unmittelbar vor dem Bankrott. Eine Delegation von hundert Shanghaier Kapitalisten setzte sich für Soongs Vorschläge ein. Unter diesem Druck war Chiang einverstanden, ein Nationales Komitee für den Staatshaushalt auf die Beine zu stellen. Doch waren die meisten der Komiteemitglieder Kriegsherren: Chiang Kai-shek, Feng Yu-hsiang, Yen Hsi-shan und Li Tsung-jen. T.V. Soong war das einzige Mitglied, das keine militärische Position innehatte.

Der Appetit dieser Kommandeure war mit ihrem Sieg noch größer geworden, und der Generalissimo fand neue Wege, T.V. auszubooten. So gelangte er mit seinen Kreditforderungen nicht mehr an die Shanghaier Bankiers, sondern wandte sich zum ersten Mal an die Vereinigung der Pekinger Bankiers und zwang diese, ihm 3 Millionen

chinesischer $ zu leihen. Er erniedrigte T.V., indem er ihn nach Peking sandte, um den gleichen wütenden Bankiers durch den Verkauf von Staatsanleihen nochmals 50 Millionen chinesischer $ abzuknöpfen.
T.V. versuchte an der Militärischen Reorganisations- und Auflösungskonferenz vom 15. Januar 1929 erneut, seine Vorschläge durchzusetzen. Überraschenderweise akzeptierte die Konferenz T.V.'s Forderung, die Militärausgaben auf jährlich 192 Millionen chinesischer $ zu senken und damit auch die Truppenstärke zu reduzieren. Doch dies war, wie sich herausstellte, ein Public-Relations-Trick, denn die Änderungsbeschlüsse zum Staatshaushalt traten nie in Kraft.
Auch nachdem all dies besprochen und veranlaßt worden war, war China immer noch eine Ansammlung feudaler Lehen, die Chiangs KMT nur dem Namen nach untertan waren. Chiang hielt sie durch Abgeltungen und großzügige Zuwendungen an ihre Privatarmeen und angeblichen Feldzüge zusammen. Es gab nur einen Weg, Soldzahlungen und Unterhaltskosten zu senken: Chiang und seine Gefolgsleute mußten ihre prallen Geldbeutel leeren und mit der Hälfte auskommen. Doch eher hätten sie sich selbst die Kehle durchgeschnitten.

Die Regierung in Nanking war ganz einfach ein Trojanisches Pferd, das vom Soong-Clan in den schönsten Farben bemalt worden war. In seinem Inneren waren jedoch die Generäle, Geheimpolizisten und Anführer der Grünen Gang verborgen, die in Wirklichkeit China regierten. Diese Täuschung war mit viel Geschick arrangiert – eine von T.V.'s Hauptleistungen. Die Amerikaner – mehr als andere westliche Nationen – erlagen ihr.
Doch T.V.'s Überredungskraft richtete manchmal gerade bei jenen Leuten Schaden an, die er zu repräsentieren vorgab. Manchmal war er so gerissen, daß er sich ins eigene Fleisch schnitt. Indem T.V. zum Wohl seiner eigenen Interessen eine enge Verbindung zu den Shanghaier Kaufleuten suchte, stellte er sich gegen Chiang und ermutigte die Financiers auf gefährliche Weise, das Nankinger Regime anzugreifen. Wohl mag er manchmal geglaubt haben, die Demokratisierung dadurch voranzutreiben, daß er die Investoren um Rat und Zustimmung bat. Dies sollte den Kaufleuten Eindruck machen, die darauf die Wirtschaft des Landes als ihre heilige Pflicht und Aufgabe betrachteten. Doch waren demokratische Zustände in China bloß Illusion. Als T.V. die Kapitalisten ermunterte, sich mit Chiang anzulegen, manövrierte er sie in ernsthafte Gefahr.
Die Kapitalisten in Shanghai mißachteten den Befehl der Regierung,

ihr Freiwilligenkorps der Chapeier Kaufleute aufzulösen. (Dieses Freiwilligenkorps war nach dem gleichen Muster organisiert wie jenes der Kaufleute von Kanton, das Chiang 1924 skrupellos niedergemacht hatte.) Es wurde sogar bekanntgegeben, daß die Ausgaben für das Freiwilligenkorps noch erhöht werden sollten. Der Generalissimo reagierte darauf mit einer Propagandakampagne gegen die Bankiers. Die Shanghaier Handelskammer wurde tätlich angegriffen: Chiang sandte Schläger der Grünen Gang in ihre Büroräume. Das Gebäude der Handelskammer befand sich zwar innerhalb der Internationalen Niederlassung, doch war es dem Schutz der ausländischen Polizei entzogen, da die Gründung der Handelskammer weiter zurücklag als die Bestimmungen der Konzession. Am 24. April 1929 stürmte ein aufgebrachter Mob das Gebäude, zertrümmerte die Einrichtung und ergriff Besitz von Dokumenten und Mobiliar, wobei vier Angestellte krankenhausreif geschlagen wurden. Die Handelskammer protestierte erfolglos in Nanking. Die Regierung unterdrückte in den Shanghaier Zeitungen jegliche Berichterstattung über den Vorfall. Ohne Widerstand leisten zu können, wurde die Handelskammer gezwungen, sich neu zu organisieren. Die Leitung übernahm Yu Hsia-ch'ing, einer von Großohr-Tus Leuten, so daß die Handelskammer fest unter der Kontrolle der Grünen Gang und der KMT war.

T.V.'s erster Anlauf, für sich eine Machtbasis unter den Shanghaier Kaufleuten zu schaffen, war also kläglich gescheitert. Das erste Haushaltsjahr der Nankinger Regierung war eine Katastrophe gewesen. Nicht nur wurden 87 Prozent der Regierungseinnahmen für militärische Zwecke ausgegeben; beinahe die Hälfte der Einnahmen bestand aus reinen Darlehen, was bedeutete, daß ein weiterer großer Teil des Staatshaushalts für Zinszahlungen und Schuldtilgungen abgeschrieben werden mußte.

Der Löwenanteil des chinesischen Reichtums war immer noch in den Händen der Shanghaier Bankiers. Nach Chiangs Meinung mußte ein Weg gefunden werden, sich dieses Reichtums zu bemächtigen, doch T.V. war überzeugt, daß Zwang und Erpressung nicht die richtigen Mittel dazu seien. Statt dessen gab er Anleihescheine heraus.

Sein Vorgehen war unwiderstehlich. Er bot den Bankiers Regierungsanleihen zu Ausverkaufspreisen an, beinahe 50 Prozent heruntergesetzt. Die Regierung würde die Sicherheitsgarantie bei den Banken schon vor dem offiziellen Ausfertigungstermin hinterlegen und dafür einen Bargeldvorschuß von 50 Prozent des Nennwerts erhalten. Nach dem offiziellen Ausfertigungstermin wurden die Anleihen an der Shanghaier Börse und an der Shanghaier Geld- und Warenbörse gehandelt oder von den Banken zurückgehalten, so daß sie den Verkaufspreis selbst aushandeln und so direkt einen Gewinn machen konnten. Es war leicht, die Anleihen loszuwerden, denn sie versprachen einen attraktiven Gewinn. Selbst auf ihrem Tiefpunkt von 12,44 Prozent war der Gewinn um einiges höher als bei Industrieanleihen oder Zinserträgen von Sparkonten.

Aufgrund des spärlichen Quellenmaterials schätzte man, daß die Shanghaier Banken Ende 1931 ein bis zwei Drittel der Anleihen und Wechsel der Nankinger Regierung besaßen. Die Mehrheit dieser Beteiligungen waren in den Händen einiger großer Handelsbanken, die der Vereinigung Shanghaier Bankiers angehörten. Weil in den Direktorien dieser Banken weitgehend die gleichen Leute saßen, wurde die Mehrzahl der Anleihescheine von wenigen sehr mächtigen Taikuns kontrolliert.

Im Shanghaier Klima des schnellen Reichtums war ein Anleihenmarkt mit solchen Preisen eine zu große Verführung. Eine wilde Spekulation mit Regierungsanleihen begann. Alles, von einem Wetterwechsel bis zu Gerüchten über Zänkereien in der Familie Soong, konnte ihren Marktwert beeinflussen und offerierte den Banken und Bankiers unwiderstehliche Gelegenheiten, von Marktmanipulationen zu profitieren. Die Empfindlichkeit des Marktes war dort am größten, wo T.V.'s Geschäfte direkt betroffen waren. Ein scharfer Wortwechsel zwischen T.V. und Chiang Kai-shek konnte umfängliche Preisschwankungen verursachen. Denn wer war über die häuslichen Angelegenheiten der Regierung besser im Bild als ihre Spitzenleute – allen voran die Mitglieder der Soong-Familie?

«Eines der wichtigsten Instrumente, das den mit der Regierung verbundenen Leuten zur Verfügung stand», schreibt Parks Coble in seiner bahnbrechenden Arbeit *The Shanghai Capitalists,*

> war die in Shanghai domizilierte Ch'i-hsing-Gesellschaft. T.V. Soongs jüngerer Bruder T.L. Soong, dessen Schwester Madame H.H. Kung sowie zwei Beamte des Finanzministeriums ... gründeten die Firma. Sie stand in enger Verbindung zu Tu Yueh-sheng, dem Anführer der Grünen Gang, der auch Direktionsmitglied der Shanghaier Börse sowie Direktor einer Reihe weiterer Warenbörsen war. Tu pflegte enge Verbindungen zu den Kungs und war, wie bekannt wurde, ihr Vertreter, wenn es um Anleihenmanipulationen ging. ... Aufgrund ihres Insiderwissens über die Marktentwicklung und dem großen, ihnen zur Verfügung stehenden Kapital veranlaßte die Firma eine wilde Fluktuation der Marktpreise, was die Shanghaier Börse zu einem wahren Schlachtfeld werden ließ.

Vielleicht hatte T.V., ohne sich dessen bewußt zu sein, die Bankiers von Shanghai in eine fürchterliche Falle gelockt. Der Erfolg, den seine Regierungsanleihen bei den Bankiers gehabt hatten, band sie in unnatürlicher Allianz an das Nankinger Regime. In dem Maße, wie sich die Kassenschränke der Bankiers mit Regierungsanleihen füllten, wurden diese auf politischer Ebene vom Fortbestehen der Diktatur abhängig.

Das alles war ganz im Sinne Chiangs. Ende 1931, während einer schweren Krise, die durch die Annexion der Mandschurei durch Japan im September des gleichen Jahres ausgelöst wurde, zog er T.V. ins Vertrauen.

Die Mandschurei hatte seit dem Russisch-Japanischen Krieg unter der Vorherrschaft Japans gestanden. Der mandschurische Kriegsherr Chang Tso-lin unterhielt mit Japan heikle Beziehungen, bis ihn eines Tages militante japanische Offiziere samt seinem Eisenbahnwagen in die Luft sprengten. Darauf wartete Tokyo ungeduldig, ob sich nun der Sohn des Kriegsherrn mit Japan oder mit dem Regime von Nanking alliieren würde. Als sich der «Junge Oberbefehlshaber» Chang Hsueh-liang mit Nanking verbündete, eroberte die japanische Armee im September die reiche Industrieregion, wie sie schon Korea 1895 China entrissen hatte. Damit baute Japan seine Position in China aus und rückte näher an Peking heran.

Die Invasion entlockte dem Völkerbund kaum mehr als ein laues Versprechen, eine «Untersuchung» zu veranlassen. Die Vereinigten Staaten wiesen dabei jede Vermittlerrolle zurück.[3] Doch die Chinesen waren äußerst aufgebracht, als Chiang Kai-shek es ohne weitere Erklärung ablehnte, gegen die japanischen Invasoren militärisch vorzugehen, und lediglich dazu aufrief, «würdevolle Ruhe zu bewahren».[4]

In Shanghai griffen Gruppen aufgebrachter Chinesen japanische Geschäftsniederlassungen an und verlangten, daß den Japanern der Krieg erklärt würde. Die Popularität des Generalissimo sank auf den absoluten Tiefpunkt. Widerliche Gerüchte kursierten, wonach ein geheimes «Abkommen» zwischen Chiang und Tokyo existierte – möglicherweise ein Pakt, der ursprünglich zur Zeit des Shanghaier Massakers abgeschlossen worden war, um Japans Unterstützung für Chiangs Machtübernahme sicherzustellen. Nach diesem Gerücht war es Chiang nicht möglich, gegen Japan vorzugehen, ohne daß Tokyo den geheimen Pakt publik machte. Andere Gerüchte betonten, daß General Ho Ying-chin, Chiangs Verteidigungsminister, und Tai Ch'i-tao, Chiangs Chefberater, beide Führer der pro-japanischen

Faktion, einen verdächtig starken Einfluß auf den Generalissimo ausübten. Man erzählte auch, daß Chiang und einige Mitglieder von Madame Chiangs Familie mit mächtigen japanischen Kartellen verbunden seien, die alle Beteiligungen an Shanghaier Industrie- und Finanzunternehmen besäßen, die wiederum im Zusammenhang mit Großohr-Tu ständen. (Es war die Entdeckung einiger besonders schmutziger Aspekte des vermuteten Geheimabkommens, die zur – oben erwähnten – Ermordung Yang Ch'uans durch die Blauhemden führte.)[5]

In kritischen Situationen wie dieser schien es Chiang immer angemessen, die Prinzipien des T'ai Ch'i anzuwenden: Wenn der Angreifer mit Wucht vorprescht, dann braucht der Verteidiger nur zur Seite zu treten, der Angreifer verliert darauf das Gleichgewicht und stürzt zu Boden.

Nachdem er sich mit T.V. Soong abgesprochen hatte, wartete Chiang den richtigen Augenblick ab: Am 15. Januar 1931 trat er zurück und flog mit May-ling zu seinem Bergkloster. Um das entstandene Vakuum zu füllen, wurde Sun Fo zu Chinas neuem Premierminister und Eugene Chen zum Außenminister ernannt. Doch fanden sie die Staatskasse leer, und der Armee war nichts an einer Zusammenarbeit gelegen. Obwohl der Generalissimo als Vorsitzender zurückgetreten war, kontrollierte er nach wie vor die Armee, die für Sun Fo nicht den kleinen Finger rührte.

T.V. trat, nachdem er mit Chiang Kai-shek gesprochen hatte, als Finanzminister zurück und begab sich nach Shanghai in Pension. Bevor er jedoch seinen Posten aufgab, entfernte er – offensichtlich auf Anweisung Chiangs – alle Dokumente und alles Archivmaterial aus dem Finanzministerium und sorgte dafür, daß die Staatskasse auch tatsächlich leer war.[6]

Die meisten Provinzregierungen verhielten sich loyal gegenüber Chiang und bezahlten der Regierung Sun Fos weder ihre Likin noch die Einkünfte aus der Salzsteuer. Plötzlich begannen auch die militärischen Befehlshaber in Chekiang und Kiangsu umfangreiche Forderungen zu stellen und verlangten von Sun Fo Geld für ihre Soldzahlungen. Kaum hatte die neue Regierung ihr Amt übernommen, war sie schon bankrott und machtlos. Der Gnadenstoß schließlich war T.V. Soongs öffentliche Prognose, daß Sun Fos Regierung innerhalb dreier Monate zusammenbrechen würde. Nach solchen Worten des Finanzgenies der Shanghaier Wall Street hielten sich die beunruhigten Shanghaier Financiers und Spekulanten mit Krediten und dem Zeichnen von Anleihen für die Regierung wohlweislich zurück.

Der gebeutelte Sun Fo gab daraufhin bekannt, daß er alle Zinszah-

lungen für sechs Monate suspendiere. Am folgenden Tag, dem 13. Januar 1932, herrschte ein großer Ansturm auf die Shanghaier Banken: Investoren versuchten die Regierungspapiere noch mit Profit loszuwerden, bevor der Wertpapiermarkt und damit die chinesische Wirtschaft zusammenbrach. Nanking wurde mit Protesttelegrammen von Mitgliedern der Vereinigung der Besitzer von Regierungsanleihen, deren Präsident Großohr-Tu war, überschwemmt. Innerhalb weniger Tage kam die Regierung Sun Fos mit den Anführern der Grünen Gang und mit Curio Chang überein, daß sie gewisse Kredite erhalten würde, wenn sie die Anleihenrückzahlungen wieder aufnehmen würde. Die Regierung hielt sich an ihren Teil des Abkommens, eröffnete den Anleihenmarkt aufs neue und zahlte die Investoren aus. Doch die Kredite, die Großohr-Tu und seine Gefolgschaft versprochen hatte, wurden der Regierung nie gewährt.
Großohr-Tu gehörte nicht zu jener Sorte von Leuten, die man zwingen konnte, Kredite schnell zu bezahlen. Schon drei Wochen nachdem die neue Regierung im Amt war, besprach sich Chiang Kai-shek mit seinem Schwager T.V. Soong und mit H.H. Kung. Er war damit einverstanden, nach Nanking zurückzukehren. T.V. wurde Vizepräsident und Finanzminister – ein Aufstieg seinerseits.
In Shanghai hatten sich die erhitzten Gemüter über den japanischen Einmarsch in die Mandschurei noch immer nicht beruhigt. Ein Boykott japanischer Waren war sehr erfolgreich, und viele kleine Kaufleute im japanischen Sektor der Stadt standen kurz vor dem Bankrott.[7] Mitte Januar 1932 wurden fünf japanische Priester einer besonders lauten Sekte auf der Straße mißhandelt. Einer der Priester erlag seinen Verletzungen. Als Rache randalierten die japanischen Einwohner, wobei ein chinesischer Polizist und ein Japaner ums Leben kamen. Am 18. Januar wurden vor einer chinesischen Tuchfabrik fünf Japaner attackiert. Als Rache griffen zwei Tage später fünfzig Mitglieder der japanischen Gesellschaft zum Schutz der Jugend mit Dolchen und Knüppeln bewaffnet die Fabrik an, worauf zwei Chinesen in den Flammen umkamen.
Die japanische Regierung verlangte offiziell eine Entschuldigung, Entschädigung für Krankenhausrechnungen und die Zusicherung, daß alle anti-japanischen Organisationen aufgelöst würden. Am Abend des 24. Januars tauchten japanische Kriegsschiffe vor Shanghai auf. Zwei Tage später, während Japan immer noch auf eine Antwort des Bürgermeisters von Shanghai wartete, stellte der japanische Generalkonsul ein Ultimatum und warnte die Befehlshaber der ausländischen Verteidigungskräfte, daß er am Morgen des 28. Januar zum Angriff übergehen würde, falls er bis dann vom Bürgermeister

noch keine zufriedenstellende Antwort erhalten hätte. Der Stadtrat von Shanghai verhängte den Ausnahmezustand.
Der Bericht an das Völkerbundkomitee beschreibt die folgenden Ereignisse:

> ... die kaiserliche Flotte, die besonders um die Situation in Chapei bangte, wo viele Japaner wohnten, hatte beschlossen, in diesem Stadtteil Truppen zu stationieren, die Recht und Ordnung aufrecht erhielten. ... Japanische Marineinfanterie und bewaffnete Zivilisten, die mobilisiert worden waren, ... rückten entlang der North Szechuan Road vor ... und ließen Gruppen an allen Einmündungen von Nebenstraßen zurück. ... um Mitternacht rückten diese Gruppen auf ein vereinbartes Zeichen in Richtung der Eisenbahnlinie vor ... Die japanischen Infanteristen stießen auf den Widerstand regulärer chinesischer Truppen. ... Im Laufe des 29. Januars bombardierten die Japaner die Bahnstation und zerstörten den Zug durch Flugzeugangriffe. An der Paoshan Road wurden durch Brandbomben mehrere Gebäude in Brand gesetzt.

Bei keinem dieser Vorgänge forderte Chiang Kai-shek die Japaner heraus, obwohl seine Truppenstärke die der Invasoren um ein Vielfaches übertraf. Er telegraphierte lediglich einen Aufruf an den Völkerbund und zog seine Regierung aus Sicherheitsgründen von Nanking nach Loyang zurück.[8]
Die chinesischen Truppen, die Shanghai verteidigten, handelten im Prinzip, ohne vom Generalissimo die Erlaubnis dazu gehabt zu haben. Es handelte sich hierbei um die kampferprobte Armee der Neunzehnten Straße, die von Kanton heraufgekommen war und von Chiang Kai-shek die Genehmigung erhalten hatte, in Shanghai und Umgebung den Drogenhandel zu kontrollieren und andere undurchsichtige Geschäfte für «Generalmajor» Tu Yueh-sheng zu erledigen. «Jedermann, auch die Chinesen und die Japaner, war überrascht über den heroischen Kampf, den die Neunzehnte chinesische Armee focht», kommentierte der amerikanische Journalist Sokolsky. Doch gab es viele Verluste, was dringend Verstärkung nötig machte.
In China gab es zu diesem Zeitpunkt zwei Millionen Soldaten, die dem Konflikt zuschauten. Chiang sandte nach einigem Hin und Her eine kleine Gruppe zur Verstärkung. Eugene Chen beschrieb die Ereignisse: «Am 31. Januar versprach Chiang Kai-shek feierlich, der Neunzehnten Armee innerhalb einer Woche 100 000 Mann Verstärkung zu senden. ... Die einzige Hilfe, die eintraf, waren die 88. Division mit 9000 Mann und die 87. Division mit 6000 Mann. Diese Truppen, die keine Gefechtserfahrung hatten und nicht mit moderner

Kriegsführung vertraut waren, konnten kaum etwas ausrichten ... zwei Drittel ihres Bestandes kam in den Gefechten um.»[9]
Großohr-Tu war hauptsächlich für die finanzielle Unterstützung der Armee der Neunzehnten Straße verantwortlich. Während diese Armee Shanghai verteidigte, sorgte die Grüne Gang für die logistische Unterstützung. Tus Motive mögen eigennützig gewesen sein, denn die Neunzehnte Armee hatte seine Aufträge ausgeführt und sein Territorium verteidigt.[10] Doch gibt es noch eine andere Erklärung, wenn man den Umstand berücksichtigt, daß T.V. Soongs 30 000 Mann starke Brigade, die eigentlich zum Schutz der Salzsteuer aufgestellt worden war, zusammen mit der Neunzehnten Armee die Stadt inoffiziell verteidigte.[11] Weil T.V. diese Brigade nicht ohne Einwilligung seines Schwagers in den Kampf schicken konnte, liegt die Vermutung nahe, daß Chiang versuchte, die japanischen Invasoren loszuwerden, ohne ihnen offiziell den Krieg zu erklären, um so eine großangelegte Invasion Chinas zu verhindern. Was immer die Gründe gewesen sein mögen, in Shanghai war man sich klar darüber, daß der Generalissimo ein undurchsichtiges Spiel spielte.
Der in Harvard ausgebildete John Fairbank, damals noch nicht dreißig und mit einem Rhode-Stipendium in der Tasche, erreichte Shanghai auf seiner ersten Chinareise rechtzeitig, um die Auseinandersetzungen zu verfolgen: «Wir legten am Kai der Internationalen Niederlassung an, nur wenige hundert Yards vom japanischen Kreuzer Idzumo und anderen Kriegsschiffen, die Chapei beschossen, entfernt. ... Die Armee der Neunzehnten Straße hatte sich im Schutt zerbombter Gebäude eingegraben und wurde nachts über den [Suchow-]Fluß, der hundert Yards breit war, mit Vorräten versorgt, so daß es der japanischen Kriegsmarine nicht gelang, sie aus ihren Stellungen zu vertreiben.»[12]
Was Fairbank vom Fluß aus nicht sehen konnte, beobachtete Edgar Snow inmitten der rauchenden Ruinen von Chapei. «Es war am 28. Januar 1932, um Mitternacht. Aus der Dunkelheit blitzte plötzlich entlang der Jurong Road das Mündungsfeuer japanischer Gewehre und Maschinengewehre auf. ... Ich sah eine Figur stehenbleiben und hinfallen. Dann, auf der anderen Seite, einen chinesischen Soldaten, der sich auf die Knie fallen ließ, in eine Einfahrt kroch und zu schießen begann. Die Straße leerte sich wie ein Rinnstein; eiserne Tore wurden verriegelt wie Muscheln, die plötzlich zugehen, die letzten Lichter wurden ausgelöscht.»[13]
Als am 3. März 1932 der Waffenstillstand ausgerufen wurde, zählte man beinahe 600 000 Flüchtlinge. Der Handel kam zum Erliegen, und die Zolleinnahmen sanken um 75 Prozent. Beinahe 900 Fabrik-

gebäude und Geschäftslokale waren zerstört oder geschlossen – alles in allem ein Verlust von 170 Millionen $.[14]
Beunruhigt durch das, was er während des japanischen Angriffs gesehen hatte, begann T.V. Soong gefährliche Schlußfolgerungen zu ziehen. «Wenn China vor die Alternative Kommunismus oder japanischer Militarismus gestellt wird, dann wird China sich für den Kommunismus entscheiden.» Diese sehr gewagte Äußerung, die T.V. im März 1932 in seinem Interview mit Karl H. von Wiegand machte, brachte ihn in direkte Opposition zu Chiang Kai-shek. Sie war um so ketzerischer, als sie von einem reichen Financier und Finanzminister gemacht wurde. Von Wiegand begann seinen Artikel, indem er betonte, daß T.V.'s Reichtum ihn zum «Pierpont Morgan von China» machte:

> Wir sitzen im Salon seiner mächtigen Villa in der Französischen Niederlassung von Shanghai. Die Villa ist von einer zwölf Fuß hohen Mauer umgeben. Die zwei Torflügel sind aus schweren Eisenplatten, die nirgends eine Öffnung oder ein Guckloch haben, durch das man von außen hereinblicken könnte.
> Innerhalb des ummauerten Grundstücks zählte ich acht bewaffnete Wächter. Zwei von ihnen hatten Maschinenpistolen untergehängt. Die Taschen der anderen waren ausgebeult, ich war ziemlich sicher, daß sie darin keine Äpfel herumtrugen.
> Mr. Soongs Stimme vibrierte vor Ressentiment und Bitterkeit. Er spricht nicht viel und schon gar nicht, wenn es veröffentlicht werden soll.
> «Wird China nach all diesen Ereignissen nicht in die Verzweiflung getrieben? Und die Welt schaut zu und unternimmt nichts, um uns zu helfen.»
> Mit «Welt» meinte er den Völkerbund, wie deutlich wurde.
> «China ist – in der Mandschurei und hier in Shanghai – von einer fremden Macht überfallen worden, einer Macht, die Mitglied des Völkerbundes ist, die das 9-Mächte-Abkommen, den Kellogg-Pakt unterschrieben hat, der Krieg als ein Instrument der nationalen Politik verurteilt. Es gab keine Kriegserklärung, aber es fanden Kämpfe statt – in der Mandschurei unter dem fadenscheinigen Vorwand der ‹Banditenunterdrückung›, in Shanghai mit der beinahe zynischen Begründung ‹unsere Landsleute zu schützen›. Später wurde dies sogar zum ‹Shanghaier Zwischenfall› heruntergespielt, so jedenfalls die Sprache der Invasoren. Während einer kurzen Zeitspanne nannte man das ‹Ausnahmezustand›.
> Wir kennen jetzt also einige der Beziehungen, die auf zukünftige Kriege angewendet werden sollen.
> Der ‹Shanghaier Zwischenfall› – ja, ein ‹Zwischenfall›, der mehr als

12 000 Menschen das Leben oder die Gesundheit gekostet hat, richtete einen Schaden im Wert von Hunderten von Millionen Dollar an und brachte den Handel in Shanghai während Wochen zum Erliegen. Der Völkerbund und die großen Mächte schauten zu. Sie gaben sogar die Einwilligung, die Internationale Niederlassung als Operationsbasis zu benutzen.
Erstaunt es Sie also, daß sich China lieber dem Kommunismus oder der Sowjetunion zuwendet, wenn das helfen könnte, das Land zu vereinen, als sich ausländischer Militärmacht zu beugen?»[15]

Während andere ihre Nägel kauten, galt Chiangs ausschließliche Aufmerksamkeit den Kommunisten; und diese wurde immer obsessiver. Er fuhr fort, finanzielle Unterstützung für seine «Banditenausmerzungskampagnen» zu fordern.
T.V.'s Befürchtungen, daß Chiangs Fixierung auf die Kommunisten ihn von der wirklichen Gefahr ablenken würde, die von den Japanern ausging, wurde von vielen seiner Geschäftsfreunde und im Westen ausgebildeten Fachleuten geteilt. Im Frühjahr 1932 formierten sie sich in Shanghai zu einer Gruppe, die sie die Anti-Bürgerkriegsliga nannten.[16] Während T.V. selbst nicht direkt an den Treffen teilnahm, war die Liga jedoch, wie er bemerkte, «aus den zuverlässigsten Elementen der Nation» zusammengesetzt. Diese, so erklärte er weiter, würde «schnell an Macht gewinnen und bald zu einem wichtigen Faktor werden, um militärische Mittel zur Lösung politischer Probleme als verbrecherisch zu brandmarken». Die Liga trat dafür ein, alle Zahlungen an die Regierung von Nanking einzustellen, wenn sie für Bürgerkriegsaktionen und nicht zur Verteidigung vor ausländischer (japanischer) Aggression gebraucht würden.
Dies war in mancher Hinsicht ein altes und schwieriges Thema, das schon aktuell gewesen war, bevor es Kommunisten oder ein Chiang-Regime gegeben hatte. Ob nun die inneren Feinde einer Regierung Rote, Boxer, Taipings oder «Banditen» jeglicher Schattierung waren, es waren alles Chinesen. Die angebliche Verantwortung jeder Regierung war es, China in erster Linie vor seiner ausländischen Invasion zu schützen. Doch gingen die Meinungen innerhalb der Liga über das, was ausländisch war, auseinander. Die Liga setzte sich aus allen Elitegruppen Shanghais zusammen. Es gab Mitglieder, die die KPCh eher als den verlängerten Arm Sowjetrußlands ansahen denn als eine eigenständige chinesische Bewegung. Die Debatte – ob es sich um chinesische Kommunisten oder kommunistische Chinesen handle – wurde einem ständigen Gremium überantwortet. In diesem Gremium hatten die wohlhabenden Philanthropen Großohr-Tu und Chang Hsiao-lin, das dritte Mitglied der Troika der Grünen Gang, die Ober-

hand. Großohr-Tu war erst kurz zuvor von Chiang zum Chef der Kommunistenbekämpfung ernannt worden. Aus irgendeinem Grund war es dem Gremium nicht möglich, das Problem zu lösen. Die Liga ging aus Frustration auseinander.

Dies erfüllte T.V. mit solcher Abscheu, daß er, nachdem er einige Wochen den grübelnden Hamlet gespielt hatte, die nächste günstige Gelegenheit ergriff, zurückzutreten. Diese günstige Gelegenheit kam fast augenblicklich.

Genau wie König David einst Bathsebas Gemahl wegschaffte, sandte der Generalissimo die tapfere Neunzehnte Armee ins entlegene Fukien, um gegen die Kommunisten zu kämpfen – und um diese sehr politische Streitmacht, die sich in der Verteidigung Shanghais so viel Ehre erworben hatte, loszuwerden. Offensichtlich auf ihren Ruhm neidisch und voller Ressentiments gegenüber ihrem Heroismus, rechnete sich Chiang aus, daß diese Truppen im Laufe seiner neuen Offensive gegen die Bergstellungen der Guerillas aufgerieben würden.[17]

Die Abkommandierung der Neunzehnten Armee stieß in Shanghaier Finanzkreisen auf Widerstand, denn sie schwächte die Verteidigung der Stadt. Dies war der richtige Augenblick für T.V.'s Rücktritt; so würde er die Spitzenleute aus Finanz und Wirtschaft entsprechend beeindrucken. Er trat am 4. Juni 1932 zurück.

Vorläufig hatte er die Oberhand, denn seine Fertigkeit im Beschaffen von Geldern war für Chiang zu unentbehrlich, als daß er ihn hätte gehen lassen können. So wurde ein Kompromiß ausgehandelt: T.V. war einverstanden, seine Arbeit als Finanzminister unter der Bedingung wiederaufzunehmen, daß er außerdem vom Vizepräsidenten zum Premierminister befördert wurde. Dies bedeutete, daß Wang Ching-wei gefeuert werden müßte. T.V. erzwang von Chiang noch ein obskures Zugeständnis, die Verwendung geheimer Einkünfte aus dem Opiumhandel betreffend, um einen Teil der hohen Militärausgaben zu decken.

Den Umständen entsprechend kündigte der immer flexible Wang Ching-wei an, daß er krank sei und zu «ärztlicher Behandlung» ins Ausland gehe. T.V. wurde zum regierenden Premier Chinas ernannt. Er ging mit größtem Eifer an die Arbeit und machte sich gleich daran, seine Anti-Japan-Kampagne wieder anzukurbeln.

Wenn Japan schon die Mandschurei kontrollierte, so lag es auf der Hand, daß als nächstes die angrenzenden chinesischen Provinzen Jehol, Chadar und Hopei unter dem Vorwand der Ausmerzung von «Banditen» (Kommunisten) erobert würden. T.V. rief zum Widerstand gegen solche Eroberungsversuche auf. Auch verlangte er einen weiteren landesweiten Boykott japanischer Waren und verurteilte erneut den Völkerbund für seine oberflächliche Antwort auf den japanischen Einmarsch in die Mandschurei und den Angriff auf Shanghai. Als bald darauf Japan Jehol angriff, war es T.V. Soong – und nicht Chiang Kai-shek –, der im Februar nach Jehol flog, um die Truppen zu versammeln. Der junge Marschall Chang Hsueh-liang begleitete ihn.[18]

Sobald T.V. zurück war, begann er – konservativ, wie er in Finanzangelegenheiten dachte –, bei den Shanghaier Bankiers Anleihen zeichnen zu lassen, doch dieses Mal, um für den Krieg gegen Japan Waffen und Sold bezahlen zu können. Seine Bemühungen wurden vom Generalissimo bald durchkreuzt, indem er kampflos alle Truppen aus der Hauptstadt der Provinz Jehol abziehen ließ. Danach verwies er T.V. auf seinen Platz: Wang Ching-wei wurde auf wunderbare Weise von seiner politischen Krankheit «geheilt» und kehrte nach China zurück, um sein Amt als Premier wieder einzunehmen – und einen neuen Waffenstillstand mit Tokyo zu unterzeichnen. Einmal mehr fand sich T.V., nur noch Vizepremier und Finanzminister, um seine Bemühungen geprellt; Chiang hatte ihn einfach getäuscht. Der Waffenstillstand von Tangku am 31. März 1933 war kaum etwas anderes als die Übergabe der Nachbarprovinz Hopei an die Japaner.

T.V. war als Finanzminister sehr erfolgreich, doch war er ein Versager in der chinesischen Politik. In seinen Kreisen pflegte man dies damit zu erklären, daß er es ablehnte, die Dinge «auf chinesische Art und Weise» zu erledigen. Einer seiner Erfolge in der ersten Hälfte des Jahres 1932 war ein ausgeglichener Staatshaushalt – zum ersten Mal in der Geschichte der chinesischen Republik. Aus unbekannten Gründen gab der Generalissimo während dieser kurzen Periode weniger für seine Streitkräfte aus. Möglicherweise war dies eine Geste gegenüber Japan, um zu zeigen, daß er nicht gegen die Japaner aufrüstete. Doch sobald der Waffenstillstand ausgehandelt war, schnellten Chiangs Militärausgaben wieder in die Höhe, und T.V.'s kurzer vermeintlicher Triumph hatte ein Ende.

T.V. wurde oft mit Alexander Hamilton verglichen, denn auch er schuf eine Nationalbank, die als Staatskasse fungierte. 1928 nahm er mit den beiden führenden Shanghaier Finanzinstituten, der Bank of China und der Bank of Communications, Verbindung auf. Beide Banken waren ursprünglich als regierungseigene Finanzinstitute gegründet worden, doch dann während der Unruhen von 1920 unter die Kontrolle der Shanghaier Financiers geraten. Diese waren nun nicht gewillt, die Banken T.V. zu übergeben. Um die Finanzwelt, die ja der wichtigste Abnehmer für Regierungsanleihen war, mit der Übernahme nicht vor den Kopf zu stoßen, wählte T.V. die einfache Lösung und lieh sich von den zwei Banken Geld, um am 1. November 1928 offiziell die Zentralbank von China zu gründen. Der Hauptsitz dieser Staatsbank war in Shanghai auf dem Gelände des alten Deutschen Clubs.[19]

Im Mai 1933 wurde endgültig klar, daß T.V. keine weiteren Fortschritte machen konnte, wenn er ständig von Chiang sabotiert wurde. Besser, als mit dem Kopf gegen die Große Mauer zu rennen, war es, außerhalb der chinesischen Politik tätig zu werden, in einem Bereich, der ihm ganz alleine gehörte. Schon lag das Glück vor seiner Haustür: diesmal in Form der *Fortune*-Ausgabe vom Juni 1933. Diese Nummer von Henry Luces Zeitschrift war hauptsächlich dem außergewöhnlichen Finanzminister T.V. Soong gewidmet.

Damit löste Henry Luce ein Versprechen ein, das er im vergangenen Jahr gemacht hatte, als er persönlich nach Shanghai gekommen war, um T.V. zu interviewen. Während langer Gespräche in T.V.'s Villa in der Französischen Konzession drängte Luce T.V. Soong, in die Vereinigten Staaten zu kommen, wo er von der amerikanischen Finanzwelt und von Spitzenpolitikern wärmstens empfangen würde. (Die Möglichkeit einer solchen Reise ergab sich durch T.V.'s Einladung zur Weltwirtschaftskonferenz nach London. T.V. würde von London nach New York und Washington weiterreisen. Luce plante einen großangelegten *Fortune*-Artikel über T.V. Soong, der seiner Ankunft kurz vorausgehen würde, auch sollte T.V. über den Radiosender NBC von London aus eine Ansprache an das amerikanische Volk richten.)

Henry Luces Chinareise im Mai 1932 war seine erste Wiederbegegnung mit dem Land; er hatte zwanzig Jahre zuvor seine Jugend als Sohn eines Missionars in China verbracht. Der Verleger genoß mit einigen Freunden das Nachtleben der Stadt. Sie zogen durch das Vergnügungsviertel und tanzten in den Nachtlokalen mit weißrussischen Tingeltangel-Mädchen bis zwei Uhr morgens. Er flog nach Nanking und Hankow und traf sich mit Bankiers, amerikanischen Ölbaronen und Missionaren. In Peking besuchte er die Yenchinger Universität, bei deren Finanzierung sein Vater, der Missionar, mitgeholfen hatte. Wo immer er auch hinfuhr, die erdrückende Armut des chinesischen Alltags erschien ihm in jenen romantischen und glänzenden Farben, die Kindheitserinnerungen anzunehmen pflegen. Die ärmlichsten und niederschmetterndsten Szenen waren für ihn weder ärmlich noch niederschmetternd.

«Harrys Schwierigkeiten», bemerkte die Schriftstellerin Laura Z. Hobson, die Frau eines seiner Studienkollegen von Yale, «bestehen darin, daß er hin- und hergerissen ist; einerseits will er ein chinesischer Missionar wie seine Eltern sein, andererseits ein chinesischer Kriegsherr wie Chiang Kai-shek.»[20]

Er konnte weder das eine noch das andere sein, aber er konnte etwas tun, was beidem nahekam: Er konnte die Soongs adoptieren und aus Chiang einen missionarischen Kriegsherrn machen. Wenn niemand sonst fähig gewesen wäre, eine solche Transformation zu bewerkstelligen, Henry Luce war es. Einer seiner weniger gelehrigen Angestellten, der Schriftsteller Alexander King, bemerkte:

> Ich merkte sofort, daß in diesem Mann eine große Menge gefährlicher Rechtschaffenheit steckte. Ich meine jene Art von Rechtschaffenheit, die man gewöhnlich von einer Vorsteherin des christlichen Mäßigkeitsvereins für Frauen erwartete. Eine beinahe unbestechliche Dickköpfigkeit. Es war auch vom ersten Augenblick an klar, daß er keinen Funken Humor besaß, um seine fast an Wahnsinn grenzende innere Spannung wettzumachen.[21]

Die editorische Kontrolle über *Time* war zuerst in den Händen des Mitbegründers Briton gewesen, doch Hadden war 1929 gestorben, was Luce freie Hand ließ, Mussolini und Chiang zu unterstützen und eifrige Attacken gegen Rußland zu publizieren. Zum erstenmal erschien der Generalissimo im April 1927 auf der Titelseite von *Time*. Doch dies war nur der erste seiner vielen Auftritte auf dem Titelblatt.

T.V. flog nach Nanking, um Luce in seiner Residenz an der Seymour Road zu besuchen. Luce bemerkte, daß T.V. Fieber mit Anzeichen von Malaria hatte. «Er wollte niemanden empfangen – mit Ausnahme des Herausgebers von *Time* und *Fortune*, die er beide abonniert hatte», prahlte Luce. Er vermerkte auch mit Zufriedenheit, daß T.V.'s Kinder von einem Kindermädchen betreut wurden, «das genau so gekleidet war wie die Amme, die ich vor dreißig Jahren hatte.»

Im Frühjahr 1933, als T.V. sich anschickte, Amerika zu besuchen, war Luce auf dem besten Weg, innerhalb kurzer Zeit zum mächtigsten Verleger der Welt zu avancieren. Mit ihm waren die Soongs, Chiangs und Kungs in einer ausgezeichneten Position, wenn es darum ging, ihr öffentliches Ansehen in Amerika hochzuhalten. Die Art und Weise, wie T.V. in *Fortune* porträtiert wurde, zeigte, wie diese Imagepflege funktionierte.

Will man dem Artikel glauben, so flog T.V. Soong ständig

> zwischen Shanghai und Nanking, die einige hundert Meilen auseinander liegen, hin und her. Wenn Chiang Kai-shek Geld für seine Streitkräfte brauchte, was oft vorkam, pflegte T.V. in Shanghai sein

> Wasserflugzeug zu besteigen und das endlose Yangtse-Tal hinaufzufliegen. In der Hauptstadt traf er dann Chiang, der unnachgiebig darauf hinwies, daß er sein Gesicht verlieren würde, weil er sich einem aufstrebenden Herrscher einer gewissen Provinz nicht erkenntlich zeigen könne. Soong wurde daraufhin wütend, versicherte ihm, daß er das verlangte Geld nie und nimmer auftreiben könne, und bearbeitete seinen Schwager so lange, bis er sich mit dem zufrieden gab, was er hatte. Danach eilte Soong wieder zu seinem Flugzeug, flog nach Shanghai zurück und besprach die Sache mit seinen Bankiers.[22]

Luce beschrieb T.V. als Super-Taikun aus dem Comic-Heft. Mit seiner Schwäche für Superhelden wurde es Luce möglich, sogar Chiang Kai-shek zu verehren. «Der Heldenverehrer in ihm», schrieb sein Biograph W.A. Swanberg,

> entsprach dem faschistischen Supermann, der sich die Treue und Gefolgschaft der Masse zu sichern vermochte. ... Er wies auf den Erfolg hin, den Mussolini mit der Wiederbelebung des aristokratischen Prinzips in Italien gehabt hatte: ‹Ein Staat, der aus der Tugend der faschistischen Symbole, der faschistischen Ordnung und damit auch der faschistischen Wirtschaft wiedergeboren wurde.› ... Luce bewunderte die starken Regimes, in denen die ‹besten Leute› zum Wohle aller regierten. ... Kommunismus war in seinen Augen die vorsätzliche Ausschaltung der Besten, um die Schlechtesten regieren zu lassen. In Mussolini sah er eine solche Größe und im Faschismus eine solch dramatische politische Innovation, daß er seine Begeisterung nicht zurückhalten konnte.[23]

Der Wirtschafts-Taikun, so glaubte Luce, war Amerikas Antwort auf das Bedürfnis nach Faschismus. Wenn die Guten Erfolg hatten, so folgte daraus, daß die Erfolgslosen schlecht waren. Die Rechtfertigung lieferte das Überleben des Stärkeren, zudem war es für ihn offensichtlich, daß seine Gesellschaft, die auf Eigennutz gründete, dynamischer war, als eine, die auf Wohltätigkeit basierte. «Die moralische Kraft des Faschismus», so erklärte Luce, «die in den verschiedenen Nationen auf verschiedene Art und Weise hervortritt, ist vielleicht das Leitbild für die nächsten Schritte der Menschheit.»
Gewiß wirkten sich viele von T.V.'s finanzpolitischen Entscheidungen zum Vorteil Chinas aus, doch andere wiederum hatten schlimme Folgen, und weder Luce noch *Fortune* schienen in der Lage, zu sagen, was nun wie einzuschätzen sei. So hatte T.V. zum Beispiel Chiangs Weg an die Macht finanziert, indem er die Kaufleute von Kanton über die Klinge springen ließ und mithalf, die Geschäftsleute von Shanghai und Peking zu erpressen. Durch seine massenweise Aus-

gabe von Anleihescheinen hatte er Chinas Kapitalisten von Chiangs Gnade abhängig gemacht. Die Abschaffung der Likinsteuer hieß, daß die Zentralregierung eine gemeinsame Steuer in jenen Gebieten einzog, die von Regierungstruppen kontrolliert wurden; in den anderen Teilen fuhren jedoch die kleinen Bürokraten fort, ihre Likinsteuer einzuziehen. Der Handel im Innern des Landes wurde deshalb sowohl von der alten als auch von der neuen Steuer belastet. So hatte T.V. in mancherlei Beziehung die Dinge unnötig kompliziert.
Nichtsdestoweniger schrieb *Fortune*, daß die vereinheitlichte Steuer bei den chinesischen Kaufleuten auf große Zustimmung stoße. So berichtete Luce (er war der Autor des Artikels über T.V., obwohl er nicht gezeichnet hatte):

> Er hat sich bei den Kaufleuten beliebt gemacht und sie in ihren Aktivitäten unterstützt; er schuf die Likin ab, eine Steuer, die von Stadt zu Stadt neu bezahlt werden mußte und die den Frachttransport verzögerte und behinderte und die Kaufleute unermeßliche Summen an Bestechungsgeldern oder ungerechten Abgaben kostete. Die Kaufleute wissen, daß die Likin dem Staatsschatz große Summen zufließen ließ, sie schätzen Soongs Opfer.

Luce lobte ebenso T.V.'s umfassende Reformen beim Eintreiben der Salzsteuer.

> Die Salzsteuer... hat immer nach Korruption gerochen. Entschlossen, nicht mehr betrogen zu werden, hob Soong seine Lampe, um in ihrem Schein einen ehrlichen Mann zu finden. Es gab einen naheliegenden Kandidaten, denn neben seinen drei berühmten Schwestern hat Soong noch zwei Brüder, die weniger im Rampenlicht stehen. Er wählte den jüngeren der beiden, T.A., um die Salzsteuer zu verwalten. T.V. sah die Schwierigkeiten voraus, die T.A. mit den Steuerhinterziehern und den Banditen, die die mit Steuergeldern in Silberdollars beladenen kleinen grauen Esel überfielen, haben würde. Deshalb organisierte er eine Militäreinheit, die man allgemein nur «Soong-Brigade» nennt. Für den Brigadegeneral dieser Salzsteuerbrigade gab es auch einen bestens geeigneten Kandidaten, denn T.V. hat eine hübsche Frau, und diese wiederum hat einen Bruder namens Chang.

Luce gab zwar die Vetternwirtschaft bei diesen Ernennungen zu, doch er rechtfertigte sie durch seine Herausgeberpolitik. So richtete er einmal ein vertrauliches Memorandum an seinen Stab: «Das größte Problem der chinesisch-amerikanischen Öffentlichkeitsarbeit betrifft die Familie der Soongs. Sie sind Herz und Seele der proamerikanischen Politik. Es steht uns also schlecht an, über sie herzuziehen.»[24]

Doch den unbesorgten Lesern mußte dieses übertriebene Lob für T.V. wie die Antwort auf Chinas Klagen erscheinen.
Am Abend des 16. Mai 1933 konnten sich die amerikanischen Radiohörer T.V. Soongs persönliche Grußbotschaft aus London anhören. Die Linie, der seine Bemerkungen über die Beziehungen zwischen China und Amerika folgten – sie wurden am nächsten Tag in der *New York Times* zitiert – setzte den Maßstab für T.V.'s Leben während des nächsten Jahrzehnts.[25] Es waren Argumente, die, wie sich zeigte, in Washington auf großes Echo stießen. Es gab viele Amerikaner – Geschäftsleute, Politiker, Generäle ebenso wie Missionare –, die die Vereinigten Staaten gerne als Chinas Retter, natürlichen Verbündeten und romantischen Partner sahen. Zusammen mit den berechnenden Pressekampagnen von Henry Luce war dies genau jene Art von unverfrorener Lobhudelei, die die Amerikaner in ihre Taschen greifen und deren Inhalt in das China der Soongs schütten ließ.

> «Während der Jahre, die unmittelbar auf die amerikanische Revolution folgten», sagte er, «war Ihr Handel mit England an einem Tiefpunkt angelangt. Als Resultat davon setzte eine schwere Depression ein. Dann verschwand die Depression plötzlich, und Ihre Nation segelte zu Beginn des neunzehnten Jahrhunderts auf Expansionskurs. Amerikanische Kaufleute hatten Chinahandel entdeckt.
> Einige der berühmtesten Familien trieben Handel mit China. Die Familie des Präsidenten Roosevelt, sowohl der Roosevelt- als auch der Delano-Zweig taten sich in den Anfangszeiten des Handels zwischen den beiden Ländern hervor.
> Millionen von Dollars wechselten den Besitzer, ohne daß man nur ein Wort darüber niedergeschrieben hätte. Es war ein außergewöhnliches Beispiel an Vertrauen und gegenseitigem Respekt.
> Sie hatten es nicht darauf abgesehen, uns mit vorgehaltener Pistole zum Kauf zu zwingen, vielmehr verkauften Sie Ihre Handelsgüter, weil wir sie gebrauchen konnten. Zu Beginn meinten wir, es wäre zu schön, um wahr zu sein, doch nach und nach merkten wir, daß wir mit neuen Menschen in Kontakt gekommen waren, die für einen New Deal der internationalen Gerechtigkeit arbeiten und an ihn glauben.
> Ist Ihnen bewußt, daß über die Hälfte der gegenwärtigen Kabinettsmitglieder unserer Regierung in Ihren Colleges studiert haben? Ich habe die Ehre, ein einmaliger Student von Harvard zu sein.
> Aus meinem engsten Familienkreis besuchte eine meiner Schwestern, Mrs. Chiang Kai-shek, das Wellesley College. Meine anderen beiden Schwestern, Mrs. Sun Yat-sen und Mrs. H.H. Kung, deren Ehemann

Handels- und Arbeitsminister war, studierten am Wesleyan College in Macon, Georgia.»

Auf diese Art und Weise begann T.V. zielgerichtet, Amerika den Hof zu machen. Die Familie Soong spielte dabei die Rolle der Höflinge, der Brautjungfern und der Kompradoren. Sie diktierten die Bedingungen, trugen die Geldsäcke, machten die Buchhaltung und waren für die Identifizierung aller Feinde und Bösewichte verantwortlich. Amerikas Rolle dabei war diejenige des Geldgebers. Als Gegenleistung für ihr Geld durften die Amerikaner die Aufgabe übernehmen, sich tugendhaft zu fühlen.

Das Ganze hatte die Wirkung eines Zaubers. Bevor T.V. im August 1933 von Washington nach China zurückkehrte, hatte er vom United States Farm Board ein Darlehen im Wert von 50 Millionen harten amerikanischen Dollars – in Form von Weizen und Baumwolle – ausgehandelt. Mit diesen Gütern sollte die chinesische Rohstoffverarbeitungsindustrie angekurbelt werden. Rein zufällig zählten die Soongs zu den wichtigsten Investoren in diesem Bereich.

Einen solchen Coup hatte es für China noch nie gegeben. Doch T.V. unterschätzte den Einfluß der rivalisierenden japanischen Industrie auf die britischen und amerikanischen Financiers. Eine Bank nach der anderen, das House of Morgan, die Bank of England und andere finanzielle Machtzentren, wollten nichts mehr von T.V.'s Plan wissen, ein internationales Beratungsgremium einzusetzen, das China in seinen Bemühungen um die Industrialisierung des Landes helfen sollte. Die Finanzwelt lebte in ständiger Angst, das militante Japan zu provozieren.

Als T.V. nach China zurückgekehrt war, verstärkte die japanische Presse ihre Kampagne gegen ihn. Japanische Diplomaten sandten Botschaften an Chiang Kai-shek und Wang Ching-wei mit der Warnung, daß T.V. aus seinem Amt entfernt werden müßte.

Ein noch schlimmerer Schock für T.V. war der Umstand, daß China während seiner dreimonatigen Abwesenheit bei Shanghaier Banken Schulden in Höhe von 60 Millionen chinesischer $ gemacht hatte. Offensichtlich hatte der Generalissimo dieses Geld für seinen neuesten Kreuzzug gegen die Roten ausgegeben. Nun war es T.V.'s Angelegenheit, diese Schulden zu begleichen.[26]

Am 25. Oktober 1933, nachdem er ein weiteres dringendes Darlehen ausgehandelt hatte, geriet T.V. mit dem Generalissimo in einen heftigen Streit. Chiangs erst kurz zuvor durchgeführte Kommunistenausmerzungskampagne endete mit einem weiteren kostspieligen Fiasko. Doch nun klagte Chiang T.V. an, dafür verantwortlich zu sein.

Chiang steigerte sich in einen Wutanfall, und seine Stimme überschlug sich in den höchsten Registern. Wenn T.V. das nötige Geld zusammengebracht hätte, wäre die Kampagne ein Erfolg geworden. Als T.V. sich in seiner Antwort verteidigte, schlug ihm Chiang ins Gesicht. (Diese Version des Vorfalls wurde, obwohl keiner der Beteiligten sie bestätigte, in China generell für zutreffend gehalten.)[27]
Mit schmerzendem Gesicht verließ T.V. Chiangs Büro und reichte seinen Rücktritt als Finanzminister und Vizepremier ein. Als Grund für seinen plötzlichen Rücktritt gab die Regierungspresse seinen «Gesundheitszustand» an.
In Presseinterviews machte sich T.V. über jene Berichte lustig, die ihm eine «fernöstliche Krankheit» andichteten. Privat jedoch bekannte er, daß zwischen dem Finanzminister und Chiangs Hund kein Unterschied bestehe.[28]

Daß ihm Chiang ins Gesicht schlug, hatte T.V. in Wahrheit H.H. Kung zu verdanken. Doch dies war eine verzwickte Angelegenheit.
Als am 29. Oktober 1933 der direkte Abkömmling des weisen Konfuzius in der fünfundsiebzigsten Generation anstelle von T.V. zum Finanzminister und Vizepremier Chinas ernannt wurde, erwartete niemand einen Ausbund an Weisheit. H.H. Kung war zweiundfünfzig Jahre alt, und manche Dinge ändern sich nie. Zwar unternahm er dramatische Manöver, aber sie führten alle rückwärts. Während der folgenden elf Jahre war er Chiang Kai-sheks kaiserliches «Placet», sein amtlicher Stempel. Indem er Chiangs Befehle ausführte und nebenbei seiner Frau Ai-ling einige kleine Wünsche erfüllte, machte «Daddy» Kung T.V.'s Anstrengungen, der chinesischen Wirtschaft eine unabhängige finanzielle Basis zu sichern, zunichte. Als der Zweite Weltkrieg vorbei war, hatten sich die Lebenshaltungskosten seit H.H.'s Amtsantritt um 2500 Prozent gesteigert, und das neue chinesische Papiergeld (fa-pi), das H.H. 1935 eingeführt hatte, war beinahe wertlos. Auf Pressephotos konnte man sehen, wie Chinesen ganze Körbe voller Geldscheine auf den Markt trugen, um dafür ein paar Eier zu kaufen.[29]
Edgar Snow schreibt, daß

> Chiang offensichtlich Dr. Kung vorzog, weil er kein Parteiprestige besaß und sich nie offen gegen Chiangs Forderungen stellte; doch Dr. Kung hatte keine Ahnung von modernem Bankwesen. «Er besitzt die Mentalität eines zwölfjährigen Kindes», erzählte mir Cyril Rogers [der Vertreter der Bank of England in China] einmal voller Abscheu. «Wenn ich einmal seine Gespräche mit mir über Bankgeschäfte mit-

schneiden und sie im Ausland abspielen würde, würde niemand Chiangs Regierung jemals mehr ernst nehmen.»[30]

Theodore White beschrieb damals H.H. als

> rundlichen Mann mit einem weichen Gesicht, dessen Kinnbacken schlaff herunterhingen. ... eine Freude für Cartoonisten. ... Ein liebenswürdiger Mann, der Streitigkeiten und Krisen nicht mochte und dem man mit einem Lächeln oder einer rührenden Geschichte alles andrehen konnte. Er war das beliebte Ziel für Hochdruckkampagnen amerikanischer Verkäufer. Sein einziges großes Verlangen war es, geliebt zu werden, und jene, die ihn gut kannten, fanden ihn so liebenswürdig, daß sie ihn einfach Daddy nannten.[31]

Es wurde allgemein gesagt, daß Kung durch und durch Chinese war, während T.V. im Vergleich zu ihm durch und durch verwestlicht war, vor allem was sein brüskes Verhalten und seine knappen Konversationen anbelangte. Als T.V. noch Finanzminister war, beschrieb ihn die *New Republic* folgendermaßen:

> Die Angestellten seines Ministeriums waren in ständigem Alarmzustand; sie konnten keine persönlichen Abmachungen treffen, denn sie wußten nie, wann ihr Chef ihnen erlauben würde, ihr Büro selbst für so ein großes Unternehmen wie einen Imbiß zu verlassen. ... Seine chinesischen Angestellten arbeiteten ein System aus, mit dem sie vermeiden konnten, bei ihm in Ungnade zu fallen: Während sie ihr morgendliches Plauderstündchen abhielten, postierten sie einen Spion vor dem Gebäude, der die Ankunft von T.V.'s Auto meldete. Wenn er dann die Büros betrat, saßen sie alle hinter ihren Pulten und waren so damit beschäftigt, Zahlen zu addieren, daß sie nicht einmal Zeit fanden, aufzuschauen und ihn zu grüßen.[32]

Im Gegensatz dazu setzte sich Kungs Belegschaft aus Bekannten und entfernten Verwandten der ausgedehnten Soong-Familie zusammen. Y.C. Wang beschreibt Kung als den «bonhomme der chinesischen Politik, der mit allen Politikern und Kriegsherren so liebenswürdig wie möglich umzugehen versuchte». Während Soong beinahe akzentfreies, idiomatisch korrektes Englisch sprach, zog Kung die chinesischen Umgangsformen und die chinesische Sprache vor. Er war von ganzem Herzen Chinese.
T.V. regierte das Finanzministerium wie ein New Yorker Taikun, wodurch er im Westen populär wurde – sich aber in Nanking viele Feinde schuf. Kung jedoch, mit seiner Umgänglichkeit, seiner gutmütigen Geduld und seinen Stempelbatterien, war jede auch noch so

unbesonnene Manipulation recht, die das Problem der chinesischen Finanzen für den Moment zu lösen vermochte.[33] Es gäbe noch viel über ihn zu sagen, doch Ching-lings Spitzname für ihren Schwager genügt vielleicht: Als sie vernahm, daß er den Anspruch erhob, ein direkter Nachfahre von Konfuzius zu sein, nannte sie ihn von da an «den Weisen».[34]

Bis 1927 diente H.H. den Soongs hauptsächlich als Vermittler. Er ebnete Chiang Kai-shek den Weg zu den nördlichen Kriegsherren, vor allem zu Yen Hsi-shan und Feng Yu-hsiang. Es scheint, daß er auch eine Schlüsselrolle gespielt hat, als es darum ging, mit den Kriegsherren über die Finanzen zu verhandeln, die sie auf Chiangs Seite hinüberwechseln ließen, um ihm damit Peking auf dem Tablett zu servieren. Als Chiang offiziell sein Nankinger Regime einsetzte, wurde H.H. das Ministerium für Industrie, Handel und Arbeit zugeteilt.[35]

Er blieb bis 1932 Industrieminister. Während dieser Zeit läßt sich sein Beitrag zur Entwicklung einer starken chinesischen Wirtschaft mit folgendem Beispiel über die Lage der Textilindustrie zusammenfassen. Es findet sich im *Chinese Critic.*

> Von einem Pikul hochwertiger Baumwolle, der in Louhokow 20 $ Wert ist, kassierten die Militärs nicht weniger als 16 $ für Steuern. Weil die Japaner vom Ausland her agieren, können sie solche Erschwernisse vermeiden und Baumwolle aus dem Landesinneren nicht nur für ihren eigenen Gebrauch in China, sondern auch für den Wiederverkauf an die chinesischen Fabriken erwerben. In dieser Hinsicht machen die Japaner nicht nur einen beträchtlichen Gewinn mit ihren Fabriken, indem sie die Baumwolle an chinesische Fabriken weiterverkaufen, sondern sie kommen auch in den Genuß tieferer Rohstoffpreise für ihre eigenen Fabriken. Wenn die chinesischen Fabriken ausländische Baumwolle verwenden, müssen sie zuerst 14 $ bis 15 $ Einfuhrzoll bezahlen, und nachdem die Baumwolle zu Garn gesponnen ist, müssen sie nochmals 8,5 $ bis 11,3 $ allgemeine Steuern pro Ballen entrichten. Die Produktionskosten chinesischer Garnspinnereien liegen deshalb um 20 $ bis 26 $ höher als diejenigen der japanischen Spinnereien.[36]

Offensichtlich waren die chinesischen Fabrikanten dringend auf Protektion vor der japanischen Konkurrenz angewiesen und hatten eine Steuer- und Tarifsenkung nötig. Statt etwas zu unternehmen, saß Kung wie ein Frosch da. Als T.V. das Problem durch seinen 50 Millionen-U.S.-$-Kredit in Form von Baumwolle und Weizen zu umgehen vermochte, verschaffte er damit den chinesischen Herstellern im

Konkurrenzkampf mit Japan für kurze Zeit eine faire Chance. Gerade in diesem Augenblick trat jedoch Finanzminister Kung auf die Bühne und hob alle Zölle für japanische Hersteller auf, womit er die wertvollen Gewinne seiner Landsleute zunichte machte.
Im Frühjahr 1932 wurde H.H. zum speziellen Kommissar für das Studium der westlichen Industrieorganisation ernannt, dies «im Hinblick auf eine Modernisierung von Chinas eigener Industrie». Sein Pflichtenheft beinhaltete auch eine Reise ins Ausland und einen Besuch bei Präsident Herbert Hoover in Washington.
Auf seiner Reise begleiteten ihn Madame Kung und sein damals fünfzehnjähriger Sohn David. Es war Ai-lings erste Reise nach Amerika seit ihrer Collegezeit. Weil jedoch Chiang Kai-sheks Propagandaabteilung die schmutzige Wäsche der Soongs noch nicht ganz weiß zu waschen vermochte, drang ein Teil des schmutzigen Geredes über die Chiangs, die Soongs und die Kungs von Shanghai nach Amerika. Offensichtlich entdeckte Ai-ling, daß ihr der Ruf der Habgier vorauseilte. Sie wollte eigentlich dem Wesleyan College einen Besuch abstatten, doch die Aussicht, sie könnte vor all ihren ehemaligen Klassenkameradinnen in Verlegenheit geraten, war zu viel für sie. Eunice Thompson, die Herausgeberin der Zeitschrift ehemaliger Wesleyan-Absolventinnen, traf Ai-ling auf ihrer Reise.

> Ich sah, wie Madame Kung echte Tränen weiblicher Sorge vergoß, und hielt ihr Riechwasser hin, um ihre Nerven zu beruhigen. ... Sie fürchtete, daß sie es dann in letzter Minute doch nicht ertragen könnte, möglicherweise mit ihrem schlechten Ruf konfrontiert zu werden. Doch wir versprachen ihr, daß kein großer Wirbel gemacht würde, und vermochten mit der Hilfe von Freunden, die ihr Bedürfnis nach ein bißchen Ruhe und der Respektierung der Privatsphäre verstehen konnten, dieses Versprechen zu halten. Man benachrichtigte ihre Klassenkameradinnen, die dann auch von nah und fern angereist kamen, um sie im Wesleyan College zu treffen. Im Verlauf der zwei Tage sah sie nur bekannte Gesichter und war fähig, während weniger Stunden die Last ihres Landes abzulegen.[37]

Ai-ling war so gerührt von «der bekannten Umgebung ... und den Gesichtern derjenigen, die ich gern gehabt hatte», daß sie ein Stipendium im Wert von 10 000 $ zu Ehren des Richters DuPont Guerry, des damaligen Rektors der Schule, stiftete.[138]
Danach schifften sich die Kungs nach Europa ein. Ihr wichtigstes Reiseziel war die deutsche Rüstungsindustrie, die auf vollen Touren lief. H.H. kaufte im Wert von 25 Millionen U.S. $ deutsche Waffen ein. Anschließend wollte H.H., da nun Faschismus in Mode war und

sein Schwager einer seiner führenden Vertreter war, Benito Mussolini besuchen.[39]
Ai-ling fuhr ihrem Gatten nach Venedig voraus. Mussolinis Parteigenossen hießen ihr Schiff von einer Barkasse aus willkommen, die über und über mit Blumen dekoriert war. Ai-ling bemerkte spröde: «Es war wunderschön, doch es war mir nicht recht, daß um mich so viel Aufhebens gemacht wurde.»[40] Als H.H. angekommen war, handelte er ein Abkommen aus, wonach die Regierungsanleihen in Höhe von 2 Millionen U.S. $, die China Italien noch aufgrund der Abgeltungen wegen des Boxer-Aufstandes schuldete, für den Kauf von Fiat-Militärflugzeugen verwendet werden sollten. Mussolini überließ es Graf Ciano, seinem schönen, dunkelhäutigen Schwiegersohn und Bevollmächtigten für chinesische Angelegenheiten, die Einzelheiten auszuhandeln. Die italienische Hilfe an die in den Kinderschuhen steckende chinesische Luftwaffe wurde erweitert und umfaßte den Aufbau einer Pilotenschule in Loyang sowie ein Endmontagewerk für Fiat-Flugzeuge in Nanchang.
Kungs «Erfolg» in Deutschland und Italien war keine Überraschung. Hitlers Drittes Reich hatte eben begonnen und hielt nach entsprechend rechtslastigen Kunden für seine Waffen Ausschau. Italien war die führende faschistische Nation; verglichen mit dem schon etablierten Mussolini war Hitler geradezu ein Anfänger, der Italien in einem schlecht sitzenden Anzug und abgelaufenen Schuhen besuchte. Zu diesem Zeitpunkt hatte Mussolini bereits die Straßen Roms planiert, die Elendsviertel saniert und der alten Hauptstadt ihre klassische Großzügigkeit wiedergegeben.
Während T.V. Soong versuchte, Chiang davon zu überzeugen, daß er die chinesischen Kommunisten vergessen und China dafür gegen die japanische Aggression verteidigen solle, ermunterten die Japaner, die Deutschen und die Italiener Chiang, Japan zu lieben und die Roten auszurotten. Sowohl Italien als auch Deutschland waren bemüht, Verbündete zu gewinnen. China war dabei besonders wichtig, denn es grenzte an den Osten Sowjetrußlands. Es galt als Axiom, daß Rußland für den Westen die kleinere Bedrohung darstellte, wenn es im Osten beschäftigt wurde. Von Tag zu Tag fand der Generalissimo am Polizei- und Militärstaat der Nazis mehr Gefallen. Schließlich sandte er seinen eigenen Sohn, Wei-kuo, nach Deutschland, damit er von den Nazis ausgebildet würde. Dies war möglicherweise eine Reaktion auf die Enttäuschung, die ihm sein erster Sohn bereitete, als er abtrünnig wurde und nach Rußland ging. (Wei-kuo brachte es zum Leutnant des 98. Jägerregiments und war 1938 beim Anschluß Österreichs dabei, bevor er nach China zurückkehrte.)

Als die Kungs, nachdem sie ihre europäische Rundreise beendet hatten, nach China zurückkehrten, war die Situation reif für den Schlag ins Gesicht – einen jener wahrhaft erbaulichen Momente in der Geschichte der Soong-Dynastie, als die Interessen der verschiedenen Mitglieder der Familie mit weitreichenden Konsequenzen aufeinanderprallten.

Die Abfolge der Ereignisse ist dabei wichtig. H.H. kehrte im April 1933 nach China zurück, kurz nachdem T.V. nach Europa und Amerika aufgebrochen war. Nun war der Moment gekommen, in dem sich die Kung-Mäuse aus dem Loch wagten, während die Soong-Katze auf Reisen war.

T.V. hatte immer versucht, Chiang Kai-shek an der kurzen Leine zu halten, wenn es darum ging, seine gegen die Kommunisten gerichteten Aktivitäten zu finanzieren. Doch nachdem nun T.V. für eine gewisse Zeit weg war, ernannte Chiang H.H. Kung geschickt zum Präsidenten der chinesischen Zentralbank und wies ihn an, mehr Geld in Umlauf zu bringen. Als T.V. vier Monate später wieder aus Amerika zurückkehrte, merkte er bald, daß Chiang sein Budget um 60 Millionen chinesischer $ überzogen und das Geld für sein neuestes antikommunistisches Abenteuer ausgegeben hatte. Noch dazu war es sein Schwager Kung, der seinem Schwager Chiang ermöglicht hatte, das Geld zu bekommen – ein Mitglied des Clans hatte ein zweites Mitglied benutzt, um das dritte zu überlisten. Aufgebracht gegen H.H. und wütend über Chiangs Doppelspiel, eilte T.V. zum Generalissimo. Es war dieses Zusammentreffen, das nach gegenseitigem Anschreien seinen Höhepunkt darin fand, daß Chiang T.V. ins Gesicht schlug, worauf T.V. zurücktrat und H.H. zum Finanzminister und Vizepremier ernannt wurde.

Doch in welchem Ausmaß war H.H. verantwortlich? Es wurde an der Long Bar nie geklärt, ob H.H. einfach ein Gehilfe, ein gutmütiger Dummkopf, der von Chiang (und ebenfalls von Ai-ling) zu eigenen Zwecken mißbraucht wurde – oder ob er sich der Konsequenzen seiner Handlungen vollumfänglich bewußt war. Selbst W.H. Donald war nie ganz sicher: «Seine Schwüre waren einen Dreck wert.» 1928 schrieb Donald, nachdem er von H.H. betrogen worden war, in einem Brief an einen Freund: «Er meinte es gut, doch Gott bewahre uns vor Leuten, die es gut meinen!»[41]

Wenn Daddy Kung ein Dummkopf war, so machte er wenigstens hierin keine halben Sachen

Die Übernahme von T.V. Soongs Ämtern war für den Weisen ein großartiger Aufstieg, doch mit den Kompetenzen kamen auch Probleme, die einen Geringeren eingeschüchtert hätten. Nach seiner

Amtseinsetzung am 6. November 1933 fragte er als neuer Finanzminister die Nation als erstes, ob sie nicht aus freien Stücken Geld für die Antikommunistenkampagne spenden würde. Dabei erklärte er in aller Beschränktheit, daß der Erfolg der «Banditenausmerzung» wichtiger sei als ein ausgeglichener Staatshaushalt. Mit diesen Worten holte Kung zum ersten Schlag aus, um die finanziellen Einschränkungen zu zerstören, deren Durchsetzung T.V. fünf Jahre harter Arbeit gekostet hatte.[42]

Am 16. Dezember erhöhte Kung die Zigarettensteuer um 50 Prozent. Zwölf Shanghaier Tabakfabriken stellten ihren Betrieb ein.

H.H. finanzierte seine Staatsausgaben, wie das T.V. vor ihm schon getan hatte, mit dem Verkauf von Staatsanleihen zu den gleichen attraktiven Bedingungen, die auch schon T.V. geboten hatte. Mitte 1934 waren mehr als ein Drittel der Verdienstmöglichkeiten der Shanghaier Banken an die Regierung gebunden. Dies wirkte sich katastrophal auf den Landwirtschafts- und Industriesektor aus. Denn jenes Geld, das normalerweise in Form von Darlehen der Industrie und Landwirtschaft zur Verfügung gestellt worden wäre, ging nun über Regierungsanleihen an Chiang und die Armee. Es gab einfach keinen attraktiveren Gewinn als den aus Kungs Anleihen.[43] Das Geld, mit dem die chinesischen Banken die Anleihen bezahlten, kam in Form von chinesischem Silber. Dieses Silber machte seinen Weg durch den chinesischen Geldmarkt und gelangte nach seiner Reise durch das Yangtse-Tal schließlich in den verschmutzten Shanghaier Finanzhafen. Indem die Silberreserven für Nankinger Anleihen ausgegeben wurden, machten die Banken während zweier schwindelerregender Jahre große Gewinne, während Chinas Bauern und die ländlichen Gebiete in wirtschaftliche Not gerieten.

Diese zwei goldenen Jahre waren für die Bankiers ein Schlaraffenland. Während der Rest der Welt schon seit einiger Zeit im Würgegriff der großen Depression war, machten sich solche Anzeichen erst nach und nach in Shanghai bemerkbar. Die Vereinigten Staaten hatten 1933 die Golddeckung aufgegeben, um zugunsten der krisengeschüttelten westlichen Bergwerksstaaten ihre Währungsreserven in Silber anzulegen. Der Kongreß setzte den Silberpreis auf 40 Cents pro Unze fest. Für die Financiers von Shanghai bedeutete dies, daß sie mit dem Verkauf ihres Silbers an die Vereinigten Staaten einen klaren Gewinn von 10 Prozent machen konnten. Da diese Silbergeschäfte besser rentierten als die Regierungsanleihen, waren die Konsequenzen für die chinesische Wirtschaft katastrophal. Chinesisches Silber floß sofort aus dem Land ab, und der Anleihenverkauf stoppte. Ohne den Verkauf von Anleihen kamen Chiangs gegen die Kommunisten gerichtete Attacken zum Stillstand, so daß Maos Rote Armee im Oktober durch die geschwächte nationalistische Sperre zu brechen und den Langen Marsch in die sichere neue Basis in Yenan anzutreten vermochte.

Der Abfluß von chinesischem Silber schuf in China einen knappen Geldmarkt, was die Zinsraten der Darlehen stark ansteigen ließ. Diese Wirtschaftsentwicklung bedrohte die Defizitfinanzierung der Regierung. Damit war auch das Überleben des Nankinger Regimes in Frage gestellt.

Kung wußte weder aus noch ein. Die einzige Methode, die ihm einfiel, um das Silber in China zu behalten, war die Verhängung eines Embargos. Das Finanzministerium gab folgende Weisung heraus: «Bis auf weiteres ist der An- und Verkauf von fremden Währungen untersagt.»[44] Doch das Embargo wurde nicht beachtet, worauf strengere Maßnahmen angeordnet wurden. Wenn die Silberausfuhr auch nicht verhindert werden konnte, so konnte sie doch besteuert werden. Die Nankinger Regierung veröffentlichte am 15. Oktober 1934 folgend Erklärung: «Aufgrund des außerordentlichen Anstiegs des Silberpreises, der in keinem Verhältnis zu den allgemeinen Warenpreisen steht, hat die Nationale Regierung zum Schutze der wirtschaftlichen Interessen Chinas und seiner Währung einen Ausfuhrzoll für Silber festgesetzt, der am 15. Oktober in Kraft tritt.» Das Ergebnis war eine Steuer von 10 Prozent auf Silberexporte. Um die Zölle zu umgehen, setzte ein reger Schmuggelverkehr ein. Wer die Zölle entrichtete, hatte in China für Silber ebensoviel zu bezahlen, wie auf dem englischen und amerikanischen Markt geboten wurde. Dies stoppte die Ausfuhr von Silber. Doch waren bis zu diesem Zeitpunkt die Shanghaier Silberreserven auf die Hälfte gesunken. Gleichzeitig ließ Kungs Embargo auch den chinesischen Dollar um 20 Prozent sinken.[45]

Konfrontiert mit einem drastisch reduzierten Markt für Regierungsanleihen und einem dringenden Bedürfnis nach neuen Darlehen, wandte sich Kung zuerst an die von der Regierung kontrollierte Zentralbank. Als T.V. noch Finanzminister gewesen war, hatte er eine obere Grenze von 13 Millionen $ für Investitionen der Bank in Nankinger Darlehen festgesetzt. H.H. erhöhte die obere Grenze 1934 auf 173 Millionen $. Chiang Kai-sheks Kasse füllte sich dadurch, daß Kung die Bank der Regierung veranlaßte, Regierungsanleihen zu kaufen, Regierungsschuldscheine zu erwerben und der Regierung Darlehen zu gewähren. Das war nichts anderes als finanzieller Inzest. Die 10 Prozent, die Kung auf ausgeführtes Silber erhob, wirkten sich lähmend auf den Silberhandel aus. Die Goldpreise dagegen schossen in die Höhe, so daß sich die Spekulation auf das andere Edelmetall konzentrierte. Kung sorgte dafür, daß die Zentralbank, die der alleinige Agent für den Goldhandel in China war, durch den angeregten Goldmarkt große Gewinne einstrich. Er nahm die Bank auch vom Silberausfuhrzoll aus, so daß die Zentralbank als einzige Bank große Mengen Silber mit bedeutenden Profiten nach Übersee exportieren konnte. Doch trotz dieser Privilegien vermochte die Zentralbank das Nankinger Regime finanziell nicht über Wasser zu halten.[46]

Einmal mehr mußte das Regime Notstandsmaßnahmen ergreifen, um den drohenden Bankrott abzuwenden. Auch sollten Maßnahmen getroffen werden, die solche Debakel in Zukunft verhinderten, indem die verschiedenen Banken für immer zu absolutem Gehorsam verpflichtet wurden. Widerstrebend kam Chiang Kai-shek zu der Einsicht, daß er wieder einmal die Hilfe des klügsten Finanzkopfs Chinas nötig hatte. Mit seinen schlecht sitzenden Zähnen knirschend, ließ er T.V. rufen. Zuerst gab es wohlklingende Freundschafts- und Brüderlichkeitserklärungen, doch danach folgte eine kalte, auf die Sache bezogene Abmachung.

T.V. war einfach zu energiegeladen und hatte zu viele Ideen, um mit dem Erreichten zufrieden zu sein. Nach seiner handgreiflichen Auseinandersetzung mit Chiang Kai-shek hätte er seine private Operationsbasis nach Hong Kong oder New York verlegen oder seine Energien darauf verwenden können, ein Taikun mit weltweiten Geschäftsaktivitäten zu werden. Doch war er immer noch jung, noch immer ein Patriot, noch immer an China interessiert, und noch immer konnte er jenen Erfolg nicht vergessen, den er, wenn auch nur für kurze Zeit, bei der Umwandlung einer alten Nation erzielt hatte.

T.V. war in Shanghai mit einer privaten Unternehmung beschäftigt, der er den Namen China-Finanzierungsgesellschaft gab. Diese Gesellschaft ermutigte ausländische Investoren, ihr Geld in der chinesischen Industrie und im chinesischen Handel anzulegen. Auch machte er mit eigenen Anleihen Geschäfte und versuchte, amerikanischen Firmen schmackhaft zu machen, Kunstseide, Traktoren, Dünger, Papier und Gummi in China herzustellen.

Chiang besaß die Macht, aber sein Geldbeutel war leer. T.V. wußte, wie man einen leeren Geldbeutel füllte, doch konnte er Chiang nicht mehr länger ertragen. Das Abkommen bestand deshalb darin, daß H.H. Kung als Puffer zwischen den beiden fungierte, wobei er Chiangs Finanzminister bleiben würde. T.V. würde seine Geschäfte als Privatbankier weiterbetreiben, doch würde er von Chiang und Kung als Ratgeber konsultiert werden können. Wie immer würden die Schwäger hinter den Kulissen von Großohr-Tu unterstützt werden, der in den Direktorien mehrerer Banken saß und Strohmänner in den Direktorien der übrigen sitzen hatte. Zusammen würden sie sich die Shanghaier Banken gefügig machen und sie am Ende verstaatlichen. T.V. würde die Kontrolle über die verstaatlichten Banken erhalten. In dieser Position wäre es ihm möglich, H.H. Kungs exzentrische Amtsführung auszubalancieren und den fiskalischen Eskapaden Chiangs entgegenzuwirken. Diese Nationalisierung wurde später unter der Bezeichnung «Der Große Shanghaier Banküberfall» zum Begriff. Den Bösewicht in der Geschichte der Übernahme spielte H.H. Kung. Als solcher wurde er von den Shanghaier Privatbankiers ohnehin schon betrachtet. T.V. blieb im Hintergrund, aber er gab H.H. die Instruktionen.

Zuerst – es war im Juli 1934 – verabschiedete die Regierung das Gesetz für Sparbanken, das alle Banken verpflichtete, ein Viertel ihrer Guthaben in Regierungsanleihen oder Obligationen anzulegen. Diese Wechsel und Obligationen wurden von der Zentralbank «in Verwahrung» genommen. Der Generalissimo hätte ebensogut Truppen in die Banken einmarschieren lassen können, um ein Viertel ihrer Finanzreserven zu beschlagnahmen. Proteststürme brachen aus. Doch die Proteste nützten nichts.

In der Praxis wurde das neue Sparbankengesetz nicht mit gerichtlichen Maßnahmen durchgesetzt. Es wurde jedoch selektiv und als Strafe zur Anwendung gebracht.

Die Vereinigung der Shanghaier Bankiers (die sich aus den Taikuns der Provinzen Chekiang und Kiangsu zusammensetzte) kontrollierte auf privater Basis beinahe drei Viertel der chinesischen Bankguthaben, während das Regime von Nanking direkt nur zwei Banken verwaltete: die offizielle Zentralbank und Chiangs mehr oder weniger persönlich kontrollierte Landwirtschaftsbank.[47]

Einige Privatbankiers sahen, was auf sie zukommen würde, vor allem der überaus reiche und angriffslustige Chang Kia-ngau. Er war Direktor der ursprünglichen Bank of China und kontrollierte ebenso die andere große Shanghaier Bank, die Bank of Communications. Zusammen waren diese Banken dreimal so groß wie die kurz zuvor von der Regierung gegründete Zentralbank. Sie repräsentierten beinahe ein Drittel der in allen chinesischen Banken vorhandenen Gelder. Dieser eigenwillige Bankier sprach nun aus, was T.V. schon immer gesagt hatte: Japan war der wirkliche Feind, zuviel Geld war für die Feldzüge gegen die Kommunisten verschleudert worden, und Nankinger Anleihen waren wertlos.

In einem allerletzten Manöver, mit dem er die Unabhängigkeit seiner Bank, der er den größten Teil seines Lebens gewidmet hatte, zu retten gedachte, versuchte Chang Kia-ngau zurückzuschlagen, indem er Regierungsanleihen zu Schleuderpreisen abstieß. Seine Verkäufe fielen genau mit H.H. Kungs Anstrengungen zusammen, weitere Regierungsanleihen im Wert von 40 Millionen chinesischer $ an unbedachte und unwillige Investoren loszuwerden. Der aufrührerische Chang Kia-ngau zog den kürzeren.

Diesmal ging Kung vorsichtig vor. Eine Übernahme der Bank of China und der Bank of Communications war eine verlorene Sache, wenn das Volk das Vertrauen in die von diesen beiden Banken ausgegebenen Noten verlor. Bei einem Treffen, das am 28. Oktober 1935 stattfand und an dem auch T.V. Soong und H.H. Kung teilnahmen, beharrte Chiang Kai-shek auf der Übernahme der Banken.[48]

Kung startete unverzüglich eine Flüsterkampagne gegen die zwei großen Banken. Unglücklichen Geschäftsleuten sagte er, daß alle Probleme, gegen die er zu kämpfen habe, von den großen Bankiers verursacht würden, und es ihnen deshalb nicht möglich sei, Darlehen aufzunehmen, weil das Geld so knapp und die Zinsen so hoch seien. Zusammen mit Ai-ling gab er ihr eigenes Geld großzügig aus, um diese leichtgläubigen Unternehmer von Shanghai, deren Geist von finanziellen Sorgen umwölkt war, zu unterhalten, und trieb so einen Keil des Mißtrauens zwischen die Unternehmer und ihre Bankiers. T.V. stimmte in die Flüsterkampagne ein, ebenso Großohr-Tu.

Der Bankmagnat Tu Yueh-sheng bezahlte im Februar eine Reihe von Konferenzen für Shanghaier Geschäftsführer. Tu und H.H. versprachen, daß sich die Geschäftsentwicklung sehr verbessern würde und daß leicht zugängliche Tiefzins-Darlehen gewährt würden, wenn sich ein Drei-Banken-Konsortium bildete, das die Zentralbank, die Bank of China und die Bank of Communications umfasse. Mit großer Sorgfalt wurde darauf geachtet, daß es so aussah, als ob das ganze Projekt ihren privaten Vorstellungen entspräche. Viele Bankiers wurden vom Ton dieser Konferenzen eingeschläfert.

Dann plötzlich, ohne Warnung, kündigte Nanking am 23. März 1935 die Übernahme der Bank of China und der Bank of Communications an. Kung rechtfertigte die Übernahme, indem er vorgab, damit die Kreditkapazität der Banken zu erhöhen, so daß sie als Maßnahme gegen die Depression größere Anleihen an Geschäftsleute ausgeben könnte. War die Übernahme einmal abgeschlossen, «vergaß» dann Kung die Unterstützungsdarlehen an chinesische Geschäftsleute.

Als Dank für seine Mithilfe am Coup wurde T.V. zum Vorsitzenden des Direktoriums der Bank of China ernannt, wo er Chang Kia-ngau ablöste. Ohne mit der Wimper zu zucken, erzählte T.V. der Presse, die Übernahme der beiden größten Privatbanken durch die Regierung diene einfach dazu, «die Geschäftspraktiken zu koordinieren». Chang Kia-ngau wurde auf den Posten des Zweiten Vizedirektors der Zentralbank versetzt. In dieser Position war er direkt H.H. Kung unterstellt.[50] Er versuchte es bei Chiang Kai-shek mit Flehen. Der Bankier, der sich gegen die Pekinger Kriegsherren zur Wehr gesetzt hatte, wurde nun durch den Napoleon von Ningpo erniedrigt. Er gab bekannt, daß er zu «erschöpft» sei, um die Regierungsanstellung bei der Zentralbank annehmen zu können. Der Coup war perfekt. (Chiang Kia-ngau setzte sich dann nach Los Angeles ab, wo er am Loyola College unterrichtete.)[49]

Kung brachte noch die Formalitäten mit den Aktionären der verschiedenen Banken in Ordnung – mit den Mitteln von Druck, Einschüchterung und Kompromissen. Das neue Direktorium der Bank of China wurde am 30. März gewählt. Unter den neuen Direktoren waren T.V. Soong, T.L. Soong und Großohr-Tu. Als die Bank of Communications ihre erste Aktionärsversammlung nach der Übernahme abhielt, saß T.L. Soong im Direktorium. Sowohl T.V. als auch T.L. übernahmen Sitze im Direktorium der Zentralbank.

Der Bankübernahme vom März folgte die methodische Untergrabung der drei anderen wichtigen Shanghaier Handelsbanken im Juni. Die Ningpoer Handels- und Sparbank, die Chinesische Handelsbank und die Nationale Chinesische Industriebank bemerkten plötzlich, daß ihr Kredit «zusammengebrochen» war und daß sie nicht in der Lage waren, ihre Wechsel zurückzuzahlen. Die Regierung zwang das Management der Banken zurückzutreten. Daraufhin wurden alle drei Banken der Aufsicht von H.H. Kungs Gewerbebank unterstellt, in deren Direktorium T.L. Soong, T.A. Soong und T.V. Soong vertreten waren. Großohr-Tu wurde zum neuen Generaldirektor der Handelsbank ernannt.

Nanking verschaffte sich auch Kontrolle über die Sin Hua Kredit- und Sparbank. T.V. Soong wurde ins Direktorium aufgenommen. Die Bank von Kanton, die laut einer Flüsterkampagne dabei war, in Schwierigkeiten zu geraten, wurde von T.V. «gerettet» und wiedereröffnet, wobei er Direktionsvorsitzender und sein Bruder Direktor wurde. T.L. Soong ernannte man zum neuen Direktor der Chinesischen Landwirtschafts- und Industriebank. Als die Banken der Provinz Kwangtung unter die Kontrolle Nankings fielen, wurde T.L. Soong Direktor der Bank der Provinz Kwangtung sowie der Städtischen Bank Kwangtungs. Die Liste wurde länger und länger, eine Bank nach der anderen, dann eine Gesellschaft nach der anderen wurden der Kontrolle des Clans unterstellt.[50]

Doch waren dies nicht die einzigen interessanten Posten, die von

T.V. Soongs jüngeren Brüdern bekleidet wurden. Der jüngste von ihnen, T.A., der auch in Harvard studiert und dort 1928 seinen B.A. gemacht hatte, war Leiter der Salzmonopolbehörde, deren Armee von dreißigtausend Mann der Bruder von T.V.'s Frau Laura kommandierte. T.L. Soong, Vanderbilt-Absolvent, war leitender Direktor von H.H. Kungs Gewerbebank. T.L. war außerdem der Vorsitzende der Whangpooer Hafenkommission, die die Rechtsprechung über den von der Grünen Gang kontrollierten Shanghaier Hafen ausübte. Alles, was an der Flußmündung geschah, gehörte in den Bereich von Großohr-Tus Gefolgsmann Ku Tsu-chuan. Die bloße Erwähnung seines Namens soll selbst bei den abgebrühtesten Halsabschneidern entlang der chinesischen Küste Entsetzen ausgelöst haben. Obwohl es kaum bekannt war und sicher nie darüber gesprochen wurde, war dieser führende Gangster des Hafengebiets der ältere Bruder General Ku Chu-t'ungs, eines der höchsten Offiziere in Chiangs Armee, der später zum Generalstabschef ernannt und wegen des Zwischenfalls mit der Neuen Vierten Armee einer der meistgehaßten Männer Chinas werden sollte.[51]

T.V. schien mit seiner öffentlichen Rolle als Chef der Bank of China zufrieden zu sein. Hier schwang er sein Zepter über Aktien, Anleihen und internationale Darlehen, die seine neue Spezialität wurden. Er war in seinem Element. Er investierte große Bargeldsummen in die chinesische Industrie und den Handel, wobei er sorgfältig darauf achtete, daß seine eigenen Investitionen sich zu einem ansehnlichen Portefeuille einträglicher Aktien vergrößerten. Es ging das Gerücht, daß er unter anderem große Mengen General Motors- und DuPont-Anteilscheine aufkaufte.[52] Wohlweislich ließ er sich nun nicht mehr auf politische Angelegenheiten ein und beschränkte sich darauf, die Vorgänge hinter den Kulissen zu steuern. In der Öffentlichkeit unterstützte er H.H. Kungs Politik. Eine Zeitlang konnte T.V. dies alles verdauen, doch war das nicht das Ende seiner Auseinandersetzungen mit Chiang Kai-shek und jenem Zweig der Soong-Dynastie.

H.H. Kungs nächster Schritt schien in uncharakteristischer Weise fest und rechtmäßig zu sein. Weil Chinas Wirtschaft durch die wilden Preisschwankungen des Silbers in Mitleidenschaft gezogen wurde, plante Nanking, die Silberdeckung aufzugeben und die von der Regierung herausgegebenen Banknoten zum gesetzlichen Zahlungsmittel, oder fa-pi, der Nation zu machen. Aber bei genauerer Überprüfung wird es offensichtlich, daß Kung lediglich Silber gegen Papier austauschte. Über das Silber hatte er keine Kontrolle, doch das Papiergeld konnte er kontrollieren, indem er einfach die Noten-

druckpresse schneller laufen ließ. Mit einem Erlaß vom 3. November 1935 forderte er die Banken auf, alles Silber, das im Besitz von Banken oder Privatpersonen war, innerhalb von drei Monaten zu wechseln. Vier Banken wurde die Genehmigung erteilt, Papiergeld herauszugeben: der Zentralbank, der Bank of China, der Bank of Communications und der Landwirtschaftsbank.
Das Vorgehen sollte durch das Komitee für Währungsreserven überwacht werden, das mit den Silberreserven eine Abwehrmaßnahme gegen die erwartete Inflation garantieren würde. Zusammen mit einer Anzahl respektabler Bankiers waren auch H.H. Kung, T.V. Soong, T.L. Soong und der hervorragende Philanthrop und Humanist Großohr-Tu im Vorstand des Komitees für Währungsreserven.[53]
Als H.H. sich wieder einmal mit einem defizitären Staatshaushalt konfrontiert sah, war die Möglichkeit, das neue Geld zu mißbrauchen, eine zu große Verführung. Zwischen November 1935 und Juni 1937 erhöhte sich die Gesamtmenge der im Umlauf befindlichen fa-pi von 453 Millionen auf 1477 Millionen chinesischer $. Nur ungefähr die Hälfte dieser Summe wurde durch das Silber gedeckt, das aus dem Papiergeldtausch stammte. Der Rest, eine Summe von über 500 Millionen, war also wertloses Papier, das von der Regierung bedruckt worden war, um ihre Schulden zu begleichen. Genaue Zahlen über die Haushaltjahre nach 1935 sind nicht bekannt, denn dies war das letzte Jahr, in dem das Nankinger Regime einen Haushaltsplan veröffentlichte oder über seine Ausgaben Rechenschaft ablegte. Sicher war nicht nur Kung an der erstaunlichen Inflation schuld, die bald darauf einsetzte, aber sein Versuch, alle wirtschaftlichen Probleme mit der Druckerpresse zu lösen, war sicher ein Hauptfaktor.[54]
Es war klar, daß die Regierungsbeamten, vor allem diejenigen in den höchsten Positionen, persönlich von Kungs Finanz- und Wirtschaftspolitik sowie von seinen Währungsmanipulationen profitierten. Die Banken von China wurden nun von einer großen (wenn auch nicht glücklichen) Familie beherrscht.

14. Kapitel

Der Hohepriester

Großohr-Tu war jetzt ein ehrbarer Mann, der Direktor zahlreicher Handelsgesellschaften, Börsen und Banken, darunter der Bank of China. Er war überall. Es überraschte kaum, daß Tus eigene Chung Wai-Bank in der Französischen Konzession eine der wenigen Privatbanken war, die sich noch nach 1935 stetiger Gewinne erfreute.
Der Volkswirt Parks Coble wies jedoch darauf hin, daß Tu

> trotz seines Ansehens in «legitimen» Geschäftskreisen ein skrupelloser Boss der Unterwelt blieb. Selbst H.H. Kung, der bedeutende Geschäftsverbindungen zu Tu unterhielt, war vor seiner Macht auf der Hut. Zur Zeit der fa-pi-Reform hatte Kung Tu ins Komitee für Währungsreserven geholt. Der britische Berater Sir Frederick Leith-Ross war aufgrund von Tus notorischem Ruf gegen die Ernennung. Kung sah das Problem, aber er sagte Leith-Ross offen, Tu sei zwar «zweifellos ein Spekulant und außerdem ein Gangsterboss; aber hunderttausend Mann in Shanghai gehorchen seinen Befehlen. Er kann jeden Augenblick für Schwierigkeiten sorgen.»

Diese vertrauliche Diskussion über finanzielle Angelegenheiten zwischen H.H. Kung und Leith-Ross fand in der Residenz der Kungs statt: Ai-ling war einfach deshalb dabei, weil sie die Dame des Hauses war. Dies war offenbar das übliche Procedere bei den Kungs, denn es gestattete Ai-ling, sich das Mitgehörte zunutze zu machen. Während die beiden Männer um verschiedene Maßnahmen zur Silberreform feilschten, begann Ai-ling ihre «Vorschläge» beizusteuern. Leith-Ross realisierte allmählich, daß er manipuliert wurde. Er wurde wütend, brach das Gespräch ab und verließ die Kung-Residenz. Was als nächstes passierte, berichtet er in seinen Erinnerungen.
Aufgrund dessen, was sie von dem Gespräch mitbekommen hatte, gab Ai-ling Tu den vertraulichen Hinweis, daß eine Änderung der Regierungspolitik in bezug auf Transaktionen in fremden Währungen

bevorstehe. Tu verstand sie falsch. Er machte einen Fehler bei seinen Investitionen, wurde übervorteilt und verlor 50 000 Pfund Sterling – den damaligen Gegenwert von 250 000 U.S. $. Nicht willens, den Verlust hinzunehmen, beklagte er sich bei Kung und schlug vor, daß die Zentralbank seine Verluste ausgleichen solle. Kung lehnte ab. «An jenem Abend», erzählt Leith-Ross, «wurde von einem halben Dutzend Begräbnisdienern ein erstklassiger Sarg an Dr. Kungs Tür abgegeben.» Am folgenden Tag berief Kung eine eilige Sitzung des Direktoriums der Zentralbank ein, das sich einverstanden erklärte, einen «patriotischen Bürger», der vor kurzem auf dem Devisenmarkt Verluste erlitten hätte, vollauf zu entschädigen.
Leith-Ross stolperte, während er den Übergang von der Silber- zur Papierwährung beaufsichtigte, über eine weitere finanzielle Kuriosität. Sie betraf die Landwirtschaftsbank, die im April 1933 gegründet worden war. Sie war eng mit Generalissimo Chiang verbunden; vielleicht kontrollierte er sie sogar persönlich für private Zwecke. Sie war allgemein als die Bank der Opiumpflanzer bekannt und bildete einen Kanal für Einkünfte aus dem Opium- und Heroinhandel, die Chiang als Leiter der Militärkommission direkt unter seiner Kontrolle hatte. Die Bank gab ihre eigenen Banknoten heraus, sooft Chiang knapp bei Kasse war. Ihre Reserven unterstanden keinerlei Rechnungsprüfungen, und Chiang bekam einen Wutanfall, als Leith-Ross darum ersuchte, daß die Bank sich einer Rechnungsprüfung unterziehe, bevor sie ermächtigt werde, die neuen Regierungs-fa-pi herauszugeben. Die Landwirtschaftsbank wurde nicht aufgefordert, ihre Bilanzen offenzulegen.
Chiang Kai-shek schien Kung, obwohl dieser in ökonomischen Belangen entsetzliche Fehler machte und die chinesische Wirtschaft zugrunde richtete, in Finanzangelegenheiten immer beizupflichten. Das war so, weil Chiang, obwohl er sich selbst nicht für Wirtschaft interessierte, über eine Quelle gigantischer Einkünfte verfügte, die ihm große Beträge in sicherer ausländischer Währung garantierte. Die Quelle von Chiangs Wohlstand waren Drogen. Behält man im Gedächtnis, daß die Vorherrschaft der Grünen Gang über die chinesische Unterwelt darauf beruhte, daß sie im Opiumhandel praktisch das Monopol besaß, daß Shanghai selbst durch Opium reich geworden war und daß für manche Provinzen, etwa für Yunnan, Opium die einzige Exportware war, kann es nicht überraschen, daß Nanking im stillen zahlreiche seiner Rechnungen mit Einkünften aus dem Drogenhandel bezahlte.[1]
Der Opiumhandel, der China von den Briten aufgezwungen worden war, war nach der Jahrhundertwende, als die Briten sich in einer

moralischen Kehrtwendung aus dem Handel zurückzogen, in die Hände der chinesischen Unterwelt gefallen. Während der anschließenden Ära der Kriegsherren war Opium auch die Haupteinnahmequelle der Militärdiktatoren, die die einzelnen Provinzen Chinas beherrschten; Steuern für den Anbau und den Transport, für Opiumhöhlen und -zubehör lieferten die notwendigen Summen, um sowohl die militärischen als auch die zivilen Bedürfnisse dieser Diktaturen im Taschenformat zu befriedigen. Sun Yat-sen hatte die Kantoner Opiumhöhlen besteuert, um Einkünfte für seine hart bedrängte Staatskasse zusammenzubringen, und Chiang Kai-shek sah das Opium von genau derselben praktischen Seite – nur in größerem Maßstab.
Wenn Chiangs Regime den gesamten illegalen Opiumhandel in China kontrollieren konnte, würde es über eine ungeheure Einkommensquelle zum Unterhalt seiner Armeen verfügen. Die Idee war nicht neu. Genau den gleichen Gedanken hatte Großohr-Tu zwei Jahrzehnte zuvor Pockennarben-Huang anvertraut; er hatte zur Vereinigung aller Triaden des Yangtsetals zu einem von der Grünen Gang beherrschten Opiumkartell geführt. Chiang wollte dieses Prinzip einfach zur nationalen Politik «erheben». 1927, bevor T.V. Soong einwilligte, sich der Nankinger Regierung anzuschließen, hatte das Finanzministerium begonnen, ein offizielles Opiummonopol zu organisieren, um in den von Chiangs Armeen besetzten Gebieten Geld aufzutreiben. Alles ging gut, bis das Nationale Anti-Opium-Büro (wie es spaßigerweise genannt wurde) versuchte, das offizielle Monopol auf Großohr-Tus Stammprovinzen Chekiang und Kiangsu auszudehnen. Die übereifrigen Bürokraten waren dummerweise ins Territorium der Ta Kung Ssu gestolpert, jener Gesellschaft, die von Großohr-Tu aufgebaut worden war, um den Opiumverkauf in der ausgedehnten Region um Shanghai zu regeln. In Rekordzeit brach Nanking plötzlich sein offizielles Opium-Programm ab und hob das Regierungsmonopol auf. Tus Syndikat konnte weiterhin den Transport und Verkauf des gesamten Opiums im Yangtsetal ungestört kontrollieren. Nicht nur Tus äußerst gefährliche Allgegenwart und sein Einfluß, der das Blut in den Adern erstarren ließ, brachten Chiang dazu, sich zu diesem Zeitpunkt die Kontrolle des Opiumhandels aus dem Kopf zu schlagen. Nicht nur chinesische Intellektuelle, sondern auch Leute aus dem Westen waren ernsthaft entrüstet über den weitverbreiteten Rauschgiftkonsum in China. Um 1928 war das Opium zu einem festen Bestandteil des chinesischen Alltags geworden. Die Handelskammer von Kweichow machte die Droge sogar zum offiziellen Währungsstandard. In Yunnan, einem der vielen größeren

Opiumanbaugebiete, wo der Mohn in verschiedenen Kombinationen von Rot, Weiß und Mauve die Hänge bedeckte, rauchten neunzig Prozent der erwachsenen Männer Opium, und viele neugeborene Kinder waren süchtig; sie hatten die Sucht schon im Mutterleib erworben.

Als Reaktion auf die internationalen Proteste organisierte Chiang am 20. August 1928 – ein Jahr, nachdem er in Tus persönliches Mohnterritorium gestolpert war und das Anti-Opium-Büro hatte schließen müssen – ein neues Nationales Komitee zur Bekämpfung des Opiums – einen Werbebluff unter der Leitung des Gesundheitsministeriums. Sein angekündigter Zweck war es, die Opiumsucht in China auszurotten. Mit verdächtiger Offenheit gab der Generalissimo bekannt, die Nationale Regierung werde «keinen Versuch unternehmen, auch nur einen Cent durch das Erheben von Opiumsteuern zu verdienen. Sie wäre des Vertrauens, das man ihr entgegenbringt, nicht würdig, wenn entdeckt würde, daß sie die Opiumsteuer zu einer Hauptquelle ihres Einkommens mache.»[2] Während des folgenden Jahres, 1929, gelang es Nanking (allein aus drei Provinzen), Beträge in der Höhe von etwa 17 Millionen chinesischen $ zusammenzubringen, die großzügig «Opiumverbotseinkünfte» genannt wurden. Im Vergleich mit den Einnahmen aus der Salzsteuer waren die potentiellen Opiumgewinne schwindelerregend.[3]

Um Auseinandersetzungen zwischen der Grünen Gang und Nanking nach Möglichkeit zu vermeiden, mußten die Verbindungsleute zu den Opiumanbauern eine Doppelrolle spielen. Nanking sanktionierte die enge Zusammenarbeit seiner Marine- und Polizeikräfte mit der Grünen Gang. Selbst dann übertraf die Nachfrage noch die einheimische Produktion. Shanghaier Polizeiberichte geben an, daß T.V. Soong 1930 mit Tu persönlich die Lieferung von 700 Kisten persischen Opiums nach Shanghai arrangierte – unter militärischem Schutz der KMT –, um die erschöpften chinesischen Vorräte zu ergänzen. Alle Parteien, die beim Laden der Schiffe und ihrer Überwachung während der Überfahrt beteiligt waren, erhielten ihren Anteil – auch T.V. Das Magazin *Time* brachte im April 1931 eine muntere kleine Stichelei darüber, was T.V. mit dem Opiumhandel und der Nankinger Staatskasse im Sinn hatte:

> Finanzminister T.V. Soong erklärte letzte Woche fröhlich, China werde bald «eine neue und realistische Opiumpolitik» haben. ... Eine «realistische» Opiumpolitik kann nach Minister Soong keine Politik des Verbots sein. Folglich sind Beamte des chinesischen Finanzministeriums nach Formosa gesandt worden, um Japans

> Opiumsystem zu studieren: Beschränkter Verkauf unter dem Monopol der Regierung. Wenn der scharfsinnige Minister Soong das Opium vor den Karren seines Finanzministeriums spannt, findet er vielleicht einen Weg, um das chinesische Budget in absehbarer Zeit auszugleichen.[4]

Weil es so schwierig war, die Quellen, die Anbaugebiete, den Transport, die Aufsicht über die Weiterverarbeitung und anderes mehr aufzuteilen, bestand die einzige vernünftige Lösung darin, mit Großohr-Tu gemeinsame Sache zu machen. Dementsprechend führte der Generalissimo ein langes Gespräch mit Tu, in dem er dem Boss der Gang als erstes die Bekämpfung der Kommunisten in Shanghai unterstellte und Tu somit die offizielle Sanktion erteilte, das Blut, das er vergießen wollte, legal zu vergießen. Das war etwas, das Tu dringend brauchte, weil er mitten in einer Kampagne zur Aufpolierung seines öffentlichen Images steckte. Chiang vereinbarte mit Tu, in allen Opiumgeschäften zusammenzuarbeiten. Der Grünen Gang würde von der Regierung umfassende Protektion beim Transport und bei der Weiterverarbeitung in den Fabriken gewährt. Außerdem hätte die Gang bei der Auswahl der Monopolbeamten das Vetorecht und bekäme den Löwenanteil der Gewinne. Als Gegenleistung willigte die Gang ein, als Anzahlung für den voraussichtlichen Anteil der Regierung beim nächsten Unternehmen sechs Millionen chinesische $ an Nanking zu entrichten.
Offenbar konnte selbst Tu Yueh-sheng einen Fehler machen. Denn nachdem er die sechs Millionen $ an T.V. bezahlt hatte und nach Shanghai zurückgekehrt war, besprach er den Handel mit Pockennarben-Huang und änderte plötzlich seine Meinung. Er verlangte das Geld zurück. Törichterweise versuchte T.V. nun, ihn hereinzulegen. Er schickte Tu das Geld nicht in bar, sondern in Regierungsanleihen. Für Tu, der die Regierung so genau kannte, waren die Anleihen wertlos. Er brauchte nicht viel Zeit, um dem Ökonomen aus Harvard das Ausmaß seiner Torheit klarzumachen.
KUGELN VERFEHLEN SOONG lautete die Schlagzeile der *New York Times* am 23. Juli 1931. Die *Times* druckte T.V.'s eigenen Bericht über den Mordanschlag:

> Ich war gerade im Bahnhof angekommen und etwa fünfzehn Fuß vom Ausgang entfernt, als auf beiden Seiten gleichzeitig Revolverschüsse losbrachen. Ich realisierte, daß sie mir galten, warf meinen weißen Sonnenhelm, der im düsteren Bahnhof auffiel, weg, rannte durch die Menge und verbarg mich hinter einer Säule.
> Bald war der Bahnhof vom Revolverrauch der Angreifer erfüllt, und

in der Verwirrung wurde von allen Seiten geschossen; meine Leibwachen erwiderten das Feuer.

Es ging volle fünf Minuten, bis der Bahnhof geräumt war. Meine Leibwachen sahen mindestens vier Attentäter feuern, aber es können auch mehr gewesen sein. Als der Rauch sich verzog, wurde entdeckt, daß mein Sekretär, der an meiner Seite gegangen war, in den Bauch, die Hüfte und den Arm getroffen worden war. Von beiden Seiten waren Kugeln in seinen Körper gedrungen. Sein Hut und sein Aktenkoffer waren durchlöchert, und es war ein Wunder, daß ich unversehrt war, denn ich war größer als er.[5]

Zweifellos hätten die Attentäter T.V. treffen können, wenn sie gewollt hätten; denn alle ihre «verirrten» Kugeln waren säuberlich auf T.V.'s Sekretär gerichtet und töteten ihn. Aber die Attentäter hatten offensichtlich den Auftrag, T.V. lediglich einen gewaltigen Schrecken einzujagen. Er machte sich nun keine Illusionen mehr über irgendeine besondere Immunität, falls er Tu zu betrügen versuchte.

Eines der reichsten opiumproduzierenden Gebiete lag in Nordchina, und als die Japaner in den frühen dreißiger Jahren diese Region überrannten, erlitt Chiang schwere finanzielle Verluste. Das Problem hatte zwei Aspekte: Er verlor die Einkünfte aus seinem Anteil am Opiumhandel in jenem Gebiet, und die Japaner betrieben mit Hilfe des Rohopiums aus dem eroberten chinesischen Territorium einen überaus gewinnbringenden internationalen Heroinhandel.

Chiang löste das Problem, indem er den Gebrauch der raffinierten Drogen Morphium und Heroin für die Chinesen als illegal erklärte und dann mit den Japanern einen Handelsvertrag abschloß, um Opium von ihnen zu kaufen. So unlogisch das klingen mag – Chiang bezahlte den Japanern lieber einen Grundpreis für Rohopium, als daß er auf alle Gewinne, die er mit der Droge erzielen konnte, verzichtete. Im andern Fall würde Japan die Drogen ja ohnehin in den von der KMT kontrollierten Teil Chinas schmuggeln.

In den frühen dreißiger Jahren trat das Opium gegenüber seinen stärkeren Derivaten Morphium und Heroin in den Hintergrund. Es war ein langer Entwicklungsprozeß gewesen. Morphium war im späten 19. Jahrhundert von den westlichen Missionaren oft angewendet worden, um opiumsüchtige Chinesen zu heilen; deshalb wurde die Droge in China als «Jesus-Opium» bekannt. Danach versprach das Heroin, 1874 von Chemikern der pharmazeutischen Fabrik Bayer in Deutschland erstmals aus Opium gewonnen und von Bayer 1898 als Patentmedizin lanciert, Erfolge als Heilmittel für Morphiumsüchtige. Chinesen wurden zuerst opiumsüchtig, kamen dann zum Morphium und

schließlich zum Heroin. 1924 importierte China aus Japan genug Heroin, um jeden einzelnen der 400 Millionen Einwohner der Nation jährlich mit vier starken Dosen der Droge zu versorgen. Im gleichen Jahr untersagte der amerikanische Kongreß, der erst kurz zuvor den Alkohol verboten hatte, die Verwendung von Heroin als Patentmedizin. Unverzüglich stürzten sich amerikanische Gangster, die bereits mit dem Alkoholschmuggel einen schwungvollen Handel trieben, auf das Heroingeschäft. Während europäische Verbrechersyndikate ihr Opium von den Mohnfeldern Persiens und dem sogenannten Goldenen Halbmond bezogen, fanden amerikanische Banden es einfacher und billiger, ihr Opium in China zu kaufen.
1931 setzte der Völkerbund internationale Kontingente für die Heroinproduktion fest – mit der Absicht, die Mengen auf strikt medizinische Bedürfnisse zu beschränken. Im gleichen Jahr veranstaltete Großohr-Tu zu seinen eigenen Ehren ein großartiges Fest und weihte in seinem Geburtsort Kaochiao in Pootung – gegenüber von Shanghai – einen Ahnentempel ein. Akrobaten und Opernensembles traten auf. Stundenlange Feuerwerke fanden statt. Achtzigtausend Leute kamen zu dem Fest, darunter Tausende von Regierungsbeamten und staatlichen Würdenträgern, die von Tu persönlich eingeladen worden waren. Er gab ihnen als Andenken an das Ereignis Geschenke im Wert von über einer halben Million chinesischen $, die sie gleich verschwenderisch vergalten. Einige, darunter Generalissimo Chiang Kai-shek, schenkten Tu Schriftrollen, die sie selbst in fließender chinesischer Kaligraphie gepinselt hatten und die ihn für seine großartigen Verdienste an der Menschheit priesen. Das Fest dauerte drei Tage. Nachdem jedermann heimgekehrt war, wurde der Ahnentempel, den Tu gebaut hatte, seine größte geheime Morphium- und Heroinfabrik.[6]
Dank Tu Yueh-sheng waren die Chinesen ständig mit dem allerfeinsten Heroin gesegnet. In den chinesischen Städten war es üblich, Pillen aus relativ reinem Heroin einfach auf der Straße zu kaufen und zu schlucken oder den Stoff manchmal in Form rosaroter Tabletten in Pfeifen zu rauchen. In Amerika mußte man Heroin direkt in die Venen spritzen, weil die Droge, bis sie über den Pazifik gelangte, von Dealern, die ihre Profitmarge vergrößern wollten, so katastrophal verdünnt wurde, daß es unmöglich war, ihr auf andere Weise noch eine Wirkung abzugewinnen. Großohr-Tu verwendete Heroin-Tabletten, um seine eigene Opium- und Morphiumsucht zu kurieren. Mit dieser Maßnahme prahlte er gern, aber sie machte ihn auch für den Rest seines Lebens heroinsüchtig.

Mitte der dreißiger Jahre wurde der Hochehrwürdige Tu Yueh-sheng im Shanghaier *Who's Who* in den höchsten Tönen gepriesen:

> Gegenwärtig höchst einflußreicher Bewohner der Französischen Konzession Shanghais. Bekannt durch seinen Einsatz für das öffentliche Wohl. ... Mitglied des französischen Stadtrats, Präsident der Chung Wai-Bank in Shanghai, Gründer und Vorsitzender des Direktoriums der Cheng Shih-Mittelschule. Direktor des Shanghaier Notfallkrankenhauses. Mitglied des Aufsichtsrats der Allgemeinen Handelskammer. Leitender Direktor der Hua Feng-Papierfabrik in Hangchow. Direktor der Handelsbank Chinas in Kiangsu, der Chekiang Bank, der Großen Universität Chinas, der chinesischen Baumwollwarenbörsen und der Schifffahrtsgesellschaft der chinesischen Kaufleute in Shanghai etc., Direktor des Jen Chi-Krankenhauses in Ningpo.[7]

Das war eine hübsche Kollektion von Titeln und Würden. Sie waren verblüffend schnell zustande gekommen, nachdem Chiang Kai-shek die KMT übernommen hatte und Chinas Oberbefehlshaber geworden war. Unmittelbar nach dem Shanghaier Massaker hatte Chiang Großohr-Tu, Pockennarben-Huang und das dritte Mitglied der Troika der Grünen Gang, Chang Hsiao-lin, in der KMT-Armee zu «Ehrenberatern» im Generalmajorsrang gemacht.

Mit den Zivilbehörden der Französischen Konzession pflegte Tu einen offenen Geschäftsverkehr. Ein großer Teil von Tus Heroin kam über offizielle Kanäle ins französische Stammland. Da die Französische Konzession in Shanghai mehrheitlich nicht direkt von Paris, sondern von Hanoi verwaltet wurde, entstand ein Netz dunkler Beziehungen, das sich von Shanghai nach Hanoi und von dort bis in die Unterwelt Marseilles ausdehnte, die von dem mächtigen Verbrechersyndikat *Union Corse* beherrscht wurde. In Frankreich gab es Rivalitäten zwischen den Sicherheitsdiensten und Politikern in Paris einerseits und den korsischen Gangstern andererseits. Großohr-Tu spielte diese Rivalen gegeneinander aus. Der Polizeichef der Französischen Konzession, Etienne Fiori, und Generalkonsul Koechlin wurden Huang und Tu tief verbunden. Fiori war Korse und eine Schlüsselfigur im Handel der Union Corse mit chinesischen Drogen. Tu bezahlte große, aus den Drogengeschäften stammende Beträge an französische Regierungsbeamte in Paris, um die periodischen Bemühungen des Parlaments, die skandalöse Situation in Shanghai zu untersuchen, abzublocken.

Schwierigkeiten gab es jedoch 1933, als in Paris eine neue Verwaltung ihr Amt antrat und einen Admiral nach Shanghai entsandte, um die

Konzession von Korruption zu säubern. Unter dem Schutz französischer Marineeinheiten wurde ein neuer Polizeichef ernannt, viele «Geheimpolizisten» aus der Grünen Gang wurden gefeuert, und Generalkonsul Koechlin wurde abgelöst – nachdem er zuvor noch genötigt worden war, Tus Namen aus dem Stadtrat zu «entfernen». Um die Situation wieder ins Lot zu bringen, sandte Tu mit einem Überfallkommando gewandter Diplomaten neue Bestechungsgelder nach Paris. Selbst eine so erhabene Persönlichkeit wie Madame Wellington Koo, die Gattin des Diplomaten, der China an den Versailler Friedensverhandlungen vertreten hatte, schloß sich dem Appell an die französische Regierung an, Tus Opiumschiffen freies Geleit zu gewähren.

Für Tu war es klar, daß Fiori und Koechlin ihn verraten hatten, um zu retten, was von ihrer politischen Reputation noch übrig war. Sie waren nun zur Überfahrt nach Frankreich bereit, um den Rest ihres Lebens in Luxus an der Riviera zu verbringen. Bevor der Passagierdampfer der Messageries Maritimes den Yangtse verließ, lud Tu die beiden zu einem Abschiedsbankett in sein Haus ein. Die Gerichte waren vergiftet. Generalkonsul Koechlin und mehrere andere Gäste starben einen qualvollen Tod; der Korse Fiori überlebte nach wochenlanger heftiger Krankheit mit knapper Not.

Die Giftmorde bewirkten in der französischen Kolonialverwaltung einen solchen Schock, daß Meyrier, der neue Generalkonsul, unverzüglich anbot, den ganzen Drogenverkehr Großohr-Tus von nun an unter Polizeischutz zu stellen. Tus Unternehmungen in der Französischen Konzession wurden nun, offenbar als Geste gegenüber Meyrier, nie mehr so heftig, wie sie gewesen waren. Aber Tu war nun, da er von Chiang Kai-shek carte blanche erhalten hatte, im KMT-kontrollierten China ungehindert vorzugehen, nicht mehr auf die Zusammenarbeit der Franzosen angewiesen.

Von Zeit zu Zeit rief Tu Yueh-sheng Nanking ins Gedächtnis, daß er sehr großzügig sein konnte. Zwischen 1932 und 1934, während T.V. Soong und H.H. Kung ihr äußerstes taten, um den Staat über Wasser zu halten, war die Nankinger Regierung in der Lage, von den Vereinigten Staaten Ankäufe im eindrücklichen Gesamtbetrag von fünf Millionen U.S. $ zu tätigen.[8] Ausländische Beobachter, die die Unsicherheit der Nankinger Staatskasse kannten, waren wie vor den Kopf geschlagen. Willy Peck, der Leiter der amerikanischen Gesandtschaft in Nanking, kommentierte den Handel 1936 folgendermaßen:

> Ich war gewissermaßen «platt», als ich von Mr. Bixby (einem Bekannten von den Pan American Airways) darüber informiert

> wurde, daß Dr. Kung während der letzten drei Wochen die Bestellung von 120 Militärflugzeugen bei der Firma Curtis Wright unterzeichnet hatte. Es ist möglich, daß ich eine diese wichtige Transaktion betreffende Information, die an mein Büro gelangt ist, übersehen habe. Nicht nur Mr. Bixby hat mir erklärt, die Sache stünde außer Zweifel; nach meiner Unterredung mit ihm habe ich von einer Dr. Kung nahestehenden Person eine teilweise Bestätigung erhalten; sie hat mir mitgeteilt, daß schon vor zwei Wochen ein Vertrag über die ersten achtzig Curtis Wright-Flugzeuge – zwei verschiedene Modelle, die pro Stück etwa 20 000 $ in amerikanischer Währung kosten – zur Unterschrift bereitlag.
> Wie Dr. Kung es fertiggebracht hat, das zu finanzieren, ist wohl ein Mysterium; denn der Preis muß sich insgesamt auf etwa acht Millionen $ in chinesischer Währung belaufen. ... Wir haben Berichte aus Shanghai erhalten, nach denen General Chiang alle erdenklichen Anstrengungen unternimmt, seine Vorkehrungen, die China zum militärischen Widerstand gegen alle Arten ausländischer Aggression befähigen sollen, voranzutreiben, aber das hier setzt der Sache die Krone auf.[9]

Die Quelle dieser finanziellen Hilfe war Tu Yueh-sheng, der selbst Millionen dafür ausgegeben hatte, ein amerikanisches Flugzeug nach dem anderen zu kaufen; und einmal übertraf er sich selbst und schenkte der Regierung eine ganze Flugzeugstaffel. Zu Chiang Kaisheks fünfzigstem Geburtstag (nach chinesischer Zählung war er 1936 fünfzig Jahre alt) präsentierte Tu ihm voller Stolz ein Flugzeug, das mit dem Schriftzug OPIUMBEKÄMPFUNG SHANGHAI bemalt war. Das veranlaßte Spaßvögel in der Long Bar zu der Bemerkung: «Endlich geht es mit der Opiumbekämpfung aufwärts.»[10]
Aber manche Leute aus dem Westen fanden es immer noch empörend, daß Seine Eminenz Tu Yueh-sheng im Shanghai von 1934 seine blühenden Geschäfte offen abwickeln konnte. Ilona Ralf Sues, aus Polen stammend und Mitglied einer privaten Organisation namens «Informationsstelle gegen Opiummißbrauch» mit Sitz in Genf, gab sich nicht damit zufrieden, weit weg in der Schweiz zu sitzen und nur mit papierenen Fakten und säuberlich geschriebenen Zahlen zu tun zu haben. Sie beschloß, selbst nachzusehen, ob die Shanghaier Kampagne zur Bekämpfung des Opiums etwas Rechtes war. Mit bemerkenswertem Wagemut erreichte sie es, ein rares Interview mit Großohr-Tu zu führen – es ist in der Tat überaus rar, nämlich offenbar das einzige, das er jemandem aus dem Westen je gegeben hat. Ilona Ralf Sues' Bericht wurde 1944 in einem Tagebuch ihres Chinaabenteuers, *Shark Fins and Millet* («Haifischflossen und Hirse») veröffentlicht.

Das Buch zog kaum Aufmerksamkeit auf sich; vielleicht, weil es während des Krieges publiziert wurde. Es bleibt ein Glanzstück:

> Er ist bei weitem der mächtigste Mann in China, und sogar die Regierung mußte mit seiner Macht rechnen.... Tu war eine Kombination von Al Capone und Rockefeller.... Er finanzierte die Opiumproduktion in China, importierte ganze Schiffsladungen iranisches Opium, finanzierte die Herstellung von Drogen und machte praktisch bei jedem Drogengeschäft im Land seinen Schnitt. Außerdem war er der chinesische Teilhaber des mächtigen internationalen Drogenrings, der begonnen hatte, seine Aktivitäten bis zur Pazifikküste Kanadas, in die Vereinigten Staaten und nach Lateinamerika auszudehnen.

Obwohl sie von Tus enormer Macht in Shanghai und besonders in der Französischen Konzession, wo sie wohnte, hatte erzählen hören, fiel es ihr schwer zu glauben, daß er sogar Zensoren in der Hauptpost hatte, die alle ausgehende Post lasen. Freunde sagten ihr, die einzige Möglichkeit, unzensurierte Mitteilungen nach Genf zu schicken, bestünde darin, sie persönlich auf einem gerade auslaufenden Dampfer abzugeben. Um das System zu testen, schrieb Ilona Ralf Sues zwei Briefe – beide höchst kritisch gegenüber Tu; sie beschuldigten ihn, der führende Drogenhändler Chinas zu sein, während er gleichzeitig die Stellung des Chefs der Opiumbekämpfung innehatte. Die Briefe wurden zweifellos abgefangen, und Ilona Sues erhielt eine Einladung, den großen Mann selbst über seine ehrenwerten bürgerlichen Aktivitäten in Shanghai zu interviewen.
Als Gegenleistung für dieses Interview wäre Ilona Sues verpflichtet, einen Artikel zu schreiben und international verbreiten zu lassen, der Shanghais wohltätigsten Gangster in freundlichem Licht darstellte. Mit ihr zum Interview ging ihre Gefährtin Aimee Millican, eine gute Seele, die oft darum gebetet hatte, daß Tu Yueh-sheng «eines Tages das Licht erblicken und eine Kraft im Dienste Gottes werden möge».[11] Sie wurden von einem adretten jungen Mann namens Wang Kwei-son begleitet, «einem jungen Sozialarbeiter, dem Tu Yueh-sheng sein Modelldorf und acht Waisenhäuser anvertraut hatte». Bedingung war, daß Ilona Sues nur drei im voraus festgesetzte Fragen stellen und das Thema Opium ganz und gar meiden würde.
Miss Sues, Aimee und Kwei-son wurden in die Avenue Edward VII. Nr. 143 gebracht, ein kleines, elegantes rotes Backsteingebäude in der Französischen Konzession, über dessen Eingang in goldener Schrift CHUNG WAI-BANK stand. In einem Lift, der offenbar mit Marmor verkleidet war, wurden sie ins zweite Stockwerk gebracht. Der Liftboy,

ein kräftig gebauter Rowdy, drückte auf einen verborgenen Knopf. Eine blaßgrüne Wand ging auseinander und enthüllte, wie Ilona Sues sagte, «die zwei härtesten Burschen, die ich je gesehen hatte – riesengroße Kerle mit prallen Taschen, prallen Muskelpaketen und wilden, brutalen Gesichtern – dem an unserer linken Seite, der sich vorbeugte, um uns zu inspizieren, fehlte ein Auge». Die Situation war so grotesk, daß Ilona Sues, nachdem sie den ganzen Morgen wie versteinert gewesen war, sich versucht fühlte, in Lachen auszubrechen, doch da sah sie, daß ihre Gefährten bleich vor Schrecken waren.
Sie wurden in eine große Empfangshalle geführt, die mit ihren Lehnstühlen, Zimmerpalmen und ganzen Ansammlungen von Tischen wie eine Hotelhalle aussah. Eine Gruppe gutgekleideter chinesischer Geschäftsleute unterhielt sich in einer Ecke. Die zwölf anderen Männer, die über den Raum verteilt waren, waren offensichtlich bewaffnete Leibwächter.
Einer der Männer nahm Haltung an, seine Augen richteten sich auf eine Tür hinter Ilona Sues, und er kündigte ehrerbietig an: «Mr. Tu Yueh-sheng.»

> Ich drehte mich um, und wir alle sahen den Mann näherkommen ... eine hagere Gestalt ohne Schultern, mit langen, ziellos baumelnden Armen, angetan mit einem schmutzigen, fleckigen blauen Gewand; die platten Füße steckten in schlampigen alten Pantoffeln; langer, eiförmiger Kopf, kurzgeschnittenes Haar, fliehende Stirn, kein Kinn, riesige, fledermausartige Ohren, kalte, grausame Lippen, die große gelbe, verfallene Zähne freigaben; die kränkliche Gesichtsfarbe eines Süchtigen. ... Er kam hereingeschlurft und wandte seinen Kopf träge nach rechts und links, um zu schauen, ob jemand ihm folgte.
> Wir wurden vorgestellt. Ich hatte noch nie solche Augen gesehen. Augen, so dunkel, daß sie ohne Pupillen schienen, trüb und matt – tote, undurchdringliche Augen. ... Ich schauderte.
> Er gab mir seine schlaffe, kalte Hand. Eine riesige, knochige Hand mit fünf Zentimeter langen, braunen, vom Opium verfärbten Fingernägeln.
> Mr. Tu versicherte uns, unser Besuch sei ihm ein Vergnügen. Ich sagte, das Vergnügen sei ganz auf unserer Seite. Dann setzten wir uns.

Ilona Sues war unruhig, weil ihr nur fünfzehn Minuten mit Tu zur Verfügung standen, und kam, während Kwei-son als Dolmetscher fungierte, direkt zur Sache. Sie sagte, obwohl es viele Fragen im Zusammenhang mit dem Problem des chinesischen Wiederaufbaus, bei dem Tu eine so wichtige Rolle spielte, gäbe, wäre da noch eine

Sache von dringender Wichtigkeit. Wie Mr. Tu genau wußte, hatte sie sieben Jahre lang bei der Informationsstelle gegen Opiummißbrauch in Genf gearbeitet und konnte der Versuchung nicht widerstehen, ihn nach seiner maßgebenden Meinung über die Lage der Opiumprobleme in China zu fragen.

Tu runzelte für einen Sekundenbruchteil die Stirn und schaute jeden von ihnen der Reihe nach an, als traue er seinen Ohren nicht. Völlig gefaßt antwortete er dann, er sei nicht maßgebend, sondern lediglich ein Diener des Staates in Generalissimo Chiangs Komitee zur Bekämpfung des Opiums. Der Generalissimo sei als Generalinspektor die einzige maßgebende Instanz. Dann faßte Tu den offiziellen Kurs zusammen: daß ein richtig gehandhabtes Monopol, bei dem jeder Süchtige registriert wäre und nur seine Ration bekäme und bei dem das Opium nur an die Inhaber staatlicher Opiumzentren verkauft würde, das beste Kontrollmittel darstelle. Das indische Opiummonopol beweise hinlänglich, daß der Opiumhandel umfassend und ganz im Interesse des Staates reguliert werden könne.

«Indien», erwiderte Ilona Sues, «wird von Weißen regiert, die sich für jeder anderen Rasse überlegen halten und die Droge ausschließlich an Eingeborene und ansässige Chinesen verkaufen. Kein Weißer kann als Opiumraucher registriert werden. Von ihrem Standpunkt aus verkaufen sie Gift an eine minderwertige Rasse.» In China dagegen, sagte sie, unterstand das Monopol chinesischen Beamten und bedeutete das legalisierte Vergiften von Chinas eigener Bevölkerung! Es könne keine Parallele zu Indien gezogen werden. Darüber hinaus handhabte Indien sein Monopol wie eine korrekte Steuerbehörde und stellte 23% der jährlichen Gesamteinkünfte des Staates; es wurde auch nicht der Anschein erweckt, daß das Monopol nur für kurze Zeit aufrechterhalten werde. In China hatte Chiang versprochen, eine zeitliche Begrenzung festzusetzen. Wenn die Einkünfte jedoch groß waren, was für eine Sicherheit gab es dann, daß das Monopol nicht auf unbestimmte Zeit ausgedehnt wurde? Eine der chinesischen Banken, die ermächtigt waren, Geld zu drucken und in Umlauf zu bringen, die Landwirtschaftsbank – sagte sie –, war nur durch Opiumeinkünfte und Chiangs Wort gedeckt. Wie konnte man solchen Dingen Vertrauen schenken?

Tus Augen suchten neugierig die ihren. Er war offensichtlich überrascht und belustigt, daß sie von einer Tatsache, die die Nankinger Regierung zu verbergen suchte, so offen sprach. Er fragte sie, ob dieser Punkt in Genf ebenfalls diskutiert worden sei. Sie antwortete, die Information über die Reserven und die Leitung der Landwirtschaftsbank sei im Ausland wohl nicht durchgesickert.

Tu erging sich nun in einer Verteidigung des Generalissimo. Chiang, sagte er, habe ernsthaft versucht, die Mohnproduktion mit militärischer Gewalt auszurotten, sei aber auf den bewaffneten Widerstand der «armen Bauern» gestoßen, die ihre kostbaren Erträge «aus Angst vor einer Hungersnot» verteidigten. Chiang war schließlich «überzeugt» worden, daß die graduelle Reduktion unter einem Opiummonopol die einzige Lösung sei. Es gab keinen Zweifel daran, insistierte Großohr-Tu, daß Chiangs Absichten aufrichtig waren.
«Ich sagte, Mr. Tu stimme mir sicher darin zu, daß ein armer Bauer in seinem ganzen Leben nicht genug Geld verdiene, um ein Maschinengewehr zu kaufen. Meines Wissens sei es nur am Rand riesiger Besitzungen von reichen Gutsherren, die ihre eigenen Landarbeiter bewaffnet und ausgebildet hätten, zu Zusammenstößen gekommen.»
Tu hatte tatsächlich nur Aufschluß darüber gegeben, wie er Chiang genötigt hatte, das Opiummonopol mit der Grünen Gang zu teilen. So eine Enthüllung war ungewöhnlich für Tu, selbst wenn er sie versehentlich machte. Fest steht, daß Tu nicht gewohnt war, von irgend jemandem interviewt zu werden – wieviel weniger von einer klugen und gut informierten Europäerin! Normalerweise wurde er vom Kontakt mit Leuten, die Nachforschungen gleich welcher Art anstellten, abgeschirmt, und unter normalen Umständen hätte er niemals auf ein Kreuzverhör reagiert. In diese ungewohnte und mißliche Lage war er nur geraten, weil er seit kurzem alles mögliche tat, um sein öffentliches Image aufzubessern.
Ilona Sues realisierte, daß sie Tu in eine unvorteilhafte Position manövriert hatte, und stürmte weiter voran. Das chinesische Opiummonopol, versicherte sie ihm schmeichelnd, aber zweischneidig, sei besser organisiert als jede andere Regierungsinstitution, wahrscheinlich deshalb, weil es von den einflußreichsten großen Geschäftsleuten – von Bankiers und Opiumhändlern – finanziert und betrieben werde.

> Ich hegte große Bewunderung für den Verband der Opiumhändler, aber ich wünschte nur, daß sie sich in der gleichen effizienten Art auf die Organisation des chinesischen Exporthandels mit Seide, Tee, Blech, Wolfram oder Tung-Öl konzentrieren würden. Es wäre patriotischer. Ich war sehr skeptisch, was ihre Zusammenarbeit in Chiangs Projekt der Opiumbekämpfung betraf, und Chiang war finanziell und militärisch sicherlich nicht gut genug gestellt, um ihnen seinen Willen aufzuzwingen.

Großohr-Tu hielt inne, um aus der Tülle einer kleinen goldenen Teekanne seinen Tee zu trinken. Der Deckel wurde von einer kleinen goldenen Kette festgehalten, und die Tülle war so eng und gebogen, daß nichts von außen in die Kanne geschleust werden konnte. Ilona Sues kam plötzlich der Gedanke, daß Tu fürchtete, vergiftet zu werden.

> Ich schilderte ihm, wie ganz Genf in Aufruhr gewesen war, als der Generalissimo den Opiumkaiser zum Oberhaupt des Shanghaier Komitees zur Opiumbekämpfung ernannt hatte! Ein flüchtiges Lächeln ließ Tus Gesicht ganz menschlich erscheinen. Er muß die Ernennung selbst als einen ungeheuren Witz betrachtet haben.
> Es gebe Pessimisten, fuhr ich fort, die behaupteten, Chiangs ganze Opiumbekämpfung sei nichts als Bluff. Genfer Experten hatten seine erste Äußerung über die finanzielle Seite des Problems zerpflückt. Sie hatten die Zahl der Süchtigen mit der Menge ihrer täglichen Opiumrate und dann mit dem Opiumpreis pro Unze multipliziert und schwarz auf weiß bewiesen, daß Chinas Opiumeinkünfte fünfmal so hoch gewesen sein müssen wie der angegebene Betrag.

Diese Anschuldigung sei nicht gerechtfertigt, erwiderte Tu. Chiang habe die Wahrheit gesagt. Er habe nur zwanzig Millionen chinesische $ erhalten. Er leite oder kontrolliere die Geschäfte nicht. Die Opiumhändler regelten die Produktion, den Ankauf, das Anlegen von Vorräten, den Transport, die Weiterverarbeitung, Verpackung und Verteilung – das Ziel des Geschäfts – selbst. Sie sammelten die gesamten Einkünfte und gäben einen Prozentsatz, den sie als angemessen betrachteten, an Chiangs Inspektorat zur Opiumbekämpfung ab.
Hiermit wurde der restliche Teil des geheimen Bildes aus erster Hand bestätigt. Wiederum war Ilona Sues verblüfft von dem versteckten Eingeständnis. Sie verbarg ihr Erstaunen und trieb das Gespräch weiter voran. Sie sagte Tu, sie mache sich mehr Sorgen über Morphium und Heroin als über Opium. Die Japaner, die die Kontrolle über die mohnanbauenden Regionen in der Mandschurei übernommen hätten, könnten China ungehindert untergraben, indem sie es mit Morphium und Heroin überschwemmten. Außerdem könnten in den ausländischen Konzessionen, wo die chinesische Regierung keine Gerichtsbarkeit hatte, sowohl chinesische Kaufleute als auch Ausländer ihren Schwarzhandel mit den weißen Drogen ungestraft ausüben. Eine Konsequenz von Chiangs Kampagne zur Bekämpfung des Opiums sei die, daß sie die Opiumraucher, denen sie ihre Ration wegnahm, zu den teureren Drogen Morphium und Heroin trieb. Ilona Sues unterbrach sich gerade noch, bevor sie die Vermutung aussprach, das sei ja gerade einer von Tus und Chiangs Hintergedanken. Tu war diese Gelegenheit, die Schuld den Japanern zuzuschieben,

willkommen, und er bestätigte, Japans Drogenhandel sei furchtbar und habe seine Fangarme bis weit nach China hinein ausgestreckt. Es sei wahr, daß Opium weniger schädlich sei. Er sagte, von Japan aus werde eine gigantische Schmuggelkampagne gegen China unternommen. Eisenbahnzüge und Schiffsladungen mit Schmuggelwaren aller Art würden mit schwer bewaffneten Militäreskorten nach China geschleust, ohne Zollgebühren zu bezahlen, und überschwemmten die chinesischen Märkte.

> Ich sagte, ich hätte die letzten beiden Beschlagnahmungen im Zollamt gesehen. Könnte Mr. Tu mich darüber aufklären, was mit solchen beschlagnahmten Waren weiter passierte? Ich wandte meinen Kopf, um sein Gesicht zu sehen, und begegnete seinen vor Zorn blitzenden Augen. Ich hatte einen Nerv getroffen. Die toten Augen waren lebendig geworden – sie waren intelligent, leidenschaftlich, grausam. Ein packendes Gefühl, in sie zu sehen ... der Anfang eines Duells. Ich hielt seinem Blick stand. Seine Augen wurden wieder trübe, während er sich Kwei-son (dem Dolmetscher) zuwandte und ihm die offizielle Version mitteilte, nach der beschlagnahmte Betäubungsmittel an öffentlichen Plätzen und unter Überwachung der Regierung verbrannt wurden. Er sei erstaunt, fuhr er fort, daß ich die zahlreichen Photographien solcher Vernichtungsaktionen, die in der Weltpresse weite Beachtung gefunden hätten, nicht gesehen habe.

«Das gehört der Vergangenheit an», protestierte Ilona Sues. Gemäß den jüngsten Regelungen würde die in Shanghai beschlagnahmte Ware an das ansässige Komitee zur Bekämpfung des Opiums unter Tu selbst weitergeleitet. Wie er sie beseitigte?
Tu sagte, er lasse sie nach Nanking verschiffen, wo sie von der Nationalen Regierung vernichtet werde.
Das beruhige vielleicht den Völkerbund, räumte Ilona Sues ein, aber Mr. Tu wisse ganz genau, daß es nicht wahr sei. Jedes Gran Heroin, das beschlagnahmt und an Tu weitergeleitet werde, gehe den Weg zurück in den Schwarzhandel.
«Und das», stieß sie hervor, «ist verdammt viel schlimmer als das Opiummonopol.»
Tu schmetterte die geballte Faust auf den Tisch. Die Teetassen klirrten. Überall in dem großen Raum streckten Leibwächter ihre Köpfe hinter den Zimmerpalmen hervor.
«Ich protestiere», brüllte er. «Das ist eine Lüge! Alles wird vernichtet mit Ausnahme eines kleinen Teils, den die Regierung als Reserve zur Nothilfe zurückhält.»
«Reserve zur Nothilfe!» rief Ilona Sues aus. «Wenn es einen Krieg

gibt, wird nicht ein Gran Morphium für die Verwundeten vorhanden sein.»
Bevor Großohr-Tu wieder explodieren konnte, wurde Ilona Sues mitgeteilt, ihre Zeit sei um. Das Interview war vorüber. Während jedermann Höflichkeitsfloskeln von sich gab und sich von den Stühlen erhob, «entschuldigte» Ilona Sues sich bei Großohr-Tu dafür, daß sie soviel über Opium gesprochen habe, und schlug ihm vor, ein anderes Mal wiederzukommen, um seine bürgerlichen Aktivitäten zu diskutieren. Während Tu sie zum Lift begleitete, plauderte er freundlich und versprach, sich ihre Bitte zu überlegen.[12]

Zu jener Zeit wußten sehr wenige Leute, daß Tu einen großen Teil seiner Energie auf die Heroinproduktion verlagert hatte. Daher das öffentliche Gejammer über Japans massiven Heroinhandel in China. Ilona Sues sprach selbst von den «Japanern, die das Land ... ungehindert mit Heroin überschwemmten». Überall in Chiangs Verwaltung lief der offizielle Regierungskurs darauf hinaus, jenen die Schuld zu geben, die die weißen Drogen nach China schmuggelten, und nicht denen, die in China den größten Teil der Opiumproduktion kontrollierten und jedes Jahr größere und größere Anteile dieser Produktion zur Herstellung von Heroin verwendeten. Der japanische Heroinhandel war groß, aber der chinesiche Heroinhandel war größer und wuchs noch weit mehr an, indem er sich auf amerikanische und europäische Märkte ausdehnte. Madame Chiang Kai-shek verkündete in einer Rede im September 1937 die folgende gestelzte offizielle Version des chinesischen Drogenproblems:

> Betrachten Sie nur einmal die schrecklichen und widerwärtigen Anstrengungen der Japaner und ihrer Agenten, ein Land mit Opium und Betäubungsmitteln zu tränken – mit dem Hauptziel, die Leute so zu demoralisieren, daß sie physisch untauglich werden, ihr Land zu verteidigen, und geistig und moralisch so verdorben, daß sie mit Drogen spielend gekauft und bestochen werden können, als Spione zu agieren, weil sie ja ihre Sucht befriedigen müssen.
> Die Japaner haben mit teuflischer Arglist auf dieses Ziel hin gearbeitet, und wir finden in verschiedenen Teilen des Landes Spione, die für ihre Herren, die die Drogen liefern, die Angebote machen.
> Wenn die Menschheit je mit einem schrecklichen Verbrechen konfrontiert worden ist, so ist es dieses, und wenn die sogenannten «freien Bürger» von den Japanern zusammengerufen werden, um zur angeblichen Unterstützung ihrer Pläne aufzumarschieren, ist die Welt nicht Zeuge einer Prozession von Menschen, sondern einer Parade drogensüchtiger Unglücklicher, die nicht wissen, was sie tun. Aber

Genf kennt die tragische und schmutzige Geschichte, und die Regierungen aller Länder kennen sie auch.

Shanghai war immer das Zentrum des chinesischen Import-Export-Handels gewesen, und für Heroin traf das nicht weniger zu als für Seide oder Tee. Als May-ling ihre Rede hielt, kamen sieben Achtel der Heroinversorgung für die ganze Welt aus China. In den späten dreißiger Jahren wurde es sogar der amerikanischen Regierung nur allzu klar, daß große Mengen von Heroin über diplomatische Kanäle von China nach Amerika geschmuggelt wurden. Eine Methode, wie Tu seinen Verbindungsleuten auf der Spur blieb, bestand darin, daß er sie mit Leibwächtern versah, die auch als Reisegefährten auf Überseefahrten dienten. Viele Jahre war «Tommy» Tong (Tong Hai-ong) der Mann, der bei T.V. Soong diese Rolle spielte. Er wurde Soongs «Leibwächter» und «Chauffeur» und begleitete ihn auf seinen Auslandreisen. Wie die Archive des Auswärtigen Amtes zeigen, nahm die chinesische Botschaft jedesmal, wenn chinesische Regierungsbeamte in die Vereinigten Staaten reisten, voller Vorsicht die Übung auf sich, einen Brief an das Auswärtige Amt zu schreiben, in dem rückbestätigend sichergestellt wurde, daß die «üblichen diplomatischen Privilegien» beachtet würden und ihr Gepäck mithin am Zoll nicht überprüft würde. Tommy Tong überwachte die Behandlung von T.V.'s Gepäck persönlich. Laut den Berichten des Rauschgiftdezernats war Tong eines der wichtigsten Verbindungsglieder zum amerikanischen Heroinhandel, der vom Verbrechersyndikat Charles «Lucky» Lucianos betrieben wurde. Chinesisches Heroin, das nach San Francisco geschmuggelt wurde, nahm den Weg über Tong und Wong Sui, den Chiu-chao-Führer in der Internationalen Konzession Shanghais. Tommy Tong wurde später zum chinesischen Zolldirektor Shanghais ernannt und damit mit dem besten aller möglichen Deckmäntel für den Drogenschmuggel versehen. «Tong», berichtete ein Informant des Finanzministeriums zu jener Zeit, «fungiert als Agent Chiang Kai-sheks, um die Bereitstellung des Stoffs und seine Verschiffung in die Vereinigten Staaten zu arrangieren.»
Auch die Post beförderte Heroin. N.S. Wong, der Generaldirektor der chinesischen Post, war einer von Großohr-Tus Leutnants. Wong traf sich regelmäßig mit den verschiedenen Drogenbossen der amerikanischen Westküste und nahm 1934 an einem Gipfeltreffen von ihnen allen in San Francisco teil.[13]
Wenn amerikanische Beamte vom Rauschgiftdezernat gelegentlich eine Schiffsladung abfingen, bemerkten sie, daß die Fünf-Unzen-Dosen mit Heroin stets die offiziellen Stempel des Nationalen Anti-

Opiums-Büros der chinesischen Regierung trugen; dadurch wurde bestätigt, daß das Büro lediglich ein Deckmantel für Chinas internationalen Heroinhandel war.[14] Schließlich wurde das Heroinproblem in den Vereinigten Staaten so ernst, daß in den späten dreißiger Jahren eine Anzahl prominenter chinesischer Beamter unter Anklage gestellt wurde. Dem chinesischen Generalkonsul in San Francisco blieb aus diplomatischen Gründen eine Verurteilung erspart, aber der Präsident der Hip Sing Tong in New York wanderte ins Gefängnis, als Finanzbeamte des Rauschgiftdezernats 1937 seinen Ring zerschlugen.

May-lings Leichtgläubigkeit in bezug auf den bösen Drogenhandel der Japaner kann an ihrem Urteil gemessen werden, als Großohr-Tu sich 1936 entschloß, Chiangs Vorbild zu folgen und zum Christentum überzutreten. May-ling war beeindruckt. Sie brachte es fertig, von der Bekehrung bewegt zu sein. Tu war in solchem Maß ein Mitglied der Soong-Familie, daß er seine «religiöse Unterweisung» von methodistischen Geistlichen im Haus von Ai-ling und H.H. Kung an der Route de Seiyes empfing, wo er regelmäßige Gebetsversammlungen und Bibelstunden besuchte. Als Großohr-Tu bereit war, «das Kreuz aufzunehmen», wurde die Taufe in Charlie Soongs Kirche vorgenommen. Es gibt keinen Bericht darüber, daß die Kirche plötzlich vom Blitz getroffen wurde oder daß das Taufwasser sich grün verfärbte, aber von May-ling wird berichtet, sie habe einige Wochen nach der Feier ganz im Ernst gesagt: «Tu Yueh-sheng ist dabei, ein wahrer Christ zu werden, denn seit seiner Taufe hat die Zahl der Entführungen in Shanghai merklich abgenommen.» Ihre Bemerkung rief offenbar in der ganzen Französischen Konzession sarkastische Kommentare hervor.[15]

15.Kapitel

Zahnlos am Tigerfelsen

Sogar jene Chinesen, die eine Diktatur der Anarchie der Kriegsherrenära vorzogen, wurden nun durch Japans Übergriffe in Panik versetzt. Als die Anhänger Chiangs ihn wieder einmal drängten, gegenüber Japan eine dramatische Geste zu machen, dachten sie nicht an einen bewaffneten Konflikt, sondern an eine Appeasement-Politik. 1935 überbot sich der Generalissimo selbst, als er vorschlug, mit Tokyo einen Freundschaftsvertrag zu schließen, in dem er versprach, den Einfluß des Westens in China zunichte zu machen und alle westlichen Handelsrechte und Territorialkonzessionen den Japanern zu übertragen. Dies war eine verblüffende Kapitulation. Der japanische Außenminister stand dem Angebot positiv gegenüber, doch die kaiserliche Armee war auf militärische Eroberung aus und lehnte Chiangs Angebot ab.[1]

Chiang wußte, daß Japan zum Angriff bereit war. Schon im Frühjahr 1931 hatte sein Chefanalytiker für japanische Strategie, der Gelehrte P'eng-sheng, vor den japanischen Eroberungsplänen in der Mandschurei gewarnt – viele Monate, bevor der Eroberungsfeldzug angefangen hatte.[2] Auch dieses Mal wurde Chiang also nicht überrascht, und an Waffen fehlte es ihm auch nicht. H.H. Kung hatte eine zweite Reise nach Deutschland gemacht, um bei Krupp große Mengen Kriegsmaterial zu kaufen, wobei klar war, daß diese Waffen ausschließlich gegen Kommunisten eingesetzt wurden.[3] Im September und Oktober 1936 kaufte niemand so viele amerikanische Waffen und Flugzeuge wie Chiang.[4]

Wie vorausgesagt ergriffen die Japaner von der Provinz Chahar Besitz und verlangten im folgenden den Rückzug aller KMT-Truppen und Blauhemden aus der benachbarten Provinz Hopei. Nachdem diese Forderung erfüllt worden war, schlossen die Japaner die fünf chinesischen Provinzen Hopei, Shantung, Shansi, Chahar und Suiyuan zu einer von ihnen kontrollierten «autonomen» Region

zusammen. Somit war der ganze Nordosten Chinas bis hin zu den Außenbezirken Pekings, das wie eine Insel inmitten japanischer Truppen dalag, in japanischem Besitz.
In der Zwischenzeit hatten Mao Tse-tungs kommunistische Streitkräfte am Ende ihres Langen Marsches Yenan erreicht und begannen, auf ihrer Seite anti-japanische Nationalisten zu sammeln. Für viele Studenten wirkte der echte Heroismus der Roten Armee, verbunden mit der unnachgiebigen Haltung gegenüber Tokyo, wie ein Ruf zu den Waffen. Zehntausend Pekinger Studenten demonstrierten am 9. Dezember 1935 gegen Japan. Der Protest zog die Aufmerksamkeit der ganzen Nation auf sich; Madame Sun Yat-sen tauchte aus ihrer Abgeschiedenheit in Shanghai auf, um die Studenten bei der Bildung ihres Nationalen Rettungsbundes zu unterstützen.
Da Moskau die Japaner fürchtete, wies der Kreml die KPCh an, ihre gegen Chiang gerichtete Propaganda einzustellen und mit der KMT eine Einheitsfront zu bilden. Mao war dagegen, doch er wurde überstimmt und war später widerwillig damit einverstanden, mit Chiang über den Jungen Marschall Chang Hsueh-liang, der damals mit seiner Armee an der nordwestlichen Grenze stationiert war, Verbindung aufzunehmen.
Der Junge Marschall war ein intelligenter Kopf unter all den bestechlichen und beschränkten Kriegsherren. Nach einer ausschweifenden Jugend in der Mandschurei und Europa war er von Opium und dem Morphiumderivat Pavemal abhängig geworden. Es gibt Anzeichen, daß ihm diese Mittel verschrieben worden waren, um ihn zu demoralisieren. Tai Li, der Chef von Chiangs Geheimpolizei, war ein Experte in solchen Angelegenheiten. Nach dem Tod seines Vaters, des Alten Marschalls Chang Tso-ling, der 1928 von den Japanern ermordet worden war, hatte der Junge Marschall in einem Anfall von Patriotismus beschlossen, sich Chiang Kai-shek anzuschließen. Der Generalissimo hielt ihn davon ab, die Mandschurei zu verteidigen, und sorgte dafür, daß das chinesische Volk den Jungen Marschall für den Verlust verantwortlich machte. Danach benutzte ihn der Generalissimo bei jedem japanischen Vorstoß als Sündenbock. In Ungnade gefallen, legte der Junge Marschall alle seine Ämter nieder und suchte im Pavemal Vergessen.
Er wurde vom unermüdlichen W.H. Donald gerettet, der ihn von einer Entziehungskur in Europa überzeugen konnte und dafür sorgte, daß die ärztliche Behandlung genauestens befolgt wurde. Als der Junge Marschall 1934 nach China zurückkehrte, hatte er sich gewandelt. Die Drogen waren verschwunden, und ein harter Nationalismus war an ihre Stelle getreten. Er beschloß, daß Chinas Rettung davon

abhing, ob Chiang überzeugt werden konnte, Tokyo die Stirn zu bieten. Mit T.V. Soong führte er in Shanghai lange Gespräche, wie dies zu erreichen sei. T.V., dem dabei klar geworden sein muß, daß ihm ein großer militärischer Vorteil in die Hände gefallen war, diskutierte mit dem lebhaften mandschurischen General nächtelang alle möglichen Schritte gegen Chiang, mit Ausnahme eines direkten Sturzes. Eine unmittelbare Lösung schien es nicht zu geben.

In den ersten Monaten des Jahres 1936 instruierte der Junge Marschall seine Truppen an der Front in aller Stille, nicht mehr auf die roten Guerillas zu schießen. Er war zum Schluß gekommen, daß die Mehrzahl der chinesischen Kommunisten in die Arme der KPCh getrieben wurden, weil das Land in den Händen Chiangs und der ausländischen Mächte heruntergekommen war. Chinesen sollten seiner Meinung nach nicht mehr länger gegen Chinesen kämpfen, während das Land gleichzeitig von ausländischen Eindringlingen ausgeplündert wurde.[5]

Im Juli des gleichen Jahres traf sich der Junge Marschall vertraulich mit Chou En-lai, um herauszufinden, ob die Differenzen überbrückt und eine gemeinsame Strategie gefunden werden konnte. Seine Überzeugung, daß die Antwort auf Chinas Probleme nur in einer Einheitsfront lag, wurde durch dieses Gespräch bestätigt. Er blieb seinen Worten treu: Alle militärischen Operationen wurden gestoppt, eine Verbindung zwischen den beiden Hauptquartieren wurde eingerichtet, und Büros des Nationalen Rettungsbundes wurden in ganz Nordwestchina aufgemacht.

Die Nachricht von diesem «Verrat» erreichte Chiang Kai-shek in Nanking. Doch Tai Lis Spione unterließen es, den Nachrichten auf den Grund zu gehen. Sie berichteten dem Generalissimo nur, daß das Kommando im Nordwesten unzuverlässig geworden sei, und dies zu einer Zeit, als seine neueste Kampagne zur «Kommunistenvernichtung» beginnen sollte. Chiang beschloß, nach Sian in das Hauptquartier des Jungen Marschalls zu fliegen, um dem Abtrünnigen eine Lektion zu erteilen.

Als der Generalissimo ankam, sagte ihm der Junge Marschall, daß seine gegen die Kommunisten gerichtete Kampagne abgeblasen und eine Einheitsfront mit Mao Tse-tung gebildet werden sollte. Die Zeit sei nun gekommen für einen patriotischen Krieg – und nicht für einen Bürgerkrieg. Chiang wies diese Ansicht energisch zurück und reiste hastig nach Loyang, wo er, 200 Meilen von Sian entfernt, sein Feldhauptquartier aufgeschlagen hatte. Als ihm der Junge Marschall folgte, um die Diskussion fortzusetzen, wurde er barsch zurückgewiesen.

Am 4. Dezember 1936 kehrte der Generalissimo nach Sian zurück, um zu verkünden, daß er am 12. Dezember mit seiner Vernichtungskampagne beginnen werde. Ein neuer Befehlshaber werde die Offensive leiten, und der Junge Marschall solle mit all seinen Truppen und seinem Mitverschwörer, General Yang Hu-cheng, dem Herrscher über die nordwestlichen Gebiete, nach Südchina versetzt werden.[6] Die beiden Generäle versuchten, mit Chiang zu argumentieren, doch der Generalissimo geriet in Wut, schlug die Türe zu und fuhr mit seiner Leibwache davon zu den Warmwasserquellen der T'ang-Dynastie, die zwölf Meilen nördlich in den Hügeln von Lishan gelegen waren. Es war das gleiche Bad, Lin-t'ung genannt, wo Borodin halt gemacht hatte, um sich 1927 auf seiner Flucht nach Rußland auszuruhen.
Der Junge Marschall und der Lokalherrscher Yang waren nun in großer Gefahr: Wenn sie nichts unternahmen, war ihre Sache verloren, und sie würden in den Süden versetzt und entmachtet werden. Es war Yang, der zuerst eine Lösung fand. Er hatte sie schon vor einigen Wochen vorgeschlagen: «Wir können den Kaiser als Geisel gefangenhalten», sagte er metaphorisch in Mandarin-Chinesisch, «um alle feudalen Prinzen zu zwingen, sich zu unterwerfen.»[7]

Der Generalissimo stand gewöhnlich vor Sonnenaufgang auf, um im Nachthemd eine Stunde am Fenster zu stehen. Dabei lag seine Zahnprothese auf dem Nachttisch. Der Pavillon wurde von 50 Leibwächtern bewacht, deren kommandierender Offizier als Studentenmörder bekannt war. Um 5 Uhr 30 am Morgen des 12. Dezember – an jenem Tag, an dem die neue Vernichtungskampagne beginnen sollte – starrte Chiang Kai-shek aus dem hinteren Fenster seines Schlafzimmers auf die Berge jenseits der Gartenmauer. In der Dunkelheit fuhren vier Lastwagen mit einhundertzwanzig bewaffneten Soldaten vor die Tore. Der Batallionskommandeur im ersten Lastwagen verlangte, daß die Tore geöffnet wurden. Als die Wachen nicht nachgaben, eröffneten die Soldaten auf den Lastwagen das Feuer.
Chiang wurde durch die Schüsse aufgeschreckt. Er fragte sich, ob eine von den Kommunisten angezettelte Meuterei ausgebrochen sei. Als der Schußwechsel heftiger wurde und Rufe und Geräusche der Eindringenden zu hören waren, platzten drei Diener in sein Schlafzimmer und drängten ihn, zu fliehen. Chiang vergaß sein Gebiß, schürzte sein Nachthemd und machte sich, gefolgt von seinen Dienern, durch die Hintertüre davon. Diese stemmten ihn mit zuviel Schwung über die Gartenmauer, so daß er auf der anderen Seite herunterstürzte und sich an der Wirbelsäule verletzte und den Fuß ver-

stauchte. Der Abhang war felsig und nur da und dort mit dornigem Gebüsch überwachsen. Man konnte sich nirgends verstecken. Chiang kletterte den Abhang hinauf. Dornen zerstachen seine Füße, sein verletztes Fußgelenk machte das Gehen schwierig, und der Rücken schmerzte sehr.

Im Pavillon nahm der Überfall seinen Fortgang. Ein Leibwächter nach dem anderen wurde erschossen, und die Räume wurden nach Chiang abgesucht. Als es sicher war, daß er die Flucht ergriffen hatte, packte man den verhaßten Studentenmörder, fuhr mit ihm die 12 Meilen nach Sian und kreuzigte ihn am Stadttor.

Es stand außer Zweifel, daß der Generalissimo den Hügel hinauf geflohen war. Deshalb wurde der Hügel ganz umstellt. Zweimal suchte das ganze Bataillon nach dem Entkommenen, und beide Male blieb er unentdeckt. Als sie in sein Zimmer zurückkehrten, fanden sie sein Gebiß, sein Tagebuch und einige Dokumente.

Erst um 9 Uhr, vier Stunden nach Beginn des Überfalls, entdeckte ein Suchtrupp eine kleine Höhle hinter einem großen Stein, der Tigerfelsen genannt wurde. In dieser kleinen Höhle lag Chiang und versuchte, sich so flach wie möglich gegen den Felsen zu pressen. Er fror, war erschöpft und hatte Schmerzen. Ein Soldat nahm ihn huckepack auf den Rücken, und abwechselnd wurde er so von dem Trupp den Hügel hinuntergetragen. Unten wartete ein Auto, das ihn in die neue Stadthalle fuhr, wo der lokale Herrscher Yang sein Hauptquartier aufgeschlagen hatte. Der Gelegenheit nicht ganz entsprechend, wartete eine vollzählige Militärkapelle mit einigen höheren Offizieren im Hof des Gebäudes. Die Kapelle spielte die KMT-Hymne, die nach «Frère Jacques» gesetzt war, und die Offiziere salutierten ihrem Gefangenen, als er in wehendem Nachthemd aus dem Auto hinkte. Der Junge Marschall trat auf Chiang zu und führte ihn in sein Zimmer, wo er sich hinsetzte und sich ein Arzt um seine Verletzungen kümmerte.

Die Probleme ergaben sich nicht in Sian, sondern außerhalb der Stadt. Das wichtigste Vorhaben war die Einnahme des 200 Meilen östlich gelegenen Luftwaffenstützpunktes in Loyang – der gleichzeitig das Hauptquartier des Generalissimo war. Der Junge Marschall hatte vor 5 Uhr morgens nach Loyang telegraphiert, um seinen dortigen Brigadekommandeure zu instruieren, doch der Brigadier wurde stutzig und sandte das Telegramm an den Garnisonskommandeur des Generalissimo, der höchste Sicherheitsmaßnahmen für den Flugplatz anordnete und Nanking alarmierte. Dies bedeutete, daß der einzige Flugplatz, von dem aus die Regierungsflugzeuge die Rebellen bombardieren konnten, noch immer in Chiangs Hand war. Durch

diesen Fehlschlag sickerten die Nachrichten vom Überfall zu früh durch, was den Chiang-Treuen die Möglichkeit gab, einen Gegenangriff zu starten und Tungkuan einzunehmen, von wo aus der Paß zwischen Shensi und der nördlichen Nachbarprovinz kontrolliert wurde. Im Westen wurde die Hauptstadt der Provinz Kansu von Anhängern der Rebellen erobert, womit sie sich nach hinten absicherten. Daraufhin faßte der Junge Marschall ein telegraphisches Rundschreiben mit der Billigung der Rebellenführer ab. Darin waren acht Forderungen enthalten: Reorganisation der Nankinger Regierung unter Vertretung aller Faktionen, Einstellung des Bürgerkrieges, Freilassung aller politischen Gefangenen, Zulassung patriotischer Kundgebungen, Versammlungsfreiheit für politische Gruppierungen, Ausführung des Vermächtnisses Dr. Sun Yat-sens, sofortige Einberufung einer nationalen Rettungskonferenz.
Die Vorfälle dieses Morgens hatten den Generalissimo völlig erschöpft. Er lehnte es ab, zu essen oder aufzustehen. Der Junge Marschall bot ihm an, ihn in eine bequemere Unterkunft zu bringen, doch Chiang wollte weder sprechen noch sich bewegen. Als W.H. Donald (der nun für Madame Chiang arbeitete) am 14. Dezember in Sian auftauchte, um zu vermitteln, war Chiang einverstanden, sich in eine private Unterkunft bringen zu lassen. Der Australier nahm kein Blatt vor den Mund. Der Generalissimo müsse einsehen, daß der Junge Marschall kein Benedict Arnold, sondern ein Patrick Henry sei. Er müße ebenso einsehen, daß in seinem eigenen Nankinger Regime eine fanatisch pro-japanische Clique sei. Damit spielte Donald auf die Armeeclique des Verteidigungsministers Ho an. Gerade in diesem Augenblick, so fuhr er fort, sei Ho entschlossen, den Vorfall in Sian auszunützen und die Stadt mit Truppen, Artillerie und Bombern anzugreifen. Unter dem Vorwand, den Generalissimo zu retten, würden Ho und seine Anhänger seinen Tod bewirken und für sich und Japan die Macht ergreifen. Schon marschierten die Regierungstruppen gegen Sian, warnte Donald.

Madame Chiang in Shanghai wurde ohnmächtig, als sie von der Entführung ihres Gatten hörte. In der Illustrierten *Time* konnte man darüber lesen: «Mme Chiang, ihr Bruder T.V. Soong, der wichtigste Finanzmann Chinas, und ihr Schwager, Dr. H.H. Kung, der in dieser schrecklichen Notzeit Chinas das Amt des Premiers ausübt, hielten das Schicksal Ostasiens in ihren Händen.»[8]
Tatsächlich war Kung während der Krise als amtierender Premier eingesprungen, doch wußte man nicht recht, auf welcher Seite er stand. Verteidigungsminister Ho verlangte als Machtdemonstration

einen unverzüglichen Angriff auf Sian. Er wurde in dieser Forderung von Tai Ch'i-tao und anderen Mitgliedern jener Gruppe unterstützt, die Chiang in Zusammenarbeit mit der Grünen Gang an die Macht gebracht hatten. Diese Leute schienen nun bereit, den Generalissimo zu opfern, um selbst an die Macht zu gelangen.

Doch sie hatten Madame Chiang unterschätzt. Sie fuhr in aller Eile mit dem Zug nach Nanking und pflanzte sich zornentbrannt vor Verteidigungsminister Ho auf. Zuerst mußte sie das Vorurteil widerlegen, daß Frauen unter solchen Umständen nicht vernünftig handeln können. Danach mußte sie die Generäle überreden, ihre bereits angelaufene Attacke zu verschieben. Später berichtete sie, wie sie ihren Fall vorgetragen hatte:

> Ich richte diese Bitte an Sie, nicht als Frau, die an die Sicherheit ihres Gatten denkt, vielmehr als Bürgerin mit ruhiger, realistischer Haltung, die die bestmögliche Lösung eines schwerwiegenden nationalen Problems sicherstellen will. Doch was sie heute als Vorschlag formulieren, gefährdet in Wirklichkeit das Leben des Generalissimo. Und da sowohl in der öffentlichen Meinung als auch in meiner eigenen Überzeugung die Sicherheit des Generalissimo untrennbar mit dem Weiterbestehen der Einheit, ja der Existenz der Nation in dieser kritischen Periode unserer Geschichte verbunden ist, sollten keine Anstrengungen gescheut werden, seine Befreiung mit friedlichen Mitteln zu erwirken.

Gerade in diesem kritischen Fall zeigte H.H. Kung, daß niemand seiner Loyalität zu sicher sein konnte. In einer landesweit ausgestrahlten Radioansprache, in der er Pläne zur Bombardierung Sians bekanntgab, sagte er ohne Taktgefühl: «Während wir alle um die Rettung des Generalissimo Chiang besorgt sind, sind wir der Meinung, daß nicht in die persönliche Sicherheit eines Menschen eingegriffen werden sollte. . . . Es ist äußerst schmerzlich, daß diese außerordentliche Entwicklung ausgerechnet in Sian stattgefunden hat. Wie tragisch, gerade das historische Sian zu zerstören.»

Als der Generalissimo diese Worte über das Radio hörte, sank sein Mut. Donald hatte ihn gewarnt. Chiang verlangte nach einem seiner engsten Mitarbeiter und sandte ihn in aller Eile per Flugzeug nach Nanking, mit dem dringenden Befehl, den Angriff zu stoppen. H.H. Kung hatte eben der Nation verkündet, daß die Attacke nicht gestoppt würde. Dies brachte die Soongs in eine überaus heikle Situation – «in ein Dilemma», wie die *Times* einige Tage später schrieb, «das die Talente von Bruder T.V. Soong erforderte». Und weiter konnte man lesen: «Der große Mr. Soong wurde auch schon der

‹Morgan von China› genannt, und unter den Börsenmaklern von Shanghai geht das Gerücht, daß Bruder Soong mit seiner kleinen Schwester Mme Chiang nicht gerade immer gut auskommt. Die Familienbande verpflichten sie und werden das auch in Zukunft tun, aber manchmal drohen sie zu zerreißen.»[9]

Es gab Spekulationen, wonach die ganzen Ereignisse in Sian von T.V. Soong inszeniert worden waren, um seinem Schwager Verpflichtungen abzupressen.[10] Elf KMT-Divisionen wurden gegen Sian aufgeboten, und alle Geschwader der Nankinger Luftwaffe warteten in Loyang auf ihren Einsatzbefehl.

In Sian wies Chiang hartnäckig die Acht Forderungen zurück. «Er verbot uns, die Gewehre gegen den Feind zu richten», erklärte der Junge Marschall am 16. Dezember in einer öffentlichen Ansprache vor einer riesigen Menge im Park von Sian, «und bestimmte sie für den Einsatz gegen unser eigenes Volk.»[11]

Andere Rebellenkommandeure, unter ihnen auch der lokale Herrscher Yang, waren nun zur Überzeugung gelangt, daß die einzige Art, mit Chiang zu verhandeln, darin bestehe, ihn zu erschießen. Doch der Junge Marschall hielt sie davor zurück.

Im kommunistischen Hauptquartier, zweihundert Meilen nördlich, hörte Mao die Neuigkeiten von Chiangs Entführung mit großer Begeisterung. «Seit dem 12. April 1927 [dem Tag des Shanghaier Massakers]», erklärte Mao vor dreihundert Genossen in seinem Bunker, «trägt Chiang eine Blutschuld, die so hoch wie ein Berg ist. Nun ist die Zeit gekommen, die Schuld einzulösen. Chiang muß nach Pao-an gebracht werden, wo in einem öffentlichen Prozeß das ganze Volk über ihn urteilen soll.»[12]

Man kam überein, daß Chou En-lai als Repräsentant der KPCh nach Sian gehen sollte. Doch zuerst mußten die Instruktionen aus Moskau abgewartet werden. Mao war noch nicht stark genug, um eigenmächtig zu handeln. Die Anweisungen, die am nächsten Tag aus Moskau eintrafen, ließen nur einen Kompromiß zu. Chou En-lai sollte ihn aushandeln. Stalin bestand auf einer Einheitsfront. Chiang sollte auf freien Fuß gesetzt werden. Mao zog den kürzeren.[13]

Was Japan betraf, so wurde dessen Haltung von Botschafter Clive aus Tokyo in einem Telegramm nach London genauestens beschrieben:

> HALTUNG JAPANS: ABWARTEN UND SEHEN, WAS PASSIERT, DOCH MIT KAUM VERBORGENER GENUGTUUNG, DASS DIE WELT NUN ANERKENNEN MUSS, DASS CHINA AM ENDE IST, WIE JAPAN IMMER SCHON GEWUSST HAT.[14]

Bei einem Treffen versicherte Verteidigungsminister Ho dem japanischen Botschafter, daß die Strafexpedition nach Sian planmäßig fortgesetzt werde. Ho befahl T.V. zornig, seine Nase nicht mehr in diese Sache zu stecken. Doch T.V. antwortete kühl, daß er Privatmann und nicht Soldat sei.
Madame Chiang glättete die Wogen, indem sie einwilligte, auf die Reise mit T.V. zu verzichten, sofern Ho aufhörte, sich einzumischen. Ohne weitere Verzögerung bestieg T.V. ein bereitgestelltes Flugzeug.

Als Chiang von seinem Bett aufblickte und T.V. in sein Zimmer treten sah, war er so überwältigt, daß er nicht sprechen konnte. T.V. gab ihm einen Brief von Madame Chiang: «Wenn T.V. nach drei Tagen nicht nach Nanking zurückkehrt, dann muß ich nach Sian kommen, um mit Dir zu leben oder zu sterben.» Der Generalissimo war zutiefst bewegt. Er brach in Tränen aus. T.V. bedeutete dem Jungen Marschall und Donald, sie allein zu lassen.[15]
So sprachen sie eine halbe Stunde unter vier Augen.
Unter anderem berichtete Chiang T.V., daß seine Entführer ihre Haltung ihm gegenüber geändert hätten, seit sie in seinem erbeuteten Tagebuch gelesen hatten, er werde China noch gegen Japan verteidigen. Dann wiederholte er Donalds Warnung, daß die schlimmste Bedrohung nicht die Rebellen seien, sondern die pro-japanische Clique, die eben ihre letzten Vorbereitungen treffe, um Sian und damit auch Chiang auszulöschen.
An jenem Abend kam T.V. mit dem Jungen Marschall nochmals in Chiangs Zimmer, um hartnäckig zu feilschen. Alle waren sich einig, daß die Zeit knapp wurde. Wenn etwas zu retten war, dann mußte es sofort geschehen – solange T.V. noch hier war. Danach wäre es vielleicht für sie alle zu spät.
Immerhin hatte T.V. auch eine gute Neuigkeit gebracht: Durch seine Vermittlung hatte sich die Nankinger Clique mit einem dreitägigen Waffenstillstand einverstanden erklärt. Doch länger würden sie nicht mehr warten. Was T.V. sonst noch an Druckmitteln gegen seinen Schwager im Ärmel hatte, wurde nie bekannt. Doch es brauchte nur 24 Stunden – und nicht drei Tage –, um Chiangs widerwilliges Einverständnis mit den wichtigsten Forderungen der Rebellen zu erzwingen: Reorganisation des Regimes zur Bildung einer Einheitsfront gegen Japan und Aufschub des Bürgerkriegs. Chiang bestand darauf, daß man ihn freilasse, bevor seine Einwilligung in Kraft trete.
Ob nun T.V. heimlich dazu beigetragen hatte, den Generalissimo in eine Krisenlage zu stürzen, oder nicht, – sicher war, daß er den Jungen Marschall ermutigt hatte, «etwas zu tun». Das Resultat war jetzt

genau das, was T.V. schon seit drei Jahren, seit ihm Chiang 1923 ins Gesicht geschlagen hatte, angestrebt hatte. Doch die Zeit lief, und es gab noch andere komplexe Probleme zu lösen, bevor der Generalissimo freigelassen werden konnte. T.V. und Donald eilten nach Nanking zurück, von wo aus er zusammen mit Madame Chiang und dem Geheimdienstchef Tai Li wieder nach Sian flog.

Die Empfangsszene in Sian, von einem chinesischen Photographen in düsteren Schwarzweiß-Bildern festgehalten, ist wirklich denkwürdig: Die dreimotorige Fokker rollte mit singenden Spanndrähten im Schlamm aus, danach stolperten die übernächtigten Passagiere in einen Kreis von Fackeln, die von mandschurischen Soldaten in Schafpelzmützen hochgehalten wurden. Madame Kung war gegen den mongolischen Wind bis über die Ohren eingepackt. T.V. hatte in den letzten Jahren so viel Fett angesetzt, daß man kaum entscheiden konnte, wo sein Kinn aufhörte und sein Schal begann. Er trug eine schwarze Bärenfellmütze mit Ohrenklappen. Sein plumpes Gesicht mit seinen unzähligen Grübchen glich einer verschrumpelten Grapefruit mit einem zusammengekniffenen Mund und zwei schwarzen Punkten. Neben ihm stand Donald, grauhaarig, mit fahlem Gesicht und klaren, blutunterlaufenen Augen, die im Wind tränten. Hinter ihnen lauerte der argwöhnische, gut gekleidete Tai Li mit seinem weichen, hübschen und hochintelligenten Gesicht. Seine Augen streiften über die Dächer, immer auf der Suche nach verborgenen Schatten von Leuten wie ihm.[16]

Die zwei letzten, die aus dem Flugzeug stiegen, waren Madame Chiangs Dienerin und ihr Koch. Sie reiste nie ohne Koch, denn die Gefahr, vergiftet zu werden, lauerte überall. Vor einigen Jahren war der Junge Marschall bei einem Essen am Tisch des Generalissimo vergiftet worden und hatte nur knapp überlebt. Weshalb sollte man das Risiko eingehen, daß er gerade hier in Sian das Kompliment bei einem Essen erwidern würde?

In einer sorgfältig gebügelten Uniform trat der Junge Marschall in den Kreis der Fackeln und begrüßte May-ling mit einer tiefen Verneigung. Vor einiger Zeit war er einer ihrer kultivierteren Freier gewesen, nun war er der Entführer ihres Gatten.[17]

Eskortiert von mandschurischen Soldaten in Wollkappen, wurde die Gruppe durch das Stadttor gefahren, wo der Studentenmörder immer noch am Kreuz hing. Der Zug bewegte sich durch Nebenstraßen und hielt vor dem Bungalow, in dem Chiang festgehalten wurde. Als sie den Raum betraten, wo er wartete, hielten die anderen inne, während Madame Chiang auf den Generalissimo zutrat und ihm etwas zusteckte, das klein genug war, um in seiner Hand zu verschwinden.

Chiang fuhr mit einer fahrigen Geste zum Gesicht hoch und wandte sich dann mit einem breiten Lachen, das seine Zähne zeigte, seinen Gästen zu – dem ersten Lachen, seit er vor elf Tagen ohne seine künstlichen Zähne geflohen war. May-ling hatte ihm sein Ersatzgebiß gebracht.[18]
Am nächsten Morgen, dem 23. Dezember, saßen der Generalissimo, T.V. Soong, W.H. Donald, May-ling, Tai Li und der Junge Marschall um einen niedrigen Tisch, während Madame Chiangs Koch den Tee braute. Während vier Stunden kamen und gingen an diesem und den folgenden zwei Tagen Kriegsherren und Delegationen von Kriegsherren. Die größte Sorge bereiteten der lokale Herrscher Yang und die Kommandeure der angrenzenden Gebiete, die die Entführung unterstützt hatten. Am Weihnachtsabend berichtete der Junge Marschall May-ling, daß «Yang und seine Leute nicht willens sind, den Generalissimo freizulassen. Sie sagen, daß mein Kopf gerettet sei, da T.V. und Madame mir freundlich gesinnt seien, doch wie es mit ihnen stände? Sie machen mir nun Vorwürfe, weil ich sie in diese Sache hineingezogen habe, und sagen, daß sie, wenn sie den Generalissimo jetzt freiließen, in einer schlimmeren Situation als je zuvor wären, da keine unserer Bedingungen [unwiderruflich] erfüllt worden ist.»
Sogar Yang könnte von Chou En-lai überredet werden. Es war eine Sache von gegenseitigen Zugeständnissen. Tai Li war damit einverstanden, gewisse politische Gefangene freizulassen, und gab telegraphisch Anweisungen. Andere geheime Abmachungen garantierten die Sicherheit von Yang und seinen Offizieren. Beträchtliche Summen wurden von einem ausländischen Bankkonto aufs andere überwiesen. Man trank große Mengen Napoleon Brandy und rauchte viele Kartons englischer Zigaretten, die in Büchsen zu 50 Stück auf den Tischen in der Nähe der Porzellanspucknäpfe angeboten wurden. Die ungefähre Zusammensetzung eines neuen Kabinetts wurde ausgehandelt. Man kam überein, daß die Whampoa-Clique und die C-C-Clique zu japanfreundlich waren. Verteidigungsminister Ho sollte durch einen von Chiang Kai-sheks besten Stabsoffizieren, General Ch'en Ch'eng, ersetzt werden.[19] Man diskutierte darüber, ob T.V. Soong das neue Kabinett präsidieren solle. Der Generalissimo war im Prinzip mit allen Acht Forderungen einverstanden, doch wollte er sein Einverständnis nicht schriftlich geben und bestand auf einem lediglich mündlichen Versprechen in Anwesenheit seiner Frau und seines Schwagers. Damit sagte er im Grunde, diese beiden seien die letzten, die er je betrügen würde, wenn er einmal etwas versprochen hatte. T.V. muß sich seinen Schwur nicht ohne Erbitterung

angehört haben. (Wenige von Chiangs Versprechen wurden je wahr gemacht.)
Einer derjenigen, die Chiangs Zimmer betraten, war Chou En-lai. Er verhielt sich höflich und urban, als der Junge Marschall ihn Madame Chiang vorstellte. Chou konferierte am 24. und 25. Dezember zwei Stunden lang mit dem Generalissimo. Meist war es Chou, der sprach. Weil sie sich von Whampoa her kannten, sprach er Chiang als «Kommandant» an. Chiang bezeichnete Chou während dieses Treffens als den «vernünftigsten Kommunisten», den er kenne. Bei einer anderen Gelegenheit dankte er Chou mit tiefer Anteilnahme für das, «was Sie für mich getan haben».[20] Er bezog sich dabei auf Chous Vermittlungsgespräche mit dem lokalen Herrscher Yang über die Freilassung des Generalissimo, in denen Chou Yang überzeugt hatte, T.V.'s Geld anzunehmen und ins Exil zu gehen. Dadurch kam Chou bei der Rettung des Mannes, der für das Shanghaier Massaker verantwortlich war, eine zentrale Rolle zu. Offenbar akzeptierte Chou den Grundsatz der KPCh-Politik, wonach eine wirksame Einheitsfront gegen Japan nicht ohne größtmögliche Anzahl von rechtsgerichteten KMT-Faktionen auskam. Und das war nur mit Chiang als Galionsfigur möglich.
Auch Madame Chiang war von Chous klarem Verständnis nationaler Angelegenheiten beeindruckt. So soll er ihr einmal versichert haben, daß «abgesehen vom Generalissimo keiner fähig ist, in diesem Land zum jetzigen Zeitpunkt die Führungsrolle zu übernehmen». Chou, der immer flexible Bolschewik, fügte noch hinzu: «Wir bestreiten nicht, daß der Generalissimo den Angreifern die Stirn bietet, wir sagen, daß er ihnen nicht entschlossen oder schnell genug entgegentritt.» Madame Chiang erwiderte, daß alle innenpolitischen Probleme in Zukunft mit politischen Mitteln und nicht mit Gewalt gelöst werden müßten. «Wir alle sind Chinesen», versicherte sie ihm.[21]
Wieviel Geld in Sian den Besitzer wechselte, gelangte nie an die Öffentlichkeit und war auch nicht wichtig. T.V. Soong war nun der reichste Mann in China neben Großohr-Tu. Die Kungs und Chiangs waren auf den Plätzen drei und vier. Für sie war Geld weniger wichtig, als es vielleicht für einige von Chiangs Entführern war.
Um 3 Uhr nachmittags verließen der Generalissimo und sein Hofstaat den Bungalow. Er war auf freiem Fuß. Zusammen mit dem Jungen Marschall fuhren sie zum Flughafen, bestiegen die Maschine und waren bald in den dunklen Wolken verschwunden. Gerade rechtzeitig zum Neujahrsfest des Jahres 1937 waren sie wieder in Nanking.
In den folgenden Monaten wurde Chiangs Überleben von seinen Bewunderern als der große Sieg alles Lebenswerten gefeiert. Henry

Luce verkündete pflichtgetreu, daß der Generalissimo und Madame Chiang die herausragenden Persönlichkeiten des Jahres 1937 waren. Er bildete die beiden auf der Titelseite der ersten *Time*-Ausgabe des Jahres 1938 als «Mann und Frau des Jahres» ab. May-ling Soong Chiang wurde nun zu einer noch größeren internationalen Berühmtheit. In Sian, so der amerikanische Diplomat John Paton Davis, hatte Chinas First Lady gezeigt, daß «sie mit einem Temperament ausgestattet war, das sie in früheren Zeiten auf den Drachenthron gebracht hätte». Es war nicht eine jener Bemerkungen, die durch die Luce-Presse weitherum bekannt wurden.[22]

Dieser außergewöhnliche Vorfall hatte noch ein Nachspiel. Der Junge Marschall handelte äußerst quichottesk, als er den Generalissimo zurück nach Nanking begleitete. Zyniker betrachteten ihn als Dummkopf, doch Mao räumte Agnes Smedley gegenüber ein, dies sei das einzige gewesen, was das Abkommen ermöglichte. Mao war verbittert über die Art und Weise, in der der Generalissimo und Madame den Vorfall hinterher beschrieben. Sie stellten sich in ein besseres Licht, indem sie die Geschichte mit viel Geschick umschrieben. Er nannte ihre Version «ein interessantes Muster» von Unklarheit und Ausflüchten.[23]

Indem sich der Junge Marschall in die Hände des Nankinger Regimes begab, war die Aufmerksamkeit nicht mehr auf Sian gerichtet, was jeden verbleibenden Konflikt übersehen ließ. Seine Unterwerfung half auch, Chiangs Image wieder zu restaurieren, das durch seine Entführung angeschlagen war.

Der Junge Marschall nahm galant die ganze Schuld für den Vorfall von Sian auf sich und ermöglichte Chiang, seine Händer sauberzuwaschen und sie am Jungen Marschall abzustreifen. (Interessanterweise wurde er in T.V.'s Haus in Nanking untergebracht.) Er hatte China einen historischen Dienst erwiesen, indem er die lange gesuchte Einheitsfront herbeigeführt hatte, ungeachtet ihrer späteren Fehlschläge. Im Laufe des Vorfalls von Sian lernte er Chiang besser als irgend jemand anders – mit Ausnahme der Soongs und Großohr-Tus – kennen. Auch hatte er ein ungewöhnlich vertrautes Verhältnis zu T.V. und May-ling. Aber Chiang Kai-shek verzieh ihm nie, daß er ihn erniedrigt und seinen Traum von der Ausrottung der Kommunisten zunichte gemacht hatte. Dieses Ereignis verfolgte die Nationalisten noch während Jahrzehnten, und sie betonten, daß der Vorfall von Sian der Beginn des kommunistischen Sieges gewesen sei. Auch muß es Chiang verfolgt haben, daß dieser junge mandschurische General so viele Führungsqualitäten zeigte, die ihn in absehbarer Zeit über-

flüssig machen würden. Deshalb ließ er ihn nicht gehen, sondern stellte ihn unter Hausarrest und übergab den Schlüssel Tai Li.
In seiner Karfreitagsansprache, die Chiang 1937 an China richtete, kam er auf den Vorfall von Sian zu sprechen und sagte feierlich: «Ich erinnerte mich daran, daß Christus uns geheißen hat, jenen die Schuld zu vergeben, die sieben mal sieben Mal gegen uns gesündigt haben. Und aufgrund ihrer Reue war ich überzeugt, daß ihnen gestattet werden sollte, ein neues Leben zu beginnen.»[24]
Alle Anstrengungen seiner Freunde, auch diejenigen T.V.'s, den Jungen Marschall frei zu bekommen, waren fruchtlos. Der Generalissimo hielt seinen Entführer für den Rest seines Lebens unter modifiziertem Hausarrest und strenger Überwachung. Er unterstand Chiangs Geheimpolizei, die dem gebräuchlichen Verfahren folgte und den Gefangenen mit Heroin bekannt machte. Chang Hsueh-liang, so wird erzählt, verbrachte jene Jahrzehnte mit dem Studium der Geschichte der Ming-Dynastie.
Der Mitverschwörer des Jungen Marschalls, General Yang, wurde trotz der Karfreitagsamnestie bei seiner Rückkehr aus dem europäischen Exil festgenommen und während elf Jahren in einem von Tai Lis speziellen Straflagern in der Nähe von Chungking festgehalten. Seine Frau trat aus Protest in einen Hungerstreik; man erlaubte ihr, sich zu Tode zu hungern.
Viele Jahre später faßte Ching-ling Soong Chiangs Entführung so zusammen: «Was Chang Hsueh-liang tat, war richtig. Ich an seiner Stelle hätte das gleiche getan. *Doch wäre ich weiter gegangen!*»[25]

16. Kapitel

Familienangelegenheiten

Claire Lee Chennault kam im Mai 1937 zum erstenmal nach China, fünf Monate, nachdem der Generalissimo sich hinter dem Tigerfelsen versteckt hatte. Er kam in geheimem Auftrag, um für Madame Chiang herauszufinden, warum die chinesische Luftwaffe nicht fliegen konnte.

Während des Vorfalls von Sian hatte eine Reihe der engsten Gefährten des Generalissimo sich verschworen, um ihn in die Luft zu jagen; es war deshalb unklug, die Luftwaffe in ihren Händen zu belassen. Madame Chiang sagte ihrem Gatten, sie würde die Leitung gern selbst übernehmen. Sie würde dafür sorgen, daß die Luftwaffe zu einem wirksamen Kampfmittel werde und nicht nur als politisches Pfand diene. Chiang war einverstanden und übertrug ihr die Aufgabe.

Eine ihrer ersten Amtshandlungen bestand darin, einen ehemaligen Piloten der amerikanischen Fliegertruppen, Roy Holbrook, als ihren Berater zu engagieren. Sie fragte Holbrook, wer die Luftwaffe wieder auf Vordermann bringen könnte; Holbrook kannte genau den richtigen Mann.

Niemand war unparteiisch in bezug auf Claire Lee Chennault. Er wurde entweder gehaßt oder geliebt. Er war ein chronischer Versager, der sich mit Höchstgeschwindigkeit und immer auf die Hupe gelehnt durchs Leben bewegte. Seine heftige Energie und seine überhitzten Ansichten garantierten ihm in der Geschichte einen Platz als Verrückter oder als Genie – es war nicht sicher, welches von beiden. Als junger Mann war er zu streitsüchtig gewesen, um die Disziplin der amerikanischen Marine-Akademie auszuhalten, in die er einzutreten gedachte; zu alt für eine Fliegerausbildung, als er sich im Ersten Weltkrieg anwerben ließ; und er war zu spät dran, um bei den letzten Bodentruppen, die nach Europa gingen, mitzumachen. Er verbrachte die Kriegsjahre damit, gewalttätige schwarze Bauarbeiter in Langley

Field, Virginia, zu drangsalieren und Opfer der weltweiten Grippeepidemie zu pflegen.
Als der Krieg zu Ende war, verdiente er sich seine Epauletten im stehenden Heer und zeigte eine Neigung für Kunstfliegen und Taktik. Er wurde Instruktor bei den Fliegertruppen und verfolgte die abenteuerliche Idee, daß Gruppen kleiner Jagdflugzeuge die Bomber vom Himmel herunterholen könnten. (Die Idee war nicht neu; sie war erstmals von Baron Manfred von Richthofen mit seinem Fliegenden Zirkus im Ersten Weltkrieg angewandt worden.) Die amerikanischen Fliegertruppen wurden nun von «Bombergeneralen» dominiert, die Chennaults Herausforderung gar nicht schätzten. Sie glaubten, schwere Bomber seien unbesiegbar. Chennault brachte eine Monographie in Umlauf, die darstellte, wie falsch sie lagen. Er belegte seine Annahme, indem er zeigte, wie Männer, die mit Ferngläsern auf Wachttürmen postiert waren, im voraus telephonische Warnungen vor Bombern durchgeben konnten, so daß eine große Anzahl von Jagdfliegern rechtzeitig starten konnte. Unter Verwendung von Kunstfliegertricks konnten sich die flinken Jagdflieger dann auf die schwerfälligen Bomber stürzen und sie gemeinsam abschießen.
«Wer ist dieser verdammte Bursche von Chennault?» fragte ein Oberstleutnant namens «Hap» Arnold. Nicht lange danach wurde Arnold der Kommandeur der amerikanischen Fliegertruppen, und der schroffe Chennault wurde von offizieller Seite weiterhin mißachtet. Er war als Instruktor nicht mehr «nützlich» und wurde deshalb damit beauftragt, beim Präzisionsfliegen die Leitung eines Teams zu übernehmen. Drei Jahre lang machten seine Kameraden und er sich einen Namen als die «Drei Männer auf dem fliegenden Trapez». 1937 wurde Chennault von einer durchs Rauchen verursachten chronischen Bronchitis, von niedrigem Blutdruck, Erschöpfung und einem ernsthaften Gehörschaden, den er sich durch zu viele Sturzflüge zugezogen hatte, gezwungen, auf dem Boden zu bleiben. Er beschloß, sich nach einem zivilen Beruf umzusehen. Die Sowjetunion suchte jemanden wie ihn – für eine Anstellung, die ihn mit den russischen Piloten zusammengebracht hätte, die im Spanischen Bürgerkrieg Einsätze flogen. Chennault lehnte ab. Dann kam das Angebot von Madame Chiang.[1]
Chennault war von Madame Chiang überwältigt. «Für mich wird sie immer eine Prinzessin sein», schrieb er in sein Tagebuch.[2] Sein ganzes Leben lang hatte er auf einen Gönner gewartet und auf die Möglichkeit, alles nach seinen Vorstellungen zu tun. Er blieb für den Rest seines Lebens in den Diensten der Chiangs.
Was er 1937 von der chinesischen Luftwaffe sah, gefiel ihm nicht. Sie

war eher für sich selbst eine Gefahr als für den Feind. Fünfhundert Flugzeuge sollten vorhanden sein; aber weniger als hundert waren flugtüchtig. Korruption war überall verbreitet.
Das von H.H. Kung arrangierte italienische Ausbildungsprogramm machte tiefen Eindruck auf Chennault. Mit seinem gewohnten Mangel an Humor sagte er: «Die Italiener haben getan, was sie konnten, um China zu sabotieren.» Im weiteren notierte er einige Einzelheiten:

> Die italienische Flugschule in Loyang ... diplomierte jeden chinesischen Kadetten, der den Schulungskurs überlebte ... ungeachtet seines Könnens ... Jedenfalls gefiel dem Generalissimo die italienische Methode. Chinesische Flugkadetten wurden sorgfältig aus den obersten sozialen Schichten ausgewählt, und als sie in der in amerikanischem Stil geführten Schule gezwiebelt wurden, brachten Proteste von ihren einflußreichen Familien den Generalissimo in ernsthafte Verlegenheit. Die italienische Methode löste dieses soziale Problem, aber sie ruinierte die Luftwaffe.
> Die italienischen Montageanlagen in Nanchang waren ebenfalls ein Schwindel. Sie produzierten große Stückzahlen eines Fiat-Jagdflugzeugs, das sich im Kampf als Feuerfalle erwies. Die Savoia-Marchetti-Bomber waren so veraltete Modelle, daß die Chinesen sie nur zum Transport verwenden konnten.
> Italiener waren auch für die Unterstützung einiger wunderlicher Praktiken der chinesischen Luftfahrtkommission verantwortlich. Kein Flugzeug wurde je – aus welchem Grund auch immer – von der offiziellen Diensttabelle gestrichen. ... Folglich umfaßte die Diensttabelle der Luftfahrtkommission bei Kriegsausbruch fünfhundert Flugzeuge, aber nur einundneunzig waren einsatzbereit.[3]

Zwei Monate nach Chennaults Ankunft im Juli 1937 forderte Japan die neue Einheitsfront durch einen Angriff auf Peking heraus. Überwältigt von der Aufregung und Empörung, machte Chennault Madame Chiangs frischgebackene Luftwaffe zum Kampf bereit. Der japanische Ansturm breitete sich rasch der Küste entlang bis Tientsin und Shanghai aus. Unter Chennaults Kommando unternahmen die schlecht vorbereiteten Piloten mutige Flüge, aber wenige kamen lebend zurück.
Der japanische Vorstoß wurde mit der Hilfe russischer Flugzeuge und Piloten – einige von ihnen mit Kampferfahrung aus Spanien – aufgehalten. Madame Chiang bat Chennault, zusätzliche westliche Söldner einzustellen, bis die chinesischen Piloten richtig ausgebildet werden konnten. Ein amerikanischer Unternehmer namens William Pawley war bereit, zwei Dutzend Vultee-V-11-Langstreckenbomber an China zu verkaufen. Chennault war einverstanden.

Er wußte, daß die Männer, die ihm zur Verfügung standen, Abenteurer und Versager waren. Es gab Ausnahmen, darunter den Texaner Jim Allison, der in Spanien für die Republikaner geflogen war; Cornelius Burmood, der May-lings eigenes Flugzeug lenkte, und den Starpiloten George Weigel. «Alle übrigen jedoch», sagte Chennault bitter, «ernähren sich fast ausschließlich von Getränken mit hoher Oktanzahl.»
Seine Söldner soffen und prahlten in den öffentlichen Bars von Hankow so lange herum, bis japanische Spione eines Tages alles wußten, was sie über die internationale Staffel, ihre Vultees und den für den folgenden Tag geplanten Angriff auf Tientsin wissen mußten. An diesem Abend tauchten japanische Bomber auf und zerstörten alle neuen Vultees. Chennaults Auftrag war völlig fehlgeschlagen. Aber nun, da er fast gar keine Flugzeuge mehr hatte, begannen die Chinesen, auf sein «Jing Bow»-Alarmsystem zu reagieren. Sobald feindliche Flugzeuge ausfindig gemacht wurden, gaben chinesische Zivilisten den Alarm per Telephon, Telegraph und Radio weiter. In seinem Hauptquartier hatte Chennault Zeit, seine Handvoll Piloten zusammenzutrommeln. Solange die Russen ihre Unterstützung aufrechterhielten, konnte er weitermachen; aber Moskau wurde vom Krieg in Europa in zunehmendem Maß abgelenkt. Nur Amerika konnte China helfen.
Söldnermietlinge waren eine Sache, aber Chiang Kai-shek wollte mehr. Im Sommer 1939 richtete der Generalissimo einen direkten Appell an Präsident Franklin D. Roosevelt. Er schrieb: «China sieht mit großer Besorgnis weiterer rechtzeitiger materieller Unterstützung von seiten der amerikanischen Regierung und amerikanischer Financiers entgegen. Namenhafte Beträge wären beim gegenwärtigen Stand der Dinge und angesichts von Japans Versuch, unsere Währung und unsere ökonomische Struktur zu unterminieren, von unschätzbarem Wert.»[4]
May-ling schrieb Artikel, die amerikanischen Lesern klarmachten, daß weder Chiang noch China an der Situation schuld waren – der Westen ließ China im Stich.

> Wir hoffen, Beträge sicherstellen zu können, die uns in die Lage versetzen, weiterhin mit unserer Politik fortzufahren. Wenn die demokratischen Staaten nicht dafür sorgen, daß zu diesem Zweck Vorsorge getroffen wird, dann wird eine Zeit kommen, da sie bereuen werden, daß sie Japan erlaubt haben, China zu besiegen. ... Wenn man bedenkt, wie die demokratischen Staaten zulassen ... daß China zugrunde gerichtet wird, darf man sich schon fragen, wie es um ihre Geisteshaltung bestellt ist.[5]

W.H. Donald zog die Schrauben des amerikanischen Gewissens ebenfalls fester an und bezeichnete den Kriegswucher als Amerikas größte Sünde:

> Die Japaner tun ihr Bestes, Financiers zu ködern, damit diese sie bei der Ausbeutung Chinas unterstützen. Sie versprechen alle Arten von Gewinnen.... Wenn die amerikanischen Finanzmagnaten klug sind, werden sie den ganzen Vorschlag sehr sorgfältig prüfen, bevor sie sich in einen Versuch hineinziehen lassen, mit Hilfe der Japaner und auf Kosten der Chinesen «schnell reich zu werden». Andererseits wird die Unterstützung Chinas mit der Zeit ein riesiges Feld für ausländische Investitionen und einen Markt von immensem Wert öffnen. ... Wenn die demokratischen Kräfte sich weigern, China irgendwelche Hilfe zu bieten, und den Japanern – auf welche Weise auch immer – Beistand oder greifbare Unterstützung leisten, werden sie das größte Verbrechen der Geschichte begehen.[6]

Am 26. Juni 1939 sprach *Time* vom erschöpften Zustand der europäischen Mächte, die «ganz und gar nicht in der Lage sind, ihren Teil der Bürde des weißen Mannes in Asien auf... ihre durchhängenden Schultern zu laden.»[7] Das Magazin *Life* stieß ins gleiche Horn:

> Die Welt wartet nun darauf zu sehen, ob China und sein Generalissimo... die moralische und materielle Ausdauer haben, weiter gegen Japan zu kämpfen. Nicht viele Leute haben den Mut, ein «hoffnungsloser Fall» zu sein. Und Chiangs Aussichten sind jetzt schlechter, als diejenigen George Washingtons in der Amerikanischen Revolution je waren. Chiang Kai-shek hat sich vordem als Mann von bemerkenswerter Tapferkeit und Entschlußkraft gezeigt. Als er vor zwei Jahren in Sian von den Kommunisten entführt wurde, hat er bewiesen, daß er den Tod nicht fürchtet. Er ist ein konvertierter Methodist, dem die Beispiele von Drangsalen in der Bibel nun zum Trost gereichen.[8]

Chiangs einzige Ähnlichkeit mit George Washington waren die falschen Zähne. Aber in dieser frommen Kampagne wurde er als heldenhafter christlicher Streiter dargestellt, der in der einen Hand die Bibel hielt und mit der anderen die Roten und die Japaner abwehrte. Amerikaner konnten der Anziehungskraft eines unterdrückten Christen nicht widerstehen, besonders wenn er dem Tod ins Auge gesehen und den «Kommunisten» in Sian getrotzt hatte. Der Generalissimo kämpfte für die gute Sache, und er brauchte Hilfe. Es war Zeit, deutete Luce an, die amerikanische Reiterei loszuschicken.

Als Japan die Städte im Nordosten Chinas angriff, sagte T.V. Soong: «Ich sage voraus, daß Japan... innert drei Monaten am Rand des Bankrotts stehen und sich einer Revolution gegenübersehen wird!» Statt dessen sollte T.V. Soong vor Ablauf von drei Monaten die U.S.-Marine bitten, ihn verkleidet aus Shanghai hinauszuschmuggeln; die Stadt war in japanischer Hand. Während Washington sich seine Bitte überlegte, bewegte er anstelle der Amerikaner die Grüne Gang dazu, ihn – für eine hübsche Summe – hinauszuschmuggeln.[9]
Bevor das Jahr 1938 vorüber war, hatten die Japaner nicht nur Chiang und sein Regime aus Nanking vertrieben (und dabei 300 000 Menschen, die ohne Schutz zurückblieben, niedergemetzelt), sondern darüberhinaus den Generalissimo ohne große Umstände aus Wuhan und dem Yangtse entlang fünfhundert Meilen flußaufwärts bis in die gebirgige Provinz Szechuan gejagt, die traditionellerweise außerhalb der Reichweite auch des entschlossensten Eroberers lag. Dort, in der schäbigen Yangtsestadt Chungking, richtete Chiang sich mit seiner Kriegsregierung ein und erzählte der Welt, daß er immer noch über China herrsche. Weil das in Amerika seit 1927 die vorherrschende Legende war, fand er dort mehr Glauben als anderswo. Während der Flucht nach Chungking hatte das KMT-Regime genügend Reserven aus verschiedenen privaten Quellen und auch Institutionen «gerettet», «befreit» und «beschlagnahmt», um ein paar Monate lang seine Bedürfnisse zu stillen – bis die Kämpfe sich legten. Aber im Frühling 1940 flehte Chiang schon wieder um Betriebskapital. H.H. Kung druckte in Hong Kong Hunderte Millionen chinesischer fa-pi-$ und flog das Geld nach Chungking. Aber einige Dinge konnten mit Geld, von dem praktisch jedermann wußte, daß es wertlos war, nicht erworben werden. Für den Ankauf ausländischer Waffen und für Geschäfte im Inland, die mit wirklichem Geld getätigt werden mußten, brauchte es eine harte Währung. Darüber hinaus hatte die japanische Eroberung den Opium- und Heroinhandel vorübergehend unterbrochen und damit das Einkommen aus Chiangs verläßlichster Geldquelle verringert.
Deshalb wurde T.V. Soong im Juni 1940 als Chiangs «persönlicher Vertreter» in von ihm so bezeichneten «Familienangelegenheiten» in die Vereinigten Staaten entsandt. Als das Flugzeug der Pan American Airways in San Francisco gelandet war, wurde T.V. gefragt, ob er nach Washington ginge, um über Kriegsangelegenheiten zu verhandeln. T.V. antwortete: «Ich wünschte, es wäre so. Tatsächlich aber reise ich aufgrund privater Angelegenheiten nach New York. ... Der Krieg hat die Japaner sehr erschöpft. China hält außerordentlich gut durch, und die Moral der Armee und der Bevölkerung ist weiterhin

ausgezeichnet. Die industrielle Entwicklung treiben wir so rasch voran, wie es die Umstände erlauben. Freilich herrscht mehr Mangel an Material als an Arbeitskraft.»[10]

T.V., der sich gar nichts aus Chiangs wirklichen Taten machte, sollte mit seiner Frau und seinen Kindern nahezu zweieinhalb Jahre in den Vereinigten Staaten bleiben. Seine erste Aufgabe bestand darin, einen Kredit von 50 Millionen U.S.$ als Gegenleistung für Exporte von chinesischem Wolfram sicherzustellen. Amerikas Aufmerksamkeit war auf Europa geheftet, wo Hitlers Wehrmacht tief in französisches Gebiet eindrang und Görings Luftwaffe London bombardierte. Roosevelt kandidierte für eine dritte Amtszeit als Präsident, und der Ausgang der Wahlen war alles andere als gewiß. T.V. bewegte sich in Washington so leise wie ein Kindermädchen im Kinderzimmer.[11]

Mit seiner hübschen Frau Laura (die von einem chinesischen Botschaftsangestellten vertraulich als «Herzchen» bezeichnet wurde),[12] ließ sich T.V. zunächst in einer Suite mit zwei Schlafzimmern im aus gelben Backsteinen gebauten Washingtoner Shoreham Hotel nieder, von dem man auf den Rock Creek Park blickte. Ein persönlicher Sekretär nahm Anrufe entgegen und lieh in der Hotelbibliothek Bestseller aus. T.V., der aussah wie ein übergewichtiges Walroß, schwamm in blauen Badehosen, die vom Shoreham-Gymnasium geliehen waren, im Schwimmbecken des Hotels; vom großen, in die Badehosen gestickten «S» nahmen die anderen Gäste irrtümlich an, es bedeute «Soong». Den meisten war es nicht bewußt, daß der Chinese, der da durchs Becken schnorchelte, ganz allein China über Wasser hielt.[13]

Weil es in der amerikanischen Geschichte noch nie vorgekommen war, daß ein Präsident für eine dritte Amtsperiode gewählt wurde, war T.V.'s Reise zeitlich so gelegt, daß er sich für so viele Zugeständnisse wie möglich einsetzen konnte, bevor Roosevelts Administration ihr Amt niederlegte. Die Vertrauten des Präsidenten waren zu sehr mit der Wiederwahl Roosevelts beschäftigt, um gerade jetzt eine große Hilfe für China zu sein. Als offenbar wurde, daß er länger als erwartet bleiben würde, zog T.V. vom Shoreham Hotel in ein kleines, schindelgedecktes Haus draußen an der Connecticut Avenue in einer feinen Gegend von Chevy Chase, Maryland. Hier empfingen T.V. und Laura regelmäßig Kabinetts- und Küchenkabinettsmitglieder von Roosevelts Verwaltungsapparat, unter ihnen Jesse Jones, den Leiter des Amtes für Regierungsdarlehen und späteren Handelsminister, Finanzminister Morgenthau und Warren Lee Pierson von der Export-Import-Bank. Als freundlicher Gastgeber überwand T.V. seine Vorliebe für Steak und ließ seinen wichtigen Gästen, die das auch zu erwarten schienen, chinesisches Essen servieren. Bis hierhin legten die Himmelssöhne ihre Fallen aus. T.V. aß rasch, bot dann Zigarren an, riß das Zellophan von neuen Kartenspielen, um Bridge oder Poker zu spielen. Er war gut im Bridge und erfolgreich beim Pokern.[14]

Dr. Soong (wie er nun genannt zu werden vorzog)[15] hatte seinen ersten offiziellen Kontakt zur U.S.-Regierung geknüpft, als er am 15. August Finanzminister Morgenthau traf. Zu dieser Zeit bezeichnete Soong China als «in materieller Hinsicht dem Zusammenbruch nahe und ... verzweifelt auf Hilfe angewiesen».[16] Er hatte keinerlei Hemmungen, seine Sache durchzuboxen. John Fairbank, der einige Monate später nach Washington kam, um ein Corps von Kriegsbeobachtern für China zu organisieren, traf T.V. einmal in Gesellschaft von OSS-Chef William Donovan. «T.V.», bemerkte Fairbank, «erinnert mich an den Halfback-Star von Wisconsin: sehr schnell am Ball und eher geneigt, sich zwischen Verteidigern und Fängern durchzukämpfen, als Zeit damit zu verlieren, die Flügel zu umgehen.»[17]

Morgenthau wies Dr. Soong weiter an Jesse Jones, der von einem Darlehen über fünf Millionen $ sprach. Da der Wahlausgang noch unsicher war, schien niemand T.V.'s Gesuch an die oberste Instanz weiterleiten zu wollen. Morgenthau bemerkte in jenem Herbst gegenüber Kriegsminister Stimson: «Na ja, der arme alte T.V. Soong ist hier, und wir können rein gar nichts für ihn tun.»[18]

Aber als die Japaner wieder der chinesischen Küste entlang vorrückten, um Indochina zu besetzen, willigte der Kongreß am 25. September ein, Chiang 25 Millionen U.S.$ zu leihen. Weitere Darlehen sollten folgen. Aber Chiang war nicht gewillt, diese Gelegenheit vorbeistreichen zu lassen. Er drängte Botschafter Johnson, mehr Geld aufzutreiben, und Johnson ermahnte das Auswärtige Amt, daß «das Ausbleiben rechtzeitiger Unterstützung seitens der Vereinigten Staaten am Ende eine Überlegenheit der Kommunisten in China zur Folge haben kann».[19]

Wenn Roosevelt für eine dritte Amtsperiode gewählt würde, wäre T.V. in einer weit besseren Position, um ins Weiße Haus vorzudringen. Er wußte, wie in Washington der Hase lief, und hatte sich seine eigenen Vertrauensleute geschaffen, darunter die einflußreichen Journalisten Joseph Alsop und Edgar Ansel Mowrer, die über wichtige Verbindungen im ganzen Establishment verfügten. Alsop, ein weiterer von Präsident Roosevelts zahlreichen Verwandten, hatte von seiner Verbindung zum höchsten Mann Amerikas beruflich ziemlich profitiert, war aber nicht geneigt, seinen Erfolg irgend jemand oder irgend etwas anderem als dem Schicksal zuzuschreiben. Von David

Halberstam wurde er einmal als «Amerikas maßgebender und anmaßendster Journalist» bezeichnet. Alsop und Mowrer wirkten auf führende amerikanische Politiker und Kongreßmitglieder ein, China zu retten. Andere, die T.V. für sich eingenommen hatte, waren Harry Hopkins, der Sonderberater des Präsidenten, und John J. Mc. Cloy, der Berater des Kriegsministers.
T.V.'s einflußreichster Vertrauensmann war Roosevelts enger Berater Thomas G. Corcoran mit dem Spitznamen «Tommy der Korken». Während Roosevelts ersten beiden Amtsperioden war Corcoran einer der mächtigsten Männer in der Verwaltung geworden. Obwohl er nicht offiziell zum Stab des Weißen Hauses gehörte, war Corcoran für Roosevelts Reden verantwortlich, entwarf einen großen Teil der New-Deal-Gesetzgebung und half mit, sie im Kongreß durchzuboxen. Er war einer jener Hintertreppenakteure, die Präsidenten im Weißen Haus immer so nützlich finden; wenn sie erst einmal zu Zauberern geworden sind, die die übernatürlichen Kräfte des Präsidenten heraufbeschwören können, haben sie ausgesorgt. Da Roosevelt ungewöhnlich lange im Weißen Haus blieb, wurde Corcorans Einfluß bedeutend größer als derjenige der meisten anderen Vertrauensmänner. 1941, nachdem er sich im Kongreß zahlreiche Feinde gemacht hatte, verließ Corcoran die Bundesregierung (aber nicht Roosevelts innersten Kreis) und zog sich ins Privatleben zurück. Er erwies Roosevelt weiterhin Gefälligkeiten und war in vielfältige geschäftliche Unternehmungen mit seinen Verwandten und Freunden involviert. Corcoran erwarb sich einen Ruf als hochbezahlter Rechtsanwalt, der Insiderinformationen aus der Regierung an die Hochfinanz verkaufte, und Behauptungen, nach denen es dabei nicht mit rechten Dingen zuging, waren weit verbreitet; allerdings führte keine der formellen Überprüfungen von Corcorans Aktivitäten je zu einer Anklage. Es war Harry Hopkins, der Corcoran als Roosevelts wichtigster privater Berater und Mädchen für alles ablöste.
Alle diese Männer wußten, daß Roosevelt in seiner Neigung, China zu helfen, unbesonnen war. Aufgrund der alten Verbindungen seiner Familie zum Shanghaier Opiumhandel, den seine Verwandten als Beweis ihrer Weltläufigkeit und ihres Scharfsinns unentwegt heraufbeschworen, glaubte der Präsident offenbar, er verfüge über ein Chinaverständnis, das über die Notwendigkeit von Tatsachen, Erfahrungen und Einzelheiten erhaben sei. Wie viele andere Amerikaner, die sich einbildeten, alte Chinakenner zu sein – unter ihnen nicht zuletzt Henry Luce –, hatte Roosevelt ein in hohem Maß gefärbtes und idealisiertes Bild vom Orient. T.V. Soong und H.H. Kung wußten das durch ihre diplomatischen Vertreter in Washington und hat-

Bild 9: T. V. Soong

Als innovativer Financier der Revolution brachte der in Harvard ausgebildete T. V. Soong westliche Methoden in Chinas chaotische Wirtschaft und bezahlte Diktator Chiangs Rechnungen. Später wurde er eine Zeitlang zum reichsten Mann der Welt. *[National Archives]*

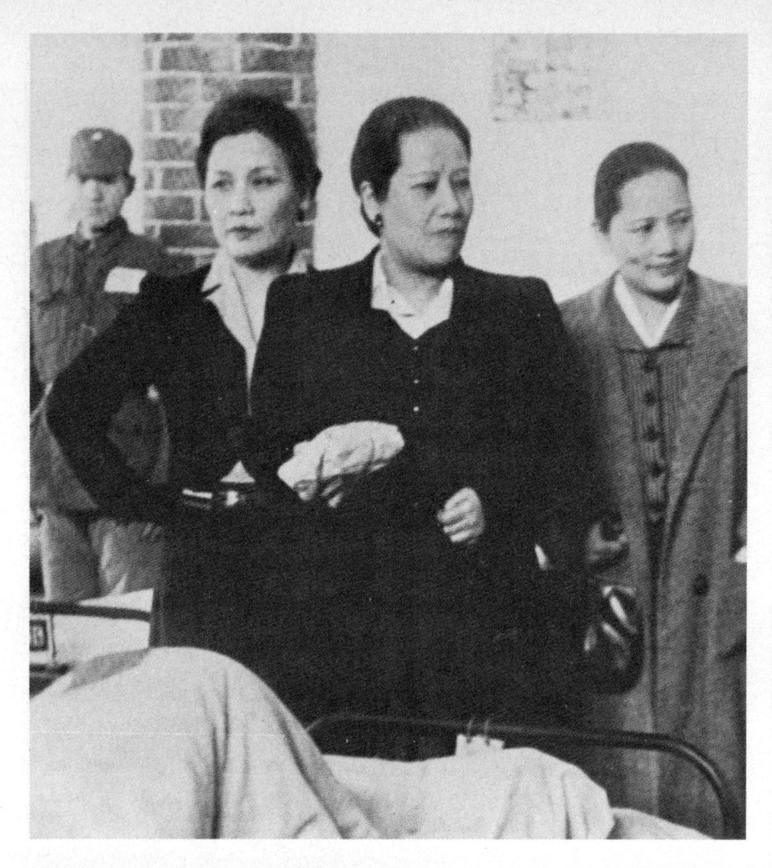

Bild 10: Soong Schwestern im Militärspital

Die Einheitsfront zwischen Kommunisten und der KMT gegen die japanischen Invasoren brachte die drei Soong Schwestern May-ling (links), Ai-ling (Mitte) und Ching-ling (rechts) nochmals zusammen. Besuch in einem Chungkinger Militärspital 1939. *[Snow]*

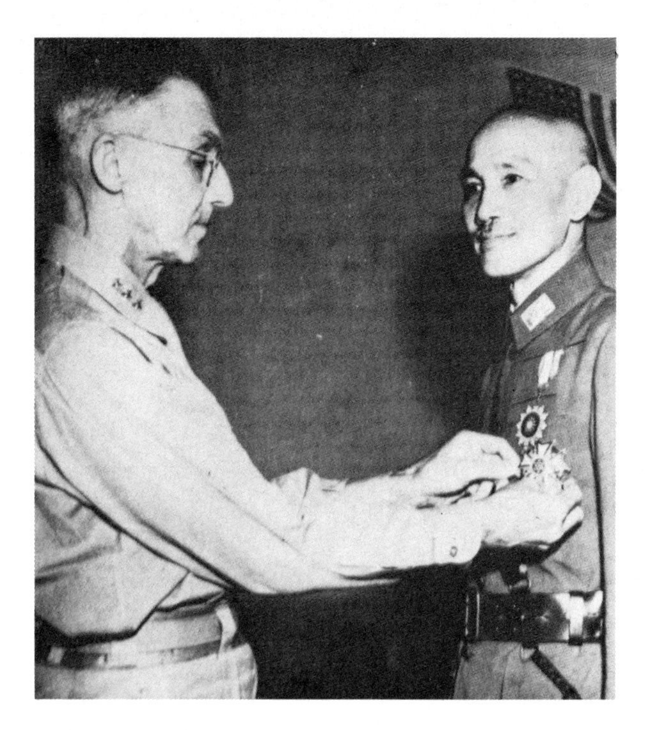

Bild 11: Stilwell dekoriert Chiang

Auf Geheiß Roosevelts dekoriert der Kommandant der amerikanischen Streitkräfte in China, Burma und Indien, General Joseph W. Stilwell, Chiang mit einem Verdienstorden. *[Snow]*

Bild 12 a: H. H. Kung mit Ai-ling

Bild 12 b: Henry und Clare Boothe Luce

Bild 13a: U.S. Wirtschafts- und Militärdelegation (1944) in Chungking: T.V. Soong, Donald Nelson, Chiang Kai-shek und Generalmayor Hurley

Bild 13b: Jeannette Kung mit den Hollywoodgrößen: Claudette Colbert, Marlene Dietrich und Mary Pickford

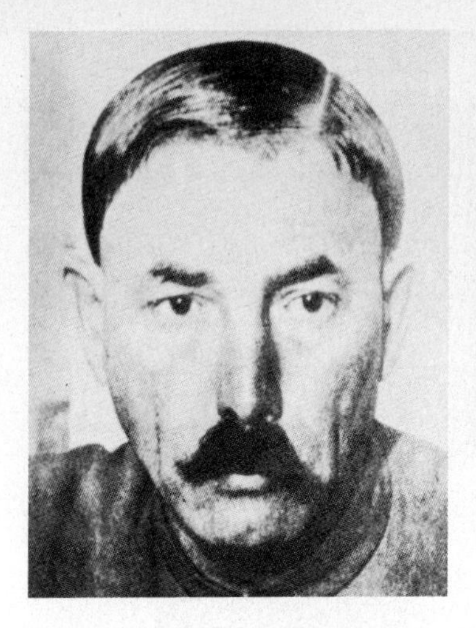

Bild 14a: Michail Borodin

Bild 14b: Marshall Galen (Blyukher)

Bild 14c: Anna Louise Strong

Bild 15: Kairo-Konferenz ▸

Eines der am meisten publizierten Photos der Kairo-Konferenz vom 22.–26. 11. 1943. Die arrangierte Aufnahme macht glauben, Churchill würde vergnügt mit May-ling plaudern, und Roosevelt und Chiang hätten sich eben einen Witz erzählt. Doch Chiang verstand kein Englisch, und Churchill hatte sich vehement gegen die Teilnahme Chiangs an den Gesprächen gewehrt.

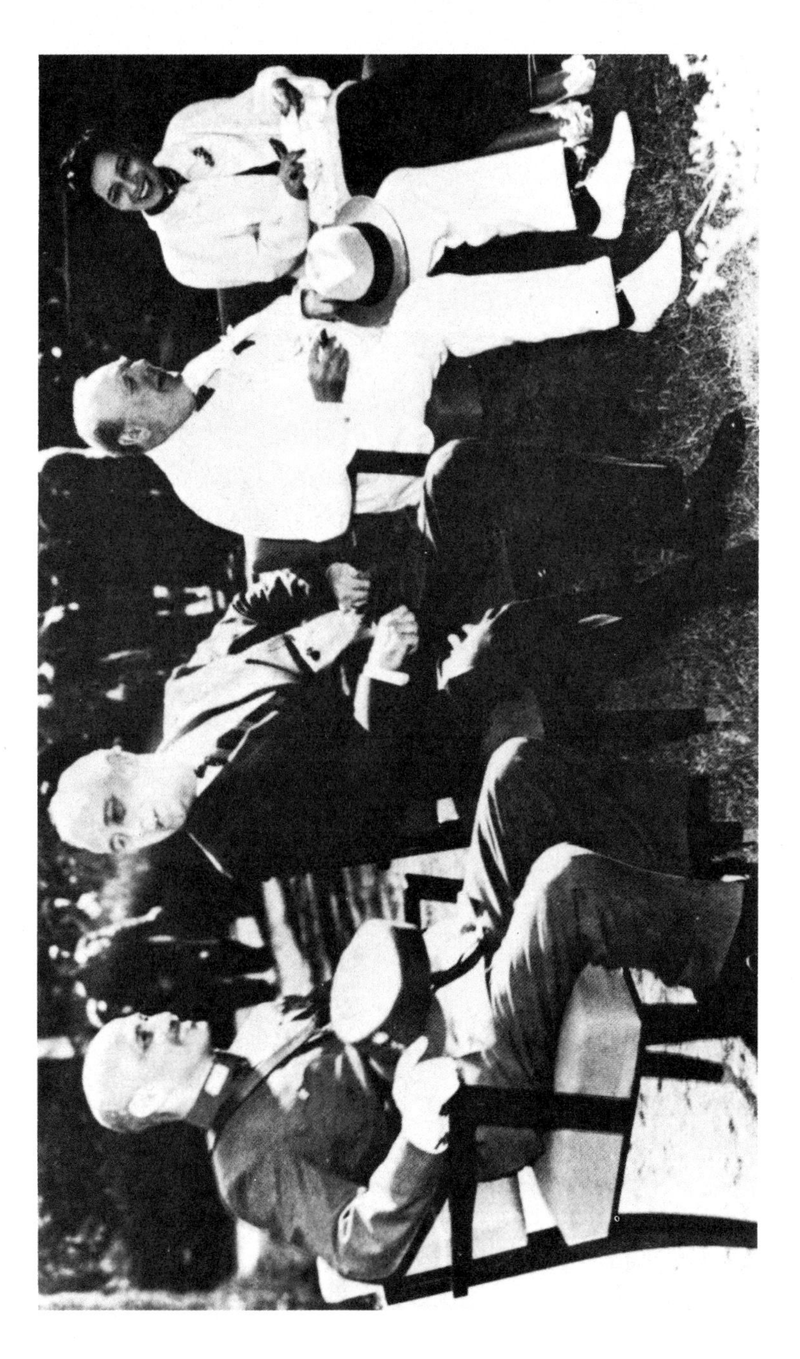

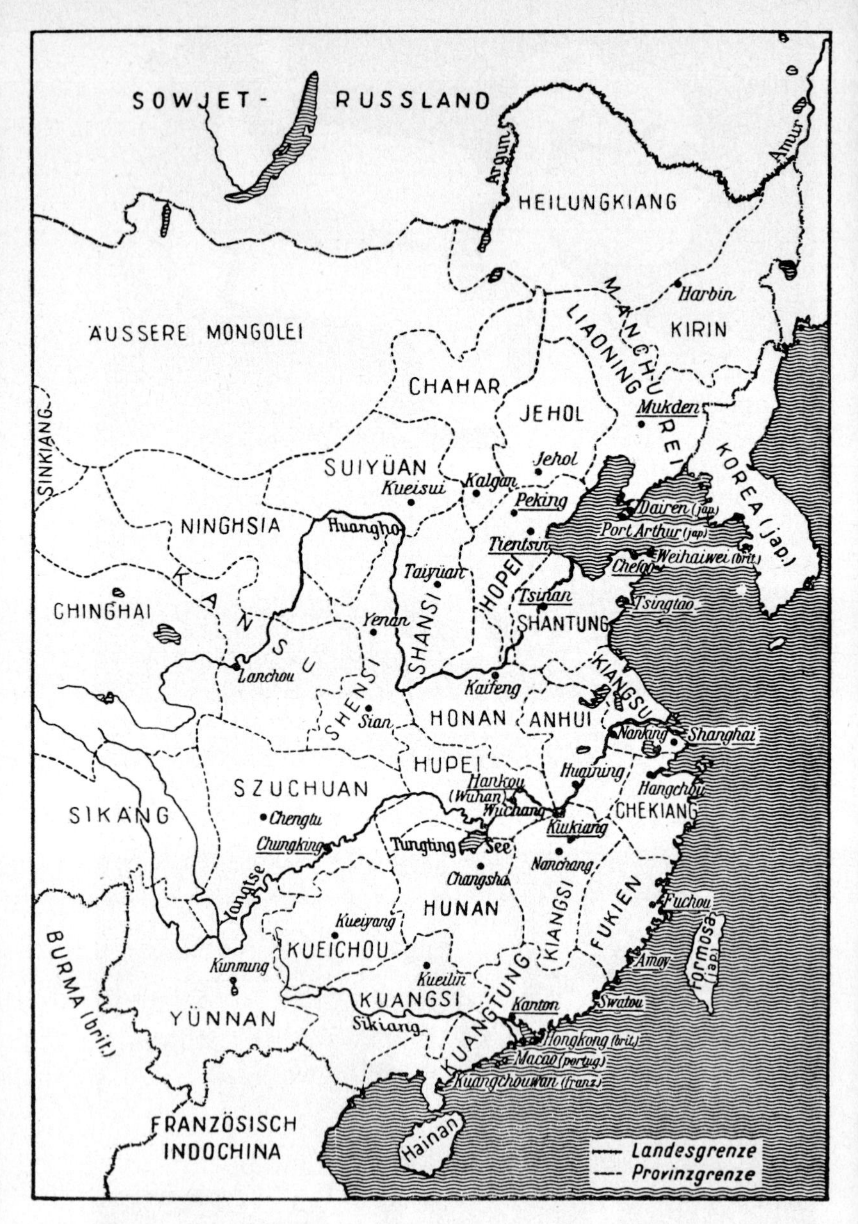

Bild 16: China um 1926

(Städte mit fremden Konzessionen oder Garnisonen sind unterstrichen.)

ten ihre Regierungsämter in Nanking über die Jahre dazu benutzt, Roosevelt Briefe zu schreiben, ihn sich warm zu halten und ihm Teegeschenke zu übersenden, die – bei schlauer Kalkulation – nicht ostentativ genug waren, um als Bestechung abgelehnt zu werden. T.V. hatte Roosevelt auch das hölzerne Modell einer Hainaner Dschunke gesandt. Diese Kontakte hatten den gewünschten Effekt gehabt.[20] T.V. war eine ausländische Persönlichkeit, die das Weiße Haus anerkannte. Nun, da er Roosevelts Vertrauensmänner zu seinen eigenen gemacht hatte und sie raffiniert und verschwenderisch bei Laune hielt, hatte T.V. eine direkte Pipeline ins Ovale Büro.

Die Wahlen im November bestätigten Roosevelt für seine dritte Amtsperiode, und die Räder begannen sich mit außerordentlicher Geschwindigkeit zu drehen. Am 2. Dezember 1940, kaum einen Monat nach den Wahlen, beantragte Roosevelt ein Darlehen von 100 Millionen U.S.$, und der Kongreß bewilligte es – ein Darlehen, das, wie *Life* den Amerikanern versicherte, das Geschäft des Jahres war. «Für 100 000 000 $ hat China versprochen, 1 125 000 japanischen Soldaten im Feld Widerstand zu leisten, die schreckliche japanische Flotte mit der Blockade der chinesischen Küste vollauf zu beschäftigen und den Vormarsch der Angreifer in Richtung unmittelbarer Interessengebiete Amerikas aufzuhalten. Das Angebot war unglaublich günstig.» Luce wußte, daß die Amerikaner einem Sonderangebot nie widerstehen konnten.[21]

Das Darlehen bestand aus zwei Paketen zu 50 Millionen U.S.$; das eine wurde von Warren Lee Piersons Export-Import-Bank geliefert, das andere von Morgenthaus amerikanischem Finanzministerium – das heißt, von zwei Pokerfreunden T.V.'s. Das Darlehen vom Finanzministerium sollte die chinesische Währung «stabilisieren helfen», die durch H.H. Kungs unkontrolliertes Papiergelddrucken eine abenteuerliche Inflation erlitten hatte, während das Darlehen der Export-Import-Bank für Lebensmittel, Benzin, Panzer und Lastwagen gedacht war, die T.V. bei General Motors und anderswo im Namen der chinesischen Regierung gekauft hatte.

Um diese riesige Summe zu verwalten und die komplexen hiermit verbundenen Transaktionen in den Griff zu bekommen, gründete T.V. eine Reihe von Handelsgesellschaften, allen voran die Universal Trading Corporation mit Hauptsitz im Rockefeller Center in New York und die China Defense Supplies in Washington. Die U.S.-Hilfe durchlief verschiedene Stationen. China Defense Supplies ersuchte um das Geld, das dann von der Universal Trading Corporation verwendet wurde, um Ankäufe von Gütern zu tätigen, die danach vermutlich nach China verschifft wurden.

Die China Defense Supplies-Gesellschaft wurde von Tommy Corcorans Bruder David geleitet. Tommy fungierte als Rechtsbeistand. Schriftführer war Whiting Willauer, ein Hansdampf in allen Gassen aus Washington mit Verbindungen zum OSS (und später zum CIA); Willauer wurde schließlich Chennaults «Geschäftspartner» in China – zu einer Zeit, als der CIA die Kontrolle über seine Luftfahrtunternehmungen übernommen hatte. Einer der Direktoren der China Defense Supplies war Frederic Delano, ein Onkel des Präsidenten aus jenem Zweig der Familie, der in Shanghai Handel getrieben hatte. Wenn T.V. einmal bemerkt hatte, er reise in Familienangelegenheiten nach Amerika, so wurde nun deutlich, daß er die Familien Soong, Roosevelt und Corcoran meinte.
Offenbar gab es in den Archiven des Finanzministeriums niemals eine Spur des Namens von T.V. Soong oder einem anderen Mitglied der Soong-Familie, obwohl er der Empfänger Hunderter von Millionen $ war, die vom Finanzministerium kamen, und obwohl er einem Finanzminister und mehreren hohen Beamten des Departements ungewöhnlich nahestand. Aus FBI-Dokumenten im Justizdepartement geht hervor, daß 1940 auf die Veranlassung von Minister Morgenthau hin durch das Finanzministerium und durch das FBI eine Untersuchung des Falls T.V. Soong vorgenommen wurde. Sie wird einfach als eine «Analyse seiner finanziellen Unternehmungen» aus Gründen der «inneren Sicherheit» bezeichnet. Morgenthau muß mit den Ergebnissen zufrieden gewesen sein; nach den Untersuchungen wurden T.V. und er enge Freunde. Die Aufzeichnungen des Finanzministeriums selbst, die diese Untersuchung betrafen, scheinen sich allerdings in Luft aufgelöst zu haben.
Es ist bemerkt worden, daß das Problem der Heroinsucht in den Vereinigten Staaten während des Zweiten Weltkriegs weitgehend verschwand; dieser Umstand wurde dem kriegsbedingten Abbruch des Handels zugeschrieben. Innerhalb von China gab es jedoch während des Kriegs keinen wirklichen Abbruch des Drogenhandels und der Drogenproduktion, denn die KMT-Generäle und die Anführer der Grünen Gang setzten ihre Geschäfte mit nur kurzen Unterbrechungen fort und unterhielten einen lebhaften Drogenhandel mit den Japanern über die Fronten hinweg. Die Lend-Lease-Anleihe über 100 Millionen $, die den Razzien der U.S.-Regierung bei chinesischen Diplomaten im Jahr 1937 auf dem Fuße folgte, war gleichbedeutend mit einer umfassenden amerikanischen Subvention von Chiangs System, die den Drogenexport als Hauptquelle seines Auslandeinkommens ersetzte.
Die Schnelligkeit, mit der chinesische Betäubungsmittel aufhörten, in

Amerika ein vordringliches Problem darzustellen, nachdem die Anleihe bewilligt worden war, ruft provokative Fragen hervor. Sie ist ein Thema, über das die Archive des Finanzministeriums als Antwort auf eine Freedom-of-Information-Ermittlung nicht ein einziges Dokument vorlegen konnten.

Tatsächlich gab es zum Thema Drogen im Lauf der Jahre zahlreiche Berichte von Agenten des amerikanischen Finanzministeriums in China, und Kopien dieser Berichte wurden in einem besonderen Archiv des Auswärtigen Amtes aufbewahrt. Daß das Auswärtige Amt und die Amtsstelle gegen Drogenmißbrauch erklären, von diesen Akten keine Kenntnis zu haben, schafft eine interessante Situation. In keiner dieser Akten wird T.V. Soong erwähnt, es sei denn indirekt, so daß niemals der Verdacht bestand, er habe etwas mit dem Drogenhandel in Übersee zu tun. Indirekt wird T.V. erwähnt, weil von seinem Angestellten und Reisegefährten, der oft mit ihm zusammen unterwegs war, behauptet wurde, er sei aktiv am Heroinschmuggel nach Amerika beteiligt, und zwar in großem Maßstab.

Betrachtet man dies im Licht der gegenwärtigen Politik der U.S.-Regierung, bei der den opiumproduzierenden Nationen «alternative Anbaumöglichkeiten» und massive ökonomische Unterstützung angeboten werden, um ihre Verluste im Drogengeschäft zu kompensieren, kann man vielleicht sagen, daß die amerikanische Drogenpolitik in jenem ersten Pauschalabkommen mit Chiangs China seinen Anfang nahm.

Im Oktober schickte der Generalissimo Chennault nach Washington, um sich T.V. anzuschließen. China brauchte Flugzeuge für seine Luftwaffe. Chennault verbrachte viel Zeit mit T.V.'s Freunden; er bereitete eine Einkaufsliste vor und versuchte herauszufinden, wo er Kampfflugzeuge herbekommen konnte. In seiner Freizeit machte er mit Joseph Alsop und dem Ökonomen Lauchlin Currie, einem weiteren Mitglied von Roosevelts Küchenkabinett, die Runde.

T.V. hatte zu Minister Morgenthau gesagt, China brauche fünfhundert Flugzeuge; Morgenthau hatte geantwortet, das sei dasselbe, wie wenn man fünfhundert Sterne verlangte. Die Vereinigten Staaten waren bereits verpflichtet, eine große Anzahl von Kampfflugzeugen und Bombern an Großbritannien zu liefern. Aber Chennault erfuhr, daß Curtis-Wright gerade dabei war, hundert P-40-Kampfflugzeuge nach Großbritannien zu verschiffen, die London gar nicht haben wollte. Es waren schwere, langsame, mit massiven Panzerplatten ausgestattete Kampfflugzeuge, und die Briten liebäugelten mit neueren, schnelleren amerikanischen Flugzeugen. Chennault erzählte T.V. von den P-40-Maschinen, und unverzüglich wurden den Briten bessere

Flugzeuge versprochen, wenn sie diese hier den Chinesen überlassen würden.
Die Japaner hatten die chinesische Küste abgeriegelt. Die Burma-Straße wurde gebaut, um aus Britisch-Burma durch die Hintertür Nachschub nach China zu schleusen, und zwar über eine Distanz von 600 Meilen durch unbegehbares Gebirge. Chennaults Flugzeuge sollten in Kisten nach Rangun verschifft und dort zusammengesetzt werden. Sie würden die Konvois auf der Burma-Straße eskortieren und für die Luftverteidigung Chungkings sorgen.
Für die Fertigstellung der Flugzeuge in Rangun stellte T.V. William Pawley an, der die unseligen Vultees an Madame Chiang verkauft hatte. Pawley gründete eine Gesellschaft namens Central Aircraft Manufacturing Company (CAMCO), die die Arbeiten ausführen sollte.
Als nächstes mußten Piloten gefunden werden. Es war nicht einfach, amerikanische Piloten für Einsätze in China zu rekrutieren, ohne ein aus dem Jahr 1907 stammendes Gesetz zu verletzen, das jeden Amerikaner, der «gegenüber einem fremden Staat einen Gehorsamseid geschworen hat», seines Bürgerrechts beraubte. Dieses Gesetz war 1936 vom Auswärtigen Amt aus der Versenkung geholt worden, um als Waffe gegen Amerikaner verwendet zu werden, die sich für die Republikaner in Spanien in den Kampf stürzten. Mehr als einem amerikanischen Piloten wurde der Paß abgenommen, weil er für «die falsche Seite» in Spanien flog oder fliegen wollte. Der überaus populäre amerikanische Kampfflieger Frank Tinker, der in Spanien war, weil er ein Romantiker war und nicht weil er ein politisches Ziel verfolgte – und der sein Metier so gut beherrschte, daß er Seite an Seite mit russischen Piloten in den neuesten sowjetischen Kampfflugzeugen fliegen durfte –, wurde bei seiner Rückkehr von Agenten des Auswärtigen Amts und des FBI gejagt, bis er in einem Hotelzimmer in Little Rock Selbstmord beging. Es wäre in der Tat peinlich gewesen, wenn herausgekommen wäre, daß Washington nur etwa ein Jahr später seine eigenen Luftwaffenpiloten rekrutierte, damit sie Asiens Gegenstück zu General Franco dienten.[22]
Am 15. April 1941 erließ Roosevelt still und leise eine Order, die es Mitgliedern der Armee erlaubte, ihren Abschied zu nehmen und Verträge mit Pawleys CAMCO zu unterzeichnen, um ein Jahr lang mit Chennault gegen die Japaner zu kämpfen; danach konnten sie ihre frühere Stellung bei den amerikanischen Streitkräften wieder einnehmen. Anwerber gingen zu Stützpunkten der Armee, der Navy und der Marine und boten Verträge mit Monatsgehältern bis zu 750 $ zuzüglich Reisespesen, Unterkunft und dreißig Tagen bezahltem Urlaub

an. Die CAMCO war bereit, einen Bonus von 500 $ für den Abschuß jedes japanischen Flugzeugs zu bezahlen. Das Auswärtige Amt, das jede Abscheu, die es nach dem Konfiszieren der Pässe von Bürgern, die in Spanien mitgemacht hatten, noch empfunden haben mochte, überwand, machte sich daran, gefälschte Pässe für die Piloten herzustellen, die sich aufmachten, um in China mitzumischen. Laut diesen Pässen bestand die American Volunteer Group oder AVG (Truppe amerikanischer Freiwilliger) aus Touristen, Studenten, Kaufleuten, Varietékünstlern, Bankangestellten und Missionaren.

Einer der «Missionare» war Gregory («Pappy») Boyington, ein Pilot vom Marinecorps; er hatte einen ungeheuerlichen Durst und Fäuste wie Baumstämme. Er faßte eine unmittelbare Abneigung gegen Chennault und hatte seine Freude daran, den Gimo und die Drachenlady bei jedem Besuch eines AVG-Stützpunkts zu drangsalisieren. Ein weiterer war Eric Shilling, der, nachdem er eine Photographie von Flugzeugen der deutschen Luftwaffe gesehen hatte, die mit zuschnappenden Haifischmäulern bemalt waren, seine P-40 auf die gleiche Weise verzierte. Chennault gefiel das so gut, daß er alle Flugzeuge der drei Geschwader so bemalen ließ.[23]

Nachdem die Japaner Kunming und Chungking ein Jahr lang bombardiert hatten, ohne auf Widerstand zu treffen, wurden sie am 20. Dezember überrumpelt, als sie den P-40-Flugzeugen, die Kunming bewachten, in die Falle gingen. Die AVG-Piloten nützten die eindrückliche Sturzfluggeschwindigkeit ihrer schweren Flugzeuge aus, richteten unter den zweimotorigen Mitsubishi-K-21-Bombern schweren Schaden an und jagten sie zurück zu ihrem Stützpunkt in Hanoi. Drei Tage später war die AVG auch in Burma in Aktion, als die Schlacht von Rangun mit einem großangelegten japanischen Luftangriff von Nakajima-Bombern und Kampfflugzeugen begann. In den folgenden Monaten wurde die AVG weltberühmt für ihre Heldentaten. Die Chinesen in Kunming nannten sie «Tiger», und der Name wurde allgemein populär.

Jedesmal, wenn der Gimo die Flying Tigers besuchte, war es in Amerika einen Frontseitenbericht wert. Bei einem typischen Besuch in Kunming Anfang 1942 ließen Madame und der Gimo die AVG bei einem Bankett hochleben. Am nächsten Morgen, als Chennault den Generalissimo und Madame Chiang die Treppen zu der DC-2 hinaufbegleitete, die sie zurück nach Chungking bringen sollte, donnerten sieben von Boyington angeführte Tiger auf dem Rücken in Haaresbreite über die DC-2 hinweg, so daß Chiang und May-ling sich flach auf den staubigen Boden werfen mußten.

Diese Art unorthodoxen Verhaltens verlieh den Tigers bei ihren Luftkämpfen jenes Überraschungsmoment, das sie siegen ließ. Aber sie brachte auch ihren Auftrag zu einem abrupten Ende. Dieser Teil der Geschichte wurde jedoch mit Erfolg vor der Öffentlichkeit verborgen. Weniger als ein Jahr nach ihrer Rekrutierung waren einige der Piloten aufgrund der großen Diskrepanz zwischen Mythos und Realität bei ihrem Auftrag mißtrauisch geworden. Boyington war schockiert vom Desinteresse, von der Arroganz und dem Schwindel, den die Führungsspitze der Nationalisten offen zutage treten ließ. Er ließ jedermann wissen, daß er keinerlei Absicht habe, als Opfer amerikanischer Propagandisten und eines korrupten Tyrannen in einer P-40 umzukommen, Heldentum hin oder her.

Nun, da Amerika am Krieg teilnahm, sollte sich die Rolle der AVG bald ändern. Die Piloten wurden verpflichtet, zu ihrem regulären militärischen Status, regulärer Routine, regulärem Sold und regulären Uniformen zurückzukehren. Chennault wurde als Brigadekommandeur der Luftwaffe wieder eingesetzt und unterstand nun einer neuen Hackordnung. Sein wilder Haufen mußte gewagte Bombeneinsätze im Tiefflug absolvieren, um den chinesischen Fußsoldaten Deckung zu geben; außerdem Rekognoszierungseinsätze im Tiefflug, die wegen des japanischen Bodenfeuers mit schrecklichen Risiken verbunden waren, sowie Einsätze als Eskorte der schweren RAF-Blenheim-Bomber. Die Tigers meuterten. Eine Petition, die um Unterschriften zur Unterstützung einer allgemeinen Rücktrittserklärung bat, wurde herumgereicht. Wenn sie Zivilisten waren, handelte es sich um eine Beendigung des Arbeitsverhältnisses; wenn sie zum Militär gehörten, um eine Meuterei. Das Kriegsministerium betrachtete sie als zum Militär gehörig.

Von den vierunddreißig Piloten unterschrieben achtundzwanzig. Einer von denen, die ablehnten, Tex Hill, drängte seine Kameraden, in einer Zeit der Gefahr nicht ihrer Nation den Rücken zu kehren. Mit diesem emotionalen Appell an ihren zaudernden Tugendsinn verpuffte die Meuterei. Als jedoch bekanntgemacht wurde, daß die ganze Einheit am 4. Juli 1942 der Luftwaffe der Armee einverleibt würde, kam die Bitterkeit wieder zum Ausbruch. Brigadekommandeur Clayton Bissell, der Chennault nie gemocht hatte und im Rang über ihm stand, weil er einen Tag länger als er gedient hatte, befahl den Tigers, zu unterschreiben.

«Wenn ihr nicht unterschreibt», brüllte Bissell, «werdet ihr trotzdem eingesetzt, als gewöhnliche Soldaten, wenn es sein muß!»

Die Tigers wandten sich an Chennault. Er antwortete ihnen: «Ich kenne alle die Schwierigkeiten, die wir haben, und noch ein paar andere. Aber das zählt nicht. Das einzige, was zählt, ist, daß wir die

Japaner aus China herausbekommen und diesen Krieg gewinnen. Das ist unsere Aufgabe, das ist unsere heilige Pflicht.»
Die Piloten waren nicht einverstanden. Chennault war lange in Chiangs Diensten gewesen, auch wenn er jetzt einen amerikanischen Generalsstern trug. Für ihn war es eine andere Sache. Alle Tigers außer fünf nahmen ihren Abschied, und am 4. Juli 1942 wurde die berühmteste amerikanische Kampfeinheit seit den Minutemen der Revolutionszeit aufgelöst. Um diese Tatsache zu bemänteln und das außerordentliche Prestige, das die AVG bei der Presse hatte, auszunützen, wurden Hunderte von amerikanischen Fliegern, die nach China kamen, Flying Tigers genannt. Sie waren aber nur Papiertiger. Amerika war nun zu stark an Chiang Kai-shek gebunden, als daß es die Verbindung hätte aufs Spiel setzen können.
Chiangs Verteidigung Chinas wurde von T.V. Soong als tapferer Widerstand gegen japanische Horden beschrieben, der von den KMT-Generälen mit großem Einsatz geleistet wurde. Wenn dem so war, dann handelte es sich um eine merkwürdige Art von Widerstand. Chiang ließ sich auf so wenige tatsächliche Kampfhandlungen wie möglich ein. Nur bei einer einzigen Gelegenheit bewies eine KMT-Armee unter General Li Tsung-jen – es war bei der Schlacht von Taierchuang im April 1938 –, daß chinesische Soldaten den Japanern eine Abreibung verpassen konnten, wenn sie nur wollten. Diesmal wurden die Japaner schwer geschlagen, und das chinesische Volk war in Hochstimmung. Aber Chiang befahl seiner Armee, die Verfolgung nicht aufzunehmen, und ein paar Wochen nach Taierchuang hatten wieder die Japaner die Initiative übernommen.[24]
Chiang ging mit seinen Reserven sparsam um, damit er seinen Kampf gegen die Kommunisten wieder aufnehmen konnte. Sobald er sich in Chungking verkrochen hatte, mußten die Leute selbst sehen, wie sie sich verteidigten. «Die durch japanische Brutalität verursachten Leiden», bemerkte der französische Historiker Jean Chesneaux, «und die Desaster, die die Unfähigkeit der Kuomintang zur Folge hatte, waren unglaublich.»[25] Einer von Chiangs wenigen Versuchen, den Vormarsch der Japaner aufzuhalten, führte ihn dazu, die Dämme des Gelben Flußes in die Luft zu sprengen.[26] Ohne jegliche Vorwarnung wurden drei Provinzen, elf Städte und viertausend Dörfer überschwemmt, zwei Millionen Leute verloren ihr Obdach, und die gesamte Ernte wurde zerstört. Die Japaner versanken lediglich drei Monate lang im Schlamm. Obwohl der Korrespondent Jack Belden Zeuge der Zerstörung der Dämme war, versuchte Chiangs Regierung, die Schuld den Japanern zuzuschieben, und die taiwanesische Regierung tut das bis heute.[27] Auf militärischem Gebiet zeigte Chiang das,

was Chesneaux als «überwältigende Inkompetenz, Unstetigkeit und Herrschsucht» bezeichnet. Er war sorgfältig darauf bedacht, sich um sein eigenes Wohl zu kümmern und jedesmal dann zu intervenieren, wenn Streitkräfte der chinesischen Kommunisten in «sein» Territorium vorzustoßen schienen. Die Folge hiervon war eine der schlimmsten Grausamkeiten des Krieges, und zwar eine, an der die Japaner nicht einmal beteiligt waren.

Bis zum Jahreswechsel von 1940/41 war Chiangs Einflußsphäre geschrumpft, während das Gebiet der Kommunisten auf Kosten der Japaner gewachsen war. In den kommunistischen Gebieten kämpften Soldaten, Guerillas und Bauern verbissen und mit Erfolgen. Aber jedesmal, wenn die Roten ihr Gebiet vergrößerten, ließ Chiang seine Armee die Kommunisten statt die Japaner angreifen, um seine Rivalen daran zu hindern, Boden zu gewinnen. Es war ein Krieg im Krieg. Eine halbe Million von Chiangs Soldaten war ausschließlich damit beschäftigt, das Territorium der Kommunisten im Nordwesten abzuriegeln.

Ein Teil des Abkommens über die Einheitsfront beinhaltete, daß Maos Rote Armee der KMT mitunterstellt werden sollte. Die bestehende Rote Armee wurde in Achte Armee umbenannt, und eine neue kommunistische Streitkraft wurde die Neue Vierte Armee genannt. 1941 wurde die Neue Vierte Armee angewiesen, unter gemeinsamem KMT-KPCh-Kommando am Südufer des Yangtse zu operieren – also innerhalb des Wirkungskreises der Grünen Gang.

Die Unternehmungen der Gang waren durch den Krieg nicht wesentlich eingeschränkt worden. Sie operierte während der japanischen Besetzung weitgehend wie zuvor, wenngleich Großohr-Tu, der bei der KMT den Rang eines Generals bekleidete, klug genug war, nach Chungking zu ziehen. Während seiner Abwesenheit blieb das Shanghaier Hauptquartier in der Hand von Ku Tsu-chuan, Tus Hafenboss. Darüber hinaus übertrug Chiang alle militärische Verantwortung im unteren Yangtsegebiet Kus Bruder, dem General Ku Chu-t'ung.

Die Neue Vierte Armee sondierte im Dezember 1940 die Domäne der Ku-Brüder, um die vom Feind gehaltene Haupteisenbahnlinie, die nach Nanking und Shanghai führte, und die Straße, die Nanking mit Hankow verband, zu überfallen. In diesem Gebiet bestand eine gewisse Zusammenarbeit zwischen der Grünen Gang und den Japanern. Als Gegenleistung für die Erlaubnis, ihren Opiumschmuggel und ihre Unternehmungen in der Unterwelt ungehindert weiterzuführen, garantierte die Grüne Gang die Sicherheit der japanischen Garnisonen und Unternehmungen im Yangtsetal.

General Ku entschied nach Rücksprache mit Chiang Kai-shek, daß

die Neue Vierte Armee eine Gefahr für sein Einflußgebiet bedeutete. Er erteilte ihr den Befehl, sich auf die andere Seite des Yangtse zu verschieben, und zwar an einen genau bezeichneten Ort am nördlichen Ufer. Die Kommandeure der «Neuen Vierten Armee» protestierten, dies führe sie geradewegs in ein Gebiet, in dem die Japaner äußerst dicht konzentriert seien – aber darum ging es ja gerade. Der größte Teil der Neuen Vierten Armee schlug auf eigene Initiative eine sichere Route ein und ließ ihr Oberkommando, die Stabsoffiziere, die Krankenpflegerinnen, die weiblichen Mitglieder des politischen Kaders und das Hilfspersonal mit einer Schutztruppe von lediglich fünftausend Soldaten zurück. Diese buntgemischte Gruppe versuchte, der Hauptarmee zu folgen, als General Ku sie im Januar 1941 plötzlich mit einer viel größeren Streitmacht überfiel und alle außer dem Kontingent des Hauptquartiers, den weiblichen Kadern und den Krankenpflegerinnen niedermetzelte. Alle fünftausend Kampfsoldaten, die als Schutztruppe zurückgeblieben waren, wurden getötet. Laut dem Zeugnis von Überlebenden wurde danach auch das Personal des Hauptquartiers abgeschlachtet. Der KMT-General, der die Neue Vierte Armee befehligt hatte, wurde verhaftet, während der politische Kommissar der Einheit, der zur KPCh gehörte – er war dem Shanghaier Massaker von 1927 entronnen –, brutal ermordet wurde. Unterdessen wurden die kommunistischen Krankenpflegerinnen und die Frauen, die zum politischen Kader gehörten, viele von ihnen Schulmädchen, von Hunderten von Soldaten wiederholt vergewaltigt. Anderthalb Jahre lang wurden sie in Armeebordellen kurz hinter der Front festgehalten. Die Frauen zogen sich Geschlechtskrankheiten zu, und manche begingen einzeln oder mit gegenseitiger Hilfe Selbstmord. Schließlich wurden sie gezwungen, das Gepäck der Soldaten zu einem neuen Konzentrationslager zu tragen.
Der Vorfall mit der Neuen Vierten Armee wurde nach den Worten Theodore Whites «für den chinesischen Bürgerkrieg das, was der Kopf König Karls für England war».
General Ku Chu-t'ung, der Urheber des Massakers, wurde schließlich zum Oberbefehlshaber aller KMT-Agenten befördert.[28]
Als die Einzelheiten des Massakers in Yenan bekannt wurden, kabelte Mao Tse-tung eine Mitteilung an Chiang nach Chungking: «Wer mit dem Feuer spielt, sollte vorsichtig sein. ... Wenn die Dinge sich weiterhin so entwickeln, wird das ganze Volk eines ganzen Landes Sie in die Gosse werfen.»[29]
Obwohl daraufhin beide Seiten den Anschein einer Einheitsfront aufrechterhielten, so oft es ihren unmittelbaren Interessen diente, war es vorbei mit ihr. Theodore White befragte einmal Chiang Kai-shek über

den Zwischenfall. Der Generalissimo antwortete derb: «Die Japaner sind eine Hautkrankheit, aber die Kommunisten sind ein Herzleiden.»[30]

Ungeachtet Chiangs verdächtiger Rolle im Krieg änderte sich der Status Chinas in Amerika über Nacht, sobald die Japaner Pearl Harbour angriffen. Als T.V. Soong am Tag nach dem Angriff mit Minister Knox sprach, vergaß dieser, mit wem er redete, schmetterte seine geballte Faust auf den Tisch und brüllte: «Bei Gott, T.V., wir werden jeden einzelnen dieser gelben Bastarde umbringen.»[31]
Weniger als drei Wochen später wurde T.V. zum neuen chinesischen Außenminister ernannt.[32] Für einige, die dachten, das werde ihn von seinem Spezialfach, der Finanzpolitik, ablenken, kam die Ernennung überraschend. Sie hatten unrecht. Der neue Titel gab T.V. nur noch zusätzliche Macht beim Feilschen für Chungking.
Anfang Januar 1942 ging T.V. mit der Bitte des Generalissimo um ein neues Darlehen von 500 Millionen U.S.$ zu Finanzminister Morgenthau. Den Minister nahm es wunder, was für Pläne für dieses Geld existierten, und er wies darauf hin, daß China in Burma bereits 630 Millionen $ in Form von Lend-Lease-Gütern bis zu den Dachsparren gestapelt habe. T.V. erklärte geduldig, der Generalissimo wolle «eine Milliarde $ (die Hälfte von den Vereinigten Staaten und die Hälfte von Großbritannien) als Reserve, um sie dann zu verwenden, wenn es ihm passend erscheint.»[33] Obwohl es in Washington zu einigem Murren kam, wurde das Darlehen dem Kongreß vom Präsidenten zur Annahme empfohlen. Dieser bewilligte am 7. Februar 1942 den vollen Betrag. Daraufhin übermittelte Chiang seinem Außenminister weitere telegraphische Anweisungen. Der Generalissimo bestand darauf, daß das Darlehen mit keiner spezifischen Sicherheit verbunden werden dürfe, mit keinen Zinsen, keinen Rückzahlungsklauseln und keinen Bedingungen in bezug auf die Verwendung des Geldes. Chiang bekam das Geld zu seinen Bedingungen.
Zweifellos war der Generalissimo zufrieden mit dem Handel. Er hatte nun die Gewißheit unerschöpflicher Hilfsquellen, denn nachdem Amerika einmal solche Verpflichtungen eingegangen war, würde es hinter Chiang stehen müssen. Er hatte freie Hand, nach seinem Willen über das Geld zu verfügen, ohne Parlamentariern oder Privatleuten gegenüber Rechenschaft ablegen zu müssen. Aber Joseph Stilwell, der inzwischen der leitende amerikanische Militärbeamte im China-Burma-Indien-Theater geworden war und der die Soongs genauestens kannte, hatte seine eigenen Ansichten über Chiang und die amerikanischen Hilfeleistungen:

Ich hörte Chiang Kai-shek nie auch nur ein einziges Wort sagen, das auf Dankbarkeit gegenüber dem Präsidenten oder unserem Land für die Hilfe, die wir ihm gewährten, hingedeutet hätte. Jedesmal, wenn ihm etwas zugesichert wurde, wollte er noch mehr. Jedesmal beklagte er sich über die geringen Mengen an Material, die geliefert wurden. ... Er klagte, die Chinesen hätten sechs oder sieben Jahre lang gekämpft, und dennoch gäben wir ihnen praktisch nichts. Natürlich wäre es undiplomatisch gewesen, die militärischen Leistungen Chiang Kai-sheks einmal genauer anzusehen. Sie waren praktisch gleich Null.[34]

17. Kapitel

Die kleine Schwester macht Amerika den Hof

Bevor May-ling sich anschickte, Amerika einmal mehr zu betören, erprobte sie ihren Charme an Wendell Willkie, der Ende 1940 die Wahlen gegen Roosevelt verloren und als Trostpreis eine Goodwill-Tour durch China erhalten hatte, die er im Herbst 1942 antrat. In Chungking wurde ein interessantes Photo des Ehepaares Willkie gemacht. Er sah mit seinen schwarzen Locken, die ihm in sein knabenhaftes Gesicht hingen, wie ein übergewichtiger Schuljunge kurz vor Ausbruch der Midlife-Krise aus. Sie benahm sich mit ihrem Georgia-Akzent wie eine verblühende Scarlett O'Hara in ihren freizügigsten Momenten. John Paton Davies, damals als Offizier des U.S. Ausländerdienstes in Chungking, beobachtete, wie May-ling ihren Zauber einsetzte.

> Es besteht wenig Zweifel, daß der Kleinen Schwester hier eine ihrer leichtesten Eroberungen gelungen ist. Den Mantel eines Luftwaffenmarschalls über ihre Schultern geworfen, leitete sie die Tee-Einladung einer Hilfsorganisation. Mit entwaffnender weiblicher Schwäche gab sie zu, daß Mr. W.'s Einfluß «verwirrend» sei, ein Bekenntnis, das den persönlichen Abgesandten des Präsidenten sichtlich freute. ... Interessant, welchen Einfluß erzwungenes Junggesellentum auf das Urteilsvermögen – und den Lauf der politischen Ereignisse – ausübt.[1]

Glaubt man Willkie, der sich mit aller Kraft gegen diese Version stemmte, war es überhaupt nicht so gewesen.

> Gerade als wir gehen wollten, meinte Madame Chiang zu Dr. und Madame Kung: «Beim gestrigen Dinner hat mir Mr. Willkie vorgeschlagen, nach Amerika auf eine Goodwill-Tour zu gehen.» Die

> Kungs schauten mich an, als ob sie daran zweifelten. Worauf ich sagte: «Das stimmt, und ich weiß, daß mein Vorschlag richtig war.»
> Darauf fragte Dr. Kung ernst: «Mr. Willkie, glauben Sie das wirklich, und wenn ja, warum?»
> Ich antwortete ihm: «Dr. Kung, Sie wissen aus unserem Gespräch, wie wichtig es meiner Meinung nach für meine Landsleute ist, die Probleme Asiens und den Standpunkt seiner Bevölkerung zu verstehen, und Sie kennen meine Überzeugung, daß der zukünftige Weltfriede wahrscheinlich in einer gerechten Lösung der Probleme Asiens nach dem Krieg liegt.
> Jemand aus diesem Erdteil mit Intelligenz, Überzeugungskraft und moralischer Stärke muß mithelfen, uns über China und Indien sowie über ihre Völker zu unterrichten. Madame wäre die perfekte Botschafterin. Ihre große Fähigkeit – und ich weiß, sie wird mir verzeihen, daß ich so persönlich spreche – ihre große Hingabe an China sind in den Vereinigten Staaten wohlbekannt. Sie würde nicht nur verehrt, sondern sie hätte auch großen Erfolg. Wir würden ihr zuhören wie kaum jemand anderem. Mit ihrem Geist und ihrem Charme, ihrem großzügigen und verständnisvollen Herzen, ihrer Anmut und Schönheit und ihrer brennenden Überzeugung ist sie genau das, was wir brauchen.»[2]

Wie es auch immer geschehen sein mag, Willkie ließ sich von Mayling verführen und vom Generalissimo blenden. Er eilte nach Amerika zurück, um seinen Landsleuten seine Erkenntnisse über Rundfunk und Presse mitzuteilen.
In den Vereinigten Staaten erlangte während des Krieges ein neuer Comic mit dem Titel «Terry und die Piraten» große Beliebtheit. Er handelte von den Abenteuern eines jungen Piloten in China und war den Helden der AVG nachempfunden. Seine Figuren basierten auf lebenden, meist aus den Nachrichten bekannten Persönlichkeiten; er führte damit zahlreiche fernöstliche Archetypen ein – wie etwa den nützlichen Kuli Big Stoop und die mysteriöse Drachenlady – die zum bleibenden Bestandteil amerikanischer Folklore wurden. In Augenblicken größter Gefahr rettete die Drachenlady den jungen Terry Lee aus den Klauen des Bösen oder bewahrte ihn vor dem sicheren Tod, wobei sie wie eine unheimliche, märchenhafte Beschützerin auftauchte und verschwand. Obwohl die geheimnisvolle, tückische, ja leicht teuflische Frauengestalt in sich widersprüchlich angelegt war, war sie so verführerisch, daß sie tiefen puritanischen Sehnsüchten entgegengekommen sein muß. Natürlich war der ursprünglich von Ausländern der alten giftigen Kaiserinwitwe Tzu Hsi zugedachte Name Drachenlady während der letzten Jahre öfters als Spitzname für Madame Chiang gebraucht worden. Es war offensichtlich, daß sie

in ihrer Rolle als Schutzherrin der AVG der Drachenlady aus dem Comic Modell gestanden hatte. So überrascht es nicht, daß sich für Amerika nach Wendell Willkies Bericht über seine Chinareise komplexe Probleme in der Schwarzweiß-Zeichnung von Comic strips darstellten.

Der in New York wohnhafte aufmerksame K.C. Li, ein im chinesischen Gummibusiness groß gewordener Multimillionär, der 1941 nach Amerika gekommen war, berichtete T.V. Soong, wie Amerikaner auf Willkies Bericht reagierten.

> Wendell Willkies Odyssee nach Ostasien hat den populären Geschmack getroffen. Sein Chinabesuch hat das amerikanische Volk tief beeindruckt. Viele haben seinen Bericht gehört, dessen Aufrichtigkeit und tiefe Überzeugung sie bewegte. Tatsächlich hat noch kein Privatmann je eine so große Zuhörerschaft fasziniert wie Mr. Willkie mit seinem Rundfunkbericht, der am Abend des 26. Oktober 1942 von allen Sendern ausgestrahlt wurde.
>
> Die *New York Herald-Tribune* gab der landesweiten Stimmung Ausdruck, als sie am folgenden Morgen schrieb: «Es ist eine vornehme Botschaft, die Mr. Willkie verkündet, sowohl hinsichtlich der Pflicht Amerikas in der Welt als auch der Pflichten zu Hause.»
>
> ... einige der pro-chinesischen Feststellungen Mr. Willkies haben zu Einwänden Anlaß gegeben. Mr. Willkie erwähnte den Vorrat an Sympathie für das amerikanische Volk, der infolge amerikanischer «Pfuschereien» schwinde. ... Die Reaktion ... war unmißverständlich. ...
>
> Mr. Walter Lippmann warnte in seiner vielgelesenen Spalte unter dem Titel «Mr. Willkie in Asien»: «China ist das allerletzte Volk, das ein Recht hat, unseren guten Willen in Frage zu stellen. Daß wir es ablehnten, China in der dunkelsten Stunde im Stich zu lassen, zählt mehr als alle Worte über Kriegsziele oder Freiheit und Gerechtigkeit.» ...
>
> Die Reaktion zeigt, selbst wenn Differenzen um einer Einheit willen beiseite geschoben werden müssen, daß die amerikanische Öffentlichkeit empfindlich reagiert, wenn ihre Loyalität oder Hilfe gegenüber China in Frage gestellt wird. ...
>
> Gewiß sollten wir unseren Standpunkt klären und unser möglichstes tun, die amerikanische Öffentlichkeit aufzuklären. Auch sollten wir die Vertreter der Öffentlichkeit soweit bringen, die wahre Ursache des amerikanischen Kriegseintritts zu verstehen. ... Diese Aufgabe ist es wohl wert, den China-Propagandisten und den chinesischen Propagandaorganisationen in diesem Land anvertraut zu werden.[3]

Dies war ganz offensichtlich eine Aufgabe für die Drachenlady.

Als T.V. in Washington von May-lings baldigem Besuch hörte, war er

völlig dagegen. Amerika war sein Territorium, und nur *ein* Soong konnte auf dieser Nadelspitze tanzen.[4]
May-ling hatte keine Schwierigkeiten, Chiang zu überzeugen, daß sie gehen sollte. Chungking war voll von Gerüchten, nach denen der Generalissimo und «Darling» (wie May-ling von Chiang genannt zu werden pflegte) ernsthafte Eheprobleme hatten.[5] Jack Service, politischer Beobachter des Auswärtigen Amtes in Chungking, faßte dieses Geschwätz mit aller Vorsicht zusammen:

> Chungking kocht im wahrsten Sinn des Wortes über von Geschichten der häuslichen Schwierigkeiten der Chiangs. Beinahe jeder kennt neue Einzelheiten und Versionen, die der mittlerweile allgemein akzeptierten Fassung hinzuzufügen sind. Diese besagt, daß sich der Generalissimo eine Mätresse zugelegt habe und daß deshalb seine Beziehung zu Madame – um es milde auszudrücken – angespannt sei. Wo so viel Rauch ist, denkt man, muß wohl auch Feuer sein.
> Normalerweise ist solcher Klatsch über das Privatleben von Regierungsmitgliedern kein Thema der politischen Berichterstattung. In China verhält es sich jedoch anders, denn hier betrifft er einen Diktator, dessen Beziehung zur Familie seiner Gattin alles mitbestimmt. Durch das angespannte Verhältnis zwischen dem Generalissimo und T.V. Soong ist diese Beziehung schon geschwächt. Wenn Madame, die ebenso stolz wie puritanisch ist, sich von ihrem Gemahl öffentlich trennen würde, wäre die Dynastie gespalten, was sowohl für China als auch für das Ausland ernste Folgen haben könnte. Wenn die gegenwärtige Lage im Ausland allgemein bekannt wird, was früher oder später der Fall sein wird, ist mit einem schweren Prestigeverlust für den Generalissimo ebenso wie für Madame zu rechnen....
> Madame bezeichnet den Generalissimo nur noch als «jenen Mann».
> Madame beschwert sich, der Generalissimo setze jetzt sein Gebiß nur noch dann ein, wenn er «jene Frau» besucht.
> Als Madame eines Tages das Schlafzimmer des Generalissimo betrat, fand sie ein Paar Stöckelschuhe unter dem Bett. Sie warf die Schuhe aus dem Fenster und traf einen Wärter am Kopf.
> Einmal empfing der Generalissimo während vier Tagen keinen Besucher, weil Madame ihn im Streit mit einer Blumenvase am Kopf verletzt hatte....
> Trotzdem glauben die meisten Beobachter, daß der Machtanteil für die Soong-Familie so wichtig ist, daß sie (mit Ausnahme Madame Suns, doch mit der wichtigen Unterstützung von H.H. Kung) alles unternehmen, einen offenen Bruch zu verhindern, und daß May-ling ihren Stolz überwinden und sich mit der Situation abfinden wird.[6]

Es war nicht alles leichtfertiges Gerede. Während der 40er Jahre wurde der Generalissimo mit anderen Frauen zusammen gesehen,

darunter auch mit seiner ersten Konkubine, Miss Yao.[7] 1942 schien es klar, daß sich Chiang wieder mit seiner früheren Gattin (Nummer 2), Ch'en Chieh-ju, eingelassen hatte, die 1927 abgefunden und nach Amerika geschickt worden war, damit der Heirat mit May-ling nichts mehr im Wege stand. Ch'en Chieh-ju war inkognito wieder in China und sollte Ende Februar 1944 ein weiteres Kind zur Welt bringen. Der Vater des Kindes, so wurde angenommen, war Chiang. Offensichtlich hatte er seine Leidenschaft zu Miss Ch'en nie aufgegeben, obwohl ihre Ehe aus politischen Gründen störend geworden war.
Es war auch möglich, daß Chiang die sozialen, finanziellen und politischen Vorteile, die sich durch die Einheirat in die Soong-Dynastie ergaben, nun als selbstverständlich hinnahm. Die Vernunftehe mit May-ling war kaum eine ausreichende Stütze. Chiang hatte alle Vorteile genossen und ging ihrer nun verlustig auf eine Art, die auch die Soongs nicht bestimmen konnten. May-ling war durch Chiangs Albernheit und sein aufgeblasenes Gehabe ernüchtert worden. So wie sich Chiangs Welt verkleinerte, vergrößerte sich May-lings; sie war nun eine internationale Berühmtheit, eine der einflußreichsten Frauen auf der ganzen Welt. Es muß ihm ein dauernder Stachel im Fleisch gewesen sein, ständig an ihren enormen finanziellen und politischen Stellenwert erinnert zu werden.
Aus welchen Gründen auch immer hatte May-ling ihrem Gatten keinen Stammhalter geschenkt. Seine beiden eigenen Söhne wurden älter. Wei-kuo war von seiner Ausbildung in der Wehrmacht zurückgekehrt und hatte sich mit seiner Stiefmutter nie vertragen. Der ältere Sohn, CCK, war 1937 schließlich aus Moskau heimgekehrt und hatte eine russische Gattin mitgebracht. Bei seinem Empfang auf dem Flughafen wandte sich der Generalissimo ihm zu und sagte: «Nun komm und lerne Deine neue Mutter kennen.»[8]
«Das ist nicht meine Mutter», gab CCK zurück und machte sich zornig gleich nach seinem Heimatort Chikou auf, wo ihn seine wirkliche Mutter erwartete. Dies war der Anfang eines Konkurrenzkampfes um Chiangs Thronfolge zwischen CCK und May-ling, in dessen Verlauf es immer wieder zu dramatischen Situationen kam.
May-lings Gesundheit begann sich zu verschlechtern, was ihre Lage nicht einfacher machte. 1942 war sie dringend auf medizinische Hilfe angewiesen. Ihre verstauchten Rippen und ihr krummer Rücken verursachten starke Schmerzen; sie litt an nervöser Erschöpfung, die zu Schwäche und Schlaflosigkeit führte, an Schmerzen in der Stirnhöhle, die vom starken Rauchen herrührten, an eingewachsenen Weisheitszähnen und an chronischem Nesselausschlag oder Urtikaria. Die Rippen- und Rückenverletzungen hatte sie sich 1937 auf einer Reise

entlang der japanischen Front zugezogen. Als sie in einer kugelsicheren Limousine durch heftiges Gewehrfeuer fuhr, platzte ein Reifen, worauf sich das Fahrzeug seitlich überschlug und May-ling durch eine aufgesprungene Türe hinausgeschleudert wurde. Sie erlitt einen Rippenbruch, eine Wirbelsäulenverletzung und einen Schock. Wegen ihrer nervösen Anspannung, die eine Versteifung der Muskeln in der Hüftgegend zur Folge hatte, bereitete ihr der Rücken fünf Jahre später erneut Schmerzen. Es war eine Zeit voller Spannungen, und jede Art von Aufregung verursachte wütende rote «Pickel». Oder einfacher gesagt: Die Prinzessin war ein nervöses Wrack, weil sie immer auf der Erbse schlief.[9]

Die Aussicht auf medizinische Pflege in den Vereinigten Staaten wog deshalb schwerer als sämtliche Einwände T.V.'s. May-ling war fünfundvierzig Jahre alt. Eingeweihte wußten auch, daß Chiang vermutete, sie habe Krebs. So bot sich zugleich die Möglichkeit eingehender Untersuchungen an.[10]

Einhundert Meilen nordwestlich von Chungking, außerhalb der alten Stadt Chengtu, bauten Kulis den Amerikanern einen großangelegten Militärflugplatz für Langstreckenbomber, mit denen die japanischen Hauptinseln bombardiert werden konnten. 1942, an einem kalten Novembermorgen um 4 Uhr, wurde eine von der TWBA gemietete Boeing 307 Stratoliner mit dem Namen *Apache* für den Start in Chengtu bereit gemacht. Plötzlich leuchteten Autoscheinwerfer auf, und eine Flotte von Fahrzeugen, gefolgt von einem Ambulanzwagen, näherte sich der Piste.[11] Aus den Autos stiegen der Generalissimo Chiang, Brigadegeneral Clayton Bissell, Kommandeur der 10. U.S. Airforce, sowie fünfzehn weitere chinesische und amerikanische Generäle und Hauptleute. Auf einer Bahre wurde Madame Chiang vom Ambulanzwagen zum Flugzeug getragen. Der Kapitän des Stratoliners, Cornell Newton Shelton, ehemaliger Buschpilot in Zentralamerika, war extra von den Vereinigten Staaten hierher geflogen, um einen geheimen Passagier an Bord zu nehmen. Selbst jetzt wußte er noch nicht, wer es war. Nachdem auch zwei amerikanische Krankenschwestern und May-lings achtzehnjährige Nichte, Jeannette Kung, das Flugzeug bestiegen hatten, erhielt C.N. den Startbefehl. Die Motoren hatten ihm auf dem Weg nach Chengtu über den Südatlantik, Afrika und Indien einige Probleme bereitet; doch nun auf dem Rückflug südwärts über den Himalaja liefen sie rund in der kalten Luft.

Die *Apache* war das erste viermotorige Flugzeug mit einer Druckkabine. Außer Madame Chiangs kleiner Gruppe und der Besatzung war niemand an Bord, so daß es ein angenehmer Flug wurde. Doch

die sonst hyperaktive Madame Chiang war in einem so schlechten Gesundheitszustand, daß sie während des Fluges mit Shelton kein Wort wechselte. Aus Gründen, die Shelton nie erklärt wurden, war es ihm verboten, mit ihr zu sprechen: May-lings schwere Krise sollte unter keinen Umständen an die Öffentlichkeit gelangen.
Als sie in Palm Beach ankam, hatte May-ling sich soweit erholt, daß sie darauf bestand, die Nacht dort zu verbringen. Danach wechselte Shelton aus Sicherheitsgründen das Flugzeug und flog sie in einer C-54 weiter nach Mitchell Field, New York. Trotz ihres Schweigens beharrte May-ling nachher darauf, nur noch mit Shelton als Pilot aus China zu fliegen.[12] Als sie später erfuhr, Sheltons Traum sei die Eröffnung einer eigenen Fluggesellschaft in Lateinamerika, lieh sie ihm eine Viertelmillion U.S. $, um eine Firma für verstellbare Flugzeugsitze aufzubauen. Louis Kung saß im Aufsichtsrat und hielt für May-ling 50 Prozent des Aktienkapitals.[13]

Wegen ihrer Übernachtung in Palm Beach erreichte May-ling New York am 27. November, einen Tag später als vorgesehen. Doch Harry Hopkins erwartete sie in Mitchell Field, um sie als Abgesandter des Präsidenten zu empfangen. Er beschrieb die Ereignisse jenes Tages:

> Ich hatte schon im voraus Anweisungen gegeben, die Flugzeuge in der militärischen Zone landen zu lassen, um May-lings Ankunft möglichst geheimzuhalten, denn die Chinesen waren darauf bedacht, sie ins Krankenhaus zu bringen, bevor ihre Anwesenheit bekannt wurde.... Ich nahm Madame Chiang Kai-shek in Empfang und fuhr mit ihr zum Harkness Pavillon zurück, wo das ganze zwölfte Stockwerk für sie bereitstand.
> Auf dem Weg ins Krankenhaus erzählte sie mir, sie wünsche, dem Präsidenten deutlich zu machen, daß sie allein wegen ihrer Behandlung und zur Erholung hier sei. Doch im gleichen Atemzug fuhr sie fort, viele Fragen bezüglich Chinas und der Vereinigten Staaten aufzuwerfen.
> Mehr als alle, die ich davor gehört hatte, vertrat sie die Überzeugung, daß der Krieg gegen Deutschland und gegen Japan gewonnen werden könne. Doch ein solcher Doppelsieg bedinge die Konzentration aller Kräfte auf den Kampf gegen Japan....
> Sie glaubt, daß Stilwell die Chinesen nicht versteht und daß es ein tragischer Fehler war, Chiang Kai-shek zu zwingen, eine seiner besten Divisionen in Burma einzusetzen, wo sie später aufgerieben wurde. [Als sie von den Japanern angegriffen wurde, verschwand die 55. Chinesische Division im wahrsten Sinne des Wortes im Regenwald und wurde nie wieder gesehen. «Es ist die verfluchteste Geschichte, die mir je untergekommen ist», empörte sich Stilwell.]

> Sie sagte, daß Chiang Kai-shek dies gegen sein besseres Wissen getan habe.
> Es ist ziemlich offensichtlich, daß sie Stilwell nicht mag und deshalb Chennault größte Bewunderung zollt. Sie verwandte einen großen Teil ihrer Zeit darauf, mir einen Artikel aus der Illustrierten *Life* zu erklären, in dem die britische Regierung scharf angegriffen wurde. Sie wollte, daß gerade ich jenen Artikel lese, da er auch ihre Meinung repräsentiere.
> Ich sagte ihr, daß Mrs. Roosevelt sie sehen wolle, und arrangierte für den nächsten Morgen eine Begegnung mit Mrs. Roosevelt im Krankenhaus.[14]

Dies klang für eine Frau, die die nächsten elf Wochen in einem Krankenhausbett verbringen sollte, recht zuversichtlich. Als sie am nächsten Tag Eleanor Roosevelt traf, war May-ling wieder in guter Verfassung, denn die First Lady meinte: «Ich hatte das Verlangen, ihr zu helfen und mich ihrer anzunehmen, als ob sie meine eigene Tochter gewesen wäre.»[15]
May-ling unterzog sich tatsächlich einer Behandlung. Sie ließ sich auch ihre Weisheitszähne ziehen, und ihre Schmerzen in der Stirnhöhle ließen nach.[16] Alles war sehr geheimniskrämerisch. Im Harkness Pavillon des Columbia Presbyterian Medical Center war sie unter falschem Namen eingetragen, doch eine ganze Phalanx amerikanischer Agenten bewachte sie. Harry Hopkins hatte in Harkness zusammen mit T.A. Soongs Braut Jih-iung, der Tochter Y.C. Woos, der die San Franciscoer Filiale der Soongschen Familienbank Bank of Canton leitete, die Vorbereitungen getroffen.[17] May-ling wurde von Dr. Robert F. Loeb betreut. Als Gesellschafter standen ihr ihre Nichte Jeannette und ihr Neffe David Kung zur Seite; letzterer hatte sich von Yale beurlauben lassen, um seine Tante bei Laune zu halten. Der jüngere Neffe, Louis Kung, flog kreuz und quer in Amerika herum und bereitete May-lings öffentliche Tournee vor.
Während sie noch in Manhattan weilte, erfuhr May-ling, daß Winston Churchill Präsident Roosevelt in Washington besuchen werde. Sie schrieb dem Premierminister und machte ihm den Vorschlag, sie in New York zu treffen. In seiner Antwort meinte Churchill, sie solle doch lieber mit ihm und Roosevelt im Weißen Haus lunchen. Seine Einladung, so erinnerte sich Churchill, wurde «mit einiger Überheblichkeit zurückgewiesen». Trotzdem: «In der bedauerlichen Abwesenheit von Madame Chiang Kai-shek speisten der Präsident und ich allein in seinem Büro und machten das Beste daraus.»
May-ling vergeudete keine Zeit, auch von weiteren Privilegien des Präsidenten zu profitieren. Nach ihrer Entlassung aus dem Kranken-

haus verbrachte sie zwei Wochen in Roosevelts Landhaus in Hyde Park, wo sie sich mit den Hunden vergnügte und ihre Ansprache für den Kongreß vorbereitete. John Fairbank berichtete über ihren Aufenthalt in Hyde Park die folgende Geschichte:

> Es war besonders Pearl Buck, die versuchte, das schwindende Ansehen von Mme Chiang wieder herzustellen. Als Gast von Präsident Roosevelt führte sich May-ling wie eine launische Prinzessin auf. Pearl Buck, durch den 1934 für *The Good Earth (Die gute Erde)* erhaltenen Nobel-Preis zur bekanntesten amerikanischen China-Beobachterin geworden, erzählte uns später von einem symptomatischen Vorfall. Von Madames Hofstaat erhielt sie einen dringenden Anruf: «Bitte kommen Sie unverzüglich, Madame möchte sie sehen.» Pearl Buck eilte deshalb von Perkasie, Pennsylvania, nach Hyde Park, doch wurde sie bei ihrer Ankunft gar nicht erwartet. Madame Chiang hatte eigentlich nur ihre Gesellschafterin Pearl Ch'en sehen wollen. Tut uns leid![18]

Als May-ling Anfang Februar als Gast Eleanor und Franklin Roosevelts das Weiße Haus besuchte, hinterließ sie beim Dienstpersonal einen tiefen Eindruck. Obgleich sie verlangte, daß ihr Bett mit Seide bezogen werde, hatte sie vorsorgend ihre eigenen Laken aus China mitgebracht. Doch die Bettwäsche mußte mindestens einmal täglich gewechselt werden – oder noch häufiger, wenn Madame zwischendurch ein Schläfchen machte oder auf ihrem «Kang» saß. Wie der Butler des Weißen Hauses, Alonzo Field, berichtete, wurde die Bettwäsche vier oder fünf Mal am Tag gewechselt. Wenn May-ling nach einem Zimmermädchen oder einem Butler verlangte, benutzte sie, wo immer sie sich im Regierungssitz aufhielt, weder den Summer noch die Klingel, sondern klatschte nach chinesischer Manier in die Hände, was das Personal nicht gerade freundlich stimmte. Sie bestand darauf, daß die Mahlzeiten für ihre zwei Krankenschwestern und für Jeannette und David auf ihre Suite gebracht wurden. Jeannette beeindruckte jedermann mit ihrer Kleidung, die den Präsidenten veranlaßte, sie boshaft «mein Junge» zu nennen.[19]

Als May-ling mit den Roosevelts dinierte, fragte sie der Präsident, wie sie und der Generalissimo mit dem während des Krieges ausgebrochenen Streik der Grubenarbeiter fertig werden würden. Als May-ling wortlos einen ihrer langen, lackierten Nägel über die Kehle zog, blieb jedermann die Luft weg. Roosevelt lachte hohl und fragte, um Eleanors Aufmerksamkeit zu gewinnen: «Hast Du das gesehen?» Eleanor bemerkte später im privaten Kreis: «Sie spricht sehr schön über Demokratie, doch sie weiß nicht, wie man Demokratie lebt.» Als

diese Bemerkung die Runde machte und May-ling von Reportern darauf angesprochen wurde, verweigerte sie jeden Kommentar.
May-ling brachte auch das Sekretariat des Weißen Hauses zur Verzweiflung, denn sie schrieb ihre Reden und Artikel sieben oder acht Mal um.[20] Die Botschaft an den Kongreß sollte ihre wichtigste öffentliche Rede sein, und sie wiederholte die zentralen Punkte daraus bei all ihren Auftritten in Nordamerika. Nun hatte sie sich genügend erholt, um «aus ihrem öffentlichen Inkognito herauszutreten und die anderen, wichtigeren Gründe für ihren Aufenthalt in diesem Land zu enthüllen».[21]
Dem amerikanischen Publikum war sie kaum mehr eine unbekannte Größe. Henry Luce hatte keine Mühe gescheut, sie in seinen Illustrierten bekanntzumachen, und 1941 war bei Doubleday, Doran & Company Emily Hahns Buch *The Soong Sisters (Chinas drei große Schwestern)* herausgekommen. Emily Hahn hatte in Shanghai gelebt und sich dort mit Ai-ling angefreundet. Offensichtlich hatte sie keine Schwierigkeiten, die komplexen Persönlichkeiten der Soongs, ihre verstrickten Wirtschaftsbeziehungen und ihre doppeldeutige Politik auf einen Nenner zu bringen. Ching-ling erhob Einspruch gegen Emily Hahns Interpretation ihres Verhältnisses zu den chinesischen Kommunisten. Als Emily Hahn von Sun Yat-sens alterndem Leibwächter Morris Cohn die Nachricht erhielt, Madame Sun sei «keine Kommunistin» und wolle «von Ihnen auch nicht als solche bezeichnet werden», war Emily Hahn empört. Später bemerkte sie: «Ich war bestürzt, daß jemand mich so offensichtlich anlügen konnte.»[22]

Glaubt man den Schlagzeilenschreibern Amerikas, die May-ling an ihre alternde Brust nahmen, so soll sie die Vereinigten Staaten durch ihren Charme im Sturm erobert haben.[23] Über ihre Pulte gebeugt wie die Hexen in *Macbeth*, kreischten sie ihre Lobeshymnen und verkündeten: «Madame Chiang ist überall ein Erfolg.» *Newsweeks* Berichterstattung über ihre Februar-Ansprache vor dem Kongreß überschlug sich vor Begeisterung: «Die Wirkung war bezaubernd. Die Lady ist dunkel und zierlich. Ihr langes, eng geschnittenes Kleid war beinahe bis zum Knie geschlitzt, ihr weiches schwarzes Haar im Nacken geknotet. Sie trug durchsichtige Strümpfe, aufregend hohe Schuhe und Juwelen aus unbezahlbarer Jade. Die Fingernägel ihrer schlanken Finger waren rot lackiert.»[24]
Was May-ling zu sagen hatte, war ebenso blumig und wurde der Presse in kleinen Mengen schon Wochen vorher eingeträufelt. Zum Thema der Verbundenheit Amerikas mit China: «Die 160 Jahre alte traditionelle Freundschaft zwischen unseren großen Völkern ... die

nie durch Mißverständnisse getrübt wurde, findet in den Annalen der Weltgeschichte nicht ihresgleichen.»
Zum Thema der japanischen Aggression:

> Es gab eine Tendenz, die Stärke unseres Gegners zu unterschätzen. Als Japan 1937 China den totalen Krieg aufzwang, gaben die Militärexperten sämtlicher Nationen China nicht die geringste Chance. Doch als Japan China nicht in die Knie zwang, wie es geprahlt hatte, tröstete sich die Welt damit, zu erklären, man hätte Japans militärische Stärke überschätzt. Aber als sie nach dem Angriff auf Pearl Harbor die gierigen Flammen des Krieges rasch über den Pazifik ausbreiteten, schwang das Pendel ins andere Extrem zurück. ... Vergessen wir nicht, daß China während der ersten viereinhalb Jahre totaler Aggression Japans sadistische Wut ohne Hilfe und alleine zu ertragen hatte.

Trotz ihrer «reichverzierten» Prosa war May-lings Botschaft an den Kongreß ein großer Erfolg. Sie hatte ein weiteres wichtiges Treffen mit den Berichterstattern aus Washington. An ihrer Pressekonferenz im Oval Office des Weißen Hauses drängten sich 172 Journalisten, um sie nochmals zu sehen. Sie trug ein Kleid, das raffiniert mit den Flügeln der chinesischen Airforce geschmückt war. Die Berichterstatter gingen nun mehr auf jene Themen ein, die sowohl für Madame Chiang als auch für den Präsidenten brisant waren:

> Entsprechen jene Berichte der Wahrheit, wonach China seine Streitkräfte nicht optimal einsetzt? Madame Chiang reagierte leicht verärgert. China, so sagte sie, setze seine Streitkräfte in dem Ausmaß ein, wie Munition vorhanden sei. Der Präsident habe gesagt, daß mehr Munition benötigt werde. China hat ausgebildete Piloten, doch nicht genügend Flugzeuge oder Treibstoff.
> Wie kann China dazu kommen? Madame Chiang wandte sich ehrerbietig an den Präsidenten. Er habe soviele wichtige Fragen gelöst und soviele Krisen gemeistert, daß sie, wie sie glaube, die Frage guten Gewissens ihm überlassen könne.
> Die Reporter lächelten über die Eleganz, mit der sie die Frage Franklin Roosevelt zugespielt hatte. Unbeirrt nahm der Präsident die Frage auf, um sie – mit Mühe – zu beantworten. Es gebe große Schwierigkeiten zu überwinden, um Flugzeuge und Nachschub nach China zu bringen, sagte er, doch die USA würden ihr möglichstes tun. Wäre er ein Mitglied der chinesischen Regierung, fügte der Präsident hinzu, würde er sicher fragen: Doch wann, und weshalb nicht ein wenig mehr? Als Mitglied der amerikanischen Regierung müßte er darauf antworten: So schnell es der Herr zuläßt. Darauf setzte sich der Präsident zufrieden in seinen Stuhl.

Die nächste Frage an Madame Chiang: Ob sie irgendwelche Vorschläge habe, wie die U.S.-Hilfe an China erhöht werden könne? Sie erhob sich, starrte geradeaus und wandte sich dann an den Präsidenten. Er habe eben gesagt, sobald es der Herr zuläßt. Doch erinnere sie daran, daß der Herr jenen hilft, die sich selbst helfen.[25]

Geblendet durch die Show, bemerkte ein Kolumnist: «Eines Tages könnten sie diese Rolle mit Helen Hayes besetzen, doch sie wird es niemals besser machen als Madame Chiang.» Am 1. März schmückte May-ling erneut die Titelseite von *Time*.[26]

Doch im Weißen Haus stand nicht alles zum besten: Eleanor Roosevelt, die sie wie eine Tochter behandelt hatte, war ernüchtert. Das Personal beteuerte, daß May-ling der schwierigste Gast in all den Jahren der Roosevelt-Regierung gewesen sei. Im Februar rief der Zeremonienmeister des Weißen Hauses Finanzminister Morgenthaus Büro an. May-ling hatte erfahren, daß eben eine Schiffsladung spezieller englischer Mentholzigaretten in New York für sie angekommen sei. Sie wollte, daß der Sekretär des Finanzministeriums die Zollbeamten anwies, die Ladung sofort freizugeben. Morgenthaus Beamte stellten fest, daß sich die Zigaretten immer noch an Bord des Schiffes befanden. Doch die Anrufe aus dem Weißen Haus gingen weiter. Verärgert sandte Morgenthaus Ministerium einen Finanzbeamten, der die Zigaretten holen und nach Washington fliegen sollte.

Es war deshalb keine Überraschung, als Morgenthau seinen Angestellten erzählte: «Der Präsident ist ganz wild darauf..., sie wieder aus dem Land zu haben.»[27]

Trotz seiner Verbitterung mußte Roosevelt May-lings öffentlichen Ruf hochhalten, denn er war Teil seiner Chinapolitik. Es gab immer noch großangelegte Pläne für Madame Chiang, Pläne, die Meisterregisseur Henry R. Luce ausgearbeitet hatte.

Henry Luce war sehr damit beschäftigt, dem ehemaligen Missionar B.A. Garside zu helfen, die acht Hilfswerke, die China unterstützten, zur späteren United China Relief (UCR) zusammenzufassen. Mit weniger Administration sollte dem chinesischen Volk mehr Geld zufließen. Luce spendete 60 000 $ und betraute zwei *Time*-Öffentlichkeitsarbeiter, Otis Swift und Douglas Auchincloss, mit dem Unternehmen. Danach überredete er prominente Leute wie Thomas W. Lamont, Paul Hoffman, Wendell Willkie, David O. Selznick und andere mehr, der Direktion des UCR beizutreten. Luce sandte auch ein persönliches Schreiben an alle Abonnenten von *Time*, was der Kampagne beinahe eine Viertelmillion Dollar einbrachte.[28]

Bis Ende 1942 waren dem UCR 17 Millionen U.S. $ übergeben worden. Einige Beiträge kamen von reichen und mächtigen Leuten wie Henry Luce, doch auch das kleinstädtische Amerika trug dazu bei. Eine Spende wurde von einem Brief begleitet: «Dies ist ein kleiner Beitrag vom Stacy-Bibelkreis in Chapel Hill, North Carolina. Der Stacy-Bibelkreis setzt sich aus reiferen Frauen, Müttern und Großmüttern zusammen. Sie alle haben dieses Geld gesammelt. Keine von uns ist reich, doch wir wissen, was es heißt, Kinder zu haben, und was nötig ist, damit sie gesund und fröhlich aufwachsen.» Unglücklicherweise löste sich das Scherflein des Stacy-Bibelkreises – aber auch weit größere Summen – als Folge von H.H. Kungs überhitztem Wechselkurs in Luft auf. Chinas Inflation steigerte sich ins Unglaubliche: 1938 stiegen die Preise um 49 Prozent, 1939 um 83 Prozent, 1940 um 124 Prozent, 1941 um 173 Prozent, 1942 um 235 Prozent. Während die ausländische China-Hilfe zum offiziellen Wechselkurs von 20 chinesischen $ zu 1 U.S. $ gewechselt werden mußte, wurden die Preise für Waren und Dienstleistungen durch den Schwarzmarkt bestimmt, wo 1 U.S. $ bis zu 3250 chinesischen $ bringen konnte.[29] Mit dem offiziellen Wechselkurs kostete ein Paket amerikanischer Zigaretten in Chungking 5 U.S. $, auf dem Schwarzmarkt erhielt man für 5 U.S. $ 162 Pakete. Deshalb waren die Millionen, die an Hilfsgeldern nach China flossen, beinahe wertlos, wenn sie nach dem offiziellen Wechselkurs getauscht wurden. In Chungking kursierte das Scherzwort, daß mit dem offiziellen Wechselkurs der Bau einer Latrine 10 000 U.S. $ koste. Weniger witzig jedoch war der Umstand, daß chinesische Beamte Hilfsgelder auf dem Schwarzmarkt wechseln konnten, was ihnen phantastische Gewinne brachte.

Luces Korrespondent in Chungking, Theodore White, berichtete über einige dieser weniger amüsanten Wahrheiten; doch Luce leitete solche Berichte nie zur Publikation weiter, möglicherweise gelangten sie nicht einmal in sein eigenes Bewußtsein. Wegen seines blinden Flecks gegenüber den Chiangs und den Soongs schien Luce überhaupt nicht zu wissen, zu welchen Zwecken die privaten amerikanischen Hilfsgelder verwendet wurden. Er bemühte sich, unterstützt von May-ling, immer noch mehr Hilfsgelder zu sammeln, veranstaltete Bankette und Vorträge von einer Küste zur anderen. Ihre sechswöchige Reise führte sie unter anderem nach New York, Chicago und Los Angeles.

May-lings erster Halt galt New York, wo Luce John D. Rockefeller überzeugt hatte, den Vorsitz des städtischen Begrüßungskomitees für Madame Chiang Kai-shek zu übernehmen. Das Komitee, das sich aus 270 einflußreichen, in der New Yorker Gesellschaft bekannten Persönlichkeiten zusammensetzte, wurde von Henry Luce mitpräsidiert. Da für sie nur das Beste gut genug war, stieg May-ling in einer Suite im 42. Stockwerk der Waldorf-Astoria Towers ab, einige Stockwerke unter den Luces. Jedesmal wenn sie sich bereit machte, die Suite zu verlassen, mußte der Geheimdienst das ganze Stockwerk räumen. Mehr als einmal vertrödelte May-ling Stunden, bevor sie sich entschied, eine Einladung abzusagen. Dies förderte nicht gerade die Stimmung der Gäste, die zu warten hatten, bis Madame Chiang zu ihrem Entschluß gekommen war.[30]

Am Abend des 2. März war sie der Ehrengast einer Massenveranstaltung im Madison Square Garden. An dem Abend fiel der Strom aus, und May-ling mußte sich, einem Bericht gemäß, «im ungenügenden Lichtkegel einer Taschenlampe, die ihre Krankenschwester hielt, ankleiden». Der Berichterstatter fügte noch mit dem typischen Schmeicheln, das die Amerikaner auf die Chiangs verschwendeten, hinzu: «Doch muß sie sich schon bei schlimmeren Stromausfällen zurechtgefunden haben, als sie je einer von uns erfahren hat.»[31]

Bevor sie ihre Rede im Madison Square Garden hielt, wollte Luce May-ling bei einem exklusiven «privaten» Bankett im Waldorf-Astoria 60 ausgewählten Gästen vorstellen, darunter Wendell Willkie, General Hap Arnold, Paul G. Hoffman, David Dubinsky, dem Gouverneur von New York, Thomas E. Dewey sowie den Gouverneuren der Staaten New Jersey, Pennsylvania, Connecticut, Massachusetts, Rhode Island, Maine, Vermont und New Hampshire. Auch T.V. fand sich unter den Gästen.[32]

Die First Ladies der Nordatlantik-Staaten stocherten in Köstlichkeiten wie tournedos sautés aux champignons, während ihre Gatten sich räusperten und Luce schließlich eine aufgeregte Nachricht in May-lings Suite sandte. Offensichtlich war May-ling unpäßlich und fühlte sich außerstande, mit dem Aufzug einige Stockwerke herunterzufahren, um auch nur zum Kaffee zu erscheinen. Sie schonte sich für die Ansprache, die dem Dinner folgen sollte.

Wenn auch Luce durch dieses Benehmen aufgebracht war, so war davon nichts im *Life*-Bericht über May-lings Auftritt am späten Abend im Madison Square Garden zu lesen. «Viel Anerkennung für Madame Chiang», hieß die Schlagzeile. Der Bericht beschrieb die «riesengroße enthusiastische Zuschauermenge, [die] ihrer Zustimmung lautstark Ausdruck gab, als Wendell Willkie Madame einen ‹Racheengel, ... einen unerschrocken für Gerechtigkeit kämpfenden Soldaten› nannte.»[33]

Ihr Aufenthalt in New York sah auch einen Besuch der Chinatown vor, wo Tausende die engen Straßen säumten. Einige Schätzungen kamen auf 50 000 Menschen.[34] An einem verlängerten Wochenende besuchte May-ling ihre Alma mater, das Wellesley College, wo eine Zusammenkunft der Klasse von 1917 organisiert worden war. Am nächsten Tag begab sie sich auf ihren zu Publicityzwecken organisierten Sonntagsspaziergang über das Campus-Gelände, zu dem sie eine Herrenhose trug – und das zu einer Zeit, als ein solcher Männeraufzug an einer ordentlichen Mädchenschule verpönt war. Eine Studentin bemerkte: «Himmel, war das eine Sache! Nun können sie nicht mehr an uns herumnörgeln, wenn wir Matrosenkleider tragen.» Wellesleys Rektor McAfee gab großzügig zur Antwort: «Jede von euch, die in Herrenhosen so klug wie Madame Chiang ausschaut, darf sie tragen.»[35]

Während der nächsten sechs Wochen fuhr sie mit dem Zug kreuz und quer durchs ganze Land.[36] In Chicago bot das lokale UCR-Komitee Madame ein halbes Stockwerk des Palmer-Hauses für sich und ihren Hofstaat an. Man hatte die Hotelleitung überzeugt, Madame diese Räume für die gute Sache Chinas zur Verfügung zu stellen. Doch für Louis Kung, der während der ganzen Tournee als Organisator fungierte, war das Palmer-Haus nicht das Beste, was Chicago zu bieten hatte. Auf Kosten der United China Relief, die etliche tausend Dollar dafür bezahlte, wurde Madame deshalb im Drake einquartiert.

Die Angestellten des Hilfskomitees waren überdies vor die schwierige Aufgabe gestellt, May-lings verschwenderisches Gehabe vor dem Hintergrund ihrer Spendenaufrufe für das verarmte China zu erklären. Einige Perlen, die sie an ihren Schuhen trug, mochten aus der Phönix-Krone der Kaiserinwitwe stammen, deren Grab 1928 mitsamt ihrem Leichnam ausgeraubt worden war. Diese Perlen sollen, laut Pu-yi, der als Kind den Titel des Kaisers trug, dem Generalissimo und seiner Frau als Geschenk überreicht worden sein.[37] Doch ein Teil von May-lings Wirkung kam auch daher, daß sie ein Anachronismus war. Für die Amerikaner war sie die Prinzessin der Armen Chinas, die amerikanische Kaiserin von China, Schneewittchen am Hof der sieben orientalischen Zwerge. (Im Innenministerium brauchte man für sie tatsächlich das Codewort «Schneewittchen».)[33] Sie war nicht das wahre China, sondern das, was die Amerikaner gerne «eine vernünftige Nachbildung» nannten. Wie Chop suey.

Ihre Rolle als märchenhaftes Versatzstück wurde nirgends offensichtlicher als in einer kleinen Stadt in Utah, wo sich alle Einwohner, darunter auch 50 Schulkinder, in den frühen Morgenstunden auf die Beine machten, in der Hoffnung, einige Blicke auf die berühmte Madame Chiang Kai-shek zu erhaschen. Als der Zug in der Station hielt, war May-ling noch im Bett. An ihrer Stelle zeigte sich ihr chinesisches Dienstmädchen auf dem Bahnsteig, das ein bißchen Englisch sprechen und verstehen konnte. In May-lings Cape gekleidet, winkte das Dienstmädchen, das diese Zeremonie unzählige Male beobachtet hatte und mit entsprechenden Anweisungen versehen worden war, der aufgeregten Menge zu und lächelte wohlgefällig. «Da ist sie, da ist sie!» ging es durch die Menge. P.T. Barnum hätte seine Freude daran gehabt.[39]

New York und Chicago konnten kaum konkurrieren mit der Veranstaltung, die Henry Luce in Los Angeles arrangierte. Einem großen Bankett am 31. März im Ambassador Hotel folgte eine Veranstaltung vor ausverkauften Reihen in der Hollywood Bowl.[40] Das Empfangskomitee für Madame Chiang setzte sich aus Berühmtheiten wie Mary Pickford, Rita Hayworth, Marlene Dietrich, Ingrid Bergman, Ginger Rogers und Shirley Temple zusammen.[41] May-ling wurde vom Gouverneur und vom Bürgermeister begleitet und von Spencer Tracy und Henry Fonda den Zuschauern vorgestellt. «Der Madame Chiang Kai-shek-Marsch» (speziell für diesen Anlaß von Herbert Stothart komponiert) wurde vom Los Angeles Philharmonic Orchestra gespielt; Walter Huston und Edward G. Robinson trugen eine symphonische Erzählung über China vor. «Arrangiert und überwacht» wurde alles von David O. Selznick, besser bekannt für *Gone With the Wind* [Vom Winde verweht].
May-ling nützte die Gelegenheit aus und erzählte besonders brutale Höhepunkte der japanischen Kriegsführung in China. So berichtete sie vom Überfall auf Nanking, bei dem die «Eindringlinge plünderten und der leidgeprüften Bevölkerung alle Lebensmittel raubten, die Frauen belästigten, alle arbeitsfähigen Männer zusammentrieben, sie wie Tiere zusammenbanden und zwangen, sich ihr eigenes Grab zu schaufeln, in das sie dann gestoßen und worin sie lebendig begraben wurden.»[42] Sie klang genauso empört, wie es ihre Schwester Chingling 1936 gewesen war, als der Generalissimo befahl, die sechs führenden jungen Schriftsteller Chinas lebendig zu begraben.
Eine der Hauptaufgaben der United China Relief war die Hilfe für die Provinz Honan, wo Millionen von Chinesen Hunger litten. Theodore White von *Time* war es, der Chiang Kai-sheks Aufmerksamkeit mit Gewalt auf die Situation in Honan lenkte, um dann im März 1943 dem amerikanischen Publikum in *Time* davon zu berichten. White beschrieb das Ereignis Jahre später:

> Was wir sahen, kann ich heute kaum mehr glauben – doch bezeugen meine hingekritzelten Notizen, daß ich sah, was ich sah. Es lagen Leichen herum, die erste nicht mehr als eine Stunde von Loyang ent-

fernt, sie lag im Schnee, schon ein oder zwei Tage tot. Das Gesicht der Toten war eingeschrumpft, es mußte eine noch junge Frau gewesen sein; der Schnee fiel auf ihre Augen, sie würde unbegraben liegen bleiben, bis Vögel oder Hunde ihre Knochen abgenagt hätten. Hunde streunten auf der Straße umher... sie waren wohlgenährt und hatten ein glattes Fell. Wir hielten, um ein Bild von den Hunden zu machen, wie sie die Leichen aus dem Sand scharrten; einige der Leichen waren schon angefressen....

Ich war eingeladen, ein [Kinderheim] zu besuchen. Es stank schlimmer als alles, was ich je gerochen habe. Sogar der Offizier, der uns begleitete, konnte den Gestank nicht mehr ertragen, hielt sich ein Taschentuch vor die Nase und bat uns, ihn zu entschuldigen. Es waren alles ausgesetzte Kleinkinder. Zu viert wurden sie in eine Krippe gelegt. Jene, die nicht in die Krippe paßten, wurden einfach auf Stroh gebettet. Ich weiß nicht mehr, was sie zu essen bekamen. Doch sie stanken von Erbrochenem und Kot, und sobald sie tot waren, wurden sie weggeschafft.

Diese Dinge sah ich alle, doch das schlimmste, was ich hörte, waren die Geschichten über Kannibalismus. Ich habe nie gesehen, wie ein Mensch einen anderen wegen seines Fleisches umbrachte. ... Doch es schien unwiderlegbar wahr, daß Menschen Menschenfleisch aßen....

(Chiangs) Armee hatte in Honan mehr an Getreidesteuer eingetrieben, als was in dieser Gegend an Getreide geerntet worden war. Sie hatte die Gegend leergefegt und aus den Gegenden mit guten Erträgen kein Getreide herbeigeschifft; sie hatte die Bedürfnisse der Bevölkerung mißachtet.

Ich war außer mir vor Wut, als ich Chiang Kai-shek auf die Sache aufmerksam zu machen versuchte: Ich rannte wild schreiend umher wie ein Irrer. ... So ungeduldig war ich, den Bericht aus dem Hungergebiet herauszubringen, daß ich ihn in Rohfassung von Honan, der ersten Telegraphenstation auf dem Nachhauseweg, nach Loyang durchtelegraphierte. Nach Vorschrift hätte der Bericht, wie jede Pressemeldung, via Chungking, wo er von meinen alten Freunden im Ministerium zensuriert und sicher gestoppt worden wäre, wieder zurückgesandt werden sollen. Doch dieses Telegramm wurde von Loyang über einen privaten Sender in Chengtu direkt nach New York weitergeleitet. Entweder war das System zusammengebrochen, oder irgendein unbekannter Telegraphist hatte es nicht über sein Gewissen gebracht, den Bericht nach Vorschrift zu unterdrücken. So ging der Bericht direkt und unzensuriert nach New York. Er erschien ausgerechnet in *Time* – der Illustrierten, die sich in ganz Amerika am meisten um China bemühte. Madame Chiang Kai-shek war damals in den Vereinigten Staaten, und der Bericht versetzte sie in Wut; sie bat meinen Arbeitgeber Luce, mich zu feuern, doch er lehnte es ab,

> was ich ihm hoch anrechne. Der Zwist zwischen uns beiden sollte später kommen.[43]

May-ling kehrte am 4. Juli 1943 nach Chungking zurück.
Graham Peck, der in China für den amerikanischen Kriegsnachrichtendienst arbeitete, merkte, daß sich die GI's, im Gegensatz zu den Amerikanern zu Hause, in bezug auf China nichts vormachen ließen. May-lings Gepäck wurde auf einem Flugplatz in Assam ausgeladen, um das Linienflugzeug für den gefährlichen Flug über den Himalaja leichter zu machen. Man brachte die Fracht an Bord eines Transportflugzeuges der U.S. Army.

> Dies geschah in einem abgelegenen Teil des Flugplatzes [berichtete Peck], und die GI's ließen bei dieser Arbeit zufällig eine Transportkiste fallen. Sie zerbrach, und ihr Inhalt fiel heraus.... [Die Kiste] war voller Kosmetikartikel, feiner Wäsche und Spezereien, alles Dinge, mit denen Madame Chiang sich eingedeckt hatte, um den Rest des Krieges gut zu überstehen. Die GI's waren wütend, denn dies war eine der Perioden, in denen die Flugrouten über den Himalaja gefährlich waren und viele amerikanische Piloten bei den Nachschubflügen ums Leben kamen. Die Soldaten ließen alle weiteren Transportkisten, die umgeladen werden sollten, fallen und zerbrachen sie. Nachdem sie jeden Pelzmantel und jede Spieluhr so gründlich, wie es die Zeit erlaubte, im Dreck herumgetreten hatten, schmissen sie das ganze Zeug in die wartenden Flugzeuge.[44]

Drei Monate nachdem May-ling nach Hause zurückgekehrt war, wurde in der episkopalischen Kirche St. Johns im amerikanischen Massena, New York, einer ruhigen Stadt am St. Lorenzstrom, ein großes farbiges Glasfenster eingesetzt. Es war von Valentine d'Ogries, einem Künstler aus Pennsylvania, angefertigt worden und stellt das himmlische Leben dar: zuoberst Jesus, darunter Maria und dann verschiedene Heilige, die sich in einer chronologischen Reihe bis in die Gegenwart folgen. Jene Figur, die die Gegenwart repräsentiert, hat östliche Züge. Es ist Madame Chiang Kai-shek, «die First Lady der Christenheit». Sie hält eine Schriftrolle, auf der ihre christliche Bitte an alle Amerikaner zu lesen ist: *«Wir müssen versuchen, zu vergeben.»*

18. Kapitel

Ein geteiltes Haus

Das Gipfeltreffen von Kairo, das 1943 stattfand, war der Höhepunkt von May- lings politischer Karriere und der Anfang vom Ende für Chiang. Zeremonienmeister arrangierten die vier berühmten Führerpersönlichkeiten für eine Photographie, die Chiang historisches Format verleihen sollte, in einer Reihe. Es gibt viele Versionen des Bildes. Der Generalissimo sitzt von der Kamera aus gesehen links. Neben ihm Präsident Roosevelt, dann Premierminister Churchill und schließlich Madame Chiang. Churchill trägt einen dreiteiligen weißen Anzug und schwarze Socken, auf seinem breiten Schoß ein grauer Homburg. Neben Churchill sitzt May-ling in ihrem üblichen Cheong-sam; sie trägt einen kurzen weißen Mantel und mit feinen Musselinschleifen verzierte Schuhe. (Churchill ignorierte sie eifrig und machte Witze mit jemandem, der sich außer Reichweite der Kamera befand; die Chiangs wurden in Großbritannien, wo in einem populären komischen Hörspiel während des Krieges eine Figur namens General «Cash My-check» [«Lös meinen Scheck ein»] vorkam, nie besonders ernst genommen.)[1] Am anderen Ende der Reihe sitzt Chiang in seiner üblichen steifen Uniform mit drei Sternen am hochgeschlossenen Kragen. In seinen behandschuhten Händen hält er ein Käppi mit dem Emblem der KMT-Sonne. Roosevelt, der neben ihm sitzt, wirkt in seinem zweireihigen Gabardineanzug kurzatmig und erschöpft; seine verkrüppelten Beine sind für die Kamera keck angewinkelt. Mit vollendeter Eleganz lehnt Roosevelt sich zum Generalissimo hinüber und scheint irgendeine spöttische Bemerkung mit ihm auszutauschen. Chiang zeigt ein knappes Lächeln, als verstünde er. Aber das war natürlich nicht der Fall. Was immer Roosevelt zu sagen vorgab, war nur eine kleine Täuschung um der Amerikaner willen. Sie hatte eine größere Wirkung, als Roosevelt sich hätte vorstellen können.

Es war Roosevelts Idee gewesen, Chiang nach Kairo einzuladen.

Churchill hatte hartnäckig opponiert, aber der Präsident blieb fest. Ein paar Monate zuvor hatte Roosevelt auch General Stilwell befohlen, seine Empörung zu überwinden und dem Generalissimo den Orden der amerikanischen Ehrenlegion anzuheften. Nachdem er so viel Geld und andere materielle Unterstützung in China investiert hatte, wollte Roosevelt, daß die Welt Chiang als großen internationalen Staatsmann sah, als Mitglied der Großen Vier, der mit dem amerikanischen Präsidenten vertrauliche Scherze austauschte. In Kairo führte er mit Hilfe von Dolmetschern frustrierende Diskussionen mit Chiang und versprach, den japanischen Druck von China abzulenken, indem er in Burma und in der Bucht von Bengalen einen alliierten Angriff lancierte.

Churchill war der Meinung, daß die China-Gespräche «langatmig, verwickelt und unbedeutend» waren. Der Premierminister glaubte, daß die Amerikaner die Fähigkeit von Chiangs Regierung, im Krieg eine Rolle zu spielen, gewaltig übertrieben. Er war stärker damit beschäftigt, die Japaner aus Britisch-Indien herauszuhalten und die verlorene Bastion Singapur zurückzuerobern, die weiterhin «das höchste Ziel der Briten» in Asien blieb.[2] Churchill und Roosevelt reisten von Kairo aus weiter, um in Teheran mit Stalin zu konferieren; hier wurde Roosevelt endlich überredet, die asiatischen Kriegspläne aufzugeben, um sich ganz auf die alliierte Invasion in Europa zu konzentrieren. Als die Nachricht von dieser Kehrtwendung Chungking erreichte, war Chiang Kai-shek äußerst aufgebracht. Erbost teilte er dem amerikanischen Botschafter mit, ein Darlehen von einer Milliarde $ sei das einzige, was «das chinesische Volk und die Armee von Ihrem ernsthaften Interesse überzeugen» könne. T.V. Soong hatte gerade ein Darlehen in der halben Höhe des genannten Betrags von Washington und weitere fünfhundert Millionen von Großbritannien erhalten. Nun wollte Chiang, daß Washington den Einsatz verdoppelte. General Cash My-check hatte wieder zugeschlagen.

So oft verschiedene Versionen der Kairoer Photographie in Geschichtsbüchern für Kinder und in der populären Presse für die allgemeine Öffentlichkeit reproduziert wurden, so oft zeichneten sie ein täuschendes Bild der Begegnung. Die Wahrheit war das genaue Gegenteil der Bilder. Es lag nicht nur daran, daß Roosevelt und Chiang nicht offen miteinander sprechen und sich nicht in die Augen sehen konnten; es lag auch nicht nur daran, daß May-lings Gegenwart sowohl für den Premierminister als auch für den Präsidenten (der erst unlängst verzweifelt bestrebt gewesen war, sie aus seinem Haus und aus dem Land hinauszumanövrieren) ein Reizmittel war – es lag daran, daß die Chiangs in diesem Augenblick nicht auf ihrem

Weg nach oben, sondern auf ihrem Weg nach unten waren. Die Soong-Dynastie verlor ihr Himmelsmandat nicht, wie so oft versichert wird, im Jahr 1949, als Mao Tse-tung in Peking die Macht übernahm, sondern im Jahr 1943 – bevor die Vereinigten Staaten ganz und gar in ihr Schicksal verwickelt wurden.

Dieser historische Wandel ihres Geschicks wurde von denen, die China für die Presse und für das Auswärtige Amt beobachteten, bemerkt und aufgezeichnet, aber er wurde ignoriert. Damals wurde die Frage, die heute ein bitterer Witz ist, zum erstenmal gestellt: Wie konnte es geschehen, daß Chiang gerade zu dem Zeitpunkt, als die Vereinigten Staaten sich wirklich hinter ihn stellten, seine Macht zu verlieren begann? Die amerikanische Haltung beruhte auf einer so krassen Fehleinschätzung, daß Washington sich jahrelang weigern sollte, seinen Fehler einzugestehen. Für so schlechte Nachrichten werden die Boten getötet.

Die chinesischen Kommunisten waren immer noch alles andere als in der Lage, Chiang herauszufordern; sie waren durch die Blockade von 500 000 KMT-Soldaten von Südchina abgeriegelt. Aber obwohl sie in Nordchina festsaßen, führten die Roten einen bemerkenswert wirksamen Guerillakrieg gegen die Japaner. Die kaiserliche Armee versuchte, die Kommunisten mit einer Strategie der verbrannten Erde, die die ländlichen Gebiete verwüstete und nur noch mehr Leute auf Maos Seite trieb, zurückzudrängen. Entlang der Front der KMT und der Japaner im Süden kam es kaum zu Kampfhandlungen, weil Chiangs Armeen die Anweisung hatten, einen sicheren Abstand zum Feind zu wahren. Opponierende Befehlshaber beteiligten sich am Handel in diesem Niemandsland; sie tauschten amerikanische Lend-Lease-Waren gegen japanische Konsumgüter. Dabei wurden Vermögen gemacht.

Die einzigen KMT-Armeen, die tatsächlich kämpften, waren diejenigen, die in Burma unter Stilwells Befehl standen, besonders die unter General Sun Li-jen. Sie kämpften nur gelegentlich, aber wenn sie wie im Myitkyina-Feldzug zum Kampf gezwungen wurden, machten sie ihre Sache gut. Alles, was Essig-Joe erreichte, erreichte er, indem er sich über die energischen Einwände Chiangs hinwegsetzte. Dieser wurde in seiner Kampagne, die das Ziel hatte, Stilwell schlechtzumachen und loszuwerden, von Chennault unterstützt.

Innerhalb des chinesischen Territoriums, das nominell unter Chiangs Kontrolle stand, verschlechterten sich die Lebensbedingungen mit erschreckender Geschwindigkeit. Die Währung war wertlos, obwohl H.H. Kung seine Papiergeld-Pantomime weiterspielte. Viele Erzeug-

nisse waren nur noch für korrupte Bürokraten und Armeeoffiziere erschwinglich, die mit wenigen Ausnahmen hamsterten und Wucher trieben. Unsinnigerweise unterstützte Chiang Kungs neuesten Plan, der die Inflation durch die Festsetzung von Fixpreisen bekämpfen wollte. Augenblicklich hielten die Produzenten alles Fleisch und Haushaltöl vom Markt zurück und warteten, bis die Preise stiegen. In Chungking hungerte selbst der Mittelstand und sah seine Kinder sterben. Viele gebildete Chinesen, die die Kuomintang einmal unterstützt hatten, realisierten nun, daß die Partei ausschließlich damit beschäftigt war, ihre Machtposition aufrecht zu erhalten, und wandten sich gegen sie. Einige wurden ihr für immer entfremdet. Andere hielten sich zurück und kritisierten die Regierungspolitik nur milde – mit dem Resultat, daß sie zur Zielscheibe von Repressionen der Geheimpolizei wurden. Absurderweise kümmerte das Regime sich nicht um den Krieg, sondern zerrte jeden loyalen Bürger, der es wagte, Kritik zu üben, in Tai Lis Hauptquartier. Sie wurden verprügelt oder enthauptet; man ließ sie verhungern oder machte sie in den von Tai Li geleiteten Konzentrationslagern der KMT zu Heroinsüchtigen.
Die Loyalität von Chiangs Offizierscorps bildete nur eine dünne Kruste über einem riesigen stehenden Heer, das zum Kriegsdienst gezwungen worden war. Die Ergebenheit setzte sich nicht bis in die Reihen der Soldaten fort. Das war nichts Neues in China; aber wenn in der Vergangenheit Dynastien stürzten, wurde die Bürokratie der Mandarine gewöhnlich von der neuen Dynastie übernommen, so daß die lebenswichtige Kontinuität der Verwaltung gewährleistet blieb. Wenn klassische chinesische Regierungen wechselten, änderte sich nur die Führungsspitze. Aber solch ein Mandarinat existierte nun nicht mehr. Es war eine der Zielscheiben der Revolution von 1911 gewesen. An seiner Stelle war seither nichts mehr entstanden.
Das «Recht» zu regieren hing nun vollständig von der *Glaubwürdigkeit* der KMT ab, das heißt von ihrem Prestige, das definitionsgemäß «der Trick oder die Illusion ist, die ein Zauberer hervorbringt». Das war die Essenz des Himmelsmandats. Während Chiangs Glaubwürdigkeit sich verflüchtigte, waren die, die darauf hinwiesen, in höchster Gefahr – als hätten sie darauf hingewiesen, daß der Kaiser nackt sei.
Chiang wurde immer tyrannischer. Er verlagerte mehr und mehr Kontrollgewalt weg von den Mitgliedern der Soong-Familie (die immer ein Luxus gewesen waren) und hin zu der C-C-Clique der Ch'en-Brüder (die immer eine Notwendigkeit gewesen waren). Er konnte ohne die Ch'ens nicht überleben, weil sie unmittelbar die Leute repräsentierten, die ihn an die Macht gebracht hatten – die

Hierarchie der Grünen Gang –, und auf das Überleben kam es nun an. Großohr-Tu wurde älter und hielt nicht mehr eine Position inne, von der aus er Chiangs Stellung ganz allein gewährleisten konnte. Schließlich erwiesen sich Chiangs Bindungen an die Blutsbrüderschaft der Grünen Gang im ganzen als stärker als die Bindungen an seine dynastische Familie.[3]

Der Einfluß der Soongs verschwand nicht mit einemmal. Sie blieben, wo sie waren, und behielten ihre Titel, während die Ch'en-Clique sich über sie hinwegsetzte. Die Art von Liberalismus, die von den Soongs vertreten wurde, hörte auf, die nationale Fassade zu sein. Indem Chiang sich stärker auf die Ch'ens und Tai Li stützte, wurde er – wie Hitler – in den Größenwahn getrieben. Er zeigte zunehmende Arroganz gegenüber Washington, was ihn allerdings nicht Amerikas Unterstützung kostete. Die amerikanischen Beamten interessierte es nicht, ob Chiang Menschenrechte verletzte oder sich durch Ränke an der Macht hielt. Washington – nicht das Washington, das von Generalstabschef George C. Marshall vertreten wurde, aber dasjenige, das Roosevelts politischer Berater Harry Hopkins versinnbildlichte – teilte in zunehmendem Maß Chiangs Fixierung auf die kommunistische Gefahr nach dem Krieg. Um dem Generalissimo und seinen Helfern in Amerika zu gefallen, war das Washington Hopkins' und des Auswärtigen Amtes bereit, jede beliebige Zahl seiner eigenen Leute zu opfern.

Die amerikanische Unterstützung Tai Lis wurde durch den U.S. Navy-Kommandeur Milton E. «Mary» Miles angekurbelt, der ausgesandt worden war, um «schwarze» oder heimliche Operationen gegen die Japaner entlang der chinesischen Küste zu unternehmen. Miles verfügte in eigener Regie, der beste Weg hierzu in einem fremden Land bestehe darin, alles in die Hände eines Mannes zu legen, der wußte, wo alle die Leichen begraben waren – in die Hände des Chefs der Geheimpolizei. Sie starteten eine gemeinsame Aktion mit dem Code-Namen SACO. Die Aktion resultierte darin, daß Miles wenig gegen die Japaner ausrichtete, aber viel für Tai Li, und daß Tai Li überhaupt nichts für die Vereinigten Staaten tat. Dies führte zu einer denkwürdigen Auseinandersetzung mit dem amerikanischen Spionagechef William J. «Wild Bill» Donovan.[4]

Für Donovan war es offensichtlich, daß Tai Li alles Erdenkliche tat, um dem OSS zu verbergen, was in China vor sich ging, und daß Tai Li und Miles überhaupt zu freundlich waren. Nachdem er nach Chungking geflogen war, sah Donovan während eines Banketts, das für ihn gegeben wurde und unter dessen Gästen der amerikanische Botschafter, diverse Generäle beider Seiten, Tai Li und T.V. Soong waren, seine Gelegenheit kommen. Alle tranken zuviel – außer Donovan und seinem Gegenspieler, dessen Augen kalt blieben, während ein Trinkspruch dem anderen folgte bis in die frühen Morgenstunden. Die anderen waren verblüfft, als Donovan Tai Li plötzlich mitteilte, die OSS-Agenten in China würden unabhängig von ihm vorgehen, wenn er ihre Informationsbeschaffung behindere.

Lächelnd sagte Tai Li: «Wenn der OSS versucht, außerhalb der SACO zu operieren, werde ich Ihre Agenten töten.»

«Für jeden unserer Agenten, den Sie töten», antwortete Donovan, «werde ich einen Ihrer Generäle töten.»

«So können Sie nicht mit mir reden», sagte Tai Li.

«Genau so rede ich mit Ihnen», sagte Donovan.[5]

Aber solche Offenheit war selten. Amerika begriff nicht, in was für eine Falle es geriet, weil das Auswärtige Amt nicht auf seine China-Beobachter hörte. Nur sehr wenige ihrer geheimen Berichte erreichten tatsächlich den Außenminister, die übrigen wurden von Parteigängern der Chiang-Lobby innerhalb der Amtshierarchie abgefangen. Der Außenminister las die Berichte zwar nicht, aber die Chinesen lasen sie. Nach Informationen, die zu jener Zeit vom FBI gesammelt wurden, gab jemand hoch oben im Auswärtigen Amt diese Geheiminformationen direkt an die China Defense Supplies weiter, so daß T.V. Soong sie lesen und so auf sie reagieren konnte, wie es ihm richtig schien. Die Amerikaner, die nach China gesandt wurden, um Chiangs Regime zu beobachten, erstatteten also nicht Präsident Roosevelt, sondern der Soong-Familie Bericht.

Im Kriegsministerium sah die Lage ganz anders aus. General Marshall war Chiang gegenüber mißtrauisch und hörte auf Stilwells Warnungen. Aber es war schwierig, Roosevelt zu überzeugen, dieses Mißtrauen zu teilen. Der Präsident hörte ausschließlich auf Politiker wie Harry Hopkins und den Kreis von Vertrauten um Tommy Corcoran und T.V. Soong. So viele Leute mit wichtigen Verbindungen brachten die Dinge durcheinander, daß es keine vernünftige Diskussion über China mehr geben konnte. Für Chungking selbst steuerte Joe Alsop seine beträchtliche Fähigkeit zur Verwirrung der Dinge bei. Zunächst hatte Alsop sich als Chennaults «Pressemitarbeiter», der für die Öffentlichkeitsarbeit verantwortlich war, in China postiert. Dann, nachdem er in Hong Kong von den Japanern gefangengenommen und in die Vereinigten Staaten zurückgeschafft worden war, machte er seinen Einfluß geltend, um eine neue Anstellung als Lend-Lease-Vertreter in Chungking zu erhalten, wo er sein Gewicht wieder in die Waagschale der Kampagne warf, die Stilwell vernichten sollte.

Die Stilwell-Affäre spitzte sich 1944 zu, unmittelbar nachdem die

Japaner in Ostchina die Operation Ichigo lanciert hatten. Es war ihr erster großer Feldzug seit der Eroberung Wuhans im Jahr 1938. Er war notwendig geworden, weil amerikanische U-Boote in japanische Gewässer eingedrungen waren und die Zufahrtswege der Schiffe in das eroberte Gebiet in Südostasien abgeschnitten hatten. Diesen entlegenen Außenposten fehlte es nun an Nachschub, und sie waren einem Angriff der Alliierten ausgesetzt. Japans einzige Alternative, die Zufuhr zu gewährleisten, war die Nord-Süd-Eisenbahnlinie in China, deren Besetzung bisher nicht notwendig gewesen war. Gleichzeitig planten sie, die neuen, an der Front gelegenen Luftwaffenstützpunkte, die von Chennaults Fourteenth Air Force errichtet wurden, zu zerstören.

Chennault hatte Roosevelt mit der Prahlerei beeindruckt, seine Flugzeuge könnten eine Million Tonnen japanischer Flottenbestände versenken, wenn er die vorgeschobenen Stützpunkte und die Flugzeuge hätte – und wenn Stilwell nicht den Löwenanteil des Kriegsmaterials bekäme. Er sagte, die gleichen Stützpunkte könnten auch für die B-29-Bomber verwendet werden, um die Luftangriffe auf die japanischen Inseln zu fliegen. Das Gegenteil sei richtig, argumentierte Stilwell; er sagte voraus, daß die Japaner die Stützpunkte einfach zerstören würden. Wie gewöhnlich hatte Stilwell recht.

Fünfzehn japanische Divisionen sowie fünf weitere Brigaden schlugen im April 1944 los, und die chinesische Verteidigungsarmee von 300 000 Mann löste sich buchstäblich in Luft auf. Japanische Einheiten von nicht mehr als fünfhundert Mann schlugen Tausende von chinesischen Soldaten. Die chinesischen Kommandeure requirierten Lastwagen, um mit ihren Familien und ihrem Besitz ins Landesinnere zu fliehen. Chennault behauptete, nichts dergleichen wäre passiert, wenn Stilwell zugelassen hätte, daß diese chinesischen Einheiten mit einer ausreichenden Menge von Lend-Lease-Gütern versehen wurden. In Wirklichkeit waren einige der betreffenden Armeen so reichlich mit amerikanischer Ausrüstung versehen, daß ihre Kommandeure sie auf dem Schwarzmarkt an die Japaner verkauften. An Orten, wo nach den Behauptungen des Generalissimo entschlossene Verteidigungsmaßnahmen vorbereitet wurden, fand Theodore White nur zwei schlecht ausgerüstete Regimenter zum Wehrdienst gepreßter Bauernsoldaten, die dem Opfertod unter einer riesigen japanischen Dampfwalze entgegengingen.

> Die Männer gingen ruhig, mit der seltsamen Bitterkeit chinesischer Soldaten, die nichts als Unheil erwarten. ... Sie waren drahtig und braun, ihre Gewehre alt, ihre gelbbraunen Uniformen fadenscheinig.

Jeder trug zwei Granaten im Gürtel; um den Hals trugen sie einen langen blauen Strumpf, der aussah wie eine Wurst und mit Reiskörnern vollgestopft war – der einzigen Feldration der chinesischen Soldaten. Ihre Füße, die in Strohsandalen steckten, waren zerschunden und geschwollen; ihre Köpfe waren mit ganzen Vogelnestern von Blättern bedeckt, die zusammengeflochten waren, um die Sonne abzuhalten und vermutlich auch, um für Tarnung zu sorgen. Schweiß lief an den Soldaten hinab, Staub wirbelte an ihnen hoch; die Hitze ergriff das ganze Land, und schwindelerregende, glitzernde Wogen stiegen über den Reisfeldern auf.

Als die Schlacht schließlich losging, war sie bald vorbei. «Die chinesischen Soldaten taten das Menschenmögliche», schrieb White. «Sie kämpften sich die Berge hinauf und kamen um in der Sonne, aber sie hatten keine Unterstützung und keine Anweisungen. Sie kämpften auf verlorenem Posten.»[6]

Nach dem Verlust der Luftwaffenstützpunkte verstärkten Chennault und Chiang ihre Anstrengungen, Stilwell zum Sündenbock zu machen. Im Juni, als Vizepräsident Henry Wallace für einige Tage nach Chungking kam, war Stilwell nicht anwesend, um für seine Sache zu sprechen. Er war an der burmesischen Front in den langen, blutigen Angriff auf Myitkyina verwickelt, die größte und erfolgreichste militärische Unternehmung der Amerikaner auf dem asiatischen Festland im ganzen Zweiten Weltkrieg und auch die einzige, an dem amerikanische Kampftruppen – Merill's Marauders – teilnahmen.

Aus kosmetischen Gründen befahl der Generalissimo, alle Bettler zusammenzutreiben, aneinanderzufesseln und weit weg von Chungking zu schicken.[7] Wallace wurde von T.V. Soong und Joe Alsop ins Schlepptau genommen. Bevor dem Vizepräsidenten das Ohrensausen von den Flugzeugmotoren verging, wurden ihm sämtliche Sünden Stilwells hinterbracht.

Bei Zusammenkünften mit dem Generalissimo gelang es Wallace, ihm die Erlaubnis abzuringen, ein Team von amerikanischen Beobachtern ins kommunistische Hauptquartier in Yenan gehen zu lassen. Aber Chiang wollte Gleiches mit Gleichem vergolten haben. Als er Wallace zum Flughafen fuhr, um ihn zu verabschieden, drängte er ihn im Gegenzug, dafür zu sorgen, daß Stilwell durch Generalmajor Albert C. Wedemeyer ersetzt würde, einen angenehmeren und flexibleren Mann aus Lord Mountbattens Stab in Delhi. Der Generalissimo wollte auch, daß Roosevelt einen neuen persönlichen Vertreter beordere, der den Botschafter Clarence Gauss, der dauernd Schwierigkeiten machte, ablösen sollte. Nachdem er die Sache überschlafen hatte, sandte Wallace aus Kunming, seiner nächsten Reisestation, den folgenden Bericht an den Präsidenten: «Chiang ist bestenfalls eine kurzfristige Investition. Es wird nicht angenommen, daß er die Intelligenz und politische Stärke besitzt, um China nach dem Krieg zu regieren. Die Führer Chinas nach dem Krieg werden aus einer Evolution oder aus einer Revolution hervorgehen, und zurzeit ist das zweite wohl wahrscheinlicher.»[8]

Ironischerweise stellte sich das Kriegsministerium, während der politische Druck gegen Stilwell in Chungking zunahm, fester hinter ihn und drängte Roosevelt, Essig-Joe zum Viersternegeneral zu befördern und darauf zu bestehen, daß Chiang ihm den Oberbefehl über alle chinesischen Truppen sowohl in China als auch in Burma und Indien übertrug. «Die Gefühle des Generalissimo gegenüber Stilwell sind uns vollauf bewußt», hieß es in einem Memorandum der Stabschefs an den Präsidenten, «aber trotzdem bleibt die Tatsache bestehen, daß er im Gegensatz zu der höchst negativen Haltung der britischen und der chinesischen Verantwortlichen seine Sache oder seine Behauptungen auf dem Schlachtfeld bewiesen hat.»[9]

Auf diesen Rat seiner obersten Kommandeure hin übermittelte Roosevelt dem Generalissimo eine Botschaft, in der es hieß, daß Stilwell befördert werde, und die Chiang drängte, die gesamte chinesische Armee unter sein Kommando zu stellen, «weil die Zukunft ganz Asiens auf dem Spiel steht».

Chiang konnte nicht glattweg ablehnen; deshalb machte er Einschränkungen: Er bestand darauf, daß Roosevelt vorerst einen besonderen Emissär nach China sandte, um die Beziehung zu Stilwell «ins Lot zu bringen», und daß er Chiang Zeit gab, seine Armeen an die Vorstellung zu gewöhnen, von einem Amerikaner befehligt zu werden. Bevor die Angelegenheit bereinigt werden konnte, lancierten die Japaner entlang der Burmastraße einen kurzen Angriff, und den Generalissimo machte die Möglichkeit, daß die Japaner sich bis Kunming durchkämpfen könnten, so nervös, daß er damit drohte, alle seine Soldaten von der burmesischen Front bis hinter den Salween zurückzuziehen, wo sie in Sicherheit wären.

Roosevelt sandte eine dringende Note an Chiang mit der Warnung, daß alle amerikanische Hilfe eingestellt werde, falls der Generalissimo seine Truppen aus Burma zurückzog und Stilwell nicht den Oberbefehl übertrug. Roosevelts Note war, wie Stilwell bemerkte, «ein heißes Eisen». Stilwell erhielt eine Audienz bei Chiang, «gab der Erdnuß dieses Bündel Paprika und sank dann mit einem Seufzer zurück. Die Harpune traf den kleinen Kerl voll in die Magengrube und ging direkt durch ihn durch.»[10]

Chiang war von Roosevelts barscher Forderung gedemütigt und in

Wut gebracht. Stilwells Ernennung zum Kommandeur der KMT-Armeen rief Fragen hervor, die nicht militärisch, sondern politisch waren und die das riesige Netz der Korruption, von dem Chiangs Überleben abhing, gefährdeten. Stilwells Freude war voreilig.
Als es schließlich zur Entscheidung kam, wurde Stilwell nicht von Chiang, Chennault oder den Soongs zu Fall gebracht. Das geschah vielmehr durch Washingtons Weigerung, den eigenen Beobachtern vor Ort Glauben zu schenken, und durch die Neigung, chinesische Probleme mit der Logik aus Oklahoma zu lösen. Stilwell wurde von jemandem zu Fall gebracht, der nichts über China wußte – von Roosevelts neuem «persönlichen Vertreter» Patrick Hurley.
Als der neue Mann in China machte Hurley sofort den ersten Fehler, indem er dem Generalissimo versicherte, «persönlich» stehe Amerika «absolut hinter Chiang».[11] Mit anderen Worten: der Generalissimo würde bekommen, was immer er wollte. Chiang beschloß, Hurleys Prahlerei auf die Probe zu stellen; er ignorierte Roosevelts Forderung und bestand in einer Botschaft vom 24. September 1944 nochmals darauf, daß Stilwell abberufen werde: »General Stilwell ist ungeeignet für die riesigen, komplexen und heiklen Pflichten, die das neue Kommando mit sich bringen wird», schrieb Chiang. Bevor Roosevelt antworten konnte, gab Chiang seinem Zentralen Exekutivkomitee formell bekannt, er werde das Kommando Stilwell nicht übergeben. Das versetzte Präsident Roosevelt in eine mißliche Lage. Er konnte sich Chiang nicht mehr gefügig machen, ohne das nun vor der ganzen KMT-Führung zu tun. Tatsächlich war dies nur ein gewandtes und durchsichtiges politisches Manöver von Chiangs Seite, aber es war Wasser auf die Mühlen von Stilwells amerikanischen Feinden wie Harry Hopkins. Für die amerikanische Regierung war der Zeitpunkt gekommen, Farbe zu bekennen, wenn sie Chiang gegenüber jemals fest bleiben wollte. Wie praktisch jedermann wußte, würde sie keineswegs fest bleiben.
Generalmajor Patrick J. Hurley war ein Mann von unverhältnismäßigem politischem Gewicht. Er kam aus Oklahoma, war großgewachsen und wohlhabend und war in der Hoover-Administration Kriegsminister gewesen; Roosevelt setzte ihn gelegentlich als Krisenmanager ein. Er löste die äußerst heikle Situation in Chungking auf seine Art, indem er mit Hilfe von Indianergeschrei den Narren spielte, Männer, die er «Chancre Jack» [Schanker-Jack] und «Moose Dung» [Elch-Mist] nannte, herzlich begrüßte und in der Botschaft einem alten Chinakenner mit einem geladenen Revolver vor dem Gesicht herumfuchtelte, wenn dieser Memoranda einreichte, die Hurley nicht gefielen.[12]

Hurley war der sprichwörtliche Elefant im Porzellanladen. Er sandte eine Note an Roosevelt, in der er ihn drängte, Chiangs Willen zu entsprechen. In Hurleys einfältiger Betrachtungsweise konnte man sich, wenn es um die Wahl zwischen Chiang und Stilwell ging, nur für Chiang entscheiden. Roosevelt, der alles aus seinen Gedanken verdrängte, was General Marshall und andere ihm gesagt hatten, beschloß, daß Amerika auf Hurley setzen werde. Er befahl Stilwells umgehende Abberufung. «DAS BEIL FÄLLT», schrieb Stilwell in sein Tagebuch.

Nach Stilwells Abberufung belohnte Roosevelt Hurley mit dem Posten von Botschafter Gauss. In gefährlicher Weise ermutigt, trimmte Hurley seinen flotten Schnurrbart und beschloß, den chinesischen Bürgerkrieg auf eigene Faust und über Nacht beizulegen. Als erstes ging er nach Yenan und verblüffte die kommunistische Parteiführung mit der Frage, unter welchen Bedingungen sie einverstanden wäre, mit Chiang zusammenzuarbeiten. Mit Maos unverblümten Bedingungen einer Übereinkunft bewaffnet, hastete Hurley nach Chungking zurück, nur um zu erfahren, wie falsch er lag. Der Generalissimo war nicht einmal bereit, Maos Bedingungen überhaupt in Betracht zu ziehen. Nach diesem Ereignis bezeichnete sogar Chiang Kai-shek Hurley als «verdammten Trottel».

Hurley machte sich in aller Eile mit einem neuen Plan nach Yenan auf und versuchte Mao dazu zu bringen, eine Vorherrschaft Chiang Kai-sheks zu akzeptieren – worauf Mao heftig wurde: «Dieses Schildkrötenei Chiang!» Von da an nannten die Kommunisten Hurley verächtlich «Kleiner Schnurrbart!» Um die Liste der Schimpfwörter komplett zu machen, bezeichnete Hurley Mao daraufhin als «Motherfucker».[13]

Harold Isaacs, der nun für *Newsweek* über den Krieg berichtete, zog den Schluß, daß Hurley «unter Männer geraten war, deren Art von Politik ein bißchen zu fein gesponnen ist». Annalee Jacoby von *Time* hingegen war weniger mild. «Hurley», schrieb sie, «vergaß, wo er war, mit wem er es zu tun hatte, ja sogar, was er gerade gesagt hatte.»

Als Beobachter und Informanten der U.S.-Regierung in Chungking fungierte eine Handvoll von Leuten mit langer China-Erfahrung; mehrere waren die Kinder von Missionaren. Während einigen von ihnen im Auslanddienst lange und erfolgreiche Karrieren bevorstanden, sind für unsere Zwecke die am wichtigsten, deren Karrieren von kurzer Dauer waren: Jack Service, O. Edmund Clubb, John Paton Davies und John Carter Vincent. Sie gehörten zu denen, die gezwungen wurden, ihre Ämter in der Verwaltung niederzulegen, und die während der McCarthy-Ära auch anderweitig verfolgt wurden, weil sie unwillkommene Nachrichten über China weitergeleitet hatten. Nach Ansicht der Hexenjäger waren dies die Amerikaner, die «China verloren».

Die Botschaft der Chinabeobachter bestand im wesentlichen darin, daß Chiang Kai-shek – gleichgültig wie sehr Washington wollte, daß er China «regiere» – drauf und dran war, das Land an die Kommunisten zu verlieren. Das jedoch wollten ihre unmittelbaren Vorgesetzten im Auswärtigen Amt platterdings nicht hören. Es widersprach dem herrschenden Mythos. Die Beobachter in Chungking wurden angeklagt, das zu begünstigen, was sie voraussagten – den Kommunismus. In Wirklichkeit warnten sie ihre Regierung lediglich vor einem Verlauf der Ereignisse, der nun sicher schien, so daß sie eine realistische Politik entwickeln konnte. Washington reagierte mit tiefem Argwohn und mit Feindseligkeit; die Regierung bestand darauf, daß die amerikanische Flagge noch fester an den Mast von Chiangs sinkendem Schiff genagelt wurde.

«China ist in einem Schlamassel», berichtete Jack Service am 20. März 1944 in einem typischen Memorandum:[14]

> Für die bedauernswerte Situation als Ganzes ist Chiang und nur Chiang verantwortlich. ... Chiang wird kooperieren, wenn sich die Vereinigten Staaten, auf die er angewiesen ist, genau darüber klar werden, was sie von ihm wollen, und dann nicht nachgeben. ... Das bedeutet vielleicht, daß wir aktiv in die chinesischen Angelegenheiten eingreifen müssen. Aber wenn wir das nicht tun, wird China als alliierter Staat kaum von Nutzen sein. Und indem wir es tun, retten wir vielleicht China.

Davies, der die Aufgabe hatte, mit Stilwell zusammenzuarbeiten, schrieb an Harry Hopkins: «Der Generalissimo ist wahrscheinlich der einzige Chinese, der den verbreiteten amerikanischen Irrtum teilt, Chiang Kai-shek sei China.»[15]

Anstatt unnachgiebig zu sein, verhätschelte Washington Chiang. Es wurde für Chiang (oder für T.V. Soong, wenn er in Chiangs Namen sprach) zur Routine, mit einem separaten Friedensabkommen mit Japan zu drohen, falls die neuesten Forderungen nicht erfüllt wurden. Eine Variation dieser Drohung sah so aus, daß Chiang und T.V. die Warnung aussprachen, sie würden Hilfe aus Moskau bekommen, wenn sie keine aus Washington bekämen – wenn man es recht bedenkt, eine wunderliche Drohung von einer Regierung, deren übliches Thema der Anti-Kommunismus war.[16]

Roosevelt wurde völlig überfahren. Er bildete sich ein, einen gründlichen Begriff von der chinesischen Mentalität zu haben. In Wirklichkeit beschränkten sich seine unmittelbaren Kontakte ausschließlich auf amerikanisierte Chinesen wie May-ling und T.V. – von den übrigen Chinesen «Bananen» genannt, weil sie außen zwar gelb, innen aber weiß sind. Als der Präsident in Kairo Chiang begegnete, war es, wie er zugab, das erste Mal, daß er einen «wirklichen Asiaten» sah. Roosevelt gestand Sumner Welles, daß er in den Verhandlungen mit Chiang auf «unzählige Schwierigkeiten» gestoßen sei, daß er ihn «überaus launisch» gefunden habe und persönlich davon verletzt sei, daß das Regime offensichtlich kein Mitleid für das furchtbare Elend der chinesischen Massen zeigte.[17] Nichtsdestoweniger instruierte Roosevelt General Marshall, den Generalissimo mit besonderer Rücksicht zu betrachten:

> Wir dürfen nicht vergessen, wie schwer der Generalissimo es hatte, der unbestrittene Führer von vierhundert Millionen Menschen zu werden – es ist dies eine außerordentlich schwierige Aufgabe, in einer heterogenen Gruppe der verschiedensten Führer – Militärs, Erzieher, Wissenschaftler, Vertreter der Volksgesundheit, Ingenieure –, die alle um lokale oder nationale Macht kämpfen, irgendeine Art von Einigkeit zu erlangen und in sehr kurzer Zeit für ganz China das zu erreichen, wofür wir ein paar Jahrhunderte gebraucht haben.
> Außerdem findet der Generalissimo es unerläßlich, seine Position der uneingeschränkten Gewalt weiterhin beizubehalten. Sie und ich würden unter den gegebenen Umständen das gleiche tun. Er ist sowohl das Oberhaupt der Exekutive als auch der Oberbefehlshaber der Armee, und einen solchen Mann kann man nicht so hart anfassen oder zu Verpflichtungen zwingen, wie vielleicht den Sultan von Marokko.[18]

Dieses Porträt Chiangs war in grotesker Weise unzutreffend. Roosevelt schien eher über sich zu sprechen als über Chiang. Während eines Interviews mit Edgar Snow Anfang 1945 gestand er: «Ich war in Kairo nie in der Lage, mir eine Meinung über Chiang zu bilden. Als ich später darüber nachdachte, realisierte ich, daß ich nichts wußte als das, was Madame Chiang mir über ihren Gatten und seine Vorstellungen erzählt hatte.»[19]

Die amerikanische Politik beruhte also auf den Persönlichkeiten der Chiangs, der Soongs und der Kungs und weniger auf den Ereignissen, der Nation oder dem Volk. Das war ein Tribut an die außergewöhnliche Fähigkeit der Soongs, sich in Szene zu setzen. Der Mann, der offiziell für die amerikanische Chinapolitik verantwortlich war, Stanley Hornbeck, der Leiter der Fernost-Abteilung im State Depart-

ment, besaß nur das pauschalste und formellste Wissen über China und hatte mit dem Reich der Mitte viele Jahre lang keinen persönlichen Kontakt mehr gehabt.
Hornbeck war einer jener sich sonnenden Hamadryaden im Auswärtigen Amt, die, nachdem sie einmal einen Platz an der Sonne erlangt hatten, eingerollt auf ein Wesen warteten, das ihre Ruhe zu stören wagte. Er hatte nur vier Jahre seines Lebens in China verbracht, und zwar zur Zeit der Revolution von 1911 als Lehrer in Colleges der Regierung. Von der Sprache hatte er nur rudimentäre Kenntnisse, und von Land und Leuten wußte er noch weniger. Das wenige, was er wußte, veröffentlichte er 1916 in einem schummrigen Buch mit dem Titel *Contemporary Politics in the Far East* [Zeitgenössische Politik im Fernen Osten], das rasch seinen Weg in die Vergessenheit fand. Als Hauptmann im Ersten Weltkrieg erlangte er die Rolle eines «Experten» für den Fernen Osten; er steuerte seine Einsichten zu der zweifelhaften Lösung der asiatischen Probleme im Friedensvertrag von 1919 und an der Washingtoner Konferenz von 1921 bei, die das Mächtegleichgewicht der Welt weiter auflösten und die Bühne für den Zweiten Weltkrieg vorbereiteten. Mit diesen fragwürdigen Voraussetzungen erhielt Hornbeck in den zwanziger Jahren einen Lehrauftrag für Asien-Fragen an der Harvard University und publizierte ein weiteres Buch, das ernsthafter Überprüfung nicht standhielt. Mit Hilfe dieses Buches und seines Lehrauftrags in Harvard komplimentierte er sich selbst ins Auswärtige Amt, wo er 1928 Leiter der Ostasienabteilung wurde.[20]
Dieser unglaubliche Schicksalschlag für die Nation verlieh Hornbeck die Kontrolle über den Informationsfluß von Beamten im Auslanddienst zu den politischen Planern im State Department und zum Kabinett des Präsidenten. Depeschen, die Chiang kritisierten,[21] enthielt er dem Außenminister vor und stellte einmal fest: «Die Fernostpolitik der Vereinigten Staaten bewegt sich wie ein Zug auf einem Geleise. Die Schienen sind klar in einer bestimmten Richtung ausgelegt, und jeder kann sehen, wohin sie führen.» In der Tat kam der Zug 1975 in Saigon an, nach Zwischenhalten in Peking, Quemoy, Matsu und am Yalu.
Hornbeck verbarg sein Unwissen hinter einer moralistischen Fassade. Er verließ sich auf das ehrwürdige alte Spiel des Auswärtigen Amtes, den Vorschlägen von besser informierten untergebenen Beamten mit juristischen und technischen Spitzfindigkeiten entgegenzutreten. Er gab vor, eine besondere, esoterische Kenntnis des mysteriösen Ostens zu besitzen, die für gewöhnliche Sterbliche unerreichbar war. Hornbeck und seinem langweiligen Protégé Maxwell Hamilton fehlte es in

gefährlicher Weise an einem Realitätsbezug. Aber als sein Stab 1944 endlich rebellierte und darauf aufmerksam machte, daß Hornbeck Minister Hull entscheidende Informationen vorenthielt, wurde er einfach zum Botschafter in den Niederlanden ernannt und entging aller Schuld an den katastrophalen Konsequenzen in den folgenden drei Jahrzehnten. Andere, bessere Männer sahen wegen Hornbecks Amtsführung ihre Karriere und ihr Leben ruiniert, aber Hornbeck kam völlig ungeschoren davon.

Es war ohnehin zu spät, denn Hornbecks Eilzug sauste schon auf dem falschen Geleise davon. Als Jack Service Anfang Januar 1943 zu Beratungen nach Washington zurückkehrte, entdeckte er, daß er der erste amerikanische Beamte im Auslanddienst war, der seit Pearl Harbour aus Chungking zurückkehrte. «Moos hing an den Sparren», berichtete er. Beruflich hatte Service sich auf die chinesischen Kommunisten konzentriert und während einer Reise durch die von Mao kontrollierten Regionen einen genauen Einblick in das Problem gewonnen.

Während seines Aufenthaltes in Washington verfaßte er ein langes Memorandum, in dem er drängte: «Die innenpolitische Situation in China sollte aufs sorgfältigste geprüft werden, insbesondere die wachsende Spaltung zwischen der Kuomintang und den Kommunisten.» Er warnte, daß die KMT sich «selbst von den äußeren Formen der Demokratie» abwandte und besessen war von der baldigen Wiederaufnahme des Bürgerkriegs. Wenn die Wiederaufnahme vor der Niederlage Japans erfolgte, könnte dies «katastrophal» sein. Die Wichtigkeit von Amerikas Kriegsanstrengungen, sagte er, sollte nicht unterschätzt werden. Auch die politischen Implikationen waren ernst, denn die Kommunisten kontrollierten ein überaus großes Gebiet, in dem es ihnen gelungen war, die Bevölkerung zu mobilisieren und zu indoktrinieren. Wenn die Japaner besiegt würden, wären die Roten sicher verschanzt und bereit, beim Zusammenbruch der japanischen Besetzung in das Vakuum anderer Teile Chinas zu dringen. Die Anführer der chinesischen Kommunisten glaubten, daß Washington Chiang zur Vernunft zwingen konnte, wenn es wollte; sie betrachteten die fortgesetzte, uneingeschränkte Unterstützung Chiangs durch die Amerikaner als Anzeichen für Washingtons Absicht, Chiang gegen sie zu unterstützen, wenn der Bürgerkrieg wieder aufgenommen wurde, und sahen die U.S.-Hilfe deshalb als Provokation an, die sie zwang, sich für entsprechende Unterstützung an Moskau zu wenden.

Dieses Memorandum vom 23. Januar 1943 nahm die geschichtlichen Ereignisse kurz und bündig vorweg. Aber die Kommentare, die Hornbeck beim Lesen an den Rand schrieb, lauteten «lächerlich», «albern» und «skandalös».[22] Laut Hornbeck waren Services Ansichten «unbesonnen, übertrieben und unreif».[23]

Service verstand Chiang genau. «Die Erfahrungen, die Chiang als junger Mann in Shanghai machte, sind wichtig für das Verständnis seiner Methoden», schrieb er bei anderer Gelegenheit in einem Memorandum an das State Department.

> Durch seine Kontakte mit der Unterwelt lernte er die Nützlichkeit von Drohungen und Erpressungen kennen. Diesen Verhaltensweisen fügt er die traditionellen chinesischen Gewohnheiten hinzu, zu feilschen und einen Gegner gegen den andern auszuspielen. ... Chiang offenbart diese Züge in allem, was er tut. Er hat seine Stellung in China erlangt und behalten, weil er es unübertrefflich versteht, einen Mann gegen den anderen und eine Gruppe gegen die andere auszubalancieren, weil er ein gewandter Militärpolitiker ist – eher als ein Militärkommandeur – und weil er sich auf eine kriminelle Geheimpolizei stützt.[24]

Service hätte sich gar nicht klarer ausdrücken können.

Es gibt noch einen anderen Aspekt der unheilvollen amerikanischen Politik gegenüber Chiangs China, der erst 1983 sichtbar wurde, als in der Folge einer Freedom-of-Information-Erkundigung für das vorliegende Buch bisher geheimgehaltene FBI-Dokumente zugänglich gemacht wurden. Unter den etwa tausend Seiten von Dokumenten findet sich ein Teil eines Memorandums an den FBI-Direktor J. Edgar Hoover, das am 9. Januar 1943 verfaßt wurde, also wenige Tage nach Services Ankunft in Washington. Obwohl in dem Memorandum in einem halbherzigen Versuch, die Identität des Informanten zu verschleiern, alle Schlüsselnamen mit schwarzen Balken unkenntlich gemacht worden waren, stammt es wohl von dem Schriftsteller John Gunther, der gerade aus China zurückgekehrt war, oder von Jack Service – darauf deuten die Informationen, die er gab, und die Tatsache, daß er während über eines Jahres der einzige Chinabeobachter war, der aus Chungking zurückkehrte. Das Memorandum läßt Service als Autor vermuten und schließt Details und Beobachtungen ein, die zu seinen publizierten Erinnerungen passen. Aber Gunther hatte gerade in Chungking viel Zeit zusammen mit Service verbracht, und er hatte die Leute getroffen, die in dem Memorandum genannt werden. Der Bericht beweist eine persönliche Bekanntschaft oder ein sehr tiefgehendes Verständnis der Soongs und enthält eine brutale Anekdote, die Ching-ling nur jemandem erzählt haben kann, dem sie vertraute.

Das Interview wurde von L.B. Nichols vom FBI geführt und aufgezeichnet. Nichols teilte Hoover in einer Vorbemerkung mit, er habe große Mühen auf sich genommen, um sich davon zu überzeugen, daß der Informant wußte, wovon er sprach, und daß er die Wahrheit sagte.
Die Soongs, unterstrich der Informant in seiner Vorbemerkung, seien die einflußreichste Familie in China und hätten «de facto einen tödlichen Zugriff». Die Soongs «sind immer geldbesessen gewesen, und jeder Schritt, den sie unternahmen, war von ihrem Verlangen bestimmt, Gelder sicherzustellen». Deshalb «war eine gigantische Verschwörung im Gange, um die Chinesen um Güter zu betrügen, die sie normalerweise durch Lend-Lease-Übereinkünfte bekommen hätten, und einen beträchtlichen Teil dieses Geldes für die Soongs abzuzweigen».
Der Informant wies darauf hin, daß Chiang schon zuvor gesetzlich verheiratet gewesen war und daß deshalb seiner Meinung nach Madame Chiang nicht «seine legale Ehefrau» war. Wie dem auch war, sie stand in enger Verbindung mit T.V. Soong, der «eine der treibenden Kräfte in der Soong-Familie zur Verfolgung ihrer eigenen Ziele ist». Als T.V. nach Amerika kam, gründete er die Universal Trading Corporation und besetzte sie mit Chinesen, um den Transfer von Lend-Lease-Gütern zu übernehmen. «Bis jetzt», versicherte der Informant, «sind durch Lend-Lease-Abkommen annähernd 500 000 000 $ nach China überwiesen worden, und . . . ein großer Teil dieses Geldes wird letzten Endes an die Soong-Familie umgeleitet werden.»

> Die Soong-Organisation [sagte er] ist sehr engmaschig. Sie funktioniert erbarmungslos. Wer ausschert, wird entweder gekauft oder vernichtet. . . . Madame Kung steht in dem Ruf, der eigentliche Kopf der Gruppe zu sein . . . eine bösartige und gerissene Frau. Sie bleibt im Hintergrund und hält die Fäden in der Hand. T.V. Soong erscheint als der Manipulator und bringt viele ihrer Ideen zur Ausführung. Sie haben ihre Organisation so undurchlässig gemacht, daß heute alles, was in China passiert, über mindestens ein Familienmitglied der Soongs laufen muß. Madame Chiang steht im Ruf, in China über gedungene Mörder zu verfügen. Viele chinesische Beamte in hohen Positionen wissen von ihr und ihren Aktivitäten, haben aber nie etwas gesagt. Ihrer Wut über die Manipulationen kommt nur ihre Verachtung für die Laxheit gleich, mit der die Amerikaner sich an der Nase haben herumführen lassen. So oft jemand wie Wendell Willkie oder Lauchlin Currie oder sonst jemand nach China geht – alle werden sie von der Soong-Familie eingewickelt, sie erfahren genau das,

was sie nach Meinung der Soong wissen sollen, und gewöhnlich sprechen sie nicht mit anderen Leuten, die es besser wissen könnten. ... Ein Beamter des Finanzministeriums steht der «Soong-Gang» sehr nahe [offensichtlich eine Anspielung auf Arthur N. Young, der als ökonomischer Berater Chiangs in Chungking war und nach dem Krieg ein Buch schrieb, das das Regime von aller Schuld freisprach] und wird unentwegt von ihnen unterhalten. In seiner Position sollte er besser wissen, was gespielt wird, obwohl er wahrscheinlich von den Soongs angeführt worden ist.

Der Informant teilte dem FBI im weiteren mit, eine der Arten, wie T.V. Lend-Lease-Gelder in seine eigene Tasche umleitete, werde durch Berichte in Chungking illustriert, nach denen ein Frachter mit sechzig neuen amerikanischen Panzern und anderem sehr teuren, auf Lend-Lease-Basis geliefertem Kriegsmaterial versenkt worden sei. In Wirklichkeit

verließ dieser Frachter nie die Westküste mit irgendwelchen Panzern; die Panzer wurden nie gebaut ... das ist insofern eine zwingende Illustration dafür, wie die Soongs Lend-Lease-Gelder abgezweigt haben, als das Geld für die sechzig Panzer tatsächlich überwiesen wurde.

Das Memorandum stellt weiter fest, daß Dr. Hu Shih, der vor T.V.'s Ankunft chinesischer Botschafter in Washington gewesen war – der gleiche Hu Shih, der als Junge in Woosung bei Charlie Soong in die Schule gegangen war –, abberufen wurde, weil er Verdacht geschöpft hatte, daß die Gelder umgeleitet würden.
In seinen veröffentlichten Erinnerungen erzählt Service von einem seiner Besuche bei Ching-ling in dem Haus, das sie während des Krieges in Chungking bewohnte, und schildert kurz die wesentlichen Hintergründe ihrer gefährlichen Situation:

Sie ist unlängst von mehreren Organisationen eingeladen worden, die Vereinigten Staaten zu besuchen. ... Man hat ihr jedoch geradeheraus mitgeteilt, sie dürfe nicht ins Ausland reisen. ... Sie erwähnte, ihre Familie sei «sehr verärgert». ... Ich konnte nicht umhin, den Eindruck zu gewinnen, daß Madame Suns Lage jetzt gespannt und schwierig ist und daß sie mehr denn je eine Gefangene ist.

In dem FBI-Memorandum berichtet der Informant, in dem ich entweder Service oder Gunther vermute, daß Ching-ling

gern nach Washington käme, aber sich davor fürchtet, aus Angst, die «Soong-Gang» werde [sie] töten. ... Sie will die Abzweigungen von

> Lend-Lease-Gütern an der Quelle stoppen und sagte [dem Informanten], allein der Präsident habe die Macht, das zu tun; sie hoffe, die amerikanische Regierung könne ein Verfahren ausarbeiten, das die Verteilung und Überweisung der Gelder unter Kontrolle stellt und die Universal Trading Corporation einer Überprüfung unterzieht.

Obwohl die folgende Passage des FBI-Memorandums vom Zensor unkenntlich gemacht wurde, bevor er es mir aushändigte, hat es den Anschein, daß der Informant versuchte, die wirkliche Gefahr zu charakterisieren, die von Ai-ling her drohte, wenn irgendein Mitglied des Soong-Clans sich ihr widersetzte – zum Beispiel wenn Ching-ling trotz der Warnungen nach Amerika ginge. Das Beispiel, das er gibt, bezieht sich offensichtlich auf die Begebenheit im Jahr 1927, als T.V. Ching-ling in seiner Wohnung über der Bank in Wuhan traf – zur Zeit des Zusammenbruchs der linken KMT-Regierung –, um sie zu einem Kompromiß mit Chiang zu überreden und sie, falls sie ablehnte, zu warnen, daß sie nicht nach Shanghai zurückgehen solle. Danach lautet der Abschnitt des Memorandums in meiner Rekonstruktion:

> ... Sie führte mit [T.V. Soong] außerhalb seiner Wohnung ein langes Gespräch. Bei dieser Gelegenheit warnte [T.V.] [Madame Sun], nicht allein nach Shanghai zu gehen. Er war äußerst erregt, hielt ihre Hand und flüsterte ihr seine Warnungen zu. Er sagte offen, er erwarte kaum, sie lebendig wiederzusehen, da sie ein Messer in den Rücken bekommen werde. [Madame Sun Yat-sen] lachte hierüber. [Soong] sagte, er könne es nötigenfalls beweisen; er wisse, daß sie in Gefahr sei, weil [ihre Schwester, Madame Kung] ihre Ermordung geplant habe – wie schon mehrere andere zuvor.

Selbst wenn man diese Anekdote cum grano salis liest, was bei FBI-Material aufgrund seiner Einseitigkeit gewöhnlich ratsam ist, so ist doch klar, daß sie von jemandem stammt, der überraschend gut informiert ist, und daß sie mit anderen Anhaltspunkten für Ai-lings Wesensart und Handlungsmethoden zusammenpaßt. Es gibt keinen direkten Beweis dafür, daß solche Meuchelmorde stattgefunden haben, aber warum sollte es auch einen geben? In China waren solche Morde ein Bestandteil der Soong-Folklore; der Glaube, daß sie geschehen seien, war weit verbreitet, und sie helfen, die Furcht vor Ai-ling zu erklären, die einen Teil ihres Rufs als «die meistgehaßte Frau Chinas» ausmachte. Natürlich muß eingeräumt werden, daß dies die extremere Sicht von Charlie Soongs Kindern ist, nicht die amerikanische Sicht, sondern die asiatische. Um so verblüffender ist es, als Kontrast der aufgeblasenen Frömmigkeit und zuckersüßen Bewunderung zuzuhören, die zu jener Zeit vom Chor der engsten Vertrauten Präsident Roosevelts zum Ausdruck gebracht wurden. Die Wahrheit liegt wohl irgendwo dazwischen.

Einige Monate später, als der Kampf zwischen Stilwell und Chiang sich seinem Höhepunkt näherte, verzeichnete Jack Service zu Recht einen eigenen Kampf zwischen T.V. Soong und seinen Schwestern Ai-ling und May-ling – einen Kampf mit schicksalshaften Konsequenzen für die Soong-Dynastie. Der Familienkrach drehte sich offenbar um T.V.'s wachsende Unabhängigkeit, seinen Reichtum und Einfluß auf der anderen Seite des Pazifiks. Das Bild, das aus den FBI-Dokumenten und den Berichten der China-Beobachter sichtbar wird, legt nahe, daß T.V. vielleicht mehr Lend-Lease-Gelder behielt, als die anderen Familienmitglieder richtig fanden. Weit weg in Amerika, wo es schwierig für sie war, einzugreifen oder ihn zu bestrafen, hatte T.V. sein eigenes, unabhängiges Imperium aufgebaut. Anfang 1944 warnte Service das Auswärtige Amt plötzlich vor etwas, das zunächst aussah wie «der dramatische Abstieg T.V. Soongs».

> Als Außenminister war Soong zu selbständig, um die Chiangs (und zwar sie und ihn) zufriedenstellen; sie zogen es vor, ihre Auslandbeziehungen selbst in die Hand zu nehmen. ... Soong erboste Chiang und beunruhigte H.H. und Madame Kung (die allgemein als «die mächtigste Person in China» bezeichnet wird) durch seine beißende Kritik an der falschen Behandlung ökonomischer Probleme in China. ... Es ist weitherum bekannt, daß die Familie nach dem ersten Bruch, der offenbar im November [1943] stattfand, Ende Dezember ein Treffen arrangierte, bei dem man sich eine Versöhnung erhoffte. Unglücklicherweise fragte Chiang Soong, wie man nach seinen Vorstellungen mit der ökonomischen Situation fertigwerden solle. Soong antwortete, ein Grund für den Mangel an effektiver Kontrolle bestehe darin, daß es zuviele Dienststellen gebe, von denen keine die Macht habe, alle ökonomischen Probleme zu meistern. [T.V. drängte Chiang, ihn eine einzelne Dienststelle schaffen zu lassen, die alle anderen kontrollierte.] Chiang entgegnete, die Schaffung einer solchen Dienststelle... würde den ganzen Aufbau der Verwaltung durcheinanderbringen und wäre verfassungswidrig. Worauf Soong antwortete: «Du hast es immer geschafft, die Verfassung zu ändern, so oft du wolltest, beispielsweise damals, als du beschlossest, Präsident zu werden.» Das Gespräch soll damit geendet haben, daß Chiang Soong eine Teetasse an den Kopf warf, und natürlich war es aus mit der Hoffnung auf eine unmittelbare Versöhnung.[25]

Ai-ling und May-ling waren offenbar nicht die einzigen, die dachten, T.V. werde zu selbständig. Der Generalissimo und die Ch'en-Brüder waren ebenfalls eifrig darauf bedacht, T.V. das eifersüchtig gehütete Auslandhilfe-Portefeuille zu entreißen und es in Kungs Hände zu legen, wo es immer erreichbar wäre. Aber T.V. würde es nicht kampflos aufgeben. Eines seiner Abwehrmittel bestand darin, daß er einen großen Teil seines ausländischen Finanzimperiums aus Chiangs Reichweite schaffte.

Unmittelbar nach dem Zwischenfall mit der Teetasse in Chunking machte T.V. von seiner Position als Außenminister Gebrauch, stellte seinem Bruder T.L. Soong einen speziellen Diplomatenpaß aus und sandte ihn in aller Eile nach Washington und New York. T.L. wurde so rasch aus China hinausgeschafft, um eine Stellung einzunehmen, in der er als leitender Ankäufer und Verwalter alle Lend-Lease-Güter kontrollierte, bevor sie nach China gingen. Schon ganz von Anfang an hatte T.L. die Lend-Lease-Geschäfte am chinesischen Ende unter sich gehabt. Es war eine Zeit heftiger Skandale gewesen, in der Lagerhausbrände und Sabotage für das Verschwinden großer Mengen an amerikanischem Kriegsmaterial verantwortlich gemacht wurden. Wenig kam bis zu den Soldaten im Feld, und Stilwell – als oberster amerikanischer Lend-Lease-Verwalter – protestierte, das Material werde durch Korruption von offizieller Seite zum Verschwinden gebracht. Ein chinesischer General, der den Militärlastwagenkonvoi unter sich hatte, der die Lend-Lease-Güter die Burma-Straße hinauf transportierte, war berühmt dafür, daß er seine Lastwagen nur dann verschwinden ließ, wenn sie vollgeladen waren – bis seine privaten Lagerhäuser beinahe barsten.[26]

Der Direktor der Southwest Transportation Company, die sechshundert Lastwagen zur Beförderung von Lend-Lease-Gütern zur Verfügung stellte, hieß T.L. Soong.[27] Manchmal wurden die Güter weniger als zwei Stunden, nachdem sie in China angekommen waren, auf dem Schwarzmarkt angeboten.[28] Bei anderen Gelegenheiten wurden sie nie wieder gesehen. Im ganzen sollen während des Krieges Lend-Lease-Güter im Wert von etwa 3,5 Milliarden U.S.$ durch T.V.'s und T.L.'s Hände gegangen sein; entweder am chinesischen Ende der Pipeline oder bevor sie die Universal Trading Corporation in New York verließen. Nur wenig erreichte seinen Bestimmungsort. Ein leitender Beamter im britischen Auswärtigen Amt stellte einmal die Vermutung an, daß «die Soongs Milliarden von U.S.$ in ihre eigenen Taschen abzweigten und ein großer Teil des Geldes die Vereinigten Staaten nie verließ».

Indem er T.L.'s Operationsbasis von China nach Amerika verschob, brachte T.V. seinen Bruder außer Reichweite des Generalissimo, außer Reichweite der Ch'en-Brüder und auch außer unmittelbarer Reichweite von Ai-ling. Was auch aus T.V.'s politischem Schicksal in Chungking werden mochte, die Kontrolle über das amerikanische Füllhorn blieb in T.L.'s und T.V.'s Händen. Dies brachte T.L. in eine außergewöhnliche Machtposition; er handelte Verträge über viele Millionen $ mit den größten amerikanischen Gesellschaften aus. Seine Büros richtete er in New York City ein, dem Wohnort der vermögenden chinesischen Familie seiner Frau, und er lebte im Wohnsitz der Kungs in Riverdale, der ansonsten kaum Verwendung gefunden hatte.

Außerdem wehrte T.V. sich, indem er die Ch'en-Brüder überzeugte, daß sie nicht ihn zu fürchten hätten, sondern May-ling und die Kungs. Die Ch'en-Brüder hatten Ai-ling immer verachtet und vielleicht auch gefürchtet. Ein Mitglied der Soong-Familie, offenbar Ching-ling, bemerkte einmal: «Wenn meine ältere Schwester als Mann geboren wäre, wäre der Generalissimo seit fünfzehn Jahren tot, und sie hätte von da an China regiert.»[29] Es fällt nicht schwer zu glauben, daß ihre Widersacher entschlossen waren, alles zu tun, um ihr die Macht zu entreißen. Jedenfalls nahmen die Ereignisse und Verschwörungen in jenem «Kairoer Dezember», der nahelegte, Ai-ling – oder ein anderes Familienmitglied – könnte in einen Umsturzplan verwickelt sein, eine unheilvolle Wendung.

Was May-ling betraf, so schwand ihre Fähigkeit, in irgendeinem Machtkampf eine Rolle zu spielen, zusehends. In den Monaten, seit sie von ihrer Amerikareise nach Chungking zurückgekehrt war, hatte sich in ihrer Ehe nichts verändert. Der Generalissimo trug sein Gebiß weiterhin nur für die andere Frau. Aber May-ling hielt die Fassade tapfer aufrecht. Als John Fairbank sie im Herbst 1943, kurz bevor sie nach Kairo reiste, besuchte, bemerkte er, daß sie «müde war und ihr Kopf ein bißchen wackelte, wie man es bei alten Leuten sieht».

«Sie versucht so verzweifelt, eine große Dame zu sein», urteilte Fairbank.

> Die Konversation zu verstiegen, um wahr zu sein. Eine Schauspielerin mit vielen bewundernswerten Eigenschaften, wunderbarem Charme, schneller Auffassungsgabe, Intelligenz; aber unter der Oberfläche ist sie unglücklich ... Bitterkeit über irgend etwas, die Neigung, eine Rolle zu spielen, die zur Falschheit führt. Gewöhnlich der schöne, aber traurige Gesichtsausdruck und die wohlmodulierten Worte mit effektvollen Pausen, die Oberlippe gespannt heruntergezogen; aber gelegentlich ein echtes Lachen mit rundem, entspanntem

Gesicht und höherer Stimme, das natürlich und leicht schien und alles andere forciert und tragisch wirken ließ.

Später fügte er hinzu: «Ich gewann den Eindruck daß ihr Stolz sie schauspielern ließ.»
Einmal glitt May-ling von der tragischen Pose ins Versonnene:

> Sie sah [schrieb Fairbank] in die Ferne und sagte, das Leben bestehe darin, seine Ideale zu bewahren, gleichzeitig aber auch seinen Sinn für Humor zu behalten und den jeweiligen Umständen gerecht zu werden; und sie sagte auch etwas darüber, daß sie uns als Schauspieler in einem großen Experiment sehe, dessen Ausgang wir nicht kennen.

Fairbank hätte es lieber gesehen, daß sie bei der Rolle der tragischen, vom Schicksal bedrängten Heldin geblieben wäre und «den gekünstelten Teil weggelassen hätte».[30]
Während der Gespräche in Kairo brach sie zusammen; Churchills Arzt, Lord Moran, sah nach ihr. Sie lag im Bett, als er sie aufsuchte. «Sie ist nicht mehr jung», schrieb er an jenem Abend in sein Tagebuch, «aber sie hat immer noch einen eigenen Reiz, einen gewissen leichenhaften Charme.»
Als er seine Untersuchung beendet hatte, fragte sie ihn aus. «Nun, was ist nicht in Ordnung?»
«Nichts», sagte er.
«Nichts?» Sie lächelte schwach. «Glauben Sie, daß ich bald gesund werde?»
«Madame», sagte Lord Moran und richtete sich auf, «es wird Ihnen erst dann besser gehen, wenn die Anspannung in Ihrem Leben nachläßt.»[31]
Die Anspannung ließ nicht nach.
In Chungking wohnte sie bei den Kungs statt bei Chiang; sie mied das gesellschaftliche Leben und öffentliche Auftritte. Nur bei seltenen Gelegenheiten wurde sie zusammen mit dem Generalissimo gesehen, und dann schienen sie einander gegenüber sehr kühl. Ihr Hautausschlag machte ihr ständig zu schaffen, weshalb sie Photographen aus dem Weg ging. Ihre Gesichtszüge wurden härter, und sie war ständig reizbar. Sechs Monate, nachdem Chiang die Teetasse nach T.V. geworfen hatte, kam Service zu dem Schluß, daß sich im Schicksal aller Soong-Familienmitglieder eine einschneidende Veränderung ereignet hatte. Er war ziemlich sicher, daß es mit ihnen abwärts ging.
«Die offensichtlichste Tatsache ist zurzeit die, daß Dr. H.H. Kung,

der Finanzminister, von beinahe allen Faktionen angegriffen wird. Weitere Zielscheiben der Angriffe sind seine Frau und seine Schwägerin, Madame Chiang.»[32] Service vermutete, ein Teil des Klatsches über May-lings Ehe sei vielleicht politisch motiviert gewesen; wenn sie erst einmal in schlechten Ruf gebracht war, wäre es leichter, sie loszuwerden. Was Daddy Kung betraf, so protestierte die Ch'en-Clique, er sei «zu mächtig» geworden – was bedeutete, daß er nicht mehr von Nutzen war. «In diesem Zusammenhang», berichtete Service, «gibt es Gerüchte, daß Kung sein Amt als Finanzminister niederlegen und ins Ausland gehen wird.» Er fügte noch hinzu: «Madame scheint ein weniger aktiver Faktor in der Innenpolitik zu werden und wird das Land vielleicht für einen langen Sommerurlaub verlassen.»

Wie gewöhnlich traf Service den Nagel auf den Kopf. Er hatte vorausgesagt, daß T.V. Rache suchen und wie ein Magnet andere rachgierige Leute (die Ch'ens) auf seine Seite ziehen würde – und dies waren die Konsequenzen. Im Juni 1944, zwei Monate, nachdem er dieses Memorandum geschrieben hatte, «nahm May-ling den Rat der Ärzte an» und verließ China, um – ausgerechnet – nach Brasilien zu reisen. Zum erstenmal, soweit irgend jemand sich erinnern konnte, reiste Ai-ling mit ihr, und auch ihr Sohn Louis und seine Frau fuhren mit. Dadurch wurden Gerüchte bestätigt, nach denen Ai-ling in einem Machtkampf ausgebootet worden war. Die beiden chinesischen Matronen waren in einem Haus auf der winzigen VIP-Insel Brocoió, die mitten in der Guanabarabucht lag und der brasilianischen Regierung gehörte, zu Gast. Dort lebten sie zwei Monate lang zurückgezogen; May-ling unter ärztlicher Obhut, während Ai-ling mit dem brasilianischen Herrscher Getulio Vargas alle möglichen Geschäfte trieb, Geldsummen transferierte und nicht näher bezeichnete Besitztümer im reichen, von der Industrie geprägten Saõ Paolo erwarb.[33] Die Kungs und Soongs hatten die ganze Zeit einen Teil ihres Vermögens über Südamerika verteilt; auch enorme Bankkonten in Caracas, Buenos Aires und Saõ Paolo sollen dazu gehört haben. Es wird berichtet, daß ihr Aktienbesitz Beteiligungen an Öl-, Mineral- und Schiffsgesellschaften sowie anderen Transportunternehmen umfaßte, vor allem an Eisenbahn- und Fluggesellschaften, die auf einem Kontinent mit riesigen Distanzen und wenigen Straßen lebenswichtig waren. Wenn die finanzielle Stellung der Kungs in China nun in Gefahr war, dann war Ai-lings Brasilienreise mit May-ling verständlich und zeigte wahrscheinlich eine Umschichtung des dynastischen Vermögens an.

Brocoió war auch ein ausgezeichneter, abgelegener Ort, um sich von nervlicher Überlastung zu erholen. In Rio selbst wurden die Schwestern kaum gesehen. Am 6. September flogen sie nach New York, wo May-ling wieder ein ganzes Stockwerk des Harkness Pavillons bewohnte. In den Krankenhausakten wurde festgehalten, daß sie an nervöser Erschöpfung litt, und sie stand unter der Obhut der Ärzte Robert F. Loeb und Dana Atchley, die ihr lediglich viel Zeit zum Ausruhen verordneten. Diesmal blieb May-ling kaum einen Monat in Harkness und zog am 9. Oktober um in den Wohnsitz der Kungs in Riverdale. Dort wohnte sie den Winter über zusammen mit Ai-ling und ihrem jüngeren Bruder T.L. Viele Monate lang lebte sie außer Reichweite der Öffentlichkeit.

Am 11. November 1944 berichtete der Kalkutta-Korrespondent der englischen Zeitung *Daily Mail*, der auf einen indirekten Informanten in Lord Mountbattens Stab gestoßen war, Madame Chiang habe sich «endgültig» von ihrem Gatten getrennt und werde nun dauernden Wohnsitz in Amerika nehmen. Der Bericht wurde nach seiner Veröffentlichung von Sprechern des chinesischen diplomatischen Dienstes eilig dementiert. Ein geheimes Schreiben des amerikanischen Nachrichtendienstes, das aus Chungking stammte, drückte den Sachverhalt so aus: «Mme Chiang wird wahrscheinlich in den Vereinigten Staaten bleiben, aber das Paar wird sich nicht scheiden lassen, weil das einen schädlichen Einfluß auf die chinesische Moral zur Folge haben könnte; der Informant sagte, seines Wissens lebten zurzeit Chiangs frühere Frau und ihr Sohn auf dem Familiensitz.»[34] Das bezog sich auf Chiangs zweite Frau, Ch'en Chieh-ju, und auf den Wohnsitz des Generalissimo in Chungking. Bei dem Sohn, von dem die Rede ist, handelt es sich offenbar um das Kind, das Miss Ch'en im Frühjahr 1944 – kurz bevor May-ling nach Brasilien reiste – gebar. Die anderen Söhne des Generalissimo, CCK und Wei-kuo, leisteten gerade Militärdienst.

Diesmal publizierte Henry Luce während May-lings ganzem Aufenthalt in New York, kein einziges Wort über sie, obwohl er, wie die Akten der Time Inc. zeigen, auf dem laufenden gehalten wurde.[35] Während zwölf Monaten, von denen sie zehn in den Vereinigten Staaten verbrachte, wurde sie nur ein einziges Mal in der Öffentlichkeit gesehen, und zwar, als sie am 14. Juni 1945 das Frauengefängnis in Bedford Hills, New York, besuchte. Sie sagte der Gefängnisleitung, sie wolle Informationen sammeln, die für die Verwaltung chinesischer Gefängnisse von Nutzen sein könnten.

Für den Rest des Zweiten Weltkriegs blieben die beiden Schwestern China fern. May-ling kehrte erst im Juli 1945 nach Chungking zurück, mehr als ein Jahr, nachdem sie nach Rio aufgebrochen war.

Im Juni 1944, als Ai-ling und May-ling unter so geheimnisvollen Umständen abreisten und H.H. Kung aus seinem Amt als Finanzminister entlassen wurde, verließ auch er China, weil es um seine Gunst schlecht stand. Die offizielle Version lautete, er habe einen «Spezialauftrag» erhalten und nehme an der internationalen Wirtschaftskonferenz in Bretton Woods, New Hampshire, teil. Auch er war volle zwölf Monate nicht in China; erst im August 1945, einen Monat nach May-ling, kehrte er zurück. Den größten Teil dieses Jahres im Exil verbrachte er in seinem Wohnsitz in Riverdale; er ging nur aus, um bei der New Yorker Filiale seiner chinesischen Bank vorbeizuschauen – oder um bei «Freunden Chinas» in Washington Höflichkeitsbesuche zu machen.

Welches Ereignis in China hatte alle diese erstaunlichen Veränderungen im Schicksal so vieler Mitglieder der Soong-Dynastie ins Rollen gebracht?

In den letzten Monaten des Jahres 1943 entschieden jüngere chinesische Generäle, die während des Krieges das Kommando übernommen hatten und die nicht zum alten Cliquensystem gehörten, daß Chiang Kai-shek und sein korrupter innerer Kreis sofort gestürzt werden mußten, wenn China gerettet werden sollte. Diese jungen Generäle wandten sich an den amerikanischen Brigadegeneral Thomas S. Timberman, der die Ausbildung chinesischer Truppen im Osten Chinas leitete, und baten ihn um amerikanische Unterstützung. Offiziell lehnte Amerika ab; aber der OSS zeigte offenbar mehr als nur ein vorübergehendes Interesse an dem Plan, besonders aufgrund der Auseinandersetzung zwischen Donovan und Tai Li.

Die Vorbereitungen für den Putsch machten Fortschritte. Er sollte am Jahrestag von Chiangs Entführung beim Vorfall von Sian stattfinden, während der Generalissimo weit weg von Chungking an der Kairoer Konferenz weilte. Er sollte mit vollendeten Tatsachen konfrontiert werden.

Irgendwie bekam Tai Li Wind von dem Plan und lieferte dem Generalissimo hinlängliche Beweise, um ihn zu überzeugen, daß Mitglieder seiner eigenen Familie an dem Komplott beteiligt sein könnten. Ob sie es nun waren oder nicht: Es wäre für Tai Li und die Ch'en-Brüder eine unwiderstehliche Gelegenheit gewesen, diese Idee in die Welt zu setzen und dadurch die Position ihrer Rivalen aus der Soong-Familie zu untergraben. Die Rolle, die T.V. Soong bei der Sache spielte, war unklar; aber er überstand sie nicht nur ungeschoren, sondern wurde wieder ohne Einschränkungen in seine Machtpositionen eingesetzt.

Mit der Billigung des Generalissimo verhaftete Tai Li mehr als sechshundert Armeeoffiziere, und bei Chiang Kai-sheks Rückkehr aus Kairo wurden sechzehn der hoffnungsvollsten jungen Generäle der chinesischen Armee hingerichtet. Kurz darauf setzte Chiang T.V. wieder in alle seine Ämter ein, feuerte H.H. Kung und befahl ihm, aus China zu verschwinden und Ai-ling und May-ling mitzunehmen.

Zweifellos hatte ein Machtkampf stattgefunden. Jeder, der genau hinhörte, konnte das Raufen und Keuchen hinter dem Thron hören. In Chungking wimmelte es von Komplotten. Brooks Atkinson von der *New York Times* nannte die Stadt einen «Hexenkessel von Angst, Verdacht und Intrige».[36]

Die Kungs verloren den Machtkampf, und T.V. gewann; offensichtlich, indem er auf die Ch'en-Brüder und Tai Li setzte. Ende 1944 war T.V. wieder amtierender Premierminister, während er weiterhin Außenminister blieb. Sechs Monate später, im Mai 1945, bekam er zusätzlich zu seinem Amt als Außenminister den vollen Titel eines Premierministers und als Dreingabe auch noch Kungs Amt des Finanzministers. Einmal mehr war T.V., zumindest auf dem Papier, einer der mächtigsten Männer Chinas.

Es war ein bitterer Moment für die Soong-Dynastie; nun war das Haus geteilt. Von 1944 an waren alle Familienmitglieder außer Ching-ling stärker in Amerika engagiert als in China. Sie widmeten ihre ganze Aufmerksamkeit dem Aufbau eines Vermögens, das zusammengerechnet wahrscheinlich das größte der Welt war; wahrscheinlich mehr als zwei Milliarden U.S.$, vielleicht auch mehr als drei Milliarden. Die *Encyclopaedia Britannica* sah sich zu der Bemerkung veranlaßt, T.V. allein sei «der reichste Mann der Welt gewesen».

Wenn man im Licht all dieser Ereignisse nochmals einen Blick auf die berühmte Photographie des Kairoer Gipfels wirft, gewinnen die Bühne und die Schauspieler eine etwas andere Bedeutung.

19. Kapitel

Asche zu Asche – alles muß vergehen

In der Hütte, die *Time* in Chungking als Büro diente, brachte Theodore White die Notiz an: «Jede Ähnlichkeit zwischen dem, was hier geschrieben, und dem, was in der Illustrierten *Time* abgedruckt wird, ist rein zufällig.»[1]

Dies spiegelt Whites zunehmend pessimistische Einschätzung seiner Fähigkeit wider – wenn er schon Chinas Schicksal nicht zu ändern vermochte –, wenigstens die amerikanischen Leser darüber zu informieren, wie er und Beobachter wie Stilwell, Service und Davies die Ereignisse sahen.

Daß Luce seinen Bericht über die Hungersnot in Honan veröffentlicht hatte, gab White für kurze Zeit Auftrieb. Henry Luce hatte sich für ihn eingesetzt, als die wütende Madame Chiang Whites Entlassung forderte. Als White im Frühjahr 1944 in die Vereinigten Staaten reiste, um sich eine Pause zu gönnen, schrieb er einen Artikel, der zum Testfall werden sollte. In den USA war er frei von der chinesichen Zensur und konnte nun ein für allemal herausfinden, ob Luce an Tatsachen interessiert war. Wurden sie ihm auf diese Weise präsentiert, so hatte Luce keine andere Wahl, als ihre Objektivität groß zur Schau zu stellen.

«Life betrachtet China» erschien in der Ausgabe vom 1. Mai 1944. Es war eine Gemeinschaftsarbeit, die Whites Handschrift verriet; sie war überraschend freizügig. «Er publizierte meinen Artikel ziemlich so, wie ich ihn geschrieben hatte – nach einem bemerkenswerten intellektuellen Schlagabtausch zwischen uns.»[2]

> Man muß in Chungking leben, um das Gewicht der Partei im Leben des einzelnen zu spüren. Die Zensur schwebt über Schriftstellern, Bühnenautoren, Filmschaffenden und allen, die für die öffentlichen Medien arbeiten. Die Presse lebt in einer Schattenwelt von Klatsch, Zuträgerei und Agenturnachrichten. Keines der Probleme Chinas –

Hungersnot, Inflation, Blockade, ausländische Beziehungen oder Persönlichkeiten des öffentlichen Lebens – kann ehrlich in der Öffentlichkeit diskutiert werden ...
Die graue Atmosphäre Chungkings beißt sich im Leben all seiner Bewohner fest. Es gibt nicht bloß einen, sondern zwei geheime Polizeiapparate in China. Eine Geheimpolizeiorganisation arbeitet für den Nationalen Militärrat, die andere direkt für die Partei. Ihre Spitzel und Agenten sind überall. In China können Menschen wegen erfundener Vergehen verhaftet und ins Gefängnis geworfen oder in Konzentrationslager verschleppt werden ...
Heute wird die Nationalistische Partei von einer korrupten politischen Clique beherrscht, die einige der schlimmsten Eigenschaften von Tammany Hall und der Spanischen Inquisition verbindet. Zwei schweigsame und mysteriöse Brüder, Ch'en Li-fu und Ch'en Kuo-fu, den Ausländern Chungkings unter dem Namen «CC-Clique» bekannt, ... kontrollieren durch ein Zusammenspiel von Vetternwirtschaft, Geheimpolizei, Spitzelsystem und administrativer Gewalt das Denken der Nation. Ch'en Kuo-fu, der ältere, ... kontrolliert beinahe jeden Zugang zur Großen Macht. Memoranda und Schreiben an den Generalissimo ... werden durch diesen Mann filtriert.
Sein jüngerer Bruder, Ch'en Li-fu, ein zerbrechlicher, gutaussehender Mann, ist sogar noch wichtiger. Er ist ein Asket und unermüdlicher Arbeiter; in Finanzsachen ist er aufrichtig. Seine mysteriösen, olympischen und pseudophilosophischen Schriften sind schlichtweg unverständlich.[3]

Ermutigt durch Luces Bereitschaft, seinen ungeschminkten Bericht über die Chungkinger Politik zu veröffentlichen, kehrte White in jenem Sommer nach China zurück. Doch schon in kürzester Zeit hatte er allen Grund, sich zu fragen, ob er in seinem Zweifel an Luce nicht schon immer recht gehabt hatte. Langsam schien es, als ob Luce «Life betrachtet China» nur deshalb veröffentlicht hatte, um bei seinen New Yorker Journalisten gut dazustehen. White enthüllte in einem scharf anklagenden Bericht einige der wahren Hintergründe der Stilwell-Krise. Luce leitete den Bericht an Whittaker Chambers, den neuen Auslandredaktor, weiter, um ihn zur Unkenntlichkeit verstümmeln und zur «Lüge redigieren» zu lassen.[4] Chambers bereitete es keine Mühe, mittels Doppelsprech und Dreifachdenk die Kreuzigung Stilwells so zu drehen, daß die strittigen Punkte aus der Perspektive Chiangs und Chennaults dargestellt wurden. Aus Stilwell machte man einen Bauernlümmel, der nicht fähig war, die größeren Zusammenhänge zu erfassen. Chiang war der Held der Affäre, und es wurde verkündet, daß Amerika eine einfache Wahl getroffen habe zwischen einem glücklichen, blühenden, demokratischen und christli-

chen China unter Chiang – und einem bösen, unter russischer Vorherrschaft stehenden kommunistischen China.
White schrieb Luce einen fünfundvierzig Seiten langen Brief, in dem er wütend gegen die absichtliche Verzerrung seines Berichtes protestierte. Luce erwiderte beschwichtigend, daß zwischen der «Parteinahme» für Chiang in den Presseerzeugnissen von Time Inc. und der Unterstützung Winston Churchills kein Unterschied bestehe. Mit aller Heftigkeit wurde am Telefon weiterdiskutiert. Dreimal reichte White die Kündigung ein. Doch Luce reagierte mit besänftigenden Worten und einer Lohnerhöhung, wie ein Vater seinem abgeirrten und unerfahrenen Sohn gegenüber. Luce war eine Gottheit. Wer bei Time Inc. ausstieg, war weg vom Fenster, so jedenfalls ging das Gerede. Bei Time Inc. sein hartes Brot zu verdienen, war weit besser als jeder andere journalistische Broterwerb. Aber zu diesem Zeitpunkt war Stilwells Karriere sowieso zu Ende und Luces Gissimo hatte gewonnen, andere Themen waren aktuell geworden und wieder veraltet. White blieb – gekränkt, doch mit der Hoffnung, daß sich all dies eines Tages ändern würde.

Wenn May-ling nicht bei Chiang war, um das, was er seiner weltweiten Zuhörerschaft «mitteilte», zu «dolmetschen», fiel er wieder in seine alte Lebensweise zurück – in das launische Betragen seiner frühen Mannesjahre, als er das *enfant terrible* der Shanghaier Unterwelt gewesen war. Er verbrachte seine ganze freie Zeit mit ehemaligen Geliebten und seinen Spießgesellen aus den Reihen der Grünen Gang. Chiang wurde älter und spielte nun in der Öffentlichkeit gerne die Rolle des konfuzianischen Asketen, der sich vom weltlichen Treiben zurückgezogen hat. In diesem Betragen wurde er von den Ch'en-Brüdern unterstützt, die dem Generalissimo die schwere Last der Entscheidungsgewalt abnahmen. In Chungking machte sich eine mittelalterliche Mentalität breit: Chinesische Hofintrigen, dunkle Aufträge und heimliche Bündnisse waren an der Tagesordnung. In der Zwischenzeit bereiteten sich diejenigen, die die Zukunft voraussahen, auf die Katastrophe vor.
Chiang war der Realität so entrückt, daß er dem Gerücht, seine eigenen Soldaten würden vor Hunger auf den Straßen tot zusammenbrechen, keinen Glauben schenken wollte. Durch Korruption wurde den Soldaten selbst der nötigste Proviant vorenthalten. Chiang sandte CCK, seinen ältesten Sohn, um Nachforschungen anzustellen. Als CCK berichtete, daß alles der Wahrheit entspreche, bestand der Generalissimo darauf, sich die Sache selbst anzusehen. CCK zeigte ihm zwangsrekrutierte Soldaten, die aus Mangel am Nötigsten auf

ihrem Lager gestorben waren. Chiang war außer sich vor Wut und schlug dem für die Rekrutierten verantwortlichen Offizier mit seinem Rohrstock ins Gesicht. Man sperrte den Schuldigen ein und überantwortete den Posten einem anderen loyalen Offizier. Doch die Hungersnot forderte weitere Opfer. Im August 1944 wurden aus den Straßen von Chungking die Leichen von 144 verhungerten Soldaten fortgeschafft. Chiang kam kein zweites Mal, um sich die Sache anzuschauen.[5]

Mittlerweile war auch Chiangs Entsprechung zu *Mein Kampf* publiziert worden. Die Schrift zeigte, wie es um seinen zunehmend gefährlicher werdenden Geisteszustand bestellt war. Sie nannte sich *Chinas Schicksal* und verdrehte die Geschichte bis zur Unmöglichkeit, um die ausländischen Mächte für alle Leiden Chinas verantwortlich zu machen, auch für diejenigen, die allein von Chiang verursacht worden waren. *Chinas Schicksal* strotzte vor Frömmelei und Schwachsinn, so daß sich die englischen Übersetzer krank meldeten, um nicht der ausländischen Leserschaft gegenübertreten zu müssen.

Von den Angehörigen des Soong-Clans, die so lange an Chiangs Seite gestanden hatten, war T.V. der einzige, der während des letzten Kriegsjahres noch in Chungking blieb. Auch er hatte sich verändert. 1941/42 hatte er in Washington gesehen, wie das Spiel lief, und festgestellt, daß er es besser als alle anderen spielte. T.V. war erwachsen geworden; er war nicht mehr der von liberalen Absichten und moralischen Bedenken verwirrte Harvard-Absolvent. Jetzt hatte er mehr reale Macht als Chiang und mehr Geld als alle, einige Super-Reiche ausgenommen. Aber auch die würde er bald hinter sich lassen.

Wenn keine Journalisten zugegen waren, aß T.V. in Chungking jeden Abend Steaks aus Kansas City, die er einfliegen ließ. Er verehrte seine Frau Laura, die er bei ihrem Spitznamen Ding-Ding rief.[6] Als sie einmal erkrankt war, soll T.V. ein Flugzeug nach Connecticut geschickt haben, um ihr schnell einen Zweig blutroter Hartriegelblüten zu holen. Sie hatte eine Schwäche für blutroten Hartriegel und war sehr gerührt.[7]

T.V. spielte nun May-lings Rolle besser als May-ling. Er war ihr «Faggot», wie der alte britische Soldatenausdruck für das Einspringen beim Appell lautet. T.V. dolmetschte für Chiang, traf sich zum Tee mit Politikern und Diplomaten, die er haßte, äußerte sich patriotisch, wenn es verlangt wurde, und porträtierte das Regime als tüchtigen Verfechter der Menschenrechte und des sozialen Fortschritts. Die Entdeckung, daß er Chiang manipulieren konnte, wenn er sich Mühe gab, faszinierte ihn.

Chiangs Regierung beschäftigte eine große Anzahl Leute – Chinesen,

Europäer und Amerikaner –, die ausschließlich dafür angestellt waren, sein Image zu schützen sowie Public Relations und Propaganda zu betreiben. Eine ihrer Aufgaben war es, Skandalgeschichten nicht in die Zeitung kommen zu lassen. Doch machten sie von Zeit zu Zeit Schnitzer, wie in jener Nachricht vom Mai 1945, die in der amerikanischen Presse verbreitet wurde. Zu diesem Zeitpunkt besuchte T.V., damals amtierender Premier und Außenminister, gerade die Konferenz der Vereinten Nationen in San Francisco. Er traute seinen Ohren nicht, als der Radiokommentator Raymond Gram Swing berichtete:[8]

> In China spielt sich der schlimmste Skandal der Kriegszeit ab. Es handelt sich um einen Goldskandal, in den Insider mit Verbindungen zu höchsten Regierungsstellen verwickelt sind, um von der Erhöhung des Goldpreises am 28. März zu profitieren. ... Das Gold ... ist ein Teil der 500 000 000 $, die dieses Land China geliehen hat. ... Vermögen wurden gemacht. ... Die öffentliche Meinung setzt ... die Regierung unter starken Druck.

Die Vereinigten Staaten liehen China seit 1943 auf Drängen T.V.'s und H.H. Kungs wiederholt Gold. Theoretisch sollte das Gold von den durch die Regierung kontrollierten Banken verkauft werden, um so – wie eine Vitaminspritze für einen an Blutarmut leidenden Patienten – die Inflation zu stabilisieren. Chiang beschwerte sich, daß die Vereinigten Staaten das versprochene Gold zu langsam lieferten. Wegen dieser angeblichen Verzögerung gab H.H. Kung, zu diesem Zeitpunkt immer noch Finanzminister, bekannt, daß die Banken «Goldzertifikate» verkauften, die beim Eintreffen des Goldes eingelöst werden könnten. Das hieß nichts anderes, als daß das Gold, das der wilden Inflation auf dem chinesischen Markt ein Ende machen sollte (einer Inflation, die zum größten Teil das Resultat von Kungs lächerlichem Papiergeld und Ai-lings Profitsucht war), zur Grundlage eines neuen Termingeschäfts wurde, das für weitere Profite manipuliert werden konnte.
Doch wurde erst nach Swings Rundfunkbericht Alarm geschlagen. Der Grund für diese Verspätung war einfach: Die Verdächtigungen richteten sich meistens gegen die Kungs und die Soongs, doch dieses Mal waren alle Kungs, eines der Kinder ausgenommen, außer Landes, und der einzig verbleibende Soong war T.V., doch er war zu beschäftigt, als daß er sich in eine so kleine Gaunerei hätte verwikkeln lassen. Es dauerte ziemlich lange, bis etwas Ungewöhnliches auffiel. Als man dann merkte, was nicht stimmte, wurde gegen niemanden unmittelbar Klage erhoben. Zuerst sollte alles soweit wie

möglich vertuscht werden. Doch es begann sich herumzusprechen, daß jemand in Chungking, der Zugang zu Amtsgeheimnissen hatte, das neue Goldtermingeschäft zu manipulieren versuchte. Rundfunkkommentator Swing kam zum Schluß – denn er hatte die Geschichte exklusiv –, daß dies «der schlimmste Skandal der Kriegszeit» war. Doch es war kaum der schlimmste. Der Schuldige wurde offiziell nie gefunden; doch gab es in China Vermutungen, wonach die Soong-Familie hinter allem stecke. Der einzige der Kungs, der im März 1945 noch in China weilte, war David. Offenbar war Grossohr-Tus Sohn, Tu Wei-p'ing, zu jener Zeit in verschiedenen Geschäften sein Partner gewesen. Gegen die beiden wurde nie Klage erhoben.

Von Reportern in San Francisco darauf angesprochen, erklärte T.V., daß er durch die eigenartige Bewegung des Goldpreises «seinen eigenen Verdacht» geschöpft habe. Er führte weiter aus, daß die Regierung am Freitag, dem 28. März, beschlossen habe, auf Montag, den 30. März, den offiziellen Goldpreis zu erhöhen; man sei übereingekommen, diese Sache absolut geheim zu halten. Doch als T.V. über die Verkaufszahlen ging, bemerkte er, daß am Freitag doppelt soviel Gold verkauft wurde wie an den vorangegangenen Tagen. So etwas konnte nur geschehen, wenn jemand mit Kontakten zur Führungsspitze Geschäftspartnern den Hinweis gegeben hatte, daß der Goldpreis über das Wochenende dramatisch ansteigen würde, was ihnen erlaubte, am Freitag billig einzukaufen, um am Montag teuer zu verkaufen. T.V. mochte geglaubt haben, ein Kung sei ihm in die Falle gegangen, denn ihre Zeit war gekommen. Er erklärte, er sei mit seinem Verdacht unverzüglich zu Chiang Kai-shek gegangen.

Auf Befehl Chiangs wurde eine eilige Untersuchung durchgeführt, in deren Verlauf die wirklich «schuldigen Parteien» gefunden wurden – zwei niedere Büroangestellte der Central Trust Bank. Im Direktorium dieser Bank saßen sowohl H.H. Kung[9] als auch T.L. Soong[10]. Offenbar wurde niemandem in der Leitung der Bank of Communications oder der Chinesischen Zentralbank (beides Unternehmen der Kungs) ein Vergehen nachgewiesen, obwohl beide Banken an jenem Freitag merkwürdigerweise ihren Schalterschluß von 5 Uhr auf 9 Uhr abends verschoben hatten, um die «plötzliche Nachfrage» von seiten der Goldkäufer «zu bewältigen».

Als die zum Tod verurteilten Bankangestellten vor das Exekutionskommando geführt wurden, rief einer der Todeskandidaten, was jedermann klar war – sie waren «Sündenböcke».

T.V. betrachtete die Hinrichtung der Bankangestellten als Notwendigkeit, «denn dem kleinsten Verdacht auf Korruption innerhalb der Regierung sollte eine unmittelbare und sorgfältige Ermittlung und

Bestrafung folgen. Dadurch konnte die Autorität der Regierung gestärkt ... [und] das Vertrauen des Volkes gefestigt werden.»[11]
Die Gewinne aus dem Goldskandal, wie er später genannt wurde, schienen beträchtlich. In den Nachrichten wurde von «fünfundvierzig Milliarden $» gesprochen, doch diese Summe bezog sich auf den chinesischen Dollar der Inflationszeit. Die nicht genannten «hohen Beamten», die für den Goldskandal verantwortlich gewesen waren, strichen jedoch nur etwa 20 000 U.S.$ ein.
In seiner Rolle des «Weisen» hatte H.H. Kung einmal verkündet, daß «der Krieg für jedermann ein schlechtes Geschäft» sei; doch hatte er dabei übertrieben. Krieg war für jedermann in China ein schlechtes Geschäft, mit Ausnahme derjenigen, die mit der Soong-Dynastie liiert waren. «Staatsstellen brachten in China so große Gewinne, daß sie der einträglichste Wirtschaftszweig in China waren», stellte Dr. Francis Hsu von der Northwestern University einmal fest.
Ein Beispiel dafür war General T'ang En-po, der es fertig brachte, in die widerwärtigsten Skandale des Krieges verwickelt zu sein. Seine Laufbahn macht einige der schlechtesten Eigenschaften des Chiang-Regimes offensichtlich.[12] «Papiertiger» T'ang begann seine Karriere als Schläger in Chiangs Heimatprovinz Chekiang. Seine Ausbildung beschränkte sich auf die Kriegskunst. In Shanghai gewann er dann als aggressiver Leibwächter die Gunst der Grünen Gang und überredete einen lokalen Kriegsherrn, seine Ausbildung an einer japanischen Militärakademie zu finanzieren. Zu Beginn des Zweiten Weltkriegs war er einer von Chiangs bevorzugten Truppenkommandanten und Mitglied der Clique von Whampoa.[13] Seine erste Heldentat bestand darin, zusammen mit anderen höheren Offizieren die Sprengung der Dämme des Gelben Flußes anzuordnen.[14] Danach wurde er mit dem Kommando über jene Armee betraut, die die Provinz Honan kontrollierte. Bei dieser Gelegenheit war T'ang auch behilflich, den Bauern Honans ihre letzten Getreidevorräte als «Spezialsteuer» abzupressen. Dadurch wurde 1942/43 die große Hungersnot von Honan verursacht, die Theodore White so tief bewegte.
«Er war ein relativ angenehmer Mensch», erinnerte sich White, «umgänglich, gut gelaunt und energisch. ... Die Land- und Stadtbevölkerung akzeptierte ihn ... als den wahren Verursacher ihrer Leiden; sie verfluchten ihn voller Bitterkeit. ‹Honan hat zwei Sorgen›, bemerkten sie, ‹den Gelben Fluß und T'ang En-po›.»[15]
Während die Bauern hungerten, fand T'ang zahllose Mittel und Wege, sein Leben noch angenehmer zu machen. Sein Territorium befand sich flußaufwärts, kurz nach der während der Kriegsjahre von den Ku-Brüdern gehaltenen Festung in der Nähe von Shanghai. Die

Festung wurde ihnen von Großohr-Tu, der während des Krieges in Chungking weilte, zum Schutz anvertraut. Diese Lage ermöglichte es T'ang, weiter flußaufwärts von der Grünen Gang japanische Konsumgüter zu kaufen und mit amerikanischen Lend-Lease-Lastwagen in die Städte des Hinterlandes, unter anderem auch nach Chungking, zu transportieren, wo sie auf dem Schwarzmarkt verkauft wurden. Was er sich nicht von den Ku-Brüdern beschaffen konnte, erhielt er im offenen Tausch gegen amerikanische Lend-Lease-Produkte direkt von den Japanern. T'ang handelte auch mit Schweizer Uhren, japanischen Parfums, englischen Wollwaren und zwang die Bauern, nicht nur Tabak, den er an ansässige Zigarettenfabriken verkaufte, sondern auch Opium anzubauen, das er an die Grüne Gang weiterverkaufte. Und da ihm auch dies noch nicht reichte, steckte er den Sold seiner Truppen selbst ein, kürzte ihre Verpflegungsrationen, verkaufte ihre ganze von den USA gelieferte Ausrüstung und füllte ein Drittel seiner Personallisten mit nichtexistenten Truppen, für die er wiederum Sold kassierte.[16]

Als die Operation Ichigo 1944 begann, zog sich General T'ang von der Front zurück. Daraufhin entstand Panik unter seinen Truppen; sie lösten sich auf und machten sich aus dem Staub. Stabsoffiziere verließen ihre Mannschaften, requirierten sechshundert Lastwagen, beluden sie mit ihren Familien, ihrem Hausrat und all der Kriegsbeute, derer sie noch habhaft werden konnten, und flohen. Um essen zu können, plünderten die verlassenen Fußtruppen die Bauern aus und konfiszierten die für den Getreideanbau nötigen Ochsen. Die aufgebrachten Bauern bewaffneten sich mit hölzernen Heugabeln und entwaffneten fünfzigtausend chinesische Soldaten.

Zur Belohnung wurde T'ang zum Oberbefehlshaber der Dritten Frontarmee befördert, dem vierzehn von den USA ausgerüstete Divisionen unterstanden.[17] Als der Krieg zu Ende war, wurde ihm als Bonus die Entgegennahme der japanischen Kapitulation in der ganzen unteren Yangtse-Region übertragen. Sobald er ihre Entwaffnung, für die er auch zuständig war, abgeschlossen hatte, wurde er angewiesen, alle japanischen Truppen und Zivilisten zu repatriieren. Er versammelte eine Gruppe von zwanzig hohen japanischen Befehlshabern und hielt ihnen eine rührende Abschiedsrede:

> China und Japan nehmen entgegengesetzte Küstenstriche entlang des gleichen Meeres ein und leisten sich gegenseitig Hilfe. Ihre Völker gehören zur gleichen Rasse, ihre Sprachen sind die gleichen. Vereint können beide Völker überleben, in Zwietracht müssen sie zugrunde gehen. Ein blutiger Krieg, der acht Jahre gedauert hat, hat

> beiden Völkern schmerzliche Wunden zugefügt. In Erinnerung vergangener Leiden sollten wir unsere Köpfe neigen und bitterlich weinen. Heute werfen wir unsere Waffen weg und senden euch heimwärts. Ein anderes Mal werden wir euch mit Jade und Brokat in unseren Händen willkommen heißen.[18]

Die Bauern Honans wären von diesen geschliffenen Reden sicher angetan gewesen.

Der Generalissimo war mit T'angs Leistungen voll und ganz zufrieden und belohnte ihn nach Kriegsende ein weiteres Mal: T'ang wurde zum Kommandeur der Nanking-Shanghai-Garnison, die den Ku-Brüdern unterstand, und zum Oberbefehlshaber über die ganze chinesische Armee ernannt. Damit war er nur noch General Ku Chu-t'ung unterstellt, dem ehrwürdigen Militärführer und Helden des Zwischenfalles mit der Neuen Vierten Armee. «T'ang En-po war», so das milde Urteil eines Historikers, «einer der verrufensten Militärführer der Kuomintang.»[19]

Es gab für jeden genug. Am V-J Day besaß China (zumindest auf dem Papier) sechs Millionen Unzen Gold und Reserven in U.S.-Währung von über 900 Millionen $, alles von amerikanischen Steuerzahlern finanziert. Trotz der großen Reserven in harter Währung war die China-Lobby so energisch, daß weiterhin ausländische Hilfe in beträchtlichen Mengen nach China floß. Die United Nations Relief and Rehabilitation Administration (UNRRA) verschiffte zwischen 1945 und 1947 Waren, Nahrungsmittel, Bekleidung und Ausrüstung im Wert von 685 Millionen U.S.$ nach China. Dazu kamen 83 Millionen U.S.$, ein Darlehen von T.V.'s alten Freunden von der Export-Import Bank, sowie ein Langzeitdarlehen von Kanada in der Höhe von 60 Millionen U.S.$.[20]

Um «die Ehrfurcht vor dem chinesischen Volk zu bewahren», wie T.V. es ausdrückte, beharrte er darauf, daß die uneingeschränkte rechtliche Kontrolle über die ausländischen Hilfsgüter bei den Chinesen bleiben müsse. Chiang hatte diesen Trick schon 1944 versucht – Fragen kostet ja nichts. Aus unbegreiflichen Gründen waren die Darlehensinstitute damit einverstanden. Sie waren damit einverstanden, obwohl es sich in den obersten Regierungsstellen in Washington und London schon längst herumgesprochen hatte, daß T.V. mittlerweile einer der reichsten Männer der Welt war. Er besaß riesige Anteile bei einigen der weltgrößten Unternehmen, von denen er auf einfallsreiche Art und Weise jeweils Kriegsmaterial kaufte. T.V. soll, so zitiert Felix Green einen seiner Freunde, bis 1944 allein in Amerika ein Vermögen von 47 Millionen U.S.$ besessen haben.[21] Ein hochstehender

Beamter des britischen Außenministeriums nahm in einem 1953 geführten Interview an, daß «T.V. über den ausschlaggebenden Anteil Ihrer General Motors-Aktien verfügt». Als dem Beamten erklärt wurde, daß man in amerikanischen Regierungskreisen annehme, er besitze nicht GM, sondern DuPont-Aktien, gab er zurück: «Es gibt doch Mittel und Wege, den Besitzer unkenntlich zu machen, nicht?»[22]

Nachdem T.V. zum Premierminister ernannt worden war, rief er eine spezielle Organisation ins Leben, die Chinese National Relief and Rehabilitations Administration (CNRRA), um die Verteilung der Hilfsgüter zu überwachen. Die Abmachung, die er mit der U.S.-Regierung und den Vereinten Nationen traf, beinhaltete, daß die UNRRA jeden Anspruch auf die Hilfsgüter aufgab, sobald sie an irgendeinem chinesischen Dock gelöscht wurden. (In anderen Ländern blieben UNO-Beamte bei den Gütern, um die richtige Verteilung zu überwachen.) Die Docks, an denen sie ausgeladen wurden, die Hallen, in denen die Güter gelagert wurden, und die Transportgesellschaften (unter anderem auch die Schiffahrtsgesellschaft der chinesischen Kaufleute), die sie beförderten, gehörten alle Großohr-Tu. Dem Mißbrauch stand nichts mehr im Weg.

Sobald die ersten Hilfsgüter eintrafen, wurden sie den Verteilerkanälen des Schwarzmarktes zugeführt. Als vom amerikanischen Roten Kreuz gespendetes Blutplasma für 25 $ pro Halbliter in Shanghaier Apotheken auftauchte, beschlagnahmte die amerikanische Küstenwache den Rest der 3500 Kisten, die in einem Shanghaier Lagerhaus aufbewahrt wurden.[23]

Nachdem die UNRRA China soviel Geld für humanitäre Hilfe gespendet hatte und T.V.'s ungewöhnlichen Forderungen nachgekommen war, mußte sie feststellen, daß sie auch die Rechnung für die Verschiffung, das Ausladen, die Lagerung und den Transport zu bezahlen hatte. Es war keine Kleinigkeit; als T.V. die «administrative» Rechnung den Buchführern der UNRRA präsentierte, belief sie sich auf 190 Millionen U.S.$.[24]

1927 hatten Chiang und Großohr-Tu die Angst der Shanghaier Kaufleute vor dem Kommunismus ausgenützt, um ihnen Millionen abzupressen. Nun benutzte Chiang die Angst vor einer kommunistischen Machtübernahme, um den Vereinigten Staaten Millionen abzuknöpfen. Und die Angst leistete ihm gute Dienste.

Mit einer Hyperinflation und einem unglaublichen Wechselkurs von 11 Millionen chinesischer $ zu 1 U.S.$ bereitete das Chiang-Regime im geheimen die Ausgabe einer neuen Währung, des sogenannten «Gold-yuan» vor, deren neue Banknoten durch «Gold» gedeckt

waren. Dem Plan gemäß waren alle Chinesen verpflichtet, ihre wertlosen fa-pi-Banknoten sowie ihre Silber- und Goldguthaben gegen neue Banknoten einzutauschen. Die Regierung würde das Gold und Silber zu einem künstlich festgesetzten Wechselkurs aufkaufen. Dies ist natürlich ein uralter Trick. Wer sein Gold und Silber unversehrt durch die Kriegsjahre gebracht hatte, wurde nun gezwungen, die neuen Banknoten von zweifelhaftem Wert zu einem lächerlichen Wechselkurs zu akzeptieren. Für jeden, der sich in China als kleiner Ladenbesitzer auch nur einen Tag über Wasser halten konnte, war die Sache offensichtlich, doch es blieb keine Wahl.
Die Möglichkeit, von dieser «Währungsreform» zu profitieren, bestand für alle, die das Datum des Währungswechsels schon im voraus kannten. Es handelte sich um einen Betrug größeren Ausmaßes; der berühmte Goldskandal war nur die Vorrunde gewesen. Dieses Mal war es T.V. selbst, der die geheime Information nicht für sich behielt.
Offensichtlich benachrichtigte T.V. einige seiner bevorzugten KMT-Offiziere – allein in Shanghai 293 –, ihr Gold vor dem betreffenden Datum von den Banken abzuheben. Unglücklicherweise gab einer der Offiziere die Information weiter. In Shanghai brach Panik aus. Hunderte von wichtigen Goldbesitzern hoben in einer Art von Goldrausch ihre Edelmetallguthaben von den Banken ab. Privates Gold im Wert von Millionen von Dollars wurde von seinen rechtmäßigen Besitzern außer Reichweite der Regierung gebracht. Die Panik begann sich nun auch auf andere Städte auszubreiten. Der Generalissimo war außer sich vor Wut: Er war vor der ganzen Nation zum Gespött geworden. Nun hatte er von T.V. endgültig genug.
T.V. wurde offiziell als Urheber des «Goldrausches» angeklagt. Chiang befahl ihm, als Premier zurückzutreten, entließ ihn aus allen übrigen Regierungsämtern und beauftragte die Ch'en-Brüder mit einer Untersuchung aller von T.V. getätigten Finanzgeschäfte.[25] Bis die Untersuchung abgeschlossen war, zwang Chiang T.V. Soong, einen «Trost»-Posten als Gouverneur der Provinz Kwangtung anzunehmen.[26] Dies gab T.V. eine Gnadenfrist, seinen immensen Reichtum über seine Zweigbanken in Kanton und Hong Kong aus China zu schaffen und die Mehrzahl seiner Besitztümer abzustoßen.
T.V.'s Rücktrittsrede vor dem Exekutiv-Yuan, dem er als Premierminister vorstand, klang bekannt: «Die Wahrheit läßt sich in einem Satz zusammenfassen: Die gegenwärtige Wirtschaftskrise ist das Resultat der während der acht Kriegsjahre und des vermeintlichen Friedensjahres äußerst unausgeglichen geführten Finanzhaushalte, wobei sich spekulative Unternehmungen noch verstärkend ausgewirkt haben.»[27]

Im Herbst 1947 schlossen die Ch'en-Brüder die ihnen aufgetragene Untersuchung ab und legten einen Bericht von 15 000 Worten vor, in dem T.V. «Mißwirtschaft mit ausländischem ... Kapital» vorgeworfen wurde. Der Bericht führte aus, daß eine gewisse Gruppe bevorzugter Unternehmen Geld für «andere Zwecke als für den Import von Material zum Wiederaufbau» ausgegeben habe. Zu dieser bevorzugten Gruppe zählten Dr. Suns China Development-Finanzgesellschaft, T.L. Soongs Fu Chung-Handelsgesellschaft und die Yangtse Development-Gesellschaft, die von David Kung geleitet wurde. Als T.V. dann seiner Posten enthoben und in die Provinz Kwangtung verfrachtet worden war, fanden die Untersuchungsbeamten heraus, daß ungefähr die Hälfte der ausländischen Währungsreserven und Goldbarren Chinas, darunter auch die Hälfte der 900 Millionen U.S.$ und die Hälfte der sechs Millionen Unzen Gold, die während T.V.'s Amtszeit in den Staatskassen hätten sein sollen, fehlten.

Wo war das alles hingekommen?

Gardner Cowles, der als Herausgeber des *Register* von Des Moines kein Blatt vor den Mund nahm, machte nach dem Krieg eine Reise nach China und brachte einen Bericht zurück, der im September 1947 erschien:

> In Shanghai sagte mir ein aufgebrachter Kritiker der gegenwärtigen Regierung bei einem Essen: «China wird sich nicht erholen, bis es die Soong-Familie los wird. Ja, die Mitglieder dieser Familie haben mehr als eine Milliarde $ auf ihren Personalkonten bei Washingtoner, Londoner und Amsterdamer Banken.» Nachdem er sich von mir abgewandt hatte, sagte mir ein hoher Angestellter der Bank of China: «Glauben Sie solchem Geschwätz doch nicht. Die haben nicht mehr als 800 Millionen $ auf ihren Konten.»[28]

H.H. war in Amerika, T.V. Soong als Gouverneur in Kanton im Exil, Maos Rote Armee stieß unaufhaltsam gegen Nordchina vor – und der Generalissimo gab immer noch vor, zu regieren. In der Ruhe vor dem Sturm war er entschlossen, die Einführung des Gold-yuan voranzutreiben. Nach einigen Aufschüben wurde das offizielle Ausgabedatum der neuen Währung auf den 19. August festgelegt. Sämtliche alten Banknoten mußten bis zum 30. September – zusammen mit allem Gold, allem Silber und allen ausländischen Devisen – abgeliefert werden. Damit diesmal alles nach Plan verlief, beauftragte Chiang seinen Sohn CCK – General Chiang Ching-kuo –, die neuen Währungsvorschriften in Zusammenarbeit mit dem neuen Finanzminister O.K. Yui durchzusetzen.

Der Generalissimo gab CCK spezielle Anweisungen, zuerst in Shanghai für Ordnung zu sorgen. Jedermann sollte wissen, daß Chiang der starke Mann war. CCK wurde Befehl gegeben, alle Spuren der Kung-Familie zu tilgen und alle noch übriggebliebenen Kung-Schranzen aus ihren Ämtern zu entfernen. Weil er schon am Aufräumen war, feuerte er auch alle korrupten Elemente innerhalb der Regierung (die nicht zur exklusiven Grünen Gang gehörten), unterband den Schwarzhandel und überwachte die wirtschaftliche «Reformierung» der Shanghaier Unterwelt. Es war ein umfangreicher Auftrag. CCK scheint seinen Vater beim Wort genommen zu haben. Er führte einen rücksichtslosen Krieg gegen die Korruption, gegen die Schwarzhändler und gegen die Währungsspekulanten. Mit seinem im Stil der Moskauer Sicherheitspolizei organisierten Kader hielt er landauf landab Standgericht und veranstaltete im Schnellverfahren Exekutionen. Doch dann beging CCK zwei schreckliche Fehler. Er verhaftete den Börsenmakler Tu Wei-p'ing. Man klagte den jungen Makler an, kurz vor der Währungsreform Anteilscheine im Wert von 30 Millionen auf den Markt geworfen zu haben. Offensichtlich war er durch seinen Vater Tu Yueh-sheng informiert worden.
Man brachte Großohr-Tus Sohn, Absolvent des Massachusetts Institute of Technology, vor Gericht und verurteilte ihn so schnell, daß alles vorüber war, bevor auch nur auffiel, daß er verhaftet worden war. Der junge Tu erhielt eine relativ milde Gefängnisstrafe von 8 Monaten – nicht weil er illegal Informationen über die Währungsreform erhalten hatte, sondern weil er die Anteilscheine nicht über die offizielle Börse verkauft hatte. Er saß seine Strafe nicht ab, denn das hätte seinem Vater zu stark zugesetzt. Doch daß man ihn verhaftet, vor Gericht gestellt und verurteilt hatte, war ein deutliches Zeichen dafür, daß sich die Zeiten gewandelt hatten.[29]
Nach dem Krieg glitt Großohr-Tu die Macht aus den Händen; er war nun über sechzig Jahre alt, und die langjährige Drogenabhängigkeit hatte seine Gesundheit zerstört. Kriegsgewinnler versuchten der Grünen Gang das Monopol streitig zu machen. Doch wegen seines Gesundheitszustandes und seines Alters war Großohr-Tu nicht in der Stimmung, die täglichen Verwaltungsangelegenheiten der Grünen Gang nochmals aufzunehmen. Die ständigen Vorstöße der Roten Armee durch die Mandschurei und weiter nach Süden machten eine Reorganisation der alten Shanghaier Operationsbasis schwierig. Tu schickte sich an, sein Vermögen nach Hong Kong zu transferieren.
CCK's zweiter Fehler war noch schwerwiegender.
Als er Shanghai durchsuchen ließ, fiel ihm eine große Menge entwendeter amerikanischer und europäischer Waren in den Lagerräumen

der Yangtse Development-Gesellschaft in die Hände. Nun, da er die inneren Mechanismen des Schwarzmarktes kannte, ließ CCK unverzüglich den Direktor der Yangtse Development-Gesellschaft verhaften – es war niemand anderer als sein angeheirateter Vetter David Kung.

20. Kapitel

Das Vermächtnis der Soongs

May-ling war zu Hause in Nanking, als sie einen anonymen Telephonanruf aus Shanghai mit der Nachricht von David Kungs Verhaftung erhielt. Sie war empört. Sie stellte den Generalissimo zur Rede, aber Chiang sagte, er habe mit der ganzen Sache überhaupt nichts zu tun. May-ling flog nach Shanghai, ging zu CCK und verlangte, daß David freigelassen und unter ihre Obhut gestellt werde. Ihr Neffe kam von seiner Irrfahrt widerstrebend nach Nanking zurück, um sich von Onkel Chiang ausschelten zu lassen. May-ling war klug genug, David daraufhin sofort in ein Flugzeug nach Hong Kong mit Anschluß nach Florida zu verfrachten. Er sollte nicht mehr zurückkehren. Die Büros der Yangtse Development-Corporation wurden in China über Nacht geschlossen und in Miami Beach wiedereröffnet.[1]
CCK erhielt vom Generalissimo frostige Anweisungen, die Sache aufzugeben und bleiben zu lassen. Für CCK war das ein schwerwiegender Gesichtsverlust; er kreidete ihn seiner Stiefmutter an. Zornig trat er von seinem polizeilichen Auftrag zurück. Er entschuldigte sich bei den «Bürgern von Shanghai» und forderte sie auf, «ihre eigene Kraft einzusetzen, um skrupellose Kaufleute, Bürokraten, Politiker und Erpresser an der Kontrolle ihrer Stadt zu hindern».[2]

Nachdem Madame Chiang 1944/45 in New York City ein Jahr lang versucht hatte, mit ihrer Situation fertigzuwerden, war sie nach dem Krieg nach China zurückgekehrt, um zu sehen, ob irgendwelche Scherben übriggeblieben waren, die man noch zusammenkleben konnte. Sie hatte sich so restlos mit dem Schicksal ihres Landes identifiziert, daß es ihr unangemessen schien, sich irgendwo anders aufzuhalten, während China von einer Flut von Kommunisten überwältigt wurde. Gegen die Roten stand, wie ihre amerikanischen Freunde es so gern ausdrückten, eine Schlacht auf Leben und Tod bevor.
Die Propagandamaschinerie funktionierte so gut, daß die meisten

Leute von der Ehekrise bei den Chiangs keine Ahnung hatten. Für die großen Scharen von May-lings Bewunderern, für die Presse und für einen Großteil der Regierung hatte sie ihre Herrschaft ohne Unterbruch ausgeübt. May-ling kehrte nach Chungking zurück, an ihren Platz (vermutlich nach einigem privaten Hin und Her) an Chiangs Seite, und nahm die Fäden der Macht erneut in die Hand.
Auf May-lings Drängen hin zog der Generalissimo aus seinem Palast aus, den er beharrlich «Adlerhorst» genannt und in dem die «Andere Frau» Spuren hinterlassen hatte; sie ließen sich in einer kleinen Villa in der Nähe der Kungs nieder. Miss Ch'en, die zweite Madame Chiang, war nicht mehr in der Gegend. Der genaue Zeitpunkt von May-lings Rückkehr könnte etwas mit der Abreise Miss Ch'ens zu tun gehabt haben. Diese wiederum könnte mit dem Schicksal von Miss Ch'ens Kind in Zusammenhang gestanden sein. Es gab Berichte, nach denen sie einen Jungen gebar, aber vielleicht überlebte das Kind nicht. Chiang hatte offenbar das Interesse verloren. Tatsächlich war Miss Ch'en nach Kalifornien zurückgekehrt. Schließlich zog sie sich nach Hong Kong zurück, wo sie in hohem Alter starb und viele Geheimnisse mit sich ins Grab nahm.
Im Oktober 1945 bereiteten der wiederversöhnte Gissimo und seine Missimo in Chungking Henry Luce einen verschwenderischen Empfang. Auch H.H. Kung war zusammen mit Ai-ling gerade zu einem kurzen Aufenthalt in China, um ein paar ungelöste Familienangelegenheiten zu bereinigen. Luce trank im palastartigen Haus der Kungs Tee, und H.H. Kung machte dem Verleger schamlos Komplimente für die Scharfsichtigkeit, bereits im Juli 1945 das «sehr baldige Kriegsende» vorausgesagt zu haben. Dann dinierte er bei den Chiangs. T.V. Soong gab ein eigenes Fest für ihn.
Der Verleger hatte auch Gelegenheit, mit einem seiner eingestandenen Feinde zu sprechen: mit dem Erzroten Chou En-lai. Luce war überhaupt nicht in der Stimmung, sich von Kommunisten den Hof machen zu lassen, und schrieb in sein Tagebuch: «Wir hatten ein nettes Gespräch – es war völlig offen vom Moment an, als wir uns hinsetzten. Er sagte, die Luce-Presse sei in letzter Zeit nicht gerade nett zu ihnen gewesen. Ich sagte, das sei schade, denn wir hätten gerade einen weltweiten Kampf gegen die weltweite linke Propaganda am Hals – und die sei so eklig wie ein Stinktier.» Nach einem Besuch bei Ch'en Li-fu, dem in Pittsburgh ausgebildeten Chef von Chiangs Geheimpolizei, erinnerte sich Luce an ihn als an einen «Mann von außerordentlichem Charme».[3]
Chennault war auch nach dem Krieg noch in der Gegend und spielte seine Rolle als kettenrauchender Glücksritter im Trenchcoat; er eilte

geschäftig hin und her, um sein neues Unternehmen, Civil Air Transport (CAT) in Gang zu halten. Er wurde gut dafür bezahlt, eilig Flugzeuge mit Soldaten und Waffen mal da-, mal dorthin zu schicken, um erfolglos den Ansturm der Roten Armee aufzuhalten. Nach dem Krieg versuchte er kurze Zeit, ins Sumpfgebiet seiner Kindheit in Louisiana zurückzukehren, aber bald darauf traf er eine neue Abmachung mit den Chiangs. Chennault machte sich frei von Frau und Kindern und kehrte nach China zurück – diesmal für immer.

Die amerikanische Haltung gegenüber China machte eine merkwürdige Wandlung durch. Präsident Truman war 1946 auf einem Tiefpunkt der Popularität angelangt; dieser Sturz war vielleicht ebenso sehr in der Kriegsmüdigkeit der Wählerschaft als in irgend etwas anderem begründet. Trumans republikanische Rivalen, die während vier Amtsperioden demokratischer Präsidentschaft nicht an der Macht gewesen waren, verzeichneten mit dem Argument, es sei Zeit für einen Wechsel, im Kongreß endlich Gewinne. Die GOP [Grand Old Party = Republikaner] hoffte, von der Stimmung in der Bevölkerung noch weiter zu profitieren und die nächsten Präsidentschaftswahlen im Jahr 1948 zu gewinnen. Ein Lieblingsthema der Republikaner, nun da der Faschismus besiegt war, war die Bedrohung durch den Kommunismus. Im Chor mit Luce ritten sie darauf herum, daß die Demokraten Chiang Kai-shek nicht mit dem Geld versahen, das er brauchte, um Maos Horden zu schlagen.

Die Generäle Marshall und Wedemeyer, die den Generalissimo von der unangenehmen Seite kennengelernt hatten, beantragten, daß jede zukünftige Hilfe sorgfältig begrenzt und von amerikanischen Beamten streng überwacht werden solle. Jedes Darlehen sollte davon abhängig gemacht werden, daß Chiang sein Regime von Korruption säuberte und sich eine breitere politische Basis schaffte – was praktisch bedeutete, Schritte in Richtung des alten Traums einer Koalition mit den Roten zu unternehmen. Nicht daß die Befürworter dieser Politik irgendwelche Sympathien für die KPCh empfunden hätten. Marshall hatte einfach schon lange gemerkt, daß die elende Bestechlichkeit von Chiangs Regime sich zu Maos größtem Vorteil auswirkte. Während einer Inspektionsreise im Sommer 1946 besuchte Wedemeyer die größeren chinesischen Städte und sagte danach Chiang und anderen Vertretern der Nationalregierung offen, es sei unmöglich, die Roten zu stoppen, wenn die KMT ihre bisherigen Praktiken nicht aufgäbe. Wedemeyer machte auch deutlich, daß Chiang im Handumdrehen mindestens eine Milliarde U.S.$ flüssig machen könne, wenn er einige nationalchinesische Kapitalanlagen im Ausland liquidiere.

Chiang und die Republikaner in Washington waren auf diesem Ohr taub. Den ersten Schuß auf Marshalls Politik der begrenzten Hilfe feuerte niemand Geringerer als die GOP-Abgeordnete Clare Boothe Luce ab, die einen vom 24. Juli 1946 datierenden und von achtunddreißig bekannten amerikanischen Verfechtern von Chiangs Sache unterzeichneten Protestbrief ins Kongreßprotokoll einrückte. Zu diesen Unentwegten gehörte auch Alfred Kohlberg, der Waren aus China importierte und später Clare Luce half, die American China Policy Association zu gründen, eine der aktiveren Interessengruppen, die die China-Lobby bildeten.

Für Chiangs Berater war es klar, daß ein republikanischer Sieg in den Wahlen von 1948 eine Sinnesänderung im Weissen Haus praktisch garantieren würde. Anstelle der knickerigen Feindseligkeit Trumans gäbe es wieder Hilfeleistungen in Milliardenhöhe, die an keine besonderen Bedingungen geknüpft wären. Deshalb leisteten Interessenvertreter Chinas in Amerika Öffentlichkeitsarbeit, halfen den Republikanern, Wahlen zu gewinnen, und trieben das Anliegen der GOP mit großem finanziellen Aufwand voran. Einer der prominenteren politischen Aktivisten war Louis Kung. Was sie zustande brachten, wurde Jahre später von Harry Truman so zusammengefaßt: «Sie hatten eine ganze Menge Kongreß- und Senatsmitglieder am Schnürchen, die so ziemlich alles taten, was ihnen gesagt wurde; und ihnen standen Millionen von $ zur Verfügung. ... Ich behaupte nicht, daß sie irgend jemanden geradezu kauften, aber es war viel Geld da, und eine Menge Leute schlossen sich ... der China-Lobby an.»[4]

Die Chiangs und die Luces sahen es als ausgemacht an, daß der New Yorker Gouverneur Thomas Dewey die Präsidentschaftswahlen gewinnen würde; Botschafter Wellington Koo ließ sich deshalb angelegen sein, Dewey mit der «Besonderen Krawatte des Ordens vom glückverheißenden Stern» auszuzeichnen.[5] Darüber hinaus arrangierte der Generalissimo in Erwartung von Deweys Wahlsieg einen erneuten Besuch May-lings in Washington; sie sollte Amerika bezaubern, wie sie es in den Tagen Roosevelts getan hatte, und persönlich um dringende militärische und finanzielle Hilfe gegen die Rote Bedrohung ersuchen. Konkret sollte sie drei Milliarden $ verlangen.

Unterdessen gab es ermutigende Neuigkeiten von den «Freunden Chinas» (wie sie sich selber nannten) in Washington. Während die Wahlversammlungen zur Präsidentenwahl im April 1948 noch im Gange waren, boxte die Pro-Chiang-Kampagne, die von der ganzen Kraft der China-Lobby und von einer großen Anzahl republikanischer Parteiführer unterstützt wurde, ein umfängliches Hilfsmaßnahmenpaket durch. Der Kongreß bewilligte Chiang mit knapper Mehr-

heit über eine Milliarde $, um gegen die rote Flut anzukämpfen. Aber Chiang ließ sofort verlautbaren, daß dies nicht genüge. Er brauchte noch drei Milliarden mehr.[6]
Während die Vereinigten Staaten dem Luxus demokratischen Vorgehens frönten, ging China verloren. Im Lauf des Jahres 1948 errang die Rote Armee einen Sieg nach dem anderen, während Chiangs KMT-Armeen sich auflösten und zerstreuten. Wenn Chiang noch gerettet werden sollte, dann mußte es rasch geschehen. Bloß eine Milliarde $ reichte kaum aus. Chiangs Niederlage war abzusehen, als die Amerikaner am 7. November an die Urnen gingen.
Am selben Tag griffen die Kommunisten eine große Zahl von Nationalistischen Truppen an, die zusammengezogen worden waren, um die zentralchinesische Ebene zu verteidigen. Die Schlacht dauerte zwei Monate, bis zum 10. Januar 1949, und endete mit der völligen Niederlage der Kuomintang. Die Schlacht von Huai-hai, wie sie genannt wurde, war das letzte große Gefecht zwischen Chiang und den Kommunisten. Von den etwa 550 000 KMT-Soldaten wurden 325 000 gefangengenommen. Im letzten Augenblick befahl Chiang seiner Luftwaffe, seine eigenen Truppen zu bombardieren, damit ihr Nachschub und ihre Waffen nicht den Kommunisten in die Hände fielen. Auf dem Festland war es mit Chiangs Machenschaften nun beinahe vorbei.[7]
Während dieser letzten Schlacht bemerkte Chiang, daß die starken Schlaftabletten, mit denen er sich seit Jahren nachts betäubte, nicht mehr wirkten. Er begann zu trinken; jeden Abend leerte er anderthalb Wassergläser Whisky. Seine Angst wurde noch größer durch die Nachricht von Trumans knappem, aber entscheidendem Wahlsieg. Vom Weißen Haus war keine Hilfe mehr zu erwarten.[8]
Dennoch sandte Chiang May-ling in aller Eile nach Washington. Als ihr Flugzeug Ende November 1948 abhob, sollte es das letzte Mal sein, daß sie den Boden des chinesischen Festlandes berührt hatte.
Diesmal waren die roten Teppiche Washingtons gerade in der Reinigung. May-ling wurde nicht eingeladen, im Weißen Haus zu übernachten oder vor dem Kongreß zu sprechen. Da der Kongreß Chiang erst kürzlich eine Milliarde $ gegeben und Truman gerade einen erbitterten Wahlkampf gewonnen hatte, war er überhaupt nicht in der Stimmung, der Außenpolitik Luce'scher Prägung Vorschub zu leisten. «Sie kam in die Vereinigten Staaten, um noch ein paar Almosen aufzutreiben», erinnerte Truman sich beißend. «Ich ließ sie nicht im Weißen Haus wohnen, wie Roosevelt es getan hatte. Ich glaube nicht, daß sie darüber sehr erfreut war, aber mir war es ganz und gar egal, was sie erfreute und was nicht.»[9]

Madame Chiangs Anwesenheit war eine öffentliche Peinlichkeit. Nur die Republikaner, die China-Lobby und Luce zeigten überhaupt Mitgefühl für ihr Flehen um Hilfe «im gegenwärtigen Kampf». Ihre Reise war ein Desaster. Truman lehnte nicht nur ihre Bitte ab, sondern war auch noch so unhöflich, eine Presseerklärung zu veröffentlichen, in der er darlegte, daß die amerikanischen Hilfeleistungen an Chiang sich bereits auf mehr als 3,8 Milliarden $ beliefen. Der Drachenzahn der Soong-Dynastie wendete sich gegen diese selbst.
Nun, da der Zweite Weltkrieg zu Ende war und Chiangs Regime wie ein morsches Stück Holz zerbrach, wurde es in Washington Mode, sich an vielerlei zu erinnern. In Kreisen, die mit dem Nachrichtendienst zu tun hatten, erinnerte man sich beispielsweise daran, daß H.H. Kung 200 Millionen U.S. $ an Darlehen dazu verwendet hatte, 1942 im besetzten Shanghai Waren anzukaufen – bei Firmen, die von Großohr-Tu und den Soongs in Zusammenarbeit mit den Japanern kontrolliert wurden oder sich in deren Besitz befanden. Diese und andere Neuigkeiten wurden mit viel Akribie ans Licht gezogen und in Washington herumgeboten, damit jedermann sich gehörig aufregen konnte.
Erschüttert von der Zurückweisung des Präsidenten und ihrem Unvermögen, den alten Zauber wirken zu lassen, verließ May-ling Washington voller Groll und zog sich auf den Sitz der Kungs in Riverdale zurück.
Truman sprach gegenüber seinen Beratern die ganze Zeit unverblümt über die «Schieber und Gauner» in der chinesischen Regierung und fügte hinzu: «Ich wette, daß gegenwärtig eine Milliarde [an amerikanischen Darlehen] in New York liegt» (nämlich auf chinesischen Bankkonten)[10]. Der Präsident erfuhr bald, daß seine Schätzung zu bescheiden war. Im Mai 1949, einige Monate nach May-lings Besuch, hörte Truman von Angaben, die Informanten aus Bankkreisen gegenüber Kongreßmitgliedern gemacht hatten und die besagten, daß die Kungs und Soongs in Wirklichkeit zwei Milliarden $ in Manhattan eingefroren hatten. Der Präsident wies das FBI unverzüglich an, eine geheime Untersuchung dieser Berichte vorzunehmen, damit genau nachgewiesen werden konnte, um wieviel Geld es ging und wo es angelegt war. Die Untersuchungen – und ihre Befunde – waren so delikat, daß die Einzelheiten erst vierunddreißig Jahre später zugänglich gemacht wurden, nämlich 1983, und auch dann noch in stark zensurierter Form.
Als erstes grub das FBI seine Dossiers über die Soongs, die während des Krieges angelegt worden waren, aus und stieß erneut auf die Information, daß T.V. Soong «seine öffentliche Karriere mit ziemlich

begrenzten finanziellen Mitteln begonnen und [bis Januar 1943] über 70 Millionen $ angehäuft hatte»[11]. Während des Krieges hatte Japan, wie das FBI bemerkte, die Anklage erhoben, T.V. Soong habe 70 Millionen $ in der Chase National Bank oder in der National City Bank in New York deponiert; Madame Kung habe 80 Millionen in einer dieser Banken und Madame Chiang Kai-shek 150 Millionen in einer von ihnen oder in beiden angelegt. Diese Angaben waren damals als reine japanische Propaganda betrachtet worden.

J. Edgar Hoover sandte Informationen an die FBI-Zweigstellen im ganzen Land. Sie lauteten: FBI WÜNSCHT UNVERZÜGLICH HÖHE DER BANKKONTEN ERWÄHNTER PERSONEN ZU ERFAHREN, UND EBENSO, WELCHE INDUSTRIEN, FIRMEN ODER UNTERNEHMUNGEN UNTER IHRER KONTROLLE SIND. Banken in San Francisco, New York und anderen Städten im Land antworteten; einige hielten fest, sie hätten überhaupt nichts mit den Soongs zu schaffen, andere willigten ein, «wenn das FBI es wünscht, auf vertraulicher Basis Informationen über die Bankkonten» zu liefern. Auch Konten des Clans, die nicht auf der Liste waren, tauchten auf; sie gehörten den jüngeren Brüdern und T.L. und T.A. (der damals Direktor der Bank of Canton in San Francisco war).

Die beiden Banken, die in den Anschuldigungen der Japaner genannt worden waren – die Chase National Bank und die National City Bank –, waren bereit, «auf äußerst diskreter und streng vertraulicher Basis» mit dem FBI zusammenzuarbeiten. Die Einschränkungen waren nötig, um nicht finanzkräftige Bankkunden zu verlieren, die vielleicht dagegen waren, daß die Bank die Vertraulichkeit ihrer Transaktionen verletzte.

Aber das FBI stieß auf eine Schwierigkeit, als es im Lauf seiner Untersuchungen an die Manhattan Company gelangte, eine größere New Yorker Bank, die später mit der Chase National Bank fusionierte, um zur Chase Manhattan Bank zu werden. Führende Beamte der Manhattan Company arbeiteten anfänglich mit dem FBI zusammen und legten einige Konten der Soongs offen, darunter eine persönliche Kapitaleinlage T.V.'s. Aber als die Agenten ein paar Tage später wiederkamen und um genauere Angaben baten, wurden sie ganz anders empfangen. Auf jede ihrer Fragen antwortete der Informant in der Bank, das alles sei ihm «nicht zugänglich». Er lehnte es auch ab, die bisherigen Informationen in irgendeiner Weise zu bestätigen oder ihnen etwas hinzuzufügen. Er fragte, ob es in der Macht des FBI stehe, der Bank ein Gerichtsverfahren aufzuzwingen. Das FBI konnte keine Vorladungen verfügen, ohne die Geheimhaltung der Untersuchung aufs Spiel zu setzen, und das hatte Truman streng

verboten. (Wenn die Untersuchung der China-Lobby bekannt wurde, konnte es zu heftigen politischen Reaktionen kommen).[12]
«Es sah ganz so aus», bemerkte ein FBI-Agent lakonisch, «daß die hohen Bankbeamten in dieser Angelegenheit eine nichtssagende Verlautbarung für das FBI vorbereitet hatten.»
Das FBI machte aber auch ein paar wichtige Entdeckungen. Es vermutete, daß ein großer Teil der flüssigen Vermögenswerte der Kungs in Amerika in H.H. Kungs Bank of China in New York lag, während ein Großteil von T.V.'s flüssigen Reserven in seiner Bank of Canton in San Francisco deponiert war. Da aber die Familie direkt an der Leitung der beiden Banken beteiligt war, sah man es als unklug an, die beiden Banken nach Einzelheiten zu fragen. Weitere enorme Geldeinlagen tauchten in Banken in Seattle und Boston auf.
Man entdeckte, daß verschiedene Familienmitglieder, darunter May-ling, Mietshäuser und Bürogebäude in amerikanischen Städten von einer Küste zur anderen besaßen. Eine ganze Reihe von Handelsgesellschaften gehörte dem Soong-Clan oder wurde von ihm kontrolliert, wie nun entdeckt wurde, darunter eine Vertretung für Importprodukte namens Fu Chung International Corporation an der Wall Street 1 sowie die Mono Chemical Company. Aber das waren kleine Fische. Wie stand es mit dem in englischen und amerikanischen Finanzkreisen immer wieder zu hörenden Gerücht, T.V. besitze einen riesigen Anteil von General Motors oder von DuPont oder von beiden? Falls solche Entdeckungen gemacht worden sind, befinden sie sich unter den FBI-Dokumenten, die von den Zensoren immer noch unkenntlich gemacht oder zurückgehalten werden.
Das FBI erfuhr, daß ein Teil der von ihm gesuchten Informationen sich in den Akten der Federal Reserve Bank und des Finanzministeriums finde; dabei ging es unter anderem um das Formular TFR-300 (das alle Ausländer ausfüllen mußten). Auf diesem Formular waren vermutlich alle Vermögenswerte der Soong-Familie eingetragen; zumindest sollten die diesbezüglichen Angaben hier von Ausländern verzeichnet werden. Das FBI verzichtete darauf, vom Finanzministerium eine Kopie des Formulars zu verlangen, weil es annahm, daß leitende Beamte des Finanzministeriums T.V. nahestünden und ihn über die Untersuchung verständigen könnten. Als Kopien des TFR-300-Formulars dann auf indirektem Weg beschafft wurden, stellte sich heraus, daß sie praktisch nichts enthielten. May-ling zum Beispiel hatte in dem Formular, das sie ausgefüllt hatte, die Rubrik «Besitzanteile» leergelassen. Das Finanzministerium war offenbar zu höflich gewesen, um auf Einzelheiten zu bestehen.[13]
FBI-Agenten versuchten, das Haus der Kungs an der Independence

Avenue 4904 in Riverdale zu überwachen. Das war überaus schwierig, wie sich ein Agent beklagte, weil Riverdale eine der exklusivsten Gegenden im ganzen Land war; die großen Gebäude lagen verborgen hinter Bäumen und in einiger Entfernung voneinander. Auch die Befragung von Nachbarn war eine heikle Angelegenheit.
Einen Schimmer von den seltsamen Vorgängen im Haus der Kungs bekam das FBI, als im Sommer 1955 ein Skandal in die chinesischen Zeitungen New Yorks gelangte. Laut den Berichten dieser Zeitungen hatten mehrere chinesische Bedienstete, die aus Hong Kong nach Amerika gebracht worden waren, um in der chinesischen Botschaft zu arbeiten, sich praktisch als Gefangene der Kungs in Riverdale wiedergefunden. Sie behaupteten, sie hätten nicht die versprochenen Löhne erhalten und hätten das Grundstück überhaupt nicht verlassen dürfen. Es war ihnen sogar verboten worden, nach Hause zu schreiben. In ihrer Verzweiflung entwichen sie zusammen, wurden aber wieder gefangengenommen und zurückgebracht. Laut ihren Aussagen, die in der *China Daily News* veröffentlicht wurden, wurde den unglücklichen Bediensteten eine Lehre erteilt, indem sie an der Decke aufgehängt und ausgepeitscht wurden. H.H. Kung schrieb der Zeitung zwar, um ihre Behauptung, er sei in den Kulihandel verwikkelt, in Abrede zu stellen, aber er bestritt keine der anderen Anschuldigungen seiner Bediensteten.
An der Westküste entdeckten andere Agenten die schon erkaltete Spur eines chinesischen Plans, riesige Mengen an Gold aus China auf einen abgelegenen Flugplatz in Van Nuys, einer Vorstadt von Los Angeles, zu fliegen.
Die Untersuchung des FBI, die zu keinem Zeitpunkt mit besonderem Engagement durchgeführt wurde, kam schließlich aufgrund der besonderen Umstände, unter denen die Soongs und die Kungs in Amerika weilten, zu einem Stillstand. Sie waren nämlich weder amerikanische Bürger noch registrierte Ausländer. Sie waren ursprünglich als prominente chinesische Regierungsvertreter in die Vereinigten Staaten gekommen und besassen immer noch Diplomatenpässe. Offensichtlich waren sie nicht mehr Vertreter jener Regierung. Aber was genau waren sie?
Früher oder später müssen selbst entthronte Könige Formulare ausfüllen, besonders im freien Westen, wo etwas erst dann existiert, wenn es auf Papier gebannt ist. Aber die Soongs und die Kungs besassen in Amerika einen Status der Berühmtheit, der sie von solchen Pflichten befreite. Ihre Situation war so unklar, daß der Clan offenbar keinerlei Verpflichtungen unterlag, seine finanzielle Beteiligungen oder Aktivitäten offenzulegen. Fast zwanzig Jahre später kam

H.H. Kung als alter Mann nach einem kurzen Besuch in Taiwan in Seattle an und wurde von einem hilfsbereiten Beamten der amerikanischen Einwanderungs- und Niederlassungsbehörde einfach als «Regierungsvertreter» eingetragen. H.H. wurde der «A1»-Status zugestanden, und er wurde ohne weitere Umstände durchgewinkt.
Die Soongs schienen stets durch die Ritzen zu schlüpfen. Sie konnten in Amerika kommen und gehen, wie sie wollten, sie konnten dort leben, Bankgeschäfte betreiben, investieren und tun, was immer ihnen gefiel, ohne je von den üblichen Erschwernissen des Alltags geplagt zu werden.
Das FBI entschied, es sei politisch gefährlich, die Untersuchung weiterzuverfolgen, und beendete sie schließlich mit dem alten bürokratischen Kniff, die Entscheidung jemand anderem zu übertragen – in diesem Fall den in politischen Angelegenheiten empfindlichen Chefs des Justizdepartements, wo die ganze Sache rasch und voraussehbar in Vergessenheit geriet.
Eine gewisse Anzahl von harten Fakten bekam Präsident Truman allerdings doch als Antwort auf seine usprüngliche Frage. Sie gewährten nur einen flüchtigen Blick in die Welt der Soongs. Jahre später, während eines Interviews mit dem Schriftsteller Merle Miller, sagte Truman: «Sie sind alle Diebe, jeder einzelne von ihnen. . . . Von den [3,8] Milliarden $, die wir an Chiang gesandt haben, haben sie 750 Millionen gestohlen. Sie haben sie gestohlen, und das Geld ist in Immobilien unten in São Paulo und zum Teil gleich hier in New York investiert. . . . und das ist das Geld, das für die sogenannte China-Lobby aufgewendet wurde und noch aufgewendet wird.»[14]

Während diese FBI-Untersuchung lief, war der Generalissimo in China ganz damit beschäftigt, seine Flucht nach Taiwan zu planen. Ein Mann, der seine eigenen Truppen bombardieren ließ, um zu verhindern, daß ein paar Waffen und etwas Nachschub den Kommunisten in die Hände fielen, überließ auch nicht weit bedeutendere Schätze den «Banditen». Chiang veranlaßte seine engsten Vertrauensleute, die chinesischen Banken, Zeughäuser und Museen systematisch zu plündern. Überall im Land spielten sich Szenen ab, die an die Raserei der letzten Tage Nazideutschlands erinnerten, als man gestohlene Rembrandts in privaten Verstecken verschwinden ließ, um sie zu einem günstigeren Zeitpunkt wieder hervorzuholen.
Schon Jahre zuvor waren auf die Anregung Curio Changs hin langfristige Pläne ins Werk gesetzt worden, um die Schätze des Palastmuseums zu evakuieren; Schätze, die von Ch'ien Lung, dem vierten Kaiser der Mandschu-Dynastie, gesammelt worden waren. Seine Regie-

rungszeit von 1735 bis 1796 war ein Goldenes Zeitalter der Künste gewesen. Der Kaiser, der persönlich genügsam war, aber den Ehrgeiz hatte, seinen exquisiten Geschmack zu zeigen, stattete seine Paläste mit einer großartigen Sammlung von Meisterwerken der Kunst aus, die später den Kern des chinesischen Nationalmuseums bildeten. Auf genau diese Sammlung hatten es Curio Chang und seine Freunde aus der Kunstwelt schon lange abgesehen.[15]
Der Generalissimo betrachtete diese Schätze als sein dynastisches Erbe. In den frühen dreißiger Jahren ließ er sie von Peking nach Nanking überführen. Im Lauf des japanischen Vormarsches transportierten Chiangs Leute die Kunstwerke in Tausenden von Kisten im ganzen Land umher, «um sie nicht den Japanern» (oder auf der andern Seite) «den Kommunisten in die Hände fallen zu lassen». Schließlich wurden sie bis zum Kriegsende in entlegene Gegenden in Westchina gebracht. Daß viele dieser Meisterwerke in der Zwischenzeit bei wohlhabenden Kunstkennern in Übersee verschwanden, hat immer zu Spekulationen verführt; aber da die Schätze über zwanzig Jahre lang herumgeschoben worden waren, war es unmöglich festzustellen, was oder wieviel fehlte. Curio Chang verließ China 1938 und zog nach Europa, wo er in Paris, London und Genf Galerien führte. Während des Krieges lebte er in New York City, wo er eine weitere gut bestückte Galerie besaß, und starb daselbst am 3. September 1950 – was von der *Times* nicht erwähnt wurde.
Beinahe eine Viertelmillion Bilder, Porzellanarbeiten, Jaden und Bronzen wurden schließlich nach Taipei geschafft, bevor die Schlacht von Huai-hai zu Ende war. Elf Tage nach dem Ende der Schlacht, am 21. Januar 1949, dankte Chiang Kai-shek als Präsident Nationalchinas ab. Zweifellos trat er zurück, um sich die Demütigung einer Niederlage zu ersparen. Aber die Befehlsgewalt nahm er, wie er das bei jedem seiner Rücktritte getan hatte, mit sich. Immer noch gab es Truppen, Beamte, Lend-Lease-Güter und Flugzeuge, die auf Chiangs Befehle warteten. Es gab Generäle mit politischen Ambitionen, die dringend auf eine Gelegenheit warteten, die Regierung zu übernehmen. Die Präsidentschaft fiel an Chiangs alten KMT-Rivalen General Li Tsung-jen, dessen erster Schritt darin bestand, daß er versuchte, mit Mao Tse-tung zu verhandeln. Maos erste Bedingung lautete, daß der Generalissimo und Madame Chiang Kai-shek – die, gefolgt von T.V. Soong und den Kungs, als die Kriegsverbrecher Nummer eins galten – ausgeliefert würden, um vor Gericht gestellt zu werden.

H.H. Kung baute seine Machtstellung nicht mehr aus. Bei Kriegsende war er fünfundsechzig Jahre alt. Ai-ling und er besassen (nach

zurückhaltenden Schätzungen) nahezu eine Milliarde U.S.$, und der größte Teil dieses Geldes war mit bemerkenswerter Voraussicht aus China geschafft worden. 1946 machten die beiden einen letzten kurzen Besuch in Shanghai, um ihren Besitz zu liquidieren und so viel wie möglich nach Hong Kong oder ins Ausland zu transferieren. 1947 besuchten sie den Familiensitz der Kungs in Taiku, Shansi, um den Palast dichtzumachen, bevor er vor der Roten Armee überrannt wurde. Danach unterrichtete H.H. seine Freunde, er nehme Ai-ling mit nach Amerika zurück, da es ihr «nicht gut gehe» und sie daher in der Nähe der New Yorker Kliniken leben müsse.
Auch T.V. Soong blieb nicht bis zum bitteren Ende in China. Er stand ganz oben auf der Kriegsverbrecherliste der Roten, und seine Feinde in der Nationalistischen Regierung, die behaupteten, ihm riesige Unterschlagungen nachweisen zu können, verlangten, daß er mindestens die Hälfte seines gesamten Vermögens zurückgebe. Am 24. Januar 1949 trat T.V., der um sein Leben fürchtete, als Gouverneur von Kwangtung zurück und floh mit Laura nach Hong Kong. Als er im Flughafen von Kai Tak aus der Maschine stieg, trug er einen zweireihigen Geschäftsanzug und einen grauen Homburg; er hatte sein bevorzugtes Ausgehstöckchen dabei. Zwei Reihen von Orden der Nationalistischen Regierung und der Kuomintang waren an seinen Rockaufschlag gehefetet. Ding-Ding ging neben ihm, in einen Nerz gehüllt und mit einer dunklen Brille, die die vom Weinen geschwollenen Augen verbergen sollte. Nie hatte T.V. so grimmig ausgesehen. Beide Seiten waren ihm auf den Fersen – die Roten und die Grünen. In Hong Kong ersuchte er um britischen Polizeischutz und bekam ihn. Am 16. Mai war er zu «ärztlicher Behandlung» in Paris. Am 10. Juni betrat er amerikanischen Boden – mit Hilfe eines Diplomatenpasses und einmal mehr ausschließlich «in Familienangelegenheiten».
Im Februar jenes Jahres veranlaßte Chiang Kai-shek, obwohl er nicht mehr Präsident von Nationalchina war, daß die verbliebenen Goldreserven der Regierung umgehend nach Taipei geschafft wurden. Wenn Chiang schon Präsident Li mit dem Beutel in der Hand zurücklassen mußte, dann wollte er offenbar sicher sein, daß der Beutel leer war. Das bedeutete, daß Lis sich auflösende Armeen keinen Sold bekamen und die noch ausharrenden Soldaten nicht verpflegt werden konnten. Als Li entdeckte, daß seine Staatskasse geleert worden war, bat er den amerikanischen Botschafter John Leighton Stuart um amerikanische Hilfe, die es ihm ermöglichen würde, von einer starken Position aus mit Mao zu verhandeln. Botschafter Stuart riet ihm, von den KMT-Vertretern, die Milliarden an amerikanischer Hilfe auf

ihren ausländischen Bankkonten eingefroren hatten, Zuwendungen für ihr patriotisches Anliegen zu verlangen.[16]
Chiang Kai-shek ließ Sun Fo zu sich kommen, um ihn mit einem begeisternden Vorschlag zum Narren zu halten. Er sagte ihm, nun sei der Zeitpunkt gekommen, eine Sonderregierung in Kanton aufzubauen, genau wie Dr. Sun es vor so vielen Jahren getan hatte. Der Generalissimo versprach dem Sohn des Doktors, wenn er das täte, wäre er selbst in der Lage, einen neuen Nordfeldzug zu lancieren, und Sun eilte nach Kanton. Aber noch vor Monatsende merkte selbst der dümmliche Sohn des Doktors, was los war, und reiste eilig ab, um nach Frankreich ins Exil zu gehen. Chiang begann, seine verbliebenen loyalen Truppen über die Meerenge von Formosa nach Taiwan zu verschiffen. Mit genügend Geld und Soldaten und mit allen beweglichen Reichtümern des chinesischen Festlandes versehen, konnte vielleicht sogar er hier auf unbestimmte Zeit durchhalten. Sein zweitletzter Halt war Shanghai.
In jenem April in Shanghai sah Großohr-Tu Chiang zum letztenmal[17]. Der Generalissimo konferierte mit General T'ang En-po, der vorschlug, Shanghai zu einem «zweiten Stalingrad» zu machen. Der Papiertiger T'ang, der Held der Dämme des Gelben Flußes, gab wilde patriotische Erklärungen ab und sagte den totalen Sieg über die Roten voraus. Er ließ Tausende von Kulis einen großen Graben ausheben und eine zehn Fuß hohe Bambuspalisade bauen – ohne ersichtlichen militärischen Zweck. Offenbar hatte er einen Verwandten im Holzhandel.[18]
Chiangs eigentlicher Grund, die Stadt zu besuchen, war, daß er Großohr-Tu und die Grüne Gang dafür gewinnen wollte, die Bank of China auszurauben. Er wollte das Geld unbedingt und hatte keinerlei Absicht, ohne es nach Taiwan zu fliehen. Die Hoffnungen, die er in den Goldyuan gesetzt hatte, hatten sich schon nach wenigen Monaten zerschlagen, als durchgesickert war, daß in Wirklichkeit gar kein Gold vorhanden war, um die neue Währung zu decken. Es war zwar einmal Gold dagewesen: sechs Millionen Unzen. Während die Hälfte laut Anschuldigungen von offizieller Seite mit den Soongs und den Kungs verschwunden war, hatte die andere Hälfte sich einfach in Luft aufgelöst. Was überhaupt an Gold noch in China war, gehörte Privatleuten, die es bei der Bank of China deponiert hatten.
Der Schwindel mit den Goldyuans war Chiangs letzter Streich auf dem chinesischen Festland. Fünf Monate, nachdem der Goldyuan mit einem künstlichen Wechselkurs von 4 Goldyuan : 1 $ eingeführt worden war, fiel er auf 1 000 000 : 1. Danach spielte er vollends verrückt.

Am schlimmsten dran waren die braven Leute, die es fertiggebracht hatten, im Lauf ihres Lebens Gold im Wert von ein- oder zweitausend $ zu sparen, und nun Chiangs Befehlen gehorchten und das Gold am vorgeschriebenen Tag zu den Regierungsbanken trugen, um es gegen Goldyuans einzutauschen. Als ihre Goldyuans über Nacht wertlos wurden, konnte man sie in Shanghai, Hankow oder Kanton in den Teehäusern sitzen sehen, völlig vor den Kopf geschlagen, aufgegeben von der Kuomintang und sicher, von den Kommunisten als Kapitalisten verfolgt zu werden, obwohl sie doch nicht einmal genug Kleingeld besassen, um Frau und Kinder aus dem Land nach Macao oder Hong Kong zu schaffen, bevor das Dach einstürzte. Sie waren die letzten, die zu Chiang gehalten hatten.
Chiangs Pläne für die Bank of China waren mit beträchtlicher Sorgfalt ausgeheckt worden. Ein schmutziger Frachter lag am Kai gegenüber vom Hotel Cathay vor Anker. Seine in dreckige Lumpen gehüllte Kulimannschaft bestand aus sorgfältig ausgesuchten, verkleideten Marinesoldaten. Mehrere Geschäftsführer der Bank of China hatten als Gegenleistung für das Öffnen der Saferäume hohe Bestechungsgelder erhalten sowie das Versprechen freien Geleits auf dem wartenden Frachter. Nationalistische Truppen riegelten ein Gebiet, das mehrere Häuserblocks im Umkreis der Bank umfaßte, ab, darunter auch einen Teil der Nanking Road und des Kais. Durch die Dunkelheit drang der gleichförmige Gesang der «Kulis», die ihre schwere Last schleppten. Jeder trug eine Bambusstange mit zwei Bündeln. Im Licht der Bogenlampen, die den Weg von der Bank zum Frachter beleuchteten, sah der Zug dämonisch aus. George Vine, ein britischer Korrespondent, beobachtete von seinem Büro aus, wo er spät noch an einer Depesche gearbeitet hatte, die Vorgänge voller Verblüffung und unbemerkt. Als ihm klar wurde, was sich hier abspielte, telegraphierte er eine merkwürdig philosophische Meldung nach London: «Das gesamte Gold Chinas wird auf die traditionelle Art abtransportiert – mit Kulis.»[19]
Dieser Raub war Tu Yueh-shengs letzter großer Coup. Er verließ Shanghai nur wenige Tage, bevor die Kommunisten am 25. Mai im Triumph in die Stadt einmarschierten. Seine letzten beiden Lebensjahre verbrachte er in Hong Kong. Der jahrzehntelange Konsum harter Drogen hatte seinen Tribut gefordert. Tu konnte nicht mehr gehen, Lähmungen setzten ein, und am 16. August 1951 starb er. Chiang Kai-shek sandte aus Taiwan eine Botschaft, die Großohr-Tu aufgrund seiner «Loyalität und Integrität» der Nachwelt empfahl.[20]
Chiang selbst floh Anfang Mai 1949 in einem Kanonenboot nach Taiwan. Dort hatte Verteidigungsminister Ch'en Ch'eng seit dem

Oktober des vergangenen Jahres Vorbereitungen getroffen. Als Chiang in Taipei ankam, wurde ihm die Residenz des früheren Vizekönigs angeboten, aber er zog es vor, sich im Gästequartier der Taiwaner Zucker-Kompanie acht Meilen nördlich von der Stadt niederzulassen. In diesem umwaldeten, von üppigen grünen Hügeln umgebenen Zufluchtsort erfuhr er, daß Shanghai beinahe kampflos gefallen war und daß die Akten der Geheimpolizei in Nanking den Kommunisten ausgehändigt worden waren, die sich somit über Einzelheiten von Chiangs Geschäften in der Unterwelt während der letzten dreißig Jahre unterrichten konnten. Diese Akten wurden nach Peking gebracht und zuerst in der Bogensehnengasse 15, dem Hauptquartier des KPCh-Geheimdiensts, aufbewahrt; später wurden sie im Westtrakt des Zentralen Parteigebäudes untergebracht.
Entlegenere Teile Westchinas waren immer noch in der Hand der KMT. Im August 1949 flogen Chiang und CCK von Taiwan nach Chengtu, um das Grab T'ai Ch'i-taos zu besuchen. T'ai, der wiedergeborene Antikommunist, der Chiangs Aufstieg zur Macht mitinszeniert hatte, hatte im Februar realisiert, daß das Ende nahte, und in der Nacht vom 11. Februar eine tödliche Dosis Schlaftabletten genommen[21]. Während der Generalissimo ohnehin in Chungking war, ging er beim Polizeihauptquartier vorbei, um noch seine letzten «persönlichen» Angelegenheiten zu erledigen. In einem Chungkinger Gefängnis saß noch immer ein Gefangener ganz besonderer Art. Es war Yang Hu-cheng, der Kriegsherr, der sich mit dem Jungen Marshall zusammengetan hatte, um Chiang beim Vorfall von Sian zu entführen. Obwohl man Yang gestattet hatte, nach Eurpoa ins Exil zu gehen, hatte er den Generalissimo so gegen sich aufgebracht, daß dieser, als Yang nach einer Amnestie nach China zurückkehrte, seine unverzügliche Verhaftung befahl. Elf Jahre lang siechten Yang, einer seiner Söhne und eine Tochter (zusammen mit einem treuen Sekretär und seiner Frau) in Tai Lis Konzentrationslager außerhalb von Chungking dahin. Nun, bevor er China für immer verließ, unternahm Chiang diese besondere Reise eigens zu dem Zweck, Yangs Todesurteil zu unterschreiben. Der alte Mann, sein Sohn, seine Tochter, sein Sekretär und dessen Frau wurden alle hinausgeführt und erschossen.

Im Januar 1950 kam Madame Chiang aus New York in Taiwan an, um die Haushaltführung zu übernehmen. Die Insel hieß die KMT nicht willkommen. Sie wurde durch Terror zur Unterwerfung gezwungen. Sie war eine wirklich glückliche Insel, fruchtbar, von gemäßigtem Klima, mit felsigen Küsten und umwölkten Berggipfeln, die jede Morgendämmerung aus der Bildrolle der Nacht treten ließ. Während der Jahrzehnte japanischer Herrschaft war die Insel ökonomisch selbständig geworden. Aber nach dem Zweiten Weltkrieg hatten die Alliierten sie als Teil einer geheimen, bei den Kairoer Gesprächen getroffenen Vereinbarung Chiang überlassen. Chiang zwang Taiwan in die Knie. Es kam zu Massakern; im ersten wurden bei Tumulten in der Innenstadt Taipeis zehntausend Taiwanesen von KMT-Soldaten niedergemetzelt. Weitere zwanzigtausend wurden getötet, bevor Chiang sich fest etabliert hatte. Taiwanesische Anführer, die noch am Leben waren, gingen in den Untergrund oder entkamen nach Tokyo. Auf einer Insel von so bescheidenen Proportionen entwickelten Chiangs Geheimpolizei und seine Streitkräfte eine Wirksamkeit, die sie auf dem Festland nie erreicht hatten. Sie verpaßten Taiwan die gleiche Behandlung, die Chiang im Schwarzen April von 1927 Shanghai verpaßt hatte.

Nur wenige glaubten, daß Chiang sich auf Taiwan länger als ein Jahr halten könne. Vieles deutete auf eine Niederlage hin. Großbritannien hatte Peking anerkannt. Es schien nur eine Frage der Zeit, bis die Vereinigten Staaten nachziehen würden. Das Auswärtige Amt bereitete seine diplomatischen Außenstellen auf die Möglichkeit vor, daß Taiwan an die Kommunisten fiele, und hielt zugleich fest, daß die Vereinigten Staaten Chiang weder mit Militärhilfe noch durch militärische Berater unterstützen würden. Amerikanische Konservative waren schockiert und gingen zum Gegenangriff über. Senator Joseph McCarthy erhob die erste von zahlreichen Anklagen, im Auswärtigen Amt wimmle es von Kommunisten. Präsident Truman quittierte die Vorwürfe mit der Bemerkung, McCarthy und eine Handvoll weiterer republikanischer Senatoren, unter ihnen Styles Bridges aus New Hampshire, seien im Kalten Krieg «der höchste Trumpf des Kremls». Diese neue China-Debatte erreichte am 25. Juni 1950, als die Nordkoreaner in Südkorea einfielen, die Grenze zur Hysterie, und die Vereinigten Staaten tauchten in eine der dunkleren Perioden ihrer Geschichte. Furcht vor politischer Diffamierung lähmte die Debatten. Bevor das erste Jahr des Koreakriegs vorüber war, hatte der politische Kurs um 180 Grad gedreht, und Washington beschloß, Taiwan zu verteidigen. Die CIA machte Chiangs Regime zu seiner wichtigsten Operationsbasis in Asien und beteiligte sich an Chennaults Flugunternehmen; die Diktatur gewann wertvolle Zeit, um fest Fuß zu fassen und ein neues Image aufzubauen.
Die amerikanische Presse hatte sich am Ende der vierziger Jahre gerade auf den Ton einer neuen Redaktionslinie eingestimmt – «Sagt Chiang, daß er am Ende ist und daß wir mit ihm fertig sind» –[22], als

Chiangs Regierung Millionen von $ in eine Gegenoffensive investierte. Eifrige Amerikaner, die an dem pro-taiwanesischen Kreuzzug teilnahmen, wurden die Spendensammler, Organisatoren, Telefonisten, Zuträger, Boten, Publizisten, Kongreßabgeordneten, Industriekapitäne, Gastgeber und Gastgeberinnen der zwielichtigen Gesellschaft, die als die «China-Lobby» bezeichnet wurde. Ihr Management, ihre Führung und ihre hauptsächlichen Gelder kamen nicht aus Amerika. Die China-Lobby gehörte dem Soong-Clan und der nationalistischen Regierung. Die Beteiligten glaubten, sie arbeiteten zum höheren Ruhme Gottes oder für «das Überleben des demokratischen Systems». In Wirklichkeit arbeiteten sie für eine chinesische PR-Kampagne.

In den fünfziger Jahren war der Begriff «China-Lobby» in aller Munde, aber niemand wußte genau, was er umfaßte und wer alles beteiligt war. «Wenn die Sache von Moskau statt von Taipei betrieben worden wäre», sagte ein französischer Diplomat, «wären alle Beteiligten als Verräter gehängt worden.»

Marquis Childs schrieb: «Niemand, der auch nur die geringste Ahnung davon hat, wie die Dinge hier laufen, bezweifelt, daß eine mächtige China-Lobby außerordentlichen Einfluß auf den Kongreß und die Exekutive ausübt. Es wäre schwierig, in der Geschichte der Diplomatie eine Parallele zu finden, bei der die Agenten und diplomatischen Vertreter einer ausländischen Macht einen solchen Druck ausübten – Nationalchina hat die Techniken der direkten Intervention in einem Maß zur Anwendung gebracht, das bisher nur selten, wenn überhaupt zu beobachten war.» Ein Teil der Kampagne bestand darin, bei McCarthys Hexenjagd noch Öl ins Feuer zu gießen.[23]

Chiangs Regierung bediente sich bestehender amerikanischer Gesellschaften, die von Männern geleitet wurden, die seinen Standpunkt teilten; sie stellte Werbeagenturen in ihren Dienst und gründete Scheingesellschaften als Deckmantel für ihre Propaganda; sie eröffnete ein eigenes Propagandaministerium in den Vereinigten Staaten und hielt einflußreiche, gleichgesinnte Amerikaner bei der Stange; diese Leute gründeten dann überparteiliche «Nonprofit»-Komitees, die als Aktionsgruppen dienten. Nur wenige Aktivitäten wurden von den Soongs selbst geleitet: es war gar nicht mehr nötig. Die chinesischen Technokraten, die die täglichen Unternehmungen leiteten, gehörten zu einer neuen Generation von Soong-Protégés, die die Soongtechniken präzis beherrschten.

Die New Yorker P.R.-Firma Allied Syndicates Inc. zählte die Bank of China (mit H.H. Kung als Direktor) zu ihren Hauptkunden. Eine andere P.R.-Firma, Hamilton Wright, arbeitete sechs Jahre lang als registrierte Interessenvertreterin Nationalchinas; sie schrieb und verbreitete Geschichten, Zeitungsartikel, Photographien und Filme, um ein günstiges Bild Chiang Kai-sheks und seines Regimes zu kreieren. Eine Klausel des Vertrags zwischen der Firma Wright und der Nationalistischen Regierung garantierte, daß «bei 75 Prozent der Veröffentlichungen weder der Zeitungsherausgeber noch der Leser DIE GERINGSTE AHNUNG HABEN, WOHER DAS MATERIAL STAMMT.» (Hervorhebung im Original). Der Herald Tribune Service zum Beispiel, der Henry Luces republikanischem Freund Jock Whitney gehörte, verkaufte dieses zweifelhafte Material jahrelang an ahnungslose amerikanische Zeitungen, ohne je die Quelle anzugeben.[24]

T.V.'s während des Krieges entstandene Universal Trading Corporation war 1949 als ausländische Vertretung, die für die chinesische Regierung arbeitete, mit Aktiva von beinahe 22 Millionen $ registriert. Der in Taiwan beheimatete Chinese News Service gründete Zweigniederlassungen in Washington, New York, Chicago und San Francisco und verbreitete eine Zeitschrift mit dem Titel *This Week in Free China* [Diese Woche im freien China] in Millionenauflage. Außerdem brachte sie aktuelle Artikel und Hintergrundberichte in Umlauf, kaum verhüllte Propaganda, die die Spalten amerikanischer Zeitungen füllte. Die taiwanesische Central News Agency, die alles Erdenkliche tat, um der Associated Press nachzueifern, gab allein in den drei Jahren von 1946–1949 Millionen U.S.$ aus, also mehr als 200 Millionen im Jahr – um Artikel über Chiangs Kampf gegen die Kommunisten zu produzieren und die amerikanischen Zeitungsherausgeber und -korrespondenten in den Vereinigten Staaten wie im Fernen Osten verschwenderisch zu «pflegen». Kein Wunder, daß ein großer Teil der amerikanischen Öffentlichkeit glaubte, Chiang sei ein Ausbund an Tugend und kämpfe für eine gerechte Sache. Vergleichbare Summen wurden während des Koreakrieges und der periodischen Krisen in der Verteidigung der Meerenge von Formosa ausgegeben. Vermutungen über die Gesamtsumme, die Taiwan ausgab, um die Amerikaner zu verdummen, sprechen von bis zu einer Milliarde $ pro Jahr.

Einen besonders starken Einfluß übte Taiwan auf die amerikanischen Zeitungen der extremen Rechten aus, namentlich auf die Oaklander *Tribune*, die Senator William Knowland gehörte, einer dominierenden Figur in der Lokalpolitik an der Westküste und einem der mächtigsten Republikaner in Washington. Seine Kollegen im Senat nannten ihn den «Senator aus Formosa». Ein anderer unerschrockener Anhänger Chiangs war William Loeb aus New Hampshire, der rechts außen stehende Herausgeber des *Union Leader* in Manchester; er unterstützte Senator Bridges in der China-Lobby. Andere waren Roy Howard von den Scripps-Howard Newspapers, John Daly von den ABC-News und natürlich Henry Luce[25]. Von seinem Biographen Swanberg wurde Luce folgendermassen eingeschätzt:

> Luce sah nun das grandioseste Projekt seines Lebens in Gefahr, zunichte zu werden. Dabei waren nicht nur das Schicksal Chinas und der Christenheit und die Hegemonie der Vereinigten Staaten in Asien betroffen, sondern auch sein Seelenfrieden und sein guter Ruf. Anderthalb Jahrzehnte Pläneschmieden im Chrysler Building und im Rockefeller Center und ungezählte Tausende von Wörtern an Propaganda in der Lucepresse hätten durch die Herrschaft Chiangs in China gekrönt werden sollen. Der alptraumhafte Aufstieg Maos zum Herrscher Chinas rief eine wirksame Gegenstrategie Luces auf den Plan. So war zum Beispiel sein China Institute of America, das als Zufluchtstätte für chinesische Studenten gegründet worden war, nun als ausländische Interessenvertretung registriert (mit Luce als Verwaltungsrat) und arbeitete für die Nationalisten.

Der Nachrichtensprecher Robert S. Allen berichtete:

> Einer der bemerkenswertesten Aspekte dieses bemerkenswerten ausländischen Überfalls ... ist die Tatsache, daß gewiße bekannte Amerikaner hinter ihm stehen. ... Luce hat lange dafür Propaganda gemacht und agitiert, daß die USA Chiang ein weiteres Almosen von zwei Milliarden $ geben. ... Und in Washington hat praktisch der ganze Mitarbeiterstab Luces mit Volldampf die China-Lobby unterstützt.[26]

Zahlreiche Aktivisten in der Lobby waren Leute, deren Familien in China im Missionsdienst gearbeitet hatten und die nun glaubten, ihr Erbe werde zunichte gemacht. Zu ihnen gehörten die Direktoren der American China Policy Association [Vereinigung für amerikanische Chinapolitik] und das Committee to Defend America by Aiding Anti-Communist China [Komitee zur Verteidigung Amerikas durch Unterstützung des antikommunistischen China], das Fluten von Papier herausgab, um die US-Regierung zu drängen, China mehr Unterstützung zu gewähren. Im Direktorium des Komitees saßen einflußreiche Leute: David Dubinsky von der Internationalen Gewerkschaft der Damentextilindustrie, Zweiter Vizepräsident des amerikanischen Arbeitnehmerverbandes, und James Farley, Vorsitzender des Direktoriums der Coca-Cola Export Corporation und früherer Postminister. Die American China Policy Association wurde von Alfred

Kohlberg präsidiert, dem bereits erwähnten wohlhabenden Importeur von Textilien aus Nationalchina und Freund von Clare Luce. Schließlich war da noch das überaus wichtige Committee of One Million, zu dessen Mitgliedern Henry Luce gehörte. Es war 1953 gegründet worden, um die Volksrepublik China am UNO-Beitritt zu hindern; später wurde es als Committee for Free China wiedergeboren. Es machte sich sogar dann noch für eine direkte Unterstützung Taiwans durch die amerikanischen Bürger stark, nachdem die amerikanischen Beziehungen zu Peking 1979 normalisiert worden waren. Zu seinen Mitgliedern zählten dreiundzwanzig Senatoren, unter ihnen Knowland, Mike Mansfield, Everett Dirksen und Jacob Javits, sowie dreiundachtzig Kongreßabgeordnete, eine Anzahl von Generälen und Admiralen – und Industriekapitäne im Überfluß.[27]

Diese Gruppen wurden periodisch durch Kampagnen unterstützt, die vom Vorstand der AFL-CIO [American Federation of Labor and Congress of Industrial Organisation, dem größten amerikanischen Gewerkschaftsverband], der American Legion, dem American Security Council, der American Conservative Union und den Young Americans For Freedom zugunsten Chiangs durchgeführt wurden. Für viele konservative Organisationen wurde Taiwan gleichbedeutend mit Antikommunismus. Im geistigen Klima der fünfziger Jahre hielt die Furcht vor Rotchina auch Leute, die sonst ganz vernünftig waren, davon ab, sich zu fragen, woher das ganze Geld denn kam.

Trotz der Wandelbarkeit ihres persönlichen Verhältnisses zu Chiangs Regime blieben die Kungs und die Soongs das wichtigste Verbindungsglied zwischen den besonderen Interessen Amerikas und Taiwan. Ai-ling und H.H. Kung, T.V. Soong und May-ling Soong Chiang widmeten der Lobby einen beträchtlichen Teil ihrer Energie und trafen sich manchmal im Haus der Kungs in Riverdale, um das strategische Vorgehen zu besprechen.[28]

Ai-ling und H.H. Kung blieben von 1948 an in Riverdale im Exil. Als Leitender Direktor der Zweigstelle der Bank of China in New York City ließ H.H. sich zwei oder drei Mal in der Woche in die Wallstreet chauffieren. Die übrige Zeit arbeitete er zu Hause. Der Kolumnist Drew Pearson, einer der wenigen Journalisten, die auch noch Interesse für die Soongs zeigten, nachdem sie ins Exil gegangen waren, nannte die Bank of China das «Nervenzentrum der China-Lobby». Über ihre Büros, erinnerte Pearson seine Leser, wurden viele Millionen $ von der Nationalregierung überwiesen, um den Propagandafeldzug zu finanzieren.

> Dr. Kungs Kenntnis der amerikanischen Politik zeugt von beinahe ebensoviel Scharfsinn wie seine Kenntnis chinesischer Finanzangelegenheiten; Kung wählte Louis Johnson als seinen persönlichen Anwalt, lange bevor der in Trumans Kabinett kam.
> Es kann von Bedeutung sein oder auch nicht, daß Johnson später, als er Verteidigungsminister wurde, der nachdrücklichste Befürworter einer amerikanischen Unterstützung Formosas wurde. ... Dr. Kung ist an den populären Senator Styles Bridges aus New Hampshire herangetreten, und der Senator hat sich seinerseits bemüht, auf die Unterstützung Formosas und der Exilanten um Chiang Kai-shek zu drängen.
> Als Bridges 1948 für seine Wiederwahl kandidierte, konnte er einen Beitrag von 2000 $ an seine Wahlkampagne verzeichnen; er stammte von Alfred Kohlberg aus New York, der ein Aushängeschild der China-Lobby und ein Freund Dr. Kungs war.
> Es ist von Bedeutung, daß Senator Bridges zugunsten der Politik der China-Lobby nicht nur seine Stimme abgegeben und Reden gehalten hat, sondern daß er der Kung-Soong-Dynastie einen der größtmöglichen Gefallen erwiesen hat. ...
> 1948, im gleichen Jahr, als Bridges durch Kohlberg seine Wahlhilfe von der China-Lobby erhielt, beauftragte er Ex-Senator Worth Clark aus Idaho, als unparteiischer Vertreter des Bewilligungsausschusses nach China zu reisen und einen «unparteiischen» Bericht über die Nationalistische Regierung zu verfassen. Bridges hatte zu jener Zeit den wichtigen Posten des Vorsitzenden des Bewilligungsausschusses inne.
> Der Zweck des Gutachtens war es, zu beurteilen, ob weitere U.S.-Hilfe an Chiang gerechtfertigt sei.
> Was das mutmaßlich unparteiische Gutachten betraf, so realisierten die meisten Leute indessen nicht, daß Clark sich nicht gerade in einer Position befand, die der Unparteilichkeit förderlich war: der Ex-Senator aus Idaho hatte lange zu dem Anwaltsbüro gehört, das T.V. vertrat, den anderen Schwager Chiang Kai-sheks. Kurz gesagt: Clark war ein bezahlter Lobbyist der China-Lobby.
> Darüberhinaus wurde ein Teil von Clarks Auslagen von den chinesischen Nationalisten bezahlt, ungeachtet der Tatsache, daß er für den U.S.-Senat und die amerikanischen Steuerzahler arbeiten sollte.
> Clark kam mit der nachdrücklichen Empfehlung zurück, daß weitere Hilfsgelder an Chiang gesandt werden sollten.

Einige Wochen später erklärte Pearson, daß diese Politik weiterhin betrieben werde – zum großen Nutzen des Familienvermögens der Soongs.

> Ein Schachzug eines Schwagers von Chiang, zusammen mit anderen wohlhabenden Chinesen, um den Sojabohnenmarkt auf Kosten der

amerikanischen Öffentlichkeit aufzukaufen. ... Der Schwager ist T.L. Soong, ein Bruder des Außenministers T.V. Soong, der zuvor einen großen Teil der Unterstützung im Wert von dreieinhalb Milliarden $ verwaltete, die die Vereinigten Staaten während des Krieges an Chiang schickten. Das Sojabohnen-Kartell erbrachte einen Nettogewinn von 30 000 000 $ und trieb den Preis für den amerikanischen Konsumenten um 1 $ pro Scheffel in die Höhe.

Eine der Seltsamkeiten bei der Sojabohnenmanipulation war die, daß die Spekulanten den genauen Zeitpunkt kannten, an dem sie die Sojabohnenvorräte weltweit aufkaufen mußten – ein paar Wochen, bevor die Kommunisten in Korea einfielen.

Unlängst ist in dieser Kolumne berichtet worden, wie Eugene Soong, der Sohn T.L. Soongs, zusammen mit L.K. [Louis] Kung, dem Sohn Dr. H.H. Kungs, einem weiteren Schwager, eine riesige Menge kostbares Zinn an die chinesischen Kommunisten verkaufte. ...

Unternehmungen wie diese sind vielleicht ein Grund, weshalb das desillusionierte chinesische Volk die Soong-Kung-Dynastie hinauswarf und den Kommunismus als das kleinere Übel annahm.[29]

Louis Kung war eines der geschäftigsten Clanmitglieder geworden. Während Richard Nixons Senats-Wahlkampagne im Jahr 1950 schickte Daddy Kung seinen jüngeren Sohn nach Los Angeles, um den Senator mit Spenden und Zuspruch zu versehen. Er überzeugte auch die große chinesische Wählerschaft, Nixon zu unterstützen. Louis' helfende Hand schmiedete ein Band zwischen den Kungs und den Nixons, und Nixon besuchte im Lauf der Jahre das Haus in Riverdale hin und wieder.

Louis übernahm in den Ölgesellschaften der Soongs und Kungs – mit Ölquellen in Texas, Oklahoma und Louisiana – eine aktive Rolle. 1956 gründete er in der (national-)chinesischen Botschaft in Washington die Cheyenne Oil Company, die die Magnatrust Company, die Westland Oil Development Corporation und die Atoka Drilling Company kontrollierte. Die Cheyenne Oil Company machte es sich zur Gewohnheit, bei wichtigen Politikern, Journalisten und Filmstars um Investitionen zu ersuchen. Wenn eine von Louis' Bohrstellen (die beispielsweise an John Daly, den Vizedirektor des ABC Network, verpachtet war) wenig hergab, garantierte Louis, daß Daly seine Investition zurückbekäme; wurde die Bohrstelle ein Erfolg, wurden die Gewinne mit Daly geteilt. Einige der Investoren, denen diese Art von Geschäft angeboten wurde, wußten nicht, daß die Cheyenne Oil Company von chinesischem Geld kontrolliert wurde. Auf diese Art konnten mächtige Männer ohne merkliches Risiko investieren und hübsche Profite machen.[30]

Als May-ling 1950 nach Taiwan zurückkehrte, sah sie sich in den entscheidenden Kampf um die Regierungserfolge und ihr eigenes politisches Überleben verwickelt. Während ihrer periodischen Absenzen hatte CCK eine Stelle als Chiang Kai-sheks persönlicher Berater erhalten und war dann befördert worden, um als Chef des Sicherheitsdienstes dem politischen Departement des taiwanesischen Verteidigungsministeriums vorzustehen. Während der nächsten beiden Jahrzehnte sah es so aus, als erklimme CCK jedesmal, wenn May-ling sich abwandte, um die Vereinigten Staaten zu besuchen, eine weitere Sprosse auf der politischen Leiter, einen Schritt weiter, um sie als Erbin seines Vaters zu ersetzen.[31]

May-ling war ein zu leidenschaftlicher Mensch, um nur am Sonne-Mond-See herumzusitzen und die einfachen Blumenbildchen zu malen, die sie jedermann schenkte, auch CCK. (Ihm gab sie das Bild eines Bambus mit der Aufschrift «Dem Sohn».)[32] Sie hatte sich immer sozialen Hilfswerken gewidmet, besonders Waisenhäusern – wenngleich die Waisen fast ausnahmslos Kinder waren, die nach dem vorzeitigen Tod der Offiziere ihres Mannes übrigblieben. (Selbst Tai Li hatte Waisenhäuser unter sich. In China war es notwendig, die Fürsorge für die Kinder eines Mannes zu garantieren, wenn man ihn als Geheimagenten anstellen wollte. Deshalb blühten die Waisenhäuser unter der KMT.)

Als der Druck in Taiwan zunahm, machte May-ling sich eilig in die Vereinigten Staaten auf, um sich der China-Lobby zu widmen. Auf einer Reise blieb sie vom August 1952 bis zum März 1953 in Amerika. Als sie nach Taiwan zurückkehrte, erfuhr sie, daß CCK vom Pentagon und vom Auswärtigen Amt zu einem Besuch eingeladen worden war. Washington wurde neugierig, wer der rechtmäßige Erbe war. CCK wurde zu Gesprächen mit Präsident Eisenhower gebeten – eine Behandlung, die May-ling seit 1943 nicht mehr zuteil geworden war.

May-ling hatte in Taiwan zwar keine offizielle Position mehr inne, blieb aber doch in engem Kontakt mit dem Generalissimo – soweit das noch möglich war, denn er begann senil zu werden. Sie sprach für ihn bei Audienzen mit amerikanischen Regierungsvertretern. Er murmelte dann jeweils ein paar Worte, dann sprach sie fünf Minuten lang, dann murmelte er wieder, und sie erging sich in einem weiteren langen Diskurs. Der Eindruck glich dem einer Schaufensterpuppe, die als Chiang verkleidet war und auf dem Thron saß, während Luces weltberühmte Missimo das Zepter führte.

Nur wenige von Chiangs Generälen oder Beamten wagten es, sie zu brüskieren. Selbst ihr Stiefsohn war im Umgang mit ihr vorsichtig. Sie nahm rasch etwas übel und übte mit Sicherheit Vergeltung. Freunde von Clare Boothe Luce erzählen die Geschichte einer Einkaufstour, die die beiden Damen per Limousine in Taipei unternahmen. Nachdem sie ihre Einkäufe getätigt hatten, kehrten sie zum Wagen zurück, und jede drängte die andere, als erste einzusteigen. Nach einem dreimaligen «Nein, nach Ihnen», gab Mrs. Luce auf und stieg als erste ein. Madame Chiang setzte sich neben sie und schmollte den ganzen Weg zurück zu ihrem Wohnsitz am nördlichen Stadtrand. Nachdem May-ling in ihre Zimmer abgerauscht war, fragte Mrs. Luce einen Sekretär, was sie denn falsch gemacht habe. «Ich habe ihr dreimal den Vortritt angeboten», sagte sie. «Sie hätten ihn viermal anbieten sollen», antwortete der Sekretär.[33]

Der harte Kern der China-Lobby – die Senatoren, die Generäle im Pentagon, die amerikanischen Industriekapitäne, die in ganz Taiwan Papiermühlen, Aluminiumwerke und automatisierte Fließbänder bauten – wußten wenig über Asien. Mitte des Jahrhunderts lag noch in jeder Vorstellung eines Amerikaners vom Orient ein wenig Nostalgie und Melancholie nach James Hiltons *Lost Horizon*. Madame Chiang hatte die Rolle der tragischen Heldin im wirklichen Leben unsterblich gemacht. In ihren späteren Jahren mischte sich in ihr ein Ausdruck von Traurigkeit und Verlust. Besucher verblüffte sie mit Gesten der übertriebensten Schmeichelei. Sie hatte immer teure Geschenke zur Hand – Silberdosen, Silberschalen, Miniaturkästchen aus Teakholz mit Perlmutt-Einlegearbeiten. Mit der Hilfe eines umfangreichen, aber unsichtbaren Mitarbeiterstabs wurden auf diese Geschenke im voraus der Name des Empfängers und eine kurze, rätselhafte Botschaft eingraviert. Das reichte aus, um Leute aus dem Westen zu beeindrucken, die normalerweise nie solchen schmeichelnden orientalischen Aufmerksamkeiten begegneten.

Im April 1954 reiste May-ling nach Washington, um Maßnahmen gegen den Vorschlag in Gang zu bringen, daß die Volksrepublik China in der UNO vertreten sein sollte. Als sie nach Taiwan zurückkehrte, um Chiang Kai-sheks siebenundsechzigsten Geburtstag zu feiern, wurde ihre Ankunft am Flughafen von Sungshan getrübt durch ein weiteres Anzeichen dafür, daß die Macht ihren Händen entglitt. Während der ältliche, weißhaarige Generalissimo außer Sichtweite im Terminal blieb, kamen CCK und sein kleiner Sohn ans Flugzeug, um May-ling zu begrüssen. Das war eine noch nie dagewesene Anmaßung, und May-ling blieb eisig, während CCK sie zu einer Gruppe von VIP's und einer Schar von Damen, die zur Anti-Kriegs-Liga chinesischer Frauen gehörten, führte. May-ling eilte an ihnen vorbei, trat in den Terminal, murmelte dem senilen alten Faschisten

einen unhörbaren Kommentar zu und ging dann mit zusammengepreßten Lippen zur wartenden Limousine. Vielleicht nannte sie ihn – wie Mao Tse-tung – Schildkrötenei.[34]
Sie blieb mit Beharrlichkeit das, was einige wenig galante Presseleute unter sich als die «oberste Vereinstante der Welt» bezeichneten, selbst wenn die einzigen Audienzen, bei denen sie noch Hof halten konnte, Imbisse beim Taiwaner Rotary Club waren. 1958 wurde CCK einmal mehr befördert, und Madame Chiang reiste in offensichtlichem Widerwillen zu einem vierzehnmonatigen Aufenthalt in Amerika ab. Sie war nun einundsechzig Jahre alt und behauptete, sie sei achtundfünfzig. Aus Höflichkeit wurde CCK's Ernennung zum Minister ohne Geschäftsbereich im Kabinett des Präsidenten erst zwei Monate nach May-lings Abreise bekanntgegeben. Als May-ling schließlich die Zähne zusammenbiß und nach Taipei zurückkehrte, blieb sie hartnäckig für die nächsten sechs Jahre.

Auch im hohen Alter vernachlässigte H.H. Kung sein philanthropisches Image nicht. 1959 kehrte er im Alter von siebenundsiebzig Jahren nach Oberlin zurück, um an der fünften Jahrestagsfeier der Oberlin Shansi Memorial Association teilzunehmen, und stiftete ein Stipendium für das College. Ein Reporter fragte ihn nach seinem Vermögen, von dem das Gerücht ging, es belaufe sich auf «über fünfhundert Millionen $». Kungs Augen wurden feucht; der alte Pfandleiher schüttelte den Kopf, schaute verwirrt und sagte dann, er habe alle seine Geldanlagen mit dem Zusammenbruch der Nationalregierung verloren und lebe nun von seinen bescheidenen Ersparnissen. Der junge Reporter nickte voller Mitgefühl und machte sich Notizen.[35]
1966, im Alter von sechsundachtzig Jahren, trat H.H. endlich aus der Direktion der Bank of China zurück und zog mit Ai-ling in ein neues Haus an der Feeks Lane in Locust Valley, Long Island. Sein Gesundheitszustand verschlechterte sich rasch; er hatte heftige Herzbeschwerden. Im August 1967 wurde er als Notfall ins New York Hospital gebracht, wo er am 15. August im Alter von siebenundachtzig Jahren starb. Die *New York Times* versuchte, Kungs Leistung als Politiker einzuschätzen, drückte sich dann aber mit den folgenden Worten um die Sache:

> Mr. Kung war eine widersprüchliche Gestalt. Einer seiner früheren Untergebenen sagte unlängst: «Es war sehr schwierig, mit ihm zusammenzuarbeiten. Er sprach und klatschte gern, aber er gab einem nie eindeutige Anweisungen. Was seine Fähigkeiten angeht, so war er

wie alle Bankiers aus Shansi ein geschickter Unternehmer, aber er war kein Financier im Sinn staatsmännischer Kunst.»[36]

Die Trauerfeier fand in der Marble Collegiate Church an der Fifth Avenue statt. Madame Chiang kam mit einer Ehrenwache von fünf Mann und General Chiang Wei-kuo, dem jüngeren Sohn des Generalissimo, aus Taiwan. Unter den Trauernden befanden sich Stützen der China-Lobby wie Richard M. Nixon, Kardinal Francis Spellman, Senator Everett Dirksen, James A. Farley und der Millionär William Pawley aus Miami Beach – der Pawley von der CAMCO, der von den Flying Tigers zum amerikanischen Botschafter aufgestiegen war, und zwar in Brasilien, einem der Länder, in dem die Soongs am liebsten investierten.

T.V. Soong nahm nicht an Kungs Beerdigung teil. In diesen späten Jahren hatten sie sich gar nicht leiden können.[37]

Ai-ling überlebte H.H. um sechs Jahre, kehrte aber nie mehr nach China oder Taiwan zurück. In Asien hielt sich das Gerücht, die Soong-Schwestern kämen jedes Jahr zu einem Familientreffen in Hong Kong zusammen, hartnäckig, aber das gehörte zur Folklore. Obwohl Ai-ling seit 1949 krank gewesen war und offenbar an einer Krebskrankheit litt, die in gewissen zeitlichen Abständen zum Ausbruch kam, wurde sie fünfundachtzig Jahre alt, bevor sie in New York City schließlich ihrem Leiden erlag. Die *New York Times* gedachte ihrer nur knapp in einem oberflächlichen Nachruf.

So ging der Welt, die Lippen dicht verschlossen, eine ihrer interessanteren und raubgierigeren Bewohnerinnen verloren; eine in finanziellen Dingen äußerst talentierte Frau, deren Reichtum allein von dem ihres Bruders T.V. noch übertroffen wurde; vielleicht die reichste Frau aller Zeiten, die ihr ganzes Vermögen ihrer eigenen Gerissenheit verdankte; die Vermittlerin von May-ling Soongs Heirat mit Chiang Kai-shek, die Haupterfinderin der Soong-Legende und die eigentliche Strategin des Aufstiegs der Soong-Dynastie zur Macht.

Für T.V. gestaltete sich das Leben im Exil etwas turbulenter, weil er auf der Flucht war. Anfangs 1950 waren Laura und er gerade in eine Luxuswohnung an der Park Avenue 1133 gezogen, als von Chiang Kai-shek die dringende Einladung eintraf, T.V. solle nach Taiwan kommen – sie war wohl mit einer Einladung der Cosa Nostra vergleichbar, nach Sorrent zurückzukommen oder «Neapel zu sehen und zu sterben». Verständlicherweise war T.V. ganz und gar nicht in der Stimmung zu gehen. Der Generalissimo bestand auf seiner Einladung und drohte damit, T.V. aus dem inneren Kreis der KMT auszuschließen, wenn er nicht käme, um sozusagen «seine offiziellen Regierungsämter wieder einzunehmen». Wieder lehnte T.V. ab. Die New York Times berichtete folgendes über die seltsame Angelegenheit:

> Die Kuomintang sagte, Dr. Soong, einer der reichsten Männer der Welt, habe es vorgezogen abzudanken, als auf die von den Kommunisten bedrohte Insel zu kommen, die Refugium für alles ist, was Generalissimo Chiang von seiner einst volkreichen Nation geblieben ist.
> Dr. Soong verließ China, kurz bevor die Regierung vor einem Jahr von Nanking nach Kanton floh. Zu jener Zeit waren Bestrebungen im Gange, nach denen er einen Teil seines Vermögens, das angeblich über französische, britische, nord- und südamerikanische, indische, südafrikanische und noch weitere Banken verteilt ist, für die Nationalistische Sache spenden solle.
> Soweit hier öffentlich bekannt ist, ignorierte er dieses Ansinnen und verließ Kanton umgehend.[38]

T.V. war viel zu klug, um sich jetzt mit Chiang einzulassen. Er hatte eigene Pläne. Zu ihnen gehörte der Ankauf eines grossen Waffenlagers, 45 000 Enfield-Gewehren samt Munition, die der American Machinery Company gehörten und sich in Lagerhäusern in Kanada befanden. Im Januar 1950, zur gleichen Zeit, als Chiang T.V. dazu zu bringen versuchte, seine Zahnbürste und sein Scheckbuch zu packen, bat Robert Bigelow, der Washingtoner Vertreter der Brako Company, das Auswärtige Amt um Erlaubnis, die Waffen zu exportieren. Er sagte, der Direktor der Brako Company, William Brailowsky, sei ein «persönlicher Freund» T.V. Soongs und wolle die Gewehre von Vancouver nach Taiwan verschiffen. Dem Auswärtigen Amt kam es verdächtig vor, daß das Gesuch nicht von der taiwanesischen Botschaft eingereicht wurde und daß die Erlaubnis – ein sonderbares Detail – von den Vereinigten Staaten erbeten wurde und nicht von Kanada, wo die Gewehre sich doch befanden. Die stillschweigende Folgerung war, daß T.V. vielleicht in Pläne zu einem Putsch verwickelt war, den ihm gleichgesinnte Elemente in der Nationalistischen Armee durchführen wollten, um seinen Schwager zu stürzen und eine neue Regierung mit T.V. an der Spitze einzusetzen. Ein Informant teilte dem FBI jedoch mit, T.V.'s Rolle bestehe in Wirklichkeit darin, daß er «als Einkäufer für einen chinesischen kommunistischen Abnehmer fungierte». Wie bei vielen von T.V.'s Unternehmungen waren nur vereinzelte Spuren zu sehen. Es war nicht möglich, das Ziel zu erkennen.[39]
Obwohl T.V. Taiwan mied und den größten Teil seiner Aufmerksam-

keit seinem expandierenden Finanzimperium widmete, unterstützte er die China-Lobby finanziell – weil dies in seinem Interesse lag. Die Hebel der China-Lobby konnten in viele verschiedene Richtungen betätigt werden. T.V. zog von Manhatten fort, erwarb ein prunkvolles Haus auf Long Island und schmückte es mit Bildern, die, wie er selbst zugab, von Leuten ausgewählt worden waren, die mehr von Kunst verstanden als er. Außerdem besaß er eine kostbare Sammlung von Bronzen; auch sie war, wie er einräumte, von anderen für ihn zusammengestellt worden. Sein Haus wurde schwer bewacht und besaß eine raffinierte Alarmanlage. In den chinesisch-amerikanischen Gemeinschaften Amerikas war es ein Allgemeinplatz, daß T.V. Soongs Heim auf Long Island ein «unglaubliches» Vermögen beherbergte und daß T.V. ein «äußerst gefährlicher» Mann war – er war der mächtigste chinesische Taikun in Amerika, und viel «schlechtes Volk» hing von ihm ab. Eine Variation dieser Vorstellung bestätigte mir ein chinesischer Gelehrter, der beim CIA als Analytiker angestellt war. Sie bedeutete weniger, daß T.V. selbst gefährlich war, als daß das leiseste Wort, das er sagte, über die chinesischen Geheimbünde oder Syndikate, die chinesischen Banken und namenlose andere Objekte der Angst schreckliche Folgen mit sich bringen konnte.
T.V. hatte alle Hände voll zu tun mit Öl- und Warentermingeschäften sowie mit neuen Technologien. Den Ruf, den er sich schließlich als «reichster Mann der Welt» erwarb, verfolgte er mit viel Energie.[40]
Hin und wieder schaute er bei Averell Harriman vorbei, entweder in Washington oder in Harrimans Landhaus in Sands Point, um über die chinesisch-sowjetischen Streitigkeiten zu plaudern oder die Stimmung in Washington zu sondieren. Henry Luce sah er kaum, obwohl sie von Zeit zu Zeit Briefe wechselten und einander herzliche Einladungen zuschickten, denen sie leider nicht nachkommen konnten. Die Luces standen May-ling nahe, und das schloß Begegnungen mit T.V. aus. Seine wirklichen Freunde waren seine mächtigen Geschäftspartner in Singapur, Hong Kong, Tokyo und London sowie die Direktoren der Banken, die er unter sich hatte.
Die alten Kämpen der KMT, die T.V. haßten, weil er sich um seinen eigenen Reichtum gekümmert hatte, hatten selbst keinen Anlaß, mit Steinen zu werfen, und sie starben auch einer nach dem anderen weg. Tai Lis Flugzeug verschwand nach dem Krieg auf mysteriöse Weise – offenbar war an Bord eine Bombe explodiert. T.V.'s schlimmster Feind außer Chiang und seinen eigenen Verwandten, Ch'en Kuo-fu, starb im August 1951 in Taipei; er war sechzig Jahre alt. Nach dem Tod seines älteren Bruders gab Ch'en Li-fu die Leitung der taiwanesischen Geheimpolizei auf und wurde ein Herren-Farmer in Amerika.

Nach einer Weile gab er das Farmen wieder auf, lebte in Taiwan im Ruhestand und erreichte ein hohes Alter.

Im Februar 1963, als die Gemüter sich über ein Jahrzehnt lang abgekühlt hatten, nahm T.V. schließlich eine Einladung des Generalissimo zu einem Taiwanbesuch an. Er wohnte ein paar Tage bei den Chiangs in ihrem Heim im Norden von Taipei, wo er mit «nicht näher bezeichneten Beamten» konferierte. Nach seiner Rückkehr, als er Harriman von seinem Besuch berichtete, wollte T.V. offenbar herausfinden, ob die Vereinigten Statten ihre Ansicht geändert hätten in der Frage, ob sie Chiangs Versuch einer «Wiedereroberung» des Festlands unterstützen würden. Joseph Alsop teilte Harriman mit, daß «der Generalissimo und Madame Chiang T.V. überhaupt nicht ausstehen können und ihn nur zu kommen baten, weil sie glaubten, er könne die Haltung der amerikanischen Regierung am besten analysieren».[41] Offenbar hatte Chiang den Entschluß gefaßt, er könne, wenn es ihm schon nicht gelang, T.V. Geld zu entlocken, ihn doch wenigstens seinen alten Zauber auf Washington ausüben lassen. Er hatte unrecht. T.V. hatte zwar immer noch Freunde an den richtigen Stellen, aber er war nicht mehr willens, die nötige Energie in die Sache zu investieren. Es wurde also damals nichts aus den Bestrebungen des Generalissimo, und auch später nicht.

T.V.'s jüngster Bruder, T.A., wurde von Harvard, seiner Alma Mater, nach 1950 als «verlorener Mann» aufgeführt, was bedeutete, daß man seine Spur verloren hatte. Er lebte in San Francisco, wo er Generaldirektor der wohldotierten Bank of Canton war, bis er im Februar 1969 starb.

Der mittlere Bruder, T.L., der während des Zweiten Weltkriegs die Lend-Lease-Geschäfte unter sich hatte und der in New York City verwurzelt war, wurde zu einer Art Rätsel. Informanten in Washington gaben an, T.L. habe in den fünfziger Jahren als geheimer Berater des Finanzministeriums gearbeitet; aber sie wollten nicht sagen, womit er dort beschäftigt war. Das Finanzministerium behauptet, keinerlei Aufzeichnungen über einen T.L. Soong zu besitzen.

Zwei Jahre nach T.A.'s Tod, im April 1971, als T.V. siebenundsiebzig Jahre alt war, besuchten Laura und er einmal mehr San Francisco, um Freunde und Verwandte zu treffen. Am Abend des 24. April wurden sie von ihrem alten Freund Edward Eu von der Bank of Canton in seinem Haus in San Francisco mit einer Dinner-Party beehrt. Ungeachtet der eleganten Atmosphäre des Abends arbeitete T.V. sich in seiner gewohnten Art durch die Gänge, als er plötzlich innehielt, erstaunt schaute, sich erhob, nach Luft rang und zusammenbrach. Einen Augenblick später war er tot. Die Autopsie ergab, daß ein

Stück Speise in seiner Luftröhre steckengeblieben war und seine Halsnerven ein Notsignal an sein Herz gesandt hatten, dem dieses nicht gewachsen war.
Unpassender- oder boshafterweise ließ Henry Kissinger Präsident Nixon eine Beileidsbotschaft an Madame Chiang und den Generalissimo senden: «Seine glänzende Laufbahn im Dienst seines Landes, besonders während der grossen gemeinsamen Anstrengungen im Zweiten Weltkrieg, wird seinen Freunden in Amerika lange im Gedächtnis bleiben. Wir teilen mit Ihnen das Gefühl des Verlusts, das sein Hinscheiden mit sich bringt.»
Obwohl May-ling in den Vereinigten Staaten war, als T.V. starb, blieb sie der Beerdigung in New York mit durchsichtigen Entschuldigungen fern.
New Yorker Zeitungen enthüllten, daß T.V.'s Vermögen nur «eine Million $» betrage und unter seiner Frau und seinen Kindern aufgeteilt werde. Darüber kam es in London, Paris, Moskau, Tokyo, Rio, Hong Kong, Singapur, Johannesburg, Manila, Taipei und Peking zu einigem Kichern und Kopfschütteln.

Schließlich wurden die roten Teppiche für May-ling doch noch einmal ausgerollt, als sie 1965 in einem Schub ungewöhnlicher diplomatischer Aktivität nach Washington zurückkehrte. Die nationalchinesische Botschaft gab eine Party für fünfzehnhundert führende Politiker und China-Lobbyisten. Madame Chiang war der Ehrengast. Sie kam in einem eigenen Zug aus New York an und wurde von Mrs. Dean Rusk empfangen. Dann wurde sie zu einem eleganten, für sie gemieteten Haus gefahren, das im schicken Viertel der Kalorama Road gelegen und nur ein paar Schritte vom Haus des Verteidigungsministers McNamara entfernt war. Sie verkehrte freundschaftlich mit J. Edgar Hoover, Byron White vom Obersten Gerichtshof und Senator Thomas Dodd; sie war zum Tee bei Lady Bird [der Frau des Präsidenten] im Weißen Haus und führte ein vertrauliches Gespräch mit Lyndon B. Johnson. Es war wie in den alten Tagen.
Das kleine Detail, daß Madame Chiang von ihrem Stiefsohn begleitet wurde, fand in der Presse nur wenig Beachtung. CCK, inzwischen taiwanesischer Verteidigungsminister, war bei May-lings Nachbar McNamara zu Gast. Er kam mit May-lings Hofstaat angereist, wickelte ohne Aufsehen seine Geschäfte ab und machte sich wieder davon.[42]
Alle diese ungewöhnliche Aufregung hatte einen tieferliegenden Grund. Jahrelang hatte der Generalissimo versucht, Washington für die Unterstützung einer nationalchinesischen Invasion Festlandchi-

nas zu gewinnen. Aber Washington war schon lange zu dem Schluß gekommen, daß Chiang keine Chance hatte, irgendeine Auseinandersetzung mit den chinesischen Kommunisten siegreich zu bestehen, und daß er lediglich darauf aus war, Amerika in einen Krieg mit China hineinzuziehen, aus dem er selbst als Sieger hervorzugehen hoffte. Der Generalissimo ersuchte mehr als einmal darum, Atomwaffen zu erhalten, «um Taiwan zu beschützen», und die China-Lobby versuchte energisch, sie für ihn zu bekommen. Jetzt waren die Vereinigten Staaten in den Vietnamkrieg verwickelt, und das Problem stellte sich genau umgekehrt. Die Regierung Johnson wollte unbedingt, daß Chiang nationalistische Truppen entsandte, um in Indochina zu kämpfen. CCK's Auftrag war es, in Washington über dieses Thema zu verhandeln, und die Besprechungen endeten mit einem Patt. Amerika würde eine nationalchinesische Invasion Chinas nicht unterstützen, um CCK's alterndem Vater einen Gefallen zu tun, und die Nationalisten würden keine Truppen entsenden, um die Amerikaner in Vietnam zu unterstützen. Das Unterhaltungsprogramm für Madame Chiang war lediglich ein Teil des von der Johnson-Regierung in Szene gesetzten Versuchs gewesen, sie für sich zu gewinnen und von ihrem Einfluß auf CCK (den sie gar nicht hatte) Gebrauch zu machen.

Die Ernüchterung der Johnson-Administration in bezug auf Taiwan als Verbündeten bewirkte keine unmittelbare, sichtliche Veränderung. Aber zur Zeit, als die Nixon-Regierung ihr Amt übernahm, war es schließlich Mode geworden, von Taiwan enttäuscht zu sein, und Henry Kissinger konnte eine Politik vorantreiben, die zur Anerkennung der Volksrepublik China und zur Normalisierung der Beziehungen zu Peking führte.

Ob es nun ein Schwindel war oder nicht, für May-ling war ihr Amerikaaufenthalt ein letzter glorreicher Augenblick. Sie wurde nach Wellesley eingeladen, um am Jahrestag von Pearl Harbour zur Studentenschaft zu sprechen. Beim Zuhören fühlte man sich ganz in die alten Zeiten versetzt: «... Der Wechsel zwischen den Jahreszeiten bringt eine Fülle natürlichen Gedeihens in leuchtenden und zarten Farben hervor ... innerhalb der verzierten Mauern ... Anhänger des Agiel-Plans ... Opfer in ihrem eigenen Netz von Doppelzüngigkeit und Verderben. ...»

Es war die gleiche May-ling Soong Chiang – und die gleiche Art von Sprache und Empfindung –, die das Publikum von der Hollywood Bowl bis zum amerikanischen Kongreß gefesselt hatte, aber die Zeiten hatten sich geändert. Diesmal wurde es dem *Time*-Korrespondenten David Greenway zu langweilig, er verließ die Veranstaltung und schrieb nur eine oberflächliche Zusammenfassung. Für viele Amerikaner war der Orient-Traum zu einem Alptraum geworden. Die Diem-Familie in Südvietnam wies eine beunruhigende Ähnlichkeit mit den Chiangs auf. Presseleute nannten Madame Nhu sogar die Drachenlady. Ein überwältigendes Gefühl des Déjà vu machte sich breit.

Nachdem ihr Comeback sich als kurzlebig erwiesen hatte, gab May-ling das Haus an der Kalorama Road auf und zog im April 1966 in eine Luxuswohnung am Gracie Square in Manhattan. Ihr Neffe erwarb die gemeinsame Wohnung, um ihr einen festen Zufluchtsort in Manhattan zu geben.[43] Sie hatte Gallensteine, die operativ entfernt werden mußten.[44] Sie war nun neunundsechzig Jahre alt, und ihr Körper machte nicht mehr so recht mit. In den folgenden Jahren führten sie alle ihre Reisen nach Amerika zu Beerdigungen oder in ärztliche Behandlung. Jahrzehntelang hatte sie auf der Liste der zehn berühmtesten Frauen gestanden, aber damit war es auch vorbei, als Henry Luce 1967 in seinem Badezimmer an einem Herzversagen starb. Im folgenden Jahr erfuhr May-ling definitiv, daß sie Krebs hatte, und flog 1970 nach New York, um sich an der Brust operieren zu lassen; bald darauf mußte sie die Reise nochmals unternehmen, um sich einer zweiten Operation zu unterziehen.[45]

In den amerikanischen Zeitungen waren die Berichte über sie von der Frontseite in die Klatschspalten gerutscht. Jetzt wurden sie zu Spaltenfüllern auf den Haushaltsseiten.

Einen letzten Wirbel gab es in der Presse, als der Generalissimo am 5. April 1975 im Alter von siebenundachtzig Jahren starb. Drei Wochen später wurde CCK, der bereits Premierminister war, Vorsitzender der KMT. Für May-ling gab es nichts mehr zu tun. Sie ging nun für immer ins Exil. Sie war achtundsiebzig Jahre alt und bei schlechter Gesundheit. Sie wurde in David Kungs Wohnsitz in Lattington, Long Island, fünfunddreißig Meilen östlich von Manhattan, zur Einsiedlerin. Nur Leibwächtern und Ärzten war der Zutritt zu dem abweisenden Landsitz gestattet. Sie verließ das Haus lediglich, um sich im Johns Hopkins Medical Center in Baltimore unter falschem Namen zehntägigen Tests zu unterziehen und das Sloan-Kettering Institute aufzusuchen.[46] Am 28. März 1983 wurde sie 86 Jahre alt. Sie hatte beinahe ein Jahrzehnt in der Abgeschiedenheit Lattingtons verbracht. Manche Leute waren erstaunt zu hören, daß sie noch am Leben war.

Nur ein Mitglied der Soong-Familie war noch in China: Ching-ling wurde am Ende doch noch ein stiller Sieg zuteil.

Am 1. Oktober 1949 war Madame Sun nach Peking berufen worden, um an der grossen Feier anläßlich der «Befreiung» teilzunehmen. Während Millionen von Menschen die breiten Boulevards vor der Verbotenen Stadt hinabmarschierten und Mao Tse-tung am Tor des Himmlischen Friedens stand und die Volksrepublik China proklamierte, stand Ching-ling an seiner Seite. Sie war siebenundfünfzig Jahre alt.[47]
Sie war, wie sie es oft ausgedrückt hatte, kein Mitglied der Kommunistischen Partei Chinas, sondern ein Mitglied der chinesischen Revolution.
Als junge Frau war sie von Sun Yat-sen fasziniert gewesen, weil er «die ganze Welt im Auge hatte». Als Sechzigjährige hatte sie gelernt, allen Politikern zu mißtrauen, aber sie sagte: «Ich mißtraue Mao Tse-tung weniger als den anderen.»[48] In China war sie während des größten Teils ihres Lebens ein Symbol gewesen. Dr. Sun hatte das Glück, zu einem Zeitpunkt zu sterben, als die Tugendhaften noch von den Bösartigen unterschieden werden konnten. Ching-ling hatte in ihrer Abgeschiedenheit alles überstanden, während der Kreis ihrer Freunde und Helfer durch Folter, Säuberungen und Morde immer kleiner wurde. Von ihrem letzten engen Freund hatte sie 1931 Abschied genommen, als Teng Yen-ta in der Internationalen Niederlassung von der Polizei verhaftet worden und dem Nankinger Regime ausgeliefert worden war, um gefoltert und ermordet zu werden. Andere waren von ihr bezaubert gewesen, unter ihnen Vincent Sheean, Harold Isaacs und Joseph Stilwell, aber sie war zur Einzelgängerin geworden.
Ihre Witwenkleidung beschützte sie, aber sie machte sie auch zu einer Gefangenen. Sie konnte Risiken eingehen und sich in einer Offenheit äußern, die anderen unmöglich war. Sie befeuerte manche Zeitgenossen, aber sie hatte nicht die Macht, einzugreifen, wenn sie der Staatsgewalt zum Opfer fielen. Sie hätte den Rest ihres Lebens als begüterte Exilantin in einer Stadt wie Paris verbringen können. Aber das wollte sie nicht.
Sie wurde nicht zu einer verhärteten Fanatikerin. Sie mochte Kinder, sie mochte hübsche Dinge, und sie tanzte gern. Sie konnte witzig, mutwillig und fröhlich sein. Sie trank gern ein Glas in Gesellschaft, und wenn sie mit Freunden zusammen war, war sie ausgelassen. Sie rauchte Zigaretten der Marke Panda und mochte Kino und Theater. (Selbst im gestrengen Peking genoß sie das Privileg eines Vorführraums, in dem sie sich die neuesten Filme aus dem Westen ansehen konnte.)
Sie paßte die richtigen Gelegenheiten ab und überraschte ihre Feinde

in unbewachten Augenblicken. In ihrem langen Krieg mit Chiang wandte sie die Guerillataktik einer klugen Frau an.
Die Kriegsjahre verbrachte sie in Chungking. Sie stand zwar nicht unter Hausarrest, war aber doch isoliert: von anderen Chinesen durch deren Furcht, verhaftet zu werden, und von den meisten Ausländern durch deren falsche Annahme, sie sei eine «Rote». Sie organisierte Konzerte und Sportanlässe, um Geld für die Unterstützung der Kriegsverwundeten aufzutreiben, wurde aber durch Gerüchte schlechtgemacht, die beharrlich behaupteten, die Unterstützung ginge ausschließlich an «kommunistisches Territorium». Sie konzentrierte ihre Anstrengungen auf kommunistische Gebiete, weil es mit wenigen Ausnahmen wie der Aktion Ichigo in den von Chiang beherrschten Gebieten zu keinen ernsthaften Kämpfen kam. Laut Berichten, die der amerikanische Armeenachrichtendienst während des Krieges verfaßte, ermahnte Chiangs Sicherheitsdienst, wenn Ching-ling ein Fußballspiel organisiert hatte, die Bevölkerung unter Androhung von Verhaftungen, dem Spiel nicht beizuwohnen und auf keinen Fall Ching-lings Mannschaft zu unterstützen.[49]
Im August 1945 wurde Ching-ling mit T.V. nach Moskau entsandt, wo sie am 14. des Monats einen chinesisch-sowjetischen Vertrag abschlossen.[50] Es war das einzige Mal, daß sie nach 1931 China verließ, wenn man von den Besuchen in Hong Kong absieht.
Nach Kriegsende kehrte sie nach Shanghai und in die Rue Molière zurück, um die politische Arbeit für die Revolution, die sie während des Krieges weitgehend vernachlässigt hatte, wieder aufzunehmen. Wieder ergriff sie die Feder, um Chiang und das amerikanische Engagement in China anzuklagen, aber diesmal behandelte die westliche Presse sie als unbequeme Verwandte von berühmten Leuten, die ihr eigenes Nest beschmutzte.

> Shanghai, 23. Juli 1946. Madame Sun Yat-sen, die Witwe des Gründers der chinesischen Republik, sagte gestern, «Reaktionäre» in Amerika und China arbeiteten daran, wegen innerchinesischer Angelegenheiten einen Krieg zwischen Russland und den Vereinigten Staaten zu schüren.
> Dr. Suns Witwe, die eine der berühmten Soong-Schwestern ist, brach ihr zweijähriges Schweigen über die politischen Angelegenheiten Chinas und sagte in einem Angriff auf die Regierung ihres Schwagers Chiang Kai-shek, die Präsenz amerikanischer Truppen in China helfe der Sache des Friedens nicht. Wenn die Vereinigten Staaten klarstellten, daß keine der beiden sich bekämpfenden Parteien mit Munition und Militärhilfe unterstützt werde, werde sich in China kein Bürgerkrieg ausbreiten.

«China», sagte sie, «drohte ein Bürgerkrieg, in den Reaktionäre Amerika hineinziehen wollen – und damit die ganze Welt.» Das Ziel eines solchen Krieges, erklärte sie, sei die Zerschlagung des Kommunismus in China. «So ein Bürgerkrieg hat – obwohl er nicht erklärt worden ist – bereits begonnen», fügte sie hinzu.[51]

Niemand in Amerika achtete auf ihre Worte. Sie wurde ein Nichts, das die amerikanische Regierung eifrig ignorierte.

Ching-ling verkaufte einen Großteil ihres verbliebenen Besitzes, um die Programme der Chinesischen Wohlfahrts-Liga, die sie gegründet hatte, zu unterstützen. 1948, als das Chiang-Regime zur Flucht bereit und die Kommunisten auf ihrem Weg zum Sieg waren, nahm sie an einem letzten Versuch teil, eine Alternative sowohl zum Kommunismus als auch zum Faschismus zu organisieren – eine neue Version der Dritten Kraft. Sie wurde Revolutionäres Komitee genannt, und Ching-ling wurde zur Ehrenvorsitzenden ernannt. Ihre Wählerschaft waren die Machtlosen.[52]

Bei Gründung der Volksrepublik wurde Ching-ling eines der drei nicht-kommunistischen Führungsmitglieder, die als Vizevorsitzende der Zentralregierung in Peking bestimmt worden waren. Sie wurde mit dem Stalin-Friedenspreis ausgezeichnet, was pflichtschuldig in ihr FBI-Dossier eingetragen wurde. In den fünfziger Jahren wurde sie zur Vizevorsitzenden der Volksrepublik China ernannt und rangierte damit in gewissem Sinn direkt unter Mao.

Sie war keine junge Frau mehr. Von 1956, als sie vierundsechzig Jahre alt war, bis 1964, als sie zweiundsiebzig wurde, verließ sie China nicht. Das Haus an der Rue Molière, das sie mit Dr. Sun geteilt hatte, wurde in ein nationales Heiligtum umgewandelt. Sie wohnte stattdessen in Charlie Soongs letztem Heim, dem kleinen Haus an der Avenue Joffre – dem Haus, in dem Charlie sie in ihrem Schlafzimmer eingeschlossen hatte, bevor sie weggelaufen war, um Dr. Sun zu heiraten.

Auch in Peking hatte sie einen Wohnsitz: eine stattliche Villa an einem See in der Nähe der Verbotenen Stadt – das Haus, in dem der letzte Kaiser von China, Pu-yi, geboren worden war. Es lag in der Nähe der Häuser Maos und Chou En-lais in einem hübschen Wäldchen, das von einer hohen Mauer umgeben war.

Sie erfuhr, daß sie Leukämie hatte. 1960, als Edgar Snow nach China zurückkehrte, wollte er sie besuchen, aber es gelang ihm nicht, weil «ihr chronisches Leiden ein kritisches Stadium erreicht hatte».[53] Sie litt an chronischer Leukämie der Lymphozyten, einer Krankheit, mit der manche Leute zehn Jahre oder länger leben, wenn auch unter beträchtlichen Schmerzen. Eine Behandlungsmethode verwendet hohe Dosen von Antibiotika, um die Widerstandsfähigkeit des Körpers gegen Infektionen zu stärken. Harrison Salisbury von der *New York Times,* der 1972 mit Ching-ling dinierte, erwähnte, daß sie sich erst kurz zuvor von einer fürchterlichen Körperreaktion auf diese Antibiotika erholt hatte. Während der letzten beiden Jahrzehnte ihres Lebens war sie ernsthaft krank.

Aber ihr Leben hatte auch eine glücklichere Seite. Sie adoptierte zwei Mädchen, Yolanda und Jeannette. Sie waren die Kinder eines ihrer Leibwächter. Während die Roten Garden in den sechziger Jahren das Land unsicher machten, war es eine nervenzerrüttende Aufgabe, Madame Sun zu beschützen. Plakate, die sie denunzierten, waren überall zu sehen, und sie konnte sich nirgends sicher bewegen. Nach einer schrecklichen Begegnung mit den Roten Garden betrank sich Ching-lings Leibwächter schwer und wurde am anderen Morgen tot aufgefunden. Ching-ling war zwar beinahe siebzig Jahre alt, aber sie war kinderlos und ohne Gefährten. Sie adoptierte die beiden Mädchen und zog sie als ihre eigenen groß.

Im Sommer 1966 sah Premierminister Chou En-lai sich gezwungen, die Roten Garden zu ermahnen, daß sie aufhören sollten, Madame Sun verbal zu attackieren und Plakate aufzuhängen, auf denen sie als bürgerliche Reaktionärin angeklagt wurde. Am 21. September 1966 stürmte in Shanghai, wo die Bewegung der Roten Garden oft außer Kontrolle geriet, ein Pöbelhaufen Ching-lings Haus an der Avenue Joffre und plünderte es. Ching-ling war zu jener Zeit nicht in Shanghai. Sie ließ den Zwischenfall ohne öffentlichen Kommentar vorübergehen.[54] Ihre Hauptwidersacherin war Maos Frau, die es offensichtlich übelnahm, daß Ching-ling stets als die ranghöchste Frau Chinas bezeichnet wurde.

Während der letzten fünfzehn Jahre ihres Lebens widmete Ching-ling ihre ganze Aufmerksamkeit den beiden Adoptivtöchtern. Nachdem die Bewegung der Roten Garden sich verlaufen hatte und Madame Mao mit der berühmten Viererbande von einem Volkstribunal als Konterrevolutionärin verhört wurde, verbrachte Ching-ling einen ruhigen Lebensabend. Sie durfte eines ihrer Mädchen, Jeannette, aufs Trinity College in Hartford, Connecticut, schicken. Die ältere Schwester, Yolanda, wurde Filmschauspielerin. Fox Butterfield, der Peking-Korrespondent der New York Times, traf das Mädchen mehrmals.

> Das erste Mal traf ich sie im Speisesaal des Peking Hotels. Sie trug einen kurzen. engsitzenden Wollrock, hohe braune Lederstiefel und

> eine hellorange Bluse. Sie war Mitte Zwanzig, schlank und sehr groß für eine Chinesin: etwa 1,72 m. Sie hatte tüchtig Lidschatten und Lippenstift aufgelegt; sie war nicht hübsch, aber stolz, auffallend und sexy. Sie sah aus wie ein Filmstar aus Taiwan oder Hong Kong.
> Später stellte ein gemeinsamer Bekannter uns vor, und ich fragte, was sie gerade mache. «Ich bin beim Film», sagte sie; sie sei gerade von Drehaufnahmen mit einem Armeefilmteam zurückgekommen, das in Hunan Außenaufnahmen machte.[55]

Am 16. Mai 1981 wurde Soong Ching-ling zur Ehrenpräsidentin Chinas ernannt. In der gleichen Woche wurde sie auch in die Kommunistische Partei Chinas aufgenommen.[56] Aber es ist schwer zu sagen, ob sie sich des Titels bewußt war oder ob sie damit einverstanden war, die höchsten Weihen der Partei zu empfangen. Sie starb am 29. Mai 1981 in ihrem Pekinger Haus an Leukämie. Es gab kein publiziertes Vermächtnis wie dasjenige, das für Dr. Sun vorbereitet worden war, als er fünfundfünfzig Jahre zuvor in der gleichen Stadt gestorben war. Aber in einem Interview mit der Schriftstellerin Han Suyin faßte Ching-ling das Vermächtnis in Worte, zu dem sie durch das Zeitalter der Soongs auf die bitterste Weise gekommen war: «Wir müßen lernen, uns gegen uns selbst zu wappnen.»[57]
May-ling Soong lehnte die Einladung zum Begräbnis ihrer Schwester ab.

Epilog

Die Konkubine im Brunnen

Es war Ende Juni 1982, und der Himmel über Peking klarte auf, während der gelbe Staub aus der Wüste Gobi, der im April und Mai gewöhnlich die Luft erfüllt, sich langsam verzog. Ich suchte die «grosse Leere» der Verbotenen Stadt nach einer winzigen Grabstätte ab, die schon beinahe vergessen war. Da und dort hörten Touristengruppen verschiedener Nationalitäten zwischen den Pavillons zu, wie die Fremdenführer die verschiedenen Zeremonien und Audienzen erklärten, die die Kaiserinwitwe zu bestimmten Stunden des Tages in diesen oder jenen Raum führten. An den Mauern der grossen Höfe senkten ganze Trauben von jungen Leuten, viele von ihnen Japaner, die Köpfe, als wollten sie darauf hören, ob die Steine sprechen und die Geheimnisse der kaiserlichen Eunuchen enthüllen würden. Die meisten Touristen waren bereits im Tempel des Himmels gewesen, wo man ihnen erzählt hatte, daß sie, wenn sie an einer bestimmten Stelle der Hofmauer horchten, deutlich hören konnten, was ein anderer in hundert Yards Entfernung an der Mauer flüsterte. Deshalb nahmen sie an, daß alle Mauern in Peking flüstern. Tatsächlich tun es nur einige, und die Anwesenheit eines Menschen ist dabei nicht erforderlich.

Die Mauern der Verbotenen Stadt flüsterten alle mit sich selbst, während ich am Mittagstor vorbeikam, einer Zitadelle über einem Graben, wo Söldnerlegionen seit der Zeit der Khane vorbeimarschiert waren. Hoch oben in den Zinnen, in den schattigen Dachrinnen, zwischen den orangen Ziegeln, wo Dämonen leben, waren plötzliche Bewegungen zu sehen, die von sich verbergenden Bogenschützen herrühren mochten, wahrscheinlich aber von Vögeln stammten. Über die Pflastersteine des riesigen Paradeplatzes und die gewölbten Brücken über dem Goldwasserstrom führte mich mein Weg (wie er jedermann führen sollte) vorbei an der Halle der Höchsten Harmonie, um die Halle der Mittleren Harmonie herum und an der Halle der Ewigen

Harmonie vorbei vor das Tor der Himmlischen Reinheit, an der Schranke der Neun Drachen vorbei und zum Palast des Friedvollen Alters.
Dort, unter den gewundenen Kiefern, lagen in ihrer Abgeschlossenheit die Kammern der kaiserlichen Konkubinen, die sich um kleine gepflasterte Höfe scharten; die Steine flüstern noch von den Goldlotus-Berührungen. In einem der kleineren Höfe in der Nähe des Palastes des Friedens und des Langen Lebens fand ich das Grab, das mich auf diese unbehagliche Pilgerfahrt gebracht hatte. Es war ein verwitterter steinerner Brunnen von unschuldigem Aussehen, weniger als zwei Handspannen im Durchmesser, aber von tiefer Bedrohlichkeit. Hier ereignete sich im Jahr 1900 eine Szene von so schrecklicher Grausamkeit, daß sie mir als unausgesetzter Alptraum im Gedächtnis haftet. Ich kam, um den Geist zu vertreiben, indem ich mich ihm stellte.
Es war auf dem Höhepunkt des Boxeraufstands, am 15. August 1900, zur Stunde Yin in der Mitte des Nachmittags. Ganz Peking war in Angst, da die ausländischen Armeen näherrückten, um das besetzte Gesandtschaftsviertel zu befreien. In der Verbotenen Stadt entschloß sich die Kaiserinwitwe zu fliehen. Der mörderische Alte Buddha hatte laut der Legende dem obersten Eunuchen, Li Lien-ying, befohlen, für Verkleidungen zu sorgen. Sie legte die Kleidung einer Bäuerin an und frisierte ihre Mandschufrisur zu einer chinesischen um. Kutschen standen bereit, um sie durchs Hintertor, das Tor der Göttlichen Pracht, zu schmuggeln und im Westen in Sian in Sicherheit zu bringen.
Der junge Kaiser Kuang Hsu, der von ihrem Entschluß, ihn mitzunehmen, unterrichtet worden war, kam, begleitet von seiner Favoritin, der Perlenkonkubine, um sich für seine Sache einzusetzen. Das lebhafte, gertenschlanke Mädchen, elegant gekleidet in Gewänder aus bestickter Seide, war dem neunundzwanzigjährigen Kaiser treu ergeben, hatte sich aber nie kriecherisch benommen, um die Gunst des Alten Buddha zu gewinnen. Nun warf sie sich nieder und flehte die Kaiserinwitwe an, den Kaiser in Peking bleiben zu lassen, damit er mit den ausländischen Generälen verhandeln könne. Die Perlenkonkubine war der Kaiserinwitwe ein Dorn im Auge, weil sie die Palastintrigen störte, indem sie dem Kaiser ihre unabhängigen Ratschläge gab. Es war an der Zeit, sie loszuwerden. Die Kaiserinwitwe brüllte Befehle. Zwei Eunuchen ergriffen die Perlenkonkubine. Entsetzt fiel der Kaiser auf die Knie und flehte um ihr Leben. Aber die Eunuchen schleppten das zappelnde Mädchen zu dem engen Brunnen beim Palast des Friedens und des Langen Lebens, kippten sie in ihrem Sei-

denkokon kopfüber und stürzten das kreischende Mädchen in den Brunnenschlund. Weil der Brunnen so eng war, sprangen die Eunuchen auf die Umrandung und stampften die Konkubine hinab.[1]
Ihr Geist ist immer noch dort unten, gefangen wie ein Insekt im Bernstein, und fügt dem Flüstern in den Mauern und Dächern ihre Anklage hinzu. Die Verbotene Stadt ist ein Friedhof, hier wurden Menschen ertränkt, enthauptet, erdrosselt und lebendig gehäutet. Sie wurden im Interesse des Staates zum Schweigen gebracht. Mord war hier nicht ein Akt der Leidenschaft, sondern ein Herrschaftsinstrument. Justizmord. Kaiserlicher Mord. Ruhe durch Meuchelmord. Um die zu ersticken, die störten, die sich widersetzten, die zweifelten, die nein sagten.
Was würde Charlie Soong über den Werdegang seiner Kinder sagen? Ching-ling wurde wie die Perlenkonkubine in den Brunnen geworfen. Aber sie konnten sie nicht so weit hinuntertreten, daß sie unten blieb. Ohnehin war sie die Siegerin. Die andern gingen durchs Leben, wie eine Bande von Taschendieben beim Karneval durch eine Menschenmenge geht: Sie machten ihre Sache perfekt, während die Bauernlümmel zuschauten, wie «Schlitzaugen» lebendigen Hühnern die Köpfe abbissen.
Einige Leute bestehen darauf, May-ling sei durch ihre Vorstellung vom Licht am Ende des Tunnels ihr ganzes Leben unschuldig geblieben. Ich bin nicht derjenige, der das entscheiden muß; allerdings glauben diese Leute auch an die jungfräuliche Geburt.
Wenn die Soongs sich als Familie vor einem Spiegel aufstellten (Ching-ling fehlte aus freien Stücken), warfen alle Spiegelbilder – außer Ai-ling. Sie hatte keinerlei Spiegelbild. Was für ein mittelalterlicher Schluß kann hieraus gezogen werden?
Von allen Leuten, die etwas hätten unternehmen können, fragte ich mich vor allem, warum Harry Truman nichts unternahm. Der Mann, der die Atombombe abwerfen ließ und der seinen höchsten General feuerte, war in der besten Position, etwas zu tun. Wenn es politisch zu gefährlich war oder sich als zu schwierig erwies, gerichtliche Anklagen gegen die Soongs zu erheben, hätte er andere Mittel finden können, um die Beschaulichkeit ihres Ruhestands zu stören. Zumindest hätte er die Entdeckungen des FBI bekannt werden lassen können, um der Presse einen großen Tag zu bescheren. Vielleicht kam er zu dem Schluß, es seien so viele prominente Leute in den Fall verwikkelt, daß seine Aufdeckung, wie man sagt, nicht im Interesse der Nation läge. Deshalb hielt sich fast jedermann still. Niemand sprach für die Opfer.
Wer also wird für die Konkubine im Brunnen sprechen?

Nachbemerkung

Durch die Mitarbeit Peggy Sawyer Seagraves wurde dieses Buch in vielfältiger Weise bereichert. Sie sammelte und verglich das widersprüchliche Quellenmaterial des Zeitraumes nach 1911. Auch schrieb sie die Entwürfe einiger Kapitel. Dank ihrer Unterstützung war es möglich, mehr Material auszubreiten, als ich ursprünglich ins Auge gefaßt hatte, und dieses Buch sorgfältiger zu dokumentieren.
Edward Leslie hat viele der Geheimnisse um Charlie Soong aufgeklärt; er trug das Material für den ersten Teil des Buches, den Zeitraum von 1880 bis 1911, zusammen. Für beides bin ich ihm verbunden.

Das vorliegende Buch ist das Ergebnis persönlicher Nachforschungen, die vor vielen Jahren in China begonnen haben. Seit 1980 war ich damit beschäftigt, das alte Dokumentarmaterial und die in verschiedenen Ländern verstreuten Sekundärquellen zu überprüfen sowie neues Material zu verarbeiten, das durch den Freedom of Information Act zugänglich geworden war. Die während der letzten Jahre von Gelehrten aus Asien publizierten Forschungsarbeiten haben viel zum Entstehen dieses Buches beigetragen. Ihre Schlüsse und Erkenntnisse haben es möglich gemacht, den Ablauf dieser nicht ganz einfachen Geschichte zu rekonstruieren.
Edward Leslie reiste für mich in den Vereinigten Staaten umher, um Material in den folgenden Bibliotheken und Archiven zu sammeln: den National Archives, der Library of Congress, den Archiven der Hoover Library an der Stanford University, den Bibliotheken des Wellesley College, der Harvard University, der Duke University, dem Oberlin College sowie den Stadtbibliotheken von Boston, Baltimore, Durham und Wilmington. Jeder dieser Institutionen bin ich für ihr Zuvorkommen und ihre Bereitschaft, mir das Material zugänglich zu machen, dankbar.
Die Schriftstellerin Gail Dubroff aus Atlanta besorgte für mich die Nachforschungen über die Ausbildung der Soong-Schwestern am Wesleyan College in Georgia. Sie wurde dabei durch das Personal der Bibliothek des Wesleyan College ebenso unterstützt wie durch die

Klassenkameraden der Soongs. Margaret Long, Mitglied der Historical Society of Summit, New Jersey, verschaffte mir wenig bekanntes Material über den dortigen Aufenthalt der Soongs. Als ich aus freigegebenen Dokumenten der National Security Agency erfuhr, daß Madame Chiang auf einem farbigen Glasfenster in Massena, New York, dargestellt worden war, war die Geschichtsschreiberin der Kirche, Miss Helen L. Coverdale, so freundlich, mir den historischen Hintergrund zu erläutern und ein Farbbild des Fensters zur Verfügung zu stellen.

Im Lauf der Jahre unternahm ich mehrere Reisen nach China. Um letzte Fragen zu klären, besuchte ich 1983 Shanghai und Peking. Vor allem während der sechziger und siebziger Jahre reiste ich mehrere Male zu Forschungszwecken nach Taiwan. Mein persönliches Interesse an den Soongs reicht zurück in meine an der chinesisch-burmesischen Grenze verbrachte Jugendzeit. Die Geschichte der Soongs beschäftigte mich weiter, als ich während der Dekade des Vietnamkriegs in Bangkok, Singapur und Kuala Lumpur als Korrespondent tätig war. Als ich den Textteil von *China-Burma-India* und der *Time*-Buchserie über den Zweiten Weltkrieg edierte und für *Soldiers of Fortune* – eine Geschichte über Söldnerpiloten, die 1982 bei Time-Life Books herauskam – Nachforschungen über Chennault und die Chiangs anstellte, stieß ich auf das umfangreiche Material, das Time Inc. über die Soongs besaß.

Nachforschungen auf Grund des Freedom of Information Act förderten Tausende von Seiten Material bei der National Security Agency (NSA), dem Auswärtigen Amt, der U.S. Army und dem FBI zutage. Das Personal der NSA und des FBI war besonders hilfsbereit und tüchtig.

Mein Dank geht vor allem auch an Harold Isaacs, Jack Anderson, Stanley Karnow, Robert McCabe, Robert Shaplen und Dennis Bloodworth, die mein Interesse an den Soongs über viele Jahre hinweg gefördert haben.

Anmerkungen

Prolog. Die Kulisse Shanghais

1 Berechnungen über die Anzahl der Bordelle sind kaum vertrauenswürdig. Die einen sagen, jedes zwölfte Haus der Internationalen Niederlassung sei ein Bordell gewesen, andere geben 25 000 Prostituierte für den gleichen kleinen Bezirk an, wieder andere sagen, auf 130 Einwohner sei eine Prostituierte gekommen. Solche Zahlen waren in Shanghai ebenso ungewiß wie in der Blütezeit Londons zu Beginn unseres Jahrhunderts. Die hier verwendete Angabe stammt aus Rhoads Murphey, *Shanghai: Key to Modern China,* 1953, S. 7.
2 Die chinesische Sicht des britischen Opiumhandels findet sich in der Publikation der Foreign Language Press: *The Opium War,* 1976, bes. S. 10.
3 ebenda, S. 13
4 Zum «leihweisen» Gebrauch der Nationalflaggen ebenda S. 33.
5 Balfour zit. nach Ernest Hauser, *Shanghai: City for Sale,* 1940, S. 11.
6 Eine Umschrift von Chiangs Polizeiakte findet sich in Pichon P.Y. Loh, *The Early Chiang Kai-shek: Personality and Politics,* 1971, S. 132–34, Anmerkung 77.

1. Kapitel. Ein Himmelssohn reißt aus

1 Die Briefe ebenso wie Charlies Wiedergabe seines ursprünglichen Namens auf Englisch und Chinesisch finden sich in James Burke, *My Father in China,* 1942, S. 7.
2 Briefwechsel zwischen T.V. Soong und Präsident Roosevelt, Hoover Library, Stanford University.
3 Die beste Quelle über chinesische Dschunken und die Hainaner Kaufleute ist G.R.G. Worcester, *Sail und Sweep in China,* 1966, bes. S. 61.
4 Farbbilder der «Großäugigen Hühner» finden sich in Derek Maitland, *Setting Sails,* 1981, S. 61.
5 Über die nicht allzu großen Skrupel und das gelegentliche Piratentum der Dschunkenbesatzungen s. Worcester, a.a.O., S. 39.
6 Zu den jährlich befahrenen Handelsrouten s. Worcester, a.a.O., S. 39.
7 Bis heute existiert noch keine verbindliche Darstellung des weltumspannenden Hakka-Chiu-chao-Opiumkartells. Vorarbeiten dazu finden

sich in Alfred W. McCoy, *The Politics of Heroin in Southeast Asia*, 1973, S. 185.

8 Eine kurze Zusammenfassung der Triumphe und Tragödien der chinesischen Einwanderer findet sich in Ruthanne McCunn, *An Illustrated History of Chinese in America*, 1979.

9 zit. nach McCunn, a.a.O., S. 32.

10 Über Charlies Seereise ist nur wenig bekannt, doch läßt sich die Kulisse aufgrund des damaligen Hochseeverkehrs rekonstruieren. Siehe dazu A.B.C. Whipple, *The Clipper Ships*, 1980, S. 121.

11 Wo immer die wohlhabenden jungen Himmelssöhne im Amerika des letzten Jahrhunderts auftauchten, stellten sie eine solche Novität dar, daß wir darüber viele Quellen besitzen. Siehe dazu Emily Hahn, *The Soong Sisters*, 1941, S. 2.

12 Emily Hahn zeichnet ein freundliches und detailliertes Bild von New und Wen; s. E. Hahn, a.a.O., S. 5. Doch im Gegensatz zu Emily Hahns Ausführungen besuchten Wen und New die Harvard University nicht; sie besitzt keine Aufzeichnungen über die beiden, wie die Universität dem Autor mitteilte (Brief vom 20.5.1983). Es gab andere Schulen in der Gegend, doch gehört es in Asien heute wie damals zum guten Ton, ein Harvard-Studium vorzugeben.

13 Emily Hahns Bericht über Charlies erste Jahre in Amerika und darüber, wie er zu seinem Namen kam, galten bis in die letzten Tage des 2. Weltkriegs als die offizielle Version. Doch ein Journalist, der bei der Küstenwache Dienst tat, entdeckte Material, das überraschend andere Schlußfolgerungen nahelegte. Diese Entdeckung fand sehr wenig Beachtung; s. A. Tourtellot, «Charlie Soong and the U.S. Coast Guard», *U.S. Naval Institute Proceedings*, vol. 75, Feb. 1949. Aus den Dokumenten der Küstenwache geht klar hervor, daß Charlie seinen berühmten Namen durch einen einfachen Fehler an Bord des Schiffes erhielt. Dies geschah wahrscheinlich mehr oder weniger so, wie ich es beschrieben habe.

14 An das gemütliche Leben in Edgartown erinnert sich der junge Charlie Soong in einem undatierten Brief; siehe dazu «Letter to His Friend Harold Wimpenny» (ca. 1880), Dukes County Historical Society, Edgartown, Massachusetts. Die beschriebene Kleidung ist auf einer Photographie dargestellt, die Charlie seinen Spielkameraden sandte.

15 Charlies Auftauchen war ein großes Ereignis im Leben der besseren Leute Wilmingtons, vor allem für die Familie Moore, deren Vorfahren angeblich zu den ersten Siedlern in dieser Gegend gehörten. Dank den Moores sind uns einige wenige Augenzeugenberichte über Charlie direkt überliefert worden, so auch die Einzelheiten seiner Ankunft. Siehe dazu Louis T. Moore, *Founder of Chinese Soong Dynasty Converted to Christianity in Wilmington*, 19.., zur Verfügung gestellt von der Stadtbibliothek in Wilmington, Louis T. Moore Collection.

16 Die angenehme, aber eher langweilige Route der *Colfax* findet sich in

Information and Statistics Respecting Wilmington, North Carolina, 1883, verzeichnet.

17 Es war Hauptmann Moores Status als Vorsteher der Methodistengemeinde, der Charlies Leben einen neuen Impuls gab. Siehe dazu «Recollections of Charlie Soong», *World Outlook,* August 1938. Der Hauptmann beschrieb das erste Zusammentreffen mit Charlie, seinen Kindern und Großkindern; s. Moore and John D. Lee, Jr., «The Hand of God», *Christian Herald,* November 1941.

18 Da populäre Schilderungen in jedem Detail widersprüchlich sind, habe ich auf die *History of Ann Street Methodist Church, Beaufort, North Carolina,* o.J., zurückgegriffen. Zur Verfügung gestellt von den Duke University Archives.

19 Im Gegensatz zu Emily Hahn, die sich mit Ai-ling Soongs Version der Familiengeschichte zufrieden gab, scheute Elmar Clark keine Mühe, als er sich Ende der 30er Jahre anschickte, ein schmales Buch über den Soong-Clan zu schreiben. Dank seiner Recherchen besitzen wir ein faszinierendes Porträt des Predigers Ricaud. Clarks Studie über Charakter und Herkunft des Predigers enthält auch ein Porträtphoto; s. Clark, *The Chiangs of China,* 1943, S. 17, und Costin J. Harrell, «General Julian S. Carr and the Education of Charlie Soong», *World Outlook,* 1945.

20 Die Augenzeugin wird erwähnt in «The Romance of Charlie Soong», *The Duke Divinity School Bulletin,* vol. IV, Nr. 4, Januar 1942.

21 ebenda.

22 *Morning Star,* 7. Nov. 1880.

23 Die Beschreibung der Taufe folgt Pauline Worthy, «When Charlie Soong Paid a Visit to Washington, N.C.», *The News and Observer,* Raleigh, North Carolina, 28. Feb. 1943. Dieser Artikel wurde geschrieben, als noch Augenzeugen am Leben waren, deren Aussagen verwertet wurden. An der Frontseite der Wilmingtoner Methodistenkirche wurde eine Tafel angebracht, die auch heute noch an das Ereignis erinnert.

24 s. *Morning Star,* 7. Nov. 1880.

25 Elmar Clark entdeckte als erster, daß «Kapitän Charles Jones» gar nie existiert hatte, doch zeigte seine Entdeckung zu jener Zeit keine große Wirkung; s. Clark, a.a.O., Anmerkungen zu S. 16–17. Tourtellot untermauerte durch eigene Funde Clarks Endeckungen; auch er wurde ignoriert.

26 Charlies Arbeit in der Druckerei – ein biographisches Detail, das später in China größere Konsequenzen haben sollte – findet sich in Harell, a.a.O., erwähnt.

27 s. Burke, a.a.O., S. 7.

28 Zu Trinitys wechselhaftem Schicksal s. *The Story of Durham,* o.J.
Moore soll das Geld aufgetrieben und Ricaud Charlies Aufnahme arrangiert haben; s. *Annual Report of Braxton Carven, President of Trinity College, to the Board of Trustees,* 9.6.1881. Zur Verfügung gestellt von den Duke University Archives.

29 zit. nach *Cyclopedia of Eminent and Representative Men of the Carolinas of the Nineteenth Century*, vol. 2, 1892. Zur Verfügung gestellt von den Duke University Archives.

30 Obwohl Carr ein außergewöhnlich anziehender und kluger Mensch gewesen sein muß, wird seine Karriere – ein Musterbeispiel für das Free Enterprise – nirgends beschrieben, außer in Samuel Ashe, *Biographical History of North Carolina from Colonial Times to Present*, 1905. Ich nehme an, daß das Tabak-Kartell (das Carr schließlich aus dem Geschäft drängte und sein Unternehmen aufschluckte) daran interessiert war, Carrs Namen in Vergessenheit geraten zu lassen.

31 Vorfabrizierte Zigaretten sind ein Nebenprodukt des amerikanischen Bürgerkriegs. Siehe dazu Ashe, a.a.O.

32 Es waren Washington Dukes Erben, die schließlich mithalfen, Carr aus dem Tabakgeschäft und in die Strumpffabrikation zu drängen. Siehe dazu W.C. Dula and A.C. Simpson, *Durham and Her People*, 1951.

33 Caldwell zit. nach W.C. Dula and A.C. Simpson, a.a.O.

34 zit. nach *Cyclopedia of Eminent and Representative Men*, a.a.O.

35 Die Stadtbibliothek in Durham besitzt noch eine von Charlies Hängematten. Siehe dazu auch Harrell, a.a.O.

36 Eine Verehrerin (Eula Bell), zit. nach Worthy, a.a.O.

37 Offensichtlich haben die Southgates keine Handwerksgegenstände von Charlie aufbewahrt. Über die Southgates selbst ist wenig bekannt. Spärliche Angaben finden sich in Levi Branson, *Directory of the Business and Citizens of Durham City for 1887.*

38 Der Standort des ursprünglichen Trinity-Schulgebäudes wird beschrieben in «High Point Resident Has Cherished Photo», *Daily News* von Greensboro, 1.9.1937.

39 Zur Immatrikulationsliste des Trinity Colleges s. Worthy, a.a.O.

40 Craven, zit. nach *Annual Report of Braxton Craven, a.a.O.*

41 Eine Photographie des bärtigen Gannaway sowie weiterer Mitglieder des Lehrkörpers finden sich in «The Debt of the President of China to America», *North Carolina Christian Advocate*, 29.1.1931.

42 zit. nach Burke, a.a.O., S. 6–9.

43 ebenda S. 6–9.

44 Einige der Jugendepisoden finden sich in Roby Eunson, *The Soong Sisters*, 1975, S. 9. Dieses Buch ist kaum mehr als eine Neuverwertung des Materials aus Emily Hahns *The Soong Sisters*, denn es enthält viele der gleichen Fehler und Verzerrungen. Doch fügt Roby Eunson da und dort Neuigkeiten hinzu, die das Buch wiederum von Emily Hahns Hagiographie unterscheiden.

45 Charlie, zit. nach Nora C. Chaffin, *Trinity College, 1839–1892: Beginnings of Duke University*, 1950.

46 Die glückliche Szene auf der Veranda findet sich in Eliza M. Carr Flower, *Letter to Mr. La Fargue*, 1.1.1939. Zur Verfügung gestellt von der Hoover Library. In ihrem Brief betont Eliza, daß Charlie von ihrem

Vater sehr eingenommen war und daß er ihn immer «Father Carr» nannte. Sie schließt daraus, daß er Carr als Ersatzvater brauchte.

47 Charlies Brief enthält zahlreiche Rechtschreibfehler. Charlie Soong «Letter to J.G. Hackett», 20.6.1882. Zur Verfügung gestellt von den Duke University Archives.

48 s. «High Point Has Cherished Photo», a.a.O. Interessanterweise spielte auch Charlies Gattin Klavier.

49 Ella verdanken wir die Beschreibung von Charlies Wegweisung; s. «High Point . . .», a.a.O.

50 zit. nach Mike Bradshaw, Jr., «Chinese Lad Left Trinity College to Found Own Dynasty», *News and Observer*, 28.6.1936. Bradshaw schrieb diesen langen und sorgfältigen Artikel offensichtlich anläßlich des Besuchs des bedeutenden chinesischen Philosophen Dr. Hu Shih an der Duke University. Dr. Shih amtete damals als Chinas Botschafter in Washington. Er war fünfzig Jahre zuvor Charlies Schüler in Woosung gewesen. Bradshaws Artikel darf deshalb als ziemlich verläßlich gelten. (Dr. Shih verlor seinen diplomatischen Posten in Washington, als er sich gegen T.V. Soongs Finanzmachenschaften mit den amerikanischen Lend-Lease-Gütern wandte.)

51 Zu Charlies Abschied s. Bradshaw, a.a.O.

52 Dem Reporter, der das Interview mit Ella Carr führte, war es nicht möglich, mehr von ihr zu erfahren, als daß sie für kurze Zeit Charlies Geliebte gewesen sei. Nachdem er aus ihrem Elternhaus vertrieben worden war, bewahrte sie sein Bild während der nächsten fünfzig Jahre auf. Siehe dazu: «High Point . . .», a.a.O.

53 Winton, zit. nach Bradshaw, a.a.O.

54 in John C. Orr, «Recollections of Charlie Soong», *World Advocate*, April 1938.

55 Fink, zit. nach Emily Hahn, a.a.O., S. 9.

56 Wright, zit. nach Roby Eunson, a.a.O., S. 10.

57 Tuttle, zit. nach Emily Hahn, a.a.O., S. 9.

58 Orr, «Recollections . . .», a.a.O.

59 zit. nach Burke, a.a.O., S. 3.

60 Die Episode findet sich in Burke, a.a.O.

61 E. Clark ermittelte die Herkunft der Photographie; s. Clark, a.a.O., S. 21.

62 zit. nach *Christian Advocate*, 13.5.1889.

63 ebenda.

64 Die Versicherung, daß Charlie sein Studium an der Vanderbilt University mit «Auszeichnung» abgeschlossen und eine Professur in Shanghai in Aussicht habe, findet sich in «The Fortunes of a Chinese Boy», *Morning Star*, 20.6.1885.

65 Die Tatsache, daß Charlie sein Studium nie abschloß, wurde allgemein ignoriert, mit Ausnahme von Clark (s. Clark, a.a.O., S. 22), der auch entdeckte, daß McTyeire sich gegen Carrs Plan, Charlies Medizinstudium zu finanzieren, sperrte.

66 Das falsche Spiel wird offensichtlich, wenn man die Tatsache in Betracht zieht, daß McTyeires Büro dem Wilmingtoner *Star* gegenüber mitteilte, er würde eine Professur erhalten, während McTyeire selbst alles unternahm, dies zu verhindern.

67 Zu Charlies Flirt mit Rosamond s. Worthy, a.a.O.

68 «Letter to Annie Southgate», 18.7.1885. Zur Verfügung gestellt von den Duke University Archives.

69 Eula Bell räumt lediglich ein, daß sie von Charlie betört worden sei; s. Worthy, a.a.O.

70 Der unermüdliche Karl Baedeker beschrieb die damaligen Reisestrapazen, die Eisenbahnpassagiere im Wilden Westen zu erdulden hatten; s. Karl Baedeker, *The United States with an Excursion into Mexico,* 1893, S. xxviii.
Die damaligen Tagesthemen sind entnommen aus James Trager, *The People's Chronology,* 1979.

71 Eine Zusammenfassung der Grausamkeiten, die an Chinesen verübt wurden, findet sich in McCunn, a.a.O., S. 22.
Eine der besseren Darstellungen der anti-chinesischen Kampagnen gibt Stan Steiner, *Fusang: the Chinese Who Built America,* 1979, S. 172–73 u. S. 176.

72 zit. nach McCunn, a.a.O., S. 84. Die Autorin betont auch, daß den Chinesen als einzigem Volk die Einreise in die Vereinigten Staaten untersagt wurde, und erwähnt die plötzliche Abnahme der Zahl der Immigranten; s. S. 87. Die Brutalitäten, darunter Kastrationen und Enthauptungen, sind durch die chinesischen Gemeinschaften in Amerika bestens dokumentiert. Nachdem solche Dokumente während Jahren ignoriert worden waren, bemüht man sich nun um eine Kenntnis der wirtschaftlichen Ursachen, die die Ausschreitungen gegen die Gelbe Gefahr provozierten.

2. Kapitel. Der Bastard kehrt heim

1 s. Burke, a.a.O.

2 Einmal mehr verdanken wir diesen Brief Dr. Allens der akribischen Sucharbeit Elmar Clarks; s. Clark, a.a.O., S. 32.

3 Zu Charlies erniedrigenden Arbeitsbedingungen s. Emily Hahn, a.a.O., S. 20, sowie Bradshaw.

4 Dr. Hu Shih erzählte die Anekdote während einer Gastvorlesung an der Duke University. Ich habe sie Bradshaw, a.a.O., entnommen.

5 s. Burke, a.a.O., S. 33.

6 s. Howard L. Boorman, *Biographical Dictionary of Republican China,* 1979.

7 s. Burke, a.a.O., S. 33, sowie Clark, a.a.O., S 25.

8 Marshall, zit. nach Burke, a.a.O., S. 33.

9 ebenda, S. 33 (Nicht nur chinesische Mädchen wurden von den Missionaren ferngehalten; Amerikanerinnen, die sich zur Überseemission verpflichteten, mußten einen Vertrag unterschreiben, wonach sie innerhalb der ersten fünf Jahre ihrer Missionstätigkeit nicht heiraten durften. Eine Heirat hätte sie ihrer missionarischen Aufgabe entfremdet, zudem hätten sich die Ausbildungs- und Reisekosten nicht bezahlt gemacht. William Burkes erste Gattin verletzte den Vertrag, um ihn zu heiraten.)

10 Zu Kunshans Einwohnerschaft, s. Clark, a.a.O., S. 26.

11 s. Burke, a.a.O., S. 30.

12 ebenda, S. 36.

13 Riccis Geschichte ist oft erzählt worden, unter anderem auch von Vincent Cronin in *The Wise Man from the West*, 1955. Seine Verbindung zu News Verwandtschaft findet sich in Boorman, a.a.O.

14 s. Clark, a.a.O., S. 28.

15 s. Burke, a.a.O., S. 37.

16 ebenda, S. 37.

17 s. Emily Hahn, a.a.O.

18 s. Burke, a.a.O., S. 38.

19 ebenda, S. 30.

20 ebenda, S. 51.

21 Die Schilderung des Dialogs findet sich in Burke, a.a.O., S. 54.

22 zit. nach Burke, a.a.O., S. 54.

23 Das beste Material über die Geheimgesellschaften findet sich in Jean Chesneaux' Essaysammlung *Popular Movements and Secret Societies in China: 1840–1950*, 1972.

24 Siehe dazu die in Fenton Breslers *The Chinese Mafia*, 1981, beschriebene Initiationszeremonie (S. 58). Der Opfertrank bestand aus Hühnerblut, süßem chinesischem Wein und einigen Blutstropfen der neuen Mitglieder.

25 Zur wirtschaftlichen Seite der missionarischen Bibelpublikationen s. *American Bible Society History*, Essay 18, Teil IV. Zur Verfügung gestellt von der American Bible Society, New York.

26 s. Clark, a.a.O., S. 30 (Doch geht Clark nicht weit genug, denn es ging um mehr als nur um Bibeln.)

27 Abgesehen von kleineren Abweichungen sind die Geburtsdaten der Kinder unumstritten; May-lings Fall bildet jedoch eine Ausnahme, denn die für sie angegebenen Daten differieren bis zu zehn Jahren. Um die ein- oder zweijährigen Unterschiede im Fall Ching-lings zu klären, stützte ich mich auf die Angaben der Nachrichtenagentur Neues China. May-ling gab vor, im Jahr 1900 geboren zu sein. Ich wählte jedoch das Geburtsdatum, das aus eigenen Untersuchungen des Wellesley College hervorging.

28 Emily Hahn, die in den späten 30er Jahren in Shanghai lebte, besuchte und beschrieb das Haus.

29 Wenn man zwischen den Zeilen liest, so wird klar, daß sowohl Bischof

Harrell als auch Goreman überzeugt waren, Carr habe Charlie einen großen Betrag überschrieben.

30 Zu den Verbindungen der Chiu chao in Shanghai und den Zusammenschlüssen der verschiedenen Gangs s. McCoy, a.a.O., S. 223.

31 Es ist nicht bekannt, in welchem Ausmaß Carr Charlies Investitionen im Bibel- und Nudelgeschäft finanziell unterstützte. Doch Carrs eigene Investitionen legen den Schluß nahe, daß er bei Charlies Anstrengungen, den chinesischen Magen als auch die chinesische Seele zu stärken, mithalf. Hinweise dafür finden sich in *The Story of Durham*, o.J., sowie in Josephus Daniels, «He Is Seventy Years Old Today», o.J., Zur Verfügung gestellt von der Bibliothek der University of North Carolina.

3. Kapitel. Die Revolutionäre

1 Harold Z. Schiffrin, einer von Suns Biographen, gibt Suns Initiation in die Chih Kung Tong in Hawaii viel Gewicht, als ob dies seine erste Mitgliedschaft in einer Triade gewesen wäre. Doch wurde kein Jüngling im Delta des Perlflusses Kung-Fu-Meister, ohne zuvor Mitglied der lokalen Triade gewesen zu sein. Die Drei Harmonien bildete die Stammtriade der Chih Kung Tong und war bei weitem die wichtigste Triade in Suns Geburtsregion. Es steht außer Zweifel, daß Sun als Jugendlicher zu ihren Mitgliedern zählte. Wie hätte er sonst von den Triaden Gebrauch machen können, als er seine Aufstände zu inszenieren begann? Siehe dazu Chesneaux, a.a.O., S. 31.

2 *China Mail*, 8.2.1887.

3 Sun Yat-sen, *Collected Works*, vol. 10, 1961, S. 205.

4 Der Ort der ersten Begegnung findet sich in Lyon Sharman, *Sun Yatsen: His Life and Its Meaning*, 1965, S. 310.
Siehe dazu auch Lo Chia-lun, *Biography of the Father of the Country*, 1969, sowie Feng Tzu-yu, *Reminiscences of the Revolution*, 1947, (Feng erwähnt 1894 als Jahr der ersten Begegnung.) und Hahn, a.a.O., S. 24–25.

5 Burke belegt, daß Dr. Sun häufiger Gast im Haus Charlie Soongs war; s. Burke, a.a.O., S. 12.

6 Charlies Großzügigkeit gegenüber Dr. Sun wird in jenem berühmten «chocolate-shop interview» erwähnt, das Edgar Snow mit Ching-ling führte; s. Edgar Snow, *Journey to the Beginning*, 1958.

7 Details finden sich in Chesneaux' Essaysammlung. Zur Rolle der Triaden im Drogenhandel und anderen kriminellen Geschäften s. McCoy, a.a.O.

8 Eine der wenigen im Westen zugänglichen Darstellungen Coxingas findet sich in Donald Keene (Hg.), *The Battles of Coxinga, Chikamatsu's Puppet Play*, 1951.

9 Charlies Brief stellt einen der großen Wendepunkte in Suns Karriere

dar und zeugt von Charlies Einflußnahme auf die revolutionäre Bewegung in jener Phase. Der Grund für die geringe Bekanntheit dieser Tatsache liegt sicher im Zerwürfnis mit Dr. Sun nach Ching-lings Heirat. Nach diesem Vorfall wurde der Name Charlie Soongs in Suns Kreisen nicht mehr erwähnt. Der Wortlaut des entscheidenden Briefs findet sich in Lo Chia-lun, a.a.O., S. 192.

10 Reids Bericht findet sich in der *China Mail,* 12. März 1895.

11 Suns Abenteuer in London wurden von seinem Biographen Schiffrin bis ins Detail rekonstruiert; s. Z. Schiffrin, *Sun Yat-sen, Reluctant Revolutionary,* 1980, S. 153.
Zum Datum der Versammlung s. Boorman, a.a.O.

4. Kapitel. Der Finanzmann

1 s. W.B. Nance, «Our Contribution to Christian Literature», o.J.

2 s. Burke, a.a.O., S. 191–92.

3 Zu Charlies Rolle bei der Gründung des chinesischen YMCA s. Boorman.

4 s. Burke, a.a.O., S. 197.

5 s. «Charlie Soong Was Founder of Most Influential Family in Modern China», o.J. Zur Verfügung gestellt von den Duke University Archives.

6 Adresse und Name aus Dudley Burrows, «Chinese Masons Expel Sun Yat-sen as Traitor», *San Francisco Call and Post,* 14.2.1922. Archive des FBI.

7 s. William S. Powell, *Dictionary of North Carolina Biographies,* 1929.

8 S. «‹Jule› Carr, the Man», *Everywoman's Magazine,* Juli/August 1919, sowie «A Distinguished Son of Dixie», *The Boston Traveler,* 21.9.1898. Zur Verfügung gestellt aus der Southern Historical Collection, Bibliothek der University of North Carolina.

9 s. Mena Webb, «The House Bull Durham Built», *Tar Heel,* vol. 7 Nr. 1, Januar/Februar 1979.

10 s. «His Corner of Durham was Full of Blossoms», *Morning Herald,* Durham, 18.4.1976.

11 s. W.C. Dula and A.C. Simpson, a.a.O.

12 zit. nach Webb, a.a.O.

13 s. «Father of First Family of China Was Trinity Student», *Duke Chronicle,* 8.2.1931.

14 Einzelheiten s. Bradshaw, a.a.O.

15 Bradshaw bestätigt, daß Charlie beauftragt wurde, für große Zuwendungen zu sorgen.

16 s. Schiffrin, a.a.O.

17 Zu den Verbindungen nach Frankreich s. McCoy, a.a.O.

18 Nur auszugsweise zitiert.

19 Percy Chen, *China Called Me,* 1979, S. 53.

5. Kapitel. Die Wunderkinder

1 Einmal mehr wurde Madame Chiangs Altersfrage von ihrer Alma mater galant gelöst. (Wenn sie im Jahr 1900 geboren worden wäre, wie sie gewöhnlich vorgab, wäre ihre Mutter gleichzeitig mit ihr und ihrem jüngeren Bruder T.L. schwanger gegangen.) Siehe das *Memorandum on Madame Chiang Kai-shek*, Pressebüro des Wellesley College, November 1937.

2 Selbst Bill Burke wurde von Mammy Soongs Eifer eingeschüchtert. Siehe Burke, a.a.O., S. 193.

3 s. Hahn, a.a.O., S. 26.

4 Dies war die unauffälligste – um nicht zu sagen wirtschaftlichste – Art, sich einen Leibwächter zu halten. Siehe dazu Clark, a.a.O., S. 38.

5 Diese Einzelheiten über Kleidung und Süßigkeiten soll Ai-ling Emily Hahn erzählt haben; s. Emily Hahn, a.a.O., S. 32.

6 Ai-lings Frühreife wurde von jedermann bemerkt; s. Clark, a.a.O., S. 32.

7 Zu Ai-lings Fahrradtouren s. Emily Hahn, a.a.O., S. 30.

8 Eine genauere Beschreibung von May-lings nervösen Krankheiten findet sich in Kap. 17. May-lings Krankengeschichte wurde bei folgenden Institutionen recherchiert: dem Auswärtigen Amt, den National Archives, dem FBI, der National Security Agency und der U.S. Army Intelligence.

9 Zu Richter Guerrys Vorsicht in bezug auf die Gefühle seiner Schützlinge s. Burke, a.a.O., S. 231.

10 Opiumtransporte waren damals nicht illegal, doch die Missionare an Bord waren empört; s. Burke, a.a.O., S. 231.

11 Zur Abschiedsszene s. Burke, a.a.O., S. 231.

12 Ai-ling erzählte diese Anekdote von den «dreckigen Chinesen» Burke, als sie ihn später in San Francisco traf.

13 Der japanische Sieg im Russisch-japanischen Krieg war nicht nur für Russland erniedrigend – sondern auch für Jack London. Er schlug einen Stallknecht der japanischen Armee nieder und wurde nur durch das Eingreifen des amerikanischen Präsidenten gerettet. Siehe dazu Richard O'Connor, *Jack London: A Biography*, 1962, S. 221.

14 zit. nach Andrew Sinclair, *Jack: A Biography of Jack London*, 1979, S. 108–10.

15 Emily Hahn nahm sich nie die Mühe, die Identität der Helferin herauszufinden. Elmer Clark fand die Person schließlich.
s. Clark, a.a.O., S. 46.

16 Clarks Beschreibung dessen, was sich in San Francisco abspielte, ist der vertrauenswürdigste Bericht. (Ai-ling forderte später von der amerikanischen Regierung reichlich Abgeltung für diese Behandlung.)

17 Zu Reids Rolle s. Clark, a.a.O., S. 47.

18 Burke hält sich an die Dokumentation Clarks; s. Burke, a.a.O., S. 240.

19 s. S.L. Akers, *The First Hundred Years of Wesleyan College*, 1976, S. 109
20 Die meisten Angaben über die Soong-Mädchen sind dem gut dokumentierten Bericht von Eunice Thomson entnommen; s. Eunice Thomson, «Wesleyan and the Soong Girls», *Sunday Times Magazine*, Chattanooga, 13.3.1938.
21 ebenda. (Eine der wenigen Gelegenheiten, bei denen Ai-ling die Zähne zeigte.)
22 Emily Hahn gibt die Szene unkritisch wieder, offensichtlich übernahm sie einfach Ai-lings Version. Siehe dazu Eunice Thomson, a.a.O., S. 49.
23 ebenda.
24 Nicht ganz zu Unrecht fühlt sich die Stadt Summit in New Jersey übergangen – denn in keinem Bericht wurde erwähnt, daß zwei der bekannten Soong-Schwestern ein Jahr in dieser Stadt verbrachten. Siehe dazu Anne Cooper, «World Press Failed to Mention ‹Summit› in Soong Sister Obit», *Herald*, Summit, 30.8.1981. Beim Überprüfen einer unklaren Angabe stieß ich auf den Aufenthalt der Soong-Schwestern in Summit. Margaret Long von der Summit Historical Society fand auf die meisten meiner Fragen, auch auf diejenigen, die die Potwins betrafen, eine entsprechende Antwort.
25 Ein Bild des Locust Drive findet sich in Cooper, a.a.O.
26 Grant war die Verbindung zu Wen und New, und somit auch zu Charlie und den Soong-Mädchen. Brief von Margaret Long an den Autor.
27 s. «Tells of Madame Chiang's Stay Here», *Herald*, Summit, 21.5.1942.
28 Alle Quellen geben an, daß die Soong-Mädchen von China direkt nach Georgia gingen, auch Clark, a.a.O., S. 49. Doch gingen sie zuerst nach New Jersey und verbrachten dort mehrere Monate, während ihre erwachsenen Begleiter im nahen Manhattan geschäftlich zu tun hatten.
29 zit. nach Emmie (Donner) Mygatt, «Fellow Student Recalls Early School Days of Mei-ling Soong, Now Mme. Chiang Kai-shek», Washingtoner *Post*, 6.9.1942.
30 zit. nach *Herald*, Summit, 21.5.1942.
31 Der Auszug soll genügen, um einen Eindruck von May-lings konventionellem Stil zu vermitteln: s. «A Letter from Madame Chiang Kaishek», *The Piedmont Announcements*, September 1938.
32 Abgesehen von den Aufzeichnungen des Colleges sind nur Thomsons Angaben verlässlich.
33 Leider gibt es beinahe kein Quellenmaterial über Eloise, auch im Artikel, der von ihrer Mutter verfaßt wurde, finden sich kaum Angaben; s. W.N. Ainsworth, «May-ling Soong as a School Girl», *North Carolina Christian Advocate*, o. J. Eloise hatte offenbar einigen Einfluß auf May-ling; als sie, noch in ihren Kinderjahren, starb, verursachte ihr Tod eine ernsthafte Verschlechterung von May-lings nervöser Krankheit.
34 Einzelheiten über May-lings Kleidung, ihr Make-up sowie ihr Verhalten sind aus Thomson, a.a.O.

Thomson beschreibt auch May-lings «Herrschaft» über ihre Vorgesetzten und die Mitglieder des Lehrkörpers.
Anekdoten aus May-lings Collegezeit finden sich in Susan Myrick, «Childhood Days of Madame Chiang Recalled by Chum», o. J., sowie in Harry Stillwell Edwards, «Coming Down My Creek», *Atlanta Journal*, 4.12.1936.

35 Sowohl Frauen als auch Männer bezeichneten Ching-ling als «strahlend» und «schön». Ihre Klassenkameraden, zit. nach Thomson a.a.O.

6. Kapitel. Der verhängnisvolle Euphemismus

1 Soweit es möglich war, habe ich die Ergebnisse der neueren chinesischen Geschichtsschreibung, die sich um eine Neubewertung der Ereignisse bemüht, verwendet. Zur Vorgeschichte der Revolution siehe auch Jean Chesneaux, *China from the Opium Wars to the 1911 Revolution*, 1976, S. 344.

2 Zur Abfolge der verschiedenen Aufstände s. Schiffrin, a.a.O., S. 140.

3 Ein ungeschminkter Bericht des Fehlschlags findet sich in Wu Yu-zhang, *Recollections of the Revolution of 1911*, 1980, S. 103.

4 ebenda, S. 89, siehe auch S. 105.

5 Donalds Berichte und Schilderungen sind entnommen aus Earl Albert Selle, *Donald of China*, 1948. Selles Buch basiert auf Interviews, die er mit Donald kurz vor dessen Tod geführt hatte.

6 Zur Rolle Yuan Shih-k'ais s. Jian Bozan, *A Concise History of China*, 1981, S. 131.

7 Selbst Boorman, sonst vorsichtig, erwähnt Yuans Verrat; s. Boorman, a.a.O., vol. 4, S. 84.

8 Bis zu diesem Zeitpunkt hatte die britische Regierung das Mandschu-Regime immer unterstützt und so die Mandschus länger an der Macht gehalten, als sie es von sich aus vermocht hätten. Indem nun die britische Regierung nicht eingriff, besiegelte sie den Untergang der Mandschus. Siehe dazu Jian Bozan, a.a.O., S. 130.

9 Es gibt verschiedene Berichte über Suns Aufenthaltsorte. Ich stütze mich auf Boorman, a.a.O., vol. 3, S. 176.

10 s. Schiffrin, a.a.O., S. 155.

11 ebenda, S. 156.

12 zit. nach Thomson.

13 Zu Suns Haltung s. Chesneaux, *China from the Opium Wars . . .*, S. 375, sowie Schiffrin, a.a.O., S. 167, und Bozan, a.a.O., S. 131.

14 Mit diesem Ausspruch akzeptierte Sun die Diktatur als einzige Lösung – was dann auch fünfzehn Jahre lang die Lösung war. Siehe dazu Wu Yu-shang, a.a.O., S. 136.

15 Zur genauen Beschreibung des Eisenbahnzuges der Kaiserinwitwe s. Martin Page, *The Lost Pleasure of the Great Trains*, 1975, S. 184–87.

16 Donald läßt durchblicken, daß Suns Zug ein rollendes Bordell gewesen sei. Siehe dazu Selle, a.a.O., S. 133.

17 Donalds Gespräche mit Sun sind zitiert nach Schiffrin, a.a.O., S. 170–71, sowie nach Selle, a.a.O., S. 133–34.

18 Die Erwähnung Morgans findet sich in Schiffrin, a.a.O., S. 171.

19 Zu den prospektiven Geschäften mit Pauling s. Selle, a.a.O., S. 139.

20 Die Szene wird beschrieben in Selle, a.a.O., S. 139.

21 Boorman zeichnet ein kurzes Porträt Sung Chiao-jens. Daraus geht hervor, daß er die natürliche Begabung und das nötige Charisma hatte, eine politische Führungsrolle zu übernehmen.

22 Sun hatte seine Sachen schon gepackt, als er diese Bemerkung machte. Siehe Wu-zhang, a.a.O., S. 159.

23 Dieser Bezirk war ein Resultat der japanischen Immigrantenpolitik, die die Fremden nur in bestimmten Gebieten duldete. Die Beschreibung des Hauses der Soongs findet sich in Emily Hahn, S. 89.

24 Wegen seiner wichtigen Rolle im Opiumhandel war Shansi ein Finanzzentrum. Die Kungs erwarben ihren Reichtum durch ihre Kette von Pfandleihhäusern: So konnten die Einkünfte aus dem Opiumhandel als Darlehen zu Wucherzinsen eingesetzt werden. Leuten aus dem Westen gegenüber nannten sie diese Pfandleihhäuser «Gemischtwarenhandlungen», was keineswegs ihrer Funktion entsprach. Die Kungs wurden so reich, daß nach der Revolution von 1911 der neue Kriegsherr – selbst Angehöriger eines mächtigen Finanzclans – nicht auf die Macht der Kungschen Pfandleiher verzichten konnte. Zum Kriegsherren sowie seiner (nur kurz skizzierten) symbiotischen Verbindung mit H.H. Kung s. Donald G. Gillen, *Warlord Yen Hsi-shan in Shansi Province 1911–1949*, 1967, S. 22 ff, und Boorman, a.a.O., vol. 2, S. 264.

25 Die zurechtgemachte westliche Version von H.H. Kungs Karriere findet sich in Margaret Frakes, «The Story of K'ung Hsiang Hsi», *The Epworth Herald*, 19.6.1937.

26 Peter Fleming, *The Siege at Peking*, 1959, S. 237.

27 Der Befehl des Kaisers findet sich in Nathaniel Pfeffer, *The Far East*, 1968, S. 171.

28 Pierre Loti, *The Yi Ho Tuan Movement of 1900*, 1976, S. 89. Zu den von den Russen verübten Grausamkeiten s. S. 96.

29 Wofür Kung genau diese Gegenleistung erhielt, ist nicht bekannt. Die einzigen Angaben darüber finden sich in Boorman, a.a.O., vol. 2, S. 264.

30 Gillen beschreibt die Beziehung zwischen Kung und dem Kriegsherren, jedoch ohne das Material kritisch überprüft zu haben; s. Gillen, a.a.O., S. 37.

31 ebenda, S. 46.

32 Zu Ai-lings Kleidung s. Emily Hahn, a.a.O., S. 91.

33 Diese Bemerkung markiert den Anfang des lebenslangen Versuchs, Ai-lings Schwester zu diffamieren; zit. nach Schiffrin, a.a.O., S. 183.

34 Die einzig verläßliche Quelle zu Ching-lings Flucht ist Edgar Snows *Journey to the Beginning*, S. 88.

35 zit. nach Snow, *Journey* . . ., S. 89.

36 zit. nach Burke, a.a.O., S. 265.

37 May-ling schrieb nie ohne die Hilfe des Wörterbuchs, was sich auch auf ihre Reden auswirkte.
Die ganze Beschreibung findet sich in «Mme Chiang Kai-shek at Wellesley College», *The Wellesley Magazine*, Februar 1938.

38 Die Episoden finden sich in June R. Geraghty, «Recollections of Mme. Chiang as a Student», *Wellesley Magazine*, o.J., sowie im «Memorandum on Madame Chiang Kai-shek», Office of Publicity, Wellesley College, November 1932.

39 Das interessanteste Dokument unter dem Archivmaterial über die Soongs, das am Wellesley College zu finden war, ist ein unveröffentlichtes vertrauliches Memorandum über May-ling; es ist von jenem Mitglied des Lehrkörpers abgefaßt, das May-lings Unterkunft zu verwalten hatte. Das Memorandum enthält Informationen über May-lings Charakter und Fähigkeiten, die sich sonst nirgends finden. So erfahren wir, daß May-ling keine brillante Schülerin war, daß sie jedoch mit Menschen umzugehen verstand. Sie soll hartnäckig und eigenwillig gewesen sein, ohne jedoch unabhängig handeln zu können – letzteres wahrscheinlich ein lebenslanger Tribut an ihre willensstarke ältere Schwester. Das Charakterprofil trägt zur Erklärung ihres Verhaltens in späteren Jahren bei.

40 zit. nach Emily Hahn S. 75.

41 Julian Carr, «Letter to the Durham Morning Herald».

42 Mike Bradshaw erfuhr von diesem Geschenk an Carr durch Dr. Hu Shih.

7. Kapitel. Die Zähne des Drachen

1 Für Einzelheiten zum wirtschaftlichen Klima Shanghais s. die hervorragende Darstellung von Parks M. Coble, Jr. in *The Shanghai Capitalists and the Nationalist Government: 1927–1937.*, 1980, S. 34.

2 Zu den menschlichen Opfern, die der Boom forderte, s. Lois Wheeler Snow, *Edgar Snow's China*, 1980, S. 32.

3 Harry A. Frank, *Roving Through Southern China*, 1925.

4 Zu den korrupten Versailler Beschlüssen s. Charles L. Mee, Jr., *The End of Order*, 1980, S. 189. Die Kapitulation vor den japanischen Forderungen leitete jene Entwicklung ein, die im ostasiatischen Raum zum 2. Weltkrieg führte.

5 zit. nach Mee, a.a.O., S. 189.

6 Eine unparteiische Darstellung der Bewegung des Vierten Mai findet sich in Jean Chesneaux, *China from the 1911 Revolution to Liberation*, 1976, S. 68.

7 Einzelheiten zum ersten Kongreß s. Ross Terrill, *Mao*, 1980, S. 55.
8 Grobe Einzelheiten über Tus Kindheit waren in China weitherum bekannt; eine Zusammenfassung davon findet sich in Y.C. Wang, «Tu Yueh-sheng: A Tentative Political Biography», *Journal of Asian Studies*, Mai 1967. Siehe dazu auch Boorman, a.a.O., vol. 3, S. 328.
9 Die tatsächliche Größe von Tus Machtbereich läßt sich kaum ausmachen. Die Spitze des Eisberges wird beschrieben in McCoy, a.a.O., S. 225–27.
10 s. ebenda, Kap. 6.
Eine Beschreibung Wong Suis findet sich in Jonathan Marshall, «Opium and the Politics of Gangsterism in Nationalist China, 1927–1945», *Bulletin of Concerned Asian Scholars* (Juli/Sept. 1977), vol. 8, Nr. 3.
11 s. Wang, a.a.O., sowie Coble, a.a.O., S. 34.
12 s. Murphey, a.a.O., S. 7–9.
13 Für die entscheidenden Einzelheiten aus Chiangs Jugend stützte ich mich auf die psychologisch differenzierte Darstellung von Pichon P.Y. Loh, *The Early Chiang Kai-shek*, 1971, S. 7–12.
Die folgenden Zitate sind alle Loh entnommen.
14 s. Brian Crozier, *The Man Who Lost China*, 1976, S. 3.
15 ebenda, S. 34.
16 s. Boorman, vol. 1, S. 319.
17 s. Crozier, a.a.O., S. 35.
18 Zu Chiangs Aufenthalt in Japan s. Loh, a.a.O., S. 22.
19 Zu Ch'en Ch'i-mei's spektakulärem Aufstieg s. Boorman, vol. 1, S. 164.
20 s. ebenda, S. 164.
21 Zu Chiangs Hartnäckigkeit in seinen Ausbildungsplänen s. Loh, a.a.O., S. 19.
22 Loh ist einer der wenigen Quellen, die Chiangs kriminelle Aktivitäten auflistet. Loh erwähnt natürlich nur jene Verbrechen, die in den Akten zu finden waren. Für die «Revolution» zu arbeiten, war zu jener Zeit für Chiang meist ein passender Deckmantel für Mord, Raubüberfall und Erpressung.
s. Loh, a.a.O., Anmerkung S. 20 und S. 133.
23 ebenda, S. 27.
24 ebenda, S. 24.
25 ebenda, S. 24.
26 zit. nach Coble, a.a.O., S. 34.
27 Zur Anzahl der Bordelle in Shanghai s. Murphey, a.a.O., S. 7–9.
28 zit. nach « A Propos d'un Ped de Chinoise», *Archives d'Anthropologie Criminelle*, 1898.
29 Zu den Ursachen und Ursprüngen des Fußbindens s. Howard S. Levy, *Chinese Footbinding: The History of a Curious Erotic Custom*, 1966, S.30.
Bei den Mandschus war das Einbinden der Füße nicht üblich.

30 Der erotische Aspekt eingebundener Füße wurde oft als Unzucht kritisiert; doch war gerade dieser Aspekt das eigentliche Ziel – es war ein Teil der chinesischen Sexualpraktiken, daß ein Mädchen seine Füße verkrüppeln ließ, um sexuell attraktiv zu sein. Siehe dazu Levy, a.a.O., S. 38 und S. 31.

31 So rechtfertigt Chiang indirekt seine Ausschweifungen; s. Loh, a.a.O., S. 32.

32 s. Crozier, a.a.O., S. 44.

33 s. Loh, a.a.O., S. 27.

34 Die Leichtigkeit, mit der die Mörder Zugang zur verborgenen Parteizentrale fanden, läßt eine Zusammenarbeit mit den Rivalen in Ch'en Ch'i-meis eigener Partei vermuten. Zu den spärlichen Quellen zu diesem Vorfall s. Boorman, vol. 1, S. 165.

35 zit. nach Crozier, a.a.O., S. 45. Der Wortlaut läßt vermuten, daß Chiang sich bei diesem Mentor unbeliebt gemacht hatte.

36 Die Verläßlichkeit solcher medizinischer Diagnosen ist sehr gering; s. Boorman.

37 Nach der späteren Propagandaversion war Chiang damals nur ein armer Angestellter. Doch kamen die zahlreichen Gerüchte um seine Anstellung der Wahrheit näher. Siehe dazu «Dictator Nobody Knows», *The Literary Digest*, 14.12.1935.

38 Ch'en Chieh-ju wird in Crozier, a.a.O., S. 58 erwähnt.
(In verschiedenen Publikationen finden sich Photos einer strengen, hageren, mißtrauisch blickenden Frau, die als «Madame Chiang Kaishek» bezeichnet wird. Auf einigen Photos ist sie zusammen mit Borodin zu sehen, auf anderen steht sie während des Aufbruchs zur Nordexpedition neben einem Zug. Die abgebildete Person ist nicht May-ling, sondern die schwangere Ch'en Chieh-ju. Was aus ihrem Kind wurde, ist nicht bekannt. 1927 wollte Chiang nichts mehr von ihr wissen, worauf sie in die Vereinigten Staaten gesandt wurde. Offensichtlich war dies die erste Schwangerschaft; nach den Akten des Auswärtigen Amtes und des U.S. Armeenachrichtendienstes (genauere Bezeichnung weiter unten) soll sie von Chiang 1944 ein zweites Mal geschwängert worden sein.

39 zit. nach Crozier, a.a.O., S. 144.

40 Eine Meldung über Madame Chiang Kai-sheks Aufenthalt in den Vereinigten Staaten erschien am 18.9.1927 in der *New York Times*. Dabei kann es sich nicht um May-ling gehandelt haben, die sich nämlich gerade auf die drei Monate später stattfindende Hochzeitsfeier vorbereitete.

41 Ich bezweifle, daß sich Sun ganz von Chiangs Bekenntnis zur Revolution täuschen ließ; doch war der alte Dr. Sun gegenüber solchen Schmeicheleien ziemlich anfällig. Chiang schien es darauf abgesehen zu haben, Sun etwas vorzumachen. Loh hat die Szene mit gebührender Zurückhaltung rekonstruiert. Chiang zit. nach Loh, a.a.O., S. 61.

42 zit. nach Emily Hahn, a.a.O., S. 119.
43 Ching-lings Antwort entnommen aus Emily Hahn, a.a.O., S. 119.

8. Kapitel. Der Tanzbär

1 s. Loh, a.a.O., S. 70.
2 zit. nach Emily Hahn, a.a.O.
3 s. Loh, a.a.O., S. 70.
4 ebenda, S. 71.
5 ebenda, S. 142. Chiang las Sherlock Holmes in chinesischer Übersetzung, da er keine Fremdsprache beherrschte.
6 s. Jonathan Spence, *To Change China,* 1969, S. 188.
7 Das historische Treffen mit Joffe fand im Garten des Hauses an der Rue Molière statt, wo Sun gern Krocket spielte. s. C. Martin Wilbur, *Sun Yat-sen: Frustrated Patriot,* 1976, S. 135–138.
8 s. Harry A. Franck, *Roving Through Southern China,* 1925, S. 263.
9 zit. nach Edgar Snow, *Journey . . .,* a.a.O., S. 93.
10 s. Spence, a.a.O., S. 188.
11 zit. nach Dan H. Jacobs, *Borodin: Stalin's Man in China,* 1981, S. 106.
12 zit. nach Spence, a.a.O., S. 184.
13 s. Jacobs, a.a.O., S. 19.
14 Der beste Bericht über die Irreleitung der chinesischen Revolution durch Stalin und Chiang stammt von Harold R. Isaacs. Sein Meisterwerk, *The Tragedy of the Chinese Revolution,* 1961, ist um so beeindruckender, wenn man bedenkt, daß er so kurze Zeit nach den beschriebenen Ereignissen zu dieser klaren und reifen Einschätzung gelangte. Isaacs war unmittelbar nach Chiangs Machtübernahme als junger Journalist in Shanghai, kannte Ching-ling gut und beobachtete und verstand die Zersplitterung der Linken. Er war auch einer der wenigen, die die Bedeutung des Machtkampfs zwischen Stalin und Trotzki für die Ereignisse in China richtig beurteilten. (Isaacs, der so freundlich war, das vorliegende Buch im Manuskript zu lesen, als er 1983 Dozent am MIT war, besuchte Ching-ling kurz vor ihrem Tod in Peking.) Für die entscheidenden Ereignisse zwischen 1922 und 1934 – in diesem Fall die Pläne der Comintern in bezug auf China und die Entwicklung der Militärakademie Whampoa – stütze ich mich weitgehend auf Isaacs' Darstellung.
15 zit. nach Franck, a.a.O., S. 223 und 263.
16 zit. nach Jacobs, a.a.O., S. 126.
17 s. Boorman, a.a.O., Stichwort «Chou En-lai».
18 s. Wilbur, S. 172 f.
19 zit. nach Schiffrin, S. 241.
20 Chiangs Haßliebe zur Sowjetunion wird dargestellt in Loh, a.a.O., S. 67.

21 s. John Barron, *KGB: The Secret Work of Soviet Secret Agents*, 1974, S. 88.

22 s. Loh, a.a.O., S. 89.

23 s. Crozier, a.a.O., S. 64.

24 s. Loh, a.a.O., S. 90 f.

25 Die Lehrer-Schüler-Beziehung ist ein Schlüssel zum Verständnis der chinesischen Geschichte. Für eine gründliche Erläuterung ihrer Funktion unter den Kriegsherren sowie zwischen Offizieren und ihren Soldaten s. Ch'i Hsi-sheng, *Warlord Politics in China: 1916–1928*, 1976, S. 41–93.

26 Das grundlegende biographische Material über Borodin wurde erstmals von Linda Holubnychy in ihrer Dissertation an der Columbia University vorgelegt. Sie starb, bevor die Dissertation beendet war, und erlebte deshalb das Lob, das ihre Arbeit verdient, nicht mehr. Alle, die später über Borodin geschrieben haben, verdanken ihrer Sorgfalt viel. Die Dissertation wurde von der Columbia University 1979 unter dem Titel *Michael Borodin and the Chinese Revolution: 1923–25* publiziert. s. bes. S. 380.

27 In finanzieller Hinsicht verdankte Sun danach alles Moskau und den Bestrebungen T.V. Soongs. Vgl. die Erinnerungen der sowjetischen Beraterin Vera Vladimirowna Vishnayakova Akimova, *Two Years in Revolutionary China: 1925–27*, 1971, S. 161.

28 Für weitere Details der sowjetischen Unterstützung Suns s. Wilbur, a.a.O., S. 208.

29 zit. nach Holubnychy, a.a.O., S. 381.

30 Akimova, die Galen kannte, beschreibt ihn auf S. 339.

31 Man ging bisher immer davon aus, daß die Linken, die anfänglich versuchten, Rekrutierungen für die Whampoa-Akademie vorzunehmen, von verschiedenen Kriegsherren ermordet wurden (vgl. Ch'i, a.a.O., S. 67). Es war jedoch nicht ganz so einfach. Nachdem die linken Anwerber getötet worden waren, traten Chiang Kai-sheks obskure Gefolgsleute aus der Grünen Gang auf den Plan und boten an, die Rekrutierungen zu übernehmen. Das taten sie auch eifrig, und bald war die neue Militärakademie vollgepackt mit Hunderten von jungen Anhängern der Grünen Gang und Kindern oder Verwandten von Gangmitgliedern. Über andere Kanäle kamen auch viele Linke in die Akademie, aber auf lange Sicht bestand der harte Kern von Whampoa aus Männern, die direkt oder indirekt der Ultrarechten und in letzter Konsequenz Großohr-Tu Loyalität schuldeten. Es ist deshalb überaus wahrscheinlich, daß niemand anderer als Großohr-Tu die Ermordung der ursprünglichen Anwerber anordnete. Daß die KPCh nicht früher Verdacht schöpfte, ist eines der großen ungelösten Rätsel. Aber bis zum Shanghaier Massaker 1927 geschahen immer wieder Dinge, die die KPCh hätten alarmieren müssen.

32 s. Crozier, a.a.O., S. 71.

33 s. Holubnychy, a.a.O., S. 411.
34 zit. nach Ch'i, a.a.O., S. 98–100. Ch'i erklärt auch, weshalb sich die Soldaten aus Whampoa grundlegend von allem unterschieden, was man bisher in China gekannt hatte. Vgl. S. 141.
35 s. Ch'i, a.a.O., S. 120–124.
36 s. Boorman, a.a.O., Stichwort «T.V.Soong».
37 s. Wilbur, a.a.O.
38 s. Ch'i, a.a.O., S. 175.
39 Vincent Sheean wägt die Erfolge und Mißerfolge von T.V.'s Steuerpolitik in «Some People from Canton», *Asia*, Oktober 1927, gegeneinander ab. Vgl. auch Ch'i, a.a.O., S. 176.
40 Zu Ch'en Lien-po vgl. Jacobs, a.a.O., S. 158.
41 ebenda.
42 s. Wilbur, a.a.O., S. 250, und Isaacs, a.a.O., S. 68.
43 Der wachsende Konflikt zwischen Rechten und Linken in Kanton wird näher beschrieben bei Wilbur, a.a.O., S. 251.
44 s. Jacobs, a.a.O., S.161.
45 Dr. Suns unpassende Errichtung des «Triumphbogens» wird bei Jacobs, a.a.O., S. 162, erwähnt. In Wirklichkeit handelte es sich um einen Grabstein.

9. Kapitel. Kampf um die Macht

1 Zu Fengs Angebot s. Wilbur, a.a.O., S. 264. Der Versuch, mit Feng ein Bündnis einzugehen, war für die linke Fraktion der KMT der Untergang.
2 Selbst Borodin täuschte sich in Feng, als er annahm, Habgier und Geltungssucht seien Fengs einzige Beweggründe. Siehe dazu Jacobs, a.a.O., S. 168–69.
3 zit. nach Schiffrin, a.a.O., S. 265.
4 zit. nach Robert Payne, *Mao Tse-tung*, 1950, S. 105.
5 Den wirklichen Verlauf des «Attentats» beschrieb Wu Yu-zhang, a.a.O., S. 100.
6 s. Jacobs, a.a.O., S. 159
Ai-ling, zit. nach Hahn, a.a.O., S. 124.
8 Chiangs Version nach Schiffrin, a.a.O., S. 276.
9 Zu Suns verbalem Einverständnis s. Wilbur, a.a.O., S. 277.
10 s. Akimova, a.a.O., S. 51
11 Zum Affront der ausländischen Vertretung s. Jacobs, a.a.O., S. 170.
12 H.H. Kung und George Hsu, zit. nach Wilbur, a.a.O., S. 281
13 Zur Teilnahme von Luces Schwager s. W.A. Swangberg, *Luce and his Empire*, 1972, S. 95.
14 Zu Galens Karriere s. Linda Holubnychy, a.a.O., S. 416.
15 Die Liste der potentiellen Nachfolger Dr. Suns entnehme ich Crozier.

16 zit. nach Akimova, a.a.O., S. 193.

17 Zu den Schwierigkeiten linker Agitation im von den Gangs beherrschten Shanghai s. George Moseley, *China Since 1911*, 1968, S. 52.

18 Es läßt sich nicht ausmachen, ob Chiang den Mord aus Berechnung oder im Affekt beging. Der Vorfall wird in Loh, a.a.O., S. 128, beschrieben.

10. Kapitel. Die Grüne Verschwörung

1 Die extreme Rechte suchte nach einer Galionsfigur. Schließlich fiel die Wahl auf Chiang Kai-shek. Es gibt hierfür zwar kaum Quellen, aber alle Anzeichen deuten in diese Richtung.

2 s. auch Isaacs, a.a.O., S. 92.

3 ebenda; Isaacs wies auch mit aller Deutlichkeit nach, daß Curio Chang der Urheber der weiteren Ereignisse war, aber in der Verwirrung jener Periode nahm niemand davon Notiz, und es wurde nie eine Studie über die besondere Rolle Changs unternommen.

4 s. Isaacs, a.a.O., S. 93.

5 ebenda, S. 94.

6 Es war ein schlechter Augenblick, um Borodin abzuberufen. Wenn man andererseits annimmt, daß Stalin Borodin absichtlich vom Schauplatz fernhielt, so daß er nicht eingreifen konnte, wird die vorläufige Abberufung verständlich. Für die bloßen Fakten s. Jacobs, a.a.O., S. 192.

7 zit. nach Jacobs, a.a.O., S. 97.

8 Loh a.a.O. beurteilt Chiangs unredliche Haltung durchweg sehr milde.

9 s. George Sokolsky, *Tinder Box of Asia*, 1934, S. 336. (Sokolsky wurde von einem der besser plazierten Informanten des FBI als Mann bezeichnet, der sich auf gefährliche Weise in chinesische Angelegenheiten einmische und dem T.V. Soong Gehör schenke. Er wurde T.V.'s «böser Geist», bis er zu T.V.'s Glück durch Dr. Rajachman und Joe Alsop ersetzt wurde. Wenn Sokolsky ein «böser Geist» war, so deshalb, weil seine energische und forsche Art ihm einen übertriebenen und vielleicht bösen Einfluß auf T.V. verschaffte. Es ist möglich, daß er einige Entschlüsse T.V.'s in den späten dreißiger Jahren manipulierte. Er war jedoch intellektuell zu leichtgewichtig, um einen «bösen» Einfluß im Ausmaß Dr. Goebbels' zu haben. Nichtsdestoweniger wurde er von vielen amerikanischen Radiohörern überaus ernstgenommen. Es ist schwer, seine Wirkung abzuschätzen. Er war nur einer von vielen westlichen Manipulatoren, aber er war in einer besseren Position als die meisten andern.) Quelle: FBI-Akten.

10 Die andere naheliegende Interpretation vertritt Louis Fischer, *Soviets in World Affairs*, 1930, vol. 2, S. 651. Ich behaupte, daß beide Analysen nicht korrekt sind und daß Chiang sich bei vielen Gelegenheiten mit Absicht kriecherisch verhielt, um seine Gegner in Sicherheit zu wiegen.

11 zit. nach Spence, a.a.O., S. 195.
12 zit. nach Isaacs, a.a.O., S. 117.
13 s. Edgar Snow, *Journey* . . ., a.a.O., S. 85.
14 für weitere Einzelheiten vgl. Hsu Kai-yu, *Chou En-lai: China's Grey Eminence,* 1968, S. 56.
15 Die außergewöhnliche Situation, die sich in Shanghai entwickelte, wird von Isaacs, a.a.O., S. 147 ff. im Detail behandelt. (Den britischen Truppen war offenbar weniger daran gelegen, britisches Eigentum zu schützen, als sicherzustellen, daß niemand die Kontrolle übernahm, der den britischen Interessen «unfreundlich» gegenüberstand.)
16 s. Isaacs, a.a.O., S. 133.
17 ebenda, S. 136.
18 ebenda, S. 135.
19 Borodin spürte offenbar, daß etwas faul war, realisierte aber das Ausmaß von Chiangs Verrat nicht. Vgl. Jacobs, a.a.O., S. 231.
20 s. Isaacs, a.a.O., S. 126.
21 Voitinskys kluge Beobachtung zeigt, daß einige Kommunisten in Shanghai klar sahen, was vor sich ging, sich aber kein Gehör verschaffen konnten. Für den Kontext vgl. Isaacs, a.a.O., S. 136.
22 Aber die gegenseitige Information war so schlecht, daß niemand erkannte, daß Chiangs Soldaten bereits in der ganzen Stadt mit Gangmitgliedern kollaborierten. Vgl. Isaacs, a.a.O., S. 143.
23 s. John B. Powell, *My Twenty-Five Years in China,* 1945, S. 145.
24 s. die Beschreibung bei Jonathan Marshall, a.a.O.
25 Powell hatte einen klaren Begriff davon, was vor sich ging, fand es aber wahrscheinlich schwer zu glauben, daß alles zu einem großen Plan gehörte. s. Jonathan Marshall, a.a.O., S. 162.
26 zit. nach Powell, a.a.O., S. 154.
27 s. Isaacs, a.a.O., S. 137.
28 s. Hsu, a.a.O., S. 57.
29 Einen Augenblick lang hatte diese Vorhut, die von einem Linken befehligt wurde, die Chance, das Blatt zugunsten der KPCh zu wenden. s. Isaacs, a.a.O., S. 140.
30 ebenda, S. 145.
31 s. Powell, a.a.O., S. 156.
32 Erst als das Treffen mit Pockennarben-Huang bekannt wurde, begannen einige ausländische Beobachter wie Powell und Snow die schreckliche Wahrheit zu ahnen. s. Isaacs, a.a.O., S. 145.
33 Die meisten Beobachter glaubten, dies sei Chiangs erster wirklicher Kontakt mit den Führern der Grünen Gang gewesen; ebenda.
34 ebenda, S. 154.
35 s. Vincent Sheean, *Personal History,* 1969.
36 zit. nach Isaacs, S. 154.
37 Die finanziellen Details entstammen Coble, a.a.O., Kap. 2, sowie Isaacs, a.a.O., S. 151.

38 s. Isaacs, a.a.O., S. 151.
39 zit. nach Jacobs, a.a.O., S. 198.
40 s. Isaacs, a.a.O., S. 171.
41 ebenda, S. 172, sowie zahlreiche andere Darstellungen.
42 s. Hsu, a.a.O., S. 57.
43 s. Isaacs, a.a.O., S. 177.
44 s. Lois Wheeler Snow, S. 35.
45 s. Isaacs, a.a.O., S. 179.
46 zit. nach Han Suyin, *A Mortal Flower*, 1972, S. 62.
47 s. O. Edmund Clubb, *Twentieth Century China*, 1978, S. 137.
48 zit. nach Jacobs, a.a.O., S. 251–256.
49 ebenda, S. 280.
50 zit. nach Isaacs, a.a.O., S. 149.
51 zit. nach *Time*, 25.4.1927.

11. Kapitel. Alles unter Kontrolle

1 s. Sheean, «Some People in Canton», *Asia*, Oktober 1927.
2 *New York Times*, 4.5.1927.
3 s. Coble, a.a.O., S. 2.
4 Zu Chiangs Anleihen s. ebenda S. 2.
5 ebenda S. 2.
6 Zu T.V.'s Haltung s. Coble, a.a.O., Kap. 2, sowie Sheean, *Personal History*, S. 194.
7 Sheean, *Personal History*, S. 195.
8 Zu Chiangs Briefwechsel mit May-ling s. ebenda.
9 s. Isaacs, a.a.O.
10 Ching-ling wußte, daß Chiangs Armee solche Greueltaten verübte und es verfolgte sie; s. Sheean, *Personal History*.
11 ebenda S. 209.
12 s. Isaacs, a.a.O., S. 251.
13 Zum russischen Telegramm s. Jacobs, a.a.O., S. 270.
14 Zur Bewaffnung s. Keija Furuya, *Chiang Kai-shek: His Life and Times*, 1981, S. 213.
15 zit. nach Isaacs, a.a.O., S. 253.
16 Die Episode findet sich in Anna Louise Strong, *China's Millions*, 1928, S. 61.
17 s. Jacobs, a.a.O., S. 280.
18 Anna Louise Strong, a.a.O., S. 16.
19 Sheean, *Personal History*, S. 235.
20 s. Jacobs, a.a.O., S. 283.
21 Anna Louise Strong, a.a.O., S. 27.
22 s. Jacobs, a.a.O., S. 283.
23 Borodin, zit. nach Sheean, *Personal History*, S. 241.

24 nach Crozier, a.a.O., S. 109.
25 Zu Galens Vergiftung s. Akimova, a.a.O., S. 325.
26 Die Schilderung der Veränderungen ist Jacobs, a.a.O., S. 282, entnommen.
27 Zu den Zuständen nach der Vertreibung der Kommunisten s. Isaacs, a.a.O., S. 266.
28 nach Chen, a.a.O., S. 117.
29 Eugene Chen zit. nach (seinem Sohn) Percy Chen, a.a.O., S. 117.
30 Moskaus Anweisung an Borodin s. Isaacs, a.a.O., S. 276.
31 Ching-lings Erklärung erschien in *The Nation*, 21.9.1927.
32 Zu Fanyas Flucht s. Jacobs, a.a.O., S. 292.
33 Das mitgeführte Silber wird in Chen, a.a.O., S. 120, erwähnt, ebenso Borodins Lösegeld.
34 Zur tragikomischen Abschiedsszene s. ebenda S. 120.
35 ebenda S. 128.
36 Zu M.N. Roys Standpunkt auf dem 2. Kongreß der Kommunistischen Internationalen (1920) s. Harry Schwartz, *Tsars, Mandarins and Commissars*, 1964, S. 99.
37 Deutscher, *The Prophet Unarmed*, 1959, S. 359.
38 Die Beschreibung des Zuckerpalastes findet sich in Sheean, *Personal History*, S. 268.
39 Joffe, zit. nach Robert Payne, *The Life and Death of Trotzky*, 1977, S. 292.
40 s. Sheean, *Personal History*, S. 289.
41 s. Crozier, a.a.O., S. 115.
42 Hu Lin, zit. nach Crozier, a.a.O., S.116.
43 Tang, zit. nach Han Suyin, *A Mortal Flower*, S. 71.
44 ebenda S. 71. Dieser Darstellung Ai-lings zufolge hätte ihr Verhalten offensichtlich genug sein sollen, um sich vor ihren Ränken und Manipulationen in acht zu nehmen. Doch im Kontext war die Wirkung solcher Bemerkungen nicht so stark, zumal die meisten Journalisten sich zu Lobhudeleien über Madame Chiang veranlaßt sahen.
45 Ching-ling, zit. nach Snow, *Journey* . . ., S. 85.
46 Die Beschreibung des Palastes folgt Emily Hahn, die sich dabei von einer kriecherisch schmeichelhaften Seite zeigt, indem sie sich über Ai-lings Reichtum und Leistungen ausläßt. Siehe Emily Hahn, a.a.O., S. 99–100.
47 Zu seinen Versuchen, als «großer Erzieher» aufzutreten, s. Boorman, a.a.O., unter «H.H. Kung».
Die Bedenken der Oberlin-Leitung gegenüber Kung finden sich in der Korrespondenz Enoch Bells. Siehe dazu «Letter to Reverend W. Frederick Bohn», 17.9.1926.
48 s. Boorman, a.a.O., unter «H.H. Kung».
49 Theodore White and Annalee Jacoby, *Thunder out of China*, 1946, S. 112.

50 Ilona Ralf Sues, *Shark Fins and Millet,* 1944, S. 177.
51 s. Emily Hahn, a.a.O., S. 156.
52 Die Beschreibung folgt einem Memorandum von Time Inc.: «Chinese Finance Minister H.H. Kung», 13.11.1941, von L. Borgida.
53 s. White and Jacoby, a.a.O., S. 111.
54 s. Boorman, a.a.O., vol. 2, S. 265.
55 Erst kürzlich deklassifiziertes FBI-Dokument: «Memorandum to the Director», 9.1.1943. (Durch den Freedom of Information Act zugänglich geworden.)
56 Die Anekdote findet sich in einem kürzlich deklassifizierten FBI-Dokument.
57 s. Briefe von Admiral Mark Bristol an James A. Thomas, 14.1.1928 und 28.5.1929. Zur Verfügung gestellt von den Duke University Archives.
58 Zu May-lings Heirat s. Crozier, a.a.O., S. 116.
John Gunther erklärt, daß Ai-ling bei ihr zu Hause eine Pressekonferenz einberief und dabei Chiang und May-ling mit den Worten vorstellte: «Der General wird meine kleine Schwester heiraten». Die Pressekonferenz fand tatsächlich statt; auch wurde das Paar im Garten an einem Tisch sitzend photographiert. Zu diesem Zeitpunkt kam die andere Madame Chiang in den Vereinigten Staaten an, nachdem sie abgefunden und aus dem Land komplimentiert worden war.
Mit Erstaunen stellt man fest, daß die *New York Times* ihre Ankunft in Amerika vermerkt, aber auch von den Heiratsplänen des Generalissimo berichtet, ohne jedoch der Existenz «zweier Madames Chiang» weiter nachzuforschen.
59 Zu Miss Ch'ens Schicksal in Amerika s. Crozier, a.a.O., S. 59.
Eine genaue Darstellung der verschiedenen Heiraten Chiangs findet sich in Ting Yi, «A Study of Chiang Kai-Shek's Marital Life», *The Perspective Monthly,* Janaur 1973.
60 Misselwitz in *The Nation,* 12.10.1927.
61 s. Clubb, a.a.O., S. 141.
62 Emily Hahn, a.a.O., S. 139.
63 s. Clark, a.a.O., S. 80.
64 Zu den Auswirkungen von Chiangs Rücktritt auf die Regierung s. Clubb, a.a.O., S. 141.
65 Für Details s. Clubb, a.a.O., S. 140.
66 Sues, a.a.O., S. 69.

12. Kapitel. Eine Geschichte von zwei Schwestern

1 s. Chen, a.a.O., S. 182.
2 Sheeans Berichte an das Auswärtige Amt entstammen seinen Aufzeichnungen in den National Archives, DOS/861.00B/522.
3 s. Sheean, *Personal History,* a.a.O., S. 301.

4 Sheean versuchte, für Ching-ling eine Tournee zu organisieren, auf der sie Reden halten sollte, und mußte die ganze Sache am Ende selbst ausbaden. Seine Mitteilungen an die Botschaft in Berlin entstammen den Aufzeichnungen des Auswärtigen Amtes, National Archives, DOS/893.00/1002.

5 zit. nach Eunson, a.a.O., S. 85, und Clark, a.a.O., S. 64.

6 s. «Madame Sun Says Russia Only Real Friend of China», 16.5.1929. Abdruck mit freundlicher Genehmigung der Duke University Archives.

7 zit. nach Randall Gould, «Madame Sun Yatn-sen Keeps Faith», *The Nation*, 22.1.1930.

8 s. Boorman, Band 3, S. 203.

9 ebenda.

10 Ching-lings vollständiger Bericht über das Gespräch erschien in *The China Press*, 3.11.1929. Ich gebe ihn hier gekürzt wieder.

11 Die Namen dieser russischen Agenten – Sorge ausgenommen – waren zu jener Zeit westlichen Nachrichtendiensten bekannt, und ich habe sie Akten des Auswärtigen Amtes entnommen. Sorge wurde erst «identifiziert», als die amerikanische Besatzungsmacht in Japan nach dem Zweiten Weltkrieg entdeckte, daß er in japanischem Gewahrsam gewesen war. General MacArthurs Stab und die Luce-Presse bauschten in ihrer Kampagne gegen die Rote Bedrohung den «Fall» Sorge zu einem großen Spionageskandal auf. Agnes Smedley wurde in dieser Kampagne verunglimpft; als sie sich mit einem Prozeß wegen Verleumdung zur Wehr setzen wollte, setzte Genral Willoughby, MacArthurs General Nr. 2, alle Hebel in Bewegung und beschäftigte sich selbst hauptberuflich damit, sein Buch *Shanghai Conspiracy* [Die Shanghaier Verschwörung] zusammenzubrauen, in dem Agnes Smedley ungerechtfertigterweise als naives Opfer kommunistischer Propaganda beschrieben wird. Ihr Ruf war damit ruiniert, obwohl keine der gegen sie erhobenen Anschuldigungen je bewiesen wurde, und sie floh schließlich, um der politischen Diffamierung zu entgehen, nach England, wo sie vereinsamt starb. Schließlich wurde ihre Asche nach China überführt, um dort in Ehren bestattet zu werden. Die Verbindungen, die zwischen MacArthurs Stab und einer Reihe von Kongreßabgeordneten, unter ihnen Senator Joseph McCarthy, bestanden, werfen einige – milde ausgedrückt – provokative Fragen auf. Senator McCarthy und andere arbeiteten beim angeblichen Aufkauf des Sojabohnenmarktes – wenige Wochen, bevor die USA Korea den Krieg erklärten – mit T.L. Soong zusammen und machten durch den nachfolgenden Anstieg des Sojabohnenpreises enorme Gewinne.

12 s. Fairbank, *Chinabound*, a.a.O., S. 67.

13 General Charles Willoughbys Version ist in seinem Buch *Shanghai Conspiracy* a.a.O. nachzulesen. Das einzige, was er Agnes Smedley je zur Last legen konnte, war, daß sie offenbar verschiedenen Bekannten erlaubt hatte, Post an ihre Adresse zu schicken. Vielleicht waren unter

diesen Bekannten einige Russen, die Spione gewesen sein könnten. Es wäre ein leichtes gewesen, Agnes Smedleys Post zu kontrollieren, da der Verband der Shanghaier Postangestellten, wie wir gesehen haben, von der Grünen Gang dominiert wurde.

14 Über den Fall Powell gibt es in den Aufzeichnungen des Auswärtigen Amtes (National Archives, DOS/893.00B/655) einige Aufzeichnungen. Powell war ein kämpferischer Zeitungsherausgeber, der im Ruf äußerster Fairness stand. Später unterstützte er die chinesischen und amerikanischen Stellungnahmen gegen die japanische Invasion und wurde dafür in einem japanischen Straflager interniert. Während dieser Haftzeit erforen ihm beide Füße und mußten nach dem Krieg amputiert werden. Sein Sohn, Bill Powell, der an der University of Missouri studiert hatte, übernahm die Herausgabe der *Review* und setzte ihre Politik des Engagements für die Unterdrückten und der Kritik an Chiangs Diktatur fort. Nachdem Chiang nach Taiwan geflohen war, wurde die *Review* bis 1953 in Shanghai publiziert und wandte sich oft gegen die amerikanische Einmischung im Koreakrieg. 1953 wurde ihr Erscheinen eingestellt, und Bill Powell kehrte nach Amerika zurück. Er fuhr fort, seinen unpopulären Ansichten über das Chiang-Regime und China Ausdruck zu verleihen, bis er 1959 zusammen mit seiner Frau und Julian Schuman, einem Mitglied der alten *Review*-Redaktion, von einem Geschworenengericht wegen Unruhestiftung angeklagt wurde. Sie wurden in San Francisco vor Gericht gestellt. Eine Woche später schlug der Richter das Verfahren nieder und erklärte es für ungültig. Zwei Jahre später ließ die amerikanische Regierung die Anklage gegen alle drei Betroffenen stillschweigend fallen. Um ihre Karrieren war es zu diesem Zeitpunkt freilich geschehen. (Die Schwierigkeiten, denen Helen und Edgar Snow während vieler Jahre begegneten, sind bekannt und müssen hier nicht wiederholt werden.)

15 s. die Aufzeichnungen des Auswärtigen Amtes, National Archives, DOS/893.00/10692.

16 Ich beziehe mich hier speziell auf den Nachmittag von Madame Chiangs Ankunft in Georgia, als sie während des Zweiten Weltkrieges das Wesleyan College besuchte. Eine Hotelsuite war für sie mit Blumenbuketts verschwenderisch geschmückt worden. May-ling befahl, daß alle Blumen unverzüglich entfernt werden müßten, und ließ während der folgenden drei Stunden das Bett dreimal mit frischen seidenen Laken beziehen. Dies wird von Mitgliedern des Willkommenskomitees berichtet, die 1983 von Gail Dubroff für mich interviewt wurden.

17 s. Boorman, a.a.O., Band 3, S. 264.

18 s. Swanberg, a.a.O., S. 200.

19 zit. nach Barbara Tuchman, *Stilwell and the American Experience in China*, 1972.

20 zit. nach Emily Hahn, a.a.O.

21 s. «Chiang Kai-shek Is Baptized», *The Christian Century*, 5.11.1930.

22 zit. nach May-ling Soong Chiang, «A Letter from China», *The Wesleyan Magazine*, Dezember 1930.
23 s. Selle, a.a.O., S. 302.
24 s. Sues, a.a.O., S. 62 f.
25 s. Crozier, a.a.O. S. 159. John Gunther zitiert Snows Bemerkung, daß es nach Maßgabe der laufenden Ausgaben für die Ausrottungskampagnen Chiang etwa 80 000 $ kostete, einen Roten umzubringen.
26 s. Jim Marshall, «China's Girl Boss», *Collier's*, 10.4.1937.
27 s. «New Life in China», *Forum*, Juni 1935.
28 s. «Christians and the New Life Movement», *The Missionary Review of the World*, November 1937.
29 s. *Collier's*, 30.8.1941. Als Ernest Hemingway und seine Frau sie während des Zweiten Weltkrieges in Kunming besuchten, rauchte sie ununterbrochen.
30 s. *The Missionary Review of the World*, Juli 1937.
31 zit. nach Crozier, a.a.O., S. 167.
32 ebenda, S. 10 f.
33 Details über die Organisation der Blauhemden und Chiangs Leugnung ihrer Existenz finden sich in Wilbur Burton, «Chiangs Secret Blood Brothers», *Asia*, Mai 1936.
34 s. Boorman, a.a.O.
35 Boormans Darstellung Tai Lis ist grundsätzlich richtig, spart aber viele der schlimmeren Einzelheiten aus. Diese sind über viele der in der Bibliographie erwähnten Bücher verstreut.
36 s. Crozier, a.a.O., S. 11.
37 Die Entwicklung der Blauhemden wird am besten in Burtons Asia-Artikel a.a.O. geschildert, in dem sich auch eine Beschreibung des Bluteids findet.
38 s. Crozier, a.a.O. S. 11.
39 zit. nach «Calm War-Lord Decides not to Hurry in China's Many Crises», *The Literary Digest*, 17.10.1936.
40 s. Edgar Snow, a.a.O. S. 87. (Eine andere beliebte Behandlung von Dissidenten bestand darin, daß man sie zwang, eine Mischung aus Kerosin und menschlichen Exkrementen zu schlucken. Vgl. Spence, *Gate of Heavenly Peace* a.a.O.)
41 zit. nach Lois Wheeler Snow, a.a.O., S. 33; Edgar Snow, *Journey . . .* a.a.O.

13. Kapitel. Die Zuckerfeen

1 T.V. zit. nach Coble, a.a.O., S. 49.
2 T.V.'s Opposition gegen die hohen Militärausgaben ist Gegenstand von John MacMurrays Telegramm an den Außenminister in Washington, D.C., 2.8.1928.

3 Zu Amerikas Haltung gegenüber der japanischen Invasion s. Clubb, a.a.O., S. 176.
4 s. Sokolsky, a.a.O., S. 230.
5 s. ebenda, S. 243.
6 Zum Sturz der Sun-Fo-Regierung und T.V.'s plötzlicher Rückkehr s. Coble, a.a.O., S. 102.
7 s. Sokolsky, a.a.O., S. 247–55.
8 Zu Chiangs Rückzug aus Loyang s. Coble, a.a.O.
9 zit. nach Sokolsky, a.a.O., S. 266.
10 Zu Großohr Tus Verwendung der Armee der Neunzehnten Straße s. Jonathan Marschall.
11 s. *Fortune*, Juni 1933.
12 Fairbank, *Journey* . . . S. 95–97.
14 s. Sokolsky, a.a.O., S. 267.
15 Das Interview, das Karl H. von Wiegand mit T.V. führte, erschien in der New Yorker Zeitschrift *American* am 2.5.1932 unter dem Titel: «Chinese Prefer Communism to Military Domination» [China zieht den Kommunismus der Militärherrschaft vor].
16 s. Coble, a.a.O., S. 115.
17 s. ebenda, S. 111.
18 s. ebenda, S. 122.
19 Zur Lage der Bank s. Hauser, a.a.O., S. 238.
20 zit. nach Swanberg, a.a.O., S. 148.
21 ebenda, S. 152.
22 zit. nach *Fortune*, Oktober 1933.
23 zit. nach Swanberg, a.a.O., S. 71.
24 ebenda, S. 109.
25 abgedruckt in *New York Times*, 18.5.1933.
26 s. Coble, a.a.O.
27 s. John Service, *Lost Chance in China*, 1975, S. 78.
28 zit. nach Colbe, a.a.O.
29 Angaben nach White and Jacoby, a.a.O., S. 115.
30 Snow, *Journey* . . ., S. 215.
31 White and Jacoby, a.a.O., S. 112.
32 Hauser, «T.V. for Victory», *New Republic*, 26.1.1942.
33 Zum Vergleich zwischen T.V. und H.H. s. Coble sowie Geraghty.
34 Snow, *Journey* . . ., S. 95.
35 s. Borgida, a.a.O.
36 zit. nach Colbe, a.a.O., S. 152.
37 zit. nach Emily Hahn, a.a.O., S. 175–76.
38 Das von Ai-ling eingeführte Stipendium wird in ihrem Brief an Jennie Loyall, Wesleyan College, 4.12.1934, erwähnt. Wesleyan College Archives.
39 s. Borgida.
40 zit. nach Emily Hahn, a.a.O., S. 176.

41 zit. nach Selle, a.a.O., S. 245.
42 s. Coble, a.a.O., S. 163.
43 ebenda, S. 167.
44 zit. nach Hauser, a.a.O., S. 231.
45 s. ebenda, S. 232.
46 Zu Kungs Praktiken s. Coble, a.a.O., S. 170.
47 Zur Größe der Banken s. ebenda, S. 173.
48 Zur Übernahme der Banken durch den Soong-Clan s. ebenda, S. 178–84.
49 Zu Chang Kia-ngaus Exil s. Boorman, a.a.O.
50 Zur Ausbreitung der Mitglieder des Clans in den Direktorien der Banken s. Coble, a.a.O., S. 183–92.
51 Biographische Angaben zum Generalstabschef Ku Chu-t'ung finden sich in Boorman, jedoch ohne die Erwähnung seines Bruders, des Gangführers der Hafengegend.
52 Die Aussagen über T.V.'s Anteile bei General Motors und DuPont lassen sich nicht ganz leicht nachprüfen. Das FBI-Material über die Soongs und die Kungs, das die Truman-Administration gesammelt hatte, zeugt von dieser Schwierigkeit. Doch hatte die britische Regierung gute Gründe, ihren Informationen zu glauben. Das zitierte Statement stammt von einem Sprecher des britischen Außenministeriums; es wurde während eines Interviews mit dem *Time*-Journalisten William McHale im Oktober 1953 gemacht. Ich entnahm das Zitat den nicht publizierten Aufzeichnungen McHales, die sich in den *Time*-Archiven fanden. Während der Sprecher des Außenministeriums erklärte, T.V. habe «die entscheidende Mehrheit» der General-Motors-Aktien, meinte McHale, in amerikanischen Kreisen glaube man, diese Angabe beziehe sich auf DuPont.
53 s. Coble, a.a.O., S. 194.
54 Zu den Auswirkungen der Kungschen Finanzpolitik auf die chinesische Wirtschaft s. ebenda S. 202–204 sowie Anmerkung 26 auf S. 315.

14. Kapitel. Der Hohepriester

1 Das Ausmaß von Chiangs Abhängigkeit von Geldeinnahmen aus dem Opium- und Heroinhandel wird in Jonathan Marshalls kurzer Studie untersucht. Vorsichtige Schätzungen nahmen zu jener Zeit 10% des nationalen Budgets an, aber die tatsächliche Zahl lag wahrscheinlich bei über 40%. Es darf nicht außer acht gelassen werden, daß zwar allgemeine Schätzungen über die Opiumproduktion in China aufgrund bekannter Zahlen aus der Vergangenheit möglich waren, daß aber niemand abschätzen konnte, wieviel Heroin Großohr-Tu für den einheimischen Bedarf und für den Export nach Europa und Nordamerika produzierte. Um 1935 überstiegen die Einkünfte aus dem Heroinhandel jene aus dem Opiumhandel vielleicht um das Zehnfache.

2 s. Marshall, a.a.O.

3 Das «Opiumverbot» war so «wirksam», daß Chiangs Regime zusätzliches Opium aus dem Mittleren Osten importieren mußte, um den Bedarf zu decken. Die Kommission, die T.V. für die Abwicklung dieser Importe einstrich, wird bei Marshall a.a.O. erwähnt.

4 Der Artikel in *Time* vom 27.4.1931 ging völlig an den Tatsachen vorbei. T.V. sandte Agenten nach Formosa, weil sich dort die meisten japanischen Laboratorien zur Heroinproduktion befanden. Was wirklich im Gange war, war nichts anderes als ein Versuch, den Wettbewerb zwischen China und Japan im Heroinhandel zu beenden und stattdessen den Markt aufzuteilen. Der Handel kam offenbar nicht zustande, und eine Kooperation fand in der Folge nur vereinzelt statt – durch Abkommen, die lokale chinesische Militärkommandanten mit ihren japanischen Pendants abschlossen.

5 zit. nach *New York Times*, 23.7.1931.

6 Tus Eröffnungsfeier wird bei Boorman a.a.O. beschrieben.

7 *Who's Who* zit. nach Wang.

8 Wie bei allen Taschenspielertricks geschahen zwei Dinge gleichzeitig. Chiangs China hatte zwei Staatskassen – das offizielle ökonomische System unter der Leitung von Kung und Soong und die inoffizielle oder schwarze Staatskasse, auf die Chiang durch die Zusammenarbeit mit Großohr-Tu zurückgreifen konnte. Diese schwarze Staatskasse erlaubte es Chiang, im Ausland größere Waffenankäufe zu tätigen, wenn seine offizielle Staatskasse leer war. Die Zahl von 5 Millionen $ wird bei Jonathan Marshall a.a.O. zitiert, aber es gibt in den Zeitungsmeldungen jener Periode regelmäßig Hinweise darauf, daß China einer von Amerikas größten Waffenabnehmern war und vor allem Flugzeuge kaufte.

9 zit. nach Marshall, a.a.O.

10 zit. nach Sues, a.a.O., S. 71.

11 ebenda. Tu war jederzeit bereit, Waisenhäuser zu gründen und ihnen Geld zu leihen – allerdings zu Wucherzinsen.

12 zit. nach Sues, a.a.O., S. 68–72.

13 s. Jonathan Marshall, a.a.O.

14 s. *China Weekly Review*, 24.7.1937.

15 Großohr-Tus Teilnahme an den Andachten im Haus der Kungs wird von Jonathan Marshall erwähnt, ebenso wie May-lings unsterblicher Satz «Tu ... ist dabei, ein wahrer Christ zu werden.» Madame Chiangs erstaunliche Naivität wurde auch von John Gunther in seinem Buch *Inside Asia*, a.a.O., S. 226, erwähnt, wo er sagt: «Bei all ihren bewundernswerten Fähigkeiten in der Administration scheint ihr doch der gewisse Sinn für Politik zu fehlen. ... Über die Kommunisten spricht sie nicht nur mit Verachtung, was ja verständlich genug wäre, sondern mit einem eigenartigen, völligen Mangel an Verständnis.

15. Kapitel, Zahnlos am Tigerfelsen

1 s. Crozier, a.a.O., S. 174.
2 Zu Wang P'eng-sheng s. Boorman.
3 Zu den Waffenkäufen in Deutschland s. Wu Tien-wei, *The Sian Incident: A Pivotal Point in Modern Chinese History*. Diss. 1976, S. 86.
4 Zu Chiangs Flugzeugkäufen in den USA s. «Calm War-Lord Chiang Decides not to Hurry in China's Many Crises», *The Literary Digest*, 17.10.1936.
5 s. Wu Tien-wei, a.a.O., S. 27.
6 Zu Chiangs Plänen, den Jungen Marschall für immer «unschädlich» zu machen, s. Boorman.
7 zit. nach Wu Tien-wei, a.a.O., S. 71.
8 s. *Time*, 20.12.1936.
9 zit. ebenda.
10 s. *Time*, 3.1.1938.
11 zit. nach Wu Tien-wei, a.a.O., S. 98.
12 ebenda, S. 101.
13 ebenda, S. 102.
14 ebenda, S. 128.
15 ebenda, S. 136.
16 Die Beschreibung der Ankunft auf dem Flughafen findet sich in *The Literary Digest*, 2.1.1937.
17 s. Elliston, a.a.O.
18 s. *The Literary Digest*, a.a.O.
19 Zu Hos Absetzung s. Wu Tien-wei.
20 zit. nach John McCook Roots, *Chou*, 1978, S. 166–67.
21 John Gunther betont, daß May-ling trotz ihrer beeindruckenden Begegnung mit Chou En-lai nie willens war, Snows *Red Star over China* zu lesen, um so jene Persönlichkeiten verstehen zu lernen, gegen die sie ein Leben lang lästerte.
22 zit. nach John Patton Davis, *Dragon by the Tail*, 1972, S. 186.
23 zit. ebenda, S. 151.
24 zit. ebenda, S. 207.
25 zit. nach Snow, *Journey* . . . S. 94.

16. Kapitel. Familienangelegenheiten

1 Ein ausführlicher Bericht über Chennault und das weitere Schicksal seiner AVG findet sich in meinem 1981 erschienenen Buch *Soldiers of Fortune*.
2 zit. nach Moser, a.a.O., S. 59.
3 zit. nach Arthur N. Young, *China and the Helping Hand*, 1963.
4 Der Generalissimo erklärte wiederholt, Japan unterminiere die chinesi-

sche Wirtschaft, während Madame Chiang Amerika überreden wollte, China zu retten. Gleichzeitig bewachten chinesische Polizeikräfte japanische Geschäftsgebäude in Shanghai, und hochrangige Chinesen und Japaner machten unter dem Tisch lukrative Geschäfte. Nicht zu den unwichtigsten Unternehmern gehörten dabei die Kungs und Soongs, die bei gemeinsamen Geschäften mit den Japanern Millionengewinne machten, während sie gleichzeitig die chinesische Wirtschaft überwachten. Für das Zitat s. Chiangs «Letter to President Roosevelt», 20.7.1939, in den Aufzeichnungen des Auswärtigen Amtes, National Archives, DOS 793.94/15483.

5 Zitat aus May-lings «Brief an James A. Thomas», 21.11.1937, Abdruck mit freundlicher Genehmigung der Duke University Archives.

6 Zitat aus Donalds «Letter to James A. Thomas», 31.7.1937, Abdruck mit freundlicher Genehmigung der Duke University Archives.

7 zit. nach *Time*, 26.6.1939.

8 zit. nach *Life*, 7.1.1932.

9 Die Geschichte von T.V.'s Versuch, die U.S.-Navy dazu zu bringen, ihn aus dem besetzten Shanghai herauszuschmuggeln, findet sich in den Aufzeichnungen des Auswärtigen Amtes in den National Archives. Das Zitat über Japans drohenden Bankrott entstammt einem nicht identifizierten Zeitungsausschnitt aus dem *Time*-Archiv. Er datiert vom 20.12.1937 – drei Monate bevor T.V. floh.

10 Offensichtlich verstand T.V. unter den «Familienangelegenheiten» China. Zitate aus einem unveröffentlichten Memorandum des Reporters Will Lang vom Washingtoner *Time*-Büro, datiert vom 7.3.1944. Archiv der Time Inc.

11 s. Young, a.a.O., S. 133.

12 zit. nach dem Memorandum von Will Lang. Vgl. Anmerkung 10.

13 s. Ernest Hauser, «China's Soong», *Life*, 24.3.1941.

14 ebenda.

15 s. Will Langs Memorandum. Vgl. Anmerkung 10.

16 s. Young, a.a.O., S. 133.

17 zit. nach Fairbank, *Chinabound*, a.a.O., S. 180.

18 zit. nach Young, a.a.O., S. 133.

19 ebenda.

20 In den «Letters to President Roosevelt» im Soong-Archiv in der Hoover Institution werden verschiedene Geschenke T.V.'s und H.H's erwähnt.

21 zit. nach Hauser a.a.O. Die Fassung klingt allerdings verdächtig nach einer Schlußredaktion von Henry Luce.

22 Das doppelte Spiel des Auswärtigen Amtes wird in meinem Buch *Soldiers of Fortune* ausführlicher beschrieben.

23 Diese Erklärung über den Ursprung der Bemalungen haben mir Eric Shilling und andere Mitglieder der AVG gegeben, und ich bin überzeugt, daß sie zutrifft.

24 Eine Beschreibung der Schlacht von Taierchuang findet sich in Chesneaux, *China from the 1911 Revolution* . . . a.a.O., S. 261.
25 Chesneaux, zit. nach Tuchman, a.a.O., S. 186.
26 s. Chesneaux, a.a.O., S. 261.
27 s. Clubb, a.a.O., S. 224.
28 s. Boorman a.a.O.
29 zit. nach White, *In Search of History*, S. 115.
30 ebenda, S. 116.
31 Aus einem Memorandum von Annalee Jacoby an *Time*, 8.12.1944, *Time*-Archiv.
32 s. *New York Times*, 24.12.1941.
33 s. Young, a.a.O., S. 233.
34 zit. nach Franz Shurman, *The China Reader: Republican China*, 1967, S. 271.

17. Kapitel. Die kleine Schwester macht Amerika den Hof

1 Davis, a.a.O., S. 255.
2 zit. nach Clark, a.a.O., S. 107–108.
3 K.C.Li «Letter to T.V. Soong», 31.10.1942. Zur Verfügung gestellt von der Hoover Library.
4 s. Service, a.a.O., S. 79.
5 Crozier betont, daß «Darling», das einzige englische Wort, war, das Chiang brauchte.
6 Service, a.a.O., S. 92–96.
7 s. ebenda, S. 94.
8 zit. nach *Time*, 3.1.1938.
9 May-lings Krankheiten und Leiden werden im *Time*-Memorandum von Saint an Fuerbringer vom 20.7.1945 beschrieben. Das Memorandum befindet sich in den *Time*-Archiven.
10 Im hohen Alter litten alle Soong-Schwestern an irgendeiner Art von Krebs. Doch scheint es unwahrscheinlich, daß Chiang schon 1942 vermuten konnte, May-ling habe Krebs. Es vergingen noch Jahre, bis May-lings Krebsdiagnose feststand und sie operiert wurde. Chiangs Vermutung wurde von seinem Pressechef, Hollington Tong, in *Dateline: China*, 1950, verbreitet.
11 Zum Transport mit der *Apache* s. Schleit, a.a.O., S. 21.
12 Shelton wohnte mit den Chiangs im «Adlerhorst»; seine Abenteuer mit May-ling finden sich in Philip Schleit, *Shelton's Barefoot Airline*, 1982, S. 25.
13 s. ebenda. Mit einem Darlehen von May-ling baute Shelton in Florida eine Fabrik für Flugzeugsitze auf. Als die Produktion gut angelaufen war, übernahm David Kung das Unternehmen, und Shelton begann

seine Fluglinie in Südamerika aufzubauen. Der Soong-Clan besaß erstaunlich große Aktienanteile an südamerikanischen Fluggesellschaften.

14 zit. nach Sherwood, *Roosevelt and Hopkins*, 1948, S. 660–61.

15 s. Tuchman, a.a.O., S. 351.

16 Daß sich May-ling einer Behandlung unterzog, wird in einem Interview, das der *Time*-Journalist Donohugh am 18.2.1943 mit Holly Tong führte, erwähnt. Die Aufzeichnungen befinden sich im *Time*-Archiv.

17 T.A.'s Hochzeit wird in der *Life*-Ausgabe vom 12.1.1942 in blumigen Worten beschrieben. Durch diese Heirat wurde die Familienkontrolle über die in San Francisco domizilierte Bank of Canton gefestigt, was in der Folge FBI-Nachforschungen verunmöglichte.

18 Fairbank, *Chinabound*, S. 253.

19 Zu May-lings Betragen im Weißen Haus s. Tuchman, a.a.O., S. 253.

20 s. Hollington Tong, a.a.O.

21 *Life*-Artikel, 22.2.1943.

22 Emily Hahn in einem Interview mit Fern Marja Eckman. Das Interview erschien am 24. September in der New Yorker *Post* unter dem Titel «China's Fabulous Soong-Sisters».

23 zit. nach Clark, a.a.O., S. 108.

24 *Newsweek*, 1.3.1943.

25 *Time*, 1.3.1943.

26 ebenda.

27 s. Tuchman, a.a.O., S. 253.

28 s. Helen Hull, *Mayling Soong Chiang*, 1943.

29 Angaben s. Swanberg, a.a.O., S. 202.

30 s. Sherwood.

31 Helen Hull, a.a.O.

32 Die Gästeliste findet sich in Swanberg, a.a.O., S. 202

33 s. Helen Hull, a.a.O.

34 Die Teilnehmerzahl stammt aus Clark, a.a.O., S. 118.

35 s. Helen Hull, a.a.O.

36 Holly Tong schrieb einen schönfärberischen Bericht über die Tournee; Swanberg war kritischer.

37 Zur Geschichte der Perlen s. Aisin Gioro (Henry) Pu-yi, *From Emperor to Citizen*, 1979.

38 zit. nach Kahn, *The China Hands*, 1972, S. 63.

39 Holly Tong erwähnt den kurzen Halt, als ob er May-ling in einem guten Licht erscheinen lassen würde.

40 Die *Life*-Ausgabe vom 19.4.1943 berichtete über den Empfang in der Hollywood Bowl.

41 Zu May-lings Begegnungen mit Schauspielerinnen und Schauspielern s. Swanberg, a.a.O., S. 202–203.

42 zit. nach *Life*, 19.4.1943.

43 *White, In Search of History*, S. 144–45.

44 Die Episode ist aus Felix Greene, *Curtain of Ignorance*, 1964, S. 21.

18. Kapitel. Ein geteiltes Haus

1 zit. nach Merle Miller, *Plain Spaking*, 1973, S. 289.
2 Für eine Zusammenfassung von Churchills strategischen Überlegungen vgl. Moser, *China-Burma-India*, 1978, S. 178 f.
3 Chiangs Abwendung von den Soongs und Hinwendung zur Clique der Ch'en-Brüder wurde von Jack Service beobachtet und pflichtschuldig gemeldet.
4 Der amerikanische Marinenachrichtendienst entsandte Miles, damit er mit Geheimpolizeichef Tai Li zusammenarbeitete, zur gleichen Zeit, als er andere Agenten mit der sizilianischen Mafia zusammenarbeiten ließ. Ein Bericht über die Ergebnisse dieser Zusammenarbeit findet sich in McCoy, *Politics of Heroin*. Für Miles' eigene Version vgl. sein Buch *A Different Kind of War*, 1967.
6 White wird zitiert von Moser, a.a.O., S. 181, wo auch beiläufig erwähnt wird, daß eine Reihe von chinesischen Generälen um amerikanische Unterstützung für die Durchführung eines Putsches bat.
7 s. Service, a.a.O.
8 zit. nach Gary May, *China Scapegoat: The Diplomatic Ordeal of John Carter Vincent*, 1979, S. 100–108.
9 zit. nach Moser, a.a.O., S. 186.
10 ebenda, S. 186.
11 zit. nach May, a.a.O., S. 113.
12 s. Kahn, a.a.O., S. 145.
13 Da die Chinesen Schildkröten als homosexuell betrachten, ist der Ausdruck «Schildkrötenei» ungefähr gleichbedeutend mit «latenter Homosexueller», «grüner Strichjunge» oder einfach «Stricher». Wenn Mao Chiang als «Schildkrötenei» bezeichnete, war die Art der Beschimpfung also durchaus mit Hurleys «Motherfucker» zu vergleichen. zit. nach May, a.a.O., S. 114 f., und Kahn, a.a.O., S. 139, Fußnote 3.
14 zit. nach Hahn, a.a.O., S. 3.
15 ebenda, S. 102.
16 s. Davies, a.a.O., S. 266.
17 zit. nach Tuchman, a.a.O., S. 401.
18 zit. nach Davies, a.a.O., S. 264.
19 s. Snow, *Journey . . .*, S. 347.
20 Eine Zusammenfassung von Hornbecks Karriere findet sich bei Fairbank, a.a.O., S. 177.
21 s. May, a.a.O., S. 91.
22 s. Service, a.a.O., S. 170.
23 zit. nach May, a.a.O., S. 91.
24 zit. nach Service, a.a.O., S. 91 f.

25 ebenda, S. 79–84.
26 Der Skandal mit den verschwundenen Lend-Lease-Gütern wurde nach dem Krieg von Drew Pearson in seiner Kolumne (vgl. etwa «Washington Merry-Go-Round» 16.7.1951) hin und wieder in Erinnerung gerufen. Viele der späteren Kolumnen verfaßte Jack Anderson.
27 s. Young, a.a.O., S. 110.
28 s. George H. Kerr, *Formosa Betrayed*, 1965, S. 161, Fußnote
29 zit. nach Joseph Alsops Artikel in der *Saturday Evening Post*, 7.1.1950.
30 alle Zitate nach Fairbank, *Chinabound*, a.a.O.
31 s. *Churchill, Taken from the Diaries of Lord Moran*, a.a.O.
32 s. Service a.a.O.
33 Die Abreise May-lings und Ai-lings (zusammen mit Louis Kung und seiner Frau) nach Brasilien wurde geheimgehalten. Sie wurde jedoch vom U.S.-Nachrichtendienst in Dokumenten festgehalten, die mir 1983/84 im Laufe einer Freedom of Information-Erkundigung von der National Security Agency zugänglich gemacht wurden. Es gelang mir, die Spur der Schwestern bis auf die Insel Bocoió bei Rio zu verfolgen und festzustellen, daß sie sich mit dem brasilianischen Diktator Getulio Vargas getroffen hatten. Brasilien wurde zu jener Zeit als persönliches Lehen regiert, und wenn man über die angemessenen Mittel verfügte, war Vargas jederzeit bereit, einen in seinen Privatclub aufzunehmen. Amerikaner mit einer Schwäche für den Faschismus fühlten sich in Brasilien überaus wohl.
34 Die Untersuchungsberichte der NSA gehören zu den spärlichen Quellen, die die Krise in der Ehe der Chiangs erwähnen.
35 Vgl. Saints Berichte für Time Inc. in den Archiven von *Time*.
36 zit. nach Kahn, a.a.O., S. 106.

19. Kapitel. Asche zu Asche – alles muß vergehen

1 zit. nach David Halberstam, *The Powers That Be*, 1979 S. 79.
2 White erwähnt den Artikel «Life Looks at China» [Life betrachtet China] in *In Search of History* auf S. 208; dort beschreibt er auch den «intellektuellen Schlagabtausch» mit Luce. Wenn White von Luce spricht, sind seine Urteile über ihn immer sehr zurückhaltend.
3 *Life*-Artikel, 1.5.1944.
4 White, *In Search of History*, a.a.O.
5 s. Tuchman, S. 484.
6 T.V.'s Spitzname für seine Gattin («Ding-Ding») wird in einem FBI-Dossier erwähnt, das durch den Freedom of Information Act zugänglich geworden ist.
7 s. Greene, a.a.O., sowie Tuchman, a.a.O.
8 s. *New York Times*, 26.5.1945.
9 s. Young, a.a.O., S. 332; Young stand im Dienst des Chiang-Regimes und schildert die Vorfälle sehr naiv.

10 s. Coble, a.a.O., S. 197.

11 T.V. zit. nach einer Erklärung, die in der *New York Times* am 26.5.1945 erschien.

12 Zu T'ang s. Boorman, a.a.O., vol. 3, S. 225–30.

13 s. White and Jacoby, S. 177.

14 s. Tuchman, a.a.O.

15 White and Jacoby, a.a.O., S. 177.

16 s. ebenda, S. 178.

17 s. Boorman, a.a.O., vol. 3, S. 227.

18 zit. nach ebenda.

19 Crozier, a.a.O.

20 Angaben übernommen aus Crozier, a.a.O., S. 301–302.

21 Geschätzte Angabe nach Greene, a.a.O., S. 147.

22 Der Dialog findet sich in Anatole Vissons Memorandum (s. oben).

23 Der Vorfall wird in einem NSA-Dossier beschrieben.

24 Zu T.V.'s Rechnung an die UN-Hilfsorganisation s. Kerr, a.a.O., S. 158–61.

25 s. *New York Times* vom 6.3.1947.

26 s. Boorman, a.a.O.

27 zit. nach *Time*, 10.3.1947.

28 Der Betrag von 800 Millionen $, der auf Konten bei U.S.-Banken deponiert gewesen sein soll, scheint ziemlich genau zu sein. Doch nahm man offensichtlich an, daß er die Einlagen aller drei Zweige des exilierten Soong-Clans (Ai-ling, T.V. und May-ling) umfasse. Eine von Präsident Truman angeordnete Untersuchung durch das FBI kam auf den beinahe gleichen Betrag von 750 Millionen $; in diesem Betrag war auch – neben den großen Guthaben T.V.'s, H. H's und Ai-lings – eine Summe von weit über 100 Millionen $ enthalten, die May-ling gehörte. Doch die FBI-Untersuchung vermochte keinen Einblick in die separaten Konten von T.L. und T.A. zu nehmen. Der Betrag von 800 Millionen $ umfaßte wahrscheinlich weder Immobilien noch Industriebesitz, sondern bezog sich auf liquide Vermögen, Portofolios und Einlagen. Ein weiteres Kapitel ist der Industrie- und Immobilienbesitz in Lateinamerika, dessen Gesamtwert ebenso hoch oder höher eingeschätzt werden muß. Man nahm auch an, daß noch Multi-Millionen-Dollar-Beteiligungen in anderen Finanzhochburgen wie Singapur, Sydney, Johannesburg, Zürich und London dazuzurechnen waren. T.V.'s globales Vermögen wurde deshalb von jenen, die sich auf solche Spekulationen einließen, auf weit über 1 Milliarde U.S. $ geschätzt; Ai-lings und H. H's Vermögen soll ungefähr eine Milliarde betragen haben. In der Encyclopedia Britannica findet sich deshalb der Eintrag, daß T.V. «im Ruf stand, der reichste Mann der Welt zu sein».

29 s. Wang, «Tu Yueh-sheng», a.a.O., sowie Boorman unter Chiang Ching-kuo.

20. Kapitel. Das Vermächtnis der Soongs

1 s. Crozier, a.a.O., S. 316. (Von da an lebte David Kung in New York City und vermied jedes öffentliche Aufsehen. Von der *New York Times* zum Beispiel wurde er nach 1950 überhaupt nicht mehr erwähnt, nicht einmal anläßlich des Todes seiner Eltern. Das ist ziemlich erstaunlich, denn er ist ein schwerreicher Mann mit weitverzweigten Geschäftsinteressen. Sein Bruder, Louis Kung, verbrachte einen großen Teil seiner Zeit in Texas und Kalifornien, wo er sich insofern mit Politik befaßte, als er verschiedene republikanische Kandidaten unterstützte. In den sechziger Jahren heiratete er die Filmschauspielerin Debra Paget. Sie lebten in der Nähe von Dallas, wo Louis Kung eine wichtige, wenngleich fast unsichtbare Figur im Ölgeschäft war. 1981 wurden sie geschieden.)

2 zit. nach Boormans Darstellung von CCK, a.a.O.

3 zit. nach Swanberg, a.a.O.

4 zit. nach Miller, a.a.O., S. 287.

5 zit. nach Swanberg, a.a.O., S. 265.

6 zit. nach *China: U.S. Policy since 1945*, 1980, S. 84.

7 Eine Beschreibung der Schlacht von Huai-hai findet sich bei William Morwood, *Duel for the Middle Kingdom*, 1980. Die Zahlen sind entnommen aus *China: U.S. Policy since 1945*, a.a.O., S. 84. Das Zitat entstammt Morwood, a.a.O., S. 369.

8 vgl. Morwood und Crozier, a.a.O.

9 zit. nach Miller, a.a.O., S. 288.

10 s. Morwood, a.a.O., S. 365.

11 zit. nach einem geheimen FBI-Memorandum für J. Edgar Hoover vom 29.9.1951, das 1983 freigegeben wurde. Die FBI-Dokumente umfassen über fünfhundert Seiten; ich zitiere deshalb hier nur ein einziges Dokument als Beispiel.

12 Das Widerstreben der Manhattan Company, über T.V.'s Vermögen zu sprechen, entstammt den in Anmerkung 11 genannten Akten, einer Depesche der New Yorker Zweigstelle an die FBI-Zentrale vom 6.5.1949 sowie weiteren Depeschen in diesem Zusammenhang.

13 Memorandum der Washingtoner Zweigstelle an die FBI-Zentrale vom 10.5.1949.

14 zit. nach Miller, a.a.O., S. 289.

15 als schmeichelhafte Darstellung vgl. Arthur Zich, «Chinese Art Treasures», in GEO, September 1983.

16 s. Morwood, a.a.O.

17 s. Wang, «Tu Yueh-sheng», a.a.O.

18 s. Crozier, a.a.O., S. 336. Die Bemerkung über den Verwandten im Holzhandel entstammt Julian Schuman, *China: An Uncensored Look*, 1983, S. 44, 780.

19 zit. nach Noel Barber, *The Fall of Shanghai*, 1977, S. 78 f. Julian Schu-

man, der ebenfalls am Ort des Geschehens war, beobachtete, wie mit Kriegsmaterial beladene Lastwagen zu den Docks gefahren, mit Benzin übergossen und in Brand gesteckt wurden; dennoch fielen große Mengen an Waffen und Munition den Kommunisten in die Hände. «Es ist schwierig», schrieb Schuman, «diese ganze Ausrüstung mit den in Amerika zu hörenden Klagen in Einklang zu bringen, wir hätten ‹China verloren›, weil wir Chiang nicht hinreichend unterstützt hätten.» Schuman, a.a.O., S. 46.

20 s. Boormans Darstellung Tus, a.a.O.

21 s. Boorman, a.a.O.

22 zit. nach Greene, a.a.O., S. 43.

23 ebenda.

24 ebenda, S. 67 f.

25 In *China: U.S. Policy since 1945*, a.a.O., S. 30, werden zahlreiche Personen genannt, die Chiang unterstützten.

26 zit. nach Swanberg, a.a.O., S. 253.

27 s. *China: U.S. Policy since 1945*, a.a.O., S. 117.

28 s. Greene, a.a.O.

29 Louis Kungs Aktivitäten wurden von Drew Pearson in «Washington Merry-Go-Round», 19.10.1960, kommentiert. Der Sojabohnen-Coup war nur eine von zahlreichen Aktivitäten, die durch eine Studie über die China-Lobby in *The Reporter* ans Licht gebracht wurden. Der Artikel zeigte auf, daß Senator McCarthy einer der Freunde T.V.'s war, die bei der Sojabohnenaktion mitmachten. Es ist bemerkenswert, daß General MacArthur, einer der Hauptprotagonisten der China-Lobby, der natürlich vom Beschluß, in den Krieg einzutreten, wußte, Taiwan besuchte, um kurz vor der Veröffentlichung der Kriegserklärung mit dem Generalissimo zu sprechen.

30 s. Drew Pearson, a.a.O.

31 s. *China: U.S. Policy since 1945*, a.a.O., S. 267

32 s. Osborne in einem Bericht für *Time*. Seine unveröffentlichten Notizen des Interviews mit CCK vom 24.9.1965 befinden sich im *Time*-Archiv.

33 Diese Geschichte erzählten mir Bekannte von Mrs. Luce in Washington.

34 Die Szene im Flughafen von Sungshan findet sich in den Notizen Osbornes; vgl. Anmerkung 32.

35 Interview mit June Faulds in Oberlin. Der Artikel erschien unter dem Titel «Former China Premier Helping Oberlin Mark 50th Shansi Year». In welcher Zeitung er veröffentlicht wurde, ist aus dem Zeitungsausschnitt aus dem Jahr 1959 nicht ersichtlich.

36 zit. nach *New York Times*, «H.H. Kung Obituary».

37 T.V.'s Abwesenheit bei Kungs Begräbnis wird klar aus dem Bericht in der *New York Times*, 23.8.1967.

38 zit. nach *New York Times*, 10.6.1950.

39 s. State Department Records, DOS 493.118/1-1250, 1983 freigegeben.

40 s. Encyclopedia Britannica, 3. Auflage, vol. 9, Stichwort «T.V. Soong».
41 s. State Department Records, DOS 793.00/1-2363.
42 s. Boorman, a.a.O.
43 s. *New York Times*, 17.4.1966.
44 Averell Harriman im Bericht über eine Unterhaltung mit T.V. Soong vom 1.9.1963; State Department Records.
45 s. *New York Times*, 24.8.1967.
46 ebenda, 18.9.1976.
47 s. Dennis Bloodworth, *The Messiah and the Mandarins*, 1982, S. 81.
48 zit. nach Edgar Snow, *Journey* . . . a.a.O., S. 95.
49 Die geheime Polizeikampagne gegen Ching-lings Fußballspiele wird in Depeschen der National Security Agency erwähnt.
50 s. Clubb, *China and Russia*, 1971, S. 343, 345.
51 abgedruckt im *Times Herald*, Washington. Ich fand die Geschichte unter den FBI-Akten über Madame Sun Yat-sen.
52 s. Boorman, a.a.O.
53 zit. nach Edgar Snow, *The Other Side of the River*, 1962, S. 544, Fußnote.
54 s. *New York Times*, 22.9.1965
55 s. Fox Butterfield, *China: Alive in the Bitter Sea*, 1982, S. 85.
56 Ching-ling war zu keinem Zeitpunkt ihres Lebens Mitglied der Kommunistischen Partei Chinas, bis sie auf ihrem Totenbett, als sie es vielleicht nicht mehr ganz mitbekam, in ihre Reihen aufgenommen wurde. Zweifellos jedoch hatten sie gemeinsame Ziele – und in Chiang und dem, was er repräsentierte, einen gemeinsamen Feind. Meine Schlußfolgerung lautete, daß ihr nach der Zerstörung der Dritten Kraft keine Alternative blieb und daß sie sich in der Praxis mit der KPCh zusammentat, obgleich sie kein ergebenes Parteimitglied war. Andere sind indes weniger gnädig. Das mag damit zusammenhängen, daß Ching-ling sich in ihren späten Jahren nicht gegen die Grausamkeiten von Maos Kulturrevolution aussprach. Einige ihrer glühenden Bewunderer reagierten hierauf mit scharfer Kritik. Besonders wertvoll ist das Urteil Harold Isaacs', das er am 6.10.1983 in einem Brief an mich so formulierte: «Es trifft ohne jeden Zweifel zu – und ich kann das selbst bezeugen –, daß sie Anlaß hatte, den Genossen von der KP kritisch gegenüberzustehen. Aber ich kenne keine einzige kritische Äußerung, die sie öffentlich gemacht hätte, und erst recht keinen Angriff. [Als sie 1927 Moskau verließ,] geriet sie direkt in das Netzwerk der Propagandaaktivitäten, die die Internationale in Europa aufgezogen hatte – die Antiimperialistische Liga war eines ihrer erfolgreichsten frühen Beispiele, ein Produkt des mit der Internationale sympathisierenden Plans, den Willi Münzenberg von Berlin aus organisierte. [Ching-lings] Verlautbarungen in Shanghai – Sie nennen eine von ihnen «Ligasprache» – waren in Stil und Rhetorik meist reine KP-Sprache, und es ist wahr, daß diejenigen, die am meisten nach Partei klangen, im allgemeinen

von anderen für sie aufgesetzt wurden. Ich wüßte nicht, daß sie nach 1949 jemals die Gewalttaten und Repressionen des Regimes angegriffen hat, auch nicht die Kulturrevolution, bis alles vorüber war. Nein, man kann Ching-ling lieben und bewundern, aber es geht nicht an, ihr Verhältnis zur KP zu romantisieren.»

57 zit. nach Han Suyin, *Wind in the Tower*, 1976, S. 426

Epilog. Die Konkubine im Brunnen

1 Die Geschichte von der Konkubine im Brunnen wird allgemein als wahr angesehen, obwohl die Details dem Tagebuch des Hofbeamten Ching Shan entstammen, das sich weitgehend als Erfindung von Sir Edmund Backhouse – der selbst eine raffinierte Fälschung war – erwies. (Vgl. Hugh Trevor-Roper, *A Hidden Life: The Enigma of Sir Edmund Backhouse*, 1976) Die Ermordung der Perlenkonkubine steht jedoch außer Frage. Wie Hilda Hookham es ausdrückte, ist «das Bild, das das Tagebuch von jener Zeit entwirft, zutreffend», obwohl es selbst sich als gefälscht herausstellte. Ich habe die Anekdote Hilda Hookhams Buch *A History of China*, 1972, S. 283, entnommen.

Bibliographie

Akers, Samuel Luttrell. *The First Hundred Years of Wesleyan College*. Macon, Georgia: Stinehour Press, 1976.

Akimova, Vera Vladimirovna Vishnayakova. *Two Years in Revolutionary China: 1925–1927*. Cambridge, Mass.: East Asian Research Center, Harvard University, 1971.

Alexander, Garth. *The Invisible China: The Overseas Chinese and the Politics of Southeast Asia*. New York: Macmillan, 1973.

Baedeker, Karl (ed.). *The United States with an excursion into Mexico*. New York: Da Capo Press, 1971 (Nachdruck der 1893 erschienenen Erstausgabe).

Barber, Noel. *The Fall of Shanghai*. New York: Coward, McCann & Geoghegan, 1979.

Barron, John. *KGB: The Secret Work of Soviet Secret Agents*. New York: Reader's Digest Association, 1974.

Beers, Burton F. *China in Old Photographs: 1860–1910*. New York: Charles Scribner's Sons, 1978.

Bianco, Lucien. *Origins of the Chinese Revolution: 1915–1949*. Stanford, Calif.: Stanford University Press, 1971.

Biographies of Kuomintang Leaders. Cambridge, Mass.: Harvard University Committee on International and Regional Studies, 1948.

Bloodworth, Dennis. *The Messiah and the Mandarins*. New York: Atheneum, 1982.

— and Ching Ping. *The Chinese Machiavelli*. New York: Farrar, Straus and Giroux, 1976.

Booker, Edna Lee. *News Is My Job*. New York: Macmillan, 1940.

Boorman, Howard L. (ed.). *Biographical Dictionary of Republican China*. New York: Columbia University Press, 1979.

Botjer, George. *A Short History of Nationalist China: 1919–1949*. New York: G.P. Putnam's Sons, 1979.

Brandt, Conrad. *Stalin's Failure in China*. New York: W.W. Norton, 1958.

Bresler, Fenton. *The Chinese Mafia*. Briarcliff Manor, N.Y.: Stein & Day, 1981.

Burke, James. *My Father in China*. New York: Farrar & Rinehart, 1942.

Butterfield, Fox. *China: Alive in the Bitter Sea*. New York: New York Times Books, 1982.

Cameron, Nigel. *Barbarians and Mandarins: Thirteen Centuries of Western Travelers in China*. New York: Walker and Weatherhill, 1970.

Chan, F. Gilbert, and Etzold, Thomas H. (eds.). *China in the 1920's*. New York: New Viewpoints, 1976.

Chang Hsin-hai. *America and China: A New Approach to Asia*. New York: Simon and Schuster, 1965.

Chen, Percy. *China Called Me*. Boston: Little Brown, 1979.

Chesneaux, Jean, et al. *China from the 1911 Revolution to Liberation*. New York: Pantheon Books, 1977.

— *China from the Opium Wars to the 1911 Revolution*. New York: Pantheon Books, 1976.

— (ed.). *Popular Movements and Secret Societies in China, 1840–1950*. Stanford, Calif.: Stanford University Press, 1972. (Deutsche Ausgabe: *Weißer Lotus, Rote Bärte. Geheimgesellschaften in China*. Berlin: Wagenbach, 1976)

Chiang Kai-shek. *Soviet Russia in China*. New York: Farrar, Straus and Giroux, 1957.
Chiang, May-ling Soong. *This Is Our China*. New York: Harper & Brothers, 1940. (Deutsche Ausgabe: *Unser China*. Zürich: Rascher, 1942)
Ch'i Hsi-sheng. *Warlord Politics in China: 1916–1928*. Stanford, Calif.: Stanford University Press, 1976.
Clark, Elmer T. *The Chiangs of China*. New York: Abingdon-Cokesbury Press, 1943.
Clubb, O. Edmund. *China and Russia: The Great Game*. New York: Columbia University Press, 1971.
— *Communism in China as Reported from Hankow in 1932*. New York: Columbia University Pres, 1968.
— *20th Century China*. New York: Columbia University Press, 1978.
— *The Witness and I*. New York: Columbia University Press, 1974.
Coble, Parks M., Jr. *The Shanghai Capitalists and the Nationalist Government: 1927–1937*. Cambridge, Mass.: Council on East Asian Studies, Harvard University Press, 1980.
A Concise History of China. Peking: Foreign Language Press, 1981. (ebenda die deutsche Parallelausgabe: *Kurzer Abriß der Geschichte Chinas*)
Congressional Quarterly. *China: U.S. Policy since 1945*. Washington, D.C.: Congressional Quarterly, 1980.
Coye, Molly Joel, and Livingston, Jon (eds.). *China Yesterday and Today*. New York: Bantam Books, 1979.
Crozier, Brian. *The Man Who Lost China*. New York: Charles Scribner's Sons, 1976.
Davies, John Paton, Jr. *Dragon by the Tail*. New York: W.W. Norton, 1972.
Dawson, Raymond. *The Chinese Chameleon*. London: Oxford University Press, 1967.
Deriabin, Peter, and Gibney, Frank. *The Secret World: KGB*. New York: Ballantine Books, 1982.
Deutscher, Isaac. *The Prophet Armed*. New York: Oxford University Press, 1954.
— *The Prophet Outcast*. London: Oxford University Press, 1963.
— *The Prophet Unarmed*. London: Oxford University Press, 1959. (Deutsche Ausgabe: *Trotzki*. Band 1: *Der bewaffnete Prophet*. Band 2: *Der unbewaffnete Prophet*. Band 3: *Der verstoßene Prophet*. Stuttgart: Kohlhammer, 1962–63)
Drage, Charles. *Two-Gun Cohen*. London: Jonathan Cape, 1954.
Dunlop, Richard. *Donovan*. New York: Rand McNally, 1982.
Elvin, Mark, and Skinner, O. William (eds.). *The Chinese City Between Two Worlds*. Stanford, Calif.: Stanford University Press, 1974.
Eunson, Roby. *The Soong Sisters*. New York: Franklin Watts, 1975.
Evans, Les, and Block, Russell (eds.). *Leon Trotsky on China*. New York: Monad Press, 1976.
Fairbank, John King. *Chinabound*. New York: Harper & Row, 1982.
— *China Perceived*. New York: Vintage Books, 1976.
— *The United States and China*. Cambridge, Mass.: Harvard University Press, 1979.
Fehrenbach, T.R. *F.D.R.'S Undeclared War: 1939 to 1941*. New York: David McKay, 1967.
Felber, John E. *People's Republic of China*. New York: International Intertrade Index, 1974.
Fleming, Peter. *The Siege at Peking*. New York: Harper & Brothers, 1959.
Franck, Harry A. *Roving Through Southern China*. New York: Century Company, 1925.
Furuya, Keija. *Chiang Kai-shek: His Life and Times*. Anapolis, Md.: St. John's University Press, 1981.
Gasster, Michael. *Chinese Intellectuals and the Revolution of 1911*. Seattle: University of Washington Press, 1969.
Gilbert, Martin. *Winston S. Churchill: The Prophet of Truth*. Boston: Houghton Mifflin, 1977.
Gillen, Donald G. *Warlord Yen Hsi-shan in Shansi Province: 1911–1949*. Princeton, N.J.: Princeton University Press, 1967.

Goodrich, L. Carrington, and Cameron, Nigel. *The Face of China as Seen by Photographers & Travelers: 1860–1912.* Millerton, N.Y.: Aperture, Inc., 1978.
Granquist, Hans. *The Red Guard.* New York: Praeger, 1967.
A Great Trial in Chinese History. Peking: New World Press, 1981.
Greene, Felix. *A Curtain of Ignorance.* Garden City, N.Y.: Doubleday, 1964.
Gunther, John. *Inside Asia.* New York: Harper & Brothers, 1942.
Hahn, Emily. *Chiang Kai-shek: An Unauthorized Biography.* Garden City, N.Y.: Doubleday, 1955.
— *The Soong Sisters.* New York: Doubleday, Doran, 1941. (Deutsche Ausgabe: *Chinas drei große Schwestern.* Bern: Scherz, 1941)
Halberstam, David. *The Powers That Be.* New York: Alfred A. Knopf, 1979.
Han Suyin. *Birdless Summer.* New York: G.P. Putnam's Sons, 1968. (Deutsche Ausgabe: *Zwischen zwei Sonnen.* Esslingen am Neckar: Bechtle, 1971)
— *The Morning Deluge.* London: Panther Books, 1976. (Deutsche Ausgabe: *Die Morgenflut.* Zürich: Diana, 1972)
— *A Mortal Flower.* London: Panther Books, 1972. (Deutsche Ausgabe: *Die Blume Erinnerung.* Genf: Konodo, 1966)
— *Wind in the Tower.* London: Chaucer Press, 1976. (Deutsche Ausgabe: *Der Flug der Drachen.* Esslingen am Neckar: Bechtle, 1977)
Hao Yen-p'ing. *The Comprador in Nineteenth Century China: Bridge Between East and West.* Cambridge, Mass.: Harvard University Press, 1970.
Hauser, Ernest. *Shanghai: City for Sale.* New York: Harcourt Brace, 1940.
Hobsbawm, Eric. *Bandits.* New York: Dell, 1969. (Deutsche Ausgabe: *Die Banditen.* Frankfurt a.M.: Suhrkamp, 1972)
Holubnychy, Linda. *Michael Borodin and the Chinese Revolution: 1923–1925.* New York: East Asian Institute, Columbia University, University Microfilms International, 1979.
Hookham, Hilda. *A Short History of China.* New York: New American Library, 1972.
Houn, Franklin W. *A Short History of Chinese Communism.* Englewood Cliffs, N.Y.: Prentice-Hall, 1973.
Hseuh Chun-tu (ed.). *Revolutionary Leaders of Modern China.* London: Oxford University Press, 1971.
Hsu, Immanuel C.Y. *Readings in Modern Chinese History.* London: Oxford University Press, 1971.
Hsu Kai-yu. *The Chinese Literary Scene.* New York: Vintage, 1975.
— *Chou En-lai: China's Grey Eminence.* Garden City, N.Y.: Doubleday, 1968.
Hsu Long-hsuen and Chang Ming-kai. *History of the Sino-Japanese War.* Taipei: Chung Wu Publishing Co., 1972.
Hull, Cordell. *Memoirs of Cordell Hull.* New York: Macmillan, 1948.
Hussey, Harry. *My Pleasures and Palaces.* Garden City, N.Y.: Doubleday, 1968.
Isaacs, Harold R. *The Tragedy of the Chinese Revolution.* Stanford, Calif.: Stanford University Press, 1961.
Jacobs, Dan N. *Borodin: Stalin's Man in China.* Cambridge, Mass.: Harvard University Press, 1981.
Kahn, E. J., Jr., *The China Hands.* New York: Viking Press, 1972.
Kaplan, Frederic, and Sobin, Julian M. *Encyclopedia of China Today.* New York: Harper & Row, 1980.
Keegan, John. *The Face of Battle.* New York: Viking Press, 1976.
Kemp, Peter (ed.). *The Oxford Companion to Ships and the Sea.* London: Oxford University Press, 1976.
Kerr, George H. *Formosa Betrayed.* Boston: Houghton Mifflin, 1965.
Knightley, Phillip. *The First Casualty.* New York: Harcourt Brace Jovanovich, 1975.
Kubek, Anthony. *The Red China Papers.* New Rochelle, N.Y.: Arlington House, 1975.
Larteguy, Jean. *The Face of War.* New York: Bobbs-Merrill, 1979.
Levy, Howard S. *Chinese Footbinding: The History of a Curious Erotic Custom.* New York: Walton Rawls, 1966.

Leys, Simon. *Chinese Shadows*. New York: Penguin Books, 1978.
Liang Chin-tung. *General Stilwell in China, 1942–1944: The Full Story*. Annapolis, Md.: St. John's University Press, 1972.
Li Dun J. *The Ageless Chinese: A History*. New York: Charles Scribner's Sons, 1965.
Life at the Grassroots. Peking: Beijing Review Special Feature Series, 1981.
Linebarger, Paul M. A. *The China of Chiang Kai-shek*. Westport, Conn.: Greenwood Press, 1973.
Loh, Pichon P.Y. *The Early Chiang Kai-shek*. New York: Columbia University Press, 1971.
Malraux, André. *The Conquerors*. Boston: Beacon Press, 1956. (Deutsche Ausgabe: *Eroberer: Rote und Gelbe im Kampf um Kanton*. Berlin, 1929)
— *Man's Fate*. New York: Random House, 1968. (Deutsche Ausgabe: *So lebt der Mensch*. Zürich: Büchergilde Gutenberg, 1934)
Maitland, Derek. *Setting Sails*. Hong Kong: South China Morning Post, 1981.
May, Gary. *China Scapegoat: The Diplomatic Ordeal of John Carter Vincent*. Washington, D.C.: New Republic Books, 1979.
McCoy, Alfred W. *The Politics of Heroin in Southeast Asia*. New York: Harper & Row, 1972.
McCunn, Ruthanne. *An Illustrated History of the Chinese in America*. San Francisco: Design Enterprises of San Francisco, 1979.
Mee, Charles L., Jr. *The End of Order*. New York: E. P. Dutton, 1980.
Miles, Milton E. *A Different Kind of War*. Garden City, N.Y.: Doubleday & Company, 1967.
Miller, Merle. *Plain Speaking*. New York: G. P. Putnam's Sons, 1973.
Moran, Charles M. *Churchill Taken from the Diaries of Lord Moran*. Boston: Houghton Mifflin, 1966.
Morwood, William. *Duel for the Middle Kingdom*. New York: Everest House, 1980.
Moseley, George. *China since 1911*. New York: Harper & Row, 1968.
Moser, Don. *China-Burma-India*. Alexandria, Va.: Time-Life Books, 1978.
Murphey, Rhoads. *Shanghai: Key to Modern China*. Cambridge, Mass.: Harvard University Press, 1953.
National Geographic Society. *Journey into China*. Washington, D.C.: National Geographic Society, 1982.
Nee, Victor, and Peck, James (eds.). *China's Uninterrupted Revolution from 1840 to the Present*. New York: Pantheon Books, 1975.
O'Connor, Richard. *Jack London: A Biography*. Boston, Little Brown, 1962.
The Opium War. Peking: Foreign Languages Press, 1976. (ebenda die deutsche Parallelausgabe: *Der Opiumkrieg*).
Page, Martin. *The Lost Pleasure of the Great Trains*. New York: William Morrow, 1975.
Pal, John. *Shanghai Saga*. London: Jerrolds, 1963.
Payne, Robert. *Mao Tse-tung*. New York: Weybright and Talley, 1950. (Deutsche Ausgabe: *Mao Tse-tung*. Hamburg: Krüger, 1951)
— *The Life and Death of Trotsky*. New York: McGraw-Hill, 1977.
Peck, Graham. *Two Kinds of Time*. Boston: Houghton Mifflin, 1950.
Peffer, Nathaniel. *The Far East*. Ann Arbor: University of Michigan Press, 1968.
Powell, John B. *My Twenty-five Years in China*. New York: Macmillan, 1945.
Price, Don C. *Russia and the Roots of the Chinese Revolution, 1896–1911*. Cambridge, Mass.: Harvard University Press, 1974.
Pu-Yi, Aisin Gioro (Henry). *From Emperor to Citizen*. Peking: Foreign Languages Press, 1979. (Deutsche Ausgabe: *Ich war Kaiser von China*. München: Hanser, 1973)
Pye, Lucian W. *Mao Tse-tung: The Man in the Leader*. New York: Basic Books, 1976.
The Reform Movement of 1898. Peking: Foreign Languages Press, 1976. (ebenda die deutsche Parallelausgabe: *Die Reformbewegung von 1898*).
The Revolution of 1911. Peking: Foreign Languages Press, 1976. (ebenda die deutsche Parallelausgabe: *Die Revolution von 1911*).
de Riencourt, Amaury. *The Soul of China*. New York: Harper & Brothers, 1958.

Roots, John McCook. *Chou*. New York: Doubleday, 1978.
Russell, Bertrand. *The Problem of China*. London: Allen and Unwin, 1922. (Deutsche Ausgabe: *China und das Problem des Fernen Ostens*. München: Drei Masrken Verlag, 1925)
Schiffrin, Harold Z. *Sun Yat-sen and the Origins of the Chinese Revolution*. Berkeley: University of California Press, 1970.
— *Sun Yat-sen: Reluctant Revolutionary*. Boston: Little Brown, 1980.
Schleit, Philip. *Shelton's Barefoot Airline*. Annapolis, Md.: Fishergate, 1982.
Schlesinger, Arthur M., Jr. *The Coming of the New Deal*. Boston: Houghton Mifflin, 1959.
Schuman, Julian. *China: An Uncensored Look*. Sag Harbor, N.Y.: Second Chance Press, 1983.
Schurmann, Franz, and Schell, Orville (eds.). *The China Reader*. New York: Vintage Books, 1967.
Schwartz, Harry. *Tsars, Mandarins and Commissars*. New York: J. B. Lippincott, 1964.
Scott, Peter Dale. *The War Conspiracy*. New York: Bobbs-Merrill, 1972.
Seagrave, Sterling. *Soldiers of Fortune*. Alexandria, Va.: Time-Life Books, 1981. (Deutsche Ausgabe: *Die Glücksritter*. Amsterdam: Time-Life 1982)
Selle, Earl Albert. *Donald of China*. New York: Harper & Brothers, 1948.
Service, John S. *Lost Chance in China*. New York: Vintage Books, 1975.
Shaplen, Robert. *A Turning Wheel*. New York: Random House, 1979.
Sharman, Lyon. *Sun Yat-sen: His Life and Its Meaning*. Hamden, Conn.: Archon Books, 1965.
Sheean, Vincent. *Between the Thunder and the Sun*. New York: Random House, 1943.
— *Personal History*. Boston: Houghton Mifflin, 1969.
Sherwood, Robert E. *Roosevelt and Hopkins*. New York: Harper & Brothers, 1948.
Shimer, Dorothy B. (ed.). *Rice Bowl Women*. New York: New American Library, 1982.
Sinclair, Andrew. *Jack: A Biography of Jack London*. New York: Pocket Books, 1979.
Smedley, Agnes. *China Fights Back*. New York: Vanguard Press, 1928. (Deutsche Ausgabe: *China kämpft*. London: Malik Verlag, 1936)
— *China's Red Army Marches*. New York: International Publishers, 1934.
— *Destinies: Sketches of Present-Day China*. New York: Vanguard Press, 1933. (vgl. in deutscher Sprache: *Lebenswege in China*. Berlin: Oberbaum, 1979)
Snow, Edgar. *The Battle for Asia*. New York: Random House, 1941.
— *Journey to the Beginning*. New York: Random House, 1958. (Deutsche Ausgabe: *So fing es an*. Deutsche Verlags-Anstalt, Stuttgart, 1977)
— *The Other Side of the River*. New York: Random House, 1962. (Deutsche Ausgabe: *Gast am anderen Ufer*. Kindler München, 1964)
Snow, Helen Foster. *The Chinese Communists: Sketches and Autobiographies of the Old Guard*. Westport, Conn.: Greenwood Publishing Company, 1972.
— *Inside Red China*. New York: Da Capo Press, 1977.
Snow Lois Wheeler. *Edgar Snow's China*. New York: Random House, 1981.
Sokolsky, George. *The Tinder Box of Asia*. Garden City, N.Y.: Doubleday, Doran, 1934.
Spence, Jonathan. *To Change China. Western Advisers in China 1620–1960*. Boston: Little Brown, 1969.
— *The Gate of Heavenly Peace*. New York: Viking, 1981.
Steiner, Stan. *Fusang: The Chinese Who Built America*. New York: Harper & Row, 1979.
Strong, Anna Louise. *China's Millions*. New York: Coward-McCann, 1928.
Sues, Ilona Ralf. *Shark's Fins and Millet*. Boston: Little Brown, 1944.
Summerville, John. *Fodor's People's Republic of China*. London: Hodder and Stoughton, 1981.
Sun Yat-sen. *Chinese Revolutionary*. New York: AMS Press, 1927. (vgl. in deutscher Sprache: *Dreißig Jahre chinesische Revolution*. Berlin, 1927)
— *Kidnapped in London*. Bristol, 1897.

Sutton, S. B. *In China's Border Provinces*. New York: Hastings House, 1974.
Swanberg, W. A. *Luce and His Empire*. New York: Charles Scribner's Sons, 1972.
Tai Dwan. *Chiang Ch'ing*. New York: Exposition Press, 1974.
The Taiping Revolution. Peking: Foreign Languages Press, 1976. (ebenda die deutsche Parallelausgabe: *Die Taiping-Revolution*)
Tang Tsou. *America's Failure in China: 1941–1950*. Chicago: University of Chicago Press, 1963.
Terrill, Ross. *Mao*. New York: Harper & Row, 1980.
Thornton, A. P. *The Imperial Idea and Its Enemies*. New York: Anchor Books, 1968.
Tong, Hollington K. *Dateline China*. New York: Rockport Press, 1950.
—*Chiang Kai-shek*. Taipei: Government Printing Office, 1953.
Trager, James. *The People's Chronology*. New York: Holt, Rinehart, and Winston, 1979.
Tuchman, Barbara W. *Notes from China*. New York: Collier Books, 1972.
— *Stilwell and the American Experience in China: 1911–1945*. New York: Macmillan, 1970.
Uhalley, Stephen, Jr. *Mao Tse-tung*. New York: New Viewpoints, 1975.
The Unquenchable Spark. Peking: Foreign Languages Press, 1964.
Wei Kuo-lu. *On the Long March as Guard to Chou En-lai*. Peking: Foreign Languages Press, 1978.
Whipple, A. B. C. *The Clipper Ships*. Alexandria, Va.: Time-Life Books, 1980.
White, Theodore. *In Search of History: A Personal Adventure*. New York: Harper & Row, 1978.
— and Annalee Jacoby. *Thunder out of China*. New York: William Sloane Associates, 1946.
Wilbur, C. Martin. *Sun Yat-sen: Frustrated Patriot*. New York: Columbia University Press, 1976.
Williams, Lea E. *The Future of the Overseas Chinese in Southeast Asia*. New York: McGraw-Hill, 1966.
Wilson, Dick. *The Long March*. New York: Penguin Books, 1971.
Woo, Thomas Tze Chung. *The Kuomintang and the Future of the Chinese Revolution*. London: Allen & Unwin, 1928.
Worcester, G. R. G. *The Junks and Sampans of the Yangtse*. Annapolis, Md.: Naval Institute Press, 1971.
— *Sail and Sweep in China*. London: HMSO, 1966.
Worswick, Clark, and Spence, Jonathan. *Imperial China: 1850–1912*. Pennwick Publishing, 1978.
Wu Tien-wei. *The Sian Incident: A Pivotal Point in Modern Chinese History*. Ann Arbor: Michigan Papers in Chinese Studies, no. 26, 1976.
Wu Yu-zhang. *Recollections of the Revolution of 1911*. Peking: Foreign Languages Press, 1964.
Yang Shang-kuei. *The Red Kiangsi-Kwantung Border Region*. Peking: Foreign Languages Press, 1981.
The Yi Ho Tuan Movement of 1900. Peking: Foreign Languages Press, 1976.
Young, Arthur N. *China and the Helping Hand, 1937–1945*. Cambridge, Mass.: Harvard University Press, 1963.